다산치학 10강(綱) 50목(目) 200결(訣)
다산선생 지식경영법

다산선생 지식경영법

지은이 정민

1판 1쇄 발행 2006. 11. 25.
1판 54쇄 발행 2024. 8. 9.

발행인 박강휘
발행처 김영사
등록 1979년 5월 17일(제406-2003-036호)
주소 경기도 파주시 문발로 197(문발동) 우편번호 10881
전화 마케팅부 031)955-3100, 편집부 031)955-3200 | 팩스 031)955-3111

저작권자 ⓒ 2006 정민
이 책은 저작권법에 의해 보호를 받는 저작물이므로
저자와 출판사의 허락 없이 내용의 일부를 인용하거나 발췌하는 것을 금합니다.

COPYRIGHT ⓒ 2006 by Jung Min
All rights reserved including the rights of reproduction
in whole or in part in any form. Printed in KOREA.

값은 뒤표지에 있습니다.
ISBN 978-89-349-2350-3 03810

홈페이지 www.gimmyoung.com   블로그 blog.naver.com/gybook
인스타그램 instagram.com/gimmyoung 이메일 bestbook@gimmyoung.com

좋은 독자가 좋은 책을 만듭니다.
김영사는 독자 여러분의 의견에 항상 귀 기울이고 있습니다.

다산치학 10강(綱) 50목(目) 200결(訣)

다산선생 지식경영법

정민 지음

김영사

머리말

　이 책의 제목은 '다산선생 지식경영법'이다. 쉽게 말해 다산의 공부법을 정리한 것이다. 단순히 공부방법만 다루지 않고 정보판단과 지식편집의 문제를 염두에 두었으므로 '지식경영법'이라 하였다.
　18세기 조선 실학은 21세기 정보화시대에 새롭게 주목을 받고 있다. 18세기 지식인들이 경험했던 정보화사회의 양상은 그 본질에서 오늘날 우리 사회 지식패턴의 변화와 꼭 같다. 그들은 잡식성의 왕성한 지적 의욕에 불타 모든 정보를 정리하고 편집했다. 경전의 구절에 대한 사소한 해석차이를 두고 티격태격하던 시대는 한순간에 힘을 잃었다. 무엇이 이런 변화를 가능하게 했을까?
　다산은 18년간의 강진 유배생활 동안 수백 권의 저술을 남겼다.

한 사람이 베껴쓰는 데만도 10년은 좋이 걸릴 작업을, 그는 처절한 좌절과 척박한 작업환경 속에서 마음먹고 해냈다. 도저히 믿기지 않는 이 엄청나고 방대한 작업을 다산은 어떻게 소화해냈을까? 그 작업의 진행방식과 절차, 그리고 편집과 정리의 전과정이 참으로 궁금하다.

지금까지 다산의 인간과 학문의 위대성을 갈파한 수많은 저술이 있었다. 하지만 작업 자체에 대한 탐구는 별로 없었다. 결과에 대한 찬탄은 쏟아졌지만 과정에 대한 검토는 찬찬히 이루어지지 않았다. 이 책은 바로 이런 문제의식에서 출발한다.

이 책의 부제는 '다산치학 10강(綱) 50목(目) 200결(訣)'이다. 열 개의 큰 줄기를 세워 각각 다섯 가지의 방법론으로 배열했다. 그리고 하나의 방법론 안에 네 개의 소제목을 따로 두었다. 이를 통해 다산 지식경영법의 핵심을 파악하고, 방법적 노하우를 공유코자 한다. 다산의 쾌도난마와 같은 단순명쾌한 작업방식은 오늘날까지도 우리의 눈을 번쩍 뜨이게 한다.

공부를 시작하는 학생들에게 이 책은 효율적인 공부방법을 알려줄 것이다. 다산만한 논술선생이 없다. 논문을 준비하는 대학원생들에게는 이 책이 정보처리의 방법과 정리의 요령을 일깨워주는 논문작성법 참고서로 읽혔으면 좋겠다. 탐구 주제를 정하고 가설과 목차를 세워 논거를 바탕으로 결론에 도달한다. 이 과정에서 발생하는 모든 문제와 해결법을 다산은 친절하게 일러준다. 경영현장에서는 당면과제에 접근하고 맥락을 짚어내는 유용한 경영지침서로 활용되기 바란다.

지난 1년간 나는 모처럼의 안식년을 맞아 미국 동부의 프린스턴에 머물렀다. 집 근처 프린스턴대학의 유서 깊은 고고미술사도서관과 동아시아도서관을 날마다 걸어 오르내리면서 안식년의 절반 이상을 오롯이 다산을 위해 바쳤다. 작업을 시작한 뒤로는 다른 일은 아무것도 흥미가 없었다. 매일 하던 운동도 붓글씨연습도 시들해졌다. 길을 가면서도 다산만 생각하고, 밥 먹으면서도 다산만 떠올렸다. 생각들이 걷잡을 수 없이 쏟아져나와 정보들끼리 부딪치며 정리되었다. 생각이 고갈되면 저 원두(源頭)로부터 신선한 물줄기가 다시 차올라오는 것을 느꼈다. 꽉 막혀 더 나갈 수 없을 때는 책 속의 다산이 길을 일러주었다.

숨가쁜 경쟁의 일상에서 완벽하게 벗어나 다산과의 벅찬 만남을 가질 수 있도록 허락해준 내 모교 한양대학교의 안식년제도에 깊이 감사한다. 다산과의 만남은 작업 내내 내게 큰 기쁨을 주었다. 독자에게도 그 느낌이 전해졌으면 좋겠다.

2006년 가을
다시 연구실에서, 정민

차례

머리말 5
서설 통합적 인문학자 다산 정약용의 전방위적 지식경영 13

1강 단계별로 학습하라_꼬리에 꼬리를 무는 연쇄적 지식경영

1. 파 껍질을 벗겨내듯 문제를 드러내라_**여박총피법** 如剝蔥皮法 25
2. 묶어서 생각하고 미루어 확장하라_**촉류방통법** 觸類旁通法 36
3. 기초를 확립하고 바탕을 다져라_**축기견초법** 築基堅礎法 48
4. 길을 두고 뫼로 가랴 지름길을 찾아가라_**당구첩경법** 當求捷徑法 59
5. 종합하고 분석하여 꼼꼼히 정리하라_**종핵파즐법** 綜覈爬櫛法 69

2강 정보를 조직하라_큰 흐름을 짚어내는 계통적 지식경영

6. 목차를 세우고 체재를 선정하라_**선정문목법** 先定門目法 81
7. 전례를 참고하여 새것을 만들어라_**변례창신법** 變例創新法 91
8. 좋은 것을 가려뽑아 남김없이 검토하라_**취선논단법** 取善論斷法 102
9. 부분을 들어서 전체를 장악하라_**거일반삼법** 擧一反三法 113
10. 모아서 나누고 분류하여 모아라_**휘분류취법** 彙分類聚法 124

3강 메모하고 따져보라_생각을 장악하는 효율적 지식경영

11. 읽은 것을 초록하여 가늠하고 따져보라_**초서권형법** 鈔書權衡法 139
12. 생각이 떠오르면 수시로 메모하라_**수사차록법** 隨思箚錄法 149
13. 되풀이해 검토하고 따져서 점검하라_**반복참정법** 反覆參訂法 160
14. 생각을 정돈하여 끊임없이 살펴보라_**잠심완색법** 潛心玩索法 170
15. 기미를 분별하고 미루어 헤아려라_**지기췌마법** 知機揣摩法 181

4강 토론하고 논쟁하라_ 문제점을 발견하는 쟁점적 지식경영

16. 질문하고 대답하며 논의를 수렴하라_ **질정수렴법** 質定收斂法 195
17. 끝까지 논란하여 시비를 판별하라_ **대부상송법** 大夫相訟法 205
18. 생각을 일깨워서 각성을 유도하라_ **제시경발법** 提撕警發法 215
19. 단호하고 군세게 잘못을 지적하라_ **절시마탁법** 切偲磨濯法 225
20. 근거에 바탕하여 논거를 확립하라_ **무징불신법** 無徵不信法 235

5강 설득력을 강화하라_ 설득력을 갖춘 논리적 지식경영

21. 유용한 정보들을 비교하고 대조하라_ **피차비대법** 彼此比對法 249
22. 갈래를 나눠서 논의를 전개하라_ **속사비사법** 屬詞比事法 260
23. 선입견을 배제하고 주장을 펼쳐라_ **공심공안법** 公心公眼法 271
24. 단계별로 차곡차곡 판단하고 분석하라_ **층체판석법** 層遞判析法 282
25. 핵심을 건드려 전체를 움직여라_ **본의본령법** 本意本領法 292

6강 적용하고 실천하라_ 실용성을 갖춘 현장적 지식경영

26. 쓸모를 따지고 실용에 바탕하라_ **강구실용법** 講究實用法 305
27. 실제에 적용하여 의미를 밝혀라_ **채적명리법** 採適明理法 315
28. 자료를 참작하여 핵심을 뽑아내라_ **참작득수법** 參酌得髓法 327
29. 좋은 것은 가리잖고 취해와서 배워라_ **득당이취법** 得當移取法 339
30. 단계별로 다듬어 최선을 이룩하라_ **수정윤색법** 修正潤色法 350

7강 권위를 딛고 서라_ 독창성을 추구하는 창의적 지식경영

31. 발상을 뒤집어 깨달음에 도달하라_ **일반지도법** 一反至道法 363
32. 권위를 극복하여 주체를 확립하라_ **불포견발법** 不抛堅拔法 374
33. 도탑고도 엄정하게 관점을 정립하라_ **독후엄정법** 篤厚嚴正法 385
34. 다른 것에 비추어 시비를 판별하라_ **대조변백법** 對照辨白法 397
35. 속셈 없이 공평하게 진실을 추구하라_ **허명공평법** 虛明公平法 409

8강 과정을 단축하라_ 효율성을 강화하는 집체적 지식경영

36. 역할을 분담하여 효율성을 확대하라_ **분수득의법** 分授得宜法 423
37. 목표량을 정해놓고 그대로 실천하라_ **정과실천법** 定課實踐法 433
38. 생각을 끊임없이 조직하고 단련하라_ **포름부절법** 庖廩不絕法 445
39. 동시에 몇 작업을 병행하여 진행하라_ **어망득홍법** 魚網得鴻法 455
40. 조례를 먼저 정해 성격을 규정하라_ **조례최중법** 條例最重法 466

9강 정취를 깃들여라_ 따뜻함을 잃지 않는 인간적 지식경영

41. 정성으로 뜻을 세워 마음을 다잡아라_ **성의병심법** 誠意秉心法 481
42. 아름다운 경관 속에 성품을 길러라_ **득승양성법** 得勝養性法 496
43. 나날의 일상 속에 운치를 깃들여라_ **일상득취법** 日常得趣法 508
44. 한 마디 말에도 깨달음을 드러내라_ **담화시기법** 談話視機法 521
45. 속된 일을 하더라도 의미를 부여하라_ **속중득운법** 俗中得韻法 532

10강 핵심가치를 잊지 말라_ 본질을 놓치지 않는 실천적 지식경영

46. 위국애민 그 마음을 한시도 놓지 말라 _ **비민보세법** 裨民補世法 545
47. 좌절과 역경에도 근본을 잊지 말라 _ **간난불최법** 艱難不摧法 556
48. 사실을 추구하고 실용을 지향하라 _ **실사구시법** 實事求是法 567
49. 나만이 할 수 있는 작업에 몰두하라 _ **오득천조법** 吾得天助法 579
50. '지금 여기'의 가치를 다른 것에 우선하라 _ **조선중화법** 朝鮮中華法 591

다산 정약용 선생 저술 연보 603
참고서목 611
찾아보기 613

|일러두기|

1. 각 절 첫 인용문의 구절 또는 내용에서 절의 제목을 취했다.
2. 모든 인용문은 『국역 다산시문집(茶山詩文集)』(민족문화추진회 편, 1996)을 바탕으로 필자가 전부 새로 옮겼다.
3. 전문(全文) 검색의 편의를 위해 인용문 끝에 『국역 다산시문집』의 권과 면을 밝혔다.
4. 인용문의 작품 제목은 우리말로 풀고 원제목을 나란히 적었다.
5. 「두 아들에게 부침〔寄兩兒〕」처럼 같은 제목의 글이 여러 편일 경우, 권과 면만 표시하고 이를 따로 구분하지 않았다.

통합적 인문학자
다산 정약용의 전방위적 지식경영

1

다산 정약용! 그에 대해 무어라 규정을 내리는 일은 참으로 난감하다. 그는 경전의 미묘한 뜻을 낱낱이 파헤친 걸출한 경학자(經學者)였다. 그 복잡한 예론(禮論)을 촌촌이 분석해낸 꼼꼼한 예학자(禮學者)였다. 목민관의 행동지침을 정리해낸 탁월한 행정가요, 아동교육에 큰 관심을 가져 실천적 대안을 제시한 교육학자며, 지나간 역사를 손금 보듯 꿰고 있던 해박한 사학자였다. 그래서 나는 그야말로 현대가 요구하는 통합적 인문학자라고 생각했다.

하지만 그는 어느새 화성 축성을 설계하고 기중가와 배다리와 유형거(游衡車)를 제작해낸 토목공학자요 기계공학자였으며, 『아방강역고』와 『대동수경』을 펴낸 지리학자였고, 한편 『마과회통』과 『촌병혹치』 등의 의서를 펴낸 의학자였다. 그래서 과학자인가 싶어 보면, 또다시 그는 형법의 체계와 법률 적용을 검토한 법학자로 돌아왔고, 어느새 속담과 방언을 정리한 국어학자가 되어 있었다. 백성의 아픔을 함께 아파한 시인이자 날카롭고 정심한 이론을 펼친 문예비평가였다.

그는 결코 고지식한 지식인이 아니었다. 이론과 현장을 아우를 줄 알았다. 진리를 위해서라면 주자(朱子)하고도 맞섰고, 실용에 맞지 않으면 임금 앞에서도 승복하지 않았다. 그의 도저한 자신감과 자기 확신은 정말 믿을 수 없을 정도다. 그는 누구의 말도 전적으로 신뢰하지 않았다. 어떤 권위 앞에서도 주눅드는 법이 없었다. 오직 스스로 따져보아 납득한 것만 믿었다. 그리고 그의 판단은 늘 합리적이었고 실천 가능한 대안이었다. 그가 가장 혐오했던 것은 현실에 아무런 도움을 주지 못하는 공리공론(空理空論)이었다.

어떻게 한 사람이 이렇게 많은 분야에서 동시에, 그것도 아주 탁월한 성취를 이룩할 수 있었을까? 그는 내게 하나의 경이(驚異)요, 우리 학술사의 불가사의다. 그를 어떻게 몇 마디 말로 규정할 수 있겠는가? 하지만 굳이 그렇게 해야 한다면, 나는 다산을 '세계의 정보를 필요에 따라, 요구에 맞게 정리해낼 줄 알았던·전방위적 지식경영가'라고 부르겠다.

세상에는 지금도 정보가 차고 넘친다. 그런데 여기에는 가짜가 많고 진짜는 드물다. 정보가 없어서 문제가 아니라, 정보는 너무 많은데 진짜와 가짜를 구별할 수 없는 것이 문제인 시대에 우리는 살고 있다. 다산의 그때도 그랬다. 서책은 홍수처럼 쏟아져나오고, 현장의 아우성은 높아만 가는데, 정작 정보에 대한 대응 속도나 욕구 대비 만족도는 시원치가 않았다.

그의 작업진행과 일처리 방식은 명쾌하고 통쾌하다. 먼저 필요에 기초하여 목표를 세운다. 관련 있는 자료를 취합한다. 명확하게 판단해서 효과적으로 분류한다. 분류된 자료를 통합된 체계 속에 재배열한다. 작업은 여럿이 역할을 분담하여 한 치의 착오도 없이 일사불란하게 진행되었다. 어떤 헝클어진 자료도 그의 솜씨를 한번 거치면 일목요연해졌다. 아무리 복잡한 문제도 그의 머리를 돌아 나오면 명약관화해졌다. 단언컨대 그는 우리 역사에서 전무후무한 탁월한 지식편집가요, 전방위적 지식경영가였다.

2

다산을 포함해 18세기 지식인들의 지식경영 방식은 오늘의 관점에서도 매우 흥미롭다. 청대『사고전서(四庫全書)』의 간행을 전후로 쏟아져들어온 백과전서들과 이에 따른 정보의 범람은 정보가치의 우선순위를 일거에 바꿔놓았다. 새로운 방식의 지식경영이 크게 성행했다. 그 바탕에는 도시문화와 소비문화가 깔려 있었다. 근대적 양태로 삶의 패턴이 바뀌면서 지식의 패러다임에도 변화가 찾아왔다.

수집벽과 정리벽은 이 시기 지식인들을 특징짓는 중요한 표징이었다. 흑산도에 귀양갔던 정약전은 물고기에 관한 정보를 정리해『현산어보』를 남겼다. 김려(金鑢)도 진해 앞바다의 물고기를 관찰해『우해이어보(牛海異魚譜)』를 엮었다. 일본에 가본 적이 없던 이덕무는 각종 서적에서 모은 일본관련 정보를 편집해『청령국지(蜻蛉國志)』를 정리했다. 성대중과 원중거도 각각『일본록』과『화국지(和國志)』를 경쟁적으로 펴내, 한때 지식인들 사이에 '일본 제대로 알기'

붐이 일었다. 유득공의 『발해고』나 박제가의 『북학의』도 같은 방식으로 이루어진 저술이다.

이들은 무엇이든 흥미가 생기면 즉각 자료수집에 착수했다. 무턱대고 모은 것이 아니라 목차와 범례를 세워놓고 단계를 밟아 작업을 진행했다. 뒤에 영의정을 지낸 이서구는 젊은 시절 앵무새를 기르다가 내친 김에 앵무새에 관한 정보를 모아 『녹앵무경(綠鸚鵡經)』을 썼다. 유득공은 관상용 비둘기 사육에 취미가 있어 아예 『발합경(鵓鴿經)』을 지었다. 그는 호랑이이야기만 모아 『속백호통(續白虎通)』이라는 책도 썼다.

이들의 작업과정을 들여다보면 토론과 돌려읽기 방식을 통해 정보를 확충하고 관점을 조정해나갔음을 볼 수 있다. 『녹앵무경』은 친구들의 윤독을 거치는 동안 당초의 분량이 배 이상 늘어났다. 이들은 마치 정보사냥대회라도 하듯 앵무새에 관한 고금의 정보를 경쟁적으로 찾아내 저술의 부피를 늘리고 체계를 다듬어나갔다.

박지원의 『열하일기』와 박제가의 『북학의』에는 관련서적에서 편집해 단순 재배열한 정보들이 수두룩하다. 『무예도보통지』는 무려 148종의 국내외 무예서를 참고해 편집한 종합 무예교과서다. 시대정신에 반하는 불온한 문체를 쓴다고 견책을 받았던 이옥은 담배에 관한 정보를 한자리에 모아 『연경(烟經)』을 엮었다. 그는 귀양가는 도중에도 호기심을 참지 못해, 경상도 방언을 모아 정리하고, 도중에 본 지역별 특산물과 노정을 꼼꼼히 정리해 글로 남겼다.

이런 저작들 중에는 실학(實學)이라는 이름에 걸맞은 것도 있고, 정면으로 배치되는 것도 있다. 하지만 이들 저작을 관통하는 저술원리는 한 가지다. 널려 있는 정보를 수집·배열해서 체계적이고 유용한 지식으로 탈바꿈시킨다는 것이다. 이 점이 내가 이 시기 지식인들을 '지식경영가'라고 부르는 까닭이다. 이것은 실학의 범주구분을 넘어서는, 이 시기 지식시장의 강력한 원리요 기본원칙이었다.

3

　다산의 방대호한한 작업 또한 이러한 18세기적 지식경영의 산물이었다. 『목민심서』는 역대 역사기록 속에서 추려낸 수만 장의 카드를 바탕으로 정리한 목민관의 사례 모음집이다. 전체 12장을 각각 6항으로 나눠 모두 72절로 관리의 업무를 정리한 행정지침서다. 『목민심서』를 집필하다 보니, 형법 집행의 중요성을 절감하게 됐다. 그래서 이 부분만 따로 확대해서 『흠흠신서』를 엮었다. 『경세유표』는 이러한 부분작업의 결과들을 국가경영의 큰 틀 위에서 현장 실무경험을 살려 하나의 체계로 재통합한 것이다.

　장기에서 귀양살 때 다산은 약을 못 구해 병을 키우는 시골사람들을 위해, 그들이 쉽게 할 수 있는 처방 중심으로 『촌병혹치』라는 의학서를 편집했다. 또 수십 종의 의학서에서 천연두관련 항목만 추려내 목차에 따라 재가공해서 『마과회통』을 엮었다. 의학에 관한 그의 조예는 이러한 편집과정에서 더 깊어졌다.

　수원 화성을 쌓을 때는 왕명에 따라, 중국의 여러 책을 참고해 배다리를 제작하고 화성 설계안을 제출했다. 서양의 과학서적을 뒤져 기중가도 발명했다. 서양 것을 대충 본떠서 만들었겠지 싶었는데, 막상 도면을 찾아서 비교해보니 전혀 달랐다. 현실 상황에 맞춰 실로 '발명'이라는 표현에 걸맞은 새로운 유형의 기계를 만들었던 것이다.

지리서인 『아방강역고』를 엮다가 『대동수경』의 편찬 필요성을 느껴 작업을 병행했다. 아이들 교재용으로 『소학주천』을 엮고는 다시 2천자문인 『아학편』을 대안교과서로 제출했다. 사서오경에 관한 다산의 방대한 저술은 경학이든 예학이든 따로 노는 법 없이 서로 맞물려 진행된 작업의 결과였다.

문집에 실린 여러 글은 발전과 변화의 궤적을 한눈에 보여준다. 물고기를 잡으려고 그물을 쳤는데 기러기가 걸리면 이를 버리겠느냐며, 이 작업을 하다가 저 작업에 착수하고, 저 작업을 하면서 또 다른 작업을 벌였다. 연보를 통해 저술연대를 추정해보면, 그는 언제나 동시에 7~8가지 이상의 작업을 병행하고 있었다.

대부분의 작업은 혼자 한 것이 아니라 제자들과의 집체작업으로 이루어졌다. 많은 경우 다산은 목표와 지침만 내렸다. 작업은 아들과 제자들이 다 했다. 정리가 끝나면 다산은 그 내용을 감수하고 서문을 얹어 책으로 묶었다. 문제의 핵심은 지식을 편집하고 경영하는 안목에 있었다. 실무작업의 과정에서 스승은 지식경영의 실제를 가르쳤고, 제자들은 공부의 방법을 배웠다. 나중에는 결국 제자들도 스스로 자신의 관심에 따라 독자적인 저술을 펴낼 수 있게 되었다.

달리 유례를 찾을 수 없을 정도로 엄청난 양의 작업이 동시다발적으로 진행될 수 있었던 비밀이 바로 여기에 있다. 명확한 목표 관리와 체계적인 단계 수립, 여기에 효율적인 작업진행, 조직적인 역할 분담이 더해졌다. 다산은 이 모든 작업을 진두지휘한 야전사령관이었다.

다산의 위대성은 그의 작업량이 아니라 작업의 성격에서 발견된다. 자칫 잡학적 호사취미에 빠지기도 했던 다른 지식인들과는 달리, 그는 한 가지 편집원리로 경학과 경제의 핵심주제들을 관통하는 작업을 해냈다. 그 저변에 깔린 정신은 위국애민 네 글자뿐이었다. 그는 고리타분한 경학의 주제를 다루면서도 실제의 쓰임을 최우선 순위에 두고 작업했다. 이론을 위한 이론, 논쟁을 위한 논쟁을 극도로 혐오했다. 효자나 열녀와 같은 허위적 이데올로기에 대한 그의 격렬한 분노는 얼핏 보아 도가 지나치다고 여겨질 정도다. 기성 학계를 향한 날이 선 비판은 당대 학자들의 강력한 거부반응을 불러일으켰다. 하지만 비난이 빗발치고 논쟁이 격렬해져도 다산은 조금도 타협하지 않았다. 원리원칙을 벗어난 작업은 결코 용납하지 않았다. 이 때문에 그는 또 많은 적을 만들었다.

4

나는 다산의 작업과정을 훔쳐보면서, 그의 사고가 너무도 현대적이고 과학적이고 논리적인 데 놀랐다. 나만 놀란 것이 아니라, 그가 20여 년 만에 자신의 성과를 들고 귀양지에서 서울로 돌아왔을 때, 당대의 학자들도 놀랐다. 놀라다못해 경악했다.

그의 성과는 대부분 18년간의 강진 유배생활의 고초 속에서 이룩된 것이다. 한 사람이 뜻을 세워 몰두하면 못할 일이 없다는 것을 그는 몸으로 실천해 보였다. 작업에 몰두하느라 방바닥에서 떼지 않았던 복사뼈에 세 번이나 구멍이 났다. 이와 머리카락도 다 빠졌다. 20년에 가까운 오랜 귀양살이는 다산 개인에게는 절망이었으되, 조선 학술계를 위해서는 벼락같이 쏟아진 축복이었다.

그는 냉철한 학자이기 전에 유머를 아는 따뜻한 인간이었다. 차기만 하고 따뜻함이 없었다면 결코 이 일을 해낼 수 없었을 것이다. 그는 자식 때문에 조바심을 내던 아비였고, 몰락해가는 집안을 안타깝게 지켜보던 가장이었다. 하지만 그는 늘 시대의 아우성에 먼저 귀를 기울였고, 민초들의 삶에서 시선을 떼지 않았다. 현실의 어떤 역경도 그 앞에서는 문제가 되지 않았다. 문제는 그때나 지금이나 아무도 그의 말에 귀를 잘 기울이지 않는다는 것이다. 역사가 발전하지 못하고 다람쥐 쳇바퀴 돌 듯 제자리걸음을 하는 까닭이 여기에 있다.

이 책의 모든 작업과정 또한 철저하게 다산의 방식을 활용하고 적용했다. 전체 목차를 먼저 세우고 갈래를 나눠 카드작업을 했다. 원고를 작성하는 동안 『다산시문집』을 수십 번도 더 되풀이해 읽고 또 읽었다. 어느 순간부터는 그가 내 속으로 걸어들어와 내 사고를 지배하고 자기 생각을 나를 시켜 말하는 느낌마저 들었다. 작업과정 내내, 다산식 지식경영법이 오늘날에도 얼마나 위력적일 수 있는가를 실감했다. 비슷비슷한 화제임에도 전체에 걸쳐 같은 지문을 중복 인용한 것이 거의 없다. 그만큼 그의 학문은 깊이와 넓이를 갖추고 있었다.

지금까지의 다산학은 연구자의 관심분야에 따라 각개약진 방식으로 이루어졌다. 경학연구자는 경학으로만, 역사연구자는 역사방면에서만 다산을 읽었다. 어느 단면을 쪼개 보아도 다산은 위대하다는 결론에 이르지만, 그 위대성을 담보해준 방법적 원리에 대해서는 크게 주목하지 않았다. 이제는 이러한 문제에 대해서도 관심을 가져야 할 때가 되었다. 그것은 현재에도 여전히 유용하고 유효한 원리이기 때문이다.

나는 지난 10여 년간 연암 박지원에 몰두해왔다. 그 연장선상에서 18세기의 새로운 지식경영에 대해 공부하다가 다산과 새롭게 만났다. 그의 글을 거듭 읽는 동안 나는 또 다른 한 세상이 열리는 느낌을 받았다. 연암은 높고 크고 다산은 넓고 깊다. 연암은 읽고 나면 오리무중의 안개 속으로 숨는데, 다산은 읽고 나면 미운(迷雲)을 걷어내 푸른 하늘을 보여준다. 연암은 읽는 이의 가슴을 쿵쾅대게 하고, 다산은 답답한 마음을 시원하게 해준다. 연암은 치고 빠지지만, 다산은 무릎에 앉혀놓고 알아들을 때까지 일깨워준다. 연암과 함께한 지난 시간들이 벅찼다면 다산과 함께한 시간들은 나를 설레게 했다. 이것은 누가 낫고 못하고의 문제가 아니다.

  연암과 다산을 만나 내 학문이 풍요로워지고, 공부의 안목이 넓어지고, 삶의 눈길이 깊어진 것이 참 기쁘다.

1강
단계별로 학습하라
꼬리에 꼬리를 무는 연쇄적 지식경영

공부는 어떻게 시작할까? 생각은 어떻게 정리하고 간수하는가? 기초는 어찌 닦으며, 바탕은 어떻게 다지나? 공부도 첫 단추를 올바로 끼우는 일이 무엇보다 중요하다. 바른 길을 찾아서 지름길로 만들어라. 정보를 종합하여 분석하고 정리하라.

1. **여박총피법** 如剝蔥皮法 : 파 껍질을 벗겨내듯 문제를 드러내라
   껍질을 벗겨내라 | 문제를 도출하라 | 한 우물을 깊이 파라 | 뒤섞어 혼동 말라

2. **촉류방통법** 觸類旁通法 : 묶어서 생각하고 미루어 확장하라
   계통 있게 정리하라 | 미루어 알게 하라 | 체계를 유지하라 | 대답을 찾아가라

3. **축기견초법** 築基堅礎法 : 기초를 확립하고 바탕을 다져라
   기초를 닦아라 | 신기함을 추구 말라 | 바탕을 갖추어라 | 역경을 딛고 서라

4. **당구첩경법** 當求捷徑法 : 길을 두고 뫼로 가랴 지름길을 찾아가라
   요령 있게 탐구하라 | 바른 길을 따라가라 | 차례를 잊지 말라 | 번지수를 파악하라

5. **종핵파즐법** 綜覈爬櫛法 : 종합하여 분석하고 꼼꼼히 정리하라
   꼼꼼히 따져보라 | 맥락을 연결하라 | 종합하고 정리하라 | 이치를 깃들여라

1. 파 껍질을 벗겨내듯 문제를 드러내라
여박총피법(如剝蔥皮法)

내가 비록 욕되고 고통스런 가운데 있었어도 예(禮)와 관련된 책을 공부하는 것은 단 하루도 멈추지 않았다. 의리의 정밀하고 미묘함은 마치 파의 껍질을 벗기는 것과 같다. 네가 왔을 때 너에게 말했던 것은 반 넘게 거친 껍질이어서 근본과는 관계없는 것이었다. 생각건대 올해가 가기 전에는 실마리를 잡을 수 있을 것 같구나. 【「두 아들에게 답함(答二兒)」 9-3 】

껍질을 벗겨내라

여박총피(如剝蔥皮)는 공부를 총피(蔥皮), 즉 파 껍질을 벗겨내듯 하라는 말이다. 파를 캐어 물로 씻고 뿌리를 자른다. 그러고는 겉을 에워싼 껍질을 벗겨낸다. 그러면 뽀얀 파의 속살이 드러난다. 이것을 썰어 국에 양념을 하고 간을 맞춘다. 파의 톡 쏘는 향취는 껍질에는 없다. 껍질은 그저 파의 속살을 감싸고 있는, 걷어내야 할 군더더기일 뿐이다. 공부에도 이렇듯 한 꺼풀 벗겨내야 할 절차가 있다. 다짜고짜로 되는 것이 아니다.

다산은 예법과 관계된 책을 연구하면서, 미묘하고 정밀한 예법의 의리를 파헤치는 것이 마치 이 파의 겉껍질을 벗겨내는 것과 같다고 했다. 처음에는 자신도 껍질을 속살로 알고 붙들고 있던 때가 있었다고 했다. 그런데 계속 껍질을 벗겨내니 그제야 비로소 파의 속살이 나오고, 지금껏 중요하다고 생각한 문제들은 버려야 할 껍질에 불과한 줄을 깨닫게 되었다는 것이다.

수많은 정보를 앞에 두고 처음에 가장 혼란스러운 것은 가치판단의 문제다. 이것이 과연 유용하고 가치 있는 정보인가? 믿을 수 있는가? 혹은 믿어야 하는가? 쓸모없는 정보를 믿고 거기에 얽매이다가는 큰 일을 그르치고 만다. 가치 있는 정보를 그냥 지나쳐 흘려보내서도 안 된다. 지나고 보면 분명한데 그때는 아직 주견(主見)이 서지 않고 비교할 근거가 없어서 판단할 수가 없었다. 이럴 때 다산은 계속해서 껍질을 벗겨내다 보면, 다시 말해 하루도 끊임없이 궁구하고 살피다 보면, 어느 순간 버려야 할 껍질과 먹을 수 있는 속살이 구분되는 시점이 온다고 했다.

가만히 혼자 생각해보니 진한(秦漢) 이래로 수천 년 뒤에 요동과 만주의 동쪽 수천 리 밖에서 다시금 수사(洙泗)의 옛 예법을 얻는 것이 또한 작은 일은 아니로구나. 되는대로 네게 보내 너로 하여금 한 벌을 다시 베껴쓰게 하고 싶다만, 아직은 뜻 같지가 않구나. 다만 안타까운 것은 명언(名言)의 지극한 뜻을 입을 열어 말할 곳이 없는 점이다. 그러나 또한 어쩌겠느냐?
「두 아들에게 답함(答二兒)」 9-3

첫 인용문에 이어지는 글이다. 다산은 그때그때 깨우친 바를 함께 이야기 나눌 사람이 곁에 하나도 없는 것을 안타까워했다. 토론을 통해 문제의식을 심화할 수 없어 답답했던 것이다. 그래서 그는 계속해서 옛 경전의 주석을 비교하고 대조하면서 혼자만의 생각으로 연구를 계속해나갔다.

파의 껍질을 계속해서 한 겹 한 겹 벗겨나가는 것은 '실마리〔緖〕'를 잡기 위해서다. 실마리를 잡아야 얽힌 실꾸리가 풀린다. 실마리를 잡지 않고서 실타래만 들쑤셔놓으면 나중에는 완전히 뒤엉켜서 수습할 수조차 없게 된다. 먼저 핵심개념을 잡아야 한다. 그래야 중요한 것과 그렇지 않은 것을 갈라낼 수 있다. 핵심을 잡으려면 안목과 식견이 서야 한다. 안목과 식견은 어떻게 갖출 수 있는가? 일단 옥석을 가리지 말고 따져보고 헤아려보아야 한다. 일견 순환어법처럼 보이지만 그렇지 않다.

문제를 도출하라

이런 일은 대학원생의 논문을 지도하다 보면 숱하게 겪게 되는 일이다. 처음 단계에서 학생들에게는 어떤 작가나 작품 등 무엇에 대해 논문을 쓰고 싶다는 추상적인 생각만 있다. 대개는 다른 사람의 논문을 보니 재미있을 것 같다거나, 뭔가 있는 것 같은데 아무도 연구하지 않아서라거나 하는 평범한 수준의 문제의식이다.

지도교수도 이 상태에서는 무어라 말해줄 것이 없다. 전혀 턱도 없는 문제거나 문제가 안 될 문제라면 다른 것을 알아보라고 하겠지만, 일단은 본인에게 내맡겨두는 수밖에 없다. 문제가 무엇인지도 모르는 상태에서 해결법을 제시해줄 수는 없기 때문이다. 기존의 연구성과를 꼼꼼히 검토해보라고 권하고 연구의 큰 방향을 대강 일러준다. 그러고는 그가 제대로 된 문제를 들고 나타나기를 기다릴 뿐이다.

하지만 정작 문제는 여기서부터 터진다. 이리저리 자료를 검색해서 차곡차곡 쌓아놓고 책상 앞에 앉지만 막막하기 짝이 없다. 기존 연구성과가 많으면 자기가 하고 싶었던 이야기를 남들이 벌써 다 해놓은 것 같다. 막상 미진한 부분이나 잘못된 시각 혹은 틈새가 보일 것도 같은데, 그것이 무엇인지 잘 가늠할 수가 없다. 기존 연구성과가 없으면 없는 대로 당황스럽긴 마찬가지다. 도대체 어디서부터 어떻게 손을 대야 할지 알 수가 없다. 문제에서 도대체 문제가 보이지 않는 것이다.

대개 논문을 쓰지 못하는 이유는 테마를 정하지 못해서가 아니라, 문제가 무엇인지 모르기 때문이다. 다산식으로 말해 '취서(就緒)', 즉 실마리를 향해 나아가지 못한 것이다. 머리를 들이박고 공부하고 싶은데, 어느 구멍에 들이박고 파야 할지 분간이 안 선다. 그래서 조금 살펴보다가 길이 안 보이면 쉽게 포기하고 또 다른 문제를 찾아 헤매기 시작한다. 이 구멍 저 구멍 파다 말다 파다 말다 하는 사이에 제풀에 지쳐 나자빠진다. 문제 해결은커녕 문제 파악조차 할 수 없는 혼란에 빠진 것이다.

언제나 문제는 문제가 아니다. 정말 큰 문제는 문제가 무엇인지 모르는 것이다. 그에게 필요한 것은 이 구멍 저 구멍 기웃거리는 것이 아니다. 공연히 실꾸리를 여기저기 들쑤석거려서는 점점 더 상황이 나빠져 수습할 수 없게 된다.

다산은 이러한 문제에 대한 해결책으로 '정존'과 '동찰'을 통한 상호보완을 제시했다.

정존(靜存)과 동찰(動察)은 서로를 기다려 이루어진다. 대개 정존할 수 없으면 동찰도 없다. 그러면 정존공부는 어떻게 힘을 쏟아야 할까? 주경(主敬)을 본(本)과 체(體)로 삼고, 궁리(窮理)를 용(用)과 말(末)로 삼아야 한다. 이른바 궁리란 깊고 오묘한 이치를 탐색하고 세상의 온갖 변화를 널리 헤아리는 것을 말하는 것이 아니다. 내가 날마다 쓰는, 마땅히 행해야 할 떳떳한 윤리를 모두 헤아리고 따져보아 묵묵히 마음으로 분변하는 것일 뿐이다. 「도산사숙록(陶山私淑錄)」 9-93

정존(靜存)은 조용히 따지고 살펴 그 깨달음을 마음에 간직하는 것이다. 동찰(動察)은 이를 실제에 적용하여 맞는지 맞지 않는지 살펴보는 것이다. 면밀히 따져 관점을 세운 후, 비로소 실제에 적용한다. 이때 주경과 궁리의 태도가 요구된다. 주경(主敬)이란 성심을 다해 주제에 몰입하는 것이다. 궁리(窮理)는 문제 해결을 위한 구체적인 탐색의 과정이다. 문제는 항상 구체적이고 실제적이라야 한다. 구름 잡는 이야기는 안 된다. 정존의 과정이 잘못되면 항상 동찰의 적용단계에서 문제가 생긴다. 항상 정존에서 동찰로 이어지고, 동찰이 다시 정존으로 환원되는 공부를 해야 한다. 두 가지가 따로 놀면 안 된다.

한 우물을 깊이 파라

조선 후기의 실학자 위백규(魏伯珪, 1727~1798)는 「김섭지에게 줌〔與金燮之〕」에서 이렇게 말했다. "책을 읽을 때, 능히 담긴 뜻을 깊이 궁구하지 않고, 다만 구두(句讀)와 풀이만 입과 귀로 섭렵하므로 마침내 확연한 깨달음을 얻지 못한다. 그래서 생각을 펼쳐 글로 지은 것도 또한 절로 이와 같게 된다. 책을 읽을 때 단지 글로 글을 읽을 뿐인 사람은 끝내 오묘한 경지에는 나아갈 수 없다." 책 따로 나 따로 노는, 입과 눈만의 독서를 경계한 것이다. 나아가 그는 독서를 다음과 같이 우물파기에 비유했다.

> 글을 지으려는 사람은 먼저 독서의 방법을 알아야 한다. 예를 들어 우물을 파는 사람은 먼저 석 자의 흙을 파서 축축한 기운을 만나게 되면, 또 더 파서 여섯 자 깊이에 이르러 그 탁한 물을 퍼낸다. 또 파서 아홉 자의 샘물에 이르러서야 달고 맑은 물을 길어낸다. 마침내 물을 끌어올려 천천히 음미해보면, 그 자연의 맛이 그저 물이라 하는 것 이상의 그 무엇이 있음을 깨닫게 된다. 또다시 배불리 마셔 그 정기가 오장육부와 피부에 젖어듦을 느낀다. 그런 뒤에 이를 펴서 글로 짓는다. 이는 마치 물을 길어다가 밥을 짓고, 희생(犧牲)을 삶고, 고기를 익히며, 또 이것으로 옷을 빨고, 땅에 물을 주어 어디든지 쓰지 못할 데가 없는 것과 같다. 고작 석 자 아래의 젖은 흙을 가져다가 부엌 아궁이의 부서진 모서리나 바르면서 우물을 판 보람으로 여기는 일은 절대로 없어야 할 것이다. 위백규, 「김섭지에게 줌(與金燮之)」, 『존재집(存齋集)』

석 자를 파면 축축한 흙이 나오고, 여섯 자를 파면 탁한 물이 나온다. 여기서 석 자를 더 파들어가야 달고 찬 샘물을 얻을 수 있다. 이 샘물은 가뭄에도 절대로 마르는 법이 없다. 먹는 물과 빨랫물로 쓸 수가 있고, 농사짓는 물로도 쓸 수가 있다. 하지만 석 자만 파다 말면 고작해야 부뚜막 바르는 데나 쓸 수 있는 축축한 흙을 얻는 데 그칠 뿐이다. 바른 독서는 그저 글의 껍질만 읽어 축축한 흙을 얻은 데 만족해서는 안 되고, 언제 어디서나 쓸 수 있는 달고 찬 샘물을 길어

올리는 데 이르러야 한다고 주장한 것이다.

이덕수(李德壽, 1673~1744)도 비슷한 취지의 말을 남겼다.

독서는 푹 젖는 것을 귀하게 여긴다. 푹 젖어야 책과 내가 융화되어 하나가 된다. 푹 젖지 않으면, 읽으면 읽는 대로 다 잊어버려 읽은 사람과 읽지 않은 사람이 별 차이가 없다.

소나기가 내릴 때는 회오리바람이 불고 번개가 꽝꽝 쳐서 그 형세를 돕는다. 빗줄기가 굵은 것은 기둥만하고, 작은 것도 대나무 같다. 다급하기는 화분을 뒤엎을 듯하고, 사납기는 항아리로 들이붓는 것 같다. 잠깐 사이에 봇도랑은 넘쳐흘러 연못처럼 되니 대단하다 할 만하다. 하지만 잠깐 사이에 날이 개어 햇볕이 내리쬐면 지면은 씻은 듯이 깨끗해진다. 땅을 조금만 파보면 오히려 마른 흙이 보인다. 이것은 다른 것이 아니다. 연못처럼 고였던 것이 능히 푹 적시지 못했기 때문이다.

만약 하늘과 땅의 기운이 성대히 교감하고 거세게 장맛비를 내려, 부슬부슬 어지러이 아침부터 저녁까지 내리게 되면, 땅속 깊은 데까지 다 적시고 온갖 사물을 두루 윤택하게 한다. 이것이 이른바 푹 젖는다는 것이다.

책 읽는 것 또한 그러하다. 서로 맞춰보고 꿰어보아 따져 살피는 공부를 쌓고, 그치지 않는 뜻을 지녀, 푹 빠져 스스로 얻음에 이르도록 힘써야 한다. 이와 반대로 오로지 빨리 읽고 많이 읽는 것만을 급선무로 한다면, 비록 책 읽는 소리가 아침저녁 끊이지 않아 남보다 훨씬 많이 읽더라도 그 마음속에는 얻은 바가 없게 된다. 이는 조금만 땅을 파면 오히려 마른 흙인 것과 한가지 이치다. 깊이 경계로 삼을 만하다.

이덕수, 「유척기에게 준 글(贈俞生拓基序)」, 「서당사재(西堂私載)」

그는 독서에서 푹 젖어듦의 중요성을 강조했다. 소나기가 휘몰아쳐 땅 위에 갑자기 도랑이 생길 지경이 되어도, 날이 갠 뒤 땅을 파 보면 금세 마른 흙이 나온다. 빨리 많이 읽기만 힘쓰고 의미를 살피고 따져보아 깊이 젖어들지 않는다면, 소나기가 잠깐 땅 위를 휩쓸고 지나간 것과 다름이 없다는 것이다.

파의 껍질과 속살을 구분해내려면 아홉 자 우물을 파야 한다. 석 자 파다 그만두고 다른 데서 또 파려 들면 부뚜막 바르는 데 쓸 젖은 흙밖에 얻을 게 없다. 쓸데없는 파 껍질만 수북이 쌓아놓게 된다. 부단한 노력만으로도 안 되고, 꼼꼼한 정리나 관련자료의 섭렵만으로도 안 된다. 물론 그것 없이는 더더욱 안 된다. 공부하는 사람은 무엇보다 실마리를 잘 잡아야 한다. 얽힌 실타래를 풀어내는 단서를 잡아야 한다. 여기에는 거듭되는 훈련과 끊임없는 노력이 요구된다.

뒤섞어 혼동 말라

공부는 내 삶을 가치 있게 향상시키기 위해서 하는 것이다. 공부 그 자체가 목적은 아니다. 사람들은 흔히 목적과 수단을 착각한다. 논문을 써서 학위를 받는 것은 목적이 될 수 없다. 교수가 되는 것도 목적은 아니다. 떼돈을 벌어 출세하는 것도 목적은 아니다. 이런 것들은 내가 원하는 삶의 모습에 좀더 가까이 다가서기 위한 수단일 뿐이다. 또는 과정 끝에 주어지는 결과일 뿐이다. 다시 다산의 이야기를 들어보자.

크게 걱정하는 것은, 우리가 모두 글이나 짓고 외우는 것을 업으

현재의 온양 봉곡사. 이곳에서 다산과 남인 학자들이 모여 오늘로 치면 '성호 선생 학술대회'를 열었다. 꼼꼼한 토론과 검토를 거쳐 어지러운 초고상태로 있던 『가례질서』를 규모 있는 한 권의 책으로 엮었다. 다산은 이때의 기록을 빠짐없이 남겨 「서암강학기」로 정리했다.

로 삼는 일이다. 산문(山門)에서 한번 흩어져 각각 제집으로 돌아가면 아마득히 서로를 잊어버리는 지경이 될 것이다. 게다가 경박하고 행실 없는 자나 천박하고 생각 많은 무리가 혹 잗다란 재주나 말단의 기예를 가지고 효과가 빠르다고 유혹하거나, 장차 어떤 사람이 불교나 도교의 기미를 가지고 이것이야말로 참된 길이라고 하면, 여기에 막혀 흔들려서 스스로 게을러지고, 여기에 현혹되어 정신을 쏟기도 한다. 이렇게 되면 지취(識趣)가 거칠어질 뿐 아니라 도리어 진취(進取)에 방해가 된다. 반드시 바탕이 혼탁해져서 점점 밝음을 잃게 되어 마침내 쓸모 있는 학문을 할 수 없게 될 것이다.

「봉곡사에서 뜻을 적은 시의 서문(鳳谷寺述志詩序)」 6-46

온양 봉곡사(鳳谷寺)에서 성호(星湖) 이익(李瀷, 1681~1763)의 제

자들이 모여 『가례질서(家禮疾書)』를 편집하는 작업을 마치고, 그곳에서 지은 시문을 모아 엮은 시집에 쓴 다산의 서문이다. 공부에서 실마리를 잡지 못하면, 그저 글 잘 짓고 많이 외우는 것이 공부인 줄로 착각하게 된다. 목적과 수단을 혼동하면 안 된다. 실마리를 잡는 일은 이것을 옳게 분별하는 일에서 시작된다.

이 분간을 잘못하면 귀가 얇어진다. 쉽게 갈 수 있는 지름길이 있는데 왜 그 고생을 하느냐고 하면 금방 솔깃해진다. 그래서 반드시 거쳐야 할 과정을 건너뛰어버린다. 당장에는 남보다 빨라 보여도 결국은 더 늦는다. 분명히 될 것 같았는데 끝내 안 된다.

그래서 이번에는 이단사설에 빠져 인생을 탕진한다. 이단사설(異端邪說)이란 다른 것이 아니다. 자신의 무능력과 불성실을 회피하기 위한 합리화의 논리가 이단사설이다. 그래서 그까짓 것 때문에 내가 이렇게 아등바등할 것이 뭐 있겠느냐며 파던 우물을 버려두고 딴 곳에서 새 우물을 파기 시작한다. 나는 아무 문제가 없는데 남이 문제가 많아서 되는 일이 없다고 핑계댄다. 이런 것이 모두 다 목적과 수단을 혼동해서 생기는 일이다. 껍질과 속살을 구분하지 못해서 벌어지는 현상이다.

다산 같은 큰 학자도 처음에는 실마리가 잡히지 않아 애를 먹었다. 껍질과 속살을 분간하지 못해 헛수고를 했다. 처음에 인용한 편지글에서 다산은 이렇게 말하고 있는 셈이다. "지난번 내가 네게 목청을 돋워 이야기했던 것은 이제 와 생각해보니 본질 문제가 아니었다. 그것은 오히려 파 껍질 같은 것이었다. 그때는 내가 헛다리를 짚었다. 사실은 아직도 잘 모르겠다. 그렇지만 지난번 네게 힘주어 말한 것이 잘못되었던 것만은 분명히 알겠다. 그러니 그때보다는 진전이 있는 셈이다. 실마리가 곧 잡힐 것 같기는 한데 될 듯 될 듯 안 된다. 되기만 하면 네게 보내 너와 토론하고 싶다."

다산은 말한다. 문제를 회피하지 마라. 정면으로 돌파하라. 끊임없이 의문을 가지고 탐구해 들어가라. 처음에 우열을 분간할 수 없던 정보들은 이 과정에서 점차 분명한 모습을 드러낸다. 거기서 실마리를 잡아라. 얽힌 실타래도 실마리를 잘 잡으면 술술 풀리게 마련이다. 더 이상 파 껍질을 붙들고 씨름하지 않게 된다. 실마리를 잡지 못한 채 자꾸 들쑤석거리기만 하면 나중엔 아예 걷잡을 수 없게 된다. 손쓸 수 없게 된다. 핵심을 놓치지 마라. 실마리를 잡아라.

2. 묶어서 생각하고 미루어 확장하라
촉류방통법(觸類旁通法)

어린아이들이 그 뜻을 분별하지 못하고 '검을' 현(玄) 자를 칭칭 감는다는 '감을' 전(纏) 자의 뜻으로 알고, '누르' 황(黃) 자를 꽉 누른다는 '누를' 압(壓) 자로 풀이한다. 이것은 그 아이들이 재주가 없어서가 아니다. 능히 종류별로 접촉해서 곁으로 통하지 못하기 때문이다.

【「천자문에 대한 평(千文評)」 9-145 】

계통 있게 정리하라

촉류방통(觸類旁通)은 비슷한 것끼리 엮어 옆에까지 통한다는 뜻이다. 연암(燕巖) 박지원(朴趾源, 1737~1805)의 「창애에게 답함[答蒼厓]」이라는 글을 보면 이런 이야기가 나온다. 서당에서 『천자문』을 가르치는데 꼬맹이녀석 하나가 계속 딴전만 한다. 화가 난 훈장선생님이 "이놈!" 하고 야단을 치자, 녀석의 대답이 이랬다. "저 하늘을 보면 파랗기만 한데, 하늘 천(天) 자는 파랗지가 않으니, 그래서 읽기 싫어요!" 그러고 보니 『천자문』은 '천지현황(天地玄黃)'으로 시작한다. 풀이하면 '하늘은 검고 땅은 누르다'는 뜻이다. 제 눈으로 보기에 하늘은 파랗기만 한데, 『천자문』이 하늘을 검다고 가르치니 배울 맛이 싹 가신다는 것이다.

한술 더 떠 『춘향전』에는 이런 대목이 있다. 춘향에게 온통 마음을 빼앗긴 이도령이 책방에서 건성으로 이 책 저 책을 읽다가 방자에게 퉁을 맞는다. 얼떨결에 『천자문』을 집어들고 "하늘 천 따 지" 하고 시작하자, 방자란 녀석 점잖은 도련님이 『천자문』이 웬말이냐고 끼어든다. 계면쩍어진 이도령이 "에헴" 기침을 하고 이렇게 말했다. "천자라 하는 글은 칠서의 근본이라. 양나라 주사봉 주흥사가 하룻밤에 이 글을 짓고 머리가 세었기로 백수문이라. 낱낱이 새겨보면 쌔똥 쌀 일이 많지야." 방자 왈, "소인놈도 천자속은 압니다요." 읽어보라 하자, 방자가 읽는다. "높고 높은 하늘 천, 깊고 깊은 따 지, 홰홰친친 감을 현, 불타졌다 누를 황."

그러니까 방자의 대답은 바로 첫 인용문 속 다산의 우려가 그대로 현실로 나타난 셈이다. 왜 '검다'가 '친친 감다'로 둔갑하고, '누르다(黃)'가 '누르다(壓)'로 바뀌었는가? 하늘은 검지 않고 푸른데 검다고 하니 의미가 연결되지 않기 때문이다. 또 위를 감았다고 하니 아래는 짝을 맞춰 누른다고 한 것이다. 다산의 『천자문』 비판을 좀더 들어보자.

우리나라 사람들은 이른바 주흥사의 『천자문』을 얻어 어린아이들을 가르친다. 그러나 『천자문』은 자학(字學)에 관한 책이 아니다. 천지(天地)라는 두 글자를 배워놓고, 일월(日月)·성신(星辰)·산천(山川)·구릉(丘陵) 같이 연결되는 글자를 다 배우지 않았는데 갑자기 내버려두고, "잠시 네가 배우던 것을 그만두고 오색을 배워라"라고 한다. 그래서 현황(玄黃)이라는 글자를 배운다. 그러면 청적(靑赤)·흑백(黑

白)·홍자(紅紫)·치록(緇綠)의 차이를 구별하기도 전에 느닷없이 그 치게 하고, "잠시 네가 배우던 것을 놓아두고 우주(宇宙)를 배워라"라 고 한다. 도대체 이것이 무슨 방법이란 말인가? 운등치우(雲騰致雨)라 하여 운우(雲雨)의 사이에 등치(騰致)를 끼워넣으니, 그 종류를 능히 다할 수 있겠는가? 노결위상(露結爲霜)이라 하여 노상(露霜)의 사이에 결위(結爲)를 집어넣으니, 그 차이를 능히 구별할 수 있겠는가?

「천자문에 대한 평(千文評)」 9-145

정보를 체계적으로 전달하지 않고 그때그때 뒤죽박죽 네 글자씩 엮어 운자(韻字)에 맞춰 배열한 결과, 『천자문』은 전혀 계통 없고 체 계도 없는 책이 되고 말았다는 것이다. 『천자문』은 양(梁)나라 무제 (武帝)가 죄를 지어 감옥에 갇힌 주흥사(周興嗣)에게 하룻밤 안에 『천자문』을 지어 바치면 사면해주겠노라 해서, 그가 하룻밤 안에 지 었다는 책이다. 이 책을 완성하고는 노심초사 끝에 갑자기 머리가 세었다 해서 '백수문(白首文)'으로도 불린다.

미루어 알게 하라

양 무제는 왕희지의 초서글씨를 워낙 좋아하고 아꼈다. 그래서 왕 희지의 글씨라면 탁본을 해서라도 모두 모았다. 하지만 천 자도 넘 는 이 많은 글자를 효과적으로 기억하기가 여간 어렵지 않았다. 그 래서 왕희지의 초서를 학습하기 위한 방편으로, 주흥사를 시켜 여덟 글자마다 운자를 달아 기억하기 쉽게 만든 『천자문』을 짓게 했던 것 이다. 예전에 『천자문』이 초서학습의 기본교재로 많이 활용된 것은 이런 연유에서다. 당나라 때 승려서예가 회소(懷素)는 왕희지의 초서 『천자문』을 800번이나 임서(臨書)하여 득력(得力)한 것으로 유명하다. 『천자문』은 이렇듯 처음 출발부터 있는 글자를 가지고 퍼즐맞추기한 결과일 뿐, 무슨 거창한 철학적 이념이나 우주의 이치를 담으려 한 책은 아닌 것이다.

『천자문』은 초서를 익히는 교재로는 어떨지 몰라도 어린아이들이 처음 글자를 익히는 교재로 삼기에는 문제가 많다. 앞에서 든 예처럼 개념이 들쭉날쭉할 뿐 아니라, 문장의 구조도 왔다갔다한다. 역사이야기를 하다가 느닷없이 몸가짐이야기로 건너뛰는 등 일관성도 없다. 다른 글에서 다산은 "처음 배울 때 『천자문』을 읽히는 것이 우리나라의 제일 나쁜 습속이다"라고까지 말한 바 있다.

다산은 아이들에게 효과적으로 한자를 학습시키는 대안으로 촉류방통법을 제시한다. 비슷한 것끼리 묶어서 연쇄적으로 가르쳐, 이것으로 미루어 저것까지 알게 하는 학습법이다. 다산의 주장은 명확하고 단호하다.

찰 영(盈)의 반대는 빌 허(虛)요, 기울 측(仄)의 반대는 평평할 평(平)이다. 그런데 『천자문』에서는 '일월영측(日月盈仄)'이라 하여 영(盈) 자를 측(仄) 자와 짝지었다. 이것은 세로를 말하다가 가로에 견주는 격이니 그 비슷한 종류가 아니다. 해 세(歲) 자는 때 시(時) 자와 무리가 되고, 양(陽)은 음(陰)과 짝이 된다. 그런데 '윤여성세(閏餘成歲)'라 하고 '율려조양(律呂調陽)'이라고 따로 말하여 홀로 가고 동떨어져 있게 하니 그 종류가 아닌 것이다.

대저 무릇 문자를 배울 때는 맑을 청(淸) 자로 흐릴 탁(濁) 자를 일깨우고, 가까울 근(近)으로 멀 원(遠) 자를 깨우치며, 가벼울 경(輕)으

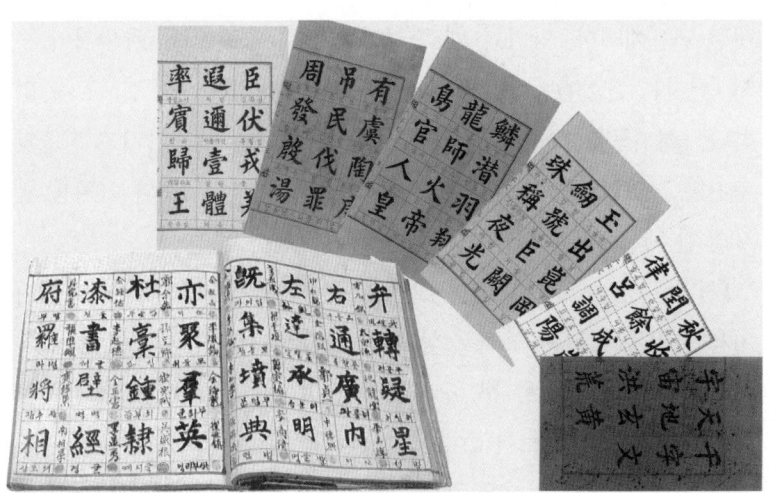

조선 왕실에는 색색의 고급 색지로 만든 『천자문』 책이 있었다. 부모들은 아이가 돌이 되면 주위의 천 사람에게 부탁하여 한 글자씩 쓰게 하고 낙인까지 받아 『천인천자문』 책을 만들기도 했다(왼쪽 아래).

로 무거울 중(重) 자를 가르치고, 얕을 천(淺)으로 깊을 심(深)을 알게 해야 한다. 짝지어 들어서 함께 펼쳐 보여주면 두 가지 뜻을 다 통하게 된다. 반대로 하나만 말하거나 치우쳐서 얘기하면 두 가지 뜻이 함께 막혀서, 아주 똑똑한 경우가 아니고는 능히 깨우칠 수가 없다.

또 무릇 형체 있는 사물과 형체 없는 정(情)은 그 종류가 다르다. 행위가 없는 정(情)과 행위가 있는 사(事)도 그 종류가 같지 않다. 강(江)·하(河)·토(土)·석(石)은 형(形)의 이름이다. 청(淸)·탁(濁)·아(雅)·속(俗)은 정(情)에 해당한다. 물 고일 정(渟)과 흐를 류(流), 떨어질 운(隕)과 솟을 돌(突)은 사(事)에 해당한다. 그 종류를 가지고 잇대지 않고서는 능히 곁으로 통하게 될 수 없는 것이 이와 같다.

「천자문에 대한 평(千文評)」 9-146

다산은 대립되는 개념어를 짝지어 가르쳐 하나를 배우는 동시에 다른 하나를 엮어서 가르칠 것을 주문한다. 또 모든 한자어를 형·정·사의 세 종류로 나누었다. 오늘날의 개념으로 따져보면 대체로 형(形)은 명사, 정(情)은 형용사, 사(事)는 동사에 해당한다. 이를 요약하면 이렇다. 첫째, 홑글자를 가르치지 말고 비슷하거나 반대되는 개념들을 엮어서 가르쳐라. 둘째, 글자의 성격에 따라 구분하여 명사는 명사끼리 엮고, 동사는 동사끼리 묶으며, 형용사는 형용사끼리 모아 글자의 성질에 따라 계통적으로 배우게 하라.

체계를 유지하라

다산은 말로만 하지 않고 2천자문(二千字文)인 『아학편(兒學編)』을 저술해서 자신의 신념을 즉각 실천에 옮겼다. 상권 1천 자는 유형지물(有形之物) 즉 명사를 유별로 모았고, 하권 1천 자는 물정(物情)과 사정(事情) 즉 형상이 없는 개념어나 동사·형용사를 갈래 나눠 제시했다. 그러면서도 여덟 자마다 운을 달았다. 『천자문』의 체례(體例)를 유지하여 비슷하지만 본질적으로는 다른 차별성을 강조한 것이다.

『아학편』은 『천자문』이 아동의 발달과정과 인지과정을 완전히 무시한 점을 비판하며 새로운 방향을 제시한 일종의 대안교과서다. 다산은 「중씨께 올림〔上仲氏〕」(8-227)에서, 자신이 지은 『아학편』에 대해 "2천 글자를 다 읽은 뒤에는 곧장 『시경』「국풍」을 가르쳐주더라도 또한 능히 통할 것"이라고 자신감을 피력하고 있다.

이와 함께 다산이 어린이용 학습교재로 지은 책이 하나 더 있다.

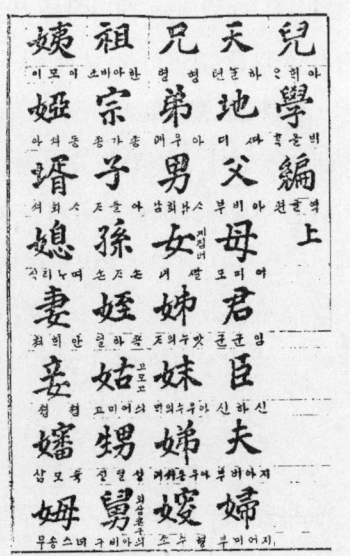

다산이 엮은 대안(代案) 2천자문인 『아학편』. 상권 1천 자는 유형천자(有形千字)라 하고, 하권 1천 자는 무형천자(無形千字)라 했다.

『소학주천(小學珠串)』이다. 원리는 똑같다. 그 서문은 이런 이야기로 시작된다.

　　촉(蜀)땅의 아이가 고운 구슬 수천 개를 얻었다. 보고 기뻐서 품에 넣고, 옷자락에 담고, 입에 물고, 두 손에 움켜쥐기도 하여, 동쪽으로 낙양에 가서 팔려고 했다. 막상 길을 떠난 후, 지쳐서 앞섶을 헤치면 품었던 구슬이 떨어지고, 물을 건너다 몸을 숙이면 옷자락에 담았던 것이 흩어졌다. 기쁜 일을 보고 웃거나 말할 일이 있어 입을 열면 머금고 있던 구슬이 튀어나왔다. 벌이나 전갈, 살무사나 도마뱀처럼 사람을 해치는 물건과 갑작스레 맞닥뜨리면, 그 근심에서 자기를 지키려고 손에 쥐고 있던 구슬을 놓치고 말았다. 마침내 절반도 못 가서 구슬은 다 없어져버렸다.

실망해서 돌아와 늙은 장사꾼에게 이 일을 말해주었다. 장사꾼이 말했다.

"아아, 아깝구나! 왜 진작 오지 않았니? 고운 구슬을 나르는 데는 방법이 따로 있단다. 먼저 좋은 명주실로 실을 만들고, 빳빳한 돼지털로 바늘을 만든다. 푸른 구슬은 꿰어 푸른 꿰미를 만들고, 붉은 것은 꿰어 붉은 꿰미를 만든다. 감색과 검은색, 자줏빛과 누런빛도 색깔 따라 꿰어, 남방의 물소가죽으로 만든 상자에 담는다. 이것이 고운 구슬을 나르는 방법이다. 이제 네가 비록 만 섬이나 되는 구슬을 얻었다 해도 꿰미로 이를 꿰지 않는다면 어딜 가도 잃어버리지 않을 수가 없을 게다."

「소학주천서(小學珠串序)」 6-17

이 책은 옛 경전에 나오는 명물수목(名物數目) 가운데 실제 배움에 보탬이 될 만한 내용만 추려, 숫자마다 열 항목씩 한정지어 300항목으로 정리한 것이다. 『논어』에 나오는 '일이관지(一以貫之)'의 정신에 바탕을 두고 있다고 다산은 적고 있다.

옛 속담에 "구슬이 서 말이라도 꿰어야 보배"라고 했다. '주천(珠串)'이란 '구슬꿰미'라는 뜻이다. 이때 구슬은 낱낱의 글자다. 자전(字典)을 옥편(玉篇)이라고 하는 것만 봐도 알 수 있다. 이 글자들을 색깔별, 종류별로 나눠 하나로 꿴 것이다. 꿰미의 색깔에 따라 족류(族類)가 갈린다. 이것들은 따로 놓지 않고 한데 합쳐져 방통(旁通), 즉 옆으로 통한다. 이것이 바로 다산이 말하는 촉류방통법이다.

글자 하나하나가 모여 계통적 지식을 만들고 연쇄적 확산을 낳듯, 우리 앞에 놓인 수많은 정보들도 갈래별로 나누고 성질에 따라 분류하지 않으면 안 된다. 다산은 이렇게 부연한다.

오늘날 학문하는 방법도 이와 다를 것이 없다. 무릇 온갖 경전과 제자백가의 책에 나오는 사물의 이름이나 많은 목록은 모두 고운 구슬이라고 할 수 있다. 꿰미로 이를 꿰지 않는다면 또한 얻는 족족 잃어버리고 말 것이다. 「소학주천서(小學珠串序)」 6-17

머릿속에 어떤 체계가 가동되고 있지 않으면 배워보았자 안 배운 것이나 다름없다. 좀처럼 질서를 보여주지 않는 잡다한 정보의 덩어리들을 갈래지어 구분하고, 등위에 따라 배열하며, 차례에 맞게 순서지을 수 있어야 한다.

대답을 찾아가라

논문을 쓰거나 데이터를 분석하는 것도 이 구슬꿰기와 다를 것이 없다. 대개 이 과정은 자신이 던진 질문에 대한 답을 스스로 찾아가는 과정이다. 이게 뭘까? 왜 그럴까? 어떻게 이해할까? 모든 의문은 대부분 이 세 범주 속에 놓인다. 어떤 현상을 분석하는 것이라면, 우선 무슨 현상을 분석할 것인지 명확하게 규정해야 한다. 그래야만 왜 그런 현상이 일어났는지를 분석하고, 나아가 그것을 어떻게 이해할 것인지를 따질 수가 있다.

필자의 경우, 논문을 쓸 때 우선 공격목표를 명확히 하는 일에서 출발한다. 예를 들어 조선 중기, 선조와 광해군 연간에 갑자기 중국 강남의 서호(西湖) 풍경을 그린 〈서호도〉를 집집마다 거는 것이 일대 유행을 했다. 처음엔 무심히 보아넘겼는데 문집을 읽다 보니 자꾸 관련자료가 눈에 들어왔다. 매우 특이한 현상이다 싶어 어느 순간부터 자료를 수집하기 시작했다. 무심히 모은 것이 일정 수준을 넘어서자 생각에 가속도가 붙었다. 그 다음부터는 색인을 뒤지고 검색어를 정리해 본격적으로 찾았다. 뜻밖에 관련자료가 많았다.

다음은 당시 논문을 쓰기 전에 내가 나 자신에게 던졌던 질문들이다.

- 왜 서호인가?
- 왜 하필 선조와 광해 연간인가?
- 어떤 사람들이 이 그림을 선호했나?
- 〈서호도〉 성행에 다른 배경은 없는가?
- 서호는 어떤 코드로 이해할 수 있나?
- 그 전후로 성행한 〈소상팔경도〉나 〈무이구곡도〉와는 어떻게 같고 또 다른가?
- 임진왜란과는 어떤 관련이 있을까?
- 그 속에 담긴 심리상태는 어떤가?
- 『서호지(西湖志)』라는 책의 수입과는 어떤 관련이 없을까?
- 비슷한 시기의 가사작품인 「서호별곡」은 어떻게 보아야 하나?
- 〈서호도〉 관련 시문에 보이는 공통분모는?
- 왜 이 풍조는 이후 흔적도 없이 사라져버렸을까?
- 당대 문학사조인 낭만풍과는 어떻게 관련될까?

이렇게 두서없이 떠오르는 대로 질문을 던지고 보니, 이 논문은 '왜'와 '어떻게'에 비중이 놓인 논문임이 명확해졌다. 그 다음에는

'왜'와 '어떻게'를 따로 모아 질문을 통합했다. 문제를 단순화하니, "왜 선조와 광해 연간에 중국 서호를 동경하는 문화현상이 갑작스레 대두했으며, 이 현상을 우리는 어떻게 해석할 수 있는가?" 하는 질문으로 요약되었다. 그렇다면 이 논문은 크게 두 덩어리의 생각을 다루게 될 것이었다. 현상의 대두 원인과 현상 속에 내재된 의미 분석이 그것이다. 먼저 관련자료의 개관이 필요하겠고, 여러 방증자료를 통해 현상의 대두 원인을 분석할 수 있을 것이었다.

대략 이러한 과정을 거쳐 「16, 17세기 조선 문인지식인층의 강남열(江南熱)과 서호도」라는 논문을 작성했다. 임진왜란 당시 조선에 출병했던 중국 장교와 우리 지식인들 간의 교유는 상당히 활발했다. 그들은 대부분 절강(浙江) 출신의 수군으로, 서호 근처가 고향이었다. 또 당대 성행한 낭만주의적 경향은 가보지 못한 이곳의 아름다운 풍광에 대한 이국정서(異國情緖)와 맹목적 동경을 낳았다. 게다가 당대에 수입된, 서호의 풍광이 판화로 그려진 『서호지』라는 책이 독서인들에게 상당한 반향을 불러일으키면서, 이러한 동경을 부추겼다. 이는 전쟁의 참상이 빚어낸 도피욕구와도 맞물렸다. 이전 시기 〈소상팔경도〉나 다음 시기 〈무이구곡도〉의 성행과 견주어 보면, 한국 회화사의 지적 성향을 파악하는 데도 도움이 될 듯하다. 대략 이런 내용이 논문의 결론이었다.

자료를 수집하는 데는 꽤 오랜 시간이 걸렸는데, 막상 논문은 며칠 만에 탈고했다. 자료를 수집하고 생각의 갈래를 나누는 데 시간이 많이 든다. 생각이 정돈되면 글 쓰는 일은 대개 손가락 아래의 일이다. 하지만 생각이 정돈되지 않으면 자료를 다 모아놓고 몇 년이 지나도 전혀 손을 대지 못한다. 생각이 익기만을 기다리는 자료파일이 내게도 적지 않다.

다산은 말한다. 갈래를 나누고 종류별로 구분하라. 그렇게 해야 무질서 속에서 질서가 드러난다. 안 보이던 것이 보이기 시작한다. 그런 다음 묶어서 생각하고 미루어 확장하라. 그저 그러려니 해서는 안 된다. 보이지 않는 질서를 찾아내야 한다. 계통을 확립해야 한다. 산만해서는 안 되고 집중해야 한다. 흩어져서는 안 되고 집약해야 한다. 지리멸렬, 각개격파로는 적을 물리칠 수가 없다. 일사불란하고 명약관화해야 한다.

3. 기초를 확립하고 바탕을 다져라
축기견초법(築基堅礎法)

이에 문무의 장교와 아전을 모두 불러 각자 역할을 주었다. 그러고 나서 말했다. "집 지을 때 터를 굳게 다지지 않기 때문에 단청이 채 마르기도 전에 주추가 먼저 내려앉는 것이다. 또 규모가 낮고 작아서 여염집 백성의 거처와 같게 되면 체모를 높일 수가 없다." 그들로 하여금 터를 다지게 하여 석 달간 달구질을 그치지 않았다. 【「곡산정당신건기(谷山政堂新建記)」 6-151 】

기초를 닦아라

축기견초(築基堅礎)는 터를 다져 주추를 굳게 한다는 말이다. 터 다지기를 소홀히 하면 주추가 내려앉는다. 주추가 내려앉으면 다시 뜯어 새로 짓는 수밖에 다른 방법이 없다. 그렇게 새로 집을 지으려면 경비는 몇 배나 들고 시간과 노동력도 낭비가 이만저만이 아니다. 운동선수에게 가장 중요한 것은 기본기다. 이 기본기가 잘못되면 어느 정도까지는 괜찮아도 그 이상은 안 된다. 뒤늦게 깨달아 다시 기본부터 닦으려 하면 그때까지의 잘못된 습관이 방해해서 상태가 전보다 더 나빠진다.

터다지기를 굳게 하지 않으면 아무리 근사한 집을 지어도 단청이 채 마르기 전에 주춧돌이 먼저 내려앉는다. 정당(政堂)은 고을의 정사를 살피는 집이니 화려한 장식이나 회랑은 없더라도 규모가 작아서는 안 된다. 앞에 인용한 글은 다산이 곡산부사로 재직할 때 다 낡아 무너진 정당건물을 신축하면서 한 말이다. 터를 다지는 데만 꼬박 석 달이 걸렸다. 막상 공사를 마치기까지는 반년밖에 걸리지 않았다. 터 다지는 데 석 달, 짓는 데 석 달이 걸린 것이다.

공부도 이와 다를 것이 하나도 없다. 기초를 튼실히 닦아야 한다. 우왕좌왕 여기저기 기웃거리기보다 진득하니 앉아 바탕공부에 몰두하는 것이 낫다. 바탕공부란 어떤 것인가? 다산은 이렇게 말한다.

> 독서는 무엇보다 먼저 바탕(根基)을 세워야 한다. 바탕이란 무엇을 말하는 것이냐? 배움에 뜻을 두지 않고는 능히 책을 읽을 수가 없다. 배움에 뜻을 두었다면 반드시 먼저 바탕을 세워야 한다. 그렇다면 바탕이란 무엇을 말하겠느냐? 효제(孝悌), 즉 부모에게 효도하고 형제간에 우애로운 것일 뿐이다. 모름지기 먼저 힘껏 효제를 행하여 바탕을 세운다면 학문은 저절로 무젖어들게 마련이다. 학문이 내게 무젖어들고 나면 독서는 모름지기 별도의 단계를 강구하지 않아도 된다.
>
> 「두 아들에게 부침(寄二兒)」 9-6

공부보다 먼저 인간이 되라는 얘기다. 공부의 바탕이 되는 근기(根基)는 효제의 덕성을 바탕으로 갖추어진다. 인간은 인간성에 바탕한 근기를 갖출 때 비로소 목표가 생긴다. 내가 이 일을 하면 부모님이 기뻐하시겠지 하는 마음이 저절로 우러날 때 갈 길의 방향이 정해진다. 형제들이 저렇게 잘하니 나는 더 잘해야지 하는 생각을 지닐 때, 잡념 없이 더 정진할 수가 있다. 이럴 때 경전의 말씀은 하나하나 마른 솜이 물을 빨아들이듯 내 안으로 스며든다.

신기함을 추구 말라

주체가 일단 서면 아무 책을 읽더라도 다 약이 된다. 그때부터는 차례가 문제되지 않는다. 그렇다면 어찌해야 효제의 마음가짐을 내 안에 깃들일 수 있는가? 다산은 계속해서 말한다.

> 근래 들어 한두 젊은이가 원나라와 명나라 사이의 경박하고 망령된 자들의 괴로워 끙끙대는 뾰족하고 자질구레한 글을 가져다가, 이를 본떠 절구와 율시를 짓고는 은근히 세상에 우뚝한 문장이라고 자부하며, 거만하고 경박하게 고금을 쓸어엎겠다고 한다. 나는 늘 이를 불쌍하게 생각한다. 반드시 먼저 경학으로 그 기초를 세운 뒤에 앞 시대의 역사를 섭렵해서, 그 득실(得失)과 치란(治亂)의 근원을 알아야 한다. 또 모름지기 실용의 학문에 마음을 쏟아 옛사람이 경제에 대해 쓴 글을 즐겨 보도록 해라. 이 마음속에 언제나 만백성을 이롭게 하고 만물을 길러내겠다는 마음을 지닌 뒤라야 바야흐로 독서한 군자가 될 수 있는 법이다.
> 　　　　　　　　　　　　　「두 아들에게 부침(寄二兒)」 9-7

젊은 사람은 혈기가 안정되지 않아 늘 낯설고 신기한 것에 눈을 판다. 그들은 종종 오래된 것과 낡은 것을 착각하고, 새로움과 괴상함을 혼동한다. 남들이 많이 간 길은 거들떠보지 않고, 생전 처음 보는 길로 모험떠나기를 즐긴다. 새로운 길을 가더라도 괴상한 것과 혼동하면 안 된다. 주체가 흔들릴 때 모험은 대개 용기이기보다 만용이 된다.

그들은 또 유행에 민감하다. 이것이 좀 뜬다 싶으면 이쪽으로 우르르 몰려가고, 저쪽이 새롭게 부각되면 저쪽으로 무너지듯 쏠린다. 낯설고 새로워도 나 혼자 가는 길은 왠지 불안하다. 다른 사람과 함께 가야 편안하다.

세상에는 변하는 것과 변하지 않는 것이 있다. 변해야 할 것과 변해서는 안 될 것도 있다. 동서남북은 내가 어디에 있든 변하지 않고, 변할 수도 없다. 하지만 상하좌우는 내가 선 위치에 따라 수시로 바뀐다. 가변적이다. 동서남북을 상하좌우로 알 때 문제가 생긴다. 상하좌우를 동서남북으로 착각해도 비극이다.

바탕을 다지는 일은 동서남북을 배우는 일이다. 현실에 적용하고 실제에 응용하는 것은 상하좌우의 분별과 관련된다. 상하좌우만 알아서는 방향을 잃었을 때 집을 찾아갈 수 없지만, 동서남북을 알면 길을 잃고 헤매지 않는다.

공부하는 사람에게 동서남북은 경전의 말씀이다. 말씀 하나하나를 마음에 새기면 마음속에 호연한 기상이 생겨난다. 가슴이 쭉 펴지고 눈빛이 맑아진다. 역사책은 상하좌우와 같다. 어떤 때는 동쪽이 왼쪽이 되고 남쪽이 위쪽이 되기도 한다. 좌우가 바뀌고 상하가 요동친다. 그 흥망성쇠의 득실과 치란을 살펴보면 사람이 가야 할 바른 길이 환하게 들여다보인다. 그때 비로소 세상에 보탬이 되는 쓸모 있는 사람이 되고 말겠다는 다짐이 걷잡을 수 없이 올라온다.

공부를 그저 출세의 수단으로만 여겨서는 공부도 잃고 나도 잃는다. 사업을 단지 돈벌이의 방편으로만 생각하면 결국엔 패가망신하게 된다. 내가 왜 이 자리에 있는가? 나는 어디로 가고 있는가? 또 무엇을 위해 살고 있는가? 이런 물음에 수시로 자답해보아야 한다. 좌표를 설정하지 못하면 망망대해에서 나침반 하나 없이 떠돌다 풍랑을 만나 좌초하고 만다. 등등하던 기세가 막상 작은 시련 앞에서 맥없이 무너진다.

바탕을 갖추어라

다산이 한강가 마재에 살 때 일이다. 열아홉 살 난 이인영(李仁榮)이라는 젊은이가 책상자를 지고 다산을 찾아왔다. 무슨 일로 왔느냐고 묻자 젊은이가 대답했다. "문장학을 배우고 싶습니다. 훌륭한 문장을 남길 수만 있다면 공명(功名)과 멀어져 평생을 불우하게 살아도 후회하지 않겠습니다. 저를 가르쳐주십시오." 말하는 그의 눈이 반짝반짝 빛났다. 책상자는 모두 기이하고 청신한 시문들로 가득 차 있었다. 점검해보니 뱃속에 든 지식이 호리병에서 물이 흘러나오듯 거침이 없었다. 참으로 명민하고 똑똑한 젊은이였다. 다산은 그에게 이렇게 대답했다.

자네 우선 거기 앉게. 내가 자네에게 말해주겠네. 문장이란 무슨 물건일까? 학식은 안으로 쌓이고, 문장은 겉으로 펴는 것일세. 기름진 음식을 배불리 먹으면 살가죽에 윤기가 나고, 술을 마시면 얼굴에 홍조가 피어나는 것과 다를 게 없지. 그러니 어찌 문장만 따로 쳐서 취할 수가 있겠는가? 중화(中和)의 덕으로 마음을 기르고, 효우(孝友)의 행실로 성품을 다스려, 몸가짐을 공경히 하고, 성실로 일관하되, 중용을 갖춰 변함없이 노력하여 도를 우러러야 하네. 사서(四書)를 내 몸에 깃들게 하고, 육경(六經)으로 내 식견을 넓히며, 여러 사서(史書)로 고금의 변화에 통달하게 해야겠지.

예악형정(禮樂刑政)의 도구와 전장법도(典章法度)의 전고(典故)가 가슴속에 빼곡하여, 사물이나 일과 만나 시비가 맞붙고 이해가 서로 드러나게 되면, 내가 마음속에 자옥하게 쌓아둔 것이 큰 바다가 넘치듯 넘실거려 한바탕 세상에 내놓아 천하 만세의 장관이 되게 하고 싶은 생각이 들게 되네. 그 형세를 능히 가로막을 수 없게 되면 내가 드러내려 했던 것을 한바탕 토해놓지 않을 수가 없게 된다네. 이를 본 사람들이 서로들 "문장이다!"라고들 하니, 이런 것을 일러 문장이라 하는 것일세. 어찌 풀을 뽑고 바람을 우러르며 빠르게 내달려, 이른바 문장이란 것만을 구하여 붙들어 삼킬 수가 있겠는가? (중략)

바라건대 자네는 이후로 문장학에 뜻을 끊고, 서둘러 돌아가 늙으신 어머니를 봉양하게나. 안으로 효우의 행실을 도타이 하고, 밖으로는 경전공부를 부지런히 하게나. 그래서 성현의 바른 말씀이 언제나 몸에 젖어 나를 떠나지 않도록 하게. 한편으로 과거시험 공부도 해서 몸을 펴기를 도모하고 임금을 섬기기를 바라야 할 것일세. 그리하여 밝은 시대의 상서로운 인물이 되고, 후세의 위인이 되도록 해야지. 경박한 기호로써 이 천금 같은 몸을 가볍게 버리지 말도록 하게. 진실로 자네가 고치지 않는다면, 차라리 노름질하고 술집을 드나들며 노는 것이 또한 문장을 배우는 것보다 더 나을걸세.

「이인영을 위해 준 말〔爲李仁榮贈言〕」 7-306

문장은 결과일 뿐 목적이 아니다. 문장은 얼굴 위에 오른 불콰한 낯빛에 불과하다. 뱃속에 술기운이 없으면 얼굴은 붉어지지 않는다. 술은 한 방울도 안 마셨는데 얼굴만 붉어지는 법은 없다. 좋은 음식을 배불리 먹어 영양상태가 좋아지면 피부는 기름이 자르르 흐른다. 아무것도 먹지 않으면서 살결만 고와지는 경우는 없다. 바탕공부는 그러니까 맛난 음식의 영양분이고 향기로운 술의 더운 기운이다. 문장은 그것이 얼굴 위로 드러난 윤기요 홍조일 뿐이다. 그러니 문장학이라는 것이 따로 있다고 착각하지 마라. 따로 존재할 수 없는 문장을 좇아 천금 같은 세월을 허송하느니, 차라리 술집에 가서 기생을 끼고 노름하고 술 마시는 것이 더 나을 것이다.

다산은 자신을 찾아온 젊은이에게 이렇게 따끔하게 충고했다. 충고만으로 모자라 아예 장편의 글로 써주었다. 오늘날 이런 내용을 글로 쓰는 사람은 없다. 다산의 문집을 들춰보면 도처에서 바탕공부의 중요성을 강조하고 또 강조했다. 「학연에게 보여주는 가계(示學淵家誡)」(8-8)에서는 "몸을 닦는 일은 효우로 바탕을 삼아야 한다. 이 점에서 자신의 본분을 다하지 못했다면, 학식이 제아무리 고명하고 문사가 아름답다 해도 흙담에 대고 색칠을 하는 것일 뿐이다"라고 했다.

역경을 딛고 서라

다산의 이런 정신은 18년간의 강진 유배생활에서 찬연하게 빛났다. 터를 굳게 다져 바탕공부에 힘쓴 사람과 한때의 가벼운 재주로 세상의 명망만 좇은 사람은 역경의 순간에 확연히 갈린다. 다산은 회갑을 맞아 쓴 「자찬묘지명(自撰墓誌銘)」에서 귀양지에서의 삶을 스스로 이렇게 정리했다.

나는 바닷가 강진땅에 귀양을 왔다. 그래서 혼자 생각했다. 어린 나

능내 다산묘소로 올라가는 길 초입에 세워진 비석. 다산은 1822년 61세 회갑을 맞아 자신의 일생을 돌아보며 「자찬묘지명」을 지었다. 무덤에 묻을 광중본(壙中本)과 문집에 실을 훨씬 긴 분량의 집중본(集中本) 두 가지가 있다.

이에 배움에 뜻을 두었지만 스무 해 동안 세상길에 잠겨 선왕의 큰 도리를 다시 알지 못했더니, 이제야 여가를 얻었구나. 그러고는 마침내 흔연히 스스로 기뻐하였다. 그리고 육경과 사서를 가져다가 골똘히 연구하였다. 무릇 한위(漢魏) 이래로 명청(明淸)에 이르기까지 유가의

단계별로 학습하라 | 55

학설 중에서 경전에 보탬이 될 만한 것을 널리 수집하여 꼼꼼히 살펴 잘못된 것을 정하고 취하고 버릴 것을 드러내어, 일가의 말을 써서 갖추었다.

선대왕이신 정조임금께서 비평하신 『모시강의』 12권을 시작으로, 이와는 별도로 『강의보』 3권과 『매씨상서평』 9권, 『상서고훈』 6권, 『상서지원록』 7권, 『상례사전』 50권과 『상례외편』 12권, 『사례가식』 9권과 『악서고존』 12권, 『주역심전』 24권, 『역학서언』 12권, 『춘추고징』 12권, 『논어고금주』 40권, 『맹자요의』 9권, 『중용자잠』 3권, 『중용강의보』 6권, 『대학공의』 3권, 『희정당대학강록』 1권, 『소학보전』 1권, 『심경밀험』 1권 등을 지었으니 경전에 관한 책이 모두 232권이다. (중략)

경계하고 공경하여 부지런히 노력하는 동안 늙음이 장차 이르는 것도 알지 못했다. 이야말로 하늘이 내게 주신 복이 아니겠는가? 또 내가 지은 시율이 18권인데, 다 깎아내면 6권쯤 될 것이다. 잡문은 전편이 36권, 후편이 24권이다. 또 잡찬(雜纂)은 문목이 각기 다르다. 『경세유표』 48권은 아직 마치지 못했다. 『목민심서』 48권, 『흠흠신서』 30권, 『아방비어고』 30권은 미완성이며, 『아방강역고』 10권, 『전례고』 2권, 『대동수경』 2권, 『소학주천』 3권, 『아언각비』 3권, 『마과회통』 12권, 『의령』 1권을 저술하였다. 모두 합해 말하면 문집만 모두 260여 권이다.

「자찬묘지명(自撰墓誌銘)」 7-125

그저 베껴쓰기만 해도 수십 년이 걸릴 경집(經集) 232권과 문집 260여 권을 다산은 강진 유배 18년간 모두 정리해냈다. 참고할 서적도 넉넉지 않고, 여건도 여의치 않은 척박한 환경에서 이뤄낸, 경이롭다못해 경악할 만한 성과였다. 굳건한 바탕공부의 힘이 위기를 만나 오히려 위력적으로 발휘된 것이다.

조선 후기의 명필 이광사(李匡師, 1705~1777)도 영조 때 나주벽서 사건에 연좌되어 함경도 회령과 전남 신지도에 유배가서 오랜 세월을 살았다. 어떤 사람이 그가 귀양살이하는 집을 찾아갔다. 벽장을 열어 보여주는데, 그 속에 좋은 벼루와 기이한 술잔 같은 값나가는 물건이 가득 쌓여 있었다. 괴이하게 여겨 까닭을 물어보니, 신지도의 진장(鎭將)이 이런 것을 가져다주고 자기 글씨를 사간다는 대답이 돌아왔다. 진장은 그의 글씨를 얻어다가 서울로 가져가 비싼 값에 팔았다.

그의 유배생활에는 또 이런 이야기가 전한다. 귀양지인 섬에서 그는 박을 심었다. 가을에 박이 익으면 박속을 파내고 그 속에 자기가 지은 글을 써서 넣고 밀랍으로 주둥이를 봉해 일삼아 바다로 띄워보냈다. 그러고는 이렇게 말했다. "같은 문자를 쓰는 땅에서 누군가 얻어 보고, 바다 동쪽에 이광사란 사람이 있음을 알아주면 족하다."

한 사람은 그토록 길고 고통스러웠던 귀양살이의 시간을 하늘이 준 축복으로 알고 학문연구에 몰두했다. 그 결과 우리나라 학술사에 경이로운 금자탑을 세웠다. 그의 오랜 귀양살이는 그 개인에게는 절망이었지만, 조선 학술계를 위해서는 큰 축복이었다.

다른 한 사람은 진장에게 글씨를 팔아 벽장을 값나가는 물건으로 채워놓고 배부르게 지냈다. 그러고도 모자라 박에다 제 글을 담아 세상을 향해 띄워보내며 자기를 알아주지 않는 세상을 원망했다. 그는 결국 섬에서 나오지 못하고 거기서 쓸쓸히 죽고 또 잊혀졌다.

두 사람의 차이는 어디에서 말미암은 것인가? 근기, 즉 바탕공부의 차이 때문이다. 역경(逆境)에 쉽게 좌절하는 사람은 순경(順境)에서 금방 교만해지게 마련이다.

다산은 말한다. 기둥을 세우기 전에 터를 굳게 다져라. 주추를 놓기 전에 터를 굳게 다져라. 진도를 빨리 나가려 들지 말고 터를 굳게 다져라. 단청이 마르기도 전에 기울고 벽이 갈라지는 집은 아예 짓지도 마라. 시간이 더 걸리더라도 터를 굳게 다져라. 달구질을 오래 할수록 터가 단단해진다. 그 굳건한 토대 위에 주추를 놓고 기둥을 세워 들보를 얹어라. 천년 세월에도 기울지 않을 그런 집을 지어라.

4. 길을 두고 뫼로 가랴 지름길을 찾아가라
당구첩경법(當求捷徑法)

가을이 깊으면 열매가 떨어지고, 물이 흘러가면 도랑이 만들어진다. 이는 이치가 그런 것이다. 너희들은 모름지기 지름길을 찾아서 가야지, 울퉁불퉁한 돌길이나 덤불이 우거진 속으로 향해 가서는 안 된다.
【「다산의 제생을 위해 준 말〔爲茶山諸生贈言〕」 8-7 】

요령 있게 탐구하라

당구첩경(當求捷徑)은 마땅히 지름길을 구하라는 말이다. 공부에는 왕도(王道)가 없다는 말을 귀에 못이 박이도록 들었다. 하지만 왕도는 있다. 지름길을 찾아가란 말은 요령을 부리라는 말이 아니다. 노력을 덜 해도 된다는 말이 아니다. 바른 방법으로 공부하지 않으면 고생은 고생대로 하고 거두는 보람은 하나도 없게 된다. 무조건 책상 앞에 오래 붙어앉아 있는다고 공부가 다 되는 것은 아니다. 학원만 보내고 과외만 시킨다고 다 성적이 오르는 것은 아니다. 공부하는 머리가 트여야 한다.

다산은 공부하는 사람은 마땅히 첩경(捷徑), 즉 지름길을 찾아서 가야 한다고 말한다. 빨리 갈 수 있는 지름길이 있는데, 굳이 바위로 뒤덮인 너덜이나 덩굴이 우거진 숲속을 헤맬 필요가 없다. 물은 가장 빠르고 신속한 길을 따라 흘러내려 도랑을 만든다. 누가 시켜서 그런 것이 아니고 저절로 그렇게 된 것이다. 학교공부도 그렇고 회사에서 당면한 과제도 마찬가지다. 그렇게 할 수밖에 없는 최적, 최선의 길이 있다. 초학들은 그 분명한 길이 보이지 않아 공연히 헤매돌고, 산기슭에서부터 길을 잃는다. 회사에 자문역을 두거나 학교에 스승이 있는 것은 문제가 생기기 전에 바른 길로 이끌어주기 위해서다.

다산은 초당에서 공부하던 학생들을 위해 이런 당부를 내렸다.

> 글에는 많은 종류가 있다. 과문(科文)이 가장 어렵고, 이문(吏文)이 그 다음이다. 고문(古文)은 쉽다. 그러나 고문의 지름길을 통해 들어가는 사람은, 이문이나 과문은 따로 애쓰지 않아도 파죽지세와 같다. 과문을 통해 들어가는 사람은 벼슬하여 관리가 되어도 공문서 작성에 모두 남의 손을 빌려야 한다. 서문(序文)이나 기문(記文), 혹은 비명(碑銘)의 글을 지어달라는 사람이 있으면, 몇 글자 쓰지도 않아서 이미 추하고 졸렬한 형상이 다 드러나버린다. 이로 볼 때 과문이 정말 어려운 것은 아니다. 하는 방법이 잘못되었을 뿐이다.
>
> 내가 예전에 아들 학연에게 과시(科詩)를 가르쳤었다. 먼저 한위(漢魏)의 고시부터 하나하나 모의하게 하고 나서 점차 소동파나 황산곡의 문로를 알게 했다. 그랬더니 수법이 점점 매끄러워지는 것을 알 수 있었다. 그에게 과시 한 수를 짓게 했더니, 첫 작품에서 이미 여러 선생의 칭찬을 받았다. 그 뒤로 남을 가르칠 때도 이 방법을 썼더니 학연과 같지 않은 경우가 없었다. 「다산의 제생을 위해 준 말(爲茶山諸生贈言)」 8-7

서양 속담 중에 "사람이 빵만 구하면 빵도 얻지 못하지만, 빵 이상의 것을 추구하면 빵은 저절로 얻어진다"는 말이 있다. 주자는 "사람이 이익을 추구하면 이익도 얻지 못할 뿐 아니라 장차 그 몸을 해치고, 의리를 추구하면 이익은 따로 구하지 않아도 절로 이롭지 않음이 없다"고 말했다. 다산의 논법도 이와 흡사하다.

과문(科文)은 과거시험장에서 통용되는 문장이다. 격률의 형식이 까다롭고, 전고(典故)를 많이 사용하므로 특별한 연습과 훈련이 없이는 쉽게 지을 수가 없다. 이문(吏文)은 관리들이 행정적으로 필요한 문서에 쓰는 글이다. 체재가 엄격하고 전문용어가 많아 여기에 밝지 않으면 쓰기가 쉽지 않다. 고문(古文)은 옛 고전에서 쓰고 있는 보통의 문장이다.

과거공부를 하는 사람은 평범한 고문은 거들떠보지 않고 오로지 특별한 과문만 공부한다. 기출문제를 뽑아 모범답안을 외우고, 모의고사를 통해 답안작성 연습을 집중적으로 한다. 선생이 붙어 답안을 검토하고, 점수를 좀더 잘 받게 하려고 첨삭지도를 한다. 조선시대 서울의 행세하는 집안치고 이렇게 하지 않는 집이 없었다. 다산의 처방은 좀 색다르다.

과문을 잘하려면 고문을 먼저 익혀라. 고문을 잘하면 과문과 이문은 저절로 된다. 하지만 과문만 잘하면 이문도 고문도 다 할 수가 없다. 과문은 과거시험 볼 때만 필요한 글이다. 하지만 고문은 죽을 때까지 계속 써야 하는 글이다. 이문은 직접 쓰지 않고 아전이나 서리를 시킬 수도 있다.

과거시험을 공부하는 아들에게 다산은 엉뚱하게 한위(漢魏) 시기의 고시를 먼저 가르친다. 아무도 거들떠보지 않는 그 케케묵은 옛 시를 열심히 가르치고, 계속 훑어내려와 소동파와 황산곡의 시문까지 가르쳤다. 이윽고 그 바탕 위에서 과문을 짓게 하자 모두들 재주가 대단하다고 칭찬했다. 과문만 가르쳤다면 결코 기대할 수 없는 일이었다.

다산이 말하는 지름길이란 남들이 보기에는 돌아가는 길이다. 목표가 과문에 있는데, 과문은 버려두고 고문만 하라니 아무도 귀 기울여 들을 사람이 없다. 하지만 결과로 보면 다산이 옳다.

요즘 식으로 말하면 이렇게 된다. 대학입시의 논술시험을 잘 보려면 논술학원에 보내서는 안 된다. 평소에 좋은 책을 많이 읽게 하고, 자기 생각을 논리적으로 말하고 쓰는 훈련을 시키는 것이 훨씬 낫다. 학원에 가면 답안작성 요령을 배울 수는 있지만, 막상 시험장에 들어가 문제지를 받아들면 생각나는 것이 하나도 없다. 하지만 평소에 많이 읽고 생각하고 써본 학생은 어떤 문제가 나와도 걱정 없이 써낸다. 그리고 그 역량은 평생을 함께한다.

바른 길을 따라가라

그러나 사람들은 늘 반대로 한다. 먼저 할 것을 뒤로 미루고, 나중 할 것을 서둘러 한다. 순서를 뒤집기 때문에 처음엔 그럴듯해 보여도, 끝내 이룰 보람은 없다.

사람이 살아가는 것은 수레를 타는 것과 같다. 수레를 타는 사람은 손에 통 하나를 들고 기름을 담아 날마다 두 번 바퀴통에 기름을 발라준다. 수레를 매끄럽게 나아가게 해서 수레가 부서지지 않고 내가 가고자 하는 곳까지 가서 쉬려는 것이다.

여기 어떤 남자가 있다고 치자. 그는 수레를 아름답게 꾸미려고만 할 뿐 가는 것은 잊었다. 무릇 수레를 아름답게 꾸미는 물건은 싣지 않은 것이 없었다. 붉은 먹 1수(銖), 먹 1정(錠), 목칠 1합, 아교 1관, 말·소·양·돼지·악어 기름 각각 1병, 주석으로 만든 발걸이와 용무늬 재갈, 붉은 고니 문양으로 가슴걸이를 만든다. 꿩과 물총새 깃과 들개와 표범 가죽으로 덮개를 만든다. 온갖 화려한 깃발을 세워 위의(威儀)를 나타낸다. 여러 가지 무기를 늘어세워 호위한다. 빛을 내고 윤을 내며 기름칠하고 매끄럽게 한다. 기울면 바로잡고, 녹슬면 갈아낸다. 낡으면 새것으로 바꾸고 삭으면 교체하느라 날마다 쉴 틈이 없다. 사람이 초췌해져서야 그만두는데 그 걸음마저 절뚝거리니 또한 어리석은 사람이 아니겠는가?

「일발암기(一鉢菴記)」 6-104

수레는 짐을 싣고 사람을 태워 이동한다. 무거운 짐을 잘 실어나르거나 사람을 편안하게 태워 이동시키려면, 바퀴통에 기름을 치고 굴대를 튼튼하게 조여야 한다. 수레의 겉모습이 얼마나 아름다우냐는 수레의 본질과는 상관이 없다. 수레의 치장과 장식이 제아무리 훌륭해도 얼마 가지 못해 바퀴가 빠지고 덜커덩대면 아무짝에도 쓸모가 없다. 수레는 단지 수단일 뿐 목적이 아니다.

그런데 가는 것은 까맣게 잊고 수레의 치장에만 온통 정신을 쏟는 사람이 있다. 이런 어리석은 사람은 죽을 때까지 고달프게 노력해도 자기가 정작 어디로 가고 있는지조차 모르는 사람이다. 부지런하기만 해서는 안 될 것이, 엉뚱한 데다 노력을 쏟아부으면 고생은 고생대로 하고 성과는 하나도 없게 된다. 겉으로는 그럴듯해 보이지만 실속은 하나도 없고, 처음에는 그럴싸해도 나중에는 한참 뒤떨어지게 된다.

사람이 문장을 지님은 초목에 꽃이 피는 것과 같다. 나무 심는 사람은 처음 심을 적에 뿌리를 북돋워 줄기를 안정시킨다. 이윽고 진액이 돌아 가지와 잎이 돋아나, 이에 꽃이 피어난다. 꽃은 갑작스레 얻을 수가 없다. 정성을 쏟아 바른 마음으로 그 뿌리를 북돋우고, 도타운 행실로 몸을 닦아 그 줄기를 안정시킨다. 경전을 궁구하고 예법을 연구하여 진액이 돌게 하고, 널리 듣고 예(藝)를 익혀 가지와 잎을 틔워야 한다. 이때 깨달은 바를 유추하여 이를 축적하고, 축적된 것을 펴서 글을 짓는다. 이를 본 사람이 문장이라고 여기니, 이것을 일러 문장이라 한다. 문장이란 것은 갑작스레 얻을 수가 없다.

「양덕인 변지의를 위해 준 말〔爲陽德人邊知意贈言〕」 7-309

수레가 물건을 실어나른다면, 문장은 도(道)를 실어나른다. 수레의 화려한 장식이나 문장의 화려한 수식은 물건이나 도를 운반하는 데 별 도움이 안 된다. 뿌리가 든든해야 양분을 끌어올려 잎을 틔우고 꽃을 피운다. 뿌리가 도덕이라면, 문장은 그것이 겉으로 드러난 꽃에 불과하다. 꽃이 아름답지만 아름다움의 근원은 뿌리에서 왔다. 이것을 잊으면 안 되는데, 사람들은 거름을 주어 뿌리의 힘을 돋울 생각은 않고, 꽃만 피우겠다고 난리다.

"콩과 조는 천하에 지극한 맛이다. 쪄서 밥을 지어도 맛있고, 볶아서 떡을 만들어도 맛있다. 또 달리 범벅이나 죽, 밀과나 엿을 만들어도 또한 모두 맛이 있다." 다산이 「나씨가례집어서(羅氏家禮輯語序)」 (6-34)에서 한 말이다. 바탕이 되는 공부는 모두 이처럼 그 효용이 다함이 없다.

차례를 잊지 말라

다산은 과문공부뿐 아니라 일반적인 학습과정의 지름길도 여러 곳에서 반복적으로 제시했다. 그 기본은 선경후사법(先經後史法), 즉 경전을 먼저 배우고 나서 그 다음에 역사서를 읽는 방법이다. 3절 축기견초법에서 본 「이인영을 위해 준 말〔爲李仁榮贈言〕」(52쪽)에서 말했듯, "사서(四書)를 내 몸에 깃들게 하고, 육경(六經)으로 내 식견을 넓히며, 여러 사서(史書)로 고금의 변화에 통달"하는 순서다.

경전공부는 나의 바탕을 다져주고, 역사공부는 득실치란((得失治亂)의 변화를 이해하게 해준다. 경전이 원리를 제시한다면, 역사는 그 원리의 적용과 변화를 이해시켜준다. 이 순서를 뒤집으면 안 된다. 「두 아들에게 부침〔寄二兒〕」(50쪽)에서도 "반드시 먼저 경학으로 그 기초를 세운 뒤에 앞 시대의 역사를 섭렵해서, 그 득실과 치란의 근원을 알아야 한다. 또 모름지기 실용의 학문에 마음을 쏟아 옛사람이 경제에 대해 쓴 글을 즐겨 보도록 하라"고 했다.

『예기』 여러 편을 다 읽었으면 마땅히 『시경』 「국풍」과 『논어』를 읽어야 한다. 그 다음엔 『대학』과 『중용』을 읽어라. 또 그 다음엔 『맹자』와 『예기』 『좌전』 등을 읽고, 그 다음엔 『시경』의 아송(雅頌)과 『주역』의 계사(繫辭)를 읽어라. 그 다음에 『상서』 읽기를 마치면 『사기』와 『한서』를 읽고, 그제야 사마광의 『자치통감』을 가져다가 두 번 세 번 찬찬히 읽어볼 수 있다. 혹 주자의 『통감강목』으로 읽어도 또한 괜찮다.

「반산 정수칠을 위해 준 말〔爲盤山丁修七贈言〕」 7-298

역시 선경후사 방식의 독서차례를 제시했다. 경전도 수기(修己)에 해당하는 것을 먼저 읽고, 나아가 치인(治人)에 미치는 순서를 말했다. 역사책에서는 시대의 선후맥락을 중시했다.

대체로 저서의 방법은 경전의 서적을 으뜸으로 삼는다. 세상을 경영하고 백성을 윤택하게 하는 학문이 그 다음이다. 관방(關防)과 기용(器用)의 제도 같은 것도 외적의 침략을 막아낼 수 있는 것이 있으면 또한 가벼이 여겨서는 안 된다. 자질구레하고 시시한 이야기 같은 것은 구차하게 한때의 웃음이나 취할 뿐이다. 진부하여 새로울 것 없는 이야기나 지루하고 쓸데없는 주장 따위는 한갓 종이와 먹을 낭비하는 것일 따름이다. 직접 진귀한 과일이나 좋은 채소를 심어, 살았을 때의 먹고살 도리를 넉넉하게 하는 것만 못하다.

「두 아들에게 보여주는 가계(示二子家誡)」 8-12

허접스런 이야기를 모아 한때의 웃음거리나 제공하는 일, 들으나 마나한 쓸데없는 주장을 세우는 것, 이런 것은 공부가 아니다. 그런데 골몰할 시간이 있으면 차라리 농사를 지어 배를 부르게 하는 것이 더 낫다. 이밖에도 여러 곳에서 다산은 경전을 먼저 읽고, 역사서와 경제서를 통해 이를 징험하는 학습의 단계를 반복해서 밝혔다. 그는 경전과 역사 공부를 반반씩 합쳐 온전한 학문이 이루어진다고 생각했다.

학문에는 자기를 위하는 위기지학(爲己之學)과 남을 위하는 위인지학(爲人之學)이 있다. 위기가 먼저고 위인이 나중이다. 수신제가가 있어야 치국평천하가 있는 것과 같다. 경전공부는 수기, 즉 내 몸을 닦는 위기지학이다. 그것은 안으로 수렴하는 공부다. 이를 통해 바탕이 서면, 그 다음에는 밖으로 미루어 확장하는 치인 또는 안인

(安人)의 위인지학으로 나아간다. 역사와 경세제민(經世濟民)의 공부가 그것이다.

번지수를 파악하라

학문은 위에서 차례차례 밟아내려오는 상학하달(上學下達)의 공부와 차근차근 밟아올라가는 하학상달(下學上達)의 공부로도 나눌 수 있다. 공부도 번지수를 제대로 알고 해야 한다. 무작정 책상 앞에 앉아 문제를 풀고 공식을 달달 외운다고 되는 것이 아니다.

수학은 하학상달하는 공부다. 덧셈과 뺄셈을 배운 뒤 곱셈과 나눗셈을 배운다. 방정식을 배우고 인수분해를 배워야 미분과 적분으로 올라간다. 의욕만 가지고 대뜸 윗단계로 건너뛸 수는 없다. 다음 단계를 소화하려면 이전 단계를 확실히 알아야 한다.

붓글씨는 반대로 상학하달의 공부다. 초서를 배우려면 대뜸 왕희지로 올라가서 차례로 문징명이나 왕탁까지 내려온다. 해서를 써도 구양순이나 안진경에서 시작하지, 한석봉의 천자문이나 추사의 글씨로 시작하는 법은 없다. 왕희지를 충분히 익힌 뒤에 다른 대가의 것도 아울러 익혀 다양한 풍격을 갖춘다. 시학도 상학하달의 공부다. 시를 배우는 사람은 이백·두보와 『시경』과 『초사』를 표준으로 삼는다. 근대 대가의 시집으로 학습의 대본을 삼지는 않는다. 그저 참고할 뿐이다.

경전공부는 상학하달의 공부다. 옛 경전을 먼저 읽고, 주석과 풀이를 읽는다. 원리와 본질을 먼저 알아 추기급물(推己及物)하는 공부다. 내게서 말미암아 사물로 나아가는, 원심적이요 연역적 방식이다. 역사와 경세 공부는 하학상달의 공부다. 하나하나 깨우쳐 원리를 깨달아 마침내 전미개오(轉迷開悟), 즉 미혹을 돌려 깨달음에 도달하는, 구심적이요 귀납적 공부다.

이 두 가지 공부가 앞에서 쓸어주고 뒤에서 훑어줄 때 안목과 식견이 비로소 열린다. 생각이 툭 터지게 된다. 다산은 자신의 저술도 명확히 이 두 가지 길로 구분해서 서로 섞지 않았다. 앞서 본 대로(54쪽), 자신의 저술을 설명하면서 경집이 232권, 문집이 260여 권이라고 분리해서 말했다.『목민심서』와 같은 경세의 저작은 모두 문집에 포함되어 있다.

다산이 말하는 지름길은 사실은 바른 길이다. 사람들은 노력하지 않고 짧은 기간에 거저먹는 방법을 지름길로 생각한다. 하지만 그것은 지름길이 아니라 망하는 길이다. 요행히 한두 번은 통할 수 있을지 몰라도 그 이상은 안 된다. 바른 길은 처음엔 느려 보여도 결국은 더 빠르다. 돌아 가는 길이 첩경이다. 바탕을 다지는 것이 질러가는 방법이다. 처음에는 느려 보여도 초반 이후에는 그 가속도가 엄청나다.

다산은 말한다. 지름길을 찾아라. 더뎌 보이는 길이 지름길이다. 무슨 답답한 말이냐고 하지 마라. 해보면 그게 훨씬 빠르고 효과적이라는 것을 알 수 있다. 맨땅에 헤딩하듯 하는 공부는 백날 해봐야 아무 소용이 없다. 단계를 밟아 차근차근 규모를 세워라. 갈림길에서 헤매지 않으려면, 덤불 속에서 방황하지 않으려면, 돌밭에서 목마르지 않으려면 지름길을 찾아라.

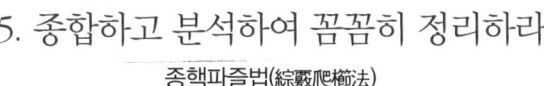

5. 종합하고 분석하여 꼼꼼히 정리하라
종핵파즐법(綜覈爬櫛法)

모원의가 지은 『무비지(武備志)』는 종핵(綜覈)을 다한 책이 아니다. 그러나 우리나라에는 여태 이러한 편집이 없다. 생각 같아서는 그 문목(門目)을 본떠 따로 우리나라의 방비(防備)에 관한 책을 엮고 싶어 평소에 뜻을 품고 있었다. (중략) 상례(喪禮)에 대해서는 비록 이미 파즐(爬櫛), 즉 가려운 데를 긁고 엉킨 것을 빗질하듯 자세히 하였으나 우리나라의 상례는 지금껏 논저가 없다. 【「두 아들에게 보여주는 가계(示二子家誡)」 8-13】

꼼꼼히 따져보라

종핵파즐(綜覈爬櫛)은 복잡한 것을 종합하여 하나하나 살피고, 가려운 데를 시원하게 긁고 헝클어진 머리칼을 빗질하듯 깔끔하게 정리해낸다는 뜻이다. 다루어야 할 정보의 양이 많아지면 여기에 휘둘려서 허둥지둥하기 마련이다. 공부하는 사람은 언제나 생각이 명징하고 흐트러짐이 없어야 한다. 그러자면 우선 눈앞에 펼쳐진 어지러운 자료를 하나로 묶어 종합하는 과정이 필요하다. 촉류방통(觸類旁通)의 방식으로 비슷한 것끼리 갈래로 묶고 교통정리를 하고 나면 정보간의 우열이 드러난다. 그래서 요긴한 것을 가려내고 긴요하지 않은 것을 추려내는데, 이 과정이 바로 '종핵(綜覈)'이다. 꼼꼼하고 면밀하게 따져서 쭉정이는 솎아내고 알맹이[核]만 남겨야 한다.

그 다음은 남은 알맹이에 날개를 달아주는 과정이다. 무슨 말인지 모를 것들은 마고할미의 긴 손톱으로 가려운 데를 쏙쏙 긁어주듯 명쾌하게 설명을 보태고, 어지러워 혼동되기 쉬운 것들은 흐트러진 머리칼을 참빗으로 빗듯 깔끔하게 교통정리한다. 이것이 바로 '파즐(爬櫛)'이다. 도대체 무슨 말인가 싶던 내용이 비로소 일목요연해진다. 복잡하기 그지없던 것이 단순명료해지고, 앞뒤가 안 맞던 말이 아귀가 딱 들어맞는다.

공부란 복잡한 것을 단순하게 만드는 과정이다. 어려운 것을 쉽게 풀이하는 절차다. 심입천출(深入淺出)이라 했다. 공부는 깊게 들어가서 얕게 나와야 한다. 세게 공부해서 쉽게 풀어야 한다는 말이다. 고수들의 말은 쉬워 못 알아들을 것이 없다. 하수들은 말은 현란한데 도대체 무슨 말인지 알아들을 수가 없다. 읽을 때는 뭔가 있는 것 같다가도 읽고 나면 남는 게 없다.

독서는 모두 방법이 있다. 세상에 보탬이 안 되는 책을 읽을 때는 구름 가고 물 흐르듯 해도 괜찮다. 하지만 백성과 나라에 보탬이 되는 책을 읽을 때는, 단락마다 이해하고 구절마다 깊이 따져 대낮 창가에서 졸음을 쫓는 방패막이로 삼아서는 안 된다.

「반곡 정공의 난중일기에 제함(題盤谷丁公亂中日記)」 6-208

'단단리회(段段理會), 절절심구(節節尋究)'하라고 했다. 한 구절 한 단락을 꼼꼼히 따져서 책 속에 담긴 이치와 만나 하나가 되고[理會], 잘 드러나지 않는 의미를 찾아 알 때까지 살펴보라[尋究]는 것

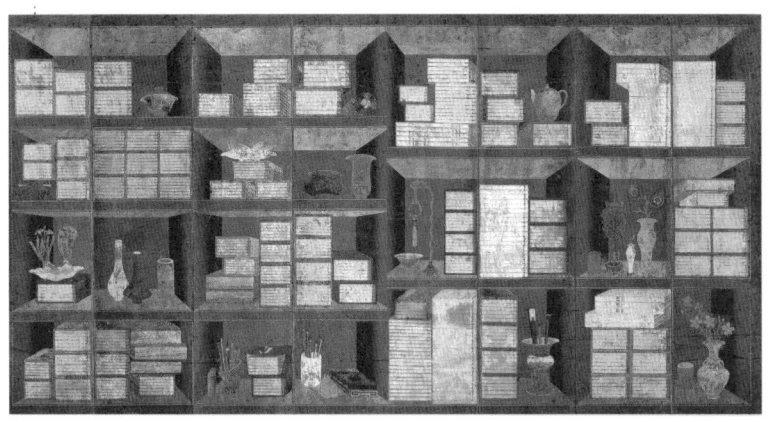

복잡한 것들을 일목요연하게 분류하는 서지학은 모든 학문의 시작이다. 사진은 여러 가지 책을 계통별로 분류해놓은 조선시대 선비의 서재를 보여주는 〈책가도 8폭병풍〉이다. 지본채색, 284.2×145cm, 구라시키〔倉敷〕민예관 소장.

이다. 여기서 말한 이회심구법(理會尋究法)은 종핵파즐의 다른 표현이기도 하다.

다산은 명나라 모원의의 『무비지(武備志)』를 보고, 처음에는 그 방대호한한 내용에 기가 질렸다. 하지만 찬찬히 하나하나 뜯어보니, 온통 자료만 방만하게 늘어놓은 자료집일 뿐이었다. 정보의 우열을 가리거나, 편집자의 판단을 찾아보기가 어려웠다. 다산은 이 책을 보고 우리나라에도 이러한 책이 필요하다고 생각했다. 하지만 정보를 다루는 태도만큼은 『무비지』와 다른 방식을 구상했다. 작업의 핵심가치가 우리나라의 국방(國防)에 있었기 때문이다.

또 중국 고대의 상례(喪禮)에 대한 정리를 마친 다산은 이와 마찬가지 방식으로 우리나라 역대 왕조의 상례에 대한 정리작업에도 착수했다.

맥락을 연결하라

다산의 여러 저술은 모두 이회심구하고 종핵파즐하는 과정과 그 결과를 아주 선명하게 보여준다. 한 가지 사실을 글로 쓰기 위해 그는 수많은 자료를 섭렵하고 종합했다. 어느 한 편의 자료만 가지고 대충 가늠해 쓰는 것은 결코 용납하지 않았다.

김부식은 중국으로 치면 남송 고종, 고려로는 의종 때 사람이다. 삼국이 처음 일어나던 때와는 거리가 무려 1,200여 년이다. 고종 때 중국의 조정(趙鼎)이나 장준(張浚)이 한나라 때 위상(魏相)과 병길(丙吉) 당시의 일을 정리하여 올릴 때 어찌 능히 상세하게 이를 말했겠는가? 하물며 우리나라의 옛 역사기록은 황탄하고 비루하여 한 가지도 근거로 삼을 만한 것이 없다. 삼한이 어느 지역에 있었는지조차 모르는데 그밖의 것을 오히려 어찌 말하겠는가? 우리나라 일을 말하려 하는 자는 반드시 널리 중국의 역사책을 참고하여, 무릇 우리나라에 속한 것은 샅샅이 찾아 빠짐없이 담아내어, 앞뒤를 살펴 두루 통하게 하고 연대를 따져 편입시켜야 한다. 그런 뒤에야 바야흐로 종핵(綜核)의 실상이 있게 된다. 단지 우리나라 역사에만 의거하여 억지로 책을 엮으려 한다면 사실이 누락되고 연대가 어그러지게 마련이다. 이것은 우리나라의 일에 마음을 두고 있는 자라면 마땅히 먼저 알아야 할 것이다. 「강역고의 첫 권에 제함(題疆域考卷耑)」 6-204

김부식은 『삼국사기』에서 1,200여 년 전의 삼국시대 역사를 기술했다. 이는 남송 때의 조정이나 장준 등이 1,200여 년 전 한나라 선제 때의 위상과 병길 이야기를 쓴 것과 사정이 비슷하다. 하지만 우리는 근거로 삼을 만한 기록이 많지 않고, 남은 것은 설화 같은 이야기뿐이다. 김부식은 우리나라 기록에만 의거하여 역사책을 엮었다. 그 결과 『삼국사기』에는 앞뒤가 안 맞고 표현이 부적절하며 연대가 잘못된 것이 적지 않다. 그러니 제대로 된 역사를 쓰려면 우리쪽 기록뿐 아니라 중국의 기록도 꼼꼼히 살펴 종핵(綜核)해야 한다고 다산은 말한다.

앞에서는 종핵(綜覈)이라고 했는데, 여기서는 종핵(綜核)으로 표현했다. 핵(覈)은 낱낱이 파헤쳐 꼼꼼히 따져 끝장을 보는 것이다. 핵(核)은 핵심이니, 종합하여 핵심만 추려낸다는 뜻이다. 의미는 둘 다 같다. 종합은 흩어진 것을 모으고, 핵심은 중요한 것을 추린다. 모으기만 해서는 안 되고 잘 추려내야 한다. 그러면 어떤 것이 종핵인가? 같은 글에서 다산은 김부식이 범한 오류의 실례를 이렇게 제시했다.

백두산 줄기는 몽고땅에서부터 남쪽으로 1천여 리를 내달려 백두산이 되었다. 이 큰 줄기의 동쪽 땅에 별도의 한 지역이 있어 다른 곳과 서로 섞이지 않았다. 이를 두고 우하은주(虞夏殷周) 때는 숙신(肅愼)이라 했고, 한나라 때는 읍루(邑婁)로 불렀다. 당나라 때는 말갈(靺鞨)이요, 송나라 때는 여진(女眞)이니, 오늘날에는 오랄영고탑(烏喇寧古塔)이라고 한다.

김부식의 『삼국사기』에는 이미 한나라 선제(宣帝) 때 멀쩡하게 말갈이라는 이름이 있다. 이것은 황당하기 짝이 없는 것이다. 비유하면 이렇다. 북적(北狄)을 삼대(三代) 때는 훈육(葷粥)이라 했고, 한나라 때는 흉노(匈奴), 당나라 때는 돌궐(突厥), 송나라 때는 몽고(蒙古)로 불렀다. 종류는 비록 같지만 명칭은 통용하기가 어렵다. 한나라 역사를 정리하는 자가 돌궐이 쳐들어왔다고 쓴다면 입을 막고 크게 웃지 않는 자가 없을 것이다. 이것이 김부식의 『삼국사기』가 크게 잘못된 대목이니, 덮어 가릴 수가 없다.　　「강역고의 첫 권에 제함〔題疆域考卷耑〕」 6-205

말갈은 당나라 이후에나 사용된 명칭인데, 한나라 때 일을 말하면서 말갈이라고 했다. 고대의 역사기록을 보면 이렇게 사실관계가 맞지 않거나 맥락이 닿지 않는 내용이 한두 가지가 아니다. 단편적 지식을 맥락화하지 않고 생각 없이 사용한 결과다. 삼한(三韓)에 대한 역대의 기록을 종합해 보아도 마한·진한·변한이 구체적으로 한반도의 어느 지점에 위치했는지조차 의견이 분분하여 일치된 견해가 없다. 다산이 보기에 우리 고대사의 기록은 불완전하고 근거 없는 오류투성이였다.

이런 점이 답답했던 다산은 유배지의 빈곤한 사료를 바탕으로 『아방강역고(我邦疆域考)』를 정리했다. 그의 방법은 중국 쪽의 한반도 관련 기록과 우리의 고대사기록을 하나하나 맞춰보고 대조해서 종핵파즐하고 이회심구하는 것이었다. 오늘의 관점에서 볼 때 다산의 논의가 모두 맞는 것은 아니다. 틀린 내용도 적지 않다. 하지만 당시 귀양지의 부족한 문헌과 오늘날처럼 근거가 될 만한 출토유물이 전혀 없었던 상황을 고려한다면, 그가 한 작업의 선구적인 가치는 조금도 훼손되지 않는다.

종합하고 정리하라

다산은 방대한 자료를 집적하여 일목요연하게 정리해내는 데 특별한 솜씨가 있었다. 그리고 자식들에게도 자신의 방법을 실험하여 스스로 깨닫게 했다. 다산식 종핵파즐법의 또 다른 실례를 하나 더 들어보자.

내가 수년 이래로 자못 독서에 대해 알게 되었다. 그저 읽기만 하면 비록 하루에 천 번 백 번을 읽는다 해도 안 읽은 것과 같다. 무릇 독서란 매번 한 글자라도 뜻이 분명치 않은 곳과 만나면 모름지기 널리 고증하고 자세히 살펴 그 근원을 얻어야 한다. 그러고 나서 차례차례 설명하여 글로 짓는 것을 날마다 일과로 삼아라. 이렇게 하면 한 종류의 책을 읽어도 곁으로 백 종류의 책을 함께 들여다보게 될 뿐 아니라, 본래 읽던 책의 의미도 분명하게 꿰뚫어 알 수가 있으니 이 점을 알아두지 않으면 안 된다.

예를 들어 『사기』의 「자객열전」을 읽는다고 치자. '조(祖)를 마치고 길에 올랐다〔旣祖就道〕'라는 한 구절을 보고, "조(祖)가 뭡니까?" 하고 물으면, 선생님은 "전별할 때 지내는 제사다"라고 하실 것이다. "하필 할아버지 조(祖) 자를 쓰는 것은 어째서인가요?"라고 물으면, 선생님은 "잘 모르겠다"고 하시겠지. 그런 뒤에 집에 돌아오거든 사전을 뽑아다가 조(祖) 자의 본래 의미를 살펴보아라. 또 사전을 바탕으로 다른 책으로 옮겨가 그 풀이와 해석을 살펴, 뿌리를 캐고 지엽(枝葉)을 모은다. 또 『통전(通典)』이나 『통지(通志)』 『통고(通考)』 등의 책에서 조제(祖祭) 지내는 예법을 찾아보고, 한데 모아 차례를 매겨 책을 만든다면 길이 남는 책이 될 것이다.

이렇게만 한다면 전에는 한 가지 사물도 모르던 네가 이날부터는 조제의 내력을 훤히 꿰는 사람이 될 것이다. 비록 큰 학자라 해도 조제 한 가지 일에 있어서만은 너와 다투지 못하게 될 테니 어찌 크게 즐겁지 않겠느냐? 주자의 격물(格物)공부도 다만 이와 같았다. 오늘 한 가지 사물을 궁구하고, 내일 한 가지 사물을 캐는 것도 또한 이처럼 시작하는 것이다. '격(格)'이란 밑바닥까지 다 캐낸다는 뜻이다. 밑바닥까지 다 캐지 않는다면 또한 유익되는 바가 없다. 「학유에게 부침〔寄游兒〕」 9-40

공부를 하다가 모르는 말과 만나면 그냥 넘어가지 말고 완전히 알 때까지 끝장을 보라는 이야기다. 조제(祖祭)는 고대에 먼 길을 떠나는 사람이 무사히 돌아오기를 빌던 제사다. 워낙 교통이 험하고 도처에 위험이 도사리고 있던 시절의 이야기다. 할아버지 조(祖) 자를 쓰는 것을 보고 '왜 그럴까?' 하는 궁금증이 든다. 그저 '조상에게 안녕을 비는 거겠지' 생각하고 말면 안 된다.

자전에서 조(祖) 자를 찾아보면 뜻밖에 '길제사 지낼 조'라는 뜻이 나온다. 풀이를 찾아보면 "고대에 먼 길을 떠날 때 행로신(行路神)에게 안녕을 비는 제사를 지내는 일"이라고 되어 있다. 그래도 할아버지 조 자를 쓰는 까닭에 대한 궁금증은 여전히 풀리지 않는다. 여기서 한번 더 나가야 한다. 더 자세히 찾아보면, 먼 옛날 황제의 아들 누조(累祖)가 여행을 좋아하다가 길에서 죽었다는 기록과 만나게 된다. '조(祖)'란 조상이 아니라 바로 누조의 귀신을 위로하기 위해 생긴 제사임을 그제야 알게 된다. 마음이 후련해진다.

하지만 여기서 그쳐서는 안 된다. 그렇다면 조제는 어떤 방식으로 지냈을까? 이것은 역대 여러 종류의 제사 지내는 방법을 적은 『통전』이나 『통지』 같은 책을 통해 알아낼 수 있다. 그런데 이 책들을 보니 그 제사 지내는 형식도 시대에 따라 조금씩 달라졌다.

이런 공부의 과정을 목차를 세워 작은 책자로 정리하면 아주 훌륭한 자료가 된다. 예를 들면 고문헌에 나오는 조제의 용례, 조제라는 명칭의 의미와 유래, 역대 기록을 통해 본 조제의 방법과 변화가 각각의 장이 될 것이다. 이런 학습의 과정을 통해 조제에 관한 한 최고의 권위자가 될 수 있다.

다산은 이렇게 작은 의문 하나를 발전시켜 계통을 갖춘 지식으로 나아가는 공부의 과정과 단계를 직접 예를 들어 보여주었다. 뿌리를 캐들어가면서 방증이 될 만한 지엽적인 자료들을 수집하여 수렴과 확산의 과정을 반복하는 동안 문제의식이 심화되고 본질이 드러나게 되는 것이다.

이치를 깃들여라

처음에는 시간이 많이 걸리지만, 익숙해지면 하루에 한 가지씩 이런 작은 책자들을 만들어나갈 수 있다. 다산은 이것을 격물공부로 설명했다. 격물(格物)이란 무엇인가? 어떤 사물의 의미에 대해 끝장을 보는 것이라고 했다. 격(格)은 '바룬다'는 말이다. 책상 위에 흩어진 종이를 주섬주섬 추려서 아래위로 탁탁 추스르면 들쭉날쭉하던 종이들이 가지런하게 모인다. 탁탁 추스르는 것이 바로 격(格)이다. 이를 달리 말한 것이 바로 파즐(爬櫛)이다.

격물을 통해 앎으로 나아가는 것이 격물치지(格物致知)다. 조제의 의미를 따지기 위해 사전을 찾고 이 책 저 책 뒤지는 동안 『사기』의 「자객열전」만 읽는 것이 아니라, 고대의 제사제도에 대해서도 알게 되고, 옛사람들의 생각에 대해서도 알게 되었다. 허투루 지나치기 쉬운 것들 속에 깊은 의미가 간직되어 있음을 깨달았다. 공부는 이처럼 누적되고 확산되는 방식이라야 한다. 확산이라고 해서 오지랖

넓게 여기저기 기웃거리라는 말이 아니다. 꼬리에 꼬리를 물고 이어지는 공부를 하라는 말이다. 이때 확산은 심화의 과정과 긴밀하게 맞물려 따로 놀지 않는다.

모르던 것을 하나씩 깨쳐나가는 동안 앎[知]이 내 안에 축적되고, 그 앎은 단순한 지식[知]을 넘어서 지혜[智]가 된다. 다산에 따르면 격물치지란 무엇을 먼저 하고 나중 할지를 아는 것이다. 바깥 사물을 격물치지하는 것도 중요하지만, 이치를 따져 내 삶 속에 깃들이는 것도 중요하다. 그것을 일러 궁리진성(窮理盡性)이라 한다. 격물치지와 궁리진성, 이 두 가지는 서로 다른 방향을 지향하면서 동시에 하나의 완성된 인격을 추구한다. 모르는 것을 하나씩 알아나가고, 그 속에 깃든 이치를 따져 내 삶을 향상시켜가는 것, 이것이 바로 공부하는 보람이요 기쁨인 것이다.

다산은 말한다. 복잡하다고 기죽지 마라. 갈래를 나누고 무리를 지어 한눈에 바라볼 수 있도록 종합해야 한다. 그 다음은 옥석을 가릴 순서다. 하나하나 꼼꼼히 따져 중요한 것과 덜 중요한 것을 차례짓고, 옳은 것과 그른 것을 변별하며, 먼저와 나중을 자리매겨라. 그러고 나서 누가 들어도 귀에 쏙 들어오도록 가려운 데를 긁어주고, 헝클어진 것을 빗질해주어라. 무질서에서 질서를 찾는 것이 공부다. 남들은 못 봐도 나는 보는 것이 공부다. 공부를 위한 공부가 아니라, 이를 통해 내 삶이 송두리째 업그레이드되는 것이 공부다. 마지못해 쥐어짜며 하는 공부 말고, 생룡활호(生龍活虎)처럼 펄펄 살아 날뛰는 그런 공부가 공부다.

2강
정보를 조직하라
큰 흐름을 짚어내는 계통적 지식경영

공부는 가닥을 잡는 데서 시작되고 끝난다. 하늘 아래 새것은 없다. 있는 것을 참작해서 새것을 만들어라. 틀을 만들고 골격을 세워라. 새 자료를 꼼꼼히 검토하고, 기존의 성과를 면밀히 점검하라. 다 보여주려 들지 말고 핵심을 찔러라. 자료를 널리 모아 갈래를 나눠라.

6. **선정문목법** 先定門目法 : 목차를 세우고 체재를 선정하라
   얼개를 구성하라 | 정보를 장악하라 | 범례대로 초록하라 | 규모를 드러내라

7. **변례창신법** 變例創新法 : 전례를 참고하여 새것을 만들어라
   새롭게 만들어라 | 발상을 전환하라 | 성과를 점검하라 | 방법만 배워오라

8. **취선논단법** 取善論斷法 : 좋은 것을 가려뽑아 남김없이 검토하라
   가치를 논단하라 | 폭넓게 섭렵하라 | 문제를 파악하라 | 명석하게 판단하라

9. **거일반삼법** 擧一反三法 : 부분을 들어서 전체를 장악하라
   정곡을 찔러라 | 오성을 활짝 열라 | 정리를 습관화하라 | 식견을 툭 틔워라

10. **휘분류취법** 彙分類聚法 : 모아서 나누고 분류하여 모아라
    가치를 규정하라 | 경험을 누적하라 | 관찰하고 기록하라 | 갈래잡아 정돈하라

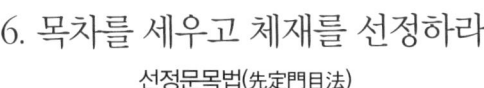

6. 목차를 세우고 체재를 선정하라
선정문목법(先定門目法)

지난번에 어떤 사람이 내게 옛사람의 격언을 적어달라고 하더구나. 그래서 이것으로 문목(門目)을 삼았다. 나그네생활이라 서적이 없어 4~5종의 책을 가져다가 그 가운데 명언(名言)과 지론(至論)을 가려 차례대로 엮어서 책으로 만들어 그에게 주었다.
【「두 아들에게 부침〔寄兩兒〕」 9-29 】

얼개를 구성하라

선정문목(先定門目)은 구체적인 작업에 들어가기에 앞서 문목, 즉 목차를 먼저 정하라는 말이다. 논문을 쓰든 저술을 하든 아니면 어떤 과제를 정리하든, 가장 먼저 할 일은 목차와 개요를 세우는 것이다. 목차를 세우려면 우선 머릿속에 전체 얼개가 짜여야 한다. 내 앞에 놓인 자료를 장악하지 않고 목차를 짜기란 불가능하다.

다산이 자식들에게 보낸 여러 편지에는 이 목차짜기를 바탕으로 한 정보검색 훈련장면이 여러 차례 보인다. 여기에서 그 몇 예를 살펴보자.

새해가 되었다. 군자는 새해를 맞으면 반드시 그 마음과 행실을 또한 한번쯤 새롭게 해야 한다. 나는 젊었을 때, 매번 정월 초하루가 되면 반드시 미리 1년치의 공부목표를 정해놓곤 했다. 예를 들어 어떤 책을 읽고 어떤 글을 초록할 것인지 같은 것 말이다. 그런 다음 이에 따라 그대로 실행하였다. 혹 몇 달 뒤에 사고가 생겨 생각대로 하지 못하게 되는 한이 있어도, 선을 즐거워하고 앞으로 향해 가려는 뜻만은 또한 절로 능히 덮어 가릴 수가 없었다. 「두 아들에게 부침(寄兩兒)」 9-23

전체의 계획을 세워 맥락을 놓치지 않고 작업을 진행하는 것은 다산이 평생을 두고 생활 속에서 실천한 일이었다. 이 절의 처음에 본 글은 다산이 자식들에게 학습을 목적으로 『거가사본(居家四本)』이라는 책을 엮게 하면서 보낸 편지의 앞부분이다. 처음에 다산은 어떤 사람의 요청으로 이 책을 엮어서 그에게 주었다. 하지만 막상 그 책을 받은 그는 너무 구름 잡는 소리 같다며 시큰둥해했다. 결국 그 책은 애쓴 보람도 없이 없어져버렸다.

정보를 장악하라

이것이 아쉬웠던 다산은 자식들에게 보다 폭넓은 자료를 섭렵해 본격적인 작업을 해보라고 권한다. 이어 문목을 직접 제시하고, 문목을 그렇게 선정한 근거와 각 문목에 들어갈 내용, 그 내용을 뽑을 텍스트와 전체 책의 분량, 그리고 책의 쓰임새에 이르기까지 차례로 제시했다. 다산의 편지글을 바탕으로 간략하게 정리하면 〈표1〉과 같다.

표1

문목	다룰 범위와 내용	발췌 서목
1 화순(和順): 제가지본 (齊家之本)	효도·공경·자애·부부간의 화순(和順), 친척과의 화목, 하인을 부리는 방법에 관한 내용.	정자(程子)와 주자(朱子)의 책·『성리대전』·『퇴계집』의 「언행록」·『율곡집』·『송명신록(宋名臣錄)』·『설령(說鈴)』·『작비암일찬(昨非菴日纂)』·『완위여편(宛委餘篇)』외 기타 우리나라 선현들의 여러 기술(記述). 분량 : 3~4권
2 근검(勤儉): 치가지본 (治家之本)	밭 갈고 길쌈하는 일, 의식(衣食)과 관련된 훈계, 농사짓고 가축 기르는 일 등 전원과 관련된 내용.	
3 독서(讀書): 기가지본 (起家之本)	뜻을 세워 학문하는 일, 악을 제거하고 선을 행하는 일, 격물궁리(格物窮理)의 내용과 서책의 소장과 초록, 책을 즐기고 아끼는 일과 관련된 내용.	
4 순리(循理): 보가지본 (保家之本)	음덕을 베풀고 분노를 징계하는 것, 분수에 편안하고 곤궁에 굳세게 대처하는 것, 일에 대처하고 사물에 대응하는 것, 천명을 즐기고 운명을 아는 것 등 사욕을 막고 천리를 보존하는 것과 관련된 내용.	

『거가사본』은 집안생활을 가족관계, 경제활동, 학문활동, 인격수양 등의 네 갈래로 나눠 선현들의 책에서 관련내용을 초록한 책이다. 특징적인 것은, 다산의 경우 어떤 작업을 하더라도 중국 자료에서만 취하지 않고 반드시 우리나라의 서적을 포함했다는 점이다. 다산은 자식들에게, 이런 지침에 따라 책에서 관련항목을 카드작업하고 정리하여 책으로 엮어서, 책상 위에 얹어두고 항상 읽을 것을 주문했다.

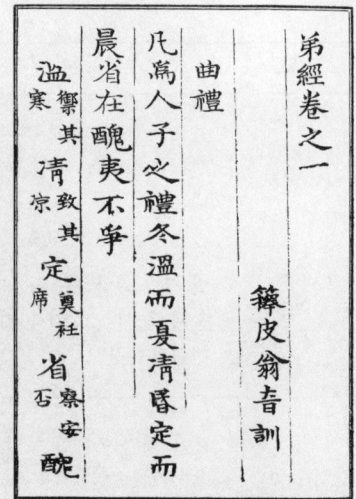

『제경』은 뒤에 다산의 편집지침에 따라 실제로 편집되어 책으로 묶였다. 현재 『여유당전서보유』 속에 실려 있다. 강진 지역에서는 지금도 이 『제경』이 이따금 필사본상태로 나오는 것으로 보아, 꽤 널리 필사되어 읽혔다는 것을 알 수 있다. 첫 면에 '탁피옹음훈(籜皮翁音訓)'이라고 적었다. 탁피옹은 다산의 별호다. 원문을 소개한 후, 원문 속의 중요한 글자에 대해 다산이 뜻풀이를 해놓았다는 의미다.

    다산은 자식들에게 반복해서 이런 과정의 편집훈련을 시켰다. 몇 차례 훈련을 거듭하던 두 아들이 한번은 효제(孝悌)의 덕목 가운데 제(悌), 즉 공경(恭敬)과 관련된 내용만 간추려 『제경(弟經)』을 엮어보겠다는 내용의 편지를 보냈던 모양이다. 다산은 기뻐하며 다음과 같은 답장을 보냈다.

    옛날에 안지(顔芝)는 『효경(孝經)』에 풀이를 달았고, 마융(馬融)은 『충경(忠經)』을 지었다. 또 진덕수(眞德秀)는 『심경(心經)』을 엮었다. 너희들이 『제경(弟經)』을 짓고자 하니, 매우 훌륭하다. 그 문목은 마땅히 차례가 정연하고, 어지러워서는 안 된다. 시험 삼아 문목을 아래와

문목	내용
1. 원본(原本)	"효제(孝悌)라는 것은 인(仁)을 행하는 근본이다"와 같은 내용. 『논어』·『맹자』·『중용』·『대학』·『예기』중에서 격언 10여 조항을 취해 첫머리로 삼는다.
2. 기거(起居)	"아랫목에 앉지 말고 중문에 서지 않는다", "빨리 걷고 천천히 간다"와 같은 내용.
3. 음식(飮食)	"밥을 함부로 퍼먹지 말고 국을 후루룩 마시지 않는다"와 같은 내용.
4. 의복(衣服)	"비단으로 바지와 저고리를 해입지 않는다"와 같은 내용.
5. 언어(言語)	"남의 말을 베끼지 말라"와 같은 내용.
6. 시청(視聽)	"은밀한 곳을 엿보지 않는다", "소리 없는 곳에서 듣는다"와 같은 내용.
7. 집사(執事)	"자리를 받들어 어느 방향으로 향할지 청한다", "궤장(几杖)을 올리고 궁시(弓矢)를 바친다"와 같은 내용.
8. 추공(推功)	"공경함이 사냥꾼에게까지 미쳤다", "밭 가는 자가 밭두둑을 양보한다" 및 양로(養老)와 향음주(鄕飮酒) 같은 내용.

|일러두기||

- 경전과 예서(禮書)에 실린 성인의 말씀을 장마다 12항목씩 취해 위쪽에 적는다.
- 『소학』·『명신록』·『십칠사(十七史)』와 효자의 독실한 행실을 적은 전기, 그리고 『정한봉일찬(鄭漢奉日纂)』·『퇴계언행록』·『해동명신록』·『조야수언(朝野粹言)』 중에서 공경에 꼭 맞는 아름다운 말과 선한 행실에 관한 글을 간추려서 또 12항목을 만들어 아래쪽에 적는다.

같이 열거해 보이니, 더 생각해보는 것이 좋겠다.

「두 아들에게 부침(寄兩兒)」9-28

편지 속에 적은 그 문목과 기준 및 범례를 보기 쉽게 간추리면 앞 페이지의 〈표2〉와 같다.

『제경』은 모두 8장으로 구성되었고, 각 장은 12항목으로 이루어졌다. 특이한 것은 본문을 위·아래로 구분하여, 위에는 경전 본문에 보이는 성인의 격언을, 아래에는 이 말에 해당하는 구체적인 실례를 각각 뽑아 이론과 실제를 아우르도록 편집한 구성이다. 관념에 그치지 말고 실천이 중요함을 강조한 다산의 속마음이 〈일러두기〉에 잘 드러난다. 초록방식도 1차 경문(經文) 초록 후에 실례를 찾아 더 많은 책을 섭렵하도록 요구하고 있다. 자못 혹독한 훈련방식이다.

범례대로 초록하라

다음은 자식들에게 『주서여패』라는 책의 편집을 명하면서 그 문목과 범례를 제시한 편지글이다. 다산은 먼저 책의 편집취지를 이렇게 적었다.

지난해에 내가 너에게 『고려사』를 가져다가 요긴한 것을 뽑아 베끼라고 했었다. 이제 생각해보니 이 일은 네게 시급한 것이 아닌 듯싶다. 이제 한 부의 좋은 책이 될 만한 규모로 네게 부쳐보낸다. 너는 모름지기 여기에 따라 『주자전서』 중에서 가려뽑아 책을 이루어, 뒤에 오는 인편에 부쳐보내도록 해라. 내가 마땅히 가부를 감정하겠다. 책이 이루어지면 좋은 종이에 깨끗이 써서 내가 서문을 지어 책머리에 얹겠다. 항상 책상맡에 놓아두고 너희 형제가 아침저녁으로 외우고 익혀야 할 것이다.

「두 아들에게 부침〔寄兩兒〕」 9-26

책이름 '주서여패(朱書餘佩)'는 『주자전서(朱子全書)』 가운데 몸에 꼭 지니고 다니면서 외워야 할 중요한 내용만 간추렸다는 의미다. 긴 편지글의 내용을 문목과 범례로 나누어 간추리면 다음 페이지의 〈표 3〉과 같다.

다산은 책의 목차와 범례를 상세히 제시했다. 이 책은 12장으로 구성되고, 각 장은 앞서 『제경』과 마찬가지로 12항목으로 이루어져, 모두 144항목을 소화하는 조촐한 규모였다. 이번에는 항목간의 균형을 맞추기 위해 글자수도 120자 이내로 제한해서, 긴 내용을 간추려 압축하는 훈련을 겸하였다. 분류기준이 헷갈릴까 봐 몇 항목은 손수 뽑아 시범을 보여주었고, 백화식 표현에 대한 친절한 설명까지 곁들였다.

또한 그저 평범한 교훈은 배제하고 정신이 번쩍 들 만한 내용으로 간추리라거나, 영달한 사람의 몸가짐은 빼도 괜찮다고 하는 등, 항목 선정의 우위를 결정하는 세부지침까지 제시했다. 그러고는 자식들이 완성해서 깨끗이 베껴 보내오면 이를 감수하여 가부를 판단한 뒤, 자신이 서문을 써서 한 권의 책으로 엮겠다고 했다. 책 한 권의 편집과정이 오롯이 담겨 있음은 물론, 다산의 여타 저작들이 편집된 과정까지 들여다볼 수 있어 흥미롭다.

규모를 드러내라

이렇듯 다산은 어떤 작업을 하든지 우선 목차와 범례를 확정하여 책의 목적과 목표, 전체 골격을 완전히 구성한 뒤에 착수했다. 이것은 완벽한 설계도면을 그린 후 건축에 들어가는 이치와 같다. 이러

표3

편목	내용	비고
1 입지(立志)	뜻을 세워 성인 배우기를 기약하는 것과 관련 있는 내용.	『전서』의 "배움은 마치 물을 거슬러 올라가는 배를 버팅기는 것과 같다. 평탄한 곳에서는 그저 가도 괜찮지만, 여울져 굽이치는 급류 가운데 이르면, 뱃사공은 한 번이라도 노 젓기를 느슨하게 하면 안 된다. 곧장 힘을 모아 위로 거슬러서 한 발자국도 긴장하지 않을 수 없다. 한 걸음만 물러나면 이 배는 위로 올라갈 수가 없다"를 이 조목에 넣을 것.
2 혁구습(革舊習)	묵은 습관을 고치는 것과 관련된 내용. 예를 들어 눕기를 좋아하고, 농담을 잘하며, 공연히 성내고, 바둑·장기를 즐기고, 권모술수나 남을 속이는 등의 행동과 관련된 것.	『전서』의 "마치 커다란 바윗덩어리를 뿌리째 뽑아내듯 해야 한다. 이제 단지 바위 표면을 살짝 깎기만 한다면 무슨 일을 이룰 수 있겠는가?"를 이 조목에 넣을 것.
3 수방심(收放心)	방심을 거두어 마음을 다잡는 것과 관련된 내용.	
4 검용의(檢容儀)	용모와 몸가짐을 검속하는 것과 관련된 내용.	
5 독서(讀書)	독서와 관련된 내용.	
6 돈효우(敦孝友)	효도와 우애를 돈독히 하는 것과 관련된 내용.	
7 거가(居家)	가정생활과 관련된 내용.	

8 목족(睦族)	집안간의 화목과 관련된 내용.	관련항목이 부족할 경우『사서집주』에서 더 뽑고, 그래도 부족하면『소학』에서 더 뽑되, 반드시 앞에 '주자왈(朱子曰)'이란 세 글자를 뽑아 다른 항목과 구분할 것. 그래도 12항목을 못 채우면 이웃과 화합하는 내용으로 보충해도 됨. 대신 목차 아래에 '화린부(和隣附)'라고 쓸 것.	
9 접인(接人)	사람을 접대하는 일과 관련된 내용.		
10 처세(處世)	남과 교유하거나, 세상에 나아가고 물러나는 것, 일에 대응하고 사물을 접하는 방법 등을 다룬 내용.	뽑을 때는 자신이 명심할 것을 중심으로 하고, 영달한 자들이 지녀야 할 몸가짐은 생략해도 무방함.	
11 숭절검(崇節儉)	근검절약을 높이는 것과 관련된 내용.		
12 원이단(遠異端)	이단을 멀리 하고 배척하는 내용.		

||일러두기||

- 당장은 공부가 부족해 여러 책에서 뽑을 수 없으니, 위 조목에 따라 조목당 12항목으로 제한하여 뽑을 것.
- 매 항목은 6~7행, 120자 이내로 제한할 것. 간혹 특출한 내용일 경우 한 줄로 된 몇 구절이라도 뽑을 수 있음.
- 120자에 맞춰 분량을 줄일 경우 앞뒤를 잘라내는 것은 괜찮지만, 나머지 부분은 본뜻을 잃지 않도록 손대지 말 것.
- 『주자어류(朱子語類)』 중 저(這), 나(那), 임지(恁地) 등의 표현은 백화문으로 '이것', '저것', '이처럼'의 뜻임. 그밖의 뜻 모를 백화식 표현은 질문할 것.
- 만일 마땅히 넣을 항목은 없는데 내용은 버리기 아까울 경우, 별도로 분류하여 명칭을 붙여서 책 뒤에 부록으로 붙일 것.
- 잠(箴)·명(銘)·송(頌) 가운데 뽑을 만한 것이 있으면 포함시킬 것.
- 공부에 게으르기 쉬운 초학들에게 일침을 가할 만한, 용맹하고 심각하며 빼어나고 놀랄 만한 말을 뽑고, 순숙(純熟)하고 혼후(渾厚)한 것은 배제할 것.

한 방식은 자식들을 위한 학습훈련뿐 아니라, 강진에서 이루어진 방대한 저작들의 편집과정에도 예외 없이 적용되었다. 그래서 그의 저작은 전체 규모가 마치 손금 보듯 선명하고, 각각의 부분이 전체와 긴밀한 짜임을 이루고 있다. 또한 체재가 정연하고 논리가 삼엄하여 빈틈이 보이지 않는다. 하지만 막상 작업은 목표 없이 일단 자료를 모으고 본다는 식으로 했을 때와는 비교도 할 수 없을 만큼 효율적이었다.

다산은 말한다. 무슨 일이든 작업에 들어가기 전에 먼저 전체 그림을 그려라. 생각의 뼈대를 세우고, 정보를 교통정리하라. 뼈대가 제대로 서지 않으면 작업을 진행해나갈 수가 없다. 목차가 정연하지 않으면 생각도 덩달아 왔다갔다한다. 범례를 꼼꼼히 검토해서, 혹시 작업중에 발생할 수 있는 혼란을 미연에 방지하라. 목차는 생각의 지도다. 범례는 생각의 나침반이다. 지도와 나침반 없이 먼 항해를 떠날 수 없듯이, 제대로 된 목차와 범례 없이 큰 작업을 효율적으로 진행할 수는 없는 법이다. 먼저 목차를 세워라. 범례를 확정하라.

7. 전례를 참고하여 새것을 만들어라
변례창신법(變例創新法)

이것은 대개 율곡(栗谷) 선생이 지은 『격몽요결(擊蒙要訣)』의 변례(變例)다.
【「두 아들에게 부침〔寄兩兒〕」 9-27 】

새롭게 만들어라

변례창신(變例創新)은 기존에 있던 것을 참고하여 새것을 만들어 내는 것을 말한다. 하늘 아래 새로운 것은 없다. 모든 새것은 옛것의 변용일 뿐이다. 다만 옛법이 아무리 훌륭해도 시대가 같지 않고 사람이 달라지면 쓰임에 맞지 않는 부분이 생기게 마련이다. 이때 옛것만을 붙들고 고집하면 문제가 생긴다.

연암 박지원은 이렇게 말했다.

늘 하던 대로만 하고 변통할 줄 모르다가, 막상 일이 닥치면 구차하

게 대충 없던 일로 하고 넘어가려 한다. 천하만사가 모두 이 때문에 어
그러진다.
박지원, 「과정록(過庭錄)」

세상이 바뀌었는데도 생각이 바뀌지 않는 것을 인순고식(因循姑
息)이라 한다. 그러다 문제가 생기면 정면돌파할 생각은 하지 않고,
대충 없던 일로 치고 얼버무려 넘어가려 한다. 이것이 구차미봉(苟且
彌縫)이다. 그러니 당면한 문제가 자기발전의 계기가 되지 않고, 구
태(舊態)를 더 강고히 붙들게 만드는 악순환으로 이어진다.

다산은 저술의 목표를 정하거나 주어진 과제를 수행할 때 결코 앞
선 것을 그대로 따르는 법이 없었다. 상황이 같은가? 적용에 문제는
없는가? 무엇이 다른가? 어떤 점을 따로 고려해야 하는가? 끊임없
이 이런 질문을 던졌다. 그리고 방대한 자료를 꼼꼼히 살펴 실천 가
능하고 적용 가능한 대안을 제시했다. 혹 참고할 자료가 없으면 그
발상만 가져와 기본정신의 바탕 위에서 새롭게 출발했다.

발상을 전환하라

이 절의 첫 인용문은 자식들에게 바로 앞 6절에서 살펴본 『주서여
패』를 초록하여 엮게 하면서 보낸 편지의 범례에 나오는 말이다. 율
곡 이이(李珥, 1536~1584)의 『격몽요결(擊蒙要訣)』은 배움을 시작하
는 학동들의 마음가짐과 몸가짐에 대해 조목별로 나누어 설명한 책
이다. 다산은 이 책을 가져다가 그대로 읽게 하는 대신, 부족한 부분
을 좀더 세부적으로 나누고 체재와 방식을 바꿔 새로운 책을 직접
만들게 했다. 두 책의 문목을 나란히 제시하면 다음과 같다.

『주서여패』	『격몽요결』
1. 입지(立志)	1. 입지(立志)
2. 혁구습(革舊習)	2. 혁구습(革舊習)
3. 수방심(收放心)	3. 지신(持身)
4. 검용의(檢容儀)	4. 독서(讀書)
5. 독서(讀書)	5. 사친(事親)
6. 돈효우(敦孝友)	6. 상제(喪制)
7. 거가(居家)	7. 제례(祭禮)
8. 목족(睦族)	8. 거가(居家)
9. 접인(接人)	9. 접인(接人)
10. 처세(處世)	10. 처세(處世)
11. 숭절검(崇節儉)	
12. 원이단(遠異端)	

『주서여패』의 12문목 중 6개가 『격몽요결』과 일치한다. 『격몽요결』'3. 지신(持身)' 즉 몸가짐에 관한 항목은 『주서여패』에서는 '3. 수방심(收放心)'과 '4. 검용의(檢容儀)'로 세분화되었다. 아비와 멀리 떨어진 자식들의 몸가짐에 대한 염려가 배어 있다. 또 『격몽요결』의 '5. 사친(事親)', '6. 상제(喪制)', '7. 제례(祭禮)'는 『주서여패』에서는 빠져 있다. 다산 자신이 이미 『상례사전(喪禮四箋)』을 비롯해 예서 정리작업을 따로 한 것이 있고, 자칫 예법을 섞으면 초점이 흐려질 것을 우려했기 때문이다. 그 대신 '6. 돈효우(敦孝友)'와 '8. 목족(睦族)'을 새로 첨가해서 생활상의 실천윤리에 비중을 두었다. 또 '11. 숭절검(崇節儉)'과 '12. 원이단(遠異端)' 항목을 따로 두어, 선비의 바른 몸가짐을 강조했다.

전체 목차로 볼 때 『격몽요결』이 공부하는 사람의 몸가짐뿐 아니라 상례와 제례를 포함하는 기본예절서의 형태를 띠고 있는 데 비해, 『주서여패』는 구체적인 행동지침을 제시한 실천규범서의 성격이 더 강하다. 더욱이 본문을 뽑은 텍스트가 서로 달라 두 책은 겹치는 부분이 없다. 결국 다산은 율곡의 『격몽요결』에서 착상하여 『주서여패』를 엮었으나, 두 책은 서로 보완역할을 할 수 있도록 했고, 책의 성격도 구분된다. 다산의 변례창신법은 바로 이런 방식의 저술을 가리킨다.

성과를 점검하라

다산은 구체적인 작업을 시작하기에 앞서 기존의 성과를 점검하는 일부터 착수했다. 이 과정에서 작업의 방향을 결정하고 자료를 정리했다.

옛날 부염(傅琰)은 『이현보(理縣譜)』를 지었고, 유이(劉彝)는 『법범(法範)』을 저술했다. 왕소(王素)에게는 『독단(獨斷)』이 있고, 장영(張詠)은 『계민집(戒民集)』을 남겼다. 진덕수(眞德秀)는 『정경(政經)』을 엮었고, 호태초(胡太初)는 『서언(緖言)』을 지었다. 정한봉(鄭漢奉)은 「환택편(宦澤篇)」을 남겼다. 모두 이른바 백성을 기르는 책이다.

「목민심서서(牧民心書序)」 6-30

『목민심서』를 편찬할 당시 다산은 예전에 나온 비슷한 자료들을 다양하게 검토했다. 어떤 것은 너무 소략하고, 어떤 것은 시대가 달라 실정에 전혀 맞지 않았다. 없어도 될 군더더기는 너무 많고, 있어야 할 것 중에 빠진 것도 많았다. 중국과 조선은 상황도 같지 않았다. 그렇다면 어찌할 것인가? 어떻게 해야 목민관들에게 실제적인 도움을 줄 수 있을까? 이런 고민의 바탕 위에서 『목민심서』의 문목과 조례가 작성되었다.

다음은 수원 화성 축성 당시 왕명으로 성제(城制)에 대한 보고서를 올릴 때의 정황을 적은 글이다.

> 이해 겨울 수원에 성을 쌓았다. 임금께서 말씀하셨다. "기유년 겨울 배다리〔舟橋〕를 놓을 적에 약용이 그 규모와 제도를 아뢰어 일을 성공적으로 마쳤다. 그를 불러 자기 집에서 성을 쌓는 제도를 조목별로 올리게 하라." 이에 내가 윤경(尹畊)의 『보약(堡約)』과 유성룡(柳成龍)의 「성설(城說)」을 참고하여, 그 가운데 좋은 방법을 골라 적대(敵臺)·현안(懸眼)·오성지(五星池) 등의 여러 방법을 이치를 밝혀 올렸다.
>
> 「자찬묘지명(自撰墓誌銘)」 7-105

이렇듯 다산은 언제나 관련 참고서적을 수집하는 일에서부터 작업을 시작했다. 목차를 검토하고 범례를 비교하여, 그 많은 정보를 당면과제에 가장 적합한 형태로 재배열했다. 타당성과 현실성에 대한 검토 없이 남의 것을 그저 가져다 쓰는 법은 결코 없었다.

『목민심서』는 앞의 인용문에서 보았듯이, 중국에서 저술된 역대 목민서(牧民書)의 기본정신과 체재를 바탕으로 자신의 체험을 얹어 편집한 것이다. 하지만 그 목차와 다루고 있는 내용, 전작의 규모는 앞선 저술들과는 비교도 할 수 없을 만큼 방대하다.

또 다산은 이전에 배다리의 공학원리에 대해 알지도 못했고, 성을

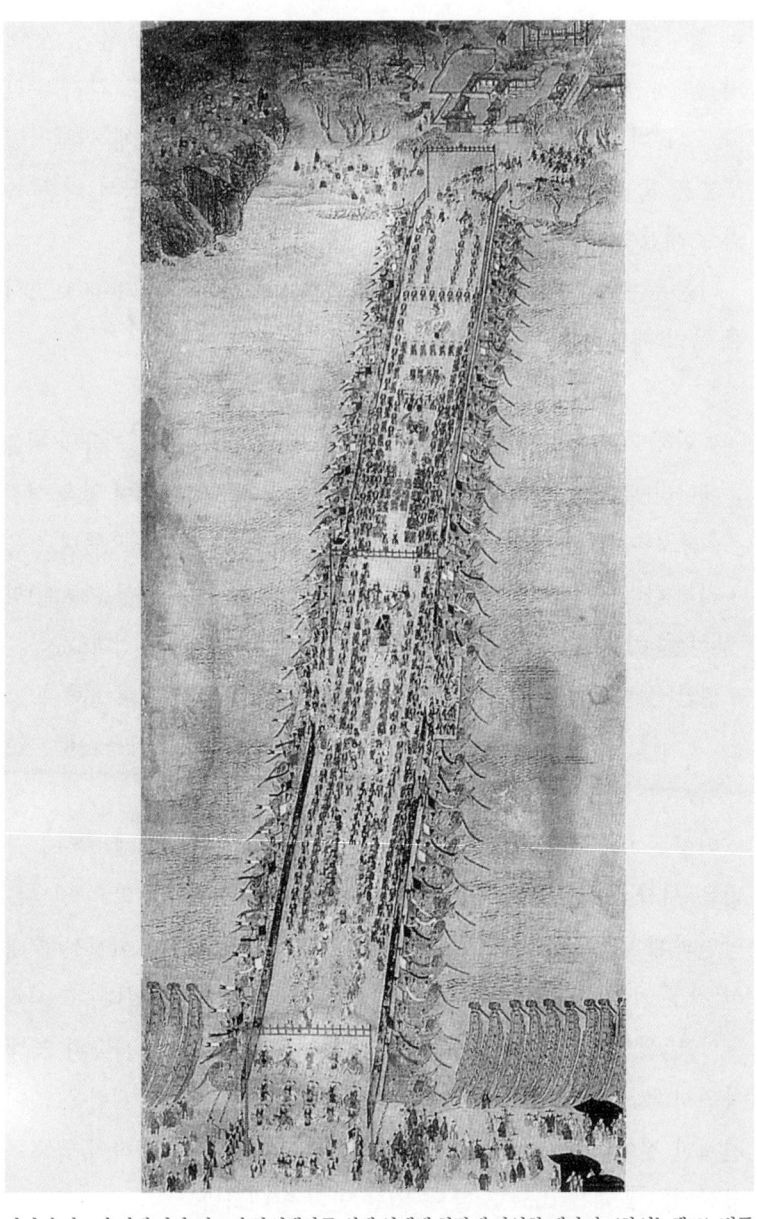

다산이 정조의 명에 따라 정조의 화성행차를 위해 설계해 한강에 가설한 배다리. 〈화성능행도〉 병풍 가운데 들어 있다.

쌓거나 기계를 만들어본 경험도 전혀 없었다. 그런데도 그는 왕명에 따라 단서가 될 만한 작은 자료에서 출발하여 이것을 확장하고 부연해 한 치의 착오 없이 화성의 축성도면에서부터 수레의 설계도면에 이르기까지 직접 만들어냈다. 어떤 전문가보다 탁월하게 왕의 요구와 국가의 필요에 정확하게 부응했던 것이다. 이것은 정보를 처리하는 그의 빼어난 수완과 낡은 것에서 새것을 만들어내는 변례창신의 역량이 맞물려서 이루어낸 성과였다.

방법만 배워오라

변례창신의 또 다른 예를 다산의 『비어고(備禦考)』와 관련된 편지를 통해 살펴보자. 『비어고』는 국방과 관련된 총서적 저술로, 전쟁과 군사 관련기록을 모두 망라한 방대한 기획이었다.

다산은 「두 아들에게 보여주는 가계〔示二子家誡〕」(8-13)에서 명나라 모원의(茅元儀, 1594~1644)가 지은 『무비지(武備志)』의 문목을 본떠 우리나라의 국방에 관한 책을 엮으려고 오랫동안 뜻을 품어왔음을 말하고 있다. 『무비지』는 240권에 이르는 방대한 국방관련 총서다. 600여 종의 무기가 소개되어 있고 진법과 관련된 도판만 319개나 제시되어 있다. 전쟁과 군사에 관련된 내용은 거의 빠짐없이 망라된 총서다. 워낙 중요하고 민감한 사안을 다루고 있어 청나라 때 금서의 목록에 오르기까지 했다.

하지만 다산은 이 책이 지나치게 방만하기만 할 뿐 자료를 종합하여 핵심을 추려내지 못했다고 비판했다. 다산은 자식들에게 편지를 보내, 자신이 이루고 싶었지만 귀양지에서 자료가 없어 더 진행하지 못한『비어고』를 완성하기 위해 본격적으로 자료를 수집하라고 당부한다. 다음은 편지글의 앞부분이다.

『비어고』는 아직 그 문목을 세우지 못했다. 하지만 모아둔 것이 이미 적지 않다. 모름지기 이것에 의거하여 잇대어 기록하고 더욱 수집해야 한다. 반드시『무비지』의 범례와 같을 필요는 없다.
「두 아들에게 부침〔寄兩兒〕」9-30

이 대목을 보면 다산이 이때까지도『비어고』의 최종문목을 확정하지 못했음을 알 수 있다. 다만 계속해서 다산은 자료수집을 위한 지침을 자세한 범례로 적어 설명했다. 이 범례에 따라 내용을 분석해 보면 다산이 구상한『비어고』의 대체적인 골격이 드러난다.

아마도 다산은 이 책을 크게 2부로 구성하여, 제1부에서는 우리나라와 관련이 있는 전쟁기록을 모두 망라하려 했던 듯하다. 제1부는 국가별·지역별로 나누어 모두 13장으로 구분했다. 제2부에서는 국방과 관련된 제도를 정리했는데, 모두 8장으로 이루어졌다. 다산이 제시한 범례를 묶어 다시 정리하면〈표4〉와 같다.

다산은 세부문목을 결정하지 못했다고 하면서도 이렇듯 상세한 편집지침을 내려주고 있다. 이 책의 근간이 된 것은 모원의의『무비지』다.『무비지』240권은「병결평(兵訣評)」18권,「전략고(戰略考)」33권,「진련제(陣練制)」41권,「군자승(軍資乘)」55권,「점탁재(佔度載)」93권의 5부로 구성되어 있다.

다산의『비어고』는 모든 사례를 우리나라와 관련된 것에 국한하고 있어, 이를테면 조선판『무비지』에 해당하는 책이다. 하지만 다산은 표 아래의〈일러두기〉에서 보듯, 세부사항의 기술방식은『무비지』의

부	항 목
제1부	「일본고(日本考)」·「여진고(女眞考)」·「거란고(契丹考)」·「몽고고(蒙古考)」·「말갈고(靺鞨考)」·「발해고(渤海考)」·「유구고(琉球考)」·「탐라고(耽羅考)」·「하이고(鰕夷考)」·「해적고(海賊考)」·「토적고(土賊考)」·「한병고(漢兵考)」·「역내고(域內考)」
제2부	「관방고(關防考)」·「성지고(城池考)」·「군제고(軍制考)」·「진보고(鎭堡考)」·「기계고(器械考)」·「장수고(將帥考)」·「교련고(敎鍊考)」·「봉수고(烽燧考)」

|일러두기|

- 「하이고」는 울릉도와 우산국 등을 다룬다.
- 「한병고」는 한 무제나 수 양제, 당 태종과 당 고종 등이 쳐들어온 것을 다룬다.
- 「한병고」와 「역내고」의 경우, 항상 공격당한 쪽을 중심으로 기술한다. 예를 들어 신라가 백제를 공격하면 백제를 주체로 쓰고, 고구려 등 여러 나라의 침략을 함께 적는다.
- 삼별초는 「해적고」에 넣고, 이괄과 이시애의 반란은 모두 「토적고」에서 다룬다.
- 예맥과 가락국 등의 사소한 전쟁은 「역내고」 끝에 첨부한다.
- 척계광(戚繼光)의 『기효신서(紀效新書)』와 모원의의 『무비지』 중에서 우리나라와 관련 있는 항목을 뽑아 넣는다.
- 『무예도보(武藝圖譜)』와 『병장도설(兵將圖說)』에서 긴요한 내용을 간추린다.
- 「봉수고」는 「성지고」 끝에 첨부하여 합칠 수도 있다.
- 자료를 정리할 때 연대의 선후를 정확히 기재한다. 전벌(戰伐)과 조빙(朝聘) 관련내용은 조목마다 날짜를 자세히 적는다.
- 중국에서 바다를 따라 압록강 어귀에서 여순(旅順) 입구까지, 금주(金州)와 산동성 연안을 따라 아래로 절강성과 복건성의 남쪽까지 물길의 위험한 곳과 예전 조빙하던 도로를 따로 기록한다.
- 「일본고」와 「여진고」는 두 가지로 나눈다. 전벌과 조빙을 한 종류로 묶는 것은 『무비지』의 「전략고」의 예를 따른다. 풍요(風謠)나 물속(物俗), 토산, 궁실, 성곽, 주거(舟車)의 제도 같은 것은 마땅히 한 종류로 묶는다. 『무비지』의 「점탁고」에서 「외이고」를 실은 예에 따른다.
- 유성룡의 『서애집』, 이항복의 『백사집』, 이원익의 『오리집』, 이호민의 『오봉집』, 윤두수의 『오음집』, 윤근수의 『월정집』, 이정구의 『월사집』, 이덕형의 『한음집』, 장유의 『계곡집』, 이수광의 『지봉집』, 이양원의 『노저집』, 이순신의 『이충무공전서』, 이민환의 『자암집』을 주로 참고한다.

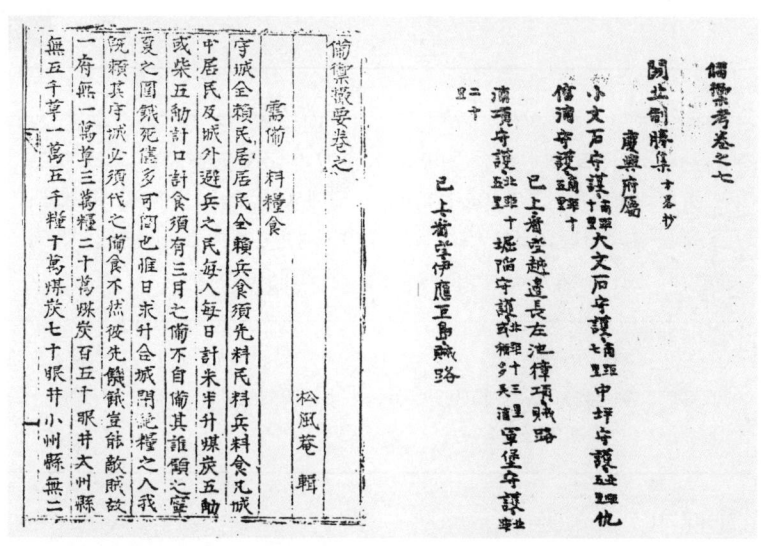

다산의 『비어고』는 현재 여러 가지 필사형태로 각지에 흩어져 있다. 1974년 다산학회에서 펴낸 『여유당전서보유』 제5책에는 이렇듯 다양한 자료에서 취합한 『비어고』의 초록원고들이 몇 종류 실려 있다. 이들 자료를 한자리에 모아 재편집하면 다산 『비어고』의 전모를 선명히 알 수 있다.

방법을 참고하면서도 전체 틀이나 세부사항은 완전히 다른 방식으로 항목을 구성하고 있다. 『무비지』가 지나치게 장황하게 자료만 모아놓아 실용에 요긴하지 않다는 판단에서였다. 또한 주요 전쟁 수로(水路)와 도로의 상황을 따로 부록으로 기록해 군사적인 필요에 부응할 것을 요구했다.

다산의 『비어고』는, 그의 「자찬묘지명」을 통해 볼 때 '아방비어고'라는 제목으로 30권에 달하는 방대한 분량의 저작이었으나 끝내 완성을 보지는 못한 듯하다. 현재 작업의 초고로 보이는 『비어고』의 단편들이 부분적으로 남아 있다.

어쨌든 우리는 이를 통해 다산이 어떤 작업을 하든 전례를 그대로 묵수(墨守)하지 않고, 실정에 맞게 바꾸고 조정하면서 작업을 진행해간 과정을 섬세하게 파악할 수 있다. 대부분의 그의 작업은 이런 조정과 재배치를 거쳐서 이루어졌다.

이밖에 그가 왕명에 따라 중국의 『기기도설(奇器圖說)』과 『무비지』를 참고해서 만든 기중가나 인중기의 제도나 법식을 보더라도, 중국 것을 그대로 따르지 않고 실정에 맞게 변화시켜 새로운 모델을 창안해냈음을 볼 수 있다. 또 다산의 고안품인 유형거(游衡車)나 윤선(輪船)에서도 변례창신의 정신을 확인할 수 있다. 이에 대해서는 뒤에서 상세하게 살펴볼 것이다.

다산은 말한다. 전에 없던 새것은 없다. 모든 것은 옛것의 기초 위에서 이루어진다. 좋은 모범을 찾아라. 훌륭한 선례를 본받아라. 하지만 그대로는 안 된다. 바꿔야 한다. 현실에 맞게 고쳐라. 실정에 맞게 변경해라. 불필요한 것은 걷어내고, 안 맞는 것은 버리고, 없는 것은 보태고, 부족한 것은 채워라. 내가 옛것에서 배울 것은 생각하는 방법뿐, 내용 그 자체는 아니다. 옛사람의 발상을 빌려와 지금에 맞게 환골탈태(換骨奪胎)하라. 점철성금(點鐵成金), 쇠를 두드려 황금을 만들어라. 옛길을 따라가지 마라. 나만의 색깔로 나만의 목소리를 낼 수 있어야 한다. 나는 나다.

8. 좋은 것을 가려뽑아 남김없이 검토하라
취선논단법(取善論斷法)

평생『논어』에 대한 고금의 여러 학설을 수집한 것이 적지 않았습니다. 매번 한 장(章)을 대할 때마다 고금의 여러 학설을 다 살펴보고, 그 가운데 좋은 것을 취하여 뽑아 적고, 논란이 있는 것은 가져다 논단(論斷)하였습니다. 이제야 비로소 이것 외에는 새로 보충할 만한 것이 없다고 말하렵니다.

【「중씨께 답함(答仲氏)」 8-236】

가치를 논단하라

취선논단(取善論斷)은 여러 정보 가운데 가치 있는 것만 추려내어, 다시 하나하나 타당성을 따져보고 검토하는 것이다. 둘째형인 정약전에게 보낸 위의 편지만 보더라도,『논어』한 줄을 읽기 위해 책상 위에 참고도서를 줄줄이 펼쳐놓고 이리저리 들춰보고 대조하고 메모하며 따져보던 그 몰두와 집중의 정경이 눈에 선하게 떠오른다.『논어』에 관한 한 더 보충할 것이 없다고 선언하는 저 도저한 자긍심은 또 어떤가?

다시 위의 편지로 돌아가 보자.

오늘날 『논어』를 연구하지 않는 자들은 사서(四書)의 밭에는 이제 더는 남은 이삭이 없다고 말하곤 합니다. 굉보(紘父) 이강회(李綱會)가 과거공부를 그만두고 발분하여 경학과 예학의 학문에 몸을 돌린지라, 그에게 시달리느라 안경을 쓰고 임하지 않을 수가 없습니다. 그러면서 보니, 여기에도 남은 알곡이 있고, 저기에도 빠진 이삭이 있습니다. 또 여기에는 미처 거두지 않은 볏단이 있고, 저기에는 거두지 못한 늦벼가 있습니다. 낭자하게 흩어져 있어 이루 다 수습할 수가 없을 지경입니다. 마치 어린시절 새벽에 밤나무동산에 나갔다가 생각지 않게 붉은 밤알이 어지러이 땅에 흩어져서 이루 다 주울 수 없는 것과 같은 지경이니 이를 장차 어찌하겠습니까? 「중씨께 답함〔答仲氏〕」 8-235

한나라 이래로 주자의 집주(集注)에 이르기까지, 『논어』에 대한 역대의 주석은 너무 많아 열거할 수 없을 정도다. 오죽하면 주자가 집주작업으로 교통정리를 해야만 했겠는가? 그런데 막상 다산이 작심하고 달려들어 역대의 주석을 살펴보니 도처에 허점투성이고 여기저기 미진한 대목이 한두 군데가 아니더라는 것이다. 이 느낌을 다산은 즐비하게 떨어진 밤송이를 보고 좋기는 한데 다 담을 수가 없어 어쩔 줄 몰라하는 어린아이의 심정에 견주었다.

그리하여 다산은 단락마다 고금의 여러 학설을 비교하고 대조하여 그중 타당한 것을 가려뽑고, 그 가운데 의견이 서로 엇갈려 결론이 나지 않은 것은 자신의 생각으로 논단하여, 마침내 더는 보충할 것이 없다 싶을 정도가 되었다. 하지만 다산의 작업은 여기서 멈추지 않았다. 다시 이어지는 대목이다.

고금의 학설을 두루 살펴보매 온통 불합리한 것들만 보이니 어찌하겠습니까? 이럴 때는 하는 수 없이 책을 덮고 눈을 감은 채 가만히 앉아, 밥 먹는 것도 잊고 잠자는 것도 잊습니다. 그러면 반드시 새로운 뜻과 이치가 시원스레 떠오르게 되지요. 이렇게 해서「학이(學而)」와 「위정(爲政)」두 편에서 새로운 의미와 이치를 얻은 것만도 벌써 10여 조목이나 됩니다. 또 논란이 있는 내용을 결판지어 두 학자가 인용한 근거 밖에서 별도의 단안(斷案)을 처음으로 내서, 논란 중에 있던 것들로 하여금 다시는 말도 꺼내지 못하게 만든 것도 많습니다. 하늘이 만약 내게 세월을 더 주어서 이 작업을 마칠 수만 있다면 그 책은 자못 볼만 할 듯합니다. 하지만 초고를 탈고할 방법이 없으니 몹시 안타깝습니다.
「중씨께 답함(答仲氏)」 8-235

말 그대로 발분망식(發慣忘食)하여, 밥 먹고 잠자는 것도 잊은 채 몰두하였다. 전혀 새롭게 뜻을 깨달은 것도 적지 않았다. 또 팽팽하게 논쟁이 붙어 오래도록 결판나지 않은 사안을 전혀 다른 제3의 근거를 찾아내 마무리지어버린 것도 많았다. 다산은 자신의 좋지 않은 건강을 염려했던 듯, 이 작업을 과연 끝마칠 수 있을지 걱정했다. 하지만 그는 끝까지 관철해서『논어』의 주석을 모두 취선논단하였다. 그 결과가 바로『논어고금주(論語古今注)』40권이다.

폭넓게 섭렵하라

스스로도 자부한 이『논어고금주』는 고주(古注)와 신주(新注)를 망라하여 독창적 해석체계를 확립한 탁월한 저술이다. 특히『논어』의 핵심개념이라 할 인(仁)의 해석에서, 다산의 견해는 주자의 해석을 뛰어넘는 깊은 통찰을 보여준다. 주자의 학설이 내재한 관념적 요소들을 철저히 배제하고, 실천적 접근으로 『논어』 이해의 새로운 지평을 열었다.

고주에서는 하안(何晏)의 『논어집해(論語集解)』와 황간(皇侃)의 『논어의소(論語義疏)』와 형병(邢昺)의 『논어정의(論語正義)』를 주로 취하였고, 신주로는 주자의 『논어집주』를 취했다. 그밖에 청대의 학자인 고염무(顧炎武)와 모기령(毛其齡) 등의 견해, 심지어 일본 고학파(古學派)의 이토 진사이[伊藤仁齋] · 오규 소라이[荻生徂徠] · 다자이 슌다이[太宰春臺]의 주석까지 망라하여 검토했다.

특히 그가 일본 학자들의 연구성과까지 받아들인 대목은 인상깊다. 검토방식도 보완[補] · 반박[駁] · 질의 · 인증(引證) · 고이(考異)로 항목을 세분하여, 보완하고 반박하며 의문을 제기하고 증명하며 대조하는 여러 단계를 거쳐 독자적인 해석체계를 구축했다.

취선논단의 또 다른 예는 『마과회통(麻科會通)』의 편집과정을 통해서도 살펴볼 수 있다. 이 책은 모두 63종의 의서(醫書)에서 천연두 관련 내용만 추려, 예방법과 치료법을 항목별로 정리한 것이다.

근세에 몽수(夢叟) 이헌길(李獻吉)이라는 이가 있었다. 그 사람이 뜻은 우뚝하였으나 이름을 이루지는 못하였다. 사람을 살리려 했지만 할 수 없는지라 홍역에 관한 책을 가져다가 홀로 탐구하여 어린아이를 살린 것이 만 명을 헤아린다. 나 또한 그중 하나다. 내가 이몽수 덕분에 살았으므로 은혜를 갚고 싶었으나 할 수 있는 것이 없었다. 이에 몽수의 책을 가져다가 그 근원을 거슬러올라가 바탕을 탐구하고, 중국의 홍역에 관한 책 수십 종을 얻어 아래위로 궁구하고 조례(條例)를 상세히 갖추었다.

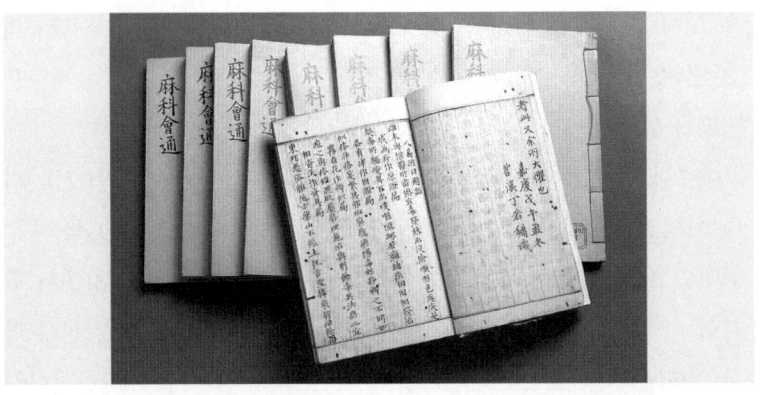

63종의 의서에서 천연두관련 항목만을 간추려 편집한 『마과회통』. 다산은 6남3녀 중 4남2녀를 마마 등의 병으로 잃었다. 자신의 아픔을 다른 부모가 되풀이하지 않기를 바라는 거룩한 마음이 이 책 속에 담겨 있다. 책을 엮으면서 그는 죽은 자식들의 모습이 떠올라 가슴 아팠을 것이다.

그 책을 검토해보니 모두 산만하고 내용이 뒤섞여나와 찾아보는 데 불편하였다. 홍역은 병이 몹시 갑작스럽고 사나우므로 시급함을 다퉈 목숨이 왔다갔다한다. 다른 병처럼 세월을 두고 꾀할 수 있는 것이 아니다. 이에 가지를 나누고 유별로 모아 눈썹처럼 늘어놓고 손바닥을 내보이듯 하여, 병든 사람이 책만 펴면 처방을 얻을 수 있게끔 찾아보는 데 번거롭지 않게 하였다. 무릇 다섯 번 원고를 고쳐서야 비로소 책이 이루어졌다. 아아! 몽수가 여태도 있었다면 떨리듯 뜻에 맞는다 했을 것이다.

「마과회통서(麻科會通序)」 6-65

다산은 몽수 이헌길 덕분에 홍역에서 목숨을 건질 수 있었다. 그래서 그 은혜를 갚는 한 방법으로 이헌길이 지은 홍역에 관한 책을 읽어 그 오묘한 이치를 깊이 연구할 생각을 했다. 그런데 막상 그 책을 검토해보니 체재가 산만하고 내용이 들쭉날쭉해서 한눈에 들어

오지 않았다. 그래서 작정하고 중국의 홍역관련 서적을 수집하여 취선논단의 방식으로 갈래를 나누고 그룹별로 분류했다.

문제를 파악하라

막상 여러 의서를 대조해보니 처방 중에는 서로 상충되는 것도 있고, 앞뒤가 안 맞는 것도 적지 않았다. 어떤 경우는 경험방(經驗方)에 비추어 선택해야 했고, 합리성과 일관성을 따져서 어느 한쪽을 배제하기도 했다. 이렇게 해서 『마과회통』의 초고를 완성한 뒤에도 다산은 개고(改稿)를 거듭했다. 사람의 목숨과 관계되는 일이어서 자칫 그릇된 정보로 목숨을 그르치는 경우가 없게 하기 위함이었다. 다음 두 통의 편지는 다산이 이 책의 편집에 얼마나 심혈을 기울였는지 잘 보여준다.

『마진방(麻疹方)』은 아직 탈고하지 못했습니다. 게다가 또 새로 몇 종의 새 책을 얻었으므로 각 부문에 첨가해넣어야 바야흐로 책을 완성할 수 있겠습니다. 그 책들이 도착하면 마땅히 즉시 편집에 착수하렵니다. 감히 곧바로 찾으시는 성의에 부응하지 않겠습니까?

「이판서시수에게 답함〔答李判書時秀〕」 8-63

저는 근래 홍역에 관한 책을 수집하느라 자못 정력을 허비하였습니다. 어제 자화(子和)가 제게 들렀다가 비쩍 마른 목계(木鷄) 같은 형상을 보더니 그냥 돌아가더군요. 생각건대 돌아가서는 비웃었을 겝니다.

「만계에게 답함〔答蔓溪〕」 8-113

작업 도중에도 끊임없이 새 자료를 찾아 비교·대조하여 내용을 보완하는 과정을 거치느라『마과회통』은 초고를 다섯 번이나 고치는 난산을 겪었다. 벗이 찾아왔다가도 책에 정신이 팔려 건성건성 대하는 것을 보고 그냥 돌아갔을 만큼 그는 이 작업에 있는 정성을 모두 쏟았다.

서문에서 다산은 "아아! 몽수가 여태도 있었다면 떨리듯 뜻에 맞는다 했을 것이다"라고 적었다. 몽수 이헌길이 살아서 다산의 이 책을 보았더라면, 자신이 지은 책의 부족한 부분과 요령부득의 지점이 한눈에 알아볼 수 있도록 가지런해진 것을 보고 "바로 내가 하고 싶었던 것이 이것일세. 자네 참 수고했네" 하고 흠족해했을 것이라는 뜻이다.

다산은 마지막 순간까지도 버리고 취함이 정밀하지 못해 가치 없는 것까지 다 수록했을까 봐 전전긍긍했다. 또 궁벽한 시골사람들이 병의 증상을 자세히 살피지 않고 이 책만 믿어 바로 강하고 독한 약재를 써서 치료에 실패하는 일이 있을까 봐 염려했다. 다섯 번의 개고에도 그는 결코 마음을 놓을 수 없었던 것이다.

애초에 다산은 의학에 대한 조예가 그다지 깊지 않았다. 그가 처음 장기(長鬐)로 귀양갔을 때, 아버지의 건강을 염려한 아들이 수십 권의 의서와 약초 한 상자를 보내왔다. 볼 만한 다른 책이 없었던지라 그는 이 책들을 읽고 또 읽었다. 자신이 병들어 아플 적에도 스스로 처방을 내려 약을 먹고 나았다. 이를 본 관인(館人)의 아들이 다산에게 백성들을 위한 알기 쉬운 의서를 만들어달라고 청했다. 이 요청에 따라 다산은 예의 그 날렵한 편집솜씨를 발휘하여『촌병혹치(村病或治)』라는 책을 만들어준 일도 있었다. 그가 취선논단한 편집의 과정은 이러했다.

그 가운데 간편한 여러 처방을 골라서 기록하였다. 아울러 『본초강목(本草綱目)』에서 치료에 가장 중요한 약재를 가려뽑아 각 병의 끝에 첨부했다. 도움은 되지만 꼭 요긴하지 않은 약재는 수록하지 않았다. 먼 데서 나는 것이나 구하기 힘든 것, 나무꾼이 이름을 모르는 것은 아예 싣지 않았다. 책이 40여 쪽밖에 안 되니 간략하다 할 만하다. 이름하여 『촌병혹치』라 하였다. _{「촌병혹치서(村病或治序)」 6-64}

편집의 지침은 이렇다. 첫째, 시골에서 흔히 보는 병에 대한 간편한 처방만 싣는다. 둘째, 『본초강목』에서 각 병에 가장 중요한 약재를 뽑아 각 항목 끝에 제시한다. 셋째, 시골사람들이 구하기 힘들거나 알기 어려운 약재는 배제한다.

이 세 가지 편집원칙을 세워놓고 다산은 자식이 보내온 수십 권의 의서를 취선논단해서, 누구나 병세에 따라 주변에서 쉽게 구할 수 있는 약재로 병을 치료할 수 있도록 단 40장에 압축했다. 그가 하는 일은 늘 이렇게 명쾌하고 상쾌하다. 그는 마치 복잡하게 얽히고설킨 사건을 단숨에 해결해버리는 현명한 재판관처럼 민첩하게 문제를 파악해서 경쾌하게 처리해버린다.

명석하게 판단하라

취선논단의 또 다른 예를 살펴보자. 다산은 『아방강역고』를 엮기 위해 오랜 기간 자료를 수집했다. 먼저 중국 17사(史)의 「동이열전」을 비롯한 각종 참고자료를 모두 모았고, 『대명일통지(大明一統志)』와 『성경지(盛京志)』 등의 중국 자료를 비롯해 우리 역사서의 기록을 모두 망라하였다. 하지만 이들 자료를 모으면 모을수록 고대의 강역(疆域)에 대한 개념은 점점 더 혼란스러워졌다. 워낙 기록마다 편차를 보이는데다 서로 복잡하게 뒤엉켜서 어디서부터 손을 대어 바로잡아야 할지조차 알 수 없을 정도였다.

    『아방강역고』 10권은 10년간 축적하여 모은 것을 하루아침에 쏟아낸 것입니다. 삼한은 중국의 사책(史策)에서는 모두 변진(弁辰)이라고 했지, 변한(弁韓)이라고는 말하지 않았습니다. 우리나라 학자들은 혹 평안도를 변한이라고도 하고, 경기도나 전라도가 변한에 해당한다고 주장하기도 합니다. 근래 처음으로 조사해보니 변진이란 바로 가야였습니다. 김해의 수로왕은 변진의 총왕(總王)이었고, 포상팔국(浦上八國) 및 함창과 고령, 성주 등이 변진 12국이었습니다. 변진의 자취가 이처럼 분명한데도 우리나라 학자들은 지금까지 깜깜했습니다. 우연히 버려진 종이를 뒤져보았더니, 오직 한백겸(韓百謙)만이 "변진은 수로가 일어난 곳인가 생각된다"고 했더군요.   「중씨께 올림(上仲氏)」 8-222

    다산은 변한의 위치에 대한 기존의 각 설을 소개한 후, 이들을 하나하나 논단하여 그 틀린 점을 지적하고 근거를 대어 변한이 바로 가야를 일컬은 것임을 논증한 일을 예로 들어, 이 작업의 험난한 과정을 설명했다. 이렇게 고대의 기록을 하나하나 바로잡아나가던 다산은 답답함을 못 견뎌 진작 대대적인 작업으로 확대하지 못한 것을 후회했다. 위에 이어지는 같은 글의 한 대목이다.

    이들 사적(事蹟)이 모두 등나무와 칡덩굴처럼 얽히고설켜 있으니, 이보다 앞선 이른바 우리나라 역사란 것을 모두 알 만합니다. 마땅히 김부식의 『삼국사기』를 가져다가 한바탕 고쳐써서 태사공이 했던 것처럼 명산에 간직해야 하겠으나, 스스로 헤아리건대 살날이 길지 않을 듯하니 이를 슬퍼합니다. 10여 년 전에 이런 지견(知見)이 있었더라도, 어찌 한번 우리 선대왕께 고하여 서국(書局)을 크게 열어 사(史)와 지(志)를 편찬하여 단번에 천고의 비루함을 씻어내고, 길이 천세토록 보존할 책으로 남기지 않았겠습니까? 「중씨께 올림[上仲氏]」 8-223

『아방강역고』를 정리하는 과정에서 다산은 고대사의 얽히고설킨 잘못된 기록을 보며 통탄을 금할 수 없었던 모양이다. 중국 역사기록에서 우리나라 역사에 관한 기록이 뒤죽박죽인 것은 그들이 참고할 만한 우리 쪽의 옛 역사기록이 없거나 부실했기 때문이다. 그러니 아예 이들 기록을 모두 한자리에 쓸어모아 하나하나 취선논단하여 『삼국사기』의 잘못된 점을 낱낱이 바로잡고 싶다고 했다. 왜곡됨 없이 역사 앞에 떳떳하고 후대에 자랑스러운 역사책을 만들고 싶다는 의욕을 내비치기에 이르렀던 것이다.

다산은 이렇듯 뒤죽박죽으로 얽힌 복잡한 문제 앞에서도 결코 주눅드는 법이 없었다. 하나하나 따져서 유용성을 점검하고 그 결과에 따라 정보의 가치를 결정했다. 논단의 과정을 거쳐 일단 선택된 정보는 엄정한 편집기준과 미리 정해둔 문목에 따라 재배치하여 뒤엉킨 잡초더미 사이에 말끔한 새 길을 냈다.

다산은 말한다. 많은 정보가 문제를 해결해주는 것은 아니다. 그중에서 유용한 자료를 취하고, 쓸모없는 자료를 버릴 수 있어야 문제가 해결된다. 그 반대로 하여 유용한 자료를 버리고 쓸모없는 자료를 취하게 되면 차라리 손대지 않는 것만 못하다. 정보의 가치를 판단하려면 객관적인 분석과 명석한 판단이 필요하다. 자료가 혼란스러워 갈피를 못 잡겠다고 투덜대지 마라. 어디서부터 손대야 할지 모르겠다고 지레 겁먹지도 마라. 하나하나 따져서 진위를 헤아리고 정보의 값을 매겨라. 문제는 나에게 있다. 자료에 있지 않다.

9. 부분을 들어서 전체를 장악하라
거일반삼법(擧一反三法)

하나를 듣고 열을 아는 것은 진실로 쉽지 않습니다. 하지만 하나를 들어 둘을 알고, 한 모서리를 들어 세 귀퉁이를 뒤집는 것은 또한 학문하는 사람에게 늘상 있는 일입니다. 【「이여홍에게 답함(答李汝弘)」 6-19 】

정곡을 찔러라

거일반삼(擧一反三)이란 한 모서리를 들어 나머지 세 모서리를 뒤집는 것이다. 툭 건드려 오성(悟性)을 활짝 열어주는 방식이다. 혼자서도 한 모서리를 들어 탁자 하나를 쉽게 뒤집을 수가 있다. 이것을 굳이 넷씩 달려들어 네 모서리를 다 붙들고 뒤집으려 하면 공연히 번잡하고 힘만 빠진다. 한 솥의 국맛은 한 숟가락만 떠먹어봐도 알 수 있다. 통째로 다 마셔봐야만 알 수 있는 게 아니다.

공부도 마찬가지다. 처음부터 끝까지 시시콜콜히 다 붙들고 앉아 가르쳐줄 수는 없고, 그렇게 배울 수도 없다. 다산은 두 아들에게 부친 편지에서 "책을 초록해 적는 것은 한 모서리를 들어 세 귀퉁이를 뒤집는 방법"이라고 했고, 「아언각비서(雅言覺非序)」에서도 "한 모서리를 들어 세 귀퉁이를 뒤집고, 하나를 배워 열을 아는 것은 배우는 자의 책무"라고 말한 적이 있다. 4분의 1의 노력으로 전체를 장악하는 방법이 바로 거일반삼법이다.

다산은 자신의 『아학편(兒學編)』에 대해 이렇게 말했다.

> 2천 글자를 읽은 뒤에는 곧장 「국풍」을 가르쳐주더라도 또한 절로 능히 통할 것입니다. 재주가 안 되는 자는 비록 먼저 1만 자를 읽더라도 또한 도움이 안 될 것입니다.　　「중씨께 올림(上仲氏)」 8-227

촉류방통(觸類旁通)의 방식으로 짜임새 있게 조직된 정보를 스승이 일러주는 지름길에 따라 효율적으로 체득한다면, 2천 자를 배워서 낼 수 있는 효과가 깨달음 없이 1만 자를 배운 것보다 낫다고 했다. 맞는 말이다. 명민한 사람은 그저 톡 건드려주기만 해도 문득 깨친다. 멍청한 사람은 곁에 앉혀놓고 하나하나 친절하게 일러주어도 종내 깨닫지 못한다. 문제는 오성을 어떻게 열 것인지에 달려 있다. 공부에서 가장 중요한 것은 요령을 잡는 것이다. 이에 대해서는 연암 박지원이 명쾌하게 말한 것이 있다.

> 달사(達士)에게는 괴이한 것이 없지만, 속인에게는 의심나는 것이 많다. 이른바 본 것이 적을수록 괴이한 것도 많아지는 법이다. 대저 달사라 하여 어찌 물건마다 직접 눈으로 보았겠는가? 하나를 들으면 눈에 열 가지가 그려지고, 열 가지를 보고 나면 마음에 백 가지가 펼쳐진다. 천만 가지 괴이한 것이 도로 사물에 부쳐져서 자기와는 상관이 없

게 된다. 그래서 마음은 한가로워 여유가 있고, 응수하는 것이 무궁하다. 본 것이 적은 자는 백로를 가지고 까마귀를 비웃고, 오리의 짧은 다리를 보고는 학의 긴 다리를 위태롭게 여긴다. 사물은 절로 괴이함이 없건만 공연히 제가 성을 내고, 한 가지만 자기가 아는 것과 달라도 만물을 온통 의심한다. 박지원, 「능양시집서(菱洋詩集序)」, 『연암집(燕巖集)』

연암은 달사와 속인으로 구분해서 설명했다. 달사(達士)는 통달한 선비다. 지혜의 샘이 활짝 열려서 식견이 툭 터진 사람이다. '천만 가지 괴이한 것이 도로 사물에 부쳐진다'는 말이 재미있다. 이것을 보면 문득 저것이 떠올라 저것을 통해 이것을 이해한다. 그러니 처음 보는 사물도 하나 낯설지가 않아 그때그때 대처하는 데 아무런 문제가 없다. 달사는 하나를 들으면 열을 알고 그 열을 통해 백을 이해하는, 증폭되고 확산되는 효율성 높은 공부를 한다. 속인은 반대다. 하나를 들으면 그 하나만 고집해서 다른 것은 받아들이지 않는다. 둘을 배우면 그 둘 때문에 붙드는 고집이 하나 더 늘어난다. 달사는 배울 때마다 툭툭 터지고 활짝 열리는데, 속인은 배울수록 꽉 막히고 굳게 닫힌다.

오성을 활짝 열라

2절에서 본 대로, 다산은 학습의 효율성을 제고하기 위해 주제별로 분류해 식견을 확장하는 촉류방통의 방법을 제시했다. 나아가 다산은 속인의 때를 벗고 달사의 식견을 지니려면 먼저 문심혜두(文心慧竇)가 열려야 한다고 주장했다. 문심(文心)은 공부하고 싶은 마음이고, 혜두(慧竇)는 지혜의 구멍이다. 쉽게 말해 안목이 열리고 식견이 툭 터져서 공부하고 싶은 마음이 저절로 우러나게 되는 상태다.

문자가 생긴 것은 만물을 분류하기 위해서였다. 그 형상과 뜻과 일을 가지고 반드시 종류별로 접촉하여 곁에까지 통하게 해서, 같은 부류를 다 이해하고 다른 것과 구별하게 한 뒤라야 정리(情理)가 찬연해져서 문심혜두(文心慧竇)가 개발된다. 때문에 옛날에는 어린이를 가르칠 때 반드시 먼저 육서(六書)를 가지고 했다. 즉, 글자의 자모(子母)가 서로 만들어지는 방법과, 부수자와 몸체자가 떨어지고 합쳐지는 원리부터 가르쳤던 것이다. 이것을 강의하여 밝혀서 근원에까지 이르게 했다. 『이아(爾雅)』, 『설문(說文)』, 『급취장(急就章)』, 『옥편(玉篇)』 같은 책은 모두 그 남은 자취이다. 이 책들에 실린 여러 문자는 모두 너무 오래되고 심오하여 뜻을 알기가 어렵다. 하지만 그 당시에는 어리다고 봐주지 않고 모두 촉류방통해서 같은 종류를 다 익혀 다른 것과 구별하게 하여 그 문심혜두를 열어주었다. 「천자문에 대한 평(千文評)」 9-145

교육의 목표는 지혜의 샘을 열어주는 데 있다. 일단 구멍이 한번 뚫리면 사시사철 맑고 차고 단 샘물이 펑펑 솟아난다. 수돗물은 쓰고 나면 꼭지를 잠가 아껴야 하지만, 샘물은 조금도 아낄 필요가 없다. 오히려 많이 퍼갈수록 더 많이 솟는다. 다산은 강진에서 강학하던 초기에 그곳의 학생들에 대해 이렇게 말했다.

귀족의 자제만 해도 모두 쇠미한 기운을 띠고 있어 다 아랫길의 열등한 자들입니다. 그 정신상태는 책만 덮으면 문득 잊어버리고, 품은 뜻은 하류에 편안해합니다. 『시경』, 『서경』, 『주역』, 『예기』 가운데 미묘한 말과 논의를 이따금 한번씩 말해주어 그 향학을 권해보면 그 꼴이 마치 발이 묶인 꿩과 같습니다. 쪼아먹으라고 해도 쪼지 않아 머리를 눌러 낟알에다 갖다 대면, 부리와 낟알이 서로 닿아도 끝내 쪼아먹지 않는 자들입니다. 아아! 장차 이를 어찌하겠습니까?

「중씨께 올림(上仲氏)」 8-218

문심혜두가 꽉 막혀 발전에 대한 욕구조차 없는 한심한 정경을 '발이 묶인 꿩'에 견주어 말했다. 떠서 먹여줘도 먹을 줄 모르는 답답함을 보면서 다산은 이들을 이렇게 만든 시대의 풍기(風氣)를 탓했다.

정리를 습관화하라

다시 이어지는 대목이다.

남자는 모름지기 맹금(猛禽), 맹수나 사나운 도적 같은 기상을 지녀야 합니다. 이 거친 기운을 교정하여 순치시켜 법도에 맞게 하면 그제야 쓸모 있는 존재가 되지요. 어질고 착하기만 한 자는 단지 제 몸을 선하게 하는 데 만족할 뿐입니다. 이중에 한두 가지 말할 만한 것이 있는 자의 경우도, 그 학문은 굽은 길로는 들어가지 않고 지름길로만 가려고 합니다. 『주역』에 있어서는 『주역사전(周易四箋)』만 알고, 『서경』에 있어서는 『매씨평(梅氏評)』만 알 뿐입니다. 그 나머지도 모두 그러합니다.

대저 아무 노력도 하지 않고 그저 얻어, 비록 경천동지(驚天動地)할 만고에 처음 나온 주장도 모두 심상하게 여겨 저절로 된 것으로 생각하니, 피부로 스며듦이 깊지 않은 까닭입니다. 비유하자면 귀가집의 자제들이 나면서부터 고량진미(膏粱珍味)에 배가 불러, 꿩고기나 곰발바닥 같은 진귀한 음식조차 예사로 여기는 격이지요. 그 결과 걸인이나 굶주린 사람이 마치 목마른 말이 시냇가로 내닫듯 하는 기상으로 허겁지겁 먹어대는 것이 없습니다. 다른 사람의 글을 읽으면 너무 쉽사리 내던져버리고, 제 선생이 가르쳐준 것마저도 모두 으레 그러려니 합니다. 심지어는 이를 괴롭게 여겨 진부한 말로 여기기까지 하니 어찌 걱정하지 않을 수 있겠습니까? 「중씨께 올림(上仲氏)」 8-218

4절의 당구첩경법(當求捷徑法)에서는 지름길로 가야지 가시밭길이나 돌길로 헤매지 말라고 했는데, 정작 여기서는 지름길로만 가려고 드는 태도를 나무랐다. 다산의 말이 모순되는 것이 아니라, 말하는 처지가 달라진 것이다. 지름길로 인도하여 빨리 문심혜두를 열어주고 싶은 것은 스승의 마음이다. 그런데 아이들은 스승의 마음은 모르고 그 지름길을 노력하지 않고도 거저먹는 방법으로만 생각한다는 것이, 이 글에서 다산이 말하려 한 것이다. 먹을 것을 코앞에 들이밀어도 안 먹고, 최고의 학설로 가장 쉽게 풀어주면 시큰둥하게 '원래 그런 것인가 보다' 한다는 것이다. 그러니 여기에 무슨 발전이 있고 무슨 성장이 있겠는가? 어떻게 지혜의 구멍이 뻥 뚫려서 맑고 찬 샘물이 콸콸 솟을 수 있겠는가?

하지만 다산은 포기하지 않고 이들을 지속적으로 훈도하고 훈련시켰다. 온통 잔약(殘弱)하고 천한 기운뿐이던 이들을 마침내 훗날 '다산학단(茶山學團)'으로 일컬어지는 18제자로 길러냈다. 그리고 이들의 힘을 빌려 그 많은 저작을 엮어냈다. 끊임없이 핵심을 일깨우고 요령을 붙들어서, 하나를 뒤집어 나머지 세 모서리를 함께 뒤엎는 거일반삼의 방법으로 이들의 문심혜두를 활짝 열어젖혔던 것이다.

다음은 아들 학유에게 부친 편지의 한 대목이다.

> 돌아가신 아버님께서 내게 주신 편지는 여태도 상자 속에 있느냐? 그저 없어져버릴까 봐 걱정이로구나. 그 편지들을 꺼내, 자질구레한 세속의 일에 관한 내용은 모두 깎아내고, 훈계와 그리워한 말씀을 취하여, 또한 그 연월을 따져 베껴써서 한 권의 책으로 만드는 것이 좋겠다. 내가 여기에 있어 몸소 적지 못하는 것이 안타깝구나.
>
> 「학유에게 부침(寄游兒)」9-42

예전에 아버지가 자신에게 보냈던 편지를 자식들에게 직접 정리시키는 내용이다. 선대의 아름다운 말과 행실을 기억함으로써 자신의 몸가짐을 돌아보게 하려는 배려에서였다. 또한 이렇게 해서 그저 흩어져버리고 말 편지조각들이 하나의 체계를 지닌 책자로 바뀌어 유용한 정보가 될 수 있고, 불필요한 내용을 걷어내고 알맹이만 추려내는 훈련도 겸할 수 있으니, 이것은 일거양득(一擧兩得) 정도가 아니라 거일반삼(擧一反三)의 효과를 거두는 셈이다.

다산은 끊임없이 자식과 제자들에게 읽고 공부한 것을 간추려서 정리해둘 것을 요구했다. 정리하는 습관을 몸에 배게 하고 핵심을 파악하는 역량을 기르며, 한 분야의 지식이 다른 부분으로까지 확산되기를 바라는 마음에서였다. 그 자신도 초록하고 정리하고 메모하는 일을 게을리 하지 않았다.

최근 다산이 아내가 서울에서 보내온 낡은 치마를 잘라 아들에게 주는 당부를 써준 「하피첩(霞帔帖)」 3첩이 발견되었다. 사진은 그 가운데 한 면이다. 보기 드물게 단정한 전서체로 쓴 다산의 친필이다. 서문격으로 쓴 시의 내용은 이렇다.

병든 아내 낡은 치마 부쳐왔는데　　　　病妻寄敝裙
천리에 흰 마음을 담아 보냈네.　　　　　千里托心素
세월 흘러 붉은빛 다 바랬으니　　　　　歲久紅已褪
구슬피 늙은 나이 생각키우네.　　　　　悵然念衰暮
가위질해 조그만 서첩 만들어　　　　　裁成小書帖
자식들 경계하는 글을 적는다.　　　　　聊寫戒子句
바라기는 두 어버이 생각하면서　　　　庶幾念二親
종신토록 폐부에 새겨두도록.　　　　　終身鐫肺腑

식견을 툭 틔워라

다산의 저작 중에 「도산사숙록(陶山私淑錄)」이라는 것이 있다. 1795년 금정찰방(金井察訪)으로 나가 있을 때, 이웃에서 반쯤 떨어져나간 『퇴계집』한 권을 얻었다. 다산은 매일 그 책에 실린 편지를 한 통씩 읽었다. 그리고 앞에서 아버지의 편지를 정리하게 한 방식으로 편지글의 핵심대목을 간추려 뽑고, 이에 대한 자신의 소감을 적어 작은 책자를 만들었다.

다산은 스스로 공부하다가 그 학문에 경복(敬服)하여 마음의 스승으로 모신 경우는 있어도 직접 찾아가서 배운 스승은 없다. 이웃에서 우연히 얻은 『퇴계집』반 권을 통해 다산은 퇴계(退溪) 이황(李滉, 1501~1570)과 처음으로 본격 대면했다. 그 자투리글을 통해 퇴계를 진정한 큰 스승으로 섬기게 되었다. 「도산사숙록」의 한 대목을 읽어보자.

조식에게 답하는 편지에서 선생께서 말씀하셨다.
"학자가 이름을 도둑질하여 세상을 속이는 일을 논하셨는데, 이것은 비단 그대만 홀로 근심하는 것이 아닙니다."
대저 이름을 좋아한다는 말을 피하려면 천하의 일 중에 할 수 있는 것이 없다. 세상을 속여 이름을 훔치는 자는 진실로 악하다. 하지만 경솔하게 이 논의를 펴면 이는 천하 사람을 이끌어 악으로 내몰게 될 것이 분명하다. 술주정을 부리고 욕지거리나 하며, 음탕하고 남을 업신여기며, 말을 함부로 하고 재물을 탐하여 염치라고는 찾아볼 수 없게 된 뒤에야 바야흐로 이름을 좋아한다는 말을 온전히 면할 수 있을 것이다. 그렇지 않은 자는 모두 긴가민가하는 사이에 놓이게 되니 어찌 괜찮다 하겠는가?

그 예리한 자와 둔한 자의 제반 병통에 대해 논한 대목은 선생께서 평소 여러 사람을 교육하실 때 모두 하나하나 경험했던 것들이다. 모두 감싸안고 다 포용하여, 훈도하고 고무시켜 함께 대도(大道)에 이르게 하였으니, 아아! 어찌 이다지도 성대하단 말인가?

그중에서도 처음에는 간절하다가 끝에 가서는 소홀해지는 자와, 금방 그만두었다가 금세 번복하는 자는 또 가르치는 사람이 쉽게 내버리는 바이다. 그런데도 선생의 마음은 크기도 해서, 진실로 학문을 한다고 자임하기만 하면 흔연히 기쁘게 받아들여 모두 함양하고 길러주었다. 이 같은데도 오히려 그 교화에 따르기를 기뻐하지 않을 사가 있겠는가?

세 번 되풀이해서 이 편지를 읽고는 나도 모르는 사이에 기뻐 날뛰며 무릎을 치면서 감격하여 눈물을 뿌렸다. 그러고는 자옥하게 솔개가 하늘로 날고, 물고기가 못에서 뛰는 듯한 뜻이 생겨났다.

「도산사숙록(陶山私淑錄)」 9-88

남명(南冥) 조식(曺植, 1501~1572)이 퇴계에게 학자가 명예를 붙좇아 '도명기세(盜名欺世)'하는 풍조를 비판하는 내용의 편지를 보냈다. 퇴계는 공감을 표하면서도 곡진하게 자신의 경험에 비추어, 이름을 도둑질해 세상을 속이는 것이 나쁘긴 하지만 남의 일을 그렇게 쉽게 단정지어 말하기는 어려운 법이라고 도탑게 감싸안았다. 다산은 퇴계의 이 답장을 읽고, 학자의 바르고 곧은 자세와 다른 사람을 감싸안는 넓은 도량에 크게 감동했다.

다산의 생각은 늘 긍정적이다. 세상을 향한 행동을 모두 도명(盜名)으로 몰아 비난을 퍼붓는다면 세상에 이런 비난을 면할 수 있는 사람이 몇이나 되겠느냐고 반박했다. 이런 식의 가혹한 잣대 아래서 명예를 구한다는 비방에서 완전히 자유로워지려면 차라리 개망나니 짓을 하는 수밖에 없지 않겠느냐고 정면으로 남명의 생각을 되받았다. 그러면서 부족한 후학들을 타이르고 일깨워 함께 큰 학문의 길로 나아가려 한 퇴계의 성의에 감격하여 기뻐 날뛰며 감격의 눈물을 흘리기까지 했다.

이렇듯 큰 학자는 우연히 얻은 반 권짜리 책의 한 귀퉁이에서도 정신이 번쩍 드는 깨달음을 건져올린다. 도(道)는 어디 먼 곳에 따로 있는 것이 아니다. 가까운 곳에 있다. 공연히 아득한 곳에서 있지도 않은 도리를 숭상하면서, 제가 딛고 선 자리는 돌아볼 줄 모르는 사람들은 결코 이런 깨달음에 도달할 수가 없다. 다산은 자식들에게 할아버지의 편지를 정리하게 하고, 스스로 퇴계의 편지를 발췌하여 초록하면서 자신의 생각을 가다듬는 공부의 시범을 보여주었다. 아내가 보내준 빛바랜 치마폭조차 오려서 공책으로 만들어 자식에게 주는 당부를 적었다. 이렇게 거일반삼하는 활법(活法)공부의 생생한 예를 직접 보여주었다.

다산은 말한다. 시시콜콜히 다 배우려 하지 마라. 한 모서리를 들어 전체를 뒤집을 수 있어야 한다. 하나를 들어 열을 아는 공부를 해라. 하나를 배워 하나만 아는 공부는 공부가 아니다. 큰 공부를 하려면 안목이 열려야 한다. 식견이 툭 터져야 한다. 앞뒤가 꽉 막힌 채 책만 붙들고 있어서는 아무 소용이 없다. 통째로 보고 핵심을 잡아야 한다. 무심히 지나치는 사소한 것에서도 의미를 붙들어라. 삼라만상이 모두 책이다. 네 오성(悟性)을 활짝 열어라.

10. 모아서 나누고 분류하여 모아라
휘분류취법(彙分類聚法)

23사(史)와 우리나라 여러 역사서 및 자집(子集) 등 여러 책에서 옛날에 목민관으로 백성을 길렀던 남은 자취를 가려뽑아, 아래위로 살펴 궁구하고 모아서 나누고 분류하여 모아서 차례를 매겨 책을 이루었다.

【 「목민심서서(牧民心書序)」 6-29 】

가치를 규정하라

휘분류취(彙分類聚)는 자료를 모아 분류한 다음, 종류에 따라 다시 한데 묶어 정리하는 것을 말한다. 다산은 다른 글에서 지분류췌(支分類萃)라는 표현을 쓰기도 했다. 이 또한 갈래를 나누고 그룹별로 분류한다는 말이다. 이는 앞서 2절에서 살펴본 촉류방통(觸類旁通)과도 맥락이 닿아 있다. 다만 촉류방통이 계통 있는 학습에 주안을 둔다면, 휘분류취는 자료의 섭렵과 정리 과정에 중심이 놓인 말이다.

논문을 쓸 때도 그렇고 시장의 타당성을 조사할 때도 그렇고, 작업은 방대한 자료 속에서 유용한 정보를 찾아내는 일에서 시작된다. 일단 정보가 집적되면 이것을 다시 갈래별로 나눠 교통정리를 하지 않을 수 없다. 뒤죽박죽으로 섞인 정보를 갈래별로 나누면 비로소 흩어진 정보들이 하나의 방향을 지시하기 시작한다. 여기까지가 휘분(彙分)이다.

갈래별로 쪼개어 나눈 정보는 다시 큰 묶음으로 모아 하나의 질서 속에 편입시켜야 한다. 이때 다시 통합된 하나는, 분류하고 취합하기 이전의 산만한 하나와는 성격이 전혀 다르다. 계통이 서서 구획이 나누어진 전체로 탈바꿈한 것이다. 이것이 유취(類聚)다.

다산은 휘분류취의 귀재였다. 그는 우리 역사를 통틀어서 전무후무한 편집의 도사였다. 어떤 복잡한 정보도 그의 손을 한번 거치면 일목요연하게 정리되어 나왔다.

임금께서 식목부(植木簿)를 주면서 말씀하셨다. "7년간 여덟 고을에서 현륭원에 나무를 심은 문서가 거의 수레에 실으면 소가 땀을 흘릴 정도로 많다. 하지만 누가 더 공로가 많은지, 심은 나무의 수는 얼마인지조차 여태 명백하지가 않다. 네가 애를 써서 번거로운 것을 걷어내고 간략함을 취하여 명백하게 하여라. 한 권을 넘기면 안 된다."

신이 물러나 연표를 만들었다. 가로로 열두 칸을 만들고(7년을 12차로 배열했다), 세로로 여덟 칸(여덟 고을을 배열했다)을 만들어 칸마다 그 수를 적었다. 총수를 헤아려보니 소나무와 노송나무, 상수리나무 등 여러 나무가 모두 12,009,772그루였다. 표 아래에 기록하여 이를 올렸다.

임금께서 말씀하셨다. "한 권이 아니고서는 능히 자세하게 할 수 없을 것으로 생각했다. 그런데 너는 한 장에다 소 한 마리가 땀을 흘릴 만한 분량을 정리했으니, 참으로 훌륭하다." 한참을 칭찬하며 감탄하셨다.
「식목연표의 발문(跋植木年表)」 6-188

현륭원은 사도세자를 모신 곳이다. 정조는 즉위 후 비명에 죽은 아버지 사도세자의 묘를 이곳으로 이장하고 화성 신도시 건립에 착수한다. 그리고 현륭원에 가까운 수원, 광주, 용인, 과천, 진위, 시흥, 안산, 남양 등 여덟 고을에 명하여 지속적으로 나무를 심도록 한다.

이후 1789년부터 1795년까지 7년간 여덟 고을에서 나무를 심을 때마다 보고문서가 계속 올라왔다. 나중에는 그 문서가 수레에 가득 싣고도 남을 지경이 되었다. 그런데 서류가 하도 많고 복잡해서, 도대체 여덟 고을 중 어느 고을이 무슨 나무를 얼마나 심었는지조차 알 수가 없고, 심은 나무의 총수도 파악할 수 없는 지경이 되었다.

정조의 명에 따라 다산은 정리하고 파악하는 작업에 착수했다. 평소 그의 작업방식에 비춰볼 때 다음과 같은 차례를 따랐을 듯하다.

먼저 공문서의 작성방식과 효율적인 정리방법을 꼼꼼히 검토한다. 서류뭉치들을 여덟 고을 단위로 분류한다. 한 고을의 장부를 연대순으로 재배열하여, 한 해 단위로 묶는다. 나무의 종류별로 구분해 매문서에 적혀 있는 심은 나무의 그루수를 센다. 검토를 마친 서류는 일단 묶음별로 정리하여 치워낸다. 각 고을에서 한 해 단위로 심은 나무의 수를 취합하여 종류별로 묶는다. 이것을 가로 열두 칸 세로 여덟 칸의 도표 한 장으로 만들어 올린다. 도표 아래에 나무 종류별 그루수를 따로 한 줄로 적는다. 이렇게 정리된 나무의 총수가 무려 12,009,772그루였다.

결과를 보고받고 정조는 입이 딱 벌어졌다. 수레 가득 실어도 넘칠 지경이던 그 많은 서류가 단 한 장의 도표로 일목요연하게 정리되어 올라온 것이다.

이런 것은 다산의 특기다. 작업에 앞서 작업의 핵심가치를 먼저 생각한다. 정조는 다산에게 산번취약(刪煩就約), 즉 번잡한 것을 잘라내고 간략하게 정리하라고 했다. 이 경우 현륭원에 심어진 나무의 수와 여덟 고을별 통계수치의 파악이 핵심목표였다. 이에 맞춰 다산은 가장 효율적인 작업진행 과정을 먼저 그려두었다. 그러고는 한 점의 착오 없이 전 과정을 장악하여 진행했다. 다산식 지식경영이 거둔 성과 중 가장 인상적인 장면 가운데 하나다.

경험을 누적하라

아들이 닭을 친다는 말을 듣고 보낸 다음 편지에서도 다산의 휘분류취법을 볼 수 있다.

네가 양계를 한다고 들었다. 닭을 치는 것은 참 좋은 일이다. 하지만 닭을 기르는 데도 우아한 것과 속된 것, 맑은 것과 탁한 것의 차이가 있다. 진실로 농서(農書)를 숙독해서, 좋은 방법을 골라 시험해보도록 해라. 빛깔에 따라 구분해보기도 하고 횃대를 달리해보기도 해서, 닭이 살지고 번드르르하며 다른 집보다 번식도 더 낫게 해야 할 것이다.
또 간혹 시를 지어 닭의 정경을 묘사해보도록 해라. 사물로 사물에 없는 것, 이것이 글 읽는 사람의 양계니라. 만약 이익만 따지고 의리는 거들떠보지 않거나 기를 줄만 알고 운치는 몰라, 부지런히 애써 이웃 채마밭의 늙은이와 더불어 밤낮 다투는 것은 바로 세 집 사는 작은 마을의 못난 사내의 양계인 게다.

너는 어떤 식으로 하려는지 모르겠구나. 기왕 닭을 기른다면 모름지기 백가(百家)의 책 속에서 닭에 관한 글들을 베껴모아 차례를 매겨 『계경(鷄經)』을 만들어보는 것도 좋겠다. 육우의 『다경(茶經)』이나 유득공의 『연경(烟經)』처럼 말이다. 속된 일을 하더라도 맑은 운치를 얻는 것은 모름지기 언제나 이것을 예로 삼도록 해라.

「학유에게 부침(寄游兒)」 9-39

다산은 글 읽는 선비의 양계법과 못난 사내의 양계법을 대조해서 설명했다. 닭을 쳐서 달걀을 얻고 병아리를 기르는 것은 속된 일이지만, 이 속된 일도 어떻게 하느냐에 따라 우아하고 맑은 일이 될 수 있다. 다산은 자식에게 닭을 치는 것을 계기 삼아 『계경』을 엮어보라고 권했다.

그 내용은 어떤 것인가? 역대의 문헌에서 우선 닭에 관한 모든 정보를 수집한다. 닭의 성질과 덕목, 닭의 사육(알품기와 병아리까기, 둥우리와 횃대, 질병과 치료법 등), 그리고 역대 문헌에 보이는 닭에 얽힌 고사와 한시, 직접 관찰한 내용과 닭에 대해 지은 시, 대략 이런 내용을 토대로 각각의 장을 구성한다.

말하자면 다산은 『계경』의 정리를 통해 양계의 경험을 누적하고, 지식경영을 학습하는 장으로 활용하려 했던 것이다. 이런 방식의 교육법은 생생하면서도 그 효과가 직접적이다. 18세기에는 이런 방식의 지식경영이 크게 성행했다. 담배에 관한 모든 정보를 한자리에 모은 이옥(李鈺, 1760~1812)의 『연경(烟經)』, 관상용 비둘기 사육에 관한 내용을 망라한 유득공(柳得恭, 1749~1807)의 『발합경(鵓鴿經)』, 애완용 앵무새의 사육과 앵무새에 얽힌 문헌고사 및 한시를 취합한 이서구(李書九, 1754~1825)의 『녹앵무경(綠鸚鵡經)』 같은 책들도 대

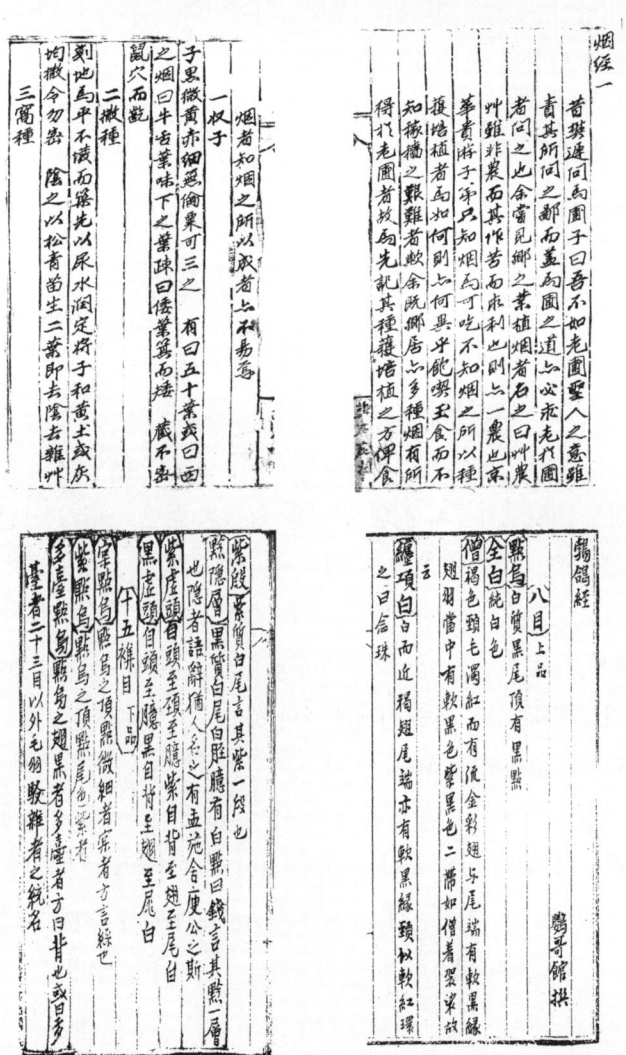

18세기에 성행한 지식편집의 전형적 사례인 이옥의 『연경(烟經)』(위)과 유득공의 『발합경(鵓鴿經)』(아래). 담배와 관상용 비둘기에 관한 내용을 정리한 책이다. 두 책은 모두 최근 몇 년 사이에 미국 버클리대 아사미문고와 영남대 도서관에서 각각 발견되었다. 표제에는 불경스럽게도 성인의 말씀에만 붙일 수 있는 '경(經)'이라는 명칭을 달아놓았다. 18세기의 변화된 의식을 잘 보여준다. 다산의 편지를 보면, 유득공은 『발합경』 외에도 따로 『연경』을 남긴 듯한데, 현재까지 발견되지 않았다.

부분 같은 방식으로 정리된 지식경영서들이다.

하지만 다산의 경우 이러한 일반적 지식경영의 흐름 위에 실용과 경제의 원리를 바탕으로 깔았다. 이 점이 다른 이들과 명백히 구분되는 지점이다. 같은 정보경영이라도 앵무새나 비둘기 또는 담배는 호사취미거나 기호품인 데 반해, 닭을 치는 일은 백성의 경제활동 및 인격의 수양과 관계된 것인 까닭이다.

관찰하고 기록하라

다산은 아들에게 『계경』의 편집을 권했을 뿐만 아니라 자신도 직접 닭에 관한 관찰기록을 따로 남겨 실천적 시범을 보여주었다.

옛날 정자(程子)가 병아리를 관찰했는데, 기록하는 이가 '인(仁)'이라 하였다. 내 집은 서울 안에 있지만 해마다 닭 한배씩을 기르며 병아리를 즐겨 관찰하곤 한다.

막 알을 까고 나오면 노란 주둥이는 연하고 연두색 털이 송송 돋았다. 잠시도 어미 곁을 떠나지 않고, 어미가 마시면 저도 마시고, 어미가 모이를 쪼면 저도 쫀다. 화기애애하여 새끼를 사랑하는 마음과 어미에게 효도하는 마음이 모두 지극하다. 조금 자라 어미 곁을 떠나면 형제끼리 서로 따른다. 어디를 가도 함께 가고, 깃들일 때도 같이 깃들인다. 개가 으르렁거리면 서로 지켜주고, 솔개가 지나가면 함께 소리친다. 그 우애의 정이 또 기쁘게 관찰할 만하다.

효제(孝悌)라는 것은 인(仁)을 이루는 근본이다. 너희들은 조금 자란 병아리다. 비록 부모만 오로지 사랑할 수는 없겠지만, 생각건대 형제간에 정을 돈독히 하려 하지 않는다면, 도리어 저 지극히 낮은 미물이 너희를 비웃고 천하게 여기게 될 것이다. 아!

「병아리를 관찰한 이야기(觀鷄雛說)」 5-21

송나라 때 정자가 마당에서 노는 병아리를 보며 인(仁)의 의미를 되새겼다는 것은 『주자어류(朱子語類)』에 나오는 널리 알려진 일화다. 다산은 마당 좁은 서울 집에서도 병아리를 기르며 그들의 행동을 관찰했다. 그 효제의 정경과 서로를 위하는 마음을 말하면서, 닭으로 치면 병아리 같은 자식들이 저 병아리들에게 부끄럽지 않은 행실을 지녔으면 하는 마음을 담았다. 다산은 고양이와 닭 그림을 잘 그렸던 변상벽(卞尙璧)의 〈모계령자도(母鷄領子圖)〉를 보고 그림 속의 정경을 섬세하게 묘사한 시도 남겼다.

변상벽은 변고양이 별명 있으니	卞以卞猫稱
고양이 그림으로 이름이 났네.	畵猫名四達
이제 다시 병아리를 그림 그리니	今復繪鷄雛
하나하나 깃털이 살아 있는 듯.	箇箇毫毛活
어미닭 뜬금없이 성을 내는데	母鷄無故怒
낯빛이 몹시도 사나웁구나.	顏色猛峭巀
목깃이 고슴도치처럼 일어서	頸毛逆如蝟
맞닥치면 성내어 소리지른다.	觸者遭嗔喝
뒷간 옆을 찾거나 방앗간에서	煩壞與碓廊
땅을 긁어 언제나 흙을 파는 듯.	爬地恒如墢
낟알 하나 얻으면 거짓 쪼는 척	得粒佯啄之
괴롭게 굶주림과 목마름 참네.	苦心忍飢渴

변상벽의 〈모계령자도(母鷄領子圖)〉. 견본담채, 44.3×94.4cm, 국립중앙박물관 소장.

사방 봐도 보이는 것 하나 없더니	瞿瞿視無形
숲 저편에 솔개가 지나가누나.	鳶影度林末
놀라워라 자애로운 어미의 성품	嗟哉慈愛性
하늘 준 것 뉘 능히 빼앗으리오.	天賦誰能拔
병아리들 어미 곁을 졸졸 따르니	群雛繞母行
보송보송 노란 옷 곱기도 해라.	茸茸嫩黃褐
밀랍부리 막 굳은 듯 보드라운데	蠟嘴軟初凝
붉은 볏은 희미하게 빛깔이 엷다.	朱冠淡如抹
병아리 둘 서로 쫓아 달려가나니	二雛方追犇
허둥지둥 저리 빨리 어디로 가나.	急急何佻撻
앞엣녀석 부리에 벌레를 물어	前者味有垂
뒷녀석이 빼앗으려 하는 것일세.	後者意欲奪
두 병아리 지렁이를 다투느라고	二雛爭一蚓
같이 물고 둘 다 서로 놓지를 않네.	雙銜兩不脫
새끼 한 놈 어미 등에 올라타서는	一雛乘母背
가려운 곳 혼자서 긁고 있구나.	癢處方自撥
한 놈은 혼자서 따로 떨어져	一雛獨不至
채소 싹을 이제 막 따먹는도다.	菜苗方自捋
형상마다 세밀하여 진짜 같아서	形形細逼眞
도도한 그 기운을 막을 수 없네.	滔滔氣莫遏
듣자니 이 그림 갓 그렸을 때	傳聞新繪時
수탉이 잘못 알고 야단났다지.	雄鷄誤喧聒
이밖에 고양이 그림도 능해	亦其烏圓圖
뭇 쥐들을 겁먹게 할 만하였네.	可以群鼠愒
뛰어난 기예가 여기 이르니	絶藝乃至斯

만질수록 마음이 자꾸 쏠린다.	摩挲意未割
거칠게 산수를 그려넣으니	麤師畫山水
거침없는 손놀림이 상쾌도 해라.	狼藉手勢闊

「변상벽의 모계령자도에 제하다(題卞尙璧母鷄領子圖)」 3-84

같은 그림은 아니지만 이 시를 변상벽의 닭그림과 견주어 보면 그 묘사가 얼마나 사실적인지 실감할 수 있다. 아들이 엮은 『계경』의 한 장에는 다산의 이 같은 글과 시가 초록되었을 것이다.

갈래잡아 정돈하라

다시 다산의 말을 들어보자.

내 나이 스무 살 때는 우주 사이의 일을 모두 가져다가 한꺼번에 펼쳐놓고 일제히 정돈하고 싶었다. 나이가 30, 40이 되어서도 이 같은 뜻은 시들해지지 않았다. 풍상을 겪은 이래로 무릇 백성과 나라에 관계된 일로 토지나 관리 및 군사제도 또는 조세 같은 것은 마침내 생각을 줄였다. 오직 경전과 주석의 사이에서 논란이 있는 것들을 평정하여 바른 데로 돌리려는 바람만은 오히려 있었다. 지금은 중풍으로 쓰러져 이런 마음이 점차 시들해졌다. 하지만 정신이 조금만 맑아지면 여러 가지 눌러두었던 생각들이 또다시 불끈불끈 일어나곤 한다.

「학유에게 노자 삼아 준 가계(贐學游家誡)」 8-29

다산 자신도 복잡한 것을 갈래잡아 정리정돈하는 데는 남다른 자부가 있었다. 젊은 시절에는 세상의 모든 지식을 한꺼번에 편집해보 겠다는 야심찬 포부를 지녔었다. 중풍으로 팔다리에 마비가 온 50대 에도 정신이 조금만 맑아지면 발난반정(撥難返正), 즉 논란이 있는 문제를 다 덜어없애 바른 데로 돌리겠다는 열정이 주체할 수 없이 솟곤 한다고 술회했다.

다산은 말한다. 복잡한 문제 앞에 기죽을 것 없다. 정보를 정돈해서 정보가 제 스스로 말하게 하라. 효율적으로 정보를 장악할 수 있는 아킬레스건을 잡아라. 먼저 모으고, 그 다음에 나눠라. 그런 뒤에 그룹별로 엮어 다시 하나로 묶어라. 공부는 복잡한 것을 갈래지어 단순하게 만드는 일이다. 갈팡질팡하지 말고 갈피를 잡아야 한다. 교통정리를 잘하는 사람이 공부 잘하는 사람이다. 서랍정리를 잘하는 사람이 공부 잘하는 사람이다.

3강
메모하고 따져보라
생각을 장악하는 효율적 지식경영

지나가는 생각을 붙들어 내 것으로 만들어라. 그저 보지 말고 제대로 보고, 덩달아 보지 말고 나름대로 보아야 한다. 끊임없이 초록하고 틈만 나면 메모하는 습관을 들여라. 문제를 다각도로 점검해서 헤아림을 깊게 하라. 생각을 장악하지 못하면 할 수 있는 일이 없다.

11. **초서권형법** 鈔書權衡法 : 읽은 것을 초록하여 가늠하고 따져보라
   저울질을 먼저 하라 | 네트워크를 형성하라 | 일관성을 확보하라 | 주견을 확립하라

12. **수사차록법** 隨思箚錄法 : 생각이 떠오르면 수시로 메모하라
   생각을 붙들어라 | 의문을 천착하라 | 깨달음을 기록하라 | 손을 믿어라

13. **반복참정법** 反覆參訂法 : 되풀이해 검토하고 따져서 점검하라
   오류를 파악하라 | 가설을 입증하라 | 명쾌하게 고증하라 | 맥락으로 수렴하라

14. **잠심완색법** 潛心玩索法 : 생각을 정돈하여 끊임없이 살펴보라
   몰두하고 침잠하라 | 문제에 몰입하라 | 쉼없이 탁마하라 | 석연하게 깨우쳐라

15. **지기췌마법** 知機揣摩法 : 기미를 분별하고 미루어 헤아려라
   공부와 삶을 일치시켜라 | 허실을 간파하라 | 초점을 파악하라 | 행간을 읽어라

11. 읽은 것을 초록하여 가늠하고 따져보라
초서권형법(鈔書權衡法)

책을 가려뽑는 방법은 내 학문이 먼저 주장하는 바가 있은 뒤라야 저울질이 내 마음에 있어 취하고 버리는 것이 어렵지 않게 된다.

【「두 아들에게 답함(答二兒)」 9-4 】

저울질을 먼저 하라

초서권형(鈔書權衡)은 책을 읽으면서 그때그때 필요한 자료를 초록하며 정보의 가치를 저울질하는 것이다. 순서로 보면 저울질이 먼저고 그 다음이 카드작업이다. 다산은 6절 선정문목법(先定門目法)에서도 보았듯, 초서(鈔書)의 방법을 통해 자식들에게 끊임없이 지식경영을 훈련시켰다. 목차를 주고 범례를 제시한 상태에서 일정한 방향에 따라 책을 발췌·초록하게 함으로써, 하나의 초점을 가지고 텍스트를 바라보는 힘이 어떤 결과를 가져오는지 스스로 느끼게 했다.
위의 인용에서도 보듯, 책을 읽으면서 필요한 정보를 발췌하려면 먼저 정보를 발췌하는 주체의 주견(主見)이 확립되어야 한다. 무엇 때문에 이 책을 읽는가? 이 책 가운데서 어떤 정보가 유용한가? 왜 그 정보를 필요로 하는가? 이런 물음들에 대해 명확한 대답을 마련한 뒤라야 카드작업의 효과가 나타난다. 주견이 서야 권형(權衡), 즉 저울질이 가능해진다. 취할 것인가, 버릴 것인가? 이 판단의 근거가 바로 주견이다. 무조건 책 읽다가 좋은 구절에 밑줄만 친다고 되는 것이 아니다.

예전의 저작들은 이런 비망록 방식 독서의 산물인 경우가 많았다. 『지봉유설(芝峯類說)』은 지봉 이수광(李睟光, 1563~1628)이 책을 읽으면서 그때그때 초서해둔 비망기를 모아 주제별로 분류해서 자신의 설명을 덧붙인 것이다. 유설(類說)이 바로 이 뜻이다. 『성호사설(星湖僿說)』도 마찬가지다. 사설(僿說)은 자질구레해서 별볼일없는 설명이라는 뜻의 겸양을 담은 표현이다.

옛사람들은 책을 읽다가 요긴한 대목과 만나면 곁에 쌓아둔 종이를 꺼내 옮겨적었다. 이렇게 적은 쪽지들이 상자에 잔뜩 쌓인다. 그러면 어느 날 계기를 마련하여 상자를 열고 그 안의 내용들을 하나하나 검토한다. 초록을 할 당시에 이미 주견이 서 있었으므로, 갈래별로 분류하는 것은 그다지 어려운 일이 아니다. 벼슬길에 얽매여 있던 조선시대의 관인들에게 이런 정리의 계기란 흔히 귀양일 경우가 많았다. 비록 타의에 의해서이긴 하지만 오랜만에 재충전의 기회를 갖게 되는 것이다.

앞의 글에 이어지는 내용을 좀더 따라가보자.

학문의 요령은 전에 이미 말했거늘, 네가 필시 이를 잊은 게로구나. 그렇지 않고서야 어찌 초서의 효과를 의심하여 이 같은 질문을 한단 말이냐? 무릇 한 권의 책을 얻더라도 내 학문에 보탬이 될 만한 것은 채록하여 모으고, 그렇지 않은 것은 눈길도 주지 말아야 한다. 이렇게 한다면 비록 백 권의 책이라도 열흘 공부거리에 지나지 않는다.

학문의 종지(宗旨)는 효제(孝悌)를 근본 삼고, 예악(禮樂)으로 꾸미며, 정형(政刑)으로 보충하고, 병농(兵農)으로 우익을 삼는다. 초서의 요점은 이렇다. 한 종류의 책을 보다가 『소학』에 실리지 않은 아름다운 말과 선한 행실로 『소학』을 이을 만한 것이 있거든 이를 뽑는다. 무릇 경설(經說) 중에 새롭지만 근거가 있는 것도 뽑는다. 자학(字學)이나 운학(韻學) 같은 것은 열 가지 중 하나만 뽑는다. 가령 『설령(說鈴)』 중에 「유구기정(琉球紀程)」, 즉 오키나와 기행문 같은 글은 마땅히 병학(兵學)과 연관되므로 뽑는다. 무릇 농사나 의학에 관한 여러 주장은 먼저 집안에 있는 서적을 조사하여 새로운 주장임을 확인한 뒤에 이를 뽑는다.

「두 아들에게 답함(答二兒)」 9-4

아버지의 명으로 책을 읽으면서 하나하나 옮겨적던 아들들은 번거롭게 시간만 많이 드는 초서의 방법에 회의가 들었던 모양이다. 책을 읽다 말고 붓을 들어 카드작업을 하려니까 독서의 맥락도 자꾸 끊기고, 무엇보다 진도가 나가지 않았던 것이다.

이에 대해 다산은 초서야말로 책을 효과적으로 빨리 읽는 최선의 방법임을 거듭 강조했다. 구체적인 방법으로 다산은 학문에 보탬이 될 내용만 추려내고, 별 도움이 안 되는 것은 건너뛰며 읽을 것을 제시했다. 자신의 경험에 비추어볼 때 이렇게 할 경우 백 권의 책도 열흘이면 다 소화해낼 수 있다고 했다.

둘째 단락에서는 좀더 세부적인 초서의 지침을 내려주었다. 공부를 하는 목적은 효제(孝悌)의 마음을 기르는 데 있다. 효제는 사람을 사람답게 만드는 기본덕목이다. 효제가 형식으로 드러난 것이 예악(禮樂)이다. 예로 규제하고 악으로 풀어주는 사이에 효제의 덕성이 마음속에 자리잡는다. 이를 다시 규율로 제약한 것은 정형(政刑)이다. 백성들에게 효제의 정신을 길러주기 위해 정치가 필요하고, 그래도 이를 행하지 않을 때 형벌로써 다스려 징치한다. 그리고 병농(兵農)은 효제를 곁에서 보좌한다. 의식주가 안정될 때 효제의 마음도 펴지는 법이다. 그러니 국방을 튼튼히 해서 민심을 안정시키고, 농업을 진작시켜 민생을 안정시킨다.

다산 학문의 모든 바탕에는 이 효제의 정신이 깔려 있다. 그는 공부의 모든 출발과 귀결점을 효제에서 찾았다. 초서의 비중 또한 효제〉예악〉정형〉병농의 차례로 한다. 책을 읽다가 『소학』에 실어도 손색이 없을 만한, 효제에 관한 내용을 보면 이를 우선적으로 발췌한다. 경전에 대한 학설 중에 근거를 갖춘 새 학설도 뽑는다. 실용적인 정보는 새로운 것만 옮겨적는다.

네트워크를 형성하라

이렇게 독서에 메모의 습관을 들이면, 그 핵심내용이 차곡차곡 쌓이면서 시너지효과가 생겨난다. 전에 무심히 읽었던 내용이 다른 텍스트와 교차·연결되면서 정보들 사이에 네트워크가 형성된다.

자질구레한 시율(詩律)로는 비록 이름을 얻더라도 아무짝에도 쓸모가 없다. 모름지기 금년 겨울부터 내년 봄까지 『상서(尙書)』와 『좌전(左傳)』을 읽도록 해라. 비록 글이 빽빽하여 잘 읽히지 않고 내용이 어렵고 뜻이 깊지만, 이미 주석과 풀이가 있으니 마음을 쏟아 깊이 연구하면 읽을 수 있을 게다. 그러고도 힘이 남거든 『고려사』, 『반계수록』, 『서애집』, 『징비록』, 『성호사설』, 『문헌통고』 등의 책을 살펴보고 그 중요한 내용을 베껴쓰는 일을 그만두어서는 안 된다.

「학연에게 부침〔寄淵兒〕」 9-16

자식들에 대한 다산의 주문은 아주 구체적이고 때로 가혹해 보일 정도다. 시율에는 힘을 쏟지 마라. 기본 경전을 읽었으니 이제부터는 『상서』와 『좌전』을 읽어라. 어려워도 정신을 모아 읽어야 한다. 그리고 남는 시간에는 우리나라 역사책을 틈틈이 읽으면서 중요한 내용을 카드작업해라. 우리나라 역사책을 많이 읽고 중요한 내용을 베껴쓰라고 한 것은, 이를 통해 경전에서 배운 내용을 실제에 적용할 수 있는 생생한 예시를 풍부하게 얻을 수 있기 때문이다.

다산은 6절 선정문목법에서 제시했던 것처럼, 자식들이 『제경(弟經)』을 엮겠다고 하자, 본문을 둘로 나눠 위에는 경전의 본문에 보이는 성인의 격언을 적고, 아래에는 중국 역사서와 우리나라 문집 중에서 훌륭한 예시를 찾아 적게 했다. 구체적인 실천이 없는 가르침은 빈 메아리에 불과하다고 생각했기 때문이다. 그리고 평소에 축적해둔 초서의 항목들을 그때그때 필요한 예시로 활용했다.

이러한 방식은 『흠흠신서(欽欽新書)』의 편집에도 그대로 적용되었다. 전체 30권으로 구성된 이 책은 지방관의 재판 및 송사에 관한 사례모음집이다. 이 가운데 처음 3책은 제목이 '경사지요(經史之要)'다. 그 기술방식은 경서의 가르침을 첫머리에 제시하여 정밀한 뜻을 설명하고, 이 내용과 관련 있는 사적(史跡)을 잇대어실어 옛날의 관례를 나타내는 방식이다.

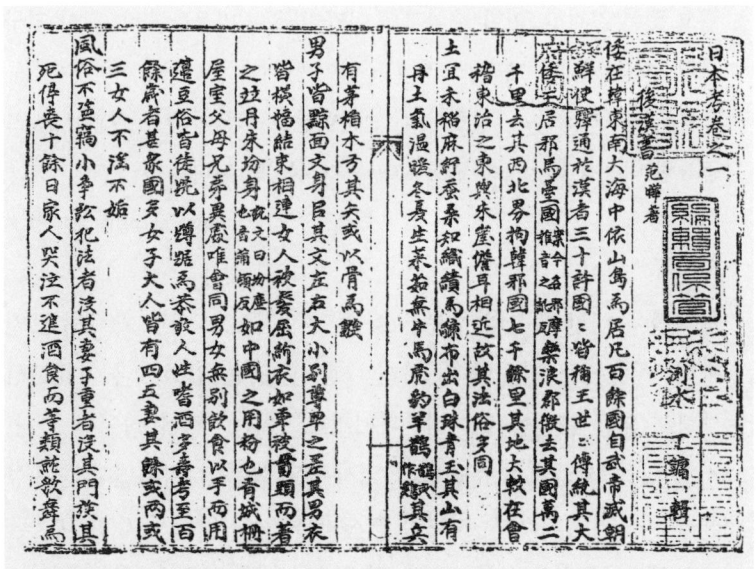

다산의 『비어고』 중 「일본고」의 첫 면. 『후한서』에서 일본관련 기록만 초록해서 모은 내용을 항목별로 적고 있다. 「일본고」는 이렇게 역대 각종 기록에서 초록한 일본관련 기록카드를 한자리에 모은 것이다. 그래서 '저(著)'라 하지 않고 '집(輯)'이라고 했다.

『고려사』는 하는 수 없이 빨리 되돌려 보내주어야겠다. 그중에서 취하여 베끼는 의미에 대해서는 네 형에게 상세히 일러주었다. 이번 여름에는 모름지기 형제가 마음을 모으고 힘을 쏟아 이 일을 마치도록 해라. 무릇 초서의 방법은 반드시 먼저 자기의 뜻을 정하고, 내가 쓸 책의 규모와 절목을 세워야 한다. 그런 후에 책에서 뽑아내면 바야흐로 일관되게 꿰는 묘미가 있다.   「학유에게 부침(寄游兒)」 9-41

다산의 초서방법에 대한 지침은 여러 편지글에서 계속 반복된다. 여기서도 구체적인 카드작업의 방법에 대해 말했다. 뜻을 먼저 정하는 것은 작업의 목표를 선명하게 하기 위함이다. 책의 규모와 절목을 세우는 것은 작업의 일관성을 확보하기 위한 장치다.

일관성을 확보하라

필자의 경우도 지금 문목을 먼저 세워놓고 초서의 방식으로 이 작업을 진행하고 있다. 민족문화추진회본 『다산시문집』 9책을 펼쳐놓고 몇 차례 통독하여 대강의 문목을 세웠다. 그러고는 읽다가 요긴한 대목들을 발췌해서 그때그때 초록한다. 각 항목의 끝에는 해당문목을 표시한다. 1차 초서작업이 끝난 뒤 문목에 따라 휘분류취(彙分類聚)하여 항목들을 재배열한다.

하지만 막상 각 항목의 집필에 들어가면 어느 항목은 관련내용이 너무 많고, 어떤 항목은 관련내용이 너무 적다. 내용이 빈약할 경우, 다시 『다산시문집』을 펼쳐들어 그 항목에 뜻을 두고 처음부터 다시 읽는다. 읽다 보면 전에는 보이지 않던 내용들이 새롭게 눈에 들어온다. 때로 항목의 안배 때문에 문목이 달라지는 카드도 생긴다. 여기서 말해도 좋을 것을 저기서 말하기 위해 아끼는 경우도 생긴다. 이 항목을 쓰기 위해 카드작업을 하다가 생각지 않게 다른 항목에 꼭 맞는 대목과 만나기도 한다. 이때는 하던 작업을 잠시 접어두고 그 항목에 카드를 보충한다. 또 카드작업중에 필요를 느껴 문목을 변경하거나 새로 첨가하기도 한다.

지금 이 책은 10개 문목에 각 문목별로 5개 항목을 두어 모두 50개 항목으로 구성되어 있다. 각 항목은 다시 네 마디로 분절하여 모두 200여 개의 소항목이 된다. 10개의 큰 문목은 생각의 발전단계와 조

직과정에 따라 설정하였다. 처음 이 책을 구상했을 땐 그저 추상적
인 생각의 단편들만 있었다. 당시의 메모에는 이런 항목들이 적혀
있었다. 산책을 하거나 책을 읽다가 떠오른 생각들을 책상 앞에 따
로 붙여둔 종이에 그때그때 메모해둔 것이다.

정보를 조직화한다.
겉만 보지 않고 의미화한다.
집체작업으로 시간을 효율화한다.
경험을 흘려보내지 않는다.
정보를 계통화한다.
모든 정보를 하나로 꿴다.
일체의 권위를 의심한다.
토론과 논쟁으로 문제의식을 첨예화한다.
제자들로 이어진 지식경영법.

처음에는 이런 항목에 따라 조금 긴 분량으로 한 꼭지씩 쓸 생각
이었다. 메모에는 각 꼭지에 포함시킬 내용들이 간략하게 적혀 있었
다. 물론 이 메모도 여러 차례 정리하고 다듬은 것이다. 그러다가 초
서작업 과정에서 이런 글을 읽었다.

그 문례(文例)가 너무 장황한 듯합니다. 하지만 어린아이들이 외우
고 읽게 하려면 이렇게 하지 않을 수가 없습니다. 또 그 방법은 10항목
을 한도로 삼았습니다. 때문에 구차하게 채워넣은 것도 있고, 혹 아깝
게 뺀 것도 있습니다. 그러나 세속에서 통행하는 문자는 이렇게 하지
않으면 행해지지 않습니다. 「중씨께 올림(上仲氏)」 8-226

다산이 어린이용 학습서인 『소학주천(小學珠串)』의 편집과정에 대해 형 정약전에게 설명하는 대목이다. 이 언급은 필자에게, 책에 좀 더 일관된 질서가 필요하다는 생각을 불러일으켰다. 내용도 좀더 세분하여 항목화할 필요가 있음을 깨닫게 했다. 『목민심서』만 해도 모두 12개 문목 아래 각 편이 6개의 조항으로 이루어져, 모두 72조로 분장되어 있다. 기계적인 배치가 전체 구성을 더 일사불란하게 보여준다는 점도 고려했다.

카드작업이 계속되면서 항목들은 더 잘게 세분되었고, 생각도 점점 구체적인 형상을 갖게 되었다. 카드작업의 경우, 예전에는 실제 카드에 하나하나 베껴적었지만 항목이동이 자유로운 컴퓨터상에서는 그런 번거로운 과정이 전혀 필요없다. 그냥 눈에 들어오는 대로 입력해놓고 나중에 휘분류취하면 된다.

주견을 확립하라

『목민심서』를 엮을 때도 다산은 23사와 우리나라 역사기록 및 각종 문집에서 옛 목민관의 자취를 뽑아 카드작업을 했다. 최소 몇만 장의 카드가 만들어졌을 것으로 생각된다. 물론 이 작업은 제자와 자식들의 도움을 받아 이루어졌다. 다산은 또 이렇게 적고 있다.

남쪽 변방의 땅은 전답의 세금이 나오는 곳이다. 관리는 간악하고 아전은 교활해서 온갖 폐단과 병통이 어지럽게 일어난다. 내가 있던 곳이 비천한지라 들은 것이 자못 상세했다. 인하여 이 또한 분류해서 뜻이 통하게 기록하고 내 생각을 덧붙였다. 「목민심서서(牧民心書序)」 6-30

역사와 각종 문집의 사례뿐 아니라 직접 듣고 본 실례까지 그때그때 초록해서 자신의 생각을 덧붙여 책에 포함시켰음을 알 수 있다. 목민에 관한 책을 정리하겠다는 주견이 이미 서 있는 상태였으므로, 주변에서 일어나는 관리의 횡포나 백성의 괴로움 하나하나가 모두 책에 요긴한 사례가 되고 사료가 되었던 것이다.

이렇듯 다산에게 초록은 체질화되고 생활화된 습관이었다. 초록 없이 기억력만으로 그 방대한 작업을 동시에 진행하기란 불가능하다. 지금은 컴퓨터에 자료를 입력해 파일 이름만 달리해 저장하면 되지만, 당시에는 머릿속에 든 구상과 그 구상을 뒷받침해준 엄청난 양의 카드만으로 이 작업을 진행할 수밖에 없있다.

나는 『목민심서』를 읽을 때마다 강진 유배지의 좁은 방에 벽을 가득 채우며 키보다 높게 쌓였을 작업카드를 그려보곤 한다. 책을 읽다가도 무릎을 치면서 서둘러 백지를 가져다 옮겨적으며 어느 항목에 꼭 맞는 내용이 나왔다고 기뻐했을 다산의 표정이 눈에 선하다.

다산은 말한다. 주견을 먼저 세워라. 생각을 붙들어세워라. 그런 뒤에 책을 읽어라. 눈으로 입으로만 읽지 말고 손으로 읽어라. 부지런히 초록하고 쉴새없이 기록해라. 초록이 쌓여야 생각이 튼실해진다. 주견이 확립된다. 그때그때 적어두지 않으면 기억에서 사라진다. 당시에는 요긴하다 싶었는데 찾을 수가 없게 된다. 열심히 적어라. 무조건 적어라.

12. 생각이 떠오르면 수시로 메모하라
수사차록법(隨思箚錄法)

『주역』, 『서경』, 『시경』, 『예기』, 『논어』, 『맹자』 등은 마땅히 숙독해야 한다. 다만 강구하고 고찰하여 정밀한 뜻을 얻고, 생각한 것을 그때마다 메모하여 적어야만 실질적인 소득이 있다. 그저 소리내 읽기만 해서는 아무 얻는 것이 없다.
【「반산 정수칠을 위해 준 말〔爲盤山丁修七贈言〕」 7-297 】

생각을 붙들어라

수사차록(隨思箚錄)은 그때그때 떠오른 생각을 메모하여 기록하는 것이다. 생각은 쉽게 달아난다. 붙들어두지 않으면 흔적도 없이 사라진다. 생각을 붙들어두는 방법으로 메모보다 좋은 것이 없다. 소리내서 읽는 것도 좋지만 그저 읽기만 해서는 남는 게 없다. 이런 것을 도능독(徒能讀), 즉 '한갓 읽기만 잘한다'고 말한다. 공부도 제대로 해야지 제멋대로 하면 소용이 없다. 제아무리 열심히 해도 방법이 잘못되면 거둘 보람이 없다. 생각에 발전이 없고 나날이 성장하지 않으면 잘못된 공부다.

우리나라에서 많이 읽기로 단연 으뜸인 사람은 백곡(栢谷) 김득신(金得臣, 1604~1684)이다. 그의 「독수기(讀數記)」는 만 번 이상 읽은 글 36편의 목록과 읽은 횟수를 기록한 경이적인 글이다. 가장 좋아했던 「백이전(伯夷傳)」은 무려 11만 3천 번을 읽었다고 적고 있다. 스스로도 이를 자부하여 자신의 당호를 억만재(億萬齋)라 지었다. 그런데도 말을 타고 가다가 어떤 사람의 집에서 들려오는 「백이전」 읽는 소리를 듣고는, 아주 익숙한데 무슨 글인지 생각이 안 난다고 했다는 엽기적인 기억력의 소유자이기도 하다. 지겹도록 하도 들어 뜻도 모르는 채 다 외운 하인이 그 자리에서 줄줄 읊자 그제야 「백이전」인 줄을 깨달았다는 전언이다.

다산은 김득신의 이 「독수기」를 읽고, 그 경이적인 노력에 조금도 찬사를 보내지 않았다. 반대로 특유의 날카로운 분석으로 이 이야기의 허구성을 논파했다.

가만히 생각해보니, 독서를 잘하는 선비라면 하루에 「백이전」을 100번은 읽을 것이다. 이렇게 1년을 하면 3만 6천 번을 읽을 수 있다. 3년을 읽어야만 겨우 10만 8천 번을 읽을 수 있게 된다. 그 사이에 또한 어찌 질병과 우환과 왕래하고 편지 주고받는 일이 없었겠는가? 하물며 김백곡은 독실한 행실을 지녔던 군자다. 어버이를 효성으로 섬겼다면 아침저녁으로 문안하고 살피는 정성과, 병환을 간호하고 맛난 음식으로 봉양하는 아버지에도 여러 날을 썼을 것이니, 4년이 아니고는 11만 3천 번이 될 수 없다. 단지 「백이전」 하나만 읽는 데도 이미 4년을 썼다면 어느 겨를에 여러 책을 저처럼 많이 읽었겠는가? 내 생각에 그의 「독수기」는 백곡 자신이 쓴 글이 아니다. 그가 세상을 뜨자 그를 위해 전해들은 것을 기록한 것일 뿐이다. 「김백곡의 독서에 대하여[金栢谷讀書辨]」 5-191

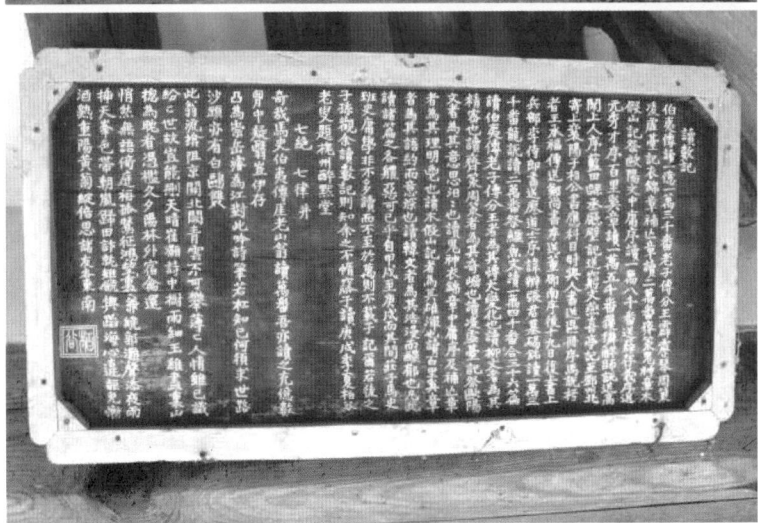

충북 괴산에 있는 엽기적인 독서가 김득신의 취묵당(醉默堂). 아래 사진은 그곳 한편에 걸려 있는 「독수기」다. 김득신의 다독은 수많은 전설적 일화를 만들어냈다.

다산의 입장에선 그가 참 딱했던 모양이다. 책을 열심히 읽는 것을 탓할 수야 없겠지만, 같은 글을 소리내어 11만 3천 번씩 읽어대는 노력으로 다른 책을 요령 있게 읽었다면 얼마나 좋았을까 하는 생각이 글 속에 깔려 있다.

아무튼 다산은 도능독의 '그저 읽어치우는 독서'를 독서로 인정하지 않았다. 아무 책이나 다 그럴 수는 없겠지만, 그에게 책을 읽는 행위는 중요한 부분을 초록하고, 의미가 맺히는 대목에는 자신의 생각을 메모해가면서, 지적인 성장과 인간의 성숙을 함께 이루어가는 행위였다.

의문을 천착하라

다산은 식견을 열어주는 데 아무런 보탬이 되지 못하는 맹목적인 독서를 혐오했다. 그는 하나를 들어 열을 아는, 확산되는 공부로 권면했다.

어린이를 가르치는 방법은 지식을 계발하는 데 달려 있다. 지식이 미치면 한 글자 한 구절이라도 모두 문심혜두(文心慧竇)를 여는 열쇠가 되기에 충분하다. 지식이 미치지 못한다면 비록 다섯 수레로 실어내 만 권의 책을 독파한다 해도 안 읽은 것과 같다.

「사략에 대한 평(史略評)」 9-146

하나하나 알아서 깨쳐갈 때 문심혜두, 즉 지혜의 구멍이 열린다. 한번 구멍이 뻥 뚫리면 다시는 막히지 않는다. 아무런 거침이 없게 된다. 하지만 깨우침 없이 무조건 읽기만 해서는 아무 소용이 없다.

어떤 사람이 말을 만들어 유혹하기를, "『통감(通鑑)』한 부를 다 읽으면 아이들이 틀림없이 문리(文理)를 얻는다"고 한다. 아아! 진실로 이 한 부를 다 읽는 힘으로 육경(六經)의 여러 책을 이와 똑같이 읽었다면 그 문리를 또 어찌 말로 할 수 있겠는가? 소를 탄 사람이 하루종일 채찍질을 해서 간신히 들판을 지나고는 흐뭇하여 혼자 기뻐하면서 "길 가는 데는 소만한 것이 없어!" 하는 격이다. 날랜 준마를 타거나 힘센 말을 몰고 갔더라면 이미 아득한 창오(蒼梧)나 현포(玄圃)에 이르렀을 줄은 모르는 것이니, 어찌 이리 어리석은가?

「통감절요에 대한 평(通鑑節要評)」 9-150

앞뒤도 맞지 않는 내용으로 무조건 열심히 읽기만 하면 문리가 터진다는 무책임한 말에 대해 다산은 분개했다. 하나만 되풀이해서 읽고 또 읽는 것은 무모하다. 그 시간에 다른 경전을 나눠서 읽는다면 공부의 지루함도 덜 수 있고, 성취도 빠르다. 그저 해오던 방식만을 추수(追隨)하여 잘못된 길로 이끄는 교육의 폐단을 비판했다. 다산은 맹목적이고 무모한 독서를 배격하고, 끊임없이 중요한 부분을 베껴쓰고, 거기에 대한 자신의 생각을 메모하는 방식의 독서를 되풀이해 강조했다.

『고려사』를 공부하는 일은 여태도 손대지 않았느냐? 젊은 사람이 긴 안목과 툭 터진 생각이 없으니 답답하구나. 네 편지 중에 의심나고 뜻을 알지 못하는 것이 있어도 질문할 곳이 없어 안타깝다고 했는데, 만약 이런 마음이 진짜로 의심을 못 견디고 생각을 못 이길 지경이라면, 어째서 조목조목 나열해 써서 인편에 부쳐보내지 않는 게냐? 부자 간에 스승과 제자가 되는 것이 또한 기쁘지 않느냐?

「두 아들에게 답함(答二兒)」 9-4

아들이 모르는 것이 있어도 물어볼 데가 없다고 답답해하자, 질문 사항을 하나하나 메모해 자신에게 보내 함께 토론해보자고 다그친 내용이다. 책을 베끼는 한편으로 그때그때 생겨나는 의문은 반드시 글로 남겨 질문하거나 스스로 의문이 해소될 때까지 물고늘어질 것을 주문했다.

다산 자신은 그야말로 끊임없이 메모하고 생각하고 정리했던 메모광이요 정리광이었다. 스스로도 궁벽한 곳에 살면서 할 일이 없어 육경과 사서를 여러 해 동안 궁구하고 탐색하면서 하나라도 얻으면 그 즉시 기록해서 보관해두곤 했다고 술회한 바 있다. 그 메모가 밑거름이 되어 수많은 저작으로 발전할 수 있었다. 메모도 해봐야 요령이 생긴다. 처음엔 두서가 없다가도 나중엔 방향이 생긴다. 방향이 생겨야 집중력도 생기고, 작업에 가속도가 붙는다.

깨달음을 기록하라

특히나 경전공부에서 이 메모의 힘은 아주 중요했다. 수많은 비슷비슷한 학설과 주장에 치여서 정신을 차릴 수 없을 때는 차라리 눈을 감고 침잠했다고 적고 있다. 그러면 어느 순간 깨달음이 오면서 마음에서 의심이 가시는 순간과 만나게 되는데, 그런 순간을 놓치지 않고 메모했다.

이런 방식의 즉각적인 메모방법을 '질서(疾書)'라고 한다. 질(疾)은 질주(疾走)한다는 말에서 보듯 '빨리'의 뜻이다. 그러니까 질서는 생각이 달아나기 전에 빨리 적는 것을 말한다. 송나라 때 학자 장재(張載)가 『정몽(正蒙)』을 지을 적에 집안 곳곳에 붓과 벼루를 놓아두고, 생각이 떠오르면 밤중에 자다가도 벌떡 일어나 등불을 가져다가 메모한 데서 이 말이 처음 나왔다. 이른바 '묘계질서(妙契疾書)'라는 것이다. 묘계는 번뜩하는 깨달음이요, 질서는 그것을 놓치지 않고 즉각 메모하는 것이다.

성호 이익은 이 질서를 경전공부의 중요한 방법으로 활용했다. 경전을 읽다가 떠오른 의문과 생각을 그때그때 기록해두고, 그것을 바탕으로 『사서삼경질서』, 『근사록질서』, 『심경질서』, 『가례질서』 등의 방대한 저술을 남겼다.

이병휴(李秉休)는 성호의 「가장(家狀)」에서 "선생의 학문은 남을 따르기를 기뻐하지 않고, 자득(自得)코자 하였다. 경전의 본문과 주석 사이에서 의심나는 것이 있으면 반드시 생각했고, 생각하여 얻으면 이를 빠르게 써두었다. 얻지 못하면 뒤에 다시 생각하여 기필코 얻어야만 그만두었다. 그래서 질서 중에는 앞선 학자들이 밝히지 못한 뜻이 많았다"고 했다.

이 질서정신의 핵심은 바로 의문을 품는 데 있다. 다산이 앞의 글에서 아들들을 야단친 것도 도무지 의문을 품지 않는다는 이유에서였다. 다음 이익의 「논어질서서(論語疾書序)」의 한 대목을 읽어보자.

오늘날 사람들은 책은 존중하지만 그 정신은 잃었다. 글은 읽으면서도 그 뜻은 저버리고 있다. 깊이 생각하면 잘못이라 하고, 의문을 제기하면 주제넘다 하며, 부연설명하면 쓸데없는 짓이라 한다. 곧이곧대로 규정하여 모든 사소한 부분까지도 성역을 설정하는 데 힘을 쏟는다. 그 결과 둔한 사람과 총명한 사람을 구분할 수가 없게 되었다. 이것이 어찌 옛사람이 뒷사람에게 기대하는 바이겠는가?

    가령 사람이 백 리 길을 가는데 한 사람은 수레와 말을 갖추고 하인과 마부가 앞장을 서서 하루 만에 당도하였고, 한 사람은 옆길을 찾아가면서 곤란을 겪은 뒤에 비로소 도달하였다고 하자. 만일 이들로 하여금 다시 그 길을 가게 한다면, 길을 찾아가며 다닌 사람은 정확히 알아, 길잡이를 앞세우고 간 사람처럼 갈림길이나 네거리에서 헤매지 않을 것이다. 그러므로 옛 주석만을 그대로 지키는 것은 마음으로 체득하는 것이 아님을 알 수 있다.   이익, 「논어질서서(論語疾書序)」, 「성호전서(星湖全書)」

주자의 집주에서 한 걸음도 더 나아가려 하지 않고, 그대로 묵수(墨守)하기만 하는 한심한 세태를 자못 신랄하게 꼬집고 있다. 더 깊이 궁구하려 들면 공연한 짓을 한다고 하고, 의문을 제기하면 시건방지다고 하며, 좀더 알기 쉽게 설명을 달면 시키지 않은 일을 한다고 나무란다. 당시 학계의 통폐(通弊)에 대한 얼마나 날카로운 지적인가?

다산의 경학공부도 바로 성호의 질서정신에 바탕을 두고 이를 실천하고 확장한 결과였다. 다산은 형에게 보낸 편지에서, 성호의 저작이 100권에 가까운데, 생각해보면 천지의 웅대함과 일월의 광명함을 알게 된 것이 모두 성호 덕분이었다고 말한 바 있다.

이러한 선생을 향한 숭모의 정과 그 위대한 학문을 그대로 사장시킬 수 없다는 책임감에서, 다산은 금정찰방으로 있던 1795년 10월에 충남 온양의 봉곡사에서 열흘간 유숙하며 『가례질서(家禮疾書)』의 집체편집에 참여했다. 이들은 합동작업으로 초고상태였던 『가례질서』의 목차를 바로잡고, 오자를 고쳐나갔다. 그리고 범례를 만들어 크고 작은 단원을 꼼꼼히 분류해서 마침내 하나의 완전한 책으로 만들었다. 성호가 미처 탈고하지 못했던 원고가 다산의 민첩한 편집솜씨에 힘입어 비로소 완성을 볼 수 있었던 것이다.

다산의 「서암강학기(西巖講學記)」는 이 작업을 진행하는 동안 그 자리의 좌장이었던 이삼환(李森煥)과 참석자들 사이에 오고간 질문과 답변을 하나도 빠짐없이 속기록을 쓰듯 기록한 것이다. 녹음기도 없던 시절에 어떻게 이렇게 꼼꼼한 기록을 남길 수 있었는지 자못 놀랍다. 매일매일의 일과와 주고받은 대화, 보내온 편지 등이 하나도 빠짐없이 차례대로 적혀 있다. 다산의 이러한 메모벽은 독서에만 국한되지 않았다. 그것은 일상화된 생활습관이었다.

손을 믿어라

다음은 1820년과 1823년 두 차례에 걸쳐 춘천까지 배를 타고 나들이 다녀온 기록인 「산행일기(汕行日記)」의 한 대목이다.

> 경진년에는 시로 행로를 기록했다. 갈 때는 상세히 적고, 올 때는 소략히 했다. 올해는 따로 물길의 차례를 기록하느라, 갈 때는 소략하게 하고 올 때에 상세히 했다. 피차간에 서로 갖추려 한 것이다. 또 물길의 근원을 따라 수경가(水經家)의 주석을 자세히 보완하고자 해서였다.
>
> 「산행일기(汕行日記)」 9-181

원래 1820년의 기록이 있었는데, 같은 코스로 한 번 더 다녀오게 되면서 두 기록을 합쳐 하나로 종합한 것이다. 배 위에 천막과 침구, 필기구와 서적에서부터 약탕관과 다관, 그리고 밥솥과 국솥까지 갖춰놓고 떠난 여행이었다. 기록을 보면 흔들리는 배 위에서도 쉴새없이 붓을 들어 듣고 본 광경을 메모하고 또 시를 짓던 다산의 모습이 역력히 떠오른다. 한 대목만 보이면 이렇다.

17일. 안개 짙음. 안개 속에 일찍 출발해 석지산을 지나 곡갈탄(曲葛灘)에 올랐다. 언덕 위에서 말을 모는 소리가 들렸다. 누군가 물어보니 윤종대의 하인이었다. 윤종대가 앞서 약속을 해놓고 시간에 대어오지 못했다. 그래서 배를 뒤쫓아 지름길로 마당촌(麻當村)에 이르러 하룻밤 묵으면서 기다렸다 하므로 기뻤다. 작탄(鵲灘)에서 밥을 먹고 마당촌에서 점심을 했다. 윤종대를 태우고 현등협(懸燈峽)을 통과해서 갑작스레 신연(新淵)에 도착했다. 날이 어느새 뉘엿해져 해가 지려 하였다. 사공은 죽전촌(竹田村)에서 자고 가기를 청했으나 듣지 않고 재촉하여 배를 몰게 했다. 황혼 무렵에 소양정 아래에 배를 댔다.

「산행일기(汕行日記)」 9-183

이런 기록들은 하루를 마치면서 한꺼번에 적은 것이 아니다. 지명을 묻고 노정을 정리하면서 그때그때 의미 있는 내용을 간략하게 메모해둔 뒤, 이를 바탕으로 나중에 한꺼번에 적은 것이다. 필자의 경우만 해도 답사여행 후 여정을 정리해보려고 해도 막상 메모가 없으면 그날 하루 있었던 일정조차 선후가 헷갈린다. 머리를 믿는 것보다 손을 믿는 것이 더 효과적일 때가 많다.

다산의 「서암강학기」나 「곡산북방산수기(谷山北方山水記)」 외 여러 기행문에서도 그의 꼼꼼한 메모벽을 확인할 수 있다.

십 리를 가니 동편으로 봉우리가 몇 개 보였다. 우뚝 솟아 맑고 푸르렀다. 물어보니 아미산(峨眉山)이라 했다. 그 아래는 미산촌(眉山村)이다. 서쪽을 보니 강기슭이 넓게 펼쳐져 있는데 인가 수십 채가 있었다. 물어보니 석병촌(石屛村)이라 한다. 마을사람 김성진(金聲振)이 술 한 병과 작은 물고기 십여 마리를 가지고 와서 올린다. 예의는 없었으나 뜻이 진실해서 내가 짐짓 받았다.

십 리를 가니 큰 여울이 있었다. 이름이 이파탄(鋜耙灘)이라 했다. 여울이 마치 폭포 같아 배가 곧장 거꾸로 쏟아지자 흰 물결이 배 안으로 잇달아 튀어들었다. 옷과 허리띠가 다 젖었지만 또한 기분이 상쾌했다.

「곡산북방산수기(谷山北方山水記)」 6-166

가는 곳마다 지명을 묻고, 만난 사람의 이름도 물었다. 들은 내용은 즉시 메모했다. 중간중간 있었던 사소한 일들도 잊지 않게끔 적어두었다. 이런 자세한 여행기는 절대 놀라운 기억력의 산물이 아니다. 꼼꼼한 메모의 결과다. 나는 연암 박지원의 『열하일기(熱河日記)』를 읽다가도 드넓은 만주벌을 가면서 틈만 나면 말 잔등 위에 쪼그리고 앉아 공책을 꺼내 메모를 하던 광경이 떠올라 혼자 웃곤 한다.

다산은 말한다. 부지런히 메모해라. 쉬지 말고 적어라. 기억은 흐려지고 생각은 사라진다. 머리를 믿지 말고 손을 믿어라. 메모는 생각의 실마리다. 메모가 있어야 기억이 복원된다. 습관처럼 적고 본능으로 기록해라.

13. 되풀이해 검토하고 따져서 점검하라
반복참정법(反覆參訂法)

예학을 밝힌 뒤 인륜에 대처해야 분수를 다할 수가 있다. 육례(六禮) 중에는 상례(喪禮)가 가장 방대하고 가장 시급하다. 모름지기 의례(儀禮)와 관련 있는 경전을 가져다가 되풀이하여 따져보고 바로잡아야 한다.
【 「반산 정수칠을 위해 준 말〔爲盤山丁修七贈言〕」 7-298 】

오류를 파악하라

반복참정(反覆參訂)은 되풀이해서 따져보고 잘못된 것을 바로잡는 것이다. 특히 경전공부와 역사사실의 고증에서 반복참정이 요구된다. 논문을 쓸 때면 가설을 세우고, 사업을 추진하면서는 결과를 예상한다. 그러나 자료의 검증과정에서 당초의 가설이나 예상이 뜻대로 맞아떨어지지 않을 때가 있다. 가설이 잘못되었거나 분석이 충분치 않은 것이다. 이때는 원점으로 돌아가 처음부터 다시 시작하는 수밖에 없다. 가설을 다시 점검하고, 정보를 더 많이 수집하여 재분석한다. 어디서 문제가 생겼는지 면밀히 검토한다. 정리를 마쳤는데도 시원스럽지가 않고 뭔가 찜찜한 기분이 있다면 아직도 반복참정할 부분이 남았다는 뜻이다.

다산의 수많은 저작은 문자 그대로 피땀이 스민 반복참정의 결과다. 다음 편지를 보자.

> 날마다 악학(樂學)에 뜻을 두어, 점차 12율(律)이 본래 척도를 말한 것이지 관성(管聲)을 말한 것이 아님을 알게 되었습니다. "황종(黃鐘)의 관(管)은 길이가 9촌이고 지름은 3푼이다"라고 한 그 나머지 주장은 모두 제동야인(齊東野人)의 말도 안 되는 소리니 이를 장차 어찌해야 합니까? 기력은 이미 쇠했는데 이같이 큰 상대를 만나고 보니 한판 붙어 싸워볼 방법이 없을까 봐 염려됩니다. 근래 들어서는 혀가 꼬이고 붓도 다 모지라졌습니다. 쇠약한 병자가 어찌할 수 있겠습니까?
>
> 「중씨께 올림〔上仲氏〕」 8-222

한참 악서(樂書)연구에 몰입하던 1811년 겨울에 보낸 편지다. 반복참정의 과정에서 다산은 12율이 관성의 척도를 말하는 것이 아니라 본래의 척도를 말한 것이라는 사실을 문득 깨달았다. 이는 12율의 이해에 대한 기존의 패러다임을 바꿔야 하는 엄청난 문제였다. 계속되어온 몰두로 이미 건강을 많이 상했던 다산은 이 엄청난 강적 앞에서 막상 엄두가 나지 않는다고 엄살을 부렸다. 그렇지만 다산은 끝까지 밀어붙여 마침내 그 강적의 항복을 받아냈다. 그로부터 5년 뒤인 1816년 봄에 『악서고존(樂書孤存)』 12책을 완성한 것이다.

완성 후 정약전에게 보낸 편지에서는 다시 이렇게 적었다.

> 악서 12권은 그 사이에 다 살펴보셨으리라 여겨집니다. 제7권에서

율려(律呂)의 수에 대해 논한 것은 틀림없이 요순 당시의 본래 법에서 만에 하나도 벗어남이 없을 것입니다. 5천 년 전 율려의 학문이 오늘에야 되살아나게 되었습니다. 이는 제가 능히 마음으로 얻은 것이 아닙니다. 수년 이래 새벽부터 밤중까지 사색하며 산가지(算籌)를 붙들고 늘어놓으면서 심혈을 쏟아부었습니다. 어느 날 아침 홀연히 마음에서 빛이 나는 것을 느꼈습니다. 그러더니 삼기(三紀), 육평(六平), 차삼(差三), 구오(具五)의 법이 환하게 눈앞에 늘어서는 것이었습니다. 이에 붓을 당겨 쓴 것이 바로 제7권입니다. 어찌 사람의 힘으로 얻을 수 있는 것이겠습니까? 「중씨께 답함(答仲氏)」 8-234

다산은 5년간의 반복참정 끝에 마침내 그 강적의 무릎을 꿇게 만들었다고 선언했다. 5천 년간 명맥이 끊어졌던 율려의 학문을 오늘에 다시 되살려놓았다고 자부했다. 만에 하나도 틀림이 있을 수 없다고 확신했다. 사람의 힘으로 할 수 있는 것이 아니라, 신명이 마음에 들어와 환히 빛을 밝혀주었기에 가능한 일이었다고 감격했다.

가설을 입증하라

다산은 이 편지를 쓰고 나서 얼마 못 가 형님의 부음을 들었다. 형은 작업과정 내내 서로 독려하고 질정하며 이끌어준 동지였다. 두 해 뒤에 쓴 『악서고존』의 서문에서 다산은 다시 이렇게 적었다.

내가 계속 연마하고 깊이 파헤쳐서 그것이 잘못된 것임을 깨달아 이를 버렸다. 여러 가지 잘못된 것을 낱낱이 들어 그것이 거짓임을 환히 밝혔다. 이에 오직 『시경』, 『서경』, 『맹자』, 『의례(儀禮)』, 『주례(周禮)』, 『주어(周語)』 등에 남아 있는 적막한 몇 구절을 가려뽑아 법도를 드러내 미루어 부연하였다. 모두 12권으로 이름을 『악서고존』이라 하였다.

「악서고존서(樂書孤存序)」 6-14

다산은 옛 경전과 풀이를 꼼꼼히 검토하다가 악(樂)에 대한 후대의 설명이 모두 잘못된 것임을 알았다. 그 잘못을 일일이 논파한 후, 그는 후대의 번다한 설명을 다 버렸다. 단지 옛 경전에 남은 자투리 말 몇 마디를 단서로 반복참정을 거듭했다. 그 결과 다산은 악서의 본래면목을 이제야 명명백백하게 회복하였노라고 공표했다. 참으로 대단한 자부요 놀라운 선언이 아닐 수 없다. 실낱같은 자취를 이어 하나의 맥락으로 꿰느라 그가 겪었을 고심참담과 그 끝에서 누렸을 환호작약이 그대로 느껴진다. 끊임없이 연마찬착(研磨鑽鑿)해서 간위(奸僞)를 낱낱이 파헤쳤다고 했는데, 연마찬착은 반복참정의 다른 표현일 뿐이다.

그의 반복참정은 역사사실의 고증에서 특히 위력을 발휘했다. 근거에 바탕하여 가설을 세워놓고, 그 가설을 입증할 증거들을 더 찾아내 선명한 구도가 드러날 때까지 되풀이해 살펴보고 반복해서 상량(商量)하는 것이다.

춘천은 맥국(貊國)이 아니다. 맥(貊)이라는 글자는 이(夷), 적(狄), 융(戎), 만(蠻)과 같다. 정동(正東)을 이(夷)라 하고, 정북을 적(狄)이라 하며, 동북을 맥(貊), 동남을 민(閩)이라 한다. 세상에는 이국(夷國)도 없고 적국(狄國)도 없다. 어찌 유독 맥국이 있단 말인가? 맥에도 여러 종류가 있다. 예맥(濊貊), 양맥(梁貊), 소수맥(小水貊), 구려맥(句麗

貊) 등 여러 가지로 다르다. 이는 마치 조이(鳥夷)와 내이(萊夷), 적적(赤狄)과 백적(白狄)이 있는 것과 같다.

맥은 나라 이름에 붙일 수가 없고, 모두 중국의 동북방에 있는 지역을 가리킨다. 춘천은 정동에 있으므로 맥으로 부를 수가 없다. 다만 한나라와 위나라 때에 낙랑이 남쪽인 춘천으로 옮겨왔다. 한나라 관리가 와서 다스리거나 토착세력이 빼앗아 점거하기도 했다. 하지만 낙랑의 바탕은 평양에 있었다. 평양은 쇠퇴해서 고구려에게 함락되었다. 고구려 종족은 본래 맥과 더불어 섞여 있었으므로, 백제와 남한 사람들이 모두 낙랑을 가리켜 맥인이라고 말한 것이다. 그 근본이 고구려로부터 왔고, 평양은 당시 구려맥(句麗貊)이 되었기 때문이다. 가탐(賈耽)의 『군국지(郡國志)』와 김부식의 백제사에서 일찍이 오류를 바로잡지 않고 낙랑을 맥인으로 생각하는 바람에 지금까지 잘못을 답습하여 벗어날 줄을 모른다.

맹자는 "맥에는 오곡이 나지 않고 기장만 자란다"고 했다. 춘천이 그러한가? 『한서』 「조조전(鼂錯傳)」에는 "호맥(胡貊)땅에는 나무껍질이 세 치이고 얼음 두께는 6척이다"라고 했다. 춘천이 그러한가?

강릉도 마찬가지 이유로 예(濊)가 아니다. 예의 사람들이 남쪽 가섭원(迦葉原)으로 옮겼는데, 가섭원은 하서량(河西良)이다. 강릉도 예가 아니다.
「산행일기(汕行日記)」 9-195

지금도 흔히 춘천과 강원도를 예맥(濊貊)의 땅이라고 부른다. 다산은 춘천이 맥국일 수 없다는 명제를 입증하기 위해 되풀이해서 전거를 끌어와 참정한다. 그 논거는 이렇다.

첫째, 맥(貊)은 중국을 기준으로 동북방에 위치한 지역을 일컫는 보통명사지 고유명사가 아니다. 우리나라를 동이(東夷)라 하지만 동이국이라는 나라가 없는 것과 같은 이치다. 맥 앞에 다른 수식어를 붙여야만 특정 지역을 일컫는 명칭이 된다. 이를 입증하기 위해 여러 가지 용례를 끌어와 증거로 제시했다.

둘째, 위치상으로 보더라도 춘천은 중국의 정동이므로 맥이 될 수 없다. 한나라와 위나라 시대에 낙랑이 평양을 버리고 춘천으로 남하하면서 명칭에 혼란이 생겼다. 백제나 남한 사람들이 평소 낙랑을 부르던 습관대로 맥인이라고 했던 것이 잘못 굳어진 것이다.

이렇게 확실히 논증하고 나서, 다산은 다시 『맹자』와 『한서』의 전거를 끌어와 춘천이 맥이 될 수 없다는 논리에 쐐기를 박았다. 경전과 역사서에 실린 맥에 대한 기후 설명과 춘천은 조금도 합치되지 않는다는 것이다. 여기에 강릉이 예(濊)가 될 수 없는 이유까지 부기했다.

명쾌하게 고증하라

다산은 이 논의에서 세 겹의 논리로 무장하여 되풀이해 증거를 들이댐으로써 논박의 여지를 허용하지 않았다. 이 몇 줄의 글을 쓰려고 그는 수많은 사료를 뒤지고 검토했다. 처음에는 막연하던 생각이 사료가 하나둘 모이면서 구체적인 논리로 발전해나갔다. 그의 『아방강역고』나 한강의 근원을 밝힌 「산수심원기(汕水尋源記)」 같은 글은 모두 이런 방식으로 하나하나 따져나간 결과를 담고 있다. 「산수심원기」의 한 대목을 살펴보자.

『사기』「조선전(朝鮮傳)」의 주석에서 장안(張晏)이 말했다. "조선에는 습수(濕水), 열수(洌水), 산수(汕水)의 3수가 있다. 세 물이 합쳐져 열수가 된다." 반고(班固)의 『한서』「지리지(地理志)」에서도 탄열(呑列)과 열구(列口)를 지금의 강화 교풍(交豊)땅에 분명하게 연계시켰다. 그렇다면 열수라는 것은 지금의 이른바 한강이다.—한 무제와 광무제가 모두 열수를 이(夷)와 한(漢)의 경계로 삼았기 때문에 삼한사람들이 열수를 가리켜 한수(漢水)라 한 것이다. (원주)

  그렇다면 산수와 습수는 남북의 두 강이 됨을 분명히 알 수 있다. 옛 사람이 나눠 구분할 수 없었던 것은 근거로 삼을 만한 문헌이 없었기 때문이다. 북한강의 물은 모두 여러 산골짜기에서 나오니, 이것이 산수(汕水)다. 남한강의 물은 모두 들판의 습지에서 나오니 이것이 습수(濕水)다. 글자의 뜻이 명확해서 서로 혼동될 것이 없다. 몸소 다니면서 눈으로 직접 보니 의심할 것이 전혀 없었다. 때문에 나는 춘천과 낭천(狼川)의 물을 산수(汕水)로 단정한다. 근년에 다시 춘천에 들어가 예전에 들은 것을 새롭게 확인했다.   「산수심원기(汕水尋源記)」 9-172

  다산의 논리는 언제나 명쾌하다. 의문의 여지를 남기지 않는다. 『사기』의 주석에서, 조선에는 습수·열수·산수의 3수가 있는데 세 물이 합쳐져 열수가 된다고 했다. 즉, 습수와 산수가 따로 흐르다가 하나로 합쳐져 열수가 되었다는 뜻이다. 또 반고의 『한서』「지리지」에는 열수가 바로 오늘의 한강을 가리킨다는 증거가 있다. 그렇다면 습수와 산수는 남한강과 북한강일 수밖에 없다. 그런데 어떤 것이 산수이고 어떤 것이 습수인가? 이것만 고증하면 되는데 근거문헌이 없다.

  하지만 다산은 다시 글자의 모양으로 이 문제를 해결해나간다. 산(汕)은 산에서 나오는 물이고, 습(濕)은 습지에서 나오는 물이다. 그러니 강원도 산골물이 근원을 이루는 북한강은 산수가 되고, 충청도 습지에서 모여든 남한강이 습수가 된다.

다산은 여기서 논지를 끝내지 않고, 자신이 직접 현장을 답사함으로써 자신의 논지에 오류가 없다는 것을 재차 확인했다. 그의 「산수심원기」는 북한강을 거슬러갔다가 내려오면서 일일이 물길이 갈리고 만나는 지점과 각 지역의 지형을 현장에서 꼼꼼히 대조한 내용이다. 마치 지도를 손바닥 위에 놓고 샅샅이 누벼 손금 보듯 파헤쳤다. 그가 만년에 즐겨 쓴 '열수(洌叟)' 또는 '열초(洌樵)'라는 호 또한 자신의 집이 남한강과 북한강이 합쳐지는 두물머리, 즉 열수 물가에 있었기에 붙인 이름이다.

맥락으로 수렴하라

다음 글은 벗의 아들 이종영(李鍾英)이 함경도 북방의 부령도호부사가 되어 임지로 떠날 때 그를 전송하며 써준 글의 뒷부분이다.

부령(富寧)은 본래 북옥저의 땅이다. 한 무제 때 현도군에 소속되었다. 고구려 태무신왕이 취하여 자기 땅으로 삼았다. 발해 때는 동경 용원부(龍原部)에 속했다. 금나라 때에는 문수(門水) 이남을 옮겨 모두 내지(內地)로 삼았다. 그래서 부령은 야라로(耶懶路)에 속하게 되었다. 고려 강종 때 석적환(石適歡)이 갈라전(曷懶甸, 지금의 함흥)과 알새(斡塞)에서 호령하였고, 삼잔수(三潺水, 지금의 삼수)에 부(府)를 설립한 것을 징험할 수 있다. 이때 고려 윤관이 여진을 몰아내고 그 땅을 빼앗았다가 얼마 후 다시 돌려주었다. 원나라 때에는 합란로(合蘭路)

에 소속되었다.

조선 초에 태조께서 땅을 개척하여 공주(孔州)와 경성(鏡城) 등 7군을 두었다. 부령은 경성군에 속해 석막(石幕)의 땅으로 불렸다. 태종은 소다로(蘇多路)땅에 경원부(慶源府)를 두었다. 그 뒤 한흥부(韓興富)가 전사하고 곽승우(郭承祐)가 패전하였다. 그래도 조정에서는 차마 이곳을 버리지 못하고, 부거참(富居站)에 책문을 설치하였다. 대개 간목하(幹木河)를 경계로 삼으려 한 것이었다.

세종 때 김종서가 간목하 연변을 개척하여 석막의 옛땅에 처음으로 영북진(寧北鎭)을 두었다. 말년에는 도호부로 승격시켜 부령이라 부르고 6진의 하나로 삼았다. 선조 때는 야인 마토(摩吐)가 귀화하여 비로소 무산부(茂山府)를 두어 간목하 연변의 6진 가운데 하나로 삼았다.

그러나 부령은 변방의 고을로 불리기는 해도 그 직분을 잘한 사람은 승진시켜 방어사로 삼는 것이 이조(吏曹)의 관례다. 그대가 부령도호부에 도착하거든 지도와 지지(地志)를 살펴보아, 만약 소루하거나 잘못된 것이 있으면 이처럼 바로잡도록 하라. 이 또한 백성을 기르는 자가 마땅히 힘써야 할 바다.

「부령도호부사로 부임하는 이종영을 전송하는 서문(送富寧都護李赴任序)」 6-38

한 줄 한 줄이 모두 예전 역사의 기록에서 조각조각 모은 것이다. 『아방강역고』의 편집과정에서 축적한 정보가 장강대하가 쏟아져내리듯 한꺼번에 펼쳐졌다. 다산이 평소 정보 하나하나를 어떻게 메모해서 집적하여 하나의 맥락으로 수렴해갔는지 잘 보여준다.

다산은 부령으로 부임해 가는 친구의 아들이 자신의 임지가 함경도 끝의 변방인 것에 낙담할까 봐, 목민관의 마음가짐에 대한 이런저런 세심한 당부를 앞에서 길게 서술했다. 그러고는 부령의 지난 역사사실을 굴비 꿰듯 줄줄이 엮어, 이 지역이 역대 왕조에서 얼마나 중요한 요충지였는지, 군사적으로 얼마나 중요한 땅인지를 누누이 강조했다. 아마 여기에는 부령의 지나온 역사에 대해 미리 꿰뚫이 알고 가서 그곳 사람들의 기선을 제압하라는 뜻도 담겨 있었던 듯하다. 아울러 부령도호부사의 임무를 성공적으로 잘 마치면 그 다음은 방어사로 승진되는 것이 관례임을 들어, 결코 낙담하지 말고 애민의 정신으로 목민관의 소임을 잘 끝내고 오라고 당부했다.

시골에 있어 직접 전송하지 못하는 대신, 부임지의 지나온 역사와 목민관의 마음가짐을 선물로 주는 그 도탑고 진실한 마음이 읽는 이의 마음을 뭉클하게 한다.

다산은 이렇듯 우리나라 전역의 지나온 역사에 대해 어느 옆구리를 찔러도 줄줄줄 꿰어져나올 만큼 해박하게 정보를 장악하고 있었다. 토막뿐인 정보들을 모아 되풀이해 따져보고 깊이 있게 고증하는 과정에서 축적된 소득이었다. 역사적 사실뿐 아니라 경전에 대한 해석도 이런 방식으로 반복참정해서 누가 봐도 납득할 수밖에 없는 명명백백한 견해를 내놓았다.

다산은 말한다. 공부는 따지는 데서 시작해서 따지는 것으로 끝난다. 자료가 아무리 많아도 이를 꿸 끈이 없으면 소용이 없다. 꼼꼼히 따지고 낱낱이 따져라. 그저 보아넘기거나 대충 넘어가지 마라. 비교해보고 대조해보고 견주어보고 흔들어보아라. 선명한 길이 뚜렷이 드러날 때까지 따지고 또 따져라.

14. 생각을 정돈하여 끊임없이 살펴보라
잠심완색법(潛心玩索法)

이에 여러 가지 예서(禮書)를 다 거두어 넣어두고, 오로지 『주역』 한 부만 가져다가 책상 위에 얹어놓고 마음을 쏟아 깊이 탐구하며 밤으로 낮을 이었지요. 계해년 3월부터는 눈으로 보고 손으로 만지며 입으로 읊조리는 것, 마음으로 사색하고 필묵으로 베껴적는 것에서, 밥상을 마주하고 뒷간에 가고 손가락을 튕기고 배를 문지르는 것에 이르기까지 어느 것 하나 『주역』 아닌 것이 없었습니다.

【 「윤외심에게 보냄(與尹畏心)」 8-128 】

몰두하고 침잠하라

잠심완색(潛心玩索)은 마음을 온통 쏟아 음미하고 사색하는 것이다. 잠심(潛心)은 마음을 그 속에 푹 담그는 것이다. 물속에 잠겨 있듯 그 속에서만 있는 것을 말한다. 완색(玩索)은 아이들이 완구(玩具)를 가지고 놀 듯 항상 몸에서 떼어놓지 않고 그 의미를 탐색하는 것이다.

앞에다 자료를 산처럼 쌓아놓는다고 당면문제가 저절로 해결되는 것은 아니다. 다른 사람이 하는 것을 본떠 해봐도 풀리지 않는다. 독한 마음을 품고 책상 앞에 앉아 있어도 해결의 기미는 좀처럼 보이지 않는다. 마음이 아직 일의 가닥을 잡지 못한 것이다. 이럴 경우에는 어찌하는가? 다산이 내놓는 처방은 잠심완색이다. 이럴 때는 고요히 마음을 가라앉히는 몰두와 침잠의 시간이 필요하다.

이 절에서는 다산의 『주역』공부와 관련해 잠심완색의 의미를 살펴보자. 다산은 『주역심전(周易心箋)』 24권, 『역학서언(易學緒言)』 12권 등 『주역』에 관한 저서를 36권 남겼다. 그렇지만 『주역』은 다산에게 다른 어떤 경전보다 절망과 좌절을 안겨준 책이기도 했다. 앞에 인용된 편지의 앞부분을 읽어보자.

무릇 천하 사방 서고의 많은 책과 소유산(小酉山)·대유산(大酉山)의 동굴에서 발견된 비록(秘錄)이라 해도, 책이라고 이름 붙여진 것은 지금껏 주눅들어 책장을 덮은 적이 없었습니다. 유독 『주역』만은 바라보기만 해도 기가 꺾여, 탐구하려 하였으나 감히 손대지 못한 것이 여러 번이었지요.

신유년 봄에 장기(長鬐)로 귀양을 갔는데, 가을이 되었을 때 꿈에서 운명을 점쳐 '둔지복(屯之復)'의 괘를 만났습니다. 잠에서 깨어 기뻐하며 말했습니다. "처음에는 둔했지만 이것이 변해 양복(陽復)이 되었으니, 모르긴 해도 마침내 기쁜 소식이 있겠구나!" 그러나 점괘는 아무 효험이 없어 또 붙들려 서울에 이르자마자 몸을 돌려 강진으로 귀양을 왔습니다.

이듬해 봄「사상례(士喪禮)」를 읽고 인하여 상례에 관한 여러 책을 읽었습니다. 주나라의 고례(古禮)는 『춘추』에서 증거를 취한 것이 많았으므로, 이에 『춘추좌씨전』을 읽었지요. 『좌씨전』을 읽다 보니 상례에 해당되지 않는 것도 있는지라 그 나머지도 두루 미치지 않을 수가 없었습니다. 마침내 『춘추』의 관점(官占) 보는 법에 대해 틈만 나면 완색(玩索)하였지요. 진경중(陳敬仲)이 제나라로 갈 때 친 점과 진(晉)의 백희(伯姬)가 진(秦)나라로 시집갈 때 친 점 같은 것을 아래위로 꼼꼼히 따져보니, 갑자기 깨달음이 열리는 것 같다가도 황홀하고 아스라해져서 그 문로를 찾을 수가 없었습니다. 의심과 분한 마음이 교차하여 거의 밥 먹는 것조차 잊었습니다. 「윤외심에게 보냄(與尹畏心)」 8-128

이해 못할 책이 없다고 자부했던 다산도 『주역』에서만은 난공불락(難攻不落)의 성채 앞에 선 듯 막막했던 모양이다. 꿈에 얻은 점괘도 맞지 않자, 『주역』은 아무래도 자기와는 인연이 없는 듯싶어 의도적으로 멀리했다.

강진으로 귀양온 후 상례(喪禮)공부를 위해 『춘추좌씨전』를 읽다가 다산은 『주역』과 다시 만났다. 『좌씨전』에 나오는, 중요한 일에 앞서 나라에서 점을 치던 이야기가 그의 눈길을 사로잡은 것이다. 도대체 왜 국가의 중대사를 앞에 두고 이런 점을 쳤을까? 점은 구체적으로 어떻게 쳤나? 점을 쳐 얻은 점괘가 어떻게 그런 의미로 해석되었을까? 이런 의문들이 꼬리에 꼬리를 물고 일어나면서, 풀릴 듯 말 듯 이것인가 싶으면 어느새 저만치 달아나, 종내 시원스레 풀리지 않았다. 마침내 이것을 해결하지 않고는 밥도 넘어가지 않는 지경이 되었다.

문제에 몰입하라

그리하여 다산은 이 절의 첫 인용문에서 본 것처럼 모든 책을 다 걷어치우고 『주역』만 앞에 놓은 채 잠심완색을 거듭했다. 마침내 하루 24시간이 온통 『주역』 아닌 것이 없고, 일거수일투족이 『주역』 그 자체인 상태에까지 이르렀다. 다산의 편지는 계속 이어진다.

『주역』의 이치를 융회관흡(融會貫洽)하고 난 뒤, 마침 동짓날을 만나 이렇게 말했지요. "오늘이 갑자년 운행이 시작되는 날이다." 그날부터 건괘(乾卦)를 읽기 시작해서 64일 만에 상경과 하경을 다 읽었습니다. 또 20여 일간 대전(大傳) 2편과 설괘(說卦) 및 서괘(序卦) 등을 독파했습니다. 그러고는 한위(漢魏)에서 널리 구해 구가(九家)의 학설을 모으고 당송으로 내려와 제현의 논의를 폭넓게 검토하였습니다. 오직 주자의 괘변도(卦變圖)와 호체설(互體說), 점변법(占變法)만이 왕필(王弼)의 비루함을 통쾌하게 씻어냈을 뿐이었습니다.

「윤외심에게 보냄(與尹畏心)」 8-128

잠심완색의 목적은 융회관흡에 있다. 전에는 하나도 모르던 것이 어느 것 하나 모를 것 없는 상태로 올라서는 것이 융회(融會)이고, 한 꿰미로 꿰어 속속들이 무젖어드는 것이 관흡(貫洽)이다. 잠심완색이 융회관흡으로 이어진 뒤에도 다산의 완색은 계속되었다.

다시 초심으로 돌아가 갑자년(1804) 동짓날부터 『주역』을 처음부터 독파하고, 역대의 학설을 하나하나 검토해내려왔던 것이다. 이어 그는 『주역』의 기본원리를 추이(推移), 물상(物象), 호체(互體), 효변(爻變)으로 잡아 이를 낱낱이 파헤쳐 이해했다. 그리고 나서 이렇게 말했다.

이제 설괘(說卦)의 글과 변동의 법을 취하여 384개의 효사(爻詞)를 잠심구색(潛心究索)해보면, 글자마다 부합되고 구절마다 맞아떨어져서 의심스럽고 꽉 막혀 통하지 않는 것이 조금도 없습니다. 도저히 이해할 수 없는 오묘하고 은미한 말로 홍공거유(鴻公巨儒)조차 문만 바라보고 달아났던 것도 파죽지세로 그 칼날 아래 이해되지 않는 것이 없습니다.

「윤외심에게 보냄(與尹畏心)」 8-131

쉼없이 탁마하라

이러한 잠심완색 끝에 다산은 마침내 통통쾌쾌(痛痛快快)하여 아무 길림 없는 회통(會通)의 단계로 들어설 수 있었다. 그 느낌을 다산은 파죽지세(破竹之勢)라는 말로 표현했다. 그렇지만 그의 『주역』 공부는 여기에 이르러서도 끝나지 않았다.

내가 『주역심전(周易心箋)』을 완성하고 나서도 오히려 마음이 편치 않음을 느꼈다. 며칠 뒤 귀매괘(歸妹卦) 초구(初九)의 "절름발이가 걸을 수 있다[跛能履]"라는 글을 읽다가 소과괘(小過卦)의 상(象)에서 취해온 것을 알았다. 또 며칠 뒤 사괘(師卦) 구이(九二)의 "사에 있어 중도이다[師在中]"라는 글을 읽다가 괘주(卦主)는 꼭 변상(變象)에서 취할 필요가 없다는 것을 알았다.
이에 상하 이경(二經)의 풀이를 모두 가져다가 반복해서 완구(玩究)했더니, 효사(爻詞)를 잘못 해석한 것이 거의 열에 일고여덟이었다. 괘주를 변상에서 취해온 것도 견강부회가 많았다. 아아! 위태롭구나. 이때는 편집을 다 마쳐서 책의 장정까지 완성될 무렵이었지만, 감히 아까워할 수가 없었다. 이에 다시 한 번 빗질해서 따로 신본(新本)을 만들었다.

갑자년 동지 이후로 지금까지 무릇 다섯 번이나 원고를 고쳤다. 따로「독역요지(讀易要旨)」 2장을 경전의 첫머리에 기록하고 인하여 이처럼 적는다. 대개 내가 어리석고 둔하여 진작 깨우치지 못했음을 드러내고, 또한 고생고생해서 처음에는 몰랐다가 나중에 깨닫게 된 사실을 보이는 것은 뒤섞여 흔적 없게 되는 것을 바라지 않기 때문이다.

「독역요지 뒤에 제함[題讀易要旨後]」 6-214

이 글은 작심하고 『주역』을 독파하기 시작한 1804년에서 2년 후인 1806년 단옷날에 쓴 것이다. 그렇게 몰두하여 『주역심전』을 완성해 장정까지 마쳐놓고도, 계속해서 오류가 드러나는 바람에 원고를 파기하고 초고를 다섯 번 넘게 고쳐서야 작업을 마쳤음을 알 수 있다. 막상 『주역심전』 24권과 『역학서언』 12권의 최종본이 완성된 것은 다시 2년 뒤인 1808년의 일이다.

그러나 1811년 이후에 다산이 정약전에게 보낸 편지를 보면, 이때까지도 그의 『주역』 공부는 계속되고 있었음을 알 수 있다.

연전에 살펴보신 초본(草本)은 옥으로 치면 가공하지 않은 박옥(璞玉)이고, 쇠로 말하면 광석이며, 쌀에 비유하면 겨입니다. 뼈로 치면 껍질에 불과하고, 질그릇에 견주면 초벌구이도 하지 않은 것이며, 장인(匠人)으로는 솜씨 없는 자라 하겠습니다. 『시경』에서 자르고 갈고 쪼고 연마하듯 한다고 한 것이 이를 두고 한 말입니다. 며칠 전에도 효(爻) 하나를 고쳤습니다. 만약 제가 10년만 더 살아 『주역』 배우기를 마친다면 더 많이 고칠 수 있을 것입니다.

「중씨께 답함[答仲氏]」 8-234

이런 것이 바로 다산식의 잠심완색이다. 학문의 길은 끝이 없다.

그 끝은 오직 내 마음에 석연하고 세상을 향해 떳떳할 때일 뿐이다. 그러나 공부가 나아갈수록 예전에 석연하던 것도 다시 의심이 생기게 마련이니, 결국 공부의 끝은 없고, 『시경』의 말처럼 쉼없는 절차탁마(切磋琢磨)와 잠심완색이 있을 뿐이다.

석연하게 깨우쳐라

다산의 『주역』 공부는 여러 가지 재미난 일화를 남겼다. 그중에서도 해남 대둔사의 학승 아암(兒庵) 혜장(惠藏, 1772~1811)과의 이야기는 따뜻하고 조금은 슬프다.

혜장은 대단한 법기(法器)였다. 여러 스승을 좇아 불경을 배웠지만 더 배울 것이 없었다. 나이 서른에 이미 법회의 주맹(主盟)이 되어 가르쳤다. 그는 『주역』에 특히 조예가 깊었다.

1805년 봄, 혜장이 애타게 만나보고 싶어한다는 말을 듣고 다산은 신분을 감춘 채 그가 머물고 있던 백련사로 찾아갔다. 둘은 한나절 가량 이야기를 나누다가 헤어졌다. 뒤늦게야 좀전에 이야기를 나누었던 사람이 다산인 줄 안 혜장은 헐레벌떡 다산을 뒤쫓아와 "공께서 어찌 이렇듯 사람을 속이십니까? 공은 정대부 선생이 아니십니까? 밤낮으로 공을 사모하였는데 공이 어찌 이리 하십니까?" 하며 그를 잡아끌었다.

깊은 밤 그와 한방에 묵게 된 다산이 혜장에게 『주역』에 대해 물어, 그를 슬쩍 건드렸다. 혜장은 기다리기라도 했다는 듯 자신의 온축(蘊蓄)을 둥근 공이 언덕을 굴러내리고 병에서 물이 쏟아지는 것처럼 도도하게 펼쳤다. 신이 난 그는 제자를 시켜 회반(灰盤)을 가져오게 해서 낙서구궁(洛書九宮)을 그려 하도낙서(河圖洛書)의 원리를 설명했는데 조금도 거침이 없었다. 문밖에서 그 모습을 보던 그의 제자들은 숙연해져서 숨도 못 쉬고 듣고만 있었다. 다산은 아무 말도 하지 않고 그의 말을 끝까지 다 들었다. 그러고 나서 그날 밤의 일을 이렇게 적었다.

밤이 이미 깊었다. 베개를 나란히 하고 누었다. 서창에 달빛이 대낮 같았다. 내가 그를 당기며 말했다.
"장공, 자는가?"
"아닙니다."
"건괘(乾卦)에서 초구(初九)는 무얼 말한 게요?"
"구(九)라는 것은 양수(陽數)의 끝이지요."
"음수의 끝은 무엇인가?"
"십(十)에서 그칩니다."
"그렇구려. 그렇다면 어째서 곤초십(坤初十)이라고 하지 않았을까?"
아암은 한참 동안 깊이 생각했다. 그러더니 갑자기 벌떡 일어나 옷깃을 바로 하며 내게 호소했다.
"산승의 20년 『주역』공부가 모두 헛된 물거품입니다. 감히 묻습니다. 곤초육(坤初六)은 무슨 말입니까?"
"알 수 없지. 기수(奇數)로 돌아가는 법은 무릇 최후의 수가 4거나 2일세. 모두 기수라고 여기지만, 2와 4는 우수(偶數)가 아닌가?"
아암이 구슬피 크게 한숨을 쉬며 말했다.
"우물 안 개구리와 초파리는 잘난 척할 수가 없는 것을! 더 가르쳐 주십시오."
나는 대답하지 않았다. 「아암 장공의 탑명[兒庵藏公塔銘]」7-219

사자처럼 포효하던 혜장을 단 한 방의 질문으로 여지없이 격침시키는 통쾌한 장면이다. 그 질문의 깊이야 워낙 선문답 같아서 필자가 가늠할 수 있는 문제가 아니다. 어쨌거나 혜장은 다산의 이 한 방을 맞고 그 자리에서 고분고분해졌다. 거친 성품을 누그러뜨려 아이처럼 유순하게 굴겠다고 다짐하며 호까지 아암(兒巖)으로 고쳤다.

이후 그는 숱하게 다산을 찾아와 『주역』의 미언묘의(微言妙義)에 대해 토론하였다. 그러고는 잘못 불문에 들어 인생을 그르친 것을 후회하는 듯한 기색으로 실의한 듯 술만 퍼마시다가 술병으로 배가 불러 40세의 나이로 세상을 떴다. 그는 죽을 무렵 혼잣말로 자주 "부질없이, 부질없이"라고 중얼거렸다고 한다. 그가 하지 않고 남겨둔 그 뒷말이 나는 참 궁금하다.

혜장은 처음에 멋도 모르고 기고만장해서 사자후의 기염을 토했다. 다산은 어수룩한 체 듣고만 있다가 단 한 방의 질문으로 그를 거꾸러뜨렸다. 어찌 보면 혜장은 운이 아주 나빴던 것 같다. 보통 선비였다면 그의 해박한 식견 앞에 오히려 꼼짝도 못하고 주눅이 들었을 텐데, 그 많은 선비 중에 하필 다산에게 걸렸던 것이다. 그는 뛰는 놈 위에 나는 놈 있다는 말을 실감했을 것이다. 다산과의 만남이 없었더라면 그는 선문(禪門)의 존경받는 선사로 한 삶을 자족하게 마쳤을지도 모르겠다. 다산의 한마디 가르침이 그의 인생을 온통 바꿔 놓았다.

이 시기 다산 자신도 앞서 보았던 것처럼 『주역심전』의 초고를 다섯 번이나 뜯어고치고, 어제 확신한 것을 오늘 허무는 잠심완색을 거듭하고 있었다. 학해무변(學海無邊), 즉 배움의 바다는 가없다는 것은 이를 두고 하는 말이다.

해남 대흥사의 부도밭 정중앙에 우뚝 서 있는 아암 혜장선사탑. 여기 적힌 탑명을 다산이 지었다. 비문 끝에 '정약용 찬(撰)'이라고 쓴 글씨가 보인다.

다산은 말한다. 공부에 끝이 있는가? 공부에는 끝이 없다. 마음을 푹 담가 한 우물을 들이파라. 살펴보고 따져보고 또 살펴보고 따져보라. 이쯤하면 되겠지, 그런 말은 하지 마라. 이 정도면 괜찮겠지. 그런 것도 없다. 장벽을 만나거든 네 마음속으로 걸어들어가라. 잠시도 놓지 말고 석연하게 투득(透得)하라. 그래야 네가 하는 말의 주인이 될 수 있다.

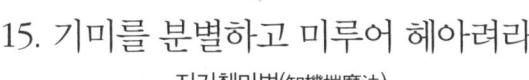

15. 기미를 분별하고 미루어 헤아려라
지기췌마법(知機揣摩法)

변방을 지키는 신하와 지방의 목민관들이 풍문으로 그 뜻을 받들어 날마다 시끄러운 풍악소리를 울려대며 여기(女妓)와 희롱한다. 그러면서 이것이야말로 민심을 안정시키는 방법이라고 한다. 하지만 궁벽한 시골구석 농사짓는 백성들이 벌써 귀신처럼 미루어 헤아려[揣摩] 의심하고 있는 줄은 알지 못한다. 【「반곡 정공의 난중일기에 제함(題盤谷丁公亂中日記)」6-209 】

공부와 삶을 일치시켜라

지기췌마(知機揣摩)는 기미(機微)를 미리 알아 미루어 헤아려 준비하는 것이다. 일이 닥친 뒤에 대처하면 너무 늦다. 미루어 짐작하고 헤아려 예상할 수 있어야 한다. 평소의 공부는 지기췌마를 위한 수련과정일 뿐이다. 문제가 생겼을 때 허둥지둥하지 않으려면 달사(達士)의 안목을 길러야 한다. 행간을 읽을 수 있어야 한다. 안 보이는 것까지 보아야 한다. 공부만 그런 것이 아니라 일상생활도 마찬가지다. 공부와 삶은 별개의 무엇이 아니다. 따로 놀면 안 된다.

다산의 「자찬묘지명(自撰墓誌銘)」에는 벼슬길에 있을 때 사물의 기미를 미리 살펴 상황에 능동적으로 대처한 내용이 적지 않게 실려 있다.

무오년(1798) 겨울에 나쁜 병이 갑작스레 서쪽 길을 따라 퍼졌다. 내가 먼저 병을 앓아 누웠다. 고을의 늙은이가 걸렸다 하면 반드시 죽었다. 며칠이 못 가서 곡소리가 사방 마을에 진동했다. 내가 백성들에게 서로 치료해주도록 권했다. 곡식으로 다급함을 구휼해주었다. 또 임자 없는 시신을 묻어주었다.

해가 바뀌었는데도 나는 아직 이불을 둘러쓰고 있었다. 물품을 조달하는 아전을 급히 불렀다. 황해도 배천의 강서사(江西寺)로 가서 급히 맨땅에 까는 화문석을 사오게 했다. 모두들 놀라 영문을 모른 채 "칙사가 옵니까?"라고 물었다. 내가 "아니다. 그래도 빨리 가는 게 좋겠다"라고 했다.

아전이 가서 이것을 사가지고 평산부에 도착하자, 의주에서 파발이 나는 듯이 달려가며 "황제가 붕어하여 칙사가 왔다"고 했다. 아전이 돌아오자 온 부중이 크게 놀랐다. 내가 말했다. "이상할 것 없다. 병이 서쪽에서 왔는데 노인이 모두 죽었다. 그래서 알았다."

「자찬묘지명(自撰墓誌銘)」 7-117

다산이 황해도 곡산부사로 나가 있던 때 일이다. 돌림병이 서쪽 길을 따라 갑작스레 퍼졌다. 중국에서 의주를 거쳐 평안도지역을 훑고 내려왔다. 늙은이는 걸리기만 하면 죽었다. 다산도 그 병을 앓아 자리에 누워 있으면서, 갑자기 아전을 불러 중국에서 칙사가 올 때에나 쓰는, 맨땅에 까는 화문석을 사오게 했다. 과연 화문석과 함께 청나라 건륭제의 사망소식이 도착했다. 온 부중이 술렁거렸다. 부사가 족집게 도사처럼 귀신같이 황제의 죽음을 예견했기 때문이다.

다산의 대답은 간단했다. 중국 쪽에서 들어온 돌림병에 노인들이 다 죽었다. 황제는 나이 80이 넘은 고령이다. 이 병이 중국에 돌았다면 황제도 무사할 리가 없다. 그래서 그런 일이 있을 것을 짐작했다. 말 그대로 기미를 미리 알아차린 지기(知機)의 예에 해당한다.

허실을 간파하라

목민관의 자리에 섰을 때 그의 지기췌마법은 특히 큰 위력을 발휘했다. 일이 발생하기 전에 미리 준비하고 예방하며, 일이 생기면 합리적으로 처리해서 뒷말이 없게 했다.

무릇 호적을 정리하는 기간이 되면 아전들이 백성을 겁주어 호구수를 늘린다. 백성들은 앞다투어 뇌물을 바쳐서라도 늘리는 일이 없기를 바란다. 그래서 가난한 마을은 날로 시들해지고 부유한 마을은 날로 넉넉해져서, 백성의 경제력이 고르지 않았다.

내가 먼저 침기부(砧基簿)를 정리하고 종횡표(縱橫表)를 작성했다. 또 지도를 만들어 경위선을 그려넣고, 백성의 허실강약과 토지의 넓고 좁고 멀고 가까운 것을 두루 알았다. 적감(籍監)과 적리(籍吏)를 없애고, 관에서 호포의 액수를 덜고 더하게 하니 모두 실정에 맞았다. 며칠이 못 되어 호적단자가 일제히 도착했다. 어느 한 사람 원통함을 호소하는 자가 없었다.

매번 향갑(鄕甲)이 군정(軍丁)을 천거하여 알려오면, 내가 미리 그 가난하고 병든 것을 알아두었다가 즉시 소리높여 꾸짖었다. "백성 아무개는 아무 고을에서 새로 왔다. 홀아비이고 다리를 저는데 어떻게 군포를 내겠느냐?" 향갑은 깜짝 놀라 감히 다시 말하지 못했다. 모두 침기표를 써서 알았던 것이지 다른 재주가 있었던 것은 아니다.

「자찬묘지명(自撰墓誌銘)」 7-116

죽은 사람과 갓난아이에게까지 군포를 징수하는 백골징포(白骨徵布)와 황구첨정(黃口簽丁)은 조선 후기 사회의 고질적인 병폐였다. 아전들은 숫자농간을 부려 백성들을 수탈했다. 그 위에는 목민관들의 가렴주구 사슬이 있었다.

다산은 늘 문제를 근원에서부터 파헤쳐 원천적으로 해결하는 방식을 취했다. 순발력의 기지나 미봉책은 취하지 않았다. 그는 곡산부사로 가자마자 제일 먼저 침기부 종횡표를 작성했다. 침기부(砧基簿) 종횡표(縱橫表)란 고을 백성들의 현황을 한눈에 알아볼 수 있도록 가로세로 도표로 토지와 재산상태를 기록한 일람표다. 이렇게 백성들의 호구수와 재정상태를 장악한 다음, 경내의 지도를 만들어 지역별 특성과 동향을 파악했다.

그러고 나서 호포의 징수를 아전을 통하지 않고 관에서 직접 관장했다. 마을과 호구의 경제력에 따라 금액에 차등을 두었다. 아전이 중간에 부릴지도 모를 부정을 원천봉쇄했다. 백성들의 불만도 자연수그러들었다. 새로 군정에 충원하는 명단이 올라오면 침기부로 확인해 농간을 부리는 아전에게 호통을 쳤다. 아전은 제 관장(官長)이 고을을 손바닥 안에 두고 있는 줄도 모르고, 저 양반이 귀신인가 싶어 정신이 저만치 나갔다 돌아왔을 것이다.

경영(京營)에 바치는 군포를 내가 직접 백성들이 보는 앞에서 자로 재서 받았다. 향교에 『오례의(五禮儀)』가 있었는데 포백(布帛)을 재는 자 그림이 실려 있었다. 당시 사용하던 자와 비교해보니 두 치나 차이가 났다. 그래서 그림에 의거하여 자를 만들었다. 경영에서 쓰는 구리자와 똑같게 했다. 이것으로 백성에게 군포를 거두니 백성들이 편하게 여겼다.

이듬해 포목값이 더욱 올랐다. 이에 내가 칙수전(勅需錢)과 관봉전(官俸錢) 2천여 냥을 내어 평안도에서 베를 사와 경영에 바칠 군포를 충당했다. 백성들에게 그 값을 거두어 이를 갚았다. 모두 200전씩에 불과했다. 백성들이 집집마다 송아지 한 마리를 얻은 셈으로 여겼다.

「자찬묘지명(自撰墓誌銘)」 7-115

그전에는 면포 한 필에 900전씩 쳐서 거두던 것을, 다산은 다른 지역에 가서 싼값에 사와 200전으로 해결했다. 그전에는 치수가 다른 자를 써서 부당하게 많이 거두던 것을, 자를 고쳐 제대로 걷었다. 중간에 착복하던 아전들은 죽을맛이었겠지만, 백성들은 집집마다 송아지 한 마리 값이 굳었다고 좋아했다.

다산은 이렇게 합리적이고 명확한 일처리로 목민관의 바른 본을 보였다. 과정을 손금 보듯 장악하고, 허실을 명확하게 간파하고 있었기에 가능한 일이었다. 이런 것이 경세제민(經世濟民)으로 드러난 다산식 지기췌마법이다.

초점을 파악하라

『경세유표(經世遺表)』에 실린 다음 한 단락을 보면, 다산이 현장에서의 이런 경험들을 어떻게 국가경영의 세부지침으로 발전시켜나갔는지 잘 알 수 있다.

도량형의 무법(無法)이 우리나라보다 심한 곳은 없다. 한 성 안에서도 시장마다 다르고, 한 고을 안에서는 마을마다 같지 않다. 한 마을 안에서는 또 집집이 차이나고, 한 집 안에서도 거둘 때와 낼 때가 다르다. 그 폐단을 이루 말로 할 수가 없다. 아전들은 이를 빌미로 간악을 일삼고, 장사치는 의심하고 현혹되어 서로 왕래하려 들지 않는다. 묘당에 있는 신하들이 시장가격을 듣기는 해도 사방의 실정은 알지 못한다. 책임을 맡은 신하가 수입을 헤아려 지출할 수가 없다. 감독하고 관리하는 신하는 장부를 살펴 실제와 맞춰볼 수도 없다.
내가 일찍이 보니 솜 한 부대가 동쪽 집의 저울로는 4근인데, 서쪽 집의 저울로는 12근이었다. 저자에 내다팔면 30근이 되고, 관청에 들어올 때는 48근이 되었다. 옷감 짜는 집에 주면 도로 10근이 되었다. 천하에 알 수 없는 것이 이 일이었다.
나는 말한다. 전담하는 부서를 설립해서 이 일을 맡겨야 한다. 무릇 6부와 12성의 도량형에 눈곱만큼의 차이가 있거나 저울 눈금을 속이는 행위는 엄한 법을 써서 그 사람을 죽이고 그 재물을 몰수해야 한다. 또 관장을 죄주어 그 법령을 펴서, 온 나라 백성으로 하여금 이보다 더 지엄한 물건이 없음을 알려야 한다.

『경세유표』 추관 형조 제5 양형사(量衡司)조, 「여유당전서(與猶堂全書)」

제멋대로 춤추는 저울 눈금과 자의 치수를 보고, 도량형의 통일이야말로 모든 경제활동과 세금징수 그리고 부패 차단의 기준을 세우는 첫출발임을 실감나는 사례를 통해 밝혔다. 이 가운데 책임을 맡은 사람이 수입에 맞춰 지출을 헤아릴 수 없고, 장부와 창고를 맞춰 볼 수도 없다는 말은, 다산의 다음 편지를 보면 그 속사정을 잘 알 수 있다.

여러 군현의 곡물장부는 6~7년 이래로 모두 빈 문서입니다. 장부에 10만 석으로 적은 것은 실제로는 3만 석에 불과하고, 장부에 3만 석이라 적은 것은 사실은 1만 석에 지나지 않습니다. 그 나머지는 모두 관리들이 훔쳐갔습니다. (중략)
시험 삼아 이 고을을 가지고 말씀드려보겠습니다. 민간의 분곡(分穀)이 장부상으로는 2만 석인데, 사실은 7천여 석뿐입니다. 10월에 창고를 열어 살을 벗겨내고 골수를 바수어 거둬들인다 해도 반드시 2천 석을 넘기지는 못할 것입니다. 그나마 창고에 남아 있는 것이라곤 쌀 60석과 보리 1천여 석뿐입니다. 비록 창고를 다 털어 구휼한다고 해도 몇천 명의 한 달 양식밖에 안 됩니다. 주린 입은 1만을 헤아리는데 곡물창고는 한 달을 버티지 못하니 어떻게 구휼할 수 있겠습니까?

「김공후에게 보냄(與金公厚)」 8-116

그러니까 『경세유표』의 여러 언급은 고을살이 당시뿐 아니라 그때그때 듣고 본 생생한 체험을 기록해두었다가 경세제민의 실천적 대안으로 제시한 것임을 알 수 있다. 정보를 장악하여 생각으로 미루어 문제의 핵심을 정확하게 찔렀다.

이밖에도 다산이 자신의 일생을 돌아보며 쓴 「자찬묘지명」에는 지기췌마하는 혜안을 엿볼 수 있는 일화들이 많이 소개되어 있다.

무고하게 옥사(獄事)에 걸려 죽게 된 백성이 아예 자포자기해서 죽을 작정을 하는 것을 보고, 검안(檢案)을 꼼꼼히 살펴 원통함을 밝

규장각. 탁월한 정치가인 동시에 뛰어난 학자이기도 했던 정조는 이 규장각에서 진보적인 학자들을 모아 학문과 정치에 관해 열띤 토론을 벌이곤 했다. 다산의 학문태도는 정조와의 공부과정에서 체득된 것이다.

혀내 석방시킨 일. 정조가 규장각 서리를 시켜 다음날 강할 『논어』의 한 대목을 슬쩍 주자, 감히 엿볼 수 없다며 『논어』 전체를 다시 읽고 가서, 막상 다른 대목을 읽게 했을 때 다산만 막힘없이 줄줄 읽어 임금의 시험에 걸려들지 않은 일 등이 그러하다.

행간을 읽어라

다산은 경전을 읽으면서도 그저 문자로만 읽지 않고 행간으로 읽었다. 『서경(書經)』에 대한 다산의 이해는 독특하면서도 참신하다.

『서경』 중에 허리를 꺾어 깔깔대며 웃지 않을 수 없는 한 단락이 있습니다. 이것은 바로 우임금께서 스스로 자기 공적을 말할 때의 광경입니다.

순임금께서 말씀하셨다.

"오너라 우야, 너도 말해보아라."

우(禹)가 말했다.

"제가 무슨 말씀을 드리겠습니까? 저는 날마다 부지런히 애쓸 것만 생각했습니다."

고요(皐陶)가 말했다.

"답답하다. 무엇을 했단 말인가?"

우가 말했다.

"홍수가 하늘까지 차서 질펀하게 산과 구릉을 삼켜 백성들이 온통 물에 잠겨 있기에, 제가 네 가지 탈 것을 타고 산을 따라가며 나무를 베었습니다. 또 익(益)에게 말해 날고기를 나눠주었습니다. 저는 아홉 개의 강물을 터서 큰 바다로 빠지게 하고, 밭도랑을 파서 강물로 빠지게 했습니다. 직(稷)에게 씨를 뿌리게 해 백성들에게 곡식과 날고기를 나눠주었습니다. 있는 것과 없는 것을 무역하여 바꾸게 했습니다. 온 백성이 곡식을 먹게 되었고, 온 나라가 잘 다스려지게 되었습니다."

고요가 말했다.

"훌륭하다. 너의 좋은 말을 법으로 삼겠다."

기(夔)도 또한 스스로 자신의 공을 아뢰었는데, 지극히 장황하게 되풀이해서 말하고 있습니다. 그날 궁궐 안의 광경을 떠올려보면 참으로 한 폭의 생생한 그림입니다. 제 눈으로 직접 순임금이 중앙에 앉아 계시고, 고요와 기와 우와 직이 늘어앉아 성적을 매기는 광경을 보는 듯한 느낌이 들게 합니다.

「중씨께 올림(上仲氏)」 8-202

『서경』에 나오는 순임금과 우임금의 대화장면을 간추려 적으면서, 다산은 이를 요순시절 신하들이 임금 앞에 모여 각자 자신의 공적을 아뢰고 이를 평가하는 고적(考績), 즉 성적고과의 장면으로 이해했다. 형에게 보낸 이 편지글에서 다산은 대화의 마디마다 행간의 맥락을 짚어 설명하고 있다.

처음에 우(禹)는 자신이 한 일을 보고하라는 순임금의 말에 겸손하게 "그저 열심히 했을 뿐"이라고 대답했다. 그러자 순임금의 신하인 고요가 좀더 구체적으로 말해보라고 옆에서 끼어들었다. 그제야 우는 자신의 공적을 하나하나 말하였다. 그는 답변하면서 익(益)과 직(稷)을 끌어들여 그들과 자신의 공을 나누려는 도타운 마음을 드러냈다. 그러자 고요가 우의 대답을 인가했다.

이어지는 대목에는 다음 차례로 기(夔)가 우처럼 자세하게 자신의 공적을 설명하는 내용이 제시된다. 다산은 이 글을 읽다 보면 예전에 임금과 신하가 차례로 늘어앉아 고적하는 광경이 눈에 선하다고 했다. 한마디 한마디 사이에 담긴 미묘한 심리의 행간을 읽다 보면 저절로 기뻐서 배를 잡고 웃지 않을 수가 없다고 했다.

이렇게 『서경』의 이전(二典)과 이모(二謨)를 거슬러올라가 살펴보면 이른바 순사고언(詢事考言) 즉 일을 묻고 말을 살펴보며, 삼재고적(三載考績) 즉 3년간의 업적을 평가하고, 부주이언(敷奏以言) 즉 아뢰어 말하고, 명시이공(明試以功) 곧 비교하여 공을 준다는 등의 말이 처음부터 끝까지 이어지고 아래위로 연결되니, 이 모두 고적하는 한 가지 일인 것입니다. 대저 전(典)이라는 것은 나라를 다스리는 법이고, 모(謨)라는 것은 나라를 다스리는 꾀입니다. 그 법과 꾀도 고적 한 가지 일보다는 우선하지 않았습니다. 이것이 요순의 정치가 이루어진 까닭입니다.
　지금 사람들은 이렇게 말합니다. "순임금은 장차 옷소매를 드리우고 팔짱을 낀 채 눈을 감고 진흙으로 빚은 사람처럼 점잖게 앉아 있기만 했는데도 천하가 저절로 크게 화평해졌다." 이것은 잠꼬대 같은 말이 아니겠습니까?

「중씨께 올림〔上仲氏〕」 8-203

　요컨대 다산은 『서경』이라는 텍스트를 고대의 고적법(考績法), 즉 인사고과(人事考課)와 논공행상(論功行賞)하던 자취를 정리한 책으로 이해했다. 행간을 읽어내서 현실정치에 적용하는 것을 바탕으로 수립한 독특한 관점이었다.
　요순시절에 임금이 가만히 있는데도 천하가 저절로 다스려졌다는 것은 앞뒤를 모르는 잠꼬대 같은 말이다. 『서경』에 나오는 군신간의 대화를 읽어보면 이 점을 명확히 알 수 있다. 신하는 나라를 위해 열심히 일한 것을 임금께 보고하며, 임금은 그것을 들어 공적에 맞게 상을 내렸다. 그 법도는 매우 삼엄하고 엄정해서 물 샐 틈조차 없어 보인다. 이것이 요순의 태평성대를 이룬 비결이다.
　그렇다면 오늘은 어떤가? 고적의 근본정신이 조금이라도 남아 있는가? 다산은 이러한 생각을 다시 확장해서 『경세유표』 제4권에 '고적지법(考績之法)'의 항목을 따로 자세히 마련했다. 요순의 정신을 미루어 현실에 맞는 고과제도의 필요성과 중요성, 그리고 그 세부지침을 부서별·직급별로 상세히 정리했다.
　이렇듯 일상생활에서뿐 아니라 경전의 텍스트에서까지 남들이 미처 찾아내지 못한 의미를 정확히 읽어내고, 현실에 맞게 맥락화하는 면에서도, 다산은 지기췌마의 법을 써서 탁월한 역량을 보여주었다.

다산은 말한다. 한번 지나간 버스는 세울 수가 없다. 기회는 불시에 찾아온다. 두 번 오지 않는다. 소 잃고 나서 외양간 고치지 말고, 미리 헤아려 대비하라. 변죽만 울리지 말고 핵심을 찔러라. 맥락을 읽고 행간을 읽어라. 글을 읽지 말고 마음을 읽어라. 껍데기만 쫓지 말고 알맹이를 캐내라.

4강
토론하고 논쟁하라
문제점을 발견하는 쟁점적 지식경영

문제에서 문제를 명확히 끌어내라. 무엇이 문제인지 모르면 문제를 해결할 수 없다. 쟁점이 또렷해지도록 질문하고 논란하고 지적하라. 여기에 바탕하여 증거를 수집해야 한다. 논거를 마련해야 한다. 설득력은 거저 생기지 않는다. 덮어놓고 목청만 높여서는 상대를 납득시킬 수 없다.

16. **질정수렴법** 質定收斂法 : 질문하고 대답하며 논의를 수렴하라
    중간에 중단 말라 | 따지고 추궁하라 | 토론하고 논란하라 | 가차없이 비판하라

17. **대부상송법** 大夫相訟法 : 끝까지 논란하여 시비를 판별하라
    쉽게 물러서지 말라 | 상대를 납득시켜라 | 쟁점을 입체화하라 | 문제점을 드러내라

18. **제시경발법** 提撕警發法 : 생각을 일깨워서 각성을 유도하라
    흘려듣지 말라 | 깨달음을 공유하라 | 스스로 깨닫게 하라 | 의혹을 제거하라

19. **절시마탁법** 切偲磨濯法 : 단호하고 군세게 잘못을 지적하라
    비판할 뿐 칭찬 말라 | 오류를 인정하라 | 권위에서 벗어나라 | 양보 없이 논쟁하라

20. **무징불신법** 無懲不信法 : 근거에 바탕하여 논거를 확립하라
    근거에 입각하라 | 비방을 자제하라 | 버릴 것은 버려라 | 증거를 제시하라

16. 질문하고 대답하며 논의를 수렴하라
질정수렴법(質定收斂法)

다만 이 일은 마땅히 곧장 끝까지 궁구해야지, 반만 하고 그쳐서는 안 될 것입니다. 이에 또 설문하고 설답한 두 조항을 지어 우러러 그대의 질정을 청합니다. 바라건대 상세히 살펴보시고 답장하여 가르쳐주십시오.
【「이여홍에게 답함[答李如弘]」 8-174 】

중간에 중단 말라

질정수렴(質定收斂)은 질문하고 대답하는 가운데 논란이 있던 문제에 대해 의견을 수렴해가는 것이다. 말하자면 질의와 응답으로 이어지는 토론이다. 토론도 직접 얼굴을 맞대고 하는 대면(對面)토론이 있고, 글을 주고받으며 하는 서면(書面)토론이 있다. 이 절에서는 다산의 서면토론을 중심으로 살펴보자.

다산의 시문집에 수록된 수많은 편지글은 상당부분 학문적 관심사에 관해 질정수렴해가는 과정을 잘 보여준다. 특히 흑산도에 귀양가 있던 둘째형 정약전과는 저술을 완성해가는 과정에서 초고단계부터 질정을 주고받으며 하나하나 꼼꼼히 정리해나갔다. 잘못을 지적해주면 이를 받아들여 원고를 수정하였고, 승복할 수 없을 경우 다시 편지를 보내 납득될 때까지 논의를 계속했다. 다산은 결코 토론을 하다 말고 중간에 대충 얼버무리거나 멈추는 법이 없었다. 다산이 정약전에게 보낸 편지의 한 구절이다.

예서(禮書)를 정리하는 작업은 작년 가을 이래로 이런저런 질병에 시달리느라 초고를 마친 것이 아주 적습니다. 초본 다섯 권을 부칩니다. 모두 토막토막 끊어지고 앞뒤가 안 맞아 문리가 통하지 않습니다. 이중에는 처음의 견해를 수정하여 정본으로 삼아놓고 미처 고치지 않은 것도 있습니다. 우선 심심풀이로 봐주시면 좋겠습니다. 중간 초본은 이미 집으로 보내 자식에게 탈고하도록 했습니다. 돌아오는 것을 기다려 마땅히 질문 올리는 날이 있을 겝니다.

이것이 비록 초본이긴 하나 이 가운데 잘못 풀이한 곳이 있거든 조목조목 반박해서 일깨워주십시오. 마땅히 절차탁마해서 정밀한 데로 나아가야 할 것입니다. 그러다 간혹 서로 견해가 갈리면 서신을 왕복하며 다투어서, 어린시절 집안에서 토닥대던 버릇을 이어보는 것도 절로 한 가지 즐거움이겠지요. 「중씨께 답함(答仲氏)」 8-207

이 편지글은 몇 가지 사실을 알려준다. 초고를 쓰면 이것을 빈 공책에 정리해 써서 초본을 만들었다. 그 초본에 수정과 첨삭을 거듭한다. 잘못된 것은 지우고 새로운 생각은 여백에 채워넣고, 그래도 부족하면 별지를 덧붙였다. 너무 어지러워 지저분해지면 다시 중간본을 만든다. 그리고 나서도 계속 질정하고 수렴해서 마지막 최종본을 만든다. 앞서도 보았지만 『마과회통』 같은 책은 초고를 다섯 번이나 고치는 난산 끝에 완성을 보았다(8절).

또 다산은 동시다발적으로 여러 작업을 진행하고 있었으므로, 초고가 완성되면 서울 집으로 보내 자식들로 하여금 정서하게 했다. 정서한 책이 도착할 때까지는 다른 작업을 진행하다가 정리된 원고가 도착하면 그것을 가지고 다시 궁리하고 질문하고 토론했다. 나중에 다산초당으로 옮긴 뒤에는 그곳의 제자들이 정서작업을 맡아서 했다.

서로 의견이 갈리는 대목이 나오면 형제간에도 인정사정이 없었다. 어느 한쪽이 승복할 때까지 따지고 비판했다. 어린시절 티격태격하던 것처럼 싸워보자는 다산의 표현이 재미있다. 실제로 토론과정에서는 충돌도 많았다.

따지고 추궁하라

다음 편지는 형제가 서로 편지를 통해 질정하고 논란하고 수렴하는 과정을 잘 보여준다.

보내주신 편지에서 1구(矩) 반이라는 주장은 참으로 확실하고 정미하여 경전의 뜻과 꼭 맞습니다. 기뻐 용약함을 이기지 못하겠습니다. 원서(原書)가 오면 경(磬)에 관한 조목은 마땅히 즉각 고치겠습니다. 정말 다행입니다.

비율에 따라 차등을 두는 방법은 역수가(曆數家)의 차율법(差率法)입니다. 비록 몹시 정밀하지만 악가(樂家)의 차율법과는 전혀 맞지 않습니다. 더구나 셋으로 차등을 두는 것은 예전 악관(樂官)인 영주구

(伶州鳩)의 법입니다. 이제 이미 영주구의 말은 따르지 않으면서 셋으로 차등을 두시니, 어디에 근거한 것입니까? 옛사람의 법은 따르려면 따르고 어기려면 어겨야지, 그 법은 다 폐기해놓고 다만 셋으로 차등을 두는 법만 취해다가 우리의 법에 적용한다면 어찌 이치에 합당하겠습니까?
「중씨께 답함(答仲氏)」 8-205

자세한 내용은 알 수 없지만, 하나는 완전히 승복하여 관련항목을 전면 수정하겠다고 했고, 다른 하나는 도무지 앞뒤가 안 맞는 주장이니 받아들일 수 없다고 반박했다. 두 번째 단락은 차율법의 적용이 일관싱이 없고 편의적이라 합리성을 잃었다고 지적한 것이다. 편의에 따라 여기 것을 저기에 들이대고, 반은 버리고 반만 취하는 그런 적용은 있을 수 없다고 잘라 말했다. 정약전에게 보낸 다산의 편지에서는 이런 내용이 적지 않게 보인다. 한두 대목을 더 살펴보자.

공자의 옛집 벽에서 나왔다는 『상서(尚書)』에 대해 두 가지 의문을 제기한 것은 선생의 혹독함이 너무 심합니다. 군자는 충후하고 과묵해야 하니, 마음 내키는 대로 다 말해서는 안 됩니다. 시험 삼아 한번 생각해보십시오. 또 이런 주장을 해서 장차 어찌하려고 그러십니까? 큰 도적이 성문 앞에 닥쳐 군사가 활시위를 잔뜩 당기고 있는데, 우리편 대장이 젊었을 때 비록 아름답지 못한 행실이 있었다손 치더라도 어느 겨를에 이러쿵 저러쿵 하겠습니까?
「중씨께 답함(答仲氏)」 8-197

정약전의 주장은 형제간에 허물없이 주고받을 수는 있어도 밖으로 나가면 쓸데없는 논란을 야기할 수 있는 위험한 것이었다. 그래서 다산의 지적이 이와 같았다.

보내주신 편지에서 황하 근원의 지세가 치청(淄靑)보다 높다고 하
셨는데 이것이 무슨 말입니까? 다만 황하가 서쪽에서 동쪽으로 흐르
기 때문에 이렇게 말씀하신 것인지요? 만약 황하가 북쪽에서 남쪽으
로 흐른다면 12,500리를 흐른 뒤에는 북극의 솟은 땅과 50도가 차이나
게 됩니다. 보내주신 글에서처럼 그 중간의 지세가 한결같이 아래쪽으
로 기울었다면 전체 대지는 평평한 쟁반이지 둥근 공이 아닐 것입니
다. 선생은 예전에 한 잔의 물도 그 중심은 솟아 있다고 하셨는데, 이
것은 참 정미한 말이었습니다. 예전에는 이처럼 정미하시더니, 지금은
애매하기가 이와 같으니 알다가도 모르겠습니다.

「중씨께 답함(答仲氏)」 8-201

형에 대해서조차 다산의 추궁은 이처럼 날카롭고 매서웠다. 그러
니 다른 사람에 대해서는 어떠했겠는가? 모르긴 해도 토론의 과정에
서 그는 많은 적을 만들었을 것 같다.

토론하고 논란하라

이처럼 편지를 통해 질문하고 토론하는 방식은 예전부터 사제와
붕우 간에 공부의 방식으로 널리 활용되어왔다. 퇴계가 고봉(高峯)
기대승(奇大升, 1527~1572)과 수십 년간 편지를 주고받으면서 성리
설에 대한 견해를 수렴해갔던 것이 그 좋은 예다.

성호 이익도 혼자 공부하면서 의문나는 점과 깨달은 사실을 그때
그때 메모하는 질서(疾書)방식과 함께, 서신왕래를 통해 강론하고
토론하는 리택의 방법을 제시했다. 리택(麗澤)은 『주역』 태괘(兌卦)

에 나오는 말로, 아래위의 연못이 이어져 있어 서로 물을 풍부하게 해주는 것을 의미한다. 그래서 사제와 붕우 간에 서로 도와 학문과 덕을 닦는 것을 비유하는 말로 즐겨 쓴다. 성호는 대면토론보다 리택의 서신토론을 더 신뢰했다. 성호가 말하는 리택의 구체적인 방법은 아래와 같다.

붕우가 모여 성사(聖師)의 가르침을 서로 살펴 돕는 것은 후학이 반드시 힘쓰지 않을 수 없다. 혹 한가롭게 지내며 혼자 있을 때는 논할 만한 것이 한둘이 아니고 의문나는 것도 몹시 많다. 그러다가 갑자기 엄한 스승이나 좋은 벗과 맞닥뜨리면 마음과 입이 서로 호응하지 않아 껄껄하여 궁금한 점을 하나도 펴지 못하고 만다. 이것은 사람들의 보편적인 근심이다.

마땅히 일마다 메모를 남겨, 이해하기 힘든 곳에는 그 의문나는 점을 적어놓고, 나름대로 얻은 바가 있는 곳은 그 말을 기록해두어, 훗날 강학의 거리로 삼는다. 혹 서찰로 질문하여 더불어 밝게 살핀다면 깊고 은미한 뜻을 얻는 데 이보다 나은 방법이 없다. 정자(程子)는 편지야말로 선비의 일에 가장 가깝다고 했다. 대현(大賢)께서 분명 깨달은 바가 있어 말씀하신 것이다.

나는 늘 편지에 세 가지 유익한 점이 있다고 말한다. 의문점을 정확히 짚어내어 깊은 뜻을 점차 깨닫게 해주는 것이 첫 번째 유익함이다. 질문에 답하는 사람 또한 감히 쉽게 주장을 세우지 못하는 것이 두 번째 유익함이다. 글상자에 남겨두어 뒷날에도 잊지 않게 해주는 것이 세 번째 유익함이다.

이익, 「극기의 독서산당에 써서 주다[書贈克己讀書山堂]」, 『성호전집(星湖全集)』

혼자 공부하다가 막히거나 의문이 생기면 궁금증이 나서 견딜 수가 없다. 하지만 막상 스승 앞에 서면 생각이 하나도 나지 않아 혀끝에서만 맴돌다 문제를 해결하지 못한다. 그러니 공부하는 사람은 무조건 메모하는 습관을 길러야 한다. 메모는 생각의 씨앗이다. 훅 불면 그냥 날아갈 기억을 발아시키려면 메모가 필요하다.

그 다음에는 직접 만나 묻고 토론하거나 아니면 편지를 통해 논란한다. 성호는 서면토론의 유익한 점을 세 가지로 설명했다. "문제를 정확히 드러낼 수 있다. 쉽게 답하지 못한다. 오래 기억할 수 있다." 글로 쓰자면 아무래도 앞뒤를 갖추어 정리하는 과정이 필요하고, 답하는 입장에서도 조목별로 분간해야 하므로 말을 함부로 섞지 못한다. 또 뒷날 예전에 주고받은 편지를 보면 당시 내 공부의 수준을 짐작해볼 수도 있으니, 이것이 바로 서면토론의 일석삼조인 셈이다.

『성호사설』에는 「서독승면론(書牘勝面論)」이라는 항목이 있다. 말 그대로 서신토론이 대면토론보다 낫다는 뜻이다. 그중 한 대목이다.

퇴계 선생께서 말씀하셨다. "마음속에 의문이 가득 차면 서로 만나 질문하고픈 생각이 들게 마련이다. 하지만 막상 만나고 나면 말로 설명할 수가 없고, 그나마도 며칠 지나면 마음과 입이 따로 놀게 된다." 또 말씀하셨다. "맞대면해서 논란하는 것이 좋긴 해도 항상 미진한 것이 남는다. 베껴써서 편지로 부쳐 집중해서 찬찬히 살펴보게 하는 것만 못하다." 그 뜻이 참으로 옳다. 대개 말은 하기는 쉬워도 흔적이 남지 않는다. 편지는 신중히 생각하고 궁구하므로 깊은 경지에 나아갈 수 있다.

이익, 「서독승면론(書牘勝面論)」, 『성호사설(星湖僿說)』

성호가 퇴계의 말을 인용하여 서면토론의 유익함을 설명한 글이다. 요즘도 주말마다 전국학술대회, 세미나, 심포지엄 등의 이름으로 수많은 학술행사가 열린다. 하지만 막상 오늘날 학자들 사이에서 예전 학자들이 다반사로 주고받던 이 서면토론의 문화는 찾아보기 힘들게 된 것 같다. 학술토론장에서는 열띤 공방을 주고받다가도 끝나고 술자리로 옮기면 공부이야기는 간데없고 그저 세상 돌아가는 이야기나 하다가 취해서 돌아온다. 무슨 정신에 편지나 이메일을 주고받으며 이토록 치열하게 논쟁을 벌이겠는가?

가차없이 비판하라

다시 다산의 서면토론 장면을 좀더 살펴보자.

아언(雅言)에 찌[籤]를 붙여 보여주시고 아울러 개발해주심을 입으니, 마땅히 즉시 첨가해서 쓰겠습니다. 육향(六鄕)은 분명히 우리나라의 오부(五部)와 비슷한 것입니다. 이에 대해서는 제가 따로 고증하여 밝힌 것이 있습니다. (중략)
단지 이 글귀만 들어가지고는 『주례(周禮)』를 해석할 방법이 없지 싶습니다. 비록 선유(先儒)들이 자주 향수(鄕遂)의 전제(田制)에 대해 말했지만 감히 경솔하게 믿지 못하겠습니다. 노형께서 다행히 『주례』나 『춘추전』 등 여러 경전의 글 가운데서 육향이 야외에 있었다는 글귀를 찾아내 확실하게 천착하여 가르쳐주신다면 삼가 미혹됨을 버리고 고명함을 따르겠습니다. 깊이 바라마지않습니다.

「신재중에게 줌(與申在中)」 8-185

『아언각비(雅言覺非)』의 초고가 완성되자 신작(申綽, 1760~1828)에게 이를 보내 질정을 부탁했던 모양이다. 신작은 의문나는 항목이나 보충할 내용 등을 해당항목에 찌를 찔러 표시해서 다산에게 돌려보냈다.

이 과정에서 주나라 때 육향(六鄕)의 소재를 두고 두 사람의 의견이 엇갈렸다. 신작은 『맹자』의 한 구절과 선유(先儒)의 이러저러한 기존 학설에 바탕해 다산의 새로운 주장을 반박했다. 그러자 다산은 자신이 선유들의 이러한 의견을 믿을 수가 없어 새 주장을 펼친 것이라며 여러 근거를 들어 재반박했다. 끝에서는 후인(後人)의 언급 말고 경전의 언급 중에서 논거가 될 만한 구절을 찾아 제시한다면 두말없이 승복하겠다고 했다.

그러나 신작은 다산의 편지를 받고도 종전의 주장을 굽히지 않고, 이를 다시 반박하는 장문의 편지를 보내왔는데, 이에 대한 다산의 답장은 이렇게 시작된다.

삼가 답장을 잘 받았습니다. 여전히 육향이 서울 밖 먼 교외 백 리 안에 있다고 말씀하셨군요. 옛것을 좋아하여 독실하게 믿는 노형의 절조를 흔들 수도 없고 빼앗을 수도 없는 줄을 잘 알겠습니다. 감탄하고 사모하는 마음을 이기지 못하겠습니다. 진작 이 같은 줄을 알았으면서도 오히려 어근버근한 몇 마디 말로 왕개미가 큰 나무를 흔들려 하는 것을 본뜨려 했으니, 제 역량을 헤아리지 못함이 이와 같습니다. 하지만 경전의 뜻에 대해 끝내 석연치 않은 것이 있는지라 문득 앞서의 주장을 다시 펴 보이니 일깨워주시기 바랍니다. 감히 그대의 살핌을 벗어나지 못함이 또 이와 같습니다. 「신재중에게 답함(答申在中)」 8-186

물론 다산의 이 서두는 그 다음 주장을 펼치기 위해 짐짓 한 말일 뿐이다. 지난번 편지에서 이미 논리의 대강을 펼쳤는데도 신작이 승복하지 않자, 이번 편지에서는 아예 작심하고 세세히 논거를 펼쳐 상대의 항복을 받아내려 했다.

그런데 그 글을 가만히 살펴보면, 오늘날 학자들이 쓰는 한 편의 논문에 맞먹는 분량과 전거가 동원되었다. 굳이 오늘식으로 제목을 단다면 「주례의 육향의 위치에 대한 일고찰」쯤 될 법한 논문이다. 이런 글은 그냥 편지 쓰듯이 앉은자리에서 일필휘지로 쓸 수 있는 글이 절대로 아니다. 수십 권의 책을 책상 위에 펼쳐놓고 이리저리 찾고 대조해서 논지를 세운 뒤에나 쓸 수 있는 글이다. 그 공력도 오늘날 학자들이 한 편 논문을 쓰는 것 이상의 품이 들었다.

물론 토론은 이것으로 종결되지 않았다. 다산은 비슷한 분량의 반박편지를 한 번 더 써야만 했다. 두 사람은 끝까지 팽팽한 평행선을 달렸다. 하지만 이 과정에서 다산은 육향의 문제가 왜 중요한지, 그 이해의 차이가 어떤 결과의 차이로 귀결되는지에 대해 확실한 깨달음을 얻을 수 있었다. 그리고 학계의 일반적인 문제가 어떤 지점에서 생기는지도 분명히 알게 되었다. 하나로 수렴되지는 못했지만 성과가 없었다고는 할 수 없는 토론이었다.

다산은 말한다. 메모하고 정리하라. 그리고 그 내용을 글로 써서 질문하고 토론하라. 공부는 토론을 통해 발전한다. 남김없이 질문하고 가차없이 비판하라. 토론의 자리에서는 인정사정 볼 것 없다. 체면을 갖추는 것은 토론이 아니다. 한쪽이 꺾일 때까지 토론하라. 승복할 때까지 논란하라.

17. 끝까지 논란하여 시비를 판별하라
대부상송법(大夫相訟法)

다만 병으로 인해 게을러져서 깎아내고 바로잡지 못한 채 아울러 삼가 보여 드립니다. 이것은 『춘추』에 보이는, 대부가 서로 소송하여 시비를 따지는 방법입니다. 인형(仁兄)께서는 공정하시니 반드시 능히 갈라 판결해서서 뒷말이 없게 하실 뿐 아니라, 다시금 정밀함에 힘쓰고 맹렬히 반성하게 해주실 것입니다. 【「김덕수에게 답함〔答金德叟〕」 8-238 】

쉽게 물러서지 말라

대부상송(大夫相訟)이란 춘추시대 대부(大夫)들이 서로 시비가 엇갈려 이를 가릴 수 없을 때 소송을 걸어, 증거로 따지고 논란하여 제3자의 판단을 구하는 것이다.

토론을 하다 보면, 16절에서 본 다산과 신작의 경우처럼, 두 사람의 견해가 서로 한 치의 양보도 없이 나란히 평행선을 달릴 때가 많다. 나중에는 너는 너대로 나는 나대로가 되어 저마다 자기 고집만 세우므로, 토론의 보람도 없고 사이만 틀어진다. 대부상송법은 두 사람의 견해가 이처럼 팽팽히 맞설 때 제3자에게 문제를 넘겨 시비에 대한 객관적이고도 공정한 판단을 구하는 것을 말한다. 어찌 보면 다면(多面)토론이라고도 할 수 있는 효율적인 토론방법이다.

먼저 토론에 임하는 다산의 자세를 살펴보자.

> 서로 의견이 합치되지 않는 것은 반드시 본 바가 참으로 희기에 희다고 하는 것이지, 속으로는 검은 줄 알면서 억지로 희게 하려는 것은 아닐 것입니다. 마음의 일이 이러하다면 이는 저와 마음이 같은 것입니다. 이미 마음이 같은데 말이 어긋나는 것이야 무슨 상관이 있겠습니까? 다만 이 일은 학문의 핵심과 관계되는 일입니다. 그러니 감히 한 차례 되풀이하여 질문하지 않을 수 없습니다. 만약 그래도 합치되지 않는다면, 마땅히 입을 닫고 혀를 묶어 남은 봄날을 보낼 뿐입니다. 반드시 감히 옛사람이 했던 것처럼 두 번 세 번 편지하지는 않으렵니다. 대개 뒤끝이 좋지 않을까 염려해서입니다.
>
> 「이여홍에게 답함(答李汝弘)」 8-146

서면토론은 직접 얼굴을 맞대고 하는 토론보다 훨씬 진지하고 체계가 있지만, 막상 이견이 있을 경우 좀처럼 좁혀지지 않는 문제가 있었다. 다산은 이재의(李載毅, 1772~1839)에게 보낸 이 편지에서, 뒤끝이 좋지 않게 되는 것을 염려한다고 했다. 이 편지 또한 오늘날로 쳐서 논문 한 편 분량을 훨씬 넘는다. 이에 대해 이재의에게서 아무 답장이 없자, 다산은 애가 타서 입을 닫고 혀를 묶기는커녕 더 기세를 돋워 토론을 촉구했다. 다음은 답장을 재촉하는 두 번째 편지의 앞대목이다.

> 지난번 편지에 대해 답장이 없으시니, 마땅히 만나기를 기다려 말씀

드려야 마땅하겠습니다. 다만 제가 한순간도 그대를 잊지 못하는 것은 진실로 저의 이러한 생각이 마치 검은 것과 흰 것을 분간하고, 달고 쓴 것을 구별하며, 하나 둘을 헤아리는 것처럼 마음속에 분명하여, 이렇게 볼 수도 있고 저렇게 볼 수도 있는 의심스런 단서가 터럭만큼도 없기 때문입니다. 귀신에게 물어봐도 의심이 없고, 백세의 성인을 기다려도 의혹이 없습니다. 감히 한때의 천박한 견해를 가지고 고집을 부려 제 주장을 지켜 고치지 않으려는 것이 아닙니다.

「이여홍에게 보냄(與李汝弘)」 8-159

한마디로 "내 주장은 의심의 여지가 없는 것인데 미심쩍은 시선을 거두지 않으니 답답해 죽겠다"는 말이다. 이렇게 답장을 독촉하는 편지가 연신 날아들자, 이재의는 기존의 주장을 고수하는 내용의 답장을 썼다. 그 답장을 받아든 다산은 기다렸다는 듯이 다시 세 번째 편지를 보냈다.

이달 초에 보내주신 편지에서 사단(四端)에 관한 주장을 차분히 살펴보았습니다. 제가 말씀드린 것과 그다지 큰 차이가 없더군요. 대개 노형께서 많은 사람 사이에 앉아 날마다 소란하고 시끄럽게 지내시다가, 이따금 간혹 한가한 틈을 타서 대충 보시기 때문에, 제 글을 보실 때도 심각하게 종합하여 분석하지 못하는 듯합니다. 주신 글의 내용이 제 말과 서로 합치되는데도 결론에서는 마치 이론(異論)이 있는 것처럼 말씀하셨더군요. 또 혹 제 주장은 애초에 그런 뜻이 아니었는데, 주신 편지에서는 한층 더 극단적으로 나가기도 했으니, 이것은 모두 소란스런 중에 생긴 일입니다.

지금 크게 바라는 것은 반드시 우리 두 사람이 앞에는 푸른 바다가 임해 있고 뒤에는 솔바람이 불어오는 완도의 관음굴(觀音窟)로 함께 들어가 보고 듣는 것을 거두고 티끌세상을 훌훌 벗어나, 마음속에서 환한 빛이 나오게끔 하는 것입니다. 그런 뒤에야 저의 당면토장(當面土墻), 즉 담벼락을 맞대고 서 있는 듯한 답답함과 노형의 장공편운(長空片雲), 곧 드넓은 하늘에 걸린 조각구름 같은 의심이 모두 툭 트여서 말끔히 풀릴 것입니다. 그렇지 않고는 비록 10년 동안 편지를 주고받는다 해도 반드시 어느 한곳으로 귀결될 리가 없을 것입니다. 이것이 감히 두 번 다시 말하지 않겠다고 한 까닭입니다.

「이여홍에게 답함(答李汝弘)」 8-163

그대의 답장을 읽으니, 결국 내 주장과 다를 것이 없었다. 그런데도 마치 이견이 있는 것처럼 말했다. 심지어는 내가 하지도 않은 말을 더 부풀려서 과장한 구석도 있었다. 제발 글을 좀 집중해서 꼼꼼히 읽어라. 이런 식의 토론은 백날 해봐야 소득이 없다. 서로 딴소리만 해서는 진전이 있을 수 없다. 이럴 바에는 아예 인적 없는 곳에서 직접 만나 대면토론으로 논란에 종지부를 찍고 싶다.

직설적으로 풀이하면 다산의 편지는 대충 이런 뜻이다. 듣기에 따라서는 자못 거북한 말투다. 듣는 사람의 기분이 좋을 까닭이 없다. 일껏 편지를 써서 보냈건만 똑바로 읽고 제대로 쓰라는 답장을 받은 셈이다. 하지만 다산은 그를 위해 더 꼼꼼히 친절하게 부연설명을 보탰다.

상대를 납득시켜라

막상 이재의도 만만치가 않았다. 다시 보내온 답장에서도 그는 처음의 입장에서 조금도 물러서지 않았던 모양이다. 답장을 받고 또 잔뜩 반박한 다산의 네 번째 편지는 이렇게 시작된다.

> 보내주신 글에서 단(端) 자에 대한 주장이 이 같으시니, 다만 마땅히 삼가 세월을 기다려야 하겠습니다. 그러나 근자에 이 일 때문에 한 사람이 알지 못할 마음의 병을 얻었습니다. 촛불을 끈 뒤에도 한참 동안 잠을 못 이루고, 닭이 울어 깨면 문득 다시 이리저리 생각하곤 합니다. 혼자 가만히 이렇게 말해봅니다. "사단(四端)이 핵심이 된다는 것은 내 마음에 이처럼 또렷하게 의심이 없어 털끝만큼의 막힘도 없다. 문산(文山)이 어째서 이처럼 고집을 부리는지 정말 모르겠다. 이제 비록 중언부언해봤자 아무 도움이 안 될 줄은 안다. 하지만 그가 귀찮아하는 기색이 없는데 또한 어찌 감히 별다른 이유도 없이 스스로 그만둘 수 있겠는가?"
> 「이여홍에게 답함(答李汝弘)」 8-166

참 못 말리는 다산이다. 밤이고 낮이고 토론내용만 생각한다고 했다. 생병이 날 지경이라고 적었다. 더 말해봐야 아무 소용이 없는 줄은 알지만, 그래도 상대가 먼저 그만두겠다고 하지 않는 한 절대로 토론을 끝내지 않겠다는 뜻을 펴 보였다. 쉽게 말해 한번 끝까지 해보자는 말인 셈이다.

이런 일련의 편지를 읽으면서 감탄스러운 것은, 상대를 납득시키려는 다산의 끈질기고 집요한 태도만은 아니다. 이렇게 격렬한 논쟁을 주고받으면서도 두 사람은 만년까지 아름다운 우정을 지켜갔다.

이 사실이 내게는 더 감동적이다.

이재의는 1814년에 다산과 처음 만났다. 당시 그는 영암군수로 있던 아들에게 와서 함께 머물고 있었다. 나이는 다산이 열 살이나 위였다. 두 사람은 3년이 넘는 기간 동안 시문과 우정을 나누는 한편으로 자못 치열한 학술논쟁을 벌였다. 그는 노론(老論) 명문가의 후예로, 주자에 대한 기본태도 자체가 다산과는 현격히 달랐다. 둘은 끝내 학술적인 견해차이를 좁히지 못했다. 하지만 이재의는 다산이 유배에서 풀려난 뒤에도 죽산에서 마재까지 여러 차례 오가며 긴 우정을 나누었다.

쟁점을 입체화하라

둘 사이의 토론이 원활치 않거나 좀더 입체적인 논의가 필요할 경우, 다산은 제3자를 개입시켜 다면토론을 펼쳤다. 만년에 다산은 김매순(金邁淳, 1776~1840)에게 자신의 여러 저술을 보내 질정을 청했다. 다음은 김매순에게 논평과 지적을 부탁하며 보낸 편지의 한 대목이다.

여러 가지 일깨워 지적해주신 것은 모두 잘못된 논리를 짚어주었습니다. 삼가 마땅히 정정하여 감히 머뭇거리지 않겠습니다. 다만 너무 경황이 없어 찬찬히 살피시지 못한 까닭에 짚어낸 것이 오히려 적은 듯합니다. 만약 여러 날 상세하게 점검하신다면 아마 전체가 남아나는 것이 없을까 염려되는군요.

「상기별(喪期別)」 7책을 또 계속해서 보냅니다. 이 책은 잘못된 부분이 더욱 많을 것입니다. 바라건대 더욱 정신을 쏟아 찬찬히 이리저리 점검하셔서 어리석음을 깨뜨려주십시오. 혹 핵심의미는 문제가 없는데 표현이 어긋나 거슬리는 것은 하나하나 지적해서 잘못을 깨닫게 해주신다면 크게 다행이겠습니다. 종법(宗法)에 관한 여러 논의는 한 벗이 책머리에 찌를 붙인 것이 있습니다. 모두 수십 군데나 되는데, 제 생각이 잘못된 점을 알게 해준 곳도 있고, 받아들일 수 없는 곳도 있습니다.
「김덕수에게 답함〔答金德叟〕」 8-238

다산은 종법에 대해 쓴 자신의 논문을 어떤 벗에게 보여주어 논평을 받았다. 그는 다산의 「상기별」 7책의 여백에 찌를 붙여 자신의 생각을 적어 보냈다. 찌란 한자로 첨(籤)이니 오늘로 치면 메모다. 다산은 일부러 찌를 그대로 붙여둔 채 이 책을 다시 김매순에게 보냈다. 여기에 바로 이어지는 글이 이 절의 처음에 본, 대부상송 운운하는 대목이다. "인형(仁兄)께서는 공정하시니 반드시 능히 갈라 판결하셔서 뒷말이 없게 하실 뿐 아니라, 다시금 정밀함에 힘쓰고 맹렬히 반성하게 해주실 것입니다"라고 한 것으로 보아 김매순에게 심판관의 역할을 부탁한 것임을 알 수 있다.

다음은 이에 대한 김매순의 답장이다.

이제 여러 논의하신 내용을 읽어보니 마치 칼을 잡았다 하면 반드시 베고, 화살을 쏘면 틀림없이 적중시키는 것 같아, 조금도 모호하거나 번다한 부분이 없었습니다. 그 조예가 심오한 것은 말할 것도 없고 너무도 명쾌하여 참 기뻤습니다. 그러나 지나치게 통쾌한 곳에 대해서는 혹 다시 점검해보시는 것이 좋을 듯합니다. (중략)
종이 위쪽에 찌를 붙여 대략 부족한 제 생각을 밝혔습니다. 먼저 찔러둔 찌는 누가 지은 것인지는 모르겠지만, 의론이 순수하고 근실하여 채택할 만한 것이 많은 듯합니다. 어떠신지요?

김매순, 「또 보내온 편지(又書)」 8-258

김매순은 다산의 관점에 대해 대체로 수긍하였고, 중간중간 석연치 않은 대목에는 찌를 붙여 자신의 입장을 밝혔다. 그러고는 다른 사람이 붙인 찌에 대한 소감도 덧붙였다. 이 두 사람의 찌를 한자리에 모아놓고 다산이 다시 원고의 재검토작업에 들어간 것은 말할 것도 없다.

문제점을 드러내라

이런 방식의 다면토론은 여러 차례 그 사례가 보인다.

겨우 편지 한 통을 써서 김기서(金基敍) 편에 올렸는데, 도착하기도 전에 일깨워주시는 글을 받았습니다. 손목의 힘이 여전히 평소대로 회복되지 않으셨다니 걱정이 큽니다. 『매씨서평(梅氏書平)』은 이미 찌를 붙여 질정하였습니다. 비평하여 살펴보아주시기를 기다립니다. 이제 김기서가 적은 것을 얻어 보니, 몹시 기뻐하며 꼼꼼히 살핀 것이었습니다. 실로 제가 붙인 찌에서 언급하지 못한 것도 있었습니다. 생각건대 반드시 떨리듯 마음에 합치됨이 있을 것입니다.

김매순, 「또 보내온 편지(又書)」 8-256

다산은 김매순에게 『매씨서평』의 질정도 부탁했다. 이 편지를 보면 다산은 『매씨서평』 또한 김매순 외에 김기서에게도 논평을 받았음을 알 수 있다. 다산은 논평자에게 다른 사람의 논평을 함께 보여주면서, 미진한 논의를 강화하고 문제점을 보다 효과적으로 드러내는 방법을 택했다.

　신작과 홍석주(洪奭周, 1774~1842)도 이 책에 대해 논평을 했다. 당대의 쟁쟁한 학자들이 총출동해서 다산의 저작에 관심을 표하고, 토론에 참여했던 것이다. 홍석주는 『매씨서평』을 읽고 자신의 의견과 의문점을 하나하나 쪽지를 붙여 보냈다. 다산도 답장하여 둘 사이에서도 이 책을 두고 토론이 벌어졌다. 홍석주는 나아가 자신의 저술인 『상서보전(尙書補傳)』을 다산에게 보내 비평을 청했다. 다산은 이를 읽고 아예 『독상서보전(讀尙書補傳)』이라는 책을 지어 홍석주에게 답장하였다.

　요컨대 다산은 저술의 완성도를 높이기 위해 복수의 토론자에게 논평을 부탁하여, 토론자끼리도 서로 비교·대조해가며 지적한 논평을 받았다. 사실 참고서적도 넉넉지 않았던 강진에서 저술한 『상서』에 관한 저술은, 본인이 다른 글에서 밝힌 것처럼 "화살 없는 활로 날카로운 칼날에 맞서는 격"이었다. 그러다가 유배에서 풀려나 당대 내로라하는 쟁쟁한 학자들과 교류하고 토론하면서 수정과 보완의 필요성을 절실히 느끼지 않을 수 없었다.

　당시 이들의 다면적인 토론의 장면은 무척이나 인상적이다. 남인이었던 다산은 노론의 김매순·홍석주 등과도 토론했고, 소론의 신작과도 토론했다. 적어도 학술의 자리에서 당색은 없었다. 이들도 경전에 대해 해박하고 정심한 식견을 지닌 큰 학자들이었던지라, 다산이 제기하고 논변한 문제들은 자신들도 심각하게 고민한 주제들이었다. 유배 20여 년 만에 느닷없이 수백 권의 저술을 들고 나타난 다산의 이 해박하고 초인적인 작업에 그들은 일제히 경악했다. 『매씨서평』에 대한 김매순의 다음 총평이 이를 잘 말해준다.

은미하고 드러나지 않은 부분을 밝힌 것은 비위(飛衛)가 이(虱)를 보는 것 같고, 어지러운 것을 정리하고 딱딱한 것을 벗겨낸 것은 포정(庖丁)이 소를 잡는 것 같다. 매서운 솜씨로 간악함을 파헤침은 상군(商君)이 위수(渭水)에 임한 듯하고, 피맺힌 정성으로 바름을 지킨 것은 변화(卞和)가 형산에서 울부짖는 듯하다. 한편 공자의 사당 벽에서 나온 『상서』의 어지러움을 바로잡은 으뜸가는 공훈이고, 주자를 모욕하는 것을 막아낸 굳센 공신이다. 유림의 큰 업적이 이보다 더 클 수가 없다. 아득한 천년 뒤에 덤불투성이 구이(九夷)의 땅에서 이처럼 뛰어난 기이한 일이 있을 수 있는가 하고 말하지 않을 수가 없다.

김매순, 「또 보내온 편지(又書)」 8-247

다산은 말한다. 한번 칼을 빼들었거든 끝장을 봐라. 중간에 어정쩡하게 물러서려면 시작도 하지 마라. 잘못은 변명 없이 깨끗이 수긍하라. 비판은 겸허히 받되, 끌려다녀서는 안 된다. 물러설 수 없는 지점은 절대로 양보하지 말고 증거를 들이대 반박하라. 한 사람보다는 여러 사람과 토론하여 객관성을 높여라. 매도 미리 맞는 것이 낫다. 여러 사람의 안목을 거치는 것이 안전하다.

18. 생각을 일깨워서 각성을 유도하라
제시경발법(提撕警發法)

글을 외우고 읽는 사이에 의심이 들거나 무슨 말인지 모를 것이 있어 이리저리 생각하다가 혹 깨달음이 있거든, 바로 편지를 써서 서로 묻고 논란하여 마탁(磨濯)하는 유익함을 구하고 아울러 천리 길을 찾아가 대면하는 것, 이것은 절대로 가벼이 여겨서는 안 됩니다. 만약 여러 벗을 만나시거든 모름지기 이러한 뜻으로 권면하시어 거칠고 외곬수인 저로 하여금 이따금 일깨움을 받아 깨우치는 보람이 있게 하심이 어떨는지요?

【「목재께 올리는 글〔上木齋書〕」 8-96 】

흘려듣지 말라

제시경발(提撕警發)은 이끌어 일깨우고 경계하여 깨닫게 하는 것이다. 제시(提撕)는 붙들고 하나하나 일깨워줌을 말한다. 경발(警發)은 깨우쳐 오성(悟性)을 열어주는 것이다. 앞서 두 절에 걸쳐 다산의 서면토론에 대해 살펴보았다(16·17절). 이 절에서는 얼굴을 맞대고 하는 대면토론에 대해 살펴보자.

다산은 서면토론에 큰 열정을 가지고 있었지만, 때로 이러한 토론이 상대의 감정을 자극하고 두 사람의 관계를 소원하게 만들 수도 있음을 잘 알고 있었다. 다산은 서면토론 못지않게 대면토론에도 열성을 냈다. 또 얼굴을 맞대고 토론하는 경우라도 그 내용을 즉각 기록으로 남겨 훗날 공부의 자료로 삼았다.

어느 날 저녁 주인 노파가 제 곁에서 잡담을 나누다가 갑자기 묻더군요.
"나리께서는 글을 읽으셨으니, 이 뜻을 아실는지요? 부모의 은혜는 한가지인데, 어머니는 수고로움이 더 많습니다. 하지만 성인이 가르침을 세울 적에 아버지는 무겁게 보고 어머니는 가벼이 여겨, 성씨도 아버지를 따르게 하고 상복(喪服)도 어머니는 낮추었습니다. 친가 쪽은 일가를 이루지만, 외가는 제외합니다. 너무 치우친 것이 아닌가요?"
제가 대답했습니다.
"아버지께서 나를 낳아주신 까닭에 옛 책에서는 아버지를 나를 처음 태어나게 해주신 분으로 여긴다네. 어머니의 은혜가 비록 깊지만 천지에 처음 나게 해주신 은혜가 더욱 중한 것일세."
"나리 말씀이 꼭 맞지는 않습니다. 제가 생각해볼 때 초목에 견준다면 아버지는 씨앗이고 어머니는 땅인 셈이지요. 씨를 뿌려 땅에 떨어뜨리는 것은 크게 힘든 일이 아니지만, 땅이 양분을 주어 기르는 일은 그 공이 몹시 큽니다. 하지만 조를 심으면 조가 되고 벼를 심으면 벼가 됩니다. 몸을 온전하게 만드는 것은 모두 땅의 기운이지만, 마침내 종류는 모두 그 씨앗을 따라갑니다. 옛날 성인께서 가르침을 세워 예를 제정할 적에 아마 이 때문에 그랬을 것입니다."
이에 제가 저도 모르는 사이에 정신이 번쩍 들어 크게 깨닫고 깜짝 놀라 자리에서 일어나 예를 표했습니다. 천지 사이의 지극히 정밀하고 미묘한 뜻을 밥 파는 노파가 펼칠 줄 어찌 알았겠습니까? 참으로 기이한 일입니다.

「중씨께 올림〔上仲氏〕」 8-214

다산이 처음 주막집 구석방을 얻어 지냈던 주막거리. 다산은 거처의 이름을 사의재(四宜齋)라고 지었다. 주막거리의 풍경은 다산의 그때와 별로 달라진 것이 없다.

강진 읍내 주막거리 구석방에 살 때 있었던 일화를 적은 것이다. 손님이 없어 한가한 틈에 우연히 주막집 노파와 나눈 대화의 한 토막이다. 다산은 처음 유배되어 강진에 도착했을 때, 사람들이 모두 꺼려 묶어 잘 방 한 칸조차 구하지 못해 쩔쩔맸다. 그때 주막집의 구석방 하나를 노파가 내주었다. 그녀는 다산이 뭐 하는 사람인지도 몰랐다. 그러다가 다산이 그녀의 매출장부가 엉망인 것을 보고, 한눈에 알아볼 수 있도록 말끔하게 정리해주자 대하는 태도가 크게 달라졌다는 이야기가 전한다. 무엇이든 헝클어지고 어지러운 것은 참고 보지 못하는 다산의 천성을 여기서도 볼 수 있다.

어쨌거나 다산은 이렇듯 주막집 노파와 우연찮게 주고받은 이야기도 그냥 흘려보내지 않고 기록해두었다가 공부의 화두로 삼았다. 다산은 스쳐지나가는 한마디도 절대로 그냥 넘어가는 법이 없었다.

재작년에 윤영희를 해남에서 만나보았을 때 일입니다. 제가 "죽지 않고 만나니 이상하구먼!" 했더니, 그가 "사람이 죽기가 어찌 쉬운 일이겠는가?" 하더군요. 제가 "죽기가 가장 쉬운 일일세"라고 했더니, 그가 "죄악이 다한 뒤라야 사람이 죽는 법이지"라고 했습니다. 저는 "복록(福祿)이 다한 뒤에 사람이 죽는 법이라네"라고 하며, 서로 웃고 그만두었습니다. 그가 죄악이 다한 뒤에 사람이 죽는다고 한 것은 대개 이 세상을 괴롭게 여긴 까닭입니다. 그러나 이는 하늘을 원망하고 남을 탓하는 말입니다. 진정 도를 아는 말은 아닙니다.

「중씨께 답함(答仲氏)」 8-216

역시 친한 벗 윤영희(尹永僖)와 만나 나눈 대화의 한 대목을 옮긴 것이다. 토론의 주제는 '사람은 언제 죽는가?' 이다. 윤영희는 "사람이 죽기가 쉽지 않다. 자신이 지은 죄악이 다 스러져야 죽는다"고 했다. 다산은 "죽는 것은 쉽다. 타고난 복록이 끝나면 그때 죽는다"고 응답했다. 윤영희의 대답은 한마디로 "이놈의 세상, 빨리 죽고 싶은데 지은 죄가 남아서 죽을 수도 없다"는 뜻이 된다. 그저 말 따라나온 장난스런 이야기였지만, 다산은 그의 대답에서 세상을 향한 원망과 불평의 마음을 읽어냈다. 그리고 거기서 그치지 않고, 이를 기억했다가 형에게 보내는 편지에서 이 대화를 인용하여 제시경발의 자료로 삼았다.

깨달음을 공유하라

유배온 지 7년이 지난 어느 날, 다산은 윤영희에게 장문의 편지를 보냈다. 그 편지는 그간 자신이 진행해온 『주역』공부의 경과를 설명하고, 그 긴 여정에서 깨달은 핵심내용을 간추려 제시한 것이었다. 그 편지의 마지막 대목은 이러하다.

7년 동안 귀양살이에 문을 닫아걸고 틀어박혀 지내다 보니, 비록 부리는 종이나 밥하는 여종도 함께 서서 얘기하려 들지 않는군요. 낮에 보는 것이라고는 다만 구름의 그림자와 하늘빛뿐이요, 밤에 듣는 것은 벌레소리와 대바람소리뿐입니다. 오래도록 고요하고 적막하게 지내다 보니 정신이 응축되어 한데 모여 옛 성인의 책에 마음을 오로지 하여 뜻을 쏟을 수 있었습니다. 그러다 보니 모르는 사이에 저절로 울타리 밖으로 새어나오는 빛을 엿볼 수 있게 되었지요.
진실로 함장축언(含章蓄言), 즉 말을 아껴 머금어 괄낭(括囊) 곧 주머니를 닫고 말하지 말라는 옛사람의 경계를 지킴이 마땅하리라 봅니다. 하지만 또 혼자 생각해보니 풍으로 마비가 오고 뼈마디가 쑤시고 아파 죽을 날이 머지않은데 끝내 입을 다물고 펴지 않은 채 땅에 묻힌다면 성인을 저버림이 심한 일일 듯싶습니다. 온 세상을 두루 살펴보아도 오직 그대만이 능히 나를 비루하다 하지 않고 저버리지 않을 듯하여, 이에 곁에 있는 종이를 써서 대략 침울한 정을 펴니, 받아주시기 바랍니다.
「윤외심에게 보냄(與尹畏心)」 8-126

요컨대 다산은 이때 자신이 여러 해 동안 잠심완색(潛心玩索)하여 얻은, 『주역』에 대한 깨달음을 누군가에게 보여주고 검증을 받고 싶었다. 부리는 종조차 상대해주지 않는 적막 속에서도 그는 오로지 공부만을 계속했고, 그 끝에서 가슴 떨리는 깨달음과 만났다. 하지만 이를 한바탕 펼쳐 부족함을 깁고, 잘못된 것을 수정하며, 잘된 것을 인증받을 수 있는 그 한 벗과의 토론이 못내 그리웠던 것이다.

스스로 깨닫게 하라

다시 다산의 편지를 읽어보자.

 농부가 어찌 강아지풀 때문에 씨 뿌리는 것을 그만두겠습니까? 다만 후세의 학자들이 언론이나 견해가 어쩌다 맞지 않으면 처음에는 서로 강론하여 고집하다가 나중에는 갈라서는 자가 아주 많다고 하신 그대의 말은 실로 저로 하여금 고개를 끄덕이게 합니다. 그러나 후생말학(後生末學)은 도리를 살핌이 분명치 못하고, 선을 가림이 정밀치 않습니다. 다만 제시유액(提撕誘掖), 즉 이끌어 일깨우고 권하여 북돋워주어 함께 대중지정(大中至正)의 영역으로 돌아가는 것이 마땅합니다. 고개를 내젓고 눈을 감아 사람을 막고 홀로 선하기만 생각해서는 안 됩니다. 군자는 화합하되 같은 부류가 되지는 않는다 했으니, 어찌 먼저 경계를 두어 나와 사물 사이를 달리 보게 할 수 있겠습니까?
「방산에게 답함(答方山)」 8-100

여기서는 제시경발 대신 제시유액을 말했다. 의미는 같다. 강아지풀이 무성하게 돋아나는 것이 겁나 파종을 포기하는 농부는 없다. 구더기가 무서워도 장은 담근다. 토론중에 시비가 붙어 사이가 틀어지는 것은 공부의 자리에서 다반사로 있는 일이다. 그게 겁난다고 공부하는 사람이 토론을 꺼리거나 자기 의견을 숨기고 말하지 않는 것은 학자의 바른 자세일 수 없다. 더욱이 아직 자기 주견이 확립되지 않은 후생(後生)의 경우 제시경발의 가르침을 더더욱 게을리 해서는 안 된다. 그저 욕 안 먹고 마음 편히 지내겠다고 마음의 문을 닫고 저 혼자 올바르기만 추구하는 것은 결코 군자의 도리가 아니다.
그렇다면 제시경발은 어떻게 해야 할까?

옛날에 느닷없는 큰 망치소리를 듣고 깜짝 놀라 병이 된 사람이 있었답니다. 작은 소리조차 온통 꺼려, 약도 아무 소용이 없었다는군요. 한 의원이 병자를 밖에 앉아 있게 하고는 별안간 큰 망치소리를 내서 다시 한 번 깜짝 놀라게 해놓고서, 연거푸 백번 천번 그 소리를 냈더니 병이 깨끗이 나았다고 합니다.
이제 다시 한 번 모여 시골사람의 병통을 낫게 해주고 싶지만, 힘이 빠져 떨쳐일어날 수 없는 것이 몹시 유감입니다. 한 끼 밥에 살이 찌고, 한 끼 밥에 비쩍 마른다면 사람들이 이를 천히 여기는 법이지요. 사군자가 서로 모여 강학하는데, 우연히 한 미친 간사한 자가 말을 꾸며 헐뜯었다 하여 마치 땅이 꺼질 듯 마음이 허물어진다면 어찌 진보하여 큰 그릇이 되기를 바랄 수 있겠습니까? 대저 일이란 스스로 돌이켜 허물을 물리칠 것도 있고, 뜻을 다잡아 굽히지 않을 것도 있는 법입니다.
「만계에게 답함(答蔓溪)」 8-110

다산이 금정찰방으로 좌천되어 있을 적에 이삼환 등과 함께 온양의 봉곡사에 모여 열흘간 성호 이익의 『가례질서』를 편집·교정하며 강학한 일이 있다. 당시 남인들의 이 모임을 두고 여러 곱지 않은 시선이 있었던 듯하다. 마침내 단합대회를 했네 어쩌네 하면서 흉악한 유언비어까지 돌자, 만계가 이를 근심하는 소식을 다산에게 전했다. 위 글은 이에 대한 다산의 답장 중 한 대목이다.

느닷없는 한 차례의 망치소리에 놀라 생긴 병은 백번 천번 거듭 들려주면 쉽게 낫는다. 공부하는 사람이 뜬금없는 비방에 놀라 주눅 들고 위축된다면, 망치소리 듣고 무서워 병난 자와 무엇이 다르겠는가? 잘못이 있으면 스스로 돌아보아 과감히 고칠 일이요, 떳떳하면 누가 무슨 말을 해도 굳세게 지켜 밀고나갈 뿐이다.

다산은 병자의 비유를 들어, 유언비어를 듣고 전전긍긍하던 만계의 불안감을 단숨에 풀어주었다. 한 마디의 말로 미혹을 걷어내고, 한 차례의 일깨움으로 정신이 번쩍 들게 해주는 것, 이런 것이 바로 다산의 제시경발법이다. 다산의 문집에는 다른 사람에게 주는 증언(贈言)이 아주 많다. 누가 찾아와 무슨 부탁을 하거나 어떤 대화를 나누고 나서 그에게 해줄 충고를 말이 아닌 글로 써준 것이다. 이 또한 제시경발의 좋은 예다.

의혹을 제거하라

다음 글은 14절에서 살펴본 바 있는, 다산에게 『주역』을 배운 대둔사의 승려 아암 혜장의 제자인 기어(騎魚) 자홍(慈弘)이라는 승려에게 준 증언이다.

군자는 도(道)를 근심할 뿐 가난은 걱정하지 않는다고 들었다. 대체(大體) 즉 마음을 기르는 것을 도라 하고, 소체(小體) 즉 몸뚱이조차 능히 기르지 못하는 것을 가난이라 한다. 맹자는 내 안의 호연한 기상을 잘 길렀던 사람이다. 그는 이 기운이 의(義)와 도(道)를 배합한 것이라고 했다. 이것이 없으면 굶주리게 된다. 이 기운이 부족한 것이야말로 걱정할 만한 일이다. 이는 실로 육체의 굶주림보다 더 다급한 것이다. 근심하는 바가 여기에 있고 저기에 있지 않은 까닭이 실로 여기에 있다.

여기 어떤 사람이 있다고 하자. 그는 평생 동안 고운 옷 입고 좋은 음식을 먹으며 집을 높이 짓고 장막을 성대히 꾸미고 살았다. 하지만 도를 듣지 못한 채 죽었다면, 죽는 날 몸과 이름도 함께 스러지고 말 것이다. 이것은 그 물건됨이 공작과 비취새, 범과 표범, 황새와 두루미나 거미 따위와 다를 것이 하나도 없다.

하지만 세상 사람들이 닭이 울면 일어나 부지런히 쉬지 않고 애쓰며 노력하는 것은 몸뚱이를 기르는 데 있을 뿐이다. 이른바 호연지기를 기르는 데 있어서는 설렁설렁 마음을 쏟지 않는다. 군자가 볼 때 안타까워하지 않을 수 있겠는가? 불교의 가르침이 비록 황탄하지만, 그들이 말하는 진(眞)과 망(妄), 유(有)와 무(無)의 상(相)은 우리 유가에서 말하는 본연지성과 기질지성의 분별과 같다. 승려 자홍은 수정사(水精寺)에 살고 있는데, 올 가을 능주에 먹을 것을 구하러 나왔기에 이를 써서 경계로 삼는다. 「기어승 자홍에게 주는 말(爲騎魚僧慈弘贈言)」 7-305

글의 내용으로 보아 자홍이 탁발을 나왔다가 스승의 스승인 다산에게 들러 인사를 올렸던 모양이다.
"어찌 나왔느냐?"
"먹을 것이 다 떨어져 양식을 탁발하러 나왔습니다."
"승려가 도를 닦아 깨달음을 얻지 못한 것을 배고파해야지, 그까짓 창자의 굶주림을 못 이겨 이 먼 데까지 나왔더란 말이냐? 배불리 먹어 얼굴에 개기름이 흐르고, 절집을 높이 지어 단청을 입히는 게 중요한 것이 아니다. 그런 것들은 표범의 가죽이나 공작새의 깃털

같은 것일 뿐이다. 너의 전전긍긍은 고작 육체의 굶주림과 물질의 가난에 있을 뿐이로구나. 가슴속에 진망유무(眞妄有無)의 분별을 길러, 무엇이 헛되고 무엇이 참된 것인지를 깨닫는다면 그까짓 창자의 배고픔은 문제도 안 될 것을! 네 목구멍을 위해 애를 쓰고 화장실에 충성하는 정성으로 깨달음의 공부에 힘을 쏟으면 좋으련만! 아, 안타깝구나."

모처럼 인사차 들른 자홍은 느닷없는 말씀의 몽둥이를 맞고 등줄기에 식은땀이 흘러내렸을 것이다.

다산은 말한다. 공부를 잘하려면 식견이 열려야 한다. 깨달음이 없으면 여기서 이 말 듣고 저기서 저 말 들을 때마다 우왕좌왕하게 된다. 귀가 얇아 듣는 대로 의심이 나고, 배우는 대로 의혹만 커진다. 정신을 바짝 차려라. 입과 배를 위해 애쓰지 말고, 네 영혼의 각성을 위해 힘써라. 누구나 처음에는 안 된다. 차근차근 따지고 살피고, 곁에서 일깨워주어 깨달아가는 것이다.

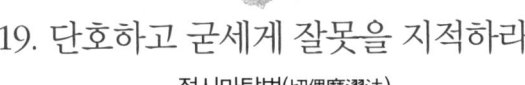
19. 단호하고 굳세게 잘못을 지적하라
절시마탁법(切偲磨濯法)

글로써 벗과 만나는 것은 옛사람이 즐거워한 일이다. 다만 근세에 학자들은 서로 모여 강학할 때, 매번 알맹이 없이 칭찬하고 거짓으로 겸손해하며 하루해를 마친다. 갑이 온통 치켜세워 찬양하면, 을은 몸을 받들어 물러선다. 다시 을이 두 배나 더 칭송하면 갑은 말이 떨어지기가 무섭게 겸양한다. 하지만 몸과 마음의 실지에는 절시마탁(切偲磨濯)하는 보탬이 없다.

【「서암강학기(西巖講學記)」 9-44 】

비판할 뿐 칭찬 말라

절시마탁(切偲磨濯)은 잘못을 바로잡고 책선(責善)해서 역량을 갈고닦는 것이다. 공부하는 사람은 서로에게 칭찬하는 법이 없다. 날카롭게 비판하고 냉정하게 평가해서 상대의 부족한 점을 지적하고, 그가 잘못한 것을 드러내서 더 향상될 수 있도록 이끌어야 한다. 다른 사람의 비판에 대해서도 마음을 비워, 수용할 것은 수용하고 내세울 것은 더 확고히 내세워야 한다.

그러나 사람들은 늘 반대로 한다. 남의 부족한 점은 그저 듣기 좋은 말로 칭찬해서 '좋은 게 좋은 거'라는 식으로 넘어간다. 남의 비판에 대해서는 얼굴이 벌게져서 불쾌하게 생각한다. 남이 입에 발린 말로 칭찬해주면 그제야 흡족해서 '그러면 그렇지' 한다.

앞의 인용은 다산이 정리한 「서암강학기」에서, 이삼환이 토론에 참여한 사람들에게 기본적인 자세를 환기시키며 한 말이다. 다산은 이 말이 인상적이었던지 다른 글에서도 그대로 인용했다.

보내신 글 가운데 칭찬이 너무 많아 실정보다 지나칩니다. 앞쪽의 백여 마디는 글자마다 실지(實地)를 잃어, 읽고 나서는 몹시 실망했습니다.

옛날 10년 전에 서울의 여러 벗과 강학하며 도에 대해 논할 때 일입니다. 갑이 말끝마다 칭찬하면 을은 몸을 받들어 사양합니다. 이번엔 을이 배나 더 칭송합니다. 그러면 갑은 말이 떨어지기가 무섭게 겸양하지요. 마침내 몇 년 뒤에는 둘 다 벼슬길로 나아가 우뚝하게 수립한 자가 없었습니다. 이는 깊이 경계로 삼아야 할 바입니다. 지난번 산사에 있을 때 목옹(木翁) 이삼환 선생께서 누누이 당부하시기를, 이 같은 습속을 없애기에 힘쓰라고 하셨는데, 형께서 선생이 크게 경계하신 일을 그릇 범할 줄은 생각지도 못했습니다.

대저 벗을 귀하게 여기는 것은 절시마탁하는 유익함이 있기 때문입니다. 마땅히 마치 돌침으로 뼈에 침놓듯이 어리석고 게으름을 경계하고, 쇠칼로 눈동자의 백태를 깎아내듯 허물과 잘못을 바로잡아야 합니다. 상대방이 설령 큰 재주와 높은 덕이 있다 해도 내가 무엇 때문에 그를 향해 이를 말하겠습니까? 하물며 속되고 비루한 무리에게 과도하게 칭찬을 더하는 것은 장차 남에게 웃음거리가 되는 것이니, 주는 자나 받는 자나 그 잘못이 똑같을 뿐입니다.

「이문달에게 답함(答李文達)」 8-102

냉정한 비판을 원했는데 잔뜩 칭찬만 들으니 몹시 불만스럽고 실망스럽다는 내용이다. 서로 덕담이나 주고받자는 태도로는 발전이 있을 수 없다. 남을 칭찬하는 것이야 나쁠 게 없지만, 공부의 자리에서는 있을 수 없는 일이다. 겸손이 미덕이긴 해도 토론의 자리에서는 안 된다. 학문의 문제로 토론하는 자리에서는 돌바늘로 뼈를 찌르고, 쇠칼로 각막의 백태를 긁어내는 촌철살인의 날카로운 비판이 있을 뿐이다. 결코 물러설 수 없다는 불퇴전(不退轉)의 기상이 있을 따름이다. 서로 칭찬이나 하고 덕담이나 주고받으려면 토론은 무엇 때문에 하는가?

상대의 과도한 칭찬이 멋쩍어 보낸 글로 읽기에는 언사가 다소 과격하다. 다산은 이 편지의 끝을 "우리는 우의가 동문과 한가지니, 무릇 허물이나 잘못이 있게 되면 서로 바로잡고 경계해주어야 마땅합니다. 말을 꾸며서 높이고 숭상하여 한때의 기쁨을 취하는 것은 마땅치가 않습니다"라는 말로 맺고 있다. 다산은 그의 칭찬을 찬찬히 살피고 따진 데서 나온 것이 아니라, 듣기 좋은 말로 그저 상대방 기분 좋으라고 한 의례적인 치레로 받아들였던 것이다.

오류를 인정하라

다산은 이렇듯 상대방에게 날카로운 비판을 요구했을 뿐 아니라, 그 자신도 상대가 듣기 거북해할 정도의 비판을 조금도 머뭇거림 없이 퍼부었다.

지금까지의 구설은 말하면 이(齒)만 실 테니, 생각건대 노형은 더더욱 듣기 싫을 겝니다. 다만 저의 구구하고 어리석은 충정은, 그래도 형께서 이 일단의 사리에 대해 오히려 한 겹 가려진 것이 있을까 염려됩니다. 이에 제 마음으로 헤아려본 것을 한 차례 말씀드려 형께서 처리하고 판단하는 데 도움이 되고자 합니다.

첩첩산중 깊은 숲속에서 나그네로 머물며 고요히 지내면서 정신이 맑고 상쾌해지면 유명(幽明)의 이치나 정사(正邪)의 갈림이 이미 분명하고 명확해져서 제가 이렇게 늘어놓는 말이 필요없을 줄은 잘 알고 있습니다. 하지만 아끼는 마음이 절실하고 염려함이 아득한지라 부득불 한 차례 답답한 마음을 토로하지 않을 수가 없습니다.

또 형의 본뜻이야 선을 즐거워하고 의리를 사모하는 데서 나왔겠지요. 또한 터럭만큼도 귀신에게 아첨하거나 허탄한 뜻을 꿈에도 품은 적이 없다 하여, 스스로 태연하게 부끄러움이 없다고 생각하실까 염려됩니다. 이런 까닭에 원망하고 번민하는 뜻이 절실하고, 자신을 탓하거나 뉘우치는 마음이 참되지 않은 것입니다. 이와 같다면 만년에 허물됨이 클 것입니다. 또 어찌 감히 한마디 쓴 말로 통절하게 타이르지〔切偲〕 않겠습니까?　　　　　「정산에게 보냄(與鼎山)」 8-144

만년에 김매순과 더불어 『상서』에 대해 토론하던 김기서가 평구(平丘)에서 제단을 차려놓고 귀신에게 제사지낸 일로 물의를 빚어 연풍(延豊)으로 귀양을 갔다. 이 일이 있기 전 다산은 이미 그에게 편지를 보내 잘못을 곡진하게 타이르고 두 번 세 번 그만둘 것을 종용하였다. 그런데 막상 귀양을 가면서도 김기서는 자신의 잘못을 뉘우치기는커녕 오히려 남을 원망하고 탓하는 마음을 토로했던 모양이다.

이에 다산은 그의 적소(謫所)까지 편지를 보내 잘못을 통절하게 나무라며, 여러 논리적 근거를 들어 조목조목 설득했다. 이 인용문의 끝에도 '절시(切偲)'라는 표현을 썼다. 잘못을 적극적으로 지적해서 바로잡겠다는 뜻이다. 이미 귀양까지 가서 세상을 향한 원망이 가득한 그에게 듣기 싫은 소리가 될 줄 뻔히 알면서도 성의를 담은 진실한 말로 그의 잘못을 지적한 것이다. 편지의 끝부분을 조금 더 읽어보자.

바라건대 노형께서는 마음이나 생각 속에서 하루빨리 그 생각을 없애버리고, 다시는 생각조차 하지 마십시오. 다만 제 말을 믿고서 사기종인(舍己從人)하는 도량을 넓히심이 어떠한지요?
군자의 배움을 택선고집(擇善固執)이라 함은 그 가린 것이 본시 정밀하기 때문입니다. 만약 가린 바가 처음부터 잘못되었는데도 오직 고집하는 것을 미덕으로 여긴다면, 이는 고삐를 북쪽으로 향하고서 남쪽 월땅으로 가려는 것이나 마찬가지입니다. 이러한 것은 빠른 우레나 매운바람처럼 다만 빨리 고치지 못하는 것을 염려할 뿐이니, 이것이 『서경』에서 말한 '허물을 고치는 데 인색하지 않다〔改過不吝〕'는 것입니다.
의리상 한마디 말로 제 본분을 다하였으니, 다만 넓은 아량으로 용서하시고 기꺼이 받아들여주시기만을 바랍니다. 글로는 하고 싶은 말을 다 하지 못합니다. 깊이깊이 생각하시고, 또 거듭 생각하십시오.

「정산에게 보냄〔與鼎山〕」 8-144

다산은 먼저 사기종인(舍己從人)할 것을 그에게 권했다. 자기의 고집을 버리고 남의 비판을 따르라는 말이다. 그 반대가 택선고집(擇善固執)이다. 자기가 옳다고 생각한 것을 끝까지 밀어붙여 굳게 붙드는 것이다. 비판하는 사람의 사기종인과 듣는 사람의 택선고집이 팽팽하게 맞서면 토론에 진전이 없게 되므로 토론의 보람이 없다.

다산은 택선고집의 태도가 훌륭하기는 하지만, 처음 단계에서 아예 잘못된 길을 선택해놓고 이것을 고집하게 되면 북원적월(北轅適粵)의 결과를 빚을 뿐이라고 했다. 북원적월은 수레의 방향을 북쪽으로 틀어놓고 남쪽으로 가려 드는 것을 말한다. 이 경우 수레를 열심히 몰면 몰수록 목표에서 점점 더 멀어지게 된다.

공부하는 사람의 바람직한 태도로 다산은 다시 개과불린(改過不吝)을 꼽았다. 잘못되었다 싶을 때 즉각 그 잘못을 인정하는 것이다. 잘못인 줄 알면서 자존심 때문에 고집을 부린다면 결국 아무것도 이룰 수가 없다. 남의 지적을 덮어놓고 수긍하려 드는 태도는 더 잘못이다. 공부하는 사람은 이 사이를 잘 가늠할 수 있어야 한다.

권위에서 벗어나라

다산은 신작과 자못 격렬한 토론을 주고받았다. 이를 통해 절시마탁의 좋은 예를 살펴볼 수 있다. 16절에서 질정수렴법(質定收斂法)을 논하면서, 육향(六鄕)의 소재를 두고 둘 사이에 오간 논쟁의 일단을 살펴보았다. 두 사람의 논쟁은 팽팽하게 대립각을 세우며 계속되었다. 몇 차례의 서면토론에도 불구하고 신작이 고집을 꺾지 않자 다산은 이런 편지를 보냈다.

경전에 분명한 글이 있어 확고하여 움직일 수가 없습니다. 수(遂)라 하고 교(郊)라 한 것도 끼워넣을 틈이 없습니다. 장차 진퇴유곡의 형세가 마치 저양촉번(羝羊觸藩), 즉 숫양이 뿔로 울타리를 들이받는 격이라 빠져나갈 곳이 없습니다. 장차 이를 어찌 처리하시렵니까?

　노형께서는 정현(鄭玄)을 독실하게 믿는지라, 남의 문자를 보거나 다른 사람의 이야기를 들을 때, 먼저 마음속에다 하나의 방패막이를 세워놓고, 정현의 주장과 어긋나는 것이 있으면 강하게 거부하고 굳게 지킵니다. 이는 어리석은 제가 일찍이 아껴 사모하고 공경하여 기뻐하는 바입니다. 하지만 지나치게 고집을 부리는 데 이르러서는 사람으로 하여금 꽉 막혀 답답함을 견디지 못하게 합니다. 마음을 공평하게 비워 아무 걸림 없이 기쁜 것이 제일 좋습니다.

　문득 이에 이처럼 미친 듯 떠들었으니, 노형께서 삼가 한바탕 활짝 웃으시고, 또 망령되고 경솔하게 잘못한 것을 나무라주십시오. 그러나 정현의 주가 반드시 다 옳은 것은 아닙니다. 마땅히 생각을 조금 고치시는 게 옳을 듯합니다. 마음을 열고 받아들이지 않을 줄을 너무나 잘 아는 까닭에, 또한 달리 다투려는 뜻은 없습니다. 이만 줄입니다.

「신재중에게 답함〔答申在中〕」 8-191

다산은 경전의 근거에 입각하여 한나라 때 정현의 주석을 인정하지 않았고, 반대로 신작은 정현의 주석에 입각하여 모든 논리를 펼쳤다. 당시 청대의 고증학이 들어오면서 주자를 비판하는 근거로 한대의 훈고학을 존중하는 경향이 있었다. 다산은 한대의 주석과 주자의 집전이 서로 상충될 때, 반드시 경전에 근거해서 결단해야 한다는 입장이었다. 하지만 한나라 때 훈고학의 성과를 인정하느냐 못하느냐로 촉발된 이 논쟁은 쉽게 끝나지 않았다. 다시 다음 편지의 첫 대목이다.

지난번 보내주신 답장을 받아보니 육향에 대한 주장은 옛 주석을 그대로 고수하셨더군요. 옛것을 독실히 좋아하고 굳게 지키는 절조를 깊이 알겠습니다. 이미 조금도 굽힐 수 없음을 알았으니 차라리 입 다물고 묵수(墨守)하는 것이 낫겠습니다. 때마침 무더위를 만나 논쟁하고 싶은 마음도 없습니다.

다만 생각해보니 어리석은 제 견해를 다 마치지 않고서 논쟁하던 안건을 서둘러 거둔다면, 노형께서 장차 "고자(告子)가 아무 답장이 없는 것은 맹자의 가르침을 따른 것이다"라고 말씀하실 듯하여, 문득 감히 스스로 정성을 다하여 살펴보아주시기를 바랄 뿐, 감히 거짓으로 꾸며서 이기기를 구하려는 것이 아닙니다. 「신재중에게 답함(答申在中)」 8-193

다산의 토론은 집요하고도 끈질겼다. 다산은 신작이 자신의 주장을 결코 거두지 않을 것을 알았다. 하지만 이것은 누가 이기고 지느냐의 문제가 아니라, 학문하는 태도의 문제라고 생각했다.

예전 맹자와 고자가 성선(性善)과 성악(性惡)의 주장을 놓고 논쟁을 했다. 마지막에 고자가 답장하지 않은 것을 두고, 후세에서는 고자가 맹자의 논리에 대답할 말이 막혀 승복한 것이라고 생각했다. 이와 마찬가지로, 다산은 여기서 토론을 멈추면 마치 자신이 신작의 주장에 승복한 것으로 남들이 오해할까 봐, 끝까지 자신의 생각과 상대 논리의 허점을 파헤치겠노라고 했다.

이어 다산은 신작이 새롭게 제기한 문제를 하나하나 축조(逐條) 비판했다. 편지의 맺음말은 이러하다.

노형이 시속을 경계하여 가벼이 옛 가르침을 어기지 않으려 하는 것은 이것대로 유자의 기상인지라, 마음으로 탄복하는 바입니다. 하지만 이 같은 데서조차 총명을 막고 지혜를 끊어 오직 정현의 주석만을 지키려 든다면, 경전의 뜻이 통하지 않아 사람들이 마음으로 승복하지 않으면서, 형께서 중화를 이루고 공평함을 지녔다고 말하지 않을 것입니다. 어떻게 생각하십니까? 이후로는 비록 세세한 가르침이 있다 하더라도 감히 다시는 말하지 않겠습니다. 「신재중에게 답함(答申在中)」 8-196

신작은 다산이 역대의 경전해석에서 중요한 근거로 삼아온 한나라 유학자의 권위 있는 이론까지 부정하며 자기의 주장을 펼치는 것을 몹시 위태롭게 보았다. 게다가 다산은 선배들의 논의를 인정하지 않고 과감하게 비판했다. 하지만 다산은 경전의 논거가 확실하지 않을 경우 어떤 권위도 인정하지 않았다.

양보 없이 논쟁하라

다산이 이 문제를 끝까지 붙들고 늘어졌던 것은, 이 문제가 단지 '육향이 왕성과 교외 중 어디에 있었는가?' 하는 사실의 확인에 그치지 않고, 좀더 본질적인 문제와 닿아 있었기 때문이다.

다산처럼 육향이 왕성에 있었다고 보면 육향에서 이루어진 교법(敎法)과 규법(糾法), 전법(田法)과 부법(賦法), 그리고 군려(軍旅)와 길흉례(吉凶禮) 등이 모두 왕의 직접적인 통치행위의 일부가 된다. 반대로 육향이 교외에 있었다고 하면 이는 부차적인 문제가 되어 지엽말단의 하위 문제가 된다.

육향의 소재는 이처럼 통치행위의 영역에 대한 해석상의 차이를 수반하는 중요한 쟁점이었다. 이 때문에 끝까지 양보하지 않고 격렬하게 논쟁했던 것이지, 단순히 누가 이기고 지느냐 하는 자존심의 문제가 아니었다.

신작 또한 끝까지 자기 고집을 꺾지 않았지만, 다산의 치열한 태도에 깊은 인상을 받았다. 그는 형 신진(申縉)에게 보낸 편지에서 자신과 토론한 다산에 대해 이렇게 적고 있다.

그는 구두나 따지고 문맥이나 지키는 사람이 아닙니다. 재주가 우뚝하고 문장도 체재를 얻었습니다. 경전 주석이 조리가 있고 세밀하여, 제가 아는 한 그보다 나은 사람은 없을 듯합니다. (중략)

근래 예를 논하는 사람 가운데 그와 견줄 만한 사람이 없습니다. 다만 선배를 경솔히 비판하고 자기 견해를 스스로 내세우는 병통이 있습니다.
신작, 「백씨께 올림(上伯氏)」, 『석천유고(石泉遺稿)』

요컨대 신작은 다산 학문의 깊이와 넓이에 대해 승복하고 인정했다. 다만 다산이 자신의 식견이 투철함을 믿고 함부로 선배들을 비난하는 혐의가 있다고 비판했다.

어쨌든 이러한 일련의 과정을 살펴봄으로써 토론에 임하는 다산의 엄정하고도 집요한 태도를 명확히 파악할 수 있다.

다산은 말한다. 중간에 그만둘 토론은 시작도 하지 마라. 쟁점은 쌍방이 온전히 승복할 때까지 물고늘어져라. 누가 이기고 누가 지는가는 중요하지 않다. 덕담이나 주고받고, 좋은 게 좋은 거라는 식으로 해서는 학문의 발전은 있을 수 없다. 송두리째 의심하고, 남김없이 파헤쳐서 의심의 여지를 남기지 마라.

20. 근거에 바탕하여 논거를 확립하라
무징불신법(無徵不信法)

『사기』에 대한 가르침을 보고 조목마다 감탄하였습니다. 오인걸(吳仁傑)의 책이 근자에야 겨우 서울로부터 도착했습니다. 포장군(蒲將軍)을 극포후(棘蒲侯) 진무(陳武)라고 했더군요. 이것은 족히 증거로 삼을 만합니다. 다만 삼보(三寶)의 훈은 아직도 확실한 근거가 없어 걱정입니다.
【「이관찰에게 보냄(與李觀察)」 8-67 】

근거에 입각하라

무징불신(無徵不信)은 증거가 없으면 믿지 않는다는 뜻으로, 『예기(禮記)』에 나오는 말이다. 토론과 논쟁에서 가치판단의 최종근거는 확실한 논거나 증거다. 논거 없이 무조건 목소리만 높여서는 상대를 설득할 수 없다. 증거 없이 인정에 호소한다고 될 일도 아니다.
토론뿐 아니라 저술에 임하는 다산의 태도 또한 바로 이 무징불신의 정신에 바탕을 두고 있다. 특히 그것이 경전의 해석과 관련된 문제라면 더욱 철저하고 냉정하게 경전의 근거에 바탕해서 주장을 폈다.

다산이 곡산부사로 떠나는 날, 정조는 다산에게 『사기영선(史記英選)』의 주석을 정리하라는 명을 내렸다. 이에 앞서 정조는 김이교(金履喬)·김이재(金履載)·홍석주(洪奭周)·김근순(金近淳) 등에게 『사기영선』의 찬주(纂注)를 달게 했다. 당대의 석학들이 함께 달라붙어 정리한 찬주가 올라왔다. 하지만 정조가 보기에 그들의 주석은 실속도 없이 너무 번다했다. 그래서 이를 간략하게 간추리고 미진한 것을 보완하는 작업을 다산에게 다시 맡겼던 것이다.

다산은 왕명에 따라 이들이 정리한 책을 곡산으로 가져갔다. 그리고 공무를 보는 여가에 그 날렵한 편집솜씨를 발휘하여 번다한 것을 걷어내고, 부족한 것을 채워 『사기선찬주(史記選纂注)』 10책을 올렸다. 앞의 편지는 이 작업의 진행과정에서 이런저런 궁금한 점을 당시 황해도관찰사로 있던 이의준(李義駿)에게 묻고 답하며 쓴 글이다. 『사기』에 다만 포장군이라고 나올 뿐 실체를 알 수 없던 인물의 이름이 '진무'라는 사실을 오인걸의 책에서 마침내 근거를 찾아내 확인한 후 기뻐서 전한 내용이다.

다산은 「사기선찬주를 올리는 계〔進史記選纂注啓〕」에서 이 작업에 적용한 범례를 상세히 밝혔다. 기존의 주석에서 이견이 없는 것은 그대로 따랐고, 달리 문헌고증을 통해 확인된 사실은 위 진무의 경우처럼 밝혔다. 근거할 만한 주석이 없을 경우에는 추측해서 논하지 않고 그대로 남겨두었다. 꼼꼼히 따져서 명명백백해야만 책에 실었다.

다산의 다음 편지는 위와 같은 내용의 각주를 달게 된 과정과 미진한 점에 대해 또 다른 사람에게 질정을 청하는 내용이다. 단순한 한 구절 또는 인명 하나의 주석을 놓고도 그가 얼마나 증거를 찾아 고심참담했는지 잘 보여준다.

자신이 주석을 낸 『사기영선』으로 외손자를 가르치다가 친구인 산음서옥(山陰書屋)에게 『사기』를 빌려달라고 청하는 내용이 담긴 다산의 친필 편지. 편지의 일부 내용을 소개하면 이렇다. "외손자가 『사기영선』을 읽다가 「범수전(范雎傳)」에서 채택(蔡澤)의 일을 간략하게 말한 것을 읽더니, 그 아이가 굳이 「채택전」을 구해 잇달아 읽었으면 하는군요. 이 고을에는 『사기』가 없으니 어찌합니까? 이 책은 제가 교주했던 책입니다."

포장군(蒲將軍)이 시무(柴武)라는 사실은 주자의 문인인 오인걸이 지은 『양한간오보유(兩漢刊誤補遺)』에 나옵니다. 이번에 『공신연표(功臣年表)』를 상고해보니 믿을 만한 증거가 있더군요. 시무는 바로 진무(陳武)였습니다.

「화식전(貨殖傳)」에 나오는 삼보(三寶)에 대해서는 예전에 분명히 주석을 보았습니다. 사가(史家)들은 위 구절에 열거한 농(農)·공(工)·우(虞)가 여기에 해당한다 하였습니다. 이번에 『사기평림(史記評林)』 및 다른 여러 좋은 판본을 고찰해보았지만 어디에도 이 같은 주장이 없는지라, 감히 망령되이 스스로 주석하지 못하니, 이것이 유감입니다. 널리 고증하여 각주를 첨가해주시면 고맙겠습니다.

「항우본기(項羽本紀)」에서 성양(成陽)과 성양(城陽)의 구별은 근래 유자가 지은 『사기고이(史記考異)』에서 매우 상세히 변증해놓았더군요. 지난날 미처 상세히 점검하지 못해 고쳐서는 안 될 것을 잘못 고쳤는데, 이번에 다시 고찰하여 바로잡았습니다.

「이성중에게 보냄(與李成仲)」 8-64

대부분의 내용에는 이미 쟁쟁한 학자들이 함께 달려들어 너무 상세하다 싶을 만큼 주석을 달아놓은 상태였다. 다산은 이 바탕 위에서 긴요하지 않은 주석을 추려내고, 앞선 주석자들이 해결하지 못한 문제까지 찾아내야 했다. 정조는 다산이 정리한 내용을 받아본 후 매우 흡족하다는 뜻을 다산에게 전했다. 그렇게 해서 마침내 『사기영선(史記英選)』이 간행되었다.

비방을 자제하라

쟁점이 되는 주제에 대한 토론은 자칫 비판과 비방이 뒤섞이기 쉽다. 이때 논거를 가지고 비판해야지, 감정으로 비방해서는 안 된다.

> 보내주신 편지에서 『제찬고(祭饌考)』는 앞사람이 이미 밝힌 것이 있는 듯하다고 하셨더군요. 그러나 서건학(徐乾學)의 『독례통고(讀禮通考)』나 진혜전(秦蕙田)의 『오례통고(五禮通考)』에는 이러한 영향이 보이지 않습니다. 장차 어디에서 이를 상고한단 말입니까? 우리나라 선유(先儒)들이 저마다 스스로 법도를 만들어 도식을 만든 사람이 한둘이 아니지만, 모두 옛 근거가 없고 보니 뜻을 세울 방법이 없습니다.
>
> 「중씨께 올림〔上仲氏〕」 8-232

제사상에 올리는 음식에 관한 다산의 논문을 읽고 정약전이 어디선가 본 것 같다는 답장을 보내왔다. 하지만 다산은 이에 대해 확실한 근거를 대보라고 답장했다. 예서(禮書)를 집대성했다는 평가를 받는 서건학과 진혜전의 방대한 책 속에도 자신의 주장과 비슷한 내용은 없었다. 또한 자기 이전에도 많은 학자들이 이에 관한 글을 남겼고, 심지어 도식(圖式)으로 정리해둔 것도 한둘이 아니지만, 다산이 보기에 그들의 주장은 모두 자기 식의 규칙을 멋대로 만든 것일 뿐 옛 경전의 근거에 바탕한 것은 없었다. 앞선 내용을 모두 검토해봐도 달리 근거를 찾을 수 없는지라, 자신이 경전의 근거에 따라 새롭게 이 부분을 정리했다는 것이다.

이렇듯 다산은 언제나 근거에 바탕을 두고 입론을 펼쳤다.

아! 이단이란 것은 천하의 악명이라오. 말하기는 비록 쉬워도 이를 받게 되면 어찌 괴롭지 않겠소?

주자는 육구연(陸九淵)을 선학(禪學)이라고 배척하였소. 하지만 반드시 아호(鵝湖)에서 강학하면서 그 용모를 살펴보고, 그 말을 들으면서 마음에 품은 것을 살피고 온축(蘊蓄)한 것을 헤아려보았소. 그와 더불어 이야기해보고, 시를 같이 짓고, 함께 기거해본 뒤에야 그가 과연 선학임을 의심 없이 알 수 있었소. 그와 함께 수천만 언에 이르는 편지를 주고받아 그의 행동이 천성을 방임하고 정신을 희롱하며 옛것을 버리고 제멋대로 하는 죄를 고집한 뒤에야 그가 과연 선학임을 의심 없이 알았던 것이오.

이제 몇 사람은 하늘 가 땅의 귀퉁이 밖에서 나고 자라, 상대의 얼굴도 본 적이 없고, 말하는 것도 들은 적이 없으며, 논한 것을 고찰해보지도 않았고, 행동을 관찰하지도 않았소. 그런데도 한갓 소인배들의 말만 듣고 느닷없이 제멋대로, 대대로 유자의 의관을 맑게 지녀온 무리에게 천하의 악명을 더한다면 또한 너무 경솔한 것이 아니겠소?

선비라는 이름은 지극히 깨끗하고 맑은 것이오. 그런데도 그 말과 행동을 조금 찬찬히 따져보지도 않고서, 오직 거짓말을 퍼뜨리고 비방을 만들어내어 상대를 헐뜯는 자의 말만 믿고 또 따르려 하니, 어찌 이다지도 자신을 아끼지 않는 게요? 「조진사 익현에게 보냄(與曺進士)」 8-109

당시 광주(光州)의 유생 몇 사람이 태학에 글을 올려, 여러 학자의 이름을 거론하며 이단으로 몰아세운 일이 있었다. 아마도 당색과 관련하여 자신들의 입지를 마련하려 했던 것 같은데, 화순사람 조익현이 여기에 동조하여 맞는 말이라고 두둔하며 나섰던 모양이다. 이에 다산은 조익현에게 편지를 보내 그들의 경솔한 행동을 준절히 나무랐다.

다산은 주자가 육구연을 이단으로 규정한 일을 예로 들었다. 주자는 육구연과 직접 만나 토론하고, 수천만 언에 이르는 편지로 토론을 주고받은 뒤에야 최종적으로 그가 유가의 이단임을 확신했다. 그런데 먼 시골에서 한 번도 만난 적 없고 대화를 나눈 적도 없는 사람들을 두고, 아무 근거도 없이 다짜고짜 이단으로 내몰아 없는 말을 만들고 악의에 찬 비방을 퍼붓는다면 경솔하기 짝이 없는 행동이 아니겠느냐고 했다. 직접 눈으로 보고 근거를 확인하지 않고는 함부로 주장을 내세우지 말라는 것이다. 근거 없는 비방으로 공연한 화만 자초할 것을 우려해서 한 말이었다.

이런 예를 통해서도 우리는 다산의 무징불신하는 태도와 만날 수 있다.

버릴 것은 버려라

다산은 학문뿐 아니라, 다른 사람의 선대(先代)를 위해 써주는 글에서도 근거 없이 좋게 높여 써주는 것을 거부했다.

정수칠이 선대 정경달(丁景達, 1542~1602)의 문집과 가승(家乘)을 보내 서문을 부탁한 일이 있었다. 다산은 그가 한집안이었으므로 기꺼이 서문을 지어주었다. 그후 정수칠은 다시 임진왜란 당시 정경달의 의병관련 사실을 적은 기록을 다산에게 보내 글을 부탁했다. 기록을 읽어보니 앞뒤가 맞지 않는 잘못된 기록이 너무 많았다. 선대를 높이고자 하는 의욕이 과잉되어 전후사실을 확인하지도 않고 여기저기서 근거 없이 가져다붙인 내용이 한둘이 아니었다. 다산은 즉

각 정수칠에게 편지를 보냈다.

    다만 금번에 부쳐준 『임진의적(壬辰義蹟)』 중 선대부의 일은 또 누가 기록한 것입니까? 임진년 상주전투에서 순변사 이일(李鎰)이 패주하였는데, 이러한 때를 당하여 금오산 아래서 어찌 대첩이 있었겠습니까? 이것이 첫 번째 잘못입니다.
    당시 서애 유성룡 공은 어가를 호종하여 서쪽으로 나가 용만까지 따라가서 해를 넘기도록 돌아오지 않았습니다. 그런데도 "도체찰사 유공(柳公)이 포장하도록 계를 올렸다"고 한 것은 또 무슨 말입니까? 이것이 두 번째 잘못입니다.
    이때 학봉 김성일 공은 경상우병사로 있다가 서울 감옥으로 잡혀가서 9월이 되어서야 비로소 감사가 되었습니다. 그런데 이제 "경상감사 김아무개가 편지를 보내 축하했다"고 하였으니, 이것이 세 번째 오류입니다.
    일반 백성이 의리로 일어난 것을 의병이라 하고, 수령이 전투에 달려가는 것은 관군이라고 합니다. 그런데 이제 "학봉 김공이 계를 올려 의병도대장으로 삼기를 청했다"고 했으니, 이것이 또 무슨 말입니까? 선대부께서는 당시 선산군수의 관인을 차고 있었는데, 어떻게 의병장이 될 수 있습니까? 이것이 네 번째 오류입니다.
    양원(楊元)이 포로로 잡혔을 때 선대부의 시를 빌려서 목숨을 도모하였으나 마침내 또한 죽음을 면치 못하고 그 머리가 우리나라로 전해졌습니다. 지금 "바야흐로 양원이 우리나라를 무함(誣陷)하여 얽어넣으려 할 때 공이 27운의 시를 지어주어 그 노여움을 풀었다"고 하였으니, 이것은 또 무슨 말입니까? 우리나라를 무함한 자는 나라의 원수거늘, 나라의 원수에게 시를 지어주다니 이런 이치가 있단 말입니까? 이것이 다섯 번째 잘못입니다.

　모르겠습니다만, 임진록을 펴낼 때 그대의 집안에서 이렇게 적어 부친 것입니까? 아니면 책을 편찬한 자가 제 뜻으로 이렇게 만든 것입니까? 세상에 조금이라도 고사를 아는 사람에게 이 기록을 살피게 한다면 장차 선대부에게 이 일이 있었다고 하겠습니까? 아니면 장차 이 같은 일이 없었다고 하겠습니까? 선대부의 순수한 충성과 위대한 공렬은 이미 기록 속에 환히 밝혀져 있어 사람들의 눈에 환히 비치고 있는데, 어찌하여 참된 자취는 덮어 가려 아무 근거가 없게 만들고, 이와 별도로 이러한 거짓 자취를 적은 헛글을 만들어 인쇄한단 말입니까? 나의 의혹이 대단히 큽니다. 「반산 정수칠에게 보내는 글(與盤山丁修七書)」 8-136

　하나하나 관련 당사자의 당시 관직과 월별 동향까지 파악한 바탕 위에서 도저히 앞뒤가 맞지 않는 기록들을 다섯 가지로 짚어 논박했다. 어떻게 그 지위에 있지도 않았던 사람이 계청(啓請)을 올리고, 축하편지를 쓸 수 있는가? 연전연패의 상황에서 이긴 적도 없는 대첩은 또 무슨 말이며, 관직에 있던 군수가 어찌 의병장이 될 수 있느냐며, 꼼짝도 못할 논거를 들이대어 기록의 신뢰성에 의문을 제기했다. 다산은 이러한 왜곡은 진정한 의미에서 선대를 위하는 일이 아니며, 도리어 후세로 하여금 선대의 사적을 의심하여 믿을 수 없게 만드는 것일 뿐이라고 통박했다.

　이어지는 글에서 다산은, 당시 정경달이 남긴 일기를 보면 전후의 상황이 역사기록과 조금도 차이가 없고 한 점의 거짓이나 착오가 없는데, 후손들이 왜 이런 믿을 만한 기록은 외면하고, 말도 안 되는 기록을 취해 지극한 보배로 받드는지 이해할 수 없다고 지적했다.

　다산은 정경달의 『반곡일기(盤谷日記)』를 간행하는 일이 무엇보다

시급하다며 「반곡 정공의 난중일기에 제함〔題盤谷丁公亂中日記〕」이라는 글을 따로 지어주었다. 다산은 당시 정경달이 낮은 지위에 있으면서 느낀 유분(幽憤)을 담아 후세에 시행되기를 바라는 고심(苦心)을 적은 것이 '난중일기'라 하여, 이 자료의 가치를 높이 평가했다.

증거를 제시하라

다음은 다산이 추사(秋史) 김정희(金正喜, 1786~1856)와 토론하면서 보낸 편지다.

조수(潮水)의 빠르고 늦음은 지역마다 다릅니다. 만약 큰 바다 가운데라면 달이 뜰 때 조수가 함께 생기고, 달이 질 때 조수가 또 올라가겠지요. 그대가 말한, "달이 정남(正南)과 정북(正北)의 자오(子午) 위치에 놓인 뒤에 조수가 생긴다"는 것은 바로 혈구(穴口)와 연평(延平) 근해의 일일 뿐 큰 바다가 그런 것은 아닙니다.
대개 조수의 형세는 본시 큰 바다에서 일어나 흐름을 타고 항구로 들어옵니다. 굽이굽이 먼 데서 오는지라, 큰 바다에서 멀리 떨어진 곳은 시각차가 날 수밖에 없습니다. 조수란 것은 일정한 지점에서 때때로 일어났다가 사라지는 것이 아닙니다. 두 머리가 항상 바다 위에 있어 하나는 달의 앞잡이가 되고 다른 하나는 달의 뒷배가 되어, 언제나 큰 바다에서 바퀴처럼 돌며 멈추지 않습니다.
하지만 사람들이 보는 것은 매번 물과 달이 이르러 동시에 수평선 위에 있을 때를 밀물과 썰물로 칩니다. 이 문제는 다시 좀더 연구하고 살펴보는 것이 어떻겠는지요?　　　　「김원춘에게 답함〔答金元春〕」 8-138

박지원은 "글이란 소송을 거는 사람이 증거를 들이대고, 장사치가 물건을 직접 보여주며 사라고 외치는 것과 같다"고 했다. 그림은 박지원의 손자인 박주수가 그린 박지원의 초상화로, 후손 박찬우가 소장하고 있다.

이번에는 과학적 사실에 관한 토론의 자리다. 김정희가 밀물과 썰물에 관한 논문을 써서 다산에게 부쳐왔다. 이를 읽어본 다산은 추사가 조수의 조만(早晩)이 지역에 따라 달라진다는 기초적인 사실을 간과하고, 특정 지역의 밀물과 썰물만으로 대뜸 논리를 비약하여 일반화시키는 오류를 범했음을 발견했다. 다산은 이 편지에서 이러한 오류를 논거를 들어 지적하고, 좀더 면밀하게 실증해볼 것을 권하고 있다.

박지원은 「창애에게 답함(答蒼厓)」에서, 글이란 소송을 거는 사람이 증거를 들이대고, 장사치가 물건을 직접 보여주며 사라고 외치는 것과 같다고 말한 적이 있다. 아무리 명백하고 분명한 일이라도 달리 증거가 없으면 재판에서 이길 수가 없다. 그래서 글을 쓰는 사람은 자신의 주장을 펼치기 위해 경전의 근거를 들이대고, 하나로는 부족해 이곳저곳에서 전거를 끌어와 자신의 주장을 뒷받침한다. 또 나무를 지고 다니면서 "소금 사려!" 하고 외친다면, 하루종일 다녀 봤자 장작 한 단도 팔지 못할 것이라고도 했다. 즉, 글이 설득력을 가지려면 확실한 증거에 바탕해야 함을 강조한 것이다.

다산의 편지글에서 상대에게 증거의 제시를 요구하거나, 증거에 입각하여 상대방을 논박하고 자신의 주장을 펼친 예는 이밖에도 일일이 예거할 수 없을 만큼 많다.

다산은 말한다. 주장을 함부로 내세우지 마라. 증거 없이 말하지 마라. 논거가 없으면 논리도 없다. 학문의 일은 가설을 세우고 논거를 찾아 이를 입증하는 과정일 뿐이다. 재판에서는 증거가 없으면 꼼짝없이 진다. 학문도 다를 것이 없다. 상대를 옴짝달싹 못하게 만들 증거를 들이대라. 막연한 추정이나 도덕성에 호소하는 것은 공부와는 아무 상관이 없다. 주장을 입증하려거든 증거를 찾아라. 논쟁에서 이기려거든 논거를 제시해라.

5강
설득력을 강화하라

설득력을 갖춘 논리적 지식경영

논리의 힘은 설득력에서 나온다. 아무리 훌륭한 주장이라도 과정과 절차가 온당해야 힘이 생긴다. 이것과 저것을 비교하고 비슷한 것끼리 갈래지으며, 단계별로 따져서 꼼꼼하게 분석하라. 선입견에 끌려다녀서는 안 된다. 편견에 사로잡히면 끝내 일을 그르치고 만다. 핵심을 찔러야 한다. 정곡을 뚫어야 한다.

21. **피차비대법** 彼此比對法 : 유용한 정보들을 비교하고 대조하라
    자료를 점검하라 | 명백하게 따져보라 | 논리를 입증하라 | 오류를 밝혀내라

22. **속사비사법** 屬詞比事法 : 갈래를 나눠서 논의를 전개하라
    갈래별로 연결하라 | 항목에 따라 배열하라 | 요점을 제시하라 | 핵심을 강화하라

23. **공심공안법** 公心公眼法 : 선입견을 배제하고 주장을 펼쳐라
    객관에 기초하라 | 마음으로 납득하라 | 냉철하게 판단하라 | 허심으로 주장하라

24. **층체판석법** 層遞判析法 : 단계별로 차곡차곡 판단하고 분석하라
    쟁점을 드러내라 | 명료하게 분석하라 | 중심을 잃지 말라 | 반론을 격파하라

25. **본의본령법** 本意本領法 : 핵심을 건드려 전체를 움직여라
    방향을 잊지 말라 | 식견을 자랑 말라 | 주제에 집중하라 | 초점을 잃지 말라

21. 유용한 정보들을 비교하고 대조하라
피차비대법(彼此比對法)

마음에 마땅치 않은 점이 있으면 널리 옛 서적을 상고하여, 경전으로 경전을 증거하여 성인의 뜻을 얻으려 했다. 때로는 저것과 이것을 비교하고 대조하여 두 가지가 서로를 비추어 드러나게 하였다.

【「상례사전서(喪禮四箋序)」6-11 】

자료를 점검하라

피차비대(彼此比對)는 이것과 저것을 비교하고 대조한다는 뜻이다. 의미가 모호하여 잘 드러나지 않을 때, 다른 것을 끌어와 비교하고 대조하여 논지를 확실하게 하는 것이다. 오늘의 문장수사학으로 치면 비교와 대조의 방식이다.

다산은 그 구체적인 방법으로 이경증경(以經證經), 즉 경전의 내용을 다른 경전과 대비하여 밝히는 방식을 제시했다. 경전의 언급은 대부분 파편적으로 존재하므로, 한 구절만 가지고는 전후맥락이 소연(昭然)하게 드러나지 않는 경우가 많다. 이때 모호한 구절에 내 생각을 자꾸 덧대 추론하기보다는 다른 경전의 유용한 정보들과 대비함으로써 서로 상승효과를 일으키는 방식이다.

이경증경은 다산이 경전해석과 관련해 설득력을 강화하기 위한 방법으로 가장 중시한 접근방식이다. 경전해석은 한나라 때 훈고학을 거쳐 송나라를 지나는 동안 다양한 해석과 주석이 주렁주렁 붙어, 도무지 누구 말이 옳은지조차 분간할 수 없는 지경이 되었다. 후대로 올수록 다른 학자들의 주석을 임의대로 끌어와 뒤죽박죽으로 섞어 새로운 주장을 펼치는 폐단이 심해졌다. 해석하다가 안 되면 글자를 잘못 쓴 것이라 하고, 그래도 안 되면 무언가 빠진 부분이 있거나 끼어든 대목이 있다고 주장했다.

이러한 혼란상을 타개하기 위해, 다산은 주로 후대의 주석을 신뢰하지 않고 경전 원문으로 돌아가 이경증경의 방식으로 접근했다. 이 때문에 다산은 여러 사람으로부터 한유(漢儒)를 무시하고 정주(程朱)를 믿지 않는다는 비방을 동시에 받았다.

다산의 말을 직접 들어보자.

아! 저 한나라 유자들은 고작 수백 년 뒤에 태어났고, 또 자기 나라의 전고(典故)인데도 오히려 선성(先聖)의 뜻을 능히 다 맞추지 못하였다. 2천 년 뒤에 해외의 나라에서 태어난 사람이 이에 그 잘못을 바로잡고자 하니, 제 힘과 덕을 헤아리지 못하는 사람이라고 말할 만하다. 또한 잘 믿으려 들지도 않을 것이다. 그러나 마음으로 옳게 여겨지는 것이야 옳게 여긴다 해도, 마음으로 옳지 않다고 생각하는 것까지도 장차 힘써 이를 따라야 한단 말인가?

다행히도 『예기』의 여러 편은 실로 「사상례(士喪禮)」에 도움이 되는 기록들이다. 또 이밖에 여러 경서와 일체의 선진고문(先秦古文) 중에도 죽음과 상례에 관한 일을 논한 내용이 있어, 모두 충분히 서로 근거로 삼아 고증할 수가 있다. 그렇다면 내가 비록 늦게 태어났다 해도 그 의거하는 바에는 조금도 문제될 것이 없고 또한 아무 상관이 없다.

「상례사전서(喪禮四箋序)」 6-10

「사상례」는 『의례(儀禮)』의 편명이다. 대개 선비[士]가 부모의 상을 당했을 때, 운명하는 순간부터 빈소를 차릴 때까지의 예법에 대해 기록한 것이다. 하지만 실제 예법의 전통은 끊어진 채로 한나라 때 이 책이 다시 세상에 나오자, 당시의 학자들이 이를 연구하여 풀이를 달았지만 해석상 오류를 범한 것이 적지 않았다.

다산은 상례(喪禮)에 관한 한유(漢儒)의 설명을 읽으면서, 도처에서 도저히 수긍할 수 없는 대목들과 만났다. "옳은 것은 인정한다고 쳐도, 납득이 되지 않는데 무조건 옛사람의 주석이라 해서 따라갈 수는 없지 않은가?" 이것이 다산이 『상례사전』을 엮게 된 계기다. 다산은 한나라 때 학자들이 했던 것과 똑같은 방법으로, 그들이 보았던 텍스트만을 대상으로 하여 동일한 조건에서 새로 탐구를 시작했다. 그 방법은 『예기』와 그밖에 한나라 이전의 고전 텍스트 속에서 상례와 관련된 여러 용례를 끌어와 피차비대하고 이경증경하여 경전의 모호한 뜻을 명확하게 풀이하는 것이었다.

명백하게 따져보라

다산은 이와 같은 방식으로 여러 경전에 대한 해석상의 오류를 하나하나 바로잡아나갔다. 이제 『논어』에 대한 고금의 주석을 모아 정리한 『논어고금주(論語古今注)』에서 이러한 이경증경과 피차비대의 구체적인 예를 살펴보자. 『논어』 권5 「공야장(公冶長)」에 이런 구절이 나온다.

> 재여(宰予)가 낮잠[晝寢]을 잤다. 공자께서 말씀하셨다. "썩은 나무는 새길 수가 없고, 썩은 흙의 담장은 바를 수가 없다[朽木不可彫也, 糞土之牆, 不可杇也]."

썩은 나무에는 조각을 할 수 없다는 말은 한마디로 구제불능이라는 뜻이다. 재여는 낮잠 한번 잤다가 이렇게 심한 꾸지람을 들었다. 이 말을 곧이곧대로 듣는다면, 애초에 낮잠은 자서는 안 되는 것이었다. 이 한마디 말씀이 후세의 공부하는 학자들을 참 많이도 괴롭혔다. 성인께서 분명히 이렇게 말씀하셨으니, 낮잠을 잘 수가 없었던 것이다. 하지만 낮잠이야 생리적인 현상이니 때로 피곤하면 어찌해볼 도리가 없지 않은가?

이 때문에 후대의 주석가들 사이에 이 주침(晝寢)이라는 표현의 해석을 둘러싸고 치열한 공방이 벌어졌다. 예를 들어 "아침에 일어났다가 낮에 잠깐 낮잠을 잔 것이 아니라, 해가 중천에 떴는데도 여태 일어나지 않은 것을 두고 하신 말씀이다" 또는 "침(寢)이라 한 것으로 보아 벌건 대낮에 아내와 함께 침실에 있었던 것이다" 등 갖은 해석이 쏟아져나왔다. 모두들 낮에 피곤해서 잠깐 잠이 든 것으로 보기에는 공자의 나무람이 너무 지나쳤다고 생각했던 것이다.

이런 문제를 다산은 어떻게 해석했을까? 『논어고금주』의 해당구절에 대한 다산의 풀이를 보자.

보충한다. "침(寢)은 눕는다는 뜻이다."―『설문(說文)』에 그렇게 나온다. ○포씨(包氏)가 말했다. "후(朽)는 썩은 것이다. 조(彫)는 그림을 새기는 것을 말한다." ○보충한다. "장(牆)은 용(墉), 즉 흙으로 바른 담이다."―『이아(爾雅)』에 나온다. 『의례(儀禮)』에도 "침실 동쪽 북용(北墉) 아래에 머리를 둔다"고 했다. ○왕씨가 말했다. "오(杇)는 만(鏝), 즉 흙손으로 바르는 것이다."

형씨(邢氏)가 말했다. "대낮에 잠든 것이다." ○반박한다. "그렇지 않다. 침(寢)을 잠든다〔寐〕는 뜻으로 풀이한 것은 근거로 삼을 만한 기록이 없다. 『시경』 「소아」에 '누웠다가 일어났다〔乃寢乃興〕'고 했다. 침흥(寢興), 즉 눕고 일어나는 것과, 매오(寐寤) 곧 자고 깨는 것이 각각 한 짝이 되니 섞어서는 안 된다. 공자께서 잠자는 것에 대해서는 말하지 않으셨다. 만약 침이 잠자는 것이었다면 비록 공자라도 자신 있게 낮잠을 안 잔다고 말할 수는 없었을 것이다. 『춘추』 희공(僖公) 2년의 기록에 대해 『공양전(公羊傳)』에서는 '과인은 밤중에 누워도 잠이 오지 않는다〔寢而不寐〕'고 했으니, 이것만 보더라도 명확하지 않은가? 새나 짐승이 눕는 것 또한 침이라고 말한다. 『시경』에서는 '눕기도 하고 움직이기도 한다〔或寢或訛〕'고 했고, 『의례』에서는 '이리 눕고 저리 눕는다〔寢左寢右〕'고 했다. 모두 눕는 것을 말한다. 형씨의 주소(注疏)에서 굳이 잠든다는 뜻으로 훈고한 것은, 눕는 것은 가볍고 자는 것이 무겁기 때문에, 그 허물을 무겁게 하여 나무람을 받게 하려 한 것이다. 하지만 몹시 피곤하면 낮이라도 잠깐 자는 것이 오히려 마땅하다. 만약 아무 까닭도 없이 드러누웠다면 그 허물이 더욱 무거운 것이다."

한씨(韓氏)가 말했다. "주(晝)는 마땅히 화(畫) 자를 잘못 쓴 것이다. 재여는 사과(四科)에 든 십철(十哲)인데 어찌 낮잠을 자는 잘못을 범했겠는가? 가령 혹시 누워 쉬는 것 또한 이렇듯 심하게 나무라지는

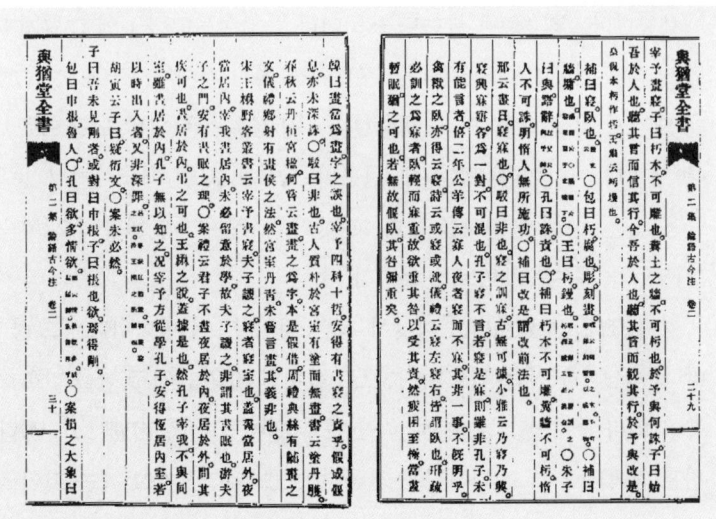

『논어고금주』의 해당부분. 본문에 이어 주석부분을 보면 'O' 표시 아래 다른 사람의 견해를 제시하고 반박하거나 자신의 의견을 제시한 것을 볼 수 있다.

않았을 것이다." O반박한다. "틀렸다. 옛사람은 사는 거처가 질박하여 벽을 바르기만 하고 그림을 그리지는 않았다. 『서경』에 '붉은색을 칠했다〔塗丹臒〕'고 했고, 『춘추』에서는 '환궁의 기둥을 붉게 칠했다〔丹桓宮楹〕'고 했다. 어찌 일찍이 화(畵)란 표현을 썼던 적이 있는가? 화(畵)라는 글자는 본래 가차자(假借字)다. 『주례』에 '전사(典絲)에 보화(黼畵)의 무늬가 있다'고 했고, 『의례』에 '향사(鄕射)에 화후(畵侯)의 법이 있다'고 했다. 그러나 집에 색칠하는 일에 대해서는 화(畵)라는 표현을 쓴 적이 없다. 이 논의는 잘못이다."

「논어고금주(論語古今注)」, 「여유당전서(與猶堂全書)」

『논어』의 해당구절에 관한 논의의 일부다. 다산은 재여주침(宰予

晝寢)을 재여가 낮잠을 잔 것이 아니라, "재여가 흐트러진 자세로 누워 있었다"는 뜻으로 풀이했다.

다산의 논증방식은 매우 단순하고 명료하다. 어떤 문장을 두고 논란이 벌어졌을 때, 같은 표현이 사용된 경전의 다른 용례를 찾는다. 그래서 그 용례에 비추어 본래의 의미를 따져들어간다.

우선 논란이 된 것은 침(寢)의 의미다. 앞선 주석가들이 대부분 이를 '잔다'는 뜻으로 풀이했다. 다산은 먼저 옛 경전에서 침(寢) 자의 용례를 찾는 일부터 착수했다. 그래서 『시경』·『춘추』·『의례』에서 침(寢) 자가 쓰인 용례를 일일이 찾아 '잔다'는 뜻으로 쓰인 적이 한 번도 없고, 모두 '눕다'는 의미로 쓰였음을 논증했다.

또 다른 학자는 주(晝)를 화(畵)의 오기로 보아야 한다고 주장했다. 낮잠을 잔다거나 누워 쉰다고 이렇듯 심하게 야단치는 것은 아무래도 지나치다는 것이다. 재여가 자기 거처를 화려한 그림으로 사치스럽게 꾸민 것을 보고 공자가 나무랐다고 본 것이다. 이 또한 생각의 방향을 일거에 바꾸는 그럴듯한 주장이었다.

하지만 이 논리 또한 다산의 피차비대, 이경증경의 논리 앞에서는 한 방에 무너지고 만다. 다산은 다시 화(畵) 자의 용례를 『서경』·『춘추』·『주례』·『의례』에서 찾아, 집에 색칠을 한다고 할 때는 도(塗)나 단(丹) 자를 썼고, 화(畵)는 형용사나 명사로만 쓰였음을 입증해 보였다. 이밖에 본문 어휘의 뜻도 모두 『설문』과 『이아』의 근거에 따라 풀이했다.

요컨대 다산은 재여가 낮잠을 잔 것이 아니라 흐트러진 자세로 빈둥빈둥 누워 있는 것을 보고 공자께서 나무란 것으로 『논어』의 이 구절을 이해했다. 이어지는 풀이에서는, 침(寢)을 침실(寢室)로 풀이하여 내당(內堂)에서 아직 나오지 않은 것을 나무란 것으로 해석한 학설에 대해서도, 역시 『예기』에서 근거를 끌어와 그 논리의 부당함을 길게 비판하였다.

논리를 입증하라

다산은 이렇게 분명한 근거를 끌어와서 예외를 허용하지 않는 용례를 통해 자신의 주장을 입증했다. 그의 논리가 명쾌하고 군더더기가 없는 것은 이 때문이다. 다산의 논리는 좀처럼 이론(異論)을 제기할 틈을 주지 않는다.

전통적인 경전해석에 대해서도 다산은 이런 방식으로 거침없이 비판을 가했다. 그래서 19절에서 보았듯이, 신작이 "선배를 경솔히 비판하고 자기 견해를 스스로 내세우는 병통이 있다"고 지적했던 것이다. 하지만 홍길주(洪吉周, 1786~1841)는 다산의 경전해석에 대해 "논한 바가 모두 딱딱 맞는 근거가 있어 허투루 살피는 자가 미칠 수 있는 것이 아니다"라고 인정했다.

다시 한 가지 예를 더 살펴보자.

단(端)이 '첫머리'라는 뜻임은 『중용』에 보이는 조단(造端)이나, 『좌전』에 나오는 이단(履端)의 경우만이 아닙니다. 『예기』에 나오는 갱단(更端)은 '다시 한마디 말을 일으키는 시초'를 말합니다. 『좌전』의 쟁단(爭端)은 '다툼의 시작'이고, 『춘추전』에 보이는 흔단(釁端)이란 '틈이 생기는 처음'을 말합니다. 범순인(范純仁)이 말한 개단(開端)이란 '말을 꺼내는 시초'이고, 문언박(文彦博)이 말한 발단(發端)이란 '일이 일어나는 시작'입니다.

단(端)을 말단(末端)이나 실마리(緖)로 보는 것은 옛날과 지금을 통틀어 확실한 근거가 없습니다. 경전을 풀이하는 방법은 글자의 뜻을 가장 중시해야 합니다. 어찌 수많은 근거를 버려두고 거들떠보지 않는 단 말입니까? 삼가 노형께서는 두 번 세 번 생각하시기 바랍니다.

「이여홍에게 답함(答李汝弘)」 8-166

이재의와 사단(四端)에 대해 논쟁하다가, 단(端) 자의 이해를 두고 두 사람의 견해가 맞섰다. 이재의는 단을 '말단' 또는 '실마리'라는 뜻으로 이해한 데 반해 다산은 '시초'라는 뜻으로 풀이했다. 언뜻 보면 간단해 보여도, 실로 사단설에 관한 학설의 차이가 이 단(端) 자의 해석에서 비롯되고 있었다.

논쟁이 가열되어 팽팽하게 대립하자, 다산은 다시 『중용』· 『좌전』· 『예기』· 『춘추』 등에서 '시초'라는 뜻으로 쓰인 조단(造端), 이단(履端), 갱단(更端), 쟁단(爭端), 흔단(釁端) 등의 용례를 찾아 제시했다. 또 이것으로 부족할까 하여 후대의 용례에서 다시 개단(開端)과 발단(發端)의 예를 더 찾아내 논쟁에 쐐기를 박았다. 다산식 피차비대, 이경증경 논법이 돋보이는 장면이다.

오류를 밝혀내라

다시 다음 글을 보자.

세상에서 『춘추』의 학문을 익히는 사람은 언제나 포폄(褒貶)과 상벌의 의미에 대해서만 힘을 쏟아 연구한다. 왕의 전례 가운데 후세에 증거로 삼을 만한 것은 모두 소홀히 여겨 쳐다보지도 않는다. 한 글자나 한 마디 말조차도 귀결되는 의미를 미루어 부연하고, 빠진 글이나 없어진 대목들도 담긴 뜻을 지적해 밝힌다. 심한 경우 억지로 끌어다 붙이고 천착하여 앞뒤가 맞지 않는다. 경전에서 상고해보아도 맞지 않는 것이 대부분이다.

이에 대해서는 주자가 밝혀놓은 것이 자세하다. 다만 이 오례(五禮)가 행해지는 것은 여러 나라가 같지 않다. 혹 옛것에서 고증해볼 수도 있고, 변화를 살펴볼 수도 있으며, 그 난잡함을 따져볼 수도 있다. 자세하게 고증하고 나면, 혹 선유(先儒)의 학설에서 이것을 가지고 그런 것을 증거하거나, 그렇지 않음을 증명하며, 혹 서로 다른 것을 징험하기도 한다. 비록 징험하는 것은 각기 달라도 모두 지금에 와서 근거로 삼기에는 충분하다.

주나라 예법을 제대로 알고자 하는 사람이라면 『춘추』를 버리고 무엇으로 하겠는가? 내가 『상례사전』의 끝에다가 우선 책서(策書)에 남아 있는 길례(吉禮)와 흉례(凶禮)를 취해 각각 비슷한 것끼리 모아 서로 비교하여 묶었다. 이것으로 「주관(周官)」 5편과 「용경(容經)」의 여러 편을 살펴보니, 그 의문(儀文)과 법례(法例)가 서로 맞기도 하고, 어긋나기도 하며, 맞는 것 같지만 실제로는 어긋나기도 했다. 모두 오늘날 증거로 삼아 선유의 옳고 그름을 살피기에 충분하다.

「춘추고징서(春秋考徵序)」 6-16

『춘추』는 역사책이지만, 그 속에는 고대의 예법에 대한 수많은 실제 사례가 수두룩하게 실려 있다. 사람들은 예법의 근원을 잃었다고 통탄하면서, 실제 이 많은 사례를 이론에 맞춰 살펴볼 생각은 하지 않는다. 이 사례들을 유췌속비(類萃屬比), 즉 갈래별로 분류하여 모아서 비교해보면 선유들의 시비를 가리기에 충분한 정보를 얻을 수 있다. 그런데 사람들은 『춘추』 하면 포폄상벌의 춘추필법을 찾는 데만 몰두하여, 억지로 견강부회(牽强附會)하고 천착하여 경전을 왜곡하기 바쁘다.

이 점이 안타까웠던 다산은 『춘추고징(春秋考徵)』을 엮었다. 이 책은 『춘추』 속에 나오는, 예와 관련된 기록들을 찾아내 하나하나 근거에 따라 고증한 것이다. 고증의 결과, 다산은 한나라와 진(晉)나라 때 학자들의 해석에 심각한 오류가 있었음을 밝혀냈다. 나아가 주나라의 예법을 마치 장님이 눈을 뜨듯 상고할 수 있게 되었다고 스스로 자부했다.

다산은 말한다. 억지를 부려서는 상대를 설득할 수 없다. 견강부회로는 남이 수긍하지 않는다. 이것을 말할 때 저것을 증거로 끌어와 옆구리를 찔러서 절을 받아라. 증거가 없다고 투덜대지 마라. 논거를 못 찾겠다고 답답해하지 마라. 보는 방법만 바꾸면 널린 것이 증거요 논거다. 억지부리지 말고 근거로 말하라. 증거로 설득력을 강화하라. 증거가 스스로 말하게 하라.

22. 갈래를 나눠서 논의를 전개하라
속사비사법(屬詞比事法)

유사(遺事)의 초고는 다만 의리로 나아가 속사비사(屬詞比事)하여 잇달아 엮어 글을 지어야 합니다. 그 글은 한결같이 『송명신언행록(宋名臣言行錄)』의 예와 같아야만 편집해서 엮는 데 힘을 덜 수가 있습니다.

【「채이숙에게 답함〔答蔡邇叔〕」 8-78 】

갈래별로 연결하라

속사비사(屬詞比事)는 글을 엮을 때〔屬詞〕 적절한 예시를 함께 얹는〔比事〕 것이다. 주로 인물의 전기나 행장 등을 쓸 때 요긴한 방법이다. 오늘로 치면 인용법과 예시법에 해당한다. 어떤 사람의 훌륭한 행적을 설명할 때 무작정 장광설을 늘어놓으면 읽는 이의 공감을 얻지 못한다. 오히려 일생의 특징적인 국면을 갈래를 나누어 설정해 놓고 그에 해당하는 적절한 일화나 핵심적인 사건을 나란히 제시하여, 이를 통해 절로 그 면모를 알게 하는 것이 훨씬 효과적이다.

위에 인용한 글은 채제공(蔡濟恭, 1720~1799)이 세상을 뜬 후, 그 아들 채홍원(蔡弘遠)에게 그가 짓고 있던 「유사(遺事)」의 작성지침을 전달한 것이다.

채제공은 남인의 정신적 지주와 같은 인물이었다. 그의 비문(碑文)은 일생의 의리를 정확하게 짚어내고 남인뿐 아니라 노론정권 아래서 그가 지녔던 상징적인 의미를 명확하게 드러낼 수 있는 것이어야 할 터였다. 당시 비문은 정범조(丁範祖)에게 의뢰되어 있었다.

앞의 글에 이어지는 내용에서, 다산은 정범조가 글을 한번 지었다 하면 남들이 무슨 말을 해도 고집을 부려 절대로 고치지 않는 성향이 있으므로, 참고자료로 건네지는 「유사」에서 아예 처음부터 항목별로 갈래를 나누고 사건을 배열해주지 않으면 낭패스런 결과가 나올 수도 있다고 걱정했다. 그래서 「유사」를 꼭 『송명신언행록(宋名臣言行錄)』의 예를 따라 속사비사의 방식으로 정리하라고 신신당부했다. 그러고 나서도 마음이 놓이지 않은 다산은 집안어른이어서 어려운 관계였던 정범조에게 아예 직접 편지를 써서 보냈다.

번옹(樊翁) 채제공 공의 비문은 이미 탈고하셨는지요? 중요한 글은 단지 연대에 따라 일을 나열해 엮으면 본말이 도리어 갖추어 드러나지 않습니다. 모름지기 속사비사의 방법을 쓰셔서 조목별로 꿰어엮고 주제별로 모아야만 바야흐로 고증하고 징험하는 쓰임새가 있게 됩니다. 의리와 사업, 문장과 덕행을 섞어 써서 한꺼번에 거론하지 않는다면, 글을 엮기가 훨씬 쉬울 것입니다. 하물며 바라는 바가 이 같음에 있어서겠습니까? 지금까지 여러 번 이런 간청을 올렸으나 기꺼이 허락하심을 얻지 못한지라, 문득 감히 이처럼 소란스럽게 합니다. 송구하기 그지없습니다. 「해좌께 올리는 글〔上海左書〕」 8-41

다산의 안쓰러운 속내가 대번에 드러난다. 정범조는 어련히 알아서 할 일을 집안 조카뻘 되는 다산이 이래라 저래라 하는 것이 영 못마땅했던 눈치다. 하지만 다산은 이 비문이 단순한 글이 아니라, 남인의 정신적 지주였던 한 인물의 일대기를 세상에 내놓는 상징적 문장이므로, 제대로 된 글이 나오지 않으면 안 된다고 생각했다. 그래서 그 아들인 채홍원을 닦달하다가, 그것만으로는 미심쩍어 여러 차례 정범조에게 구두로 간청했고, 그래도 반응이 시큰둥하자 마침내 편지까지 보냈던 것이다.

이 글을 보면 다산이 생각한 속사비사의 구체적인 방법이 좀더 소상하게 드러난다. 그것은 조관류췌(條貫類萃), 즉 조목조목이 서로 맥락으로 구슬 꿰듯 이어져, 주제별로 모이는 방식이다.

조목이 하나하나의 문장이라면 류(類)는 의미단락이다. 다시 말해 의리와 사업, 문장과 덕행을 단락별로 구분하여, 첫 번째 단락에서는 채제공의 의리에 대해서만 말하고, 다음 단락에서는 평생의 사업만을 따로 떼어 말하여, 큰 주제를 서로 뒤섞지 않는 방식이다. 그러지 않고 초년·중년·말년으로 나누어 이 모든 것을 한꺼번에 뒤섞어 적으면, 인물의 참된 면모가 희석되어 드러나지 않게 된다. 처음에 의리의 관점에서 일별하고, 그 다음에는 사업방면으로 점검하며, 문장의 측면에서 다시 살피고, 마지막에는 덕행으로 마무리짓는다면, 채제공의 삶과 인간이 몇 차례의 반복 속에서 생생하게 되살아날 것이라고 강조한 것이다.

항목에 따라 배열하라

다산은 결코 문제만 제기하고 끝내는 법이 없다. 다산은 채홍원이 작성한 채제공의 「유사」가 흡족하지 않았던 모양이다. 그 자신이 직접 따로 「번옹유사(樊翁遺事)」를 지었다. 그렇다면 그가 지은 「유사」에는 자신이 앞서 말한 속사비사의 방식이 어떻게 반영되었을까?

다산은 「번옹유사」에서 채제공의 열 가지 일화를 수록했다. 그 내용을 살펴보면 크게 세 묶음으로 나뉜다.

첫 번째 묶음은 본문 중 "공이 무인년과 기묘년의 위태롭고 의심스런 즈음에 당하여 양조(兩朝)의 사이를 주선하며 지성으로 보호한 것이 이와 같았다"로 묶이는 세 가지 일화다. 즉, 영조의 막무가내식 선위(禪位)를 막기 위해 바른말로 거듭 아뢰어 왕을 감동시킨 일, 선위의 명을 거두게 하려고 왕의 옷깃을 당기고 왕의 소매에 비망기를 집어넣어가면서까지 울며 간하여 명을 철회시킨 일, 영조의 명에 따라 사도세자에게 가서 온종일 대화하며 지도한 일 등 영조와 사도세자 사이에서 지성으로 세자를 보호하여 사직의 위태로움을 구하려 했던 일련의 행동이 여기에 속한다.

일부러 맨 끝 항목으로 돌려둔, 채제공이 사도세자의 죽음이 억울한 무고였음을 변명하는 상소를 올려 영의정에서 파직되었던 일도 이와 연관이 있다. 특히 이 문제는 당시 노론과 남인의 이해가 첨예하게 대립각을 세운 지점이었고, 정조의 치세에 그의 발목을 잡았던 가장 민감한 정치적 사안이기도 했다. 이 부분에 관련된 채제공의 행동을 반복해서 극명하게 부각시킴으로써 채제공의 사람됨과 정치적 입장 등을 은연중에 전면에 드러냈다.

두 번째 묶음은 "공이 명분과 의리를 붙들어세운 것이 이와 같았다"로 묶이는 세 가지 일화다. 이는 모두 당시에 나는 새도 떨어뜨렸다는 홍국영의 막강한 세도에 맞서 명분과 기강을 세운 행동과 관련된다. 북경에 사신으로 갔다가 돌아온 후, 그 사이에 빈으로 뽑혀들어온 홍국영의 여동생 숙창궁(叔昌宮) 홍씨에 대한 문안을 당당히 거부한 일, 홍국영의 일을 상소로 올렸다가 쫓겨나 불우하게 죽은 박재원의 증직(贈職)을 요청한 일, 홍빈이 죽었을 때 애책문(哀冊文)에 '서(逝)'라 한 것을 '훙(薨)'으로 고친 것을 두고 그 부당함을 격렬하게 논한 일 등이 그것이다.

권력의 위세에 눌려 아무도 바른말을 하지 못하던 폭압의 시절에 채제공은 바른말과 떳떳한 행동으로 불의에 과감히 맞섰던 인물임을 부각시켰다.

세 번째 묶음은 나라의 여러 폐단을 과감하게 혁신한 일과 관련된 세 가지 일화다. 부인들의 머리치장이 갈수록 사치스러워져서 사회문제가 되자 국법으로 이를 금하고 옛 제도를 회복하여 족두리를 쓰도록 바꾼 일, 엄청난 반발을 무릅쓰고 소신 있게 시민(市民)의 난전(亂廛)을 금하는 법령을 관철시켜 경제의 흐름을 바로잡은 일이 그것이다. 또 보유(補遺)로 기록한 나주벽서사건 때 국문(鞫問)을 주관하면서 죄수를 포도청에 보내 악형으로 자백하게 하는 폐단을 바로잡은 일도 이 범주에 속한다.

이를 통해 그가 정치적 역량뿐 아니라 경세제민의 도량이 있었고, 옳다고 믿는 일은 끝까지 밀어붙여 성사시키는 과단력 있는 인물이었음을 강조했다.

수록한 열 개의 일화 중 네 가지가 사도세자와 관련이 있고, 세 가지는 홍국영에 대항한 일이며, 나머지 세 가지는 제도의 개선으로 국가의 폐단을 바로잡은 일이다. 이밖에 채제공의 성품이나 인간,

1792년 정조의 어명으로 이명기(李命基)가 그린 채제공의 초상. 진중하고 온화한 성품이 느껴진다. 왼쪽 상단에 채제공이 자필로 쓴 찬문이 있다. 손에 든 부채에 허리에 찬 향주머니도 모두 임금이 내려주신 것이다. 어느 것 하나 임금의 은혜 아닌 것이 없으니, 이 은혜를 어이 갚겠느냐며 감격의 뜻을 표현했다.

문장 등에 대해서는 하나도 기록하지 않았다. 요컨대 이「번옹유사」를 통해 다산은 위난의 즈음에 채제공이 영조와 사도세자 사이에서 세자를 구하기 위해 신명을 다했고, 포악한 홍국영의 위세에 전혀 굴복하지 않고 명분을 세웠으며, 소신 있게 국가의 잘못된 제도를 바로잡아 민생에 큰 혜택을 가져다준 거인이었음을 집중적으로 부각시키고자 하였다. 다산식 속사비사법의 실례를 이를 통해 확인할 수 있다.

요점을 제시하라

다산은 실제 이런 방식을 적용해 여러 저술을 남겼다. 정씨집안의 가풍을 여러 사례를 모아 엮은 『압해가승(押海家乘)』도 그런 예 가운데 하나다. 상당한 양의 『압해가승』을 엮은 뒤, 다산은 이를 다시 속사비사의 방식으로 핵심내용별로 간추려 『가승촬요(家乘撮要)』와 「가승유사(家乘遺事)」 등의 글을 엮었다. 다음 글은 『가승촬요』의 끝에 쓴 것이다.

    우리 집안에는 남다른 일종의 풍기(風氣)가 있다. 이제 간략히 이를 말한다.
    첫째는 근(謹), 즉 삼가는 것이다. 나라가 혼란스러운 때에 당하여서도 바른 충절과 매운 절개로 순국하거나 목숨을 버리는 참혹함이 없었다. 하지만 윗사람의 뜻에 따라 잘못을 저지르거나, 세력을 붙좇아 악을 행하지도 않았다. 때문에 기미를 보아 일어나 그 환난에 끼어들지 않았고, 어진 신하와 맑은 선비가 됨을 잃지 않았다.

둘째는 졸(拙), 곧 졸박함이다. 어떤 일에 닥치면 먼 염려를 우선한다. 겉보기에는 겁쟁이 같지만 속은 실상 곧고 굳다. 일체의 권력을 빼앗고 떨쳐 펴는 자리에는 매번 몸을 사리고 움츠려 앞장서지 않았다. 비록 크게 이긴 적은 없지만 크게 패한 적도 없다. 벼슬길에서만 그런 것이 아니다. 궁하여 낮은 지위에 있는 자가 집안을 다스리고 재물을 간수하는 것도 이와 같았다. 때문에 출세해도 큰 벼슬 한 사람이 없고, 벼슬하지 않더라도 큰 부자가 없었다.

셋째는 선(善), 즉 착함이다. 정(丁)씨 성을 가진 사람은 그 마음이 모두 어질고 착해 독기가 없다. 독기가 없다는 것은 결기(結氣)가 없다는 말과 같다. 그 가운데 비록 들쭉날쭉해서 한결같지는 않지만, 마침내 원한을 품지 않고 악행을 보복하지 않는 것은 누구나 그렇지 않음이 없었다.

우리 집안에서 9대가 옥당(玉堂)에 오른 일은 세상에서 부러워하며 일컫는 바다. 하지만 하지 않은 벼슬이 세 가지 있다. 정승과 이조판서, 문형(文衡) 즉 대제학이 그것이다. 충정공 정응두(丁應斗) 공의 시절에 조금만 더 나아갔더라면 어찌 여기에 이르지 못하였겠는가? 대개 한 걸음 물러섰던 것일 뿐이다. 한 걸음 물러서는 법은 다만 벼슬길에서만 그랬던 것이 아니다. 비록 마을에서나 집안 사이에서도 또한 이 같은 규모를 지녔다. 남보다 앞서는 법 없이 경계함을 따르는 것을 법도로 삼는다면 좋겠다. 「가승촬요에 제함[題家乘撮要]」 6-212

압해 정씨의 가승(家乘)을 핵심만 간추리면서 크게 세 가지 요점을 제시했다. 근(謹)·졸(拙)·선(善)이 그것이다. 언뜻 듣기에는 대단히 소극적이고 수동적인 특징들이다. 이것은 다산이 미리 정한 것이 아니라, 여러 문적에서 정씨 선대의 행적들을 모두 추려 정리하는 과정에서 속사비사의 방식으로 조관류췌한 결과 추려낸 공통특질이었다.

첫째는 몸가짐을 신중히 한다는 것이다. 환난의 와중에도 제 몸을 살라 나라를 위해 순국하거나 목숨을 버린 일이 한 번도 없었다. 이는 비겁해서가 아니라 신중했기 때문이다. 둘째는 졸렬한 듯 행동한다는 것이다. 겉보기에는 멍청해 보이지만 속은 야물다. 큰 욕심이 없어 큰 성취도 없지만, 그렇다고 큰 낭패를 본 적도 없다. 셋째는 착하다는 것이다. 남에게 해가 되는 일은 절대로 하지 않는다.

거기에 더하여 다산은 이 세 가지를 묶어 퇴일보(退一步)의 미학을 강조하면서 글을 맺었다. 나서지 않고 오히려 한 걸음 물러서는 것이 정씨집안의 남다른 풍기라고 강조했다. 한마디로 정씨집안은 어지러운 세상에서 욕심부리지 않고, 잘난 척도 않으며, 분수를 지키면서 살아온 집안이라는 것이다. 실제 그가 따로 엮은 「가승유사」에는 이러한 퇴일보의 미학과 근·졸·선의 풍기가 적절한 실례를 통해 잘 드러나 있다.

핵심을 강화하라

일반적으로 한 사람의 비문이나 전기를 엮어 일생을 기록할 때는, 앞서 보았던 것처럼 유사나 행장을 정리하는 일이 선행된다. 고인이 남긴 행적을 다양한 일화별로 나열한 것이 유사요 행장이다. 그러고 나서 이 행적을 갈래별로 묶는다. 갈래별로 묶을 때는 글에서 드러내고자 하는 핵심개념이 있어야 한다. 이 사람의 일생에서 이것만은 밝히지 않을 수 없다는 가치를 결정해야 한다. 그 가치는 행적에서 나온다.

앞서 채제공의 경우는 의리·사업·문장·덕행으로 구분했는데, 이 구분 자체는 핵심개념이 아니다. 의리가 어떠했고, 사업은 어디에 역점을 두었으며, 문장은 어떤 특징이 있고, 덕행은 무엇을 우선 했는가 하는 구체적인 내용이 핵심개념이다. 이것이 결정되면 이에 따라 수집된 정보를 재배열한다. 이 과정에서 서로 비슷하거나 산만한 정보들은 우선순위에 따라 숨어지고 간추려진다.

다산이 남긴 여러 유사와 묘갈명(墓碣銘), 묘지명 등을 속사비사의 관점에서 꼼꼼히 읽어보면 일화들의 행간에서 다산이 집중적으로 부각시키고자 한 해당인물들의 핵심가치를 찾아볼 수 있다.

다시 아버지 정재원(丁載遠)에 대해 쓴 「선인유사(先人遺事)」의 경우를 보자. 이 글은 모두 일곱 단락으로 구성되어 있다. 각 단락별로 내용을 간추리면 다음과 같다.

1. 집안을 법도 있게 다스린 일과 손님을 좋아하던 성품.
2. 가난한 친구와 궁한 친족에게 두터이 대한 일.
3. 남에 대한 비방을 입에 올리지 않은 일.
4. 바른말로 벗에게 충고한 일.
5. 출세를 위해 과거를 보라는 요청을 끝내 물리친 일.
6. 가까이 지내던 벗들의 면모와, 채제공의 집안과 혼인을 맺었음에도 그 집을 찾아가지 않은 일.
7. 참판 이세석이 공을 좌상(左相)감이라고 추중한 일.

그 내용을 보면 처음 네 단락과 6의 앞부분은 모두 교우(交友)와 관련된 것이다. 선친의 일생 행적 중 벗 사귀는 도리에서 드러난 행동을 통해 그 사람됨을 보였다. 이어 5에서는 임금이 그와 대화를 나눈 후, 재상감으로 지목하여 과거를 보아 급제하면 크게 쓸 것이라고 했음에도, 임금에게 가볍게 보여 재상자리에 오를 수는 없다며 끝내 거부한 일을 기록했다. 또 채제공과 가까운 처지였음에도 정승의 집은 개인의 집이 아니라 하여 일 없이 찾지 않고, 찾아갈 때는 반드시 예를 갖춰 명함을 들인 후에 한 차례 절만 올리고 나온 일을 적어, 공사의 구분이 명확했던 성품을 밝혔다. 7에서는 참판 이세석과 한공이 그를 남인정권의 좌상감으로 지목했던 일화를 적어 중망(重望)이 높은 인물이었음을 보였다.

나산은 아버지의 유사를 작성하면서, 집에서 직접 보고 들은 많은 이야기 중에서 유독 교유에 관한 것만 집중적으로 부각시켰다. 그 핵심은 시종일관 변함없는 한결같은 태도와 남을 비방하지 않는 덕스러운 자세, 바른말로 벗의 잘못을 지적하는 거침없는 품성 등이다. 또한 충분히 출세할 수 있는 역량과 여건이 있었음에도 퇴일보하여 분수를 지킨 일을 높이 샀다. 이 점은 앞서 살펴본 정씨집안의 풍기와도 맥이 통하는 내용이다.

다산은 말한다. 글을 쓸 때는 가닥을 잘 잡아야 한다. 적절한 예시와 알맞은 인용은 글의 설득력을 강화한다. 무작정 늘어놓아서는 갈피를 잡을 수가 없다. 글 쓰는 사람이 흥분하면 독자들은 외면한다. 쓰는 사람이 말이 많으면 글에 힘이 빠진다. 조목을 갖춰 실례를 얹어야 글에 힘이 붙는다. 글을 쓰기 전에 먼저 핵심개념을 잡아라. 덮어놓고 가지 말고 갈 길을 알고 가라.

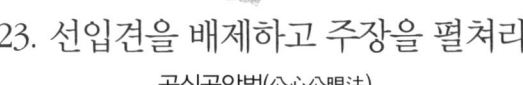

23. 선입견을 배제하고 주장을 펼쳐라
공심공안법(公心公眼法)

결론적으로 우암 송시열과 윤휴가 틈이 벌어진 것은 사실 기해년 예론(禮論)이 있은 뒤입니다. 사적이 분명하여 굳이 감출 것도 없습니다. 공심공안(公心公眼)으로 임한다면 마치 어제 일처럼 역력합니다.

【 「이여홍에게 보냄(與李汝弘)」 8-181 】

객관에 기초하라

공심공안(公心公眼)은 공정한 태도로 선입견을 배제한 채 문제에 접근하는 것을 말한다. 잘못된 선입견은 일을 쉬이 그르친다. 억지로 꿰어맞추는 견강부회(牽强附會)와 조금도 바꾸려 들지 않는 인순고식(因循姑息)이 여기서 생겨난다. 선입견은 잘못된 권위를 맹종하게 하여 비판의식을 말살한다. 왜곡된 편견을 조장하여 오류를 답습하게 한다.

어떻게 해야 이러한 폐단을 제거하고 설득력을 강화할 수 있을까? 선입견을 배제하기 위해 필요한 것은 냉정한 비판정신과 합리적인

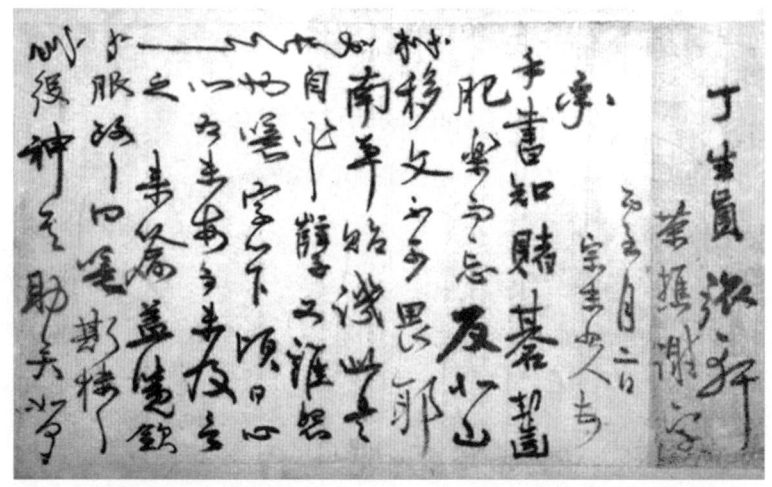

1816년 다산이 정수칠에게 보낸 편지. 정수칠이 쓴 글에 대해 온당치 않은 부분을 지적하고, 다른 표현으로 고칠 것을 충고한 내용이다.

판단력이다. 순수하게 객관적인 증거에 기초하여 문제에 접근하는 자세가 필요하다.

다산은 공부에 있어 선입견을 배제한 공정한 태도를 되풀이해 강조했다. 그러자면 무엇보다 먼저 바른 마음가짐을 갖춰야 한다.

> 경전의 뜻에 밝은 뒤에 도(道)의 본체가 드러난다. 도를 얻은 후라야 마음가짐이 비로소 바르게 된다. 마음가짐이 바르게 된 뒤에야 덕을 이룰 수 있다. 그런 까닭에 경학(經學)에 힘을 쏟지 않을 수가 없다. 간혹 선유(先儒)의 학설에 근거하여, 같으면 무리짓고 다르면 공격하여 감히 의논조차 못하게 하는 자가 있다. 이는 모두 책을 빙자하여 이익을 도모하는 무리일 뿐 진심으로 선(善)을 향하는 자는 아닌 것이다. 「반산 정수칠을 위해 준 말(爲盤山丁修七贈言)」 7-297

당동벌이(黨同伐異), 즉 자기와 생각이 같으면 한편으로 여기고, 생각이 다르면 적으로 돌려 공격한다. 경학을 공부하는 까닭은 마음가짐을 바르게 하여 덕을 이루기 위함이다. 경전의 말씀을 마음으로 느끼고 깨달아 내 삶 속에 녹아들게 하는 것이 공부다. 하지만 후대의 학자들은 자신의 생각이 아니라 선배의 권위에 기대, 그의 학설과 같으냐 다르냐만으로 동지와 적을 가른다. 혹 다른 생각을 말하려 하면 무슨 큰일이라도 날 것처럼 입도 떼지 못하게 한다. 다산은 이를 경전을 도리(圖利), 즉 이익을 도모하기 위한 방편으로 이용하는 것이라고 맹공했다.

다음 글에서는 좀더 격렬한 어조로 이렇게 말한다.

오늘날 성리학을 하는 자들은 이기(理氣)·성정(性情)·체용(體用)을 말하고, 본연기질(本然氣質)과 이발기발(理發氣發)·이발미발(已發未發)을 말하며, 단지겸지(單指兼指)니 이동기이(理同氣異)니 기동이이(氣同理異)니 하고, 심선무악(心善無惡)·심유선악(心有善惡) 운운하면서 셋으로 줄기를 이루고 다섯으로 가지친다. 천 가지 만 잎새로 털끝까지 쪼개어 낱낱이 분석하면서 서로 성내 으르렁거리고, 마음을 닫고 말없이 연구하며, 기세를 북돋워 목에 핏대를 세운다. 스스로 천하의 고묘(高妙)함을 지극히 하였다고 생각하나, 동쪽으로 뻗으면 서쪽에서 부딪치고, 꼬리를 붙잡으면 머리가 달아나버린다. 문마다 기치를 세우고 집집이 보루를 세워, 한 세대가 끝나도록 능히 그 송사를 결판낼 수가 없고, 후대까지도 그 원망을 풀 수가 없다. 주장에 동조하면 존중하고, 벗어나면 멸시한다. 생각이 같으면 떠받들고, 다르면 공격한다. 저 혼자 근거한 바가 지극히 바르다고 여기지만 어찌 성글지 않겠는가? 「오학론(五學論)」1, 5-116

당시 조선 학계의 폐단을 송곳처럼 날카롭게 찔러 말했다. 학문이 공심공안을 버리고 지엽말단에 흘러 본령이 무엇인지조차 망각한 상태에 이르렀다고 다산은 보았다. 이기(理氣)의 선후로 다투고, 본연지성과 기질지성으로 가르며, 심(心)의 선악유무로 싸운다. 여기서 새지 않으면 저기서 새고 이쪽을 간신히 막으면 저쪽이 터지는 반쪽 논리로 패거리를 지어, 대를 물려가면서까지 사생결단하고 싸우니 이것이 도대체 무엇을 위한 것인가?

마음으로 납득하라

　다산의 탄식은 계속 이어진다.

　　공자의 도는 수기치인(修己治人)일 따름이다. 오늘날 학문하는 자들이 아침저녁으로 공부하는 것은 다만 이기사칠(理氣四七)의 논변과 하도낙서(河圖洛書)의 수(數)와 태극원회(太極元會)의 주장뿐이다. 나는 잘 모르겠다. 이 수가 수기(修己)에 해당하는가? 아니면 치인(治人)에 해당하는가? 잠시 한쪽으로 놓아두자.

　　　　　　　　　　　　　　　「반산 정수칠을 위해 준 말〔爲盤山丁修七贈言〕」 7-296

　다산이 보기에 당시 학계의 논쟁은 논리를 위한 논리, 싸움을 위한 싸움을 반복해서 재생산하는 데 지나지 않았다. 자기 인격의 수양에도 보탬이 안 되고, 남을 다스리는 데도 도움이 안 되는 공부가 그들의 공부였다. 공부는 다들 죽어라고 하는데 공부를 왜 하는지에 대해서는 아무도 생각하지 않게 된 것이다. 마침내 다산은 이러한 공리공론은 잠시 접어두는 것이 어떻겠느냐고 말하기에 이르렀다. 선입견을 고집해서 싸우는 문제에 대해서는 또 이렇게 적었다.

학자가 의리를 공부하고 익히는 것은 절차탁마(切磋琢磨)를 중히 여겨야지 부화뇌동(附和雷同)해서는 안 됩니다. 설령 갑과 을의 쟁론이 있다 해도, 서로 힘써 자세히 살펴 마침내 함께 바른 데로 돌아가는 것이 옳습니다. 만약 서로 선입견만 고집해서 받아들이기를 꺼려하지 않는다면 또한 잠시 놓아두고 논하지 말아야 합니다. 그러고는 천천히 후세의 군자를 기다릴 뿐입니다. 어찌하여 각각 기치를 세워 서로 치고받으며 경위(涇渭)를 가르고 남북을 나눈단 말입니까?

「김승지에게 보냄(與金承旨)」 8-58

다산은 보통의 경우와는 달리 뚜렷한 사승(師承)관계가 확인되지 않는다. 퇴계와 성호의 학문을 사모하여 사숙(私淑)하였으나, 문하에 나아가 직접 배운 스승은 없다. 이 점은 다산에게 약점이 되지 않고 오히려 강점이 되었다. 그는 공부중에 맞닥뜨린 어려운 문제들을 학파적 견해로부터 자유로운 상태에서 혼자 해결해나갔다. 순수한 의심을 품어, 마음으로 납득이 될 때까지 반복참정(反覆參訂)해서 마침내 석연하게 풀릴 때까지 밀고나가는 방식이었다.

1785년, 24세 때 다산은 경의(經義)로 진사에 올랐다. 태학에 유학할 때, 정조가 『중용강의』 80여 조목을 내려 답변케 하였다. 이 가운데 이발기발(理發氣發)에 대해 대답한 내용이 우연찮게 율곡 이이의 학설과 합치되었다. 답안을 제출한 후 다산을 비방하는 여론이 비등했다. 하지만 막상 성적이 발표되자 모두들 깜짝 놀랐다. 다산이 오히려 1등을 차지했던 것이다. 정조가 도승지에게 말했다. "그가 진술

한 강의는 시속(時俗)의 흐름에서 벗어나 다만 마음으로 헤아린 것이다. 명확한 견해와 공정한 마음이 귀히 여길 만하다. 마땅히 이 답안을 으뜸으로 삼는다."

이 일이 있기 직전 정조는 『사칠속편(四七續編)』을 찬술하였는데, 율곡의 학설을 위주로 하였다. 하지만 다산은 그런 찬술이 있었는지조차 모르던 상태였다. 이 내용은 『사암선생연보(俟菴先生年譜)』에 실려 있다.

냉철하게 판단하라

1791년, 정조는 『모시강의(毛詩講義)』를 무려 800여 조나 내리고 조목조목 답변케 했다. 이때도 다산은 먼저 구경(九經)과 사서(四書) 및 선진고문과 제자백가, 역사서 등에서 한 구절 한 마디라도 『시경』을 인용하거나 논한 대목이 있으면 이를 모두 뽑아 카드작업했다. 그리고 이것에 근거하여 정조의 질문에 또박또박 대답했다.

정조는 다산의 대책을 읽고 어필(御筆)을 들어 직접 그 끝에다 썼다. "백가의 말을 두루 인증하여 출처가 무궁하니, 실로 평소의 온축이 깊고 넓지 않고서는 이렇게 할 수 없을 것이다." 정조의 다산에 대한 인가(認可)가 이처럼 두터웠다.

다산 경학의 기본방법은 한당(漢唐) 이전으로 거슬러올라가 이경증경(以經證經), 즉 경전을 통해 경전의 의미를 입증하는 것이었다. 이러한 훈고학적 방법은 당대에 성행한 청나라 고증학의 영향이 컸다. 하지만 다산은 철저히 경전중심주의를 고수함으로써 시비를 비껴갔다.

다산의 이러한 태도는 선배의 업적을 인정하지 않고 자기 주장을 더 높이 내세운다는 비판을 불러일으켰다. 하지만 다산은 자신의 작업이 어떤 선입견도 배제한 공심공안에서 나온 것이었으므로 조금도 물러서지 않았다. 오히려 선입견에 붙들려 객관적으로 보지 못하는 그들에 대해 답답함을 토로했다. 앞서 여러 차례 살펴본 이재의나 신작 등과 주고받은 치열한 논쟁이 바로 그 증거다.

> 박학(博學)·심문(審問)·신사(愼思)·명변(明辨), 즉 널리 배우고 따져물으며 깊이 생각하고 분명하게 밝히는 보람은 성(誠)이 아니고서는 세우지 못합니다. 단 한 번이라도 속이거나 거짓이 있어서는 안 되는 것을 성이라고 합니다. 때문에 저는 경전공부에서 오직 이 성만을 추구하였고, 다만 이것만을 따랐으며, 이것만을 고집하였습니다. 옳은 것을 선택하여 굳세게 주장할 때에는 널리 고증하고 정밀하게 연구하여 지혜를 다하지 않은 적이 없습니다. 마음가짐을 마치 빈 거울이나 공평한 저울대처럼 하였고, 뜻을 파헤치기는 마치 송사를 결단하고 옥사를 다스리듯 하였습니다. 그런 뒤에야 감히 주장을 세웠으니, 어찌 감히 긴가민가하는 견해로 남들과 같은 말을 하거나 그림자 보고 짖어대듯 하여 대동(大同)의 논의를 어기려 한 것이겠습니까?
>
> 「이여홍에게 답함(答李汝弘)」 8-146

이재의는 맹자의 사단설(四端說)에 대한 다산의 주장이 보편적인 논의와 다름을 지적하며 수용하기를 거부했다. 이에 다산은 공부에 임한 자신의 태도는 무엇이나 받아들이는 빈 거울과 같고 무게를 정확히 다는 저울대와 같다고 하면서, 마치 송사를 판단하고 옥사를 다스리는 마음으로 냉철하게 판단한 것이지, 확신 없이 그저 대충 얽어 튀어보려고 펼친 주장이 아님을 거듭 강조했다. 그 다음 편지에도 이런 말이 나온다.

> 만약 노형께서 얼마간 사사로운 뜻이 있어 반드시 구차하게 대동의 논의를 따르려 하는 것이라면 저는 마땅히 입을 다물고 혀를 묶어 감히 다시는 말하지 않겠습니다. 만약 마음을 다잡아 지극히 공정하게 했는데 다만 견해가 차이나는 것이라면 저는 비록 신장을 태우고 고혈을 다 쥐어짠다고 해도 또한 감히 이 일에 대해 수고로운 것을 사양하지 않겠습니다. 「이여홍에게 보냄(與李汝弘)」 8-161

다산의 자신감은 때로 당혹스러울 정도로 거침이 없다. 지금 읽기에도 다소 과도하게 여겨질 정도다. 기존의 학설을 고집하는 이재의에게, "만일 그대가 내 견해에 수긍하지 못하는 것이 공심공안에서 나온 것이라면 나는 끝까지 이 문제를 탐구해서 끝장을 보겠다. 하지만 혹 학파의 입장 때문에 선뜻 수긍하지 못하는 것이라면 나는 이제 더는 한 마디도 토론하지 않겠다"고 말한 것이다.

허심으로 주장하라

다산은 퇴계의 학문하는 태도를 깊이 존경했다. 퇴계가 허엽(許曄)에게 보낸 답장에서 선배를 가볍게 논하는 병통에 대해 말하면서, 주자도 이를 경계하였지만 도학(道學)에 있어서 잘못된 부분을 논변할 때는 절대로 선배라 하여 그냥 지나친 일이 없었다고 한 대목을 보고, 다산은 이렇게 적었다.

선생이 이색·정몽주·김굉필·조광조 등 여러 군자에 대해 모두 논한 것이 있다. 그들의 잘못된 점에 대해서도 간혹 감추지 않았다. 이는 진실로 지극히 공정한 마음에서 나온 것이다. 감히 사사로이 좋아한다고 하여 덮어 가려주지는 않았던 것이다. 하지만 선생의 시대에는 말하는 사람이 공정하게 하면 듣는 사람도 공정하게 들었다. 근세에는 당습(黨習)이 고질이 되어 사사로이 좋아하는 바는 무조건 높여, 공부가 부족한 사람을 종사(宗師)로 떠받든다. 사사로이 미워하는 바를 배척하여 덕 높은 큰 학자도 곡사(曲士)라 하여 물리친다. 말을 함이 공정하기가 쉽지 않고, 듣는 것 또한 공정하기가 어렵다.

「도산사숙록(陶山私淑錄)」 9-105

"퇴계는 선배를 인정하면서도 학문에 관한 잘못된 논의에 대해서는 드러내놓고 지적했다. 그러나 지금 세상에서는 이러한 것이 용납되지 않는다. 패거리주의가 만연해서 공정함을 찾으려야 찾을 수가 없게 된 것이다." 거듭된 다산의 탄식은 동당(同黨)의 이끗을 위해 우김질만 일삼고, 의미 있는 주장조차 거들떠보기는커녕 배척부터 하는 학계에 대한 절망감의 토로인 셈이다. 학문의 세계에서 허심탄회(虛心坦懷)라는 네 글자를 더는 찾아볼 수 없게 된 것을 다산은 통탄했다.

저는 일찍이 한유(漢儒)들이 옛것을 높여, 그 훈고를 계승하였으므로 진실로 취할 만한 것이 많으리라 생각했습니다. 그러나 잘못된 곳과 착오가 있는 곳이 진실로 적지 않았습니다. 때문에 주자께서 고치신 것이 많았는데, 흰 옥에서 작은 흠집을 찾는 것 정도가 아니었습니다.
근세에는 일종의 습속으로 오로지 옛 주석에만 마음을 쏟습니다. 무릇 옛 주석에서 말한 것에 대해 마땅하지 않다고 의논하는 사람이 있으면 이를 가리켜 망령된 사람이라고 합니다. 하지만 수십 년을 궁벽하게 지내면서 장구(章句)에만 침잠하여, 오랫동안 상고하고 징험해 보니, 옛 주석이라 해서 다 옳은 것이 아니고, 후대의 학자가 새롭게 논한 것이라 하여 다 그른 것도 아니었습니다.

오직 마땅히 허심공관(虛心公觀), 즉 마음을 비워 공정하게 살펴 시비의 참됨을 따져야지, 세대의 선후와 연대만을 살펴 따를지 말지를 판단하는 것은 옳지 않습니다. 어찌 생각하시는지요?

「김덕수에게 답함(答金德叟)」 8-239

고증학이 전래된 이후 한나라 훈고학의 성과를 절대시하여 후대의 학설을 무시하는 풍조에 대해 질타한 글이다. 앞에서는 공심공안을 말하고, 여기서는 허심공관을 말했다. 시비의 참됨을 가지고 따지지 않고 연대의 선후로 따지는 것은, 마음을 비우지 않고 사심으로 문제에 접근했기 때문이라는 것이다.

당시 학계는 한학(漢學)과 송학(宋學)이 제가끔 문호를 세워 서로 격렬하게 상대를 비방하고 자기의 주장을 내세우는 분위기였다. 다산은 한학도 송학도 아니면서 또한 아닌 것도 아닌 입장이었다.

그의 공부방법은 기본적으로 훈고학적 태도였으므로 한학의 방식을 취하였다. 하지만 다산은 한학을 추구하는 학자들이 금과옥조로 받드는 한유(漢儒)의 고주(古注)를 그대로 따르지 않았다. 오히려 격렬하게 비판했다. 그들의 방법론을 써서 그들의 잘못된 점을 낱낱이 밝혀낸 것이다. 한학을 비판했으니 송학 쪽에서 환영을 받았을 법한데 그렇지도 않았다. 다산이 볼 때 주자의 경전해석은 지나치게 심성론(心性論) 쪽으로 경도되어 경전의 근본정신에서 너무 멀어져 있었다.

 다산은 모든 주장을 철두철미하게 경전의 근거에 입각하여, 그 논리에 비약이나 억지스러움이 없었다. 한학과 송학 어느 편에서도 쉽게 공략할 수 없는 탄탄한 논리기반 위에서 논의를 펼쳤다. 주자에 대해서는 각별한 존숭(尊崇)의 뜻을 밝히고 있지만, 기본적인 태도에서는 큰 차이가 있었다. 그러나 자기 주장이 그렇게 선명했음에도 논거가 딱딱 들어맞고 특별히 주자에 대해 비난하는 태도를 드러낸 적이 없으므로 크게 문제가 되지는 않았다. 오히려 김매순 같은 학자들은 그의 쾌도난마와 같은 명쾌한 논리에 열띤 호응을 보내주기까지 했다.

 다산은 말한다. 선입견을 버려라. 편견은 학문의 독이다. 옳다고 확신하는 것을 객관적인 논거에 바탕해 주장해야지, 막무가내로 우기기만 해서는 발전이 없다. 선입견을 버리려면 마음을 비워야 한다. 거울처럼 비고 저울처럼 공평해야 한다. 권위에 편승하지 마라. 나이로 누르고 서열로 누르면 안 된다. 아랫사람의 견해에도 귀를 기울여라. 패거리지어서 짓밟으면 안 된다.

24. 단계별로 차곡차곡 판단하고 분석하라
층체판석법(層遞判析法)

천하에는 두 가지 큰 저울이 있다. 하나는 시비(是非) 즉 옳고 그름의 저울이고, 하나는 이해(利害) 곧 이로움과 해로움의 저울이다. 이 두 가지 큰 저울에서 네 가지 큰 등급이 생겨난다. 옳은 것을 지켜 이로움을 얻는 것이 으뜸이다. 다음은 옳은 것을 지키다가 해로움을 입는 것이다. 그 다음은 그릇됨을 따라가서 이로움을 얻는 것이다. 가장 낮은 것은 그릇됨을 따르다가 해로움을 불러들이는 것이다. 【「학연에게 답함(答淵兒)」9-11】

쟁점을 드러내라

층체판석(層遞判析)은 단계별로 하나하나 따져서 판단하고 분석하는 것이다. 설득력을 강화하려면 문제를 단계별로 명확하게 드러내야 한다. 교통정리가 필요한 것이다. 쟁점을 마구 섞어 한꺼번에 처리하려 들면 논리가 뒤엉켜 문제의 서열이 드러나지 않는다.

생각에도 단계가 있다. 단도직입(單刀直入)도 좋지만 공부에서는 안 된다. 증거를 아끼고 논리를 절제해서 꼭 말해야 할 때 말하고, 써먹을 데 써먹어야 한다. 공부를 못하는 사람들은 꼭 반대로 한다. 논문을 쓰라고 하면 자기가 지금까지 공부한 것을 다 늘어놓는다.

꼭 필요한 말만 하지 않고 저 할 말을 다 한다. 글이 길어질수록 논리는 엉기고, 말이 많아지면서 생각도 뒤죽박죽이 된다. 저만 알고 남은 모르게 된다. 잔뜩 말했는데 하나도 남는 것이 없다.

다산의 층체판석법은 논설문 성격의 분석적인 글쓰기에서 묘미를 발한다. 다산은 늘 문제의 층위를 나누고 갈래를 구분하여, 복잡한 생각들을 교통정리하는 것으로 글을 시작했다.

> 사는 거처를 정하는 이치에 대해 내가 논해보겠다. 마땅히 먼저 먹을 물과 땔감을 살펴야 한다. 다음이 오곡이다. 그 다음은 풍속이다. 산천의 빼어남은 또 그 다음이다. 먹을 물과 땔감이 멀리 떨어져 있으면 인력이 지친다. 오곡이 갖추어지지 않으면 흉년이 잦다. 풍속이 문(文)을 숭상하면 말이 많다. 무(武)를 숭상하면 툭하면 싸운다. 이익을 추구하면 백성이 속이기를 잘하고 인심이 각박하다. 한갓 힘만 쓰면 고루해서 난폭하다. 물이 탁하고 산세가 험하면 빼어난 인물이 적고 뜻이 맑지 않다. 이것이 그 대체이다. 「택리지의 발문(跋擇里志)」 6-183

사는 곳을 정할 때 따져보아야 할 기준을 물과 땔감, 오곡, 풍속, 산천의 빼어남 순으로 열거하며 그 이유를 분석하고 있다. 우선순위를 정하고 선후를 갈라 논의를 뒤섞지 않았다. 다음 글을 보자.

> 금천(金川)과 토산(兎山)의 일은 제가 망령되이 평하여 의논을 더하는 것은 마땅치가 않습니다. 그러나 양민을 도적이라 하여 포박했으니 첫 번째 잘못입니다. 호소하는 것을 겁준다 하여 때리고 쳤으니 두 번째 잘못입니다. 남생(南生)을 서울 선비라고 풀어주었으니 세 번째 잘못입니다. 이씨의 자식을 도적의 괴수로 여겨 가두었으니 네 번째 잘

못입니다. 큰 도적으로 생각해서 서둘러 순영(巡營)에 첩보하였으니 다섯 번째 잘못입니다. 순영에는 첩보해놓고 병영과 진영에는 알리지 않았으니 여섯 번째 잘못입니다. 이를 가지고 말을 우겨 빈 저자에 옮기려고 깃발을 세워놓고 물화(物貨)를 막았으니 일곱 번째 잘못입니다. 이 때문에 노여움을 품고 보고서에 서로 공경하는 의리를 잃은 것이 많으니 여덟 번째 잘못입니다.

제 생각에 토산의 일은 건건이 다 잘못되었고, 금천은 잘못한 것이 없습니다. 이제 둘 다 잘못이라 하여 싸잡아 바로잡으려 하면 타당하게 처리하기가 어려울 듯합니다. 「이관찰에게 답함(答李觀察)」 8-68

이런 것이 다산식 층체판석법이다. 마디마디 갈라서 낱낱이 파헤쳤다. 이 글은 황해도관찰사인 이의준에게 보낸 편지로, 금천과 토산 두 고을에서 일어난 분쟁에 대해 시시비비를 가린 내용이다. 자세한 전후상황은 편지만 보아서는 알 수가 없다. 어쨌든 명백한 잘못이 토산 쪽에 있는데 금천까지 싸잡아 나무라서는 안 되는 이유를 차례로 여덟 가지나 들어 하나하나 지적했다. 다산의 분석은 단계를 밟아 차곡차곡 올라가므로 추궁이 이처럼 날카롭고 매섭다.

명료하게 분석하라

다산은 짧은 글뿐 아니라, 한 질의 저작 또한 단계에 따라 층차를 두어 판석(判析)하는 역량이 탁월했다. 다음 글을 보자.

경서의 가르침을 앞머리에 실어 정밀한 뜻을 밝혔다. 곧이어 역사상의 자취를 실어 예전의 상례(常例)를 드러냈다.「경사지요(經史之要)」 3권이 그것이다.

다음으로는 비판하고 상세하게 논박한 말로써 당시의 법식을 살폈다.「비상지준(批詳之雋)」 5권이다.

다음은 청나라 사람이 옥사를 의단(擬斷)한 사례를 통해 차등을 분별했다.「의율지차(擬律之差)」 4권이 그것이다.

그 다음은 옛 조정의 군현의 재판기록 가운데 말의 이치가 비루한 것은 그 뜻을 헤아려 윤색하고, 조정의 의논과 임금의 판결은 삼가 그대로 기록하였다. 간간이 내 뜻을 덧붙여 의미를 밝혔다.「상형지의(祥刑之議)」 15권이다.

예전 황해도에서 고을살이할 적에 왕명을 받들어 옥사를 다스렸다. 들어와 형조판서를 보좌하여 또 이 일을 맡았다. 귀양온 이후로도 때때로 옥사의 정황을 들으면 또한 장난삼아 모의(模擬)로 의논해보곤 했다. 그 거친 글을 끝에다 덧붙였다.「전발지사(剪跋之詞)」 3권이 그것이다.

모두 합쳐 30권인데, 이름하여 『흠흠신서』라 하였다.

「흠흠신서서(欽欽新書序)」 6-32

『흠흠신서(欽欽新書)』는 인명을 다루는 재판과 소송에 관한 일종의 판례집이다. 모두 30책의 구성을 다산은 이렇게 엮어놓았다. 정리하면 〈표5〉와 같다.

『흠흠신서』는 모두 5부로 구성되어 있다. 1부「경사지요」는 원론과 총론, 2부「비상지준」은 도입, 3부「의율지차」는 개념 습득과 몸풀기, 4부「상형지의」는 실제 사례 적용, 5부「전발지사」는 가상 사례 활용이다. 경전과 역사에서 입론의 근거를 마련했고, 역대의 논

표5

구분	내용
「경사지요(經史之要)」 3권	경전의 언급과 역사상의 관련 사례 대비 모음. 예전의 상례를 드러낸다.
「비상지준(批詳之雋)」 5권	재판상의 비판과 논박 사례 모음. 당시의 법식을 살핀다.
「의율지차(擬律之差)」 4권	청나라의 모의재판 사례 모음. 법개념의 차등을 이해한다.
「상형지의(祥刑之議)」 15권	옛 조정의 실제 재판기록과 판결문 사례 모음. 법 적용의 실제와 의미를 밝힌다.
「전발지사(剪跋之詞)」 3권	다산 자신이 견문한 실제상황에 대한 모의판결 사례 모음. 다양한 사례를 연습하고 적용한다.

설을 통해 옥사에 임하는 관리의 마음가짐을 살폈다. 중국 청나라의 모의재판 사례를 통해 법개념의 차등을 이해하고, 실제 재판기록을 분석하여 적용의 실제를 익혔다. 여기에 더하여 미묘한 가상상황을 설정하여 실전연습을 겸하였다.

 분량으로 보아 이 책에서 가장 역점을 둔 것은 전체의 절반을 차지하는 제4부 「상형지의」다. 이 책의 주된 목적이 우리나라에서 과거에 실제로 발생한 범죄사건의 다양한 사례와 처리과정을 살펴, 효과적인 대처법과 빈틈없는 적용을 익히게 하는 데 있었음을 대번에 알 수 있다.

 이렇듯 다산의 저작은 그 목차만 보더라도 생각의 길과 방향이 명료하게 드러난다. 단계를 뒤섞는 법이 절대로 없다. 다루려는 내용이 '무엇'인지를 먼저 밝히고, 이것이 '왜' 중요한가를 검토한 뒤에, '어떻게' 다룰 것인가를 점검했다. 그러고 나서도 예상외의 상황을 상정하여 만일의 경우까지 대비했다.

중심을 잃지 말라

다산은 1797년 정조의 명을 받들어 『상형고(祥刑攷)』를 엮었다. 『흠흠신서』의 「상형지의」에는 이때의 경험이 녹아들어 있다. 당시 정조는 틈틈이 전국의 옥안(獄案)을 꼼꼼히 분석해서 확정된 옥안을 의안(疑案)으로 바꾸고, 의안을 다시 원옥(冤獄)으로 바로잡은 일이 수없이 많았다. 당시 형조참의였던 다산이 한번은 한 죄수를 사형에 처해야 한다고 결정한 일이 있었다. 이에 정조는 용서할 만한 점이 있다고 하면서 이렇게 말했다.

싸우다가 구타하여 남을 죽인 자는 죽일 뜻이 없었는데 불행하게 죽음에 이른 경우가 열에 일고여덟이다. 칼을 뽑아 곧장 찌른 자는 반드시 그 마음이 지극히 원통하고 분해서 죽어도 참을 수 없는 경우다. 때문에 나는 죽일 생각 없이 죽인 자와 죽이려고 작정하고 죽인 자를 때때로 두 가지로 나눠서 살피곤 한다. 이것은 내가 살리는 것을 좋아해서가 아니다. 법이 마땅히 그렇기 때문이다.
또 내가 매번 한 가지 옥사를 풀어주면 조정의 신하들은 살리기를 좋아하는 은덕으로 생각하곤 한다. 조정 신하들은 나 듣기 좋으라고 말하지만 나는 이 말처럼 듣기 싫은 것이 없다. 착한 것을 좋아하고 악한 것을 미워하는 것은 의리요 지혜다. 남의 큰 악을 보고 죽일 만한데도 자꾸 살리기를 좋아한다면, 이것은 인의예지 네 덕 가운데 의(義)와 지(智) 두 가지를 잃은 것이다. 그러니 어찌 덕이 되겠는가?

나는 한 명이라도 죄 없는 자를 죽이지 않으려고 하는 것뿐이다. 나는 무턱대고 살리는 것을 좋아하는 사람이 아니다. 조정의 신하들이 여러 해 나를 섬겼으면서도 내 뜻을 알지 못하고 번번이 나더러 살리기를 좋아한다고 말하니, 이 말이 나는 제일 듣기 싫다.

「상형고 초본의 발문(祥刑攷艸本)」 6-190

이것은 정조식 층체판석이다. 살인에 있어서 의도의 유무는 형량을 결정하는 데 가장 중요한 요소다. 예를 들어 실수로 사람을 죽인 과실치사(過失致死)와 살의를 가지고 저지른 살인은 구분해야 한다. 우발적 살인과 미필적 고의에 의한 살인, 그리고 의도적 살인은 그 차원이 조금씩 다르다. 정조는 법리적으로 따져, 전자의 경우 사형을 면해주는 쪽으로 결정하곤 했다. 하지만 신하들은 법적용의 깊은 뜻은 헤아리지 않고, 그저 성은이 망극하다고만 하니 몹시 서운하고 귀에 거슬린다고 했다. 자기가 무슨 옳고 그름도 판단하지 못하고 무조건 은혜 베풀기만 좋아하는, 생각도 없는 사람이냐는 것이다. 다산은 정조의 이러한 이야기에 깊은 인상을 받았다.

하지만 이 일과는 반대로, 정조가 중한 죄로 다스려야 한다고 한 경우에 다산은 법을 달리 적용하여 관대한 처분을 내린 일도 있었다. 그의 『흠흠신서』에는 경우에 따라 미묘한 저울질을 요구하는 다양한 사례들이 자주 등장한다.

반론을 격파하라

특정 개념을 따지고 분석하는 데도 층체판석법은 효과적이다. 골경신(骨鯁臣)이라는 말이 있다. 고기를 먹다가 입에 걸리는 뼈나 목에 걸리는 생선가시같이, 무슨 일이건 그냥 넘어가는 법 없이 바른 말을 하는 까슬까슬한 신하를 일컫는 말이다. 이에 대한 다산의 분석을 읽어보자.

> 후세에서는 골경(骨鯁)을 충직을 말하는 것으로 그릇 알고 있다. 큰 잘못이다. 먹다가 이에 씹히는 것이 '골(骨)'이고, 목구멍에 가시가 걸리는 것을 '경(鯁)'이라 한다. 이것이 충직과 무슨 상관이란 말인가? 어찌 신하가 임금에게 간할 때 마치 뼈가 이에 씹히고 가시가 목구멍에 걸리는 것처럼 한단 말인가? 사정이 비슷하지 않고 비유가 타당치 않다. 옛사람이 간혹 가다 쓴 비유는 이런 뜻이 아니었다.
>
> 「진평세가서 첫머리에 제함(題陳平世家書頂)」 6-210

골경신이라는 말을 '충직한 신하'와 동의어로 쓸 수 없다는 전제를 먼저 펼쳤다. 목구멍에 걸리는 가시나 고기를 먹다가 씹히는 뼈와 같은 신하가 어떻게 충신일 수 있느냐는 것이다. 그러고 나서 다산은 그의 전매특허인 이경증경(以經證經), 피차비대(彼此比對)의 방식을 동원해 '골경'이라는 표현이 등장하는 세 예문을 제시하고 판석했다. 그러고 나서 다시 말했다.

> 시험 삼아 이 글을 살펴보니, 범증(范增)은 혹 충직으로 비유할 수 있을 것 같다. 하지만 종리매(鍾離眛)·용저(龍且)·주은(周殷) 등은

모두 장수의 신하에 지나지 않는다. 어찌 나란히 골경신으로 꼽을 수 있겠는가? 이 몇 사람을 제거하지 않고는 한나라가 초나라를 능히 삼킬 수 없었다. 골경신이란 이러한 사람을 두고 하는 말이다.

「진평세가서 첫머리에 제함(題陳平世家書頂)」 6-211

다산의 주장은 이렇다. "골경신은 충신과 동의어가 아니다. 다른 나라를 공격하려 할 때, 목엣가시나 씹히는 뼈처럼 께름칙한 적국의 신하를 일컫는 말이다. '저자만 없으면 우리가 적국을 뼈 없는 연한 살코기나 가시 없는 생선살처럼 한입에 꿀꺽 집어삼킬 수 있을 텐데' 하는, 그런 가시 같은 존재를 가리켜 쓰는 말이 골경신이다. 그러니 자기 나라의 충직한 신하를 두고 골경신이라는 표현을 쓰는 것은 타당한 용법이 아니다."

다산은 이렇게 『사기』 「진평세가」를 비롯한 몇 가지 용례를 분석한 결과 골경신의 바른 의미를 확인했다. 하지만 그는 여기서 논의를 마무리짓지 않고 한 층의 논의를 더 펼쳤다. 『사기』보다 후대의 역사서인 『후한서』와 『남사』 및 『북사』에 나오는 '골경'의 용례를 세 가지 더 제시한 것이다. 그런데 앞서 본 초기 기록과는 달리 이 경우에는 모두 '충직'의 뜻으로 쓰였다.

층체판석을 마친 다산의 결론은 이렇다. 골경신이라는 말은 '충직한 신하'라는 뜻으로 쓰는 말이 아니다. 오히려 적국에서 상대국의 목엣가시 같은 신하를 일컬어 쓴 말이다. 그런데 골경신은 대체로 바른말 때문에 그 나라 임금에게 미움을 받았지만 실제로는 충직한 신하인 경우가 대부분이었다. 그래서 후대에는 골경신의 의미가 '충직'의 뜻으로 바뀌었다. 하지만 이것은 원래의 의미를 잘못 알고 쓴 말이다.

다산은 글을 이렇게 마무리한다.

골(骨)과 경(鯁) 두 글자가 본래의 뜻을 잃은 것은 깊이 다툴 만한 일은 못 된다. 하지만 임금이 골경의 본뜻을 듣고 자세히 음미하고 깊이 살핀다면 또한 어진 이 구하기를 급히 하고 덕을 숭상하게 될 것이다.
「진평세가서 첫머리에 제함(題陳平世家書頂)」 6-211

듣기 싫은 소리 하는 신하, 임금을 가로막는 신하야말로 충직한 신하이니, 목엣가시 같고 이에 걸리는 뼈 같은 신하를 내치지 말고 보듬어안아야 적국이 우리나라를 감히 넘보지 못한다는 말이다. 다산 역시 끝에다 이렇게 가시같이 찌르는 말 한마디를 보태 여운을 준 뒤 글을 마무리했다.

이밖에도 다산이 복잡한 문제를 층체판석하기 위해 즐겨 활용한 방법은 문답법이다. 질문을 먼저 던져놓고 답변을 하고, 그 답변에서 다시 꼬투리를 잡아 다시 반론하고 또 답변한다. 이러한 반복을 통해 문제의 단계가 조금씩 심화되어, 끝에 가서는 예상되는 상대의 모든 반론을 격파한다. 여러 편지글과 논설문에 보이는 설문설답식 논의들이 모두 이러한 예에 해당한다.

다산은 말한다. 덮어놓고 말해서는 안 된다. 통째로는 안 된다. 단계별로 분석해서 낱낱이 파헤쳐라. 층위를 따져 말을 섞지 마라. 목청만 높인다고 설득력이 생기는 것은 아니다. 많이만 쓴다고 납득되는 것도 아니다. 핵심을 찔러라. 문제의식을 선명하게 드러내라. 생각의 지도를 정확하게 제시하라.

25. 핵심을 건드려 전체를 움직여라
본의본령법(本意本領法)

사람을 대하고 사물을 접할 때도 모름지기 먼저 기상을 점검해서 자기의 본령을 세운 뒤에 점차로 저술에 뜻을 두어야 한다. 그래야만 한 마디 말 낱낱의 글자도 모두 다른 사람이 보배로 여겨 애호하는 바가 된다. 만약 스스로를 너무 가볍게 보아 마치 땅 위의 흙처럼 여긴다면 이는 또한 끝나버리는 것일 뿐이다. 【「두 아들에게 보여주는 가계(示二子家誡)」 8-18 】

방향을 잊지 말라

본의본령(本意本領)은 작업을 함에 있어 핵심가치를 세워야 한다는 말이다. 작업에 바탕이 되는 뜻이 본의(本意)이고, 작업의 의미와 의의를 한 마디로 요약한 것이 본령(本領)이다. 무슨 일을 하든지 본의와 본령이 제대로 서지 않으면 애만 쓰고 보람은 없는 헛수고가 되기 쉽다. 아킬레스건을 꽉 잡아야 한다. 핵심가치를 잊으면 안 된다.

다산의 그 많은 저술은 각각 나름의 핵심가치를 지향하고 있다. 그저 재미있어서 하거나 하다 보니 한 권 분량이 되어 엮은 것이 아니라. 처음부터 방향과 목적을 가지고 진행한 결과였다. 본의와 본령은 작업의 이유이자 목적에 해당한다. 이 일을 왜 하는가? 무엇을 위해서 하는가? 여기에 따라 작업의 방향이 결정되고, 목표가 정해진다.

1799년, 정조는 청나라 사신을 맞이하는 일을 계기로 중국과의 사대(事大)에 관계된 내용을 찾아 정리하라는 명을 내린다. 하지만 이 작업은 정조의 갑작스런 승하로 완성되지 못했다. 1821년, 다산은 정조의 유명(遺命)을 받든다는 취지에서 『사대고례(事大考例)』 26편을 엮는다. 편집작업을 직접 진두지휘하면서 쓴 범례의 한 조목에 그는 이렇게 적었다.

> 이제 이 책을 엮는 본의는 오직 고례(考例), 즉 전례를 살피는 데 있다. 예를 살펴 마땅히 행해야 할 절차까지 상세하게 실을 필요는 없다. 따라서 『동문휘고(同文彙考)』 중에서 다만 표문(表文)과 주문(奏文)만을 취해, 불필요한 말은 걷어내고 알맹이만 추려서 살피고 점검함을 갖추었다. 그밖에 진방물표(進方物表) · 예부자문(禮部咨文) 및 장(狀) · 전(箋) · 예단(禮單) 등 여러 글은 모두 빼버렸다. 『동문휘고』 속에 전문이 다 실려 있으므로 근거가 없는 것을 염려하지 않아도 되기 때문이다.
>
> 「사대고례제서(事大考例題敍)」 7-7

사대에 관한 자료를 모두 모아 엮은 『동문휘고(同文彙考)』는 내용이 너무 번다하고 요령부득이어서 필요한 정보를 얻기가 어려웠다. 사신을 보내고 맞는 절차를 적은 『통문관지(通文館志)』는 연대순으로 되어 있어 주제별로 검색하기가 불편했다. 다산의 『사대고례』는 이 두 책을 하나로 묶어 주제별 검색이 가능하도록 휘분류취(彙分類

聚) 방식으로 정리하는 작업이었다.

  작업에 앞서 다산은 우선 작업의 본의를 점검했다. 사대에 필요한 다양한 예식을 갈래별로 정리해서, 상황이 발생했을 때 편리하게 참고할 수 있도록 하는 것이 작업의 핵심가치였다. 다산은 의례적인 문서와 관례로 붙이는 형식적인 글을 전부 삭제했다. 당시의 특수상황에 따른 중요내용만 간추렸다. 배열도 연대순이 아닌 행사의 성격에 따른 분류로 18항목에 걸쳐 재배열했다. 일이 있을 때마다 전례를 찾아보느라 법석을 떨던 불편이 말끔히 해소되었다. 정보검색이 간편해져서 어떤 경우에 어떤 방식으로 처리해야 하는지가 일목요연해졌다.

식견을 자랑 말라

  다산은 다른 사람의 책에 대해서도 역시 본의와 본령의 유무를 가치평가의 기준으로 삼았다.

  『기년아람(紀年兒覽)』을 나 또한 처음에는 좋은 책으로 여겼다. 이제 와서 자세히 살펴보니, 본 바가 들은 것만은 못하더구나. 대저 본의(本意)가 해박함을 드러내고 들은 것이 많음을 다투는 데 있는지라, 실용과 실리에 있어 한 차례 법도를 베풂을 얻지 못했다. 때문에 지은 것이 번잡하기만 하고 핵심이 적으며, 간략한데도 군더더기가 많은 것이 이와 같다. (중략)

  '파계(派系)'라는 두 글자는 문리에 맞지 않는다. 파(派)라는 것은 갈려나간 흐름이다. 집안에서 가지쳐 나누어진 것은 족파(族派)라고 일컬을 수 있다. 이제 그 부모를 기록하고 표시하여 파계라 하였으니, 되겠느냐?

저서는 표시하여 구별하는 것을 가장 조심해야 한다. 고실(故實)이라 한 것도 간혹 이름과 호 중간에다 나눠 실었고, 고이(攷異)라 한 것도 각 표시의 아래에다 섞어 실었다. 저서는 조례(條例)를 가장 조심해야 한다. 이처럼 마구 뒤섞으면 안 된다. 「두 아들에게 부침(寄二兒)」 9-9

『기년아람(紀年兒覽)』은 이만운(李萬運, 1723~1797)의 초고를 이덕무(李德懋, 1741~1793)가 보태고 윤색해서 완성한 책이다. 다산은 일찍이 이 책에 발문을 써주었고, 그에 앞서 박제가(朴齊家, 1750~1805)에게 이 책을 빌려달라는 내용의 편지를 보낸 적도 있다.

그러나 강진으로 귀양온 후 그 책을 다시 찬찬히 읽고 나서는 실망감을 표시했다. 저술의 본의가 겉으로 표방하고 있는 것처럼 실용과 실리에 있는 것이 아니라, 해박함을 뽐내고 식견을 자랑하는 데 있다는 이유에서였다. 남들이 듣도 보도 못한 이야기를 실으려 했고, 일반 기록에서 찾을 수 없는 내용을 즐겨 다루었다. 이 때문에 핵심을 간추려야 할 때 번다하게 늘어놓고, 간추린다고 해놓고 결과적으로 군말을 덧붙이곤 했다. 다산은 저서에서 표시를 달아 구별하고 조례를 구성하는 것을 가장 조심해야 하는데, 이 점에 있어서도 이 책은 일관성 없이 뒤죽박죽이라고 비판했다.

이밖에도 몇 가지 잘못을 더 적시한 후 책에 대한 평가를 이렇게 마무리했다.

대저 글자마다 병통이 있고 구절마다 흠집투성이여서 이루 다 지적할 수가 없을 정도다. 간추려 편집해 요점만 추린다면 한두 권만으로도 보기 편하게 만들 수 있을 것 같다. 내가 서울로 돌아가기를 기다려 마땅히 열흘의 수고만 들이면 되지 싶다. 다만 「외국기년(外國紀年)」 1권만큼은 질 나쁜 종이를 쓰더라도 서둘러 우선 베껴써서 당장에 참고할 근거로 갖추어두는 것이 좋겠다. 너 또한 풍문만 듣고 헛되이 사모하여 좋은 책이려니 여기고 있으니, 젊은이의 안목이 가소롭다.

「두 아들에게 부침(寄二兒)」 9-10

자신이 단지 열흘만 애쓰면 한두 권 분량으로 단출하게 간추려 실용과 실리에 유용한 책자로 재편집할 수 있겠다고 했다. 본의를 점검해 거기에서 벗어나는 내용은 솎아내겠다는 뜻이다. 다만 다른 데서 볼 수 없는 「외국기년」의 가치에 대해서는 무조건 베껴써서 참고 자료로 삼아야 한다고 주문했다.

다산은 같은 편지에서 『기년아람』뿐 아니라 명말청초의 고염무가 지은 『일지록(日知錄)』에 대해서도 본령이 바르지 않음을 문제 삼아 역시 날카롭게 비판했다.

『일지록(日知錄)』은 그 학술과 의론이 마음에 십분 만족스럽지가 않다. 대개 그 본령이 요컨대 고담정론(高談正論)을 지어 그 이름을 온전히 하기에 힘쓴 것이어서, 간절하고 참된 마음은 찾아볼 수가 없다. 시대를 근심하고 세상을 개탄한 것도 모두 뒤엉켜 깨끗하지 못한 뜻이 말 밖으로 드러난다. 나처럼 곧은 성품의 남자나 이따금 주목해볼 뿐이다. 또 사전(史傳) 속에 있는 말을 베껴다가 자기가 세운 주장과 뒤섞어 책을 만들어 몹시 늘어지고 잡다하다. 내가 전에 『성호사설』이 후세에 전할 만한 정본이 되지 못한다고 말한 적이 있다. 옛사람의 글과 자기의 의론을 서로 섞어 책을 만들어 의례(義例)를 이루지 못했기 때문이다. 이제 『일지록』도 바로 이와 같다. 게다가 그의 예론(禮論)은 잘못되고 어긋난 곳이 아주 많다. 「두 아들에게 부침〔寄二兒〕」 9-10

고염무가 당대에 크게 존경받은 대학자였음을 고려할 때, 다산의 언급은 자식들에게 한 말임을 고려하더라도 다소 지나친 감이 있다. 다산은 얄밉게도 편지의 고담정론(高談正論)이라는 말 아래에 작은 글씨로 '진짜 정론이 아니라 사람들이 말하는 정론'이라고 주석까지 달아놓았다.

『일지록』은 조선의 유학자들이 모두 감탄하며 읽은 책이다. 그런데 다산이 보기에는 이 책도 본령이 제대로 서지 않았다. 그저 고상한 이야기만 해서 자기의 절개를 지키려 했을 뿐, 어려운 시대를 살아간 지식인의 간절하고 참된 마음을 찾아볼 수가 없다는 것이다. 게다가 역사기록 속의 구절을 베껴 자신의 주장을 덧붙인 것은, 다산이 볼 때 이 책의 가장 큰 결함이었다. 내용이 쓸데없이 늘어지고 주제가 잡다해진 것도 이 때문이다. 덧붙여 그가 주장한 예론도 틀린 내용이 한두 가지가 아니었다.

이렇듯 본의와 본령의 기준으로 『기년아람』과 『일지록』을 비판한 글을 읽어보면, 본의본령에 대한 다산의 생각이 선명하게 드러난다. 본의와 본령은 무엇인가? 어떤 책 또는 작업을 통해 성취하고자 하는 핵심가치다. 그것은 어떻게 성취되는가? 내 글과 남의 글을 명확히 갈라 구분하여 표시를 나누고, 조례 또는 의례를 분명히 세우면 된다. 그러자면 무엇보다 작업을 통해 성취하고자 하는 목표가 뚜렷해야 한다. 다산이 보기에 『기년아람』은 박식을 뽐내려 한 책이고, 『일지록』은 제 글과 남의 글을 뒤섞어 잡다한데다 진실하고 간절한 마음이 드러나 있지 않은 책이었다.

주제에 집중하라

앞의 편지에서 다산은 스승으로 사숙했던 이익의 『성호사설』조차 후대에 전할 만한 정본이 되지 못한다고 했다. 이 또한 옛사람의 글을 읽고 거기에 자기의 생각을 덧댄, 계통 없는 책이라는 이유에서였다. 다산에게 편집형식의 초점이 없는 비망록은 책을 저술하기 위한 참고자료는 될 수 있을지언정 그 자체가 책은 아니었다.

그런데 막상 다산 자신의 저술도 대부분 옛사람의 글을 읽고 이를 정리한 내용이 대부분이다. 하지만 자세히 들여다보면, 어느 것 하나 꼼꼼하게 문목(門目)을 세워 촉류방통(觸類旁通)하고 휘분류취(彙分類聚)하여 반복참정(反覆參訂)하고 잠심완색(潛心玩索)해서 종핵파즐(綜覈爬櫛)하지 않은 것이 없다. 『성호사설』에 대해서는 달리 남긴 말이 또 있다.

성옹(星翁)의 문자는 거의 1백 권에 가깝습니다. 혼자 생각해보니 우리가 천지의 큼과 일월의 밝음을 능히 알게 된 것은 모두 이 노인의 힘이었습니다. 그가 남긴 저술을 산정(刪定)해서 책으로 묶는 책임이 제게 있는데, 저는 이미 돌아갈 날이 없습니다. 후량(侯良)은 서로 연락하는 것조차 기꺼워하지 않으니 장차 어찌해야 할지 모르겠군요. 『성호사설』은 지금의 소견으로는, 제 뜻대로 깎아내서 발췌하게 해준다면 『서경』의 「무성(武成)」처럼 건질 만한 내용이 얼마 안 될 것입니다. 한 쪽당 10행 20자로 해서 7~8책을 넘기지 않고 마침맞게 마무리할 수 있을 듯합니다. 질서(疾書)도 반드시 그럴 것입니다. 지난번 『주역』을 주석할 때 『주역질서』를 가져다 보았더니, 또한 솎아내서 기록하지 않을 수 없는 것이 워낙 많았습니다. 만약 추려서 기록한다면

3~4장 정도 얻을 수 있겠습니다. 다른 경전에 대한 질서는 반드시 이 것보다 열 배는 되겠지요. 다만 예식(禮式)에 관한 내용은 너무 간결한 데서 잃었고, 지금 풍속과 어긋나고 고례(古禮)에서 근거를 찾을 수 없는 것도 이루 말할 수 없이 많습니다. 이 책을 만약 널리 간행하여 식자의 눈에 들어간다면 대단히 미안할 텐데, 이를 장차 어찌하면 좋습니까?
「중씨께 올림(上仲氏)」 8-221

다산이 보기에 성호의 1백 권에 달하는 방대한 저술은 대부분 본령을 세워 정리하는 과정을 거치지 않은 초고상태에 불과했다. '제 뜻대로 깎아내서 발췌한다'는 말은, 본의를 세워 불필요한 부분을 과감히 솎아내서 알맹이만 남기겠다는 뜻이다. 현재 30권 30책으로 남아 있는 『성호사설』도 자기가 정리하면 7~8책이면 충분하다고 보았다. 그밖에 『주역질서』의 경우 다 추려내면 불과 3~4장밖에 건질 게 없다고 했고, 나머지 질서들도 반드시 편집과 정리의 절차를 거쳐야 한다고 보았다. 또 예법에 관한 내용도 실제와 어긋나고 옛 문헌근거가 없는 것이 많으니, 다 다듬지 않은 채 식자들의 눈에 들어가면 큰일이라고까지 말했다. 본의본령의 측면에서 미안한 점이 있다고 본 것이다.

본령이 세워져 수미가 일관되게 하나의 체계를 갖춘 상태를 다산은 다음과 같은 비유로 설명한 적이 있다.

이는 비교하자면 마치 한나라 때 건장궁(建章宮)의 천문만호(天門萬戶)와 종묘의 아름다움, 백관의 풍부함이 모두 그 속에 들어 있지만 자물쇠가 굳게 채워져 있고 방비가 몹시 엄격하여 감히 들여다볼 수 없는 것과 같습니다. 그러다가 갑자기 열쇠 하나가 내 손에 들어오게 되어, 이것으로 바깥문을 열면 바깥문이 열리고, 중문을 열면 중문이 열립니다. 이것으로 고문(皐門)과 창고의 문을 열면 고문과 창고의 문이 열리고, 응문(應門)과 치문(雉門)을 열면 응문과 치문이 열립니다. 이에 있어 천문만호가 시원스레 두루 통하여 해와 달이 환히 비치고 바람과 구름이 피어올라, 이른바 종묘의 아름다움과 백관의 풍부함이 환히 드러나 빽빽이 늘어서서 낱낱이 헤아려볼 수 있게 되니, 천하에 이같은 통쾌함이 있겠습니까? 「윤외심에게 보냄(與尹畏心)」 8-131

말하자면 저술에서 다산이 생각한 본의와 본령은 삼엄한 건장궁의 천문만호를 일시에 열어젖혀 한눈에 볼 수 있게 해주는 열쇠와 같은 것이었다. 이 열쇠가 없으면 아무리 해박한 식견과 방대한 내용을 담고 있더라도 쓸모없는 책이 되고 만다는 것이다.

초점을 잃지 말라

책의 저술뿐 아니라 상황에 대처하는 다산의 자세를 보더라도 그가 말하는 본의본령의 알맹이를 짐작할 수 있다. 「자찬묘지명」에 있는 다음 글을 보자.

계축년(1793) 대정(大政), 즉 12월 성적고과가 있기 며칠 전에 임금께서 채제공에게 밀유(密諭)를 내려, 남인 중에 대간(臺諫)의 물망에 급히 올릴 만한 사람이 누구냐고 물었다. 아울러 이가환과 이익운, 그리고 정약용 등에게도 각각 소견을 올리라고 했다. 채공과 이가환, 이익운은 모두 "권심언(權心彦)이 가장 급합니다"라고 말했다.

무릇 백여 년 동안 남인들은 오래 벼슬길이 막혀 있었다. 한 차례 대관(臺官) 추천에 한 사람을 넘지 않았으므로 이렇게 대답했던 것이다. 나는 28명의 명단을 기록하고 그 집안과 과거의 종류 및 문학과 정사(政事)의 우열을 자세히 밝혀 바치면서 말했다. "이 28명이 다 시급합니다. 누구를 먼저 하고 나중으로 할지는 오로지 전하의 판단에 달린 것이오니 신은 감히 간여하지 못하겠나이다."

며칠 뒤 대정일에 별도로 전관(銓官)에게 유시하시어 명단 안에 들었던 8인이 대관의 물망에 올랐다. 며칠 뒤에 또다시 추천하여 불과 몇 년 사이에 모두 다 시행하셨다. 「자찬묘지명(自撰墓誌銘)」 7-147

임금은 남인 중에 대간의 물망에 올릴 만한 사람이 누구냐고 물었다. 요컨대 남인 중에 나라를 위해 무겁게 쓸 만한 인재가 누군지 물은 것이다. 채제공 등 세 사람은 으레 관례대로 한 사람밖에 안 될 줄 짐작하고 알아서 한 사람만 추천했다. 하지만 다산의 문제 접근 방식은 확실히 달랐다. 본질적이고 핵심을 꿰뚫을 줄 알았다. 임금이 원하는 것은 남인 가운데 유용한 인재의 명단이다. 이것이 이 질문의 본의요 본령이다. 이에 그는 과감하게 무려 28명의 명단을 올렸고, 선택을 임금에게 맡겼다. 정조는 다산의 뜻을 전폭적으로 받아들여 몇 년 안에 이 28명을 다 거두어 썼다.

다산은 말한다. 아는 것을 다 자랑하려 들면 본의를 세울 수 없다. 목표가 뚜렷하지 않으면 본령이 드러나지 않는다. 내 글과 남의 글을 뒤섞어도 안 된다. 계통을 세워 알맹이로 채워라. 잡화상처럼 늘어놓기만 하면 못쓴다. 절제할 줄 알아야 한다. 자신감 없이는 절제할 수 없다. 목표를 정확하게 세워라. 눈높이를 맞춰라.

6강
적용하고 실천하라
실용성을 갖춘 현장적 지식경영

탁상공론으로는 안 된다. 현장에서 쓸모없는 지식에 탐닉하지 마라. 공부를 위한 공부는 접어두어라. 실제에 적용해서 힘을 발휘할 수 있어야 한다. 실용에 바탕을 두어야 한다. 무엇 때문에 이 일을 하는지, 어디에 소용되는지를 끊임없이 묻고 대답하라.

26. **강구실용법** 講究實用法 : 쓸모를 따지고 실용에 바탕하라
    실용과 연계하라 | 갈래를 구분하라 | 본령을 망각 말라 | 남을 감염시켜라

27. **채적명리법** 採適明理法 : 실제에 적용하여 의미를 밝혀라
    관념을 거부하라 | 로드맵을 제시하라 | 견문을 확대하라 | 상황을 장악하라

28. **참작득수법** 參酌得髓法 : 자료를 참작하여 핵심을 뽑아내라
    쓸모 있게 배치하라 | 새것을 창출하라 | 변화를 추구하라 | 실용을 강화하라

29. **득당이취법** 得當移取法 : 좋은 것은 가리잖고 취해와서 배워라
    장점을 흡수하라 | 향상을 도모하라 | 끊임없이 변화하라 | 가능성을 고려하라

30. **수정윤색법** 修正潤色法 : 단계별로 다듬어 최선을 이룩하라
    끊임없이 수정하라 | 거친 것을 다듬어라 | 첨삭하고 가공하라 | 대안을 제시하라

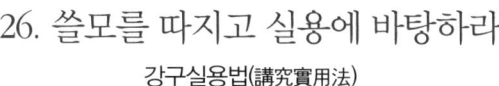

26. 쓸모를 따지고 실용에 바탕하라

강구실용법(講究實用法)

개물성무(開物成務), 즉 사물을 열어주고 사무를 이루게 하는 일은 발양하여 펼치는 노력이 없을 수 없습니다. 군자가 함양을 귀하게 여기는 것은 장차 펼쳐 베푸는 데 쓰이기 위해서입니다. 이는 대개 동정(動靜)을 통하게 하고, 체용(體用)을 갖추어 환하게 나를 이루고 사물을 이루는 데 쓰이기 위해서입니다.

【「방산 이도명에게 답함〔答方山李道溟〕」 8-99 】

실용과 연계하라

강구실용(講究實用)은 실제에 유용한 공부를 하라는 말이다. 공리공론(空理空論)은 하나마나한 공부다. 세상에 공부 그 자체가 목적이 되는 공부는 없다. 쓰임새가 없는 공부라면 그런 공부를 해서 무엇 하겠는가? 실용을 강구한다는 말은, 무엇 때문에 이 일을 하는지에 대해 깊이 생각해보자는 뜻이다. 아무리 저 좋아 하는 일이라도 목표 없이는 안 된다. 어떤 문제를 밝히거나 해결하는 것은 그 다음 단계로 건너가는 디딤돌이 된다. 그 자체로 합목적적이라고 말해서는 안 된다.

강구실용, 이 네 글자야말로 다산의 학문 전반을 관통하는 핵심 키워드다. 그는 실용의 기치를 높이 세워, 학문을 세상과 무관한 별도의 가치쯤으로 여기는 시대풍조를 맹렬히 비판했다. 이 절에서는 다산이 말하는 실용의 의미에 대해 살펴보자.

근세의 학자는 겨우 학문을 한다는 이름을 얻으면 문득 스스로 몸가짐을 무겁게 하여, 천리(天理)를 말하고 음양(陰陽)을 이야기한다. 벽 위에 태극팔괘와 하도낙서를 그려 걸어놓고 자칭 궁리하여 살핀다고 하면서 어리석은 자들을 기만한다. 그 부모가 추위를 호소하고 굶주림을 참으며 질병으로 신음해도, 교만하게 살피지 않고 태연하게 일할 생각을 하지 않는다. 그러다 보니 궁리하여 살피는 것이 부지런하면 할수록 학문에서 점점 더 멀어지게 된다. 진실로 능히 부모에게 효도하는 자라면 비록 배우지 않았다 하더라도 나는 반드시 배웠다고 할 것이다. 「곡산향교를 효유하여 효를 권장하는 글(諭谷山鄉校勸孝文)」 9-107

흔히 학문하는 사람은 천리와 음양의 이치를 궁구할 뿐 먹고사는 일이나 일상의 자질구레한 일들을 입에 올려서는 안 된다고 생각한다. 번지수가 한참 잘못된 말이다. 그러면서 그들이 하는 일이라곤, 집안 식구야 굶든 말든 고상한 체하고 앉아 태극팔괘와 하도낙서를 벽에다 붙여놓고 온갖 폼을 잡는 것뿐이다. 이것은 자기를 속이고 남을 기만하는 짓이다. 인간의 기본도리를 벗어난 공부는 이 세상에 없다. 공부는 왜 하는가? 사람답게 살기 위해서 한다. 무엇이 사람다운 것인가? 인간의 근본도리에 충실한 것이 사람다운 것이다.

갈래를 구분하라

유학은 수기치인(修己治人)을 본령으로 한다. 안으로 자신을 닦는 수기(修己)공부와 밖으로 세상에 펴는 치인(治人)공부가 있다. 수기지학(修己之學)은 사서오경에 실린 성현의 말씀을 내 마음에 깃들여 아로새기는 공부다. 치인지학(治人之學)은 안으로 온축된 도를 밖으로 실현하는 경세제민의 공부를 말한다. 다산은 학문의 이 두 본령을 늘 명확히 구분했다.

성현의 가르침에는 원래 두 가지 길이 있다. 사도(司徒)가 만민을 가르쳐 각각 몸을 닦도록 하는 것과, 태학에서 나라의 자제들을 가르쳐 각각 몸을 닦고 백성을 다스리게 하는 것이 그것이다. 백성을 다스리는 것은 백성을 기르는 것이다. 그렇다면 군자의 학문은 수신(修身)이 절반이고, 나머지 절반은 목민(牧民)인 셈이다.

「목민심서서(牧民心書序)」 6-29

자신의 일생을 스스로 기록한 「자찬묘지명」에서도 먼저 앞쪽에 수기지학인 경집(經集) 232권의 목록을 나열하고 그 핵심을 정리했으며, 그 다음에 치인지학에 해당하는 문집 260여 권의 목록을 구분해서 제시했다.

하지만 수기와 치인의 관계는 별도의 영역이 아니라 연장선상에 놓여 있다. 수기공부의 목적은 치인에 있다. 독선(獨善)만으로는 안 되고 겸선천하(兼善天下)할 수 있어야 한다. 다산의 견지에서 볼 때 수기에만 안주하는 학문은 학문이랄 것도 없었다. 나에게서 말미암은 공부가 미루어 남에게까지 확산될 때 비로소 그 학문이 보람을 가질 수 있다고 확신했다. 다산이 여러 글에서 경세공부의 중요성을 누누이 강조한 것이 바로 이러한 까닭에서였다.

정수칠에게 준 글에서도 『서경』에 나오는, 배움이 학문의 절반이요 가르침이 학문의 절반이라 한 구절을 인용하면서, 이를 역시 수기(修己)와 교인(教人)으로 가르고, 이 두 가지는 서로를 방해하는 것이 아니라 도움이 되는 것이므로, 학문에 뜻을 둔 사람은 마땅히 경세의 학문에 유념하지 않으면 안 된다고 되풀이해 강조했다. 같은 글의 한 대목이다.

공자께서는 자로와 염구 등에게 매번 정사(政事)를 통해 인품을 논하였다. 안연이 도에 대해 물었을 때도 반드시 나라를 다스리는 것을 가지고 대답했다. 각자의 뜻을 말하게 할 때도 정사와 관련된 내용으로 대답을 요구했다. 이를 통해 우리는 공자의 도가 그 쓰임이 경세에 있음을 볼 수 있다. 무릇 장구(章句)에 얽매여, 자칭 은일(隱逸)이라 하면서 사공(事功)에 대해서는 힘을 쏟으려 하지 않는 것은 모두 공자의 도가 아니다.   「반산 정수칠을 위해 준 말〔爲盤山丁修七贈言〕」 7-296

『논어』에 나오는 공자의 질문을 보면 늘 구체적이고 현실적이었다. "누가 너에게 나라를 다스리는 일을 맡기면 너는 어떻게 하겠느냐?" 이런 질문을 던지면 제자들은 저마다 의욕을 내서 자신의 생각을 말했다. 그러면 그 대답을 듣고 한마디씩 가르침을 내렸다. 그러고 보면 공자의 도는 세상과 동떨어진 공부가 아니라 세상과 밀착되고, 세상을 위해 쓰려고 하는 공부였다. 하지만 언젠가부터 공부는 삶의 실제 국면과 별개로 유리되어 쓸모는 없이 고상한 체하는 그 무엇으로 변해버렸다.

본령을 망각 말라

다산은 「오학론(五學論)」이라는 글을 남겼다. 성리학과 훈고학, 문장학과 과거학(科擧學), 그리고 술수학. 이 다섯 가지를 유학의 진정한 정신을 망치는 다섯 주범으로 꼽아, 그 각각의 통폐를 신랄하게 비판한 글이다. 그 비판의 종지(宗旨)는 이들 공부가 모두 강구실용의 정신을 망각한 채 자신만의 상아탑에 안주하고 있다는 것이다. 첫 번째로 성리학을 하는 학자들의 행태를 비판하면서 다산은 이렇게 말했다.

지금 성리학을 하는 자들은 스스로 은사(隱士)라고 부른다. 비록 여러 대에 걸쳐 정승과 재상을 지내 의리가 나라의 근심과 슬픔을 함께 해야 하는데도 벼슬하지 않는다. 비록 세 번 청하고 일곱 번 불러 그 예가 부족함이 없는데도 벼슬하지 않는다. 서울에서 나고 자란 자도 이 학문을 하게 되면 산으로 들어가버리는지라, 이를 이름하여 산림(山林)이라 한다.
그들이 벼슬하는 것은 오로지 경연(經筵)에서 강설하거나 동궁을 가르치는 직책에만 관심을 기울일 뿐이다. 만약 그들에게 전곡(錢穀)이나 갑병(甲兵), 송옥(訟獄)과 빈상(儐相) 등의 일을 맡기면, 무리지어 일어나 잘못이라 하면서 유현(儒賢)을 이렇게 대우해서는 안 된다고 한다. 이 뜻으로 미루어볼진대 장차 주공(周公)은 태재(太宰)가 될 수 없고, 공자는 사구(司寇)를 맡을 수 없으며, 자로(子路)는 옥사를 판결할 수 없고, 공서화(公西華)는 빈객과 더불어 말할 수 없었을 것이다.
성인이 이런 사람을 가르친다 한들 장차 무엇을 가르쳐줄 수 있겠는가? 임금이 이런 사람을 불러온들 장차 어디다 쓰겠는가? 그런데도 스스로 기대어 글을 지어 말하기를 "나는 주자를 존중하여 높인다"고 한다. 아아! 주자가 어찌 일찍이 그러했더란 말인가?

「오학론(五學論)」1, 5-117

다산은 경세의 학문은 말단의 공부로 치지도외(置之度外)하면서, 쓸데없이 이기심성(理氣心性)의 복잡다단하고 미묘한 논리를 이리 가르고 저리 갈라 싸우는 성리학자들의 한심한 행태를 참으로 거침없고 신랄하게 비판했다. 그들의 위선적인 태도에 대해 그대로 직격탄을 날려버린 것이다. 그들의 행실이 비록 방종하고 음란한 자들보다는 낫지만, 알맹이 없이 스스로 옳다고 오만을 떨고 있으니, 이는 주자를 끌어다가 자신을 정당화하는 것으로, 주자를 모함하는 자들이라고까지 했다.

다산이 가장 격분한 것은 이들의 학문이 학문을 위한 학문이요 논리를 위한 논리일 뿐, 현실의 삶과는 전혀 상관이 없다는 점 때문이었다. 이들은 수기지학만 공부로 여기고 치인지학은 거들떠보지도 않는다는 것이다. 공자도 그러지 않았고, 주공도 그런 적이 없으며, 그들이 신봉해 마지않는 주자 또한 그러지 않았는데도, 그들은 아랑곳하지 않고 스스로 고고한 체만 한다는 것이다. 백성들의 삶은 도탄에 빠져 있고, 국가의 체계는 엉망이 되어가는데, 그들의 학문은 도대체 무엇을 위한 것이고 누구를 위한 것이냐고 목청을 높였다.

이러한 비판의 바탕에 깔린 정신은 말할 것도 없이 강구실용이라는 네 글자다. 실용에 응답하지 못하는 학문은 학문이랄 것도 없다는 것이다. 같은 맥락에서 다산은 훈고학자들에 대해서도 강렬하게 비판했다.

오늘날 이른바 훈고학은 한학과 송학을 절충한다고 하면서 실은 한학만을 으뜸으로 삼고 있을 뿐이다. 궁실의 이름에 주석을 달고 벌레와 물고기 이름에 풀이를 붙여, 이것으로 그 글자의 뜻은 통하게 했지만 그 구절의 의미는 끊어버렸다. 성명(性命)의 이치나 효제의 가르침, 예악과 형정(刑政)의 글에 대해서는 진실로 깜깜하다. 송학이 반드시 다 옳은 것은 아니다. 하지만 반드시 몸과 마음으로 체득하여 행하고자 하는 것은 옳다. 이제 그들은 오직 구절에 대해 훈고하고, 같고 다름을 따지는 것에 대해서만 살필 뿐이다. 옳고 그름을 따지고 그릇되고 바른 것을 구별하여 몸소 행하려 들지는 않는다. 이것이 또 무슨 법이란 말인가?

「오학론(五學論)」2, 5-120

훈고학이나 고증학은 모두 글자의 뜻을 풀이하고 주석 달기에만 열중하느라, 다른 것은 다 잊어버렸다. 그들은 오직 이것과 저것이 어떻게 다르고, 본래는 무슨 뜻이었으며, 여기서는 어떤 의미로 읽어야 하는지에 대해서만 따지고 연구한다. 앞뒤의 맥락이나 그래서 어쨌다는 것에 대해서는 오불관언(吾不關焉)이다. 깨달아 행하고, 행하여 징험하는 것이 공부의 목적이건만, 그들은 집요하게 따지기만 할 뿐 깨달음에는 전혀 흥미가 없다. 그러니 어찌 행함과 징험을 기대할 수 있겠는가? 훈고학 또한 실용과는 아무 상관도 없는 학문인 셈이다.

남을 감염시켜라

세 번째 비판은 문장학에 대한 것이다. 다산은 "지금 세상에서 문장이라고 일컫는 당송팔대가의 글을 읽어보면, 화려하기는 해도 알 맹이가 없고 기이하지만 올바르지 않다"고 하면서 이렇게 말했다.

안으로는 몸을 닦아 어버이를 섬길 수가 없고, 밖으로는 임금을 보좌하고 백성을 기를 수가 없다. 몸을 마치도록 외워 사모해보았자 실의하여 답답하게 근심할 뿐 마침내 이것으로 천하 국가를 위할 수는 없다. 문장학이야말로 우리 도의 좀벌레다. 「오학론(五學論)」3, 5-122

다산은 문장학의 폐단이 양주·묵적이나 도교·불교의 이단보다 더 심하다고까지 말했다. 왜냐하면 이들 이단의 논지는 비록 방법은 달라도 자신을 억제하여 욕망을 끊고 선을 행하여 악을 버리자는 것인데, 문장가들의 글은 그저 향기로운 술에 취해 기뻐하듯 인생의 목적과 나라의 근심은 까마득히 잊고 읽는 이의 넋을 녹이고 애간장이 끊어지게 하는 데 마음을 쏟을 뿐이기 때문이다.

과거학에 대해 비판한 네 번째 글의 한 대목을 보자.

한번 과거학에 빠지면 예악(禮樂)을 자기와 상관없는 것으로 여기고, 형정(刑政)은 잡스런 일로 생각한다. 목민관의 직분을 제수받으면 멍청하여 오직 아전이 지시하는 대로 따른다. 내직으로 들어와 재정이나 세금, 옥사나 소송과 관련된 관직에 임명되면 하는 일 없이 밥만 축내며 이전에 어떻게 했느냐고만 묻는다. 외직으로 나가 군대를 조련하고 외적을 맞는 권한을 주면 군대의 일은 배운 적이 없다고 하면서 무인을 추천하여 앞장세운다. 이런 인간을 천하에 어디다가 쓴단 말인가? 「오학론(五學論)」4, 5-124

그들은 입으로는 고담준론만 일삼는, 세상에 더없이 훌륭한 사람들이다. 하지만 그 속내를 들여다보면, 옛사람의 글귀를 훔쳐 짜깁기하여 남의 눈을 속이는 사기꾼에 지나지 않는다. 그들은 과거에 급제하는 것만을 인생의 목표로 삼기 때문에 시험문제에 나오지 않는 공부는 죽어도 하려 들지 않는다. 고상한 체 우아를 떨지만, 막상 어렵사리 과거에 급제해서 일선 행정을 맡기면 아무것도 할 줄 아는 게 없다. 공문서 작성도 못하고, 재정업무나 소송 또는 재판을 맡기면 허수아비처럼 앉아 아랫사람의 눈치나 보면서 전례만 따진다. 국방의 업무는 아예 감당할 엄두조차 못 낸다. 빛 좋은 개살구가 따로 없다. 잘난 체는 저 혼자 다 하지만 쓸 만한 구석이라곤 한 군데도 없는 헛똑똑이들이다.

다섯 번째는 술수학에 대한 비판이다. 술수학은 점을 치거나 풍수지리를 따져 묏자리를 찾는 학문이다. 다산은 이것은 학문이 아니라 세상을 현혹하는 혹술(惑術)일 뿐이라고 하면서, 그 가치를 아예 인정하지 않았다.

마지막에 다산은 "이러한 다섯 가지 사이비학문 때문에 유교의 도가 꽉 막혀 세상에 시행되지 않게 되었다. 그러니 누가 이것을 한번에 쓸어엎어 바른 길로 되돌릴 수 있겠느냐"고 통탄했다.

하나마나한 허접스런 공부, 쓰나마나한 시답잖은 이야기, 대충 읽어보면 속내가 다 들여다보이는 한심한 글, 이런 것은 시간낭비요 출판공해일 뿐이다. 나 자신을 발전시키고 그 힘으로 남까지 감염시키는 공부를 하라고 했다. 세상이 꼭 필요로 하는 공부를 해야 한다고 했다.

다산은 말한다. 쓸모를 따지는 일에서 공부를 시작하라. 나의 이 공부가 무엇에 소용될지를 곰곰이 생각해보아야 한다. 왜 이 공부를 하는지, 이 일을 무엇 때문에 하는지 자주 점검해보아야 한다. 그저 학위를 받기 위해 하는 공부는 해서는 안 된다. 돈만 벌자고 하는 장사로는 돈도 벌지 못한다. 잿밥은 염불을 열심히 외울 때 저절로 생긴다. 잿밥에만 신경쓰면 염불도 안 되고 잿밥도 없다. 끊임없이 본령을 떠올려라. 쓸모를 강구해라.

27. 실제에 적용하여 의미를 밝혀라
채적명리법(採適明理法)

돌아가신 아버님의 문집을 바로잡아 정리하는 일은 이미 마쳤소. 하지만 의논하는 사람들이 「서군이청기(西郡二廳記)」를 필히 빼는 게 편하겠다고 하는구려. 그러나 군자의 학문은 체용(體用)을 갖추는 것을 귀히 여기는 법이오. 진실로 백성을 다스리고 풍속을 변화시키며 이재(理財)를 살피는 일에서 볼 만한 자취가 없다면 또한 한갓 헛된 학문일 뿐이오. 이것이 내가 감히 이 글을 빼는 것이 좋지 않다고 여기는 까닭이오.

【「이우필연에게 답함〔答李友泌淵〕」 8-114 】

관념을 거부하라

채적명리(採適明理)는 적합한 방법이나 적절한 예시를 채택하여 의미 또는 의의를 밝히는 것이다. 이치가 아무리 그럴듯해도 실제에 적용할 수 없다면 그림의 떡일 뿐이다. 실제와 동떨어진 이치는 이치가 아니다. 아무런 의미가 없다. 다른 데서 아무리 좋아도 지금 여기에 맞지 않으면 소용이 없다.

위에서 인용한 글은 황해도관찰사 재직중에 세상을 뜬 이의준의 문집을 간행하기 위해 초고를 정리하고 바로잡는 일을 마무리하면서 그 아들 이필연에게 보낸 편지다.

이의준은 다산을 몹시 아낀 상관이었다. 이의준의 글 가운데「서군이청기(西郡二廳記)」라는 글이 있었다. 관찰사로 있을 당시 관청의 두 건물을 짓고 공사를 진행한 과정을 설명한 내용이었다. 평생의 의리와 관련되는 것도 아니고, 어찌 보면 직책 때문에 어쩔 수 없이 쓴 실용문이었다. 당연히 문집에서 빼자는 이야기가 나왔다.

하지만 다산의 입장은 달랐다. 문집에는 수기(修己)의 자취도 필요하지만 치인(治人)의 흔적도 중요하다는 것이었다. 이것을 다산은 체(體)와 용(用)의 상호보완으로 설명했다. 수기공부만 잘하고 그것을 펼쳐 경세제민하는 데 볼 만한 성취가 없다면 그 학문은 인정할 수가 없겠는데, 「서군이청기」는 이의준이 이를 아우른 인물임을 입증할 적절한 예증이니 결코 빼서는 안 된다는 뜻이었다.

다산은 관념적인 지식을 혐오하고 거부했다. 실제에 적용할 수 없는 것은 탁상공론으로 여겨 배격했다. 좋아 보이고 그럴듯해 보여도 현실에 활용할 가치가 없는 것은 거들떠보지 않았다. 이것은 실용적인 정보뿐 아니라 경전공부에서도 일관되게 지켜온 원칙이었다.

그는 『주역』에 잠심(潛心)하여 몰두했다. 하지만 그의 『주역』 공부는 점을 치거나 운명을 거는 술수학으로 빠지지는 않았다. 그렇다면 다산은 무엇 때문에 『주역』공부에 몰두했을까?

무릇 하늘을 섬기지 않는 사람은 감히 점을 치지 못하는 법입니다. 저로 말씀드리자면, 이제 비록 하늘을 섬긴다 해도 또한 감히 점을 치지는 않으렵니다. 제가 이러한 뜻에 대해 지극히 엄격하지 않은 것은 아니지만,『주역』이란 것이 주나라 사람들의 예법이 담겨 있는 것이어서, 유자(儒者)라면 그 미묘한 말과 오묘한 뜻이 발휘되어 있는 것을 밝히지 않을 수가 없습니다. 그러나 옛 성인은 미묘한 말과 오묘한 뜻을 모두 그 단서만 슬쩍 드러내 보여 스스로 생각해서 스스로 얻게 했던 것입니다. 만약 하나도 감추어 숨긴 것 없이 환하게 드러나 볼 수 있다면 아무 맛도 없을 것입니다. 「중씨께 답함[答仲氏]」 8-207

다산이 『주역』공부에 잠심하면서도 점을 치지는 않았던 것은, 『주역』공부에서 얻고자 하는 바가 남달랐기 때문이다. 그는 『주역』을 주나라 사람들의 예법을 공부하는 방편으로 공부했다. 하지만 책 속의 설명은 함축적인 비유와 상징으로 이루어져 있어, 다산은 여기에서 한 걸음 더 나아가 그 행간을 펼쳐 천지의 승강왕래(乘降往來)하고 진퇴소장(進退消長)하는 이치를 완미(玩味)하고 경계로 삼고자 했던 것이다.

로드맵을 제시하라

화성 축조 당시, 왕명을 받아 다산이 제출한 「성설(城說)」에서도 다산의 채적명리적 사고가 잘 드러난다. 화성 축조사업은 국가적으로 많은 비용이 들고, 일도 번잡하며, 어려운 시기에 크게 벌인 일이었다. 다산은 국왕의 근심은 깊은데 조정의 의논은 통일되지 않고 있음을 안타까워하면서 이 글을 올렸다.

다산은 당초 시작할 때 계획을 치밀하게 세우지 않으면 안 된다고 하면서 1.푼수[分數], 2.재료, 3.호참(壕塹), 4.축기(築基), 5.벌석(伐石), 6.치도(治道), 7.조거(造車), 8.성제(城制)로 선정문목(先定門目)하고 취선논단(取善論斷)하였다.

먼저 성의 크기를 정해 석재와 기술자 및 인부에 드는 비용을 산

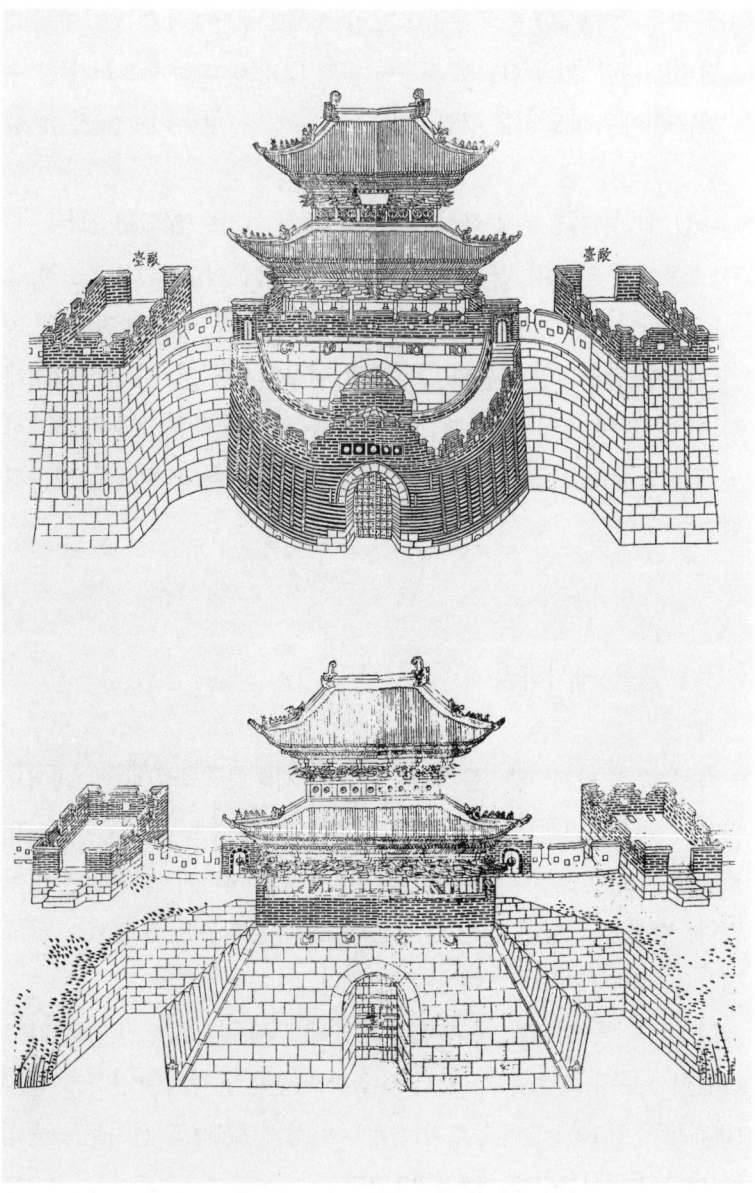

『화성성역의궤』에 실려 있는 화성전도. 화성은 다산의 설계도면에 따라 건축되었다. 위는 장안문을 밖에서 바라본 것이고, 아래는 팔달문을 안에서 바라본 그림이다.

정하는 근거로 삼았다. 다음에는 성을 어떻게 쌓을 것인가를 따져 재료의 문제를 논했다. 이는 축성에 드는 비용 산정과 인력 동원 등 모든 일에 핵심이 되는 문제였다.

이렇게 큰 원칙을 정한 뒤에는 호참을 파서 흙을 구하고, 그것으로 바닥을 다진 후, 채석장에서 돌을 끊어 운반할 길과 수레를 만드는 일을 일사천리로 논의했다. 성의 구체적인 제도와 모양은 다시 별도의 글을 통해 세세하게 밝혔다.

다산이 세운 문목을 보면 철저하게 축성의 절차와 과정에 따른 실용적인 순서를 최우선으로 안배했음을 알 수 있다. 그는 무슨 일이든 따져 살펴 그 일에 가장 알맞고 효율적인 로드맵을 제시했다. 그리고 그 이유를 근거에 바탕해서 명확하게 밝혔다.

성을 쌓는 데 있어 재료에 대해 논한 대목을 보면 다음과 같다.

> 지금 의논이 벽돌로 성을 쌓는 것과 흙으로 성을 쌓는 것 등의 주장이 있습니다. 그러나 우리나라 사람은 벽돌을 굽는 데 능숙치 않고, 또 벽돌을 굽는 데 드는 땔감을 마련하기도 어렵습니다. 진실로 이는 계책이 아닙니다. 토성은 비록 겉면에 세 가지 재료를 섞은 회를 바른다고 해도 흙과 회는 서로 들러붙지 않습니다. 얼었다가 녹을 때 흙의 뿌리가 따라서 무너지고, 비에 갈라지면 석회의 표면이 여기저기 터집니다. 흙이 점차 안에서 부풀면 회 또한 밖에서 떨어져내려 반드시 쓸 수가 없습니다. 석재를 쓰는 것만 못합니다. 「성설(城說)」 5-31

우리나라의 성은 돌로 쌓는 석성과 흙을 다져 쌓는 토성 두 가지가 있었다. 후대에는 대부분 석성으로 했는데, 무거운 석재를 마련하고 운반하는 데 드는 비용이 엄청났다. 그래서 당시 중국에 다녀와 벽돌로 쌓은 성벽과 여러 건축물을 익히 보아온 사람들을 중심으로, 중국의 방법대로 벽돌을 구워 성을 쌓자는 의논이 있었다. 다산은 토성과 벽성(甓城)의 단점을 지적하면서 석성으로 해야 한다는 결론을 내렸다. 벽돌 굽는 기술도 없고 땔감도 부족하며 경험도 부족한 상황에서 섣불리 일에 착수했다가는 낭패를 보기 쉽다는 판단에서였다. 토성이 안 되는 이유도 설명해 석성으로 할 수밖에 없는 까닭을 밝혔다.

견문을 확대하라

하지만 여기에는 약간 덧붙일 만한 의논이 있다. 벽돌 사용을 적극적으로 주장한 사람은 중국의 문물을 직접 경험한 박지원과 박제가 등이었다. 연암은 벽돌예찬론을 펼쳤고, 함양군수로 있을 때에는 아예 직접 벽돌을 구워 건물을 만드는 시범을 보이기까지 했다. 다산과 반대입장에 서 있는, 연암의 벽돌예찬론을 잠깐 들어보자. 연행(燕行)에 동행했던 정진사와 중국의 성 쌓는 제도에 대해 이야기하다가, 정진사가 벽돌보다 돌로 쌓는 것이 낫다고 하자 연암은 이렇게 말한다.

자네가 모르고 하는 말일세. 우리나라 성곽제도가 벽돌을 쓰지 않고 돌을 쓰는 것은 옳은 일이 아니네.
벽돌은 한 틀에 뽑아내는 것이라 만 장의 벽돌이 한 모양이니, 다시 쪼고 갈고 손질할 필요가 없지. 한 가마에서 만 장의 벽돌을 그 자리에서 구워내니 새로 품을 들여 운반할 필요가 없고, 가지런하고 반듯하여 힘을 덜되 보람은 배나 된다네. 또 실어나르기가 가볍고 쌓기가 쉬우니, 그 무엇이 벽돌보다 낫겠는가?

이제 돌을 보면 산에서 깨뜨릴 때 석공이 얼마나 필요하고, 이것을 메어나를 때 품이 얼마나 먹히겠는가? 이미 나른 뒤에도 이것을 다듬는 데 또 석수장이가 얼마나 들 것이며, 또 다듬어내기까지는 날짜가 며칠이 허비될 것인가? 이것을 쌓을 적에는 한 덩이 돌을 바로 놓으려 해도 다시 몇 명의 인부가 필요하겠는가? 다음에는 언덕을 깎고 돌을 입히니, 이야말로 흙은 살이 되고 돌은 옷이 되는 셈일세. 바깥 모양은 평평해 보여도 속은 울퉁불퉁할 것이 아닌가? 돌이 이미 울퉁불퉁 가지런하지 못하므로 흔히 작은 돌로 밑을 고이고 성벽과 언덕 사이는 조약돌에다가 진흙을 섞어 메워, 한번 장마라도 지면 속은 비었지만 배는 불러 돌 한 개만 퉁겨져 나와도 어느 돌 할 것 없이 한꺼번에 무너지는 것은 흔히 보는 꼴 아닌가?

그리고 횟가루의 성질은 벽돌에는 잘 붙지만 돌에는 잘 붙지를 않는다네. 내가 전에 박제가와 더불어 성곽제도에 대해 이야기할 때에 누가 있다가 "벽돌이 여물다 해도 어찌 돌을 당하겠는가?"라고 하자, 박제가는 고함을 질러 "벽돌이 돌보다 낫다는 것이 돌 한 개 벽돌 한 장을 맞견주어 말하는 줄 아는가?" 하였다네.

이야말로 다시없는 명답일세. 회는 돌에는 잘 붙지 않으므로 회를 지나치게 많이 쓰면 아문 자리가 절로 갈라져 트면서 돌에서 떨어져 일어나므로, 돌은 언제나 한 덩이씩 따로 흙에 붙어 있을 뿐일세. 그러나 벽돌은 회로 메우면 아교풀로 나무를 붙인 것 같고 붕사로 금을 메우는 것이나 다름이 없네. 만 장의 벽돌이 엉겨붙어 한 개 성을 이루매, 한 장 벽돌의 단단한 품은 돌보다 못하다 할 수 있겠지만, 한 개 돌이 여문 품은 엉겨붙어 한 덩어리가 된 만 장 벽돌보다는 못한 법이지.

이것이 벽돌과 돌의 이해와 득실을 쉽게 가릴 수 있는 이유가 아닌가?

박지원, 「도강록(渡江錄)」, 『열하일기(熱河日記)』

아주 꼼꼼한 벽돌예찬론이다. 하지만 다산은 중국을 여행한 경험이 전혀 없었다. 다산이 한번 중국에 다녀왔다면 학문이나 사고에 어떤 변화가 있었을까? 나는 이 점을 늘 궁금하게 생각한다. 벽돌 굽는 것에 대한 다산의 생각도 틀림없이 바뀌었을 것이다. 하지만 모든 작업은 정조의 절대적인 신뢰 아래 다산이 올린 안에 따라 변동 없이 진행되었다.

한편 다산의 석성 쌓는 법도 그 담긴 이치와 논리가 또한 만만치는 않았다.

성이 쉬이 무너지는 것은 그 배때기가 부르기 때문입니다. 평평하게 나란히 쌓으면 오히려 배가 불룩 튀어나오는 폐단이 있습니다. 이제 마땅히 한 가지 방법을 강구하여 행해야 합니다. 성의 높이를 셋으로 나눠, 성을 쌓을 때 아래쪽 3분의 2는 점차 끌어들여 안으로 쌓습니다. 층마다 한 치씩 차이를 두어 그 형세가 마치 움츠러드는 것처럼 합니다. 위쪽의 3분의 1은 점차 이끌어 밖으로 쌓습니다. 층마다 세 치씩 차이를 두어 그 형세가 마치 고개 숙여 내려다보는 것같이 합니다. 성을 다 쌓았을 때 배때기가 홀쭉한 것이 좋은 방법입니다. 아래쪽은 차이나는 것이 마치 돌다리 같아서 무너질 일이 없고, 위쪽은 차이나는 것이 마치 처마와 같아 타넘어 들어올 수가 없습니다. 일찍이 들으니 경성(鏡城)의 성이 그 제도가 이와 비슷하여, 몇백 년이 지나도록 한 번도 무너진 적이 없다고 합니다. 이것은 반드시 마땅히 취해 본받아야 할 것입니다.

「성설(城說)」 5-36

옆에서 본 화성의 성벽. 현재의 화성은 1975~1979년 『화성성역의궤』에 의거해 보수·복원한 것이다. 성벽을 자세히 보면 다산의 언급대로 성의 배 부분이 홀쭉하게 안으로 들어간 것을 확인할 수 있다.

 같은 석성이라도 그저 쌓기만 하여 배가 불룩 튀어나오는 성을 쌓아서는 안 되고, 오히려 배가 홀쭉하게 들어가는 성을 쌓아야 함을 이치를 따져서 설명하고 있다. 함경도 경성에 쌓은 성의 제도를 구체적으로 적시하여 설득력을 강화하였다. 이렇듯 다산은 어떤 것을 받아들이더라도, 단순히 그저 끌어다 쓰는 법 없이, 이치를 따져 가장 적합한 것을 선택했다.

상황을 장악하라

다산의 논설문 성격의 글에서도 채적명리의 논법은 언제나 빛을 발한다. 「직관론(職官論)」은 천하가 잘 다스려지려면 관각(館閣)과 대간(臺諫)의 관직을 없애고, 나아가 청직(淸職)을 폐지하면 된다는 다소 과격한 논리를 펼친 글이다. 이 가운데 당시 벼슬의 꽃으로 불린 청직, 즉 홍문관의 직제를 아예 폐지해야 한다는 주장의 논거를 읽어보자.

재성이 남는지 모자라는지를 분별히지 못헤도 청직을 맡기에 해되지 않고, 군대의 일이나 소송과 옥사를 알지 못해도 청직을 맡는 데는 문제되지 않는다. 뿐만 아니라 이른바 문학과 사명(詞命)을 등한히 하여도 청직에 해될 것이 없다. 어리석고 용렬하여 일찍이 시비를 다투고 부족한 것을 채우기에 부족해도 청직을 맡는 데는 안 될 것이 없다.

기준도 없이 당론을 과격하게 세워 오직 인재를 가로막고 능히 그 새순을 누르고 싹을 꺾기나 한다. 오직 남의 사사로운 일을 들춰내서 각박하고 잔혹한 논의를 펴고, 오직 남의 과오를 캐서 때를 틈타 참소하고 이간질한다. 이것이 바로 청직을 맡은 자의 직분인 것이다. 그러다가 밖에 나가 수령이 되어 백성을 기르게 되면 한다는 말이 "이는 나를 업신여기는 것"이라고 하며 탐탁지 않게 본다. 친구들은 이를 위해 위로하고 전별하며 그를 떠나보낸다.

저들은 과연 어떤 사람이란 말인가? 다 똑같은 사람일 뿐이다. 이 사람을 시켜 저 사람을 기르게 하는데도 마땅치 않게 생각하니, 그 뜻을 세움이 오만한 것이 아니겠는가?

「직관론(職官論)」 5-92

청직은 주로 임금에게 바른말을 아뢰는 간관(諫官)이나 세자를 가르치는 시강(侍講) 등의 직책을 맡은 것을 아름답게 부르는 표현이다. 다산은 나라가 잘되려면 누구나 선망하는 이 고상한 직분을 당장 폐지해야 한다는 말로 서두를 꺼냈다. 왜냐하면 이들이 맡은 일은 나라나 백성을 위하는 실용의 일과는 아예 관련이 없을 뿐 아니라, 정작 그들은 자기와 당파가 다르다는 이유만으로 능력 있는 인재의 앞길을 가로막고, 자기편이면 무조건 역성을 들고 나서서 도와주며, 반대편은 이유를 따지지 않고 공격하는 일에만 열심을 내기 때문이다.

막상 고을살이를 맡기면 모욕이라도 당한 듯이 생각하고, 실무를 맡기면 허둥지둥 어쩔 줄을 몰라하는 인간들이 바로 그들이다. 백성을 기르는 일에는 무능하면서, 남을 해코지하고 자기 당의 이익을 지키는 데에만 혈안이 되어 있는 자들을 국가가 왜 녹봉을 주어가며 기르느냐는 것이다. 이런 과격한 비판의 핵심에는 그들이 실용에 값하는 인재인가 아닌가에 대한 판단이 깔려 있다. 하는 일 없이 명분을 앞세워 입만 가지고 떠드는 것이 국가에 무슨 도움이 되느냐는 것이다.

또 「군기론(軍器論)」에서는 이렇게 개탄했다. "군현의 무기고에 들어가 활을 들어보면 좀먹은 부스러기가 우수수 쏟아지고, 화살을 들면 깃털이 수북하게 빠진다. 칼을 빼어보면 칼날은 칼집 속에 그대로 붙어 있고 칼자루만 쑥 빠져나온다. 총이란 총은 다 녹이 슬어 총구가 꽉 막힌 것뿐이다. 그런데도 군기를 비축하고 유사시에 대비해야 한다고 말하면 코웃음이나 친다. 중국과 일본에서는 이미 오래전부터 서양 대포로 무장해서 엄청난 화력을 갖추고 있는데, 이 나라 조선은 지금도 여전히 백 보 밖에 과녁을 세워놓고 살촉도 없는 화살로 과녁을 맞히는 것으로 사람을 뽑아 절세의 묘기라고 칭찬하고 있으니, 이래서야 유사시에 손 한번 써볼 수 있겠는가?"

이렇듯 다산은 여러 글에서 반복하여 합리성과 실용성에 입각한 실사구시의 정신을 강조했다. 공리공담을 내던지고 주어진 상황을 확실하게 장악하는 역량을 갖추라고 주문했다.

다산은 말한다. 관념만으로는 안 된다. 겉보기에 제아무리 번지르르하고 고상해 보여도 실제에 쓸모가 없으면 쓸 데가 없다. 탁상공론, 공리공담은 우리 모두의 적이요 국가의 해충이다. 상황에 따라 이치를 따져 가장 적절한 것을 가려라. 합리적으로 분별하고, 실용의 잣대로 판단하라.

28. 자료를 참작하여 핵심을 뽑아내라
참작득수법(參酌得髓法)

내가 마침내 두 책의 정수만 뽑아서 합쳐 한 책으로 만들었다. 간혹 뜻이 깊어 이해하기 어려운 것은 간략하게 풀이를 달았다. 또 술가(術家)의 바르지 못한 주장은 삭제했다.　　　　　　　　　　【「종두설(種痘說)」 5-27 】

쓸모 있게 배치하라

참작득수(參酌得髓)는 다양한 자료를 참작하여 정수(精髓)만을 가려뽑는다는 뜻이다. 이것과 저것을 비교하고, 여기와 저기를 견주며, 관련 있는 정보를 망라하여, 쓸모에 맞게 꼭 필요한 핵심만을 간추려내는 것이다. 이것과 저것을 근거 없이 뒤섞거나, 저기서 좋은 결과를 얻었다고 앞뒤 가리지 않고 여기에다 적용하면 반드시 실패한다. 모래를 체로 쳐서 정금(精金)을 가려내듯, 쇠를 두드려 황금으로 변화시키듯, 있는 것 가운데서 새것을 만들어낼 수 있어야 한다.

다산은 여러 자료를 섭렵한 바탕 위에서 필요한 정보만을 추려내

정리하는 데 탁월한 능력이 있었다. 앞에서 인용한 「종두설(種痘說)」은 초정 박제가와 함께 종두법의 원리를 캐내고 직접 실험한 과정을 설명한 글이다.

다산은 『강희자전(康熙字典)』에 실린, 신두법(神痘法)에 대한 간략한 설명을 보고, 그 자세한 방법을 몰라 안타까워했다. 그러던 중 1799년 의주부윤으로 있던 이기양이 임기를 마치고 서울로 돌아왔는데, 그의 아들을 통해 의주사람이 연경에서 구해왔다는 종두방(種痘方)을 얻어 보았다. 이 처방 역시 너무도 간략했다. 그러다 이듬해에 박제가가 이 처방을 보고 자신에게도 이와 비슷한 것이 있다고 하면서, 내각의 장서에서 베껴둔 종두방을 보내주었다.

다산은 이 두 가지를 한자리에 놓고 앞의 인용에서 보듯 두 책을 종합해서 버릴 것은 버리고 핵심만 추려 하나로 묶었다. 두 사람은 의기투합해서, 접종을 위해 두종(痘種)을 만드는 방법에 대해 토론을 거듭했다. 또 실제로 적용할 방도를 찾아보았다. 이후 영평현감으로 나가게 된 박제가가 마침내 다산이 정리한 책의 내용에 기초하여 두종을 만드는 데 성공했고, 이를 실제로 접종하여 큰 효과를 보았다. 두 사람은 여기에 만족하지 않고 이씨 성의 의원을 불러서 그 처방을 주어 두종을 널리 접종하게 했다.

그러나 정조가 승하하고 다산은 장기로, 박제가는 경원으로 귀양 가게 되면서 두종은 결국 끊어지고 말았다. 하지만 7년 후 다산의 처방은 경상도 상주의 의원에게 이어져 많은 사람을 치료할 수 있었다.

당시 중국을 통해 들어온 두어 쪽짜리 종두법 처방 두 가지를 참작득수하여 실제 적용에 성공한 사례다. 이렇듯 복잡하고 어수선한 상태의 자료를 살펴서 핵심만 추려내는 것이 참작득수법이다. 공부는 복잡한 것을 단순화하는 과정이다. 어려운 것을 쉽게 만들고, 산만한 것을 명료하게 보여주는 것이다. 또 남의 것을 빌려와 실정에 맞게 변화시켜 효율성을 제고하는 것도 여기에 해당한다.

새것을 창출하라

그러자면 많은 실험과 모색의 시간이 필요하다. 다시 다음 글을 읽어보자.

> 산속에서 지낸 날이 오래되고 보니 시험 삼아 풀잎과 나무껍질을 채취해서 혹 즙을 내기도 하고 혹 달이기도 해서 이것으로 물을 들여보니, 오색과 자주색과 녹색 외에도 이루 이름지어 형용할 수 없는 여러 가지 빛깔이 튀어나와 기이하고 고운 것들이 몹시 많았습니다. 그제야 근래 중국에서 들여오는 비단과 종이의 기이하고 속되지 않은 빛깔들이 모두 평범한 초목으로 물들인 것임을 알게 되었습니다.
> 우리나라 사람들은 오색 외에는 오직 자주색과 녹색만 알아, 무릇 물건의 빛깔이 이것을 벗어나는 것은 모두 버리고 쓰지 않습니다. 이것이 이른바 '안동답답(安東沓沓)' 이라는 것입니다.
> 시험 삼아 몇 조각의 종이를 버릴 요량을 하고 여러 뿌리와 껍질을 두루 섞어 시험해보시는 것이 어떻겠습니까? 다만 붉은빛을 우려내려면 반드시 신맛나는 물건이 있어야 합니다. 백반이나 오매(烏梅), 오미자 같은 것을 소홀히 해서는 안 됩니다. 자줏빛과 검은빛을 우려내기 위해서는 반드시 조반(皁礬)이 필요합니다. 이처럼 서로 감응하는 사물의 성질을 다 궁구해볼 길이 없는 것이 안타까울 뿐입니다.
>
> 「중씨께 올림(上仲氏)」 8-217

이제 다산은 어느새 염료전문가가 되어 있다. 우리나라 사람들은 일곱 가지 정해진 빛깔 외에 다른 색의 염료를 만들어 시험해볼 생각을 하지 않는다. 다산은 이를 '안동답답'이라는 말로 설명했다. 융통성 없이 변할 줄 모르는 고지식한 안동 양반들의 답답함에 빗대어 말한 것이다.

다산은 직접 풀잎과 풀뿌리, 나무껍질 등을 즙내고 달여서 다양한 빛깔의 염료를 만들어보고, 직접 바림을 해보기도 했다. 중국에서 들여온 비단과 종이의 은은한 빛깔들이 그 속에 다 들어 있었다. 하지만 여기에서도 붉은빛은 신맛나는 물건이 있어야 제 빛깔이 우러나고, 자줏빛과 검은빛은 조반을 섞어야만 제 빛깔을 얻을 수 있었다.

다산은 여건이 허락된다면 각종 사물의 성질과 빛깔의 조합관계를 다 궁구해서 일람표를 만들어보고 싶다고 했다. 그는 이렇듯 있는 그대로 하지 않고, 이것과 저것을 참작하여 새로운 것을 추출해내고, 이를 응용하여 또 다른 것을 만들어냈다.

변화를 추구하라

다산의 참작득수법은 과학적인 고안에서 특히 빛을 발했다. 여기서는 다산이 고안한 윤선(輪船), 즉 바퀴배와 석재를 실어나르기 위해 새롭게 만든 유형거(游衡車)를 중심으로 살펴보자. 윤선은 배 밑창에 수레처럼 바퀴를 달아서 페달을 밟아 빨리 가게 만든 배다. 다산은 절도사 이민수(李民秀)에게 보낸 편지에 윤선의 제도에 대해 상세히 적었다.

주신 글에서 말씀하신 선륜(船輪)의 제도는 모원의(茅元儀)의 『무비지(武備志)』에서 그린 것이 비록 이렇긴 합니다만, 제가 예전 내각에 소장된 『기기도설(奇器圖說)』을 보니, 무릇 밟아서 굴리는 바퀴는 그 모양이 실 감는 얼레와 아주 비슷했습니다. 여기도 우연히 한 책이 있는데, 이중 전마(轉磨) 제6도의 밟아 굴리는 바퀴가 바로 실 감는 얼레와 똑같았습니다. 꺼내서 김비(金裶)에게 보여주었더니, 그 또한 "바퀴 모양이 이와 같다면 물을 찰 때 더욱 힘이 있을 것 같습니다"라고 하더군요. 따져보아 마땅히 고쳐 만든다면 안 될 것이 없겠기에, 시험 삼아 다음과 같이 자세히 논합니다. 「이절도사에게 답함[答李節度]」 8-124

윤선은 배 밑창에 물레방아처럼 발판을 밟아 돌리는 바퀴를 만들어 달아 배의 전진과 후퇴를 신속하게 하도록 고안한 배다. 다산은 조선의 배가 둔하고 무거워서 빨리 달릴 수가 없으니 윤선을 널리 보급하는 일이 시급하다고 하면서 그 제도에 대해 설명했다. 모원의가 엮은 『무비지』에는 거륜가(車輪舸), 즉 수레바퀴배의 그림이 다음 페이지 위와 같이 실려 있다.

이 그림을 살펴보면 배의 양옆과 앞뒤로 네 개의 바퀴를 달아, 그 안쪽 축으로 연결된 바퀴통을 발로 굴려 전진·후퇴할 수 있도록 고안한 배임을 알 수 있다. 하지만 『무비지』의 설명은 너무 소략해서 바퀴를 어떤 식으로 굴리게 되어 있는지 전혀 알 수가 없었다.

이에 다산은 굴리는 바퀴의 세부를 설계하기 위해 명나라 때 서양 선교사 등옥함(鄧玉函), 즉 요하네스 테렌츠(Joannes Terrenz)가 말로 설명하고 왕징(王徵)이 정리하여 그림과 함께 펴낸 『기기도설』을 꼼꼼히 살펴보았다. 이 책은 일찍이 화성 축성 당시 정조가 기중가와 인중기 등을 설계하라고 하면서 다산에게 내려주었던 것이다. 다산

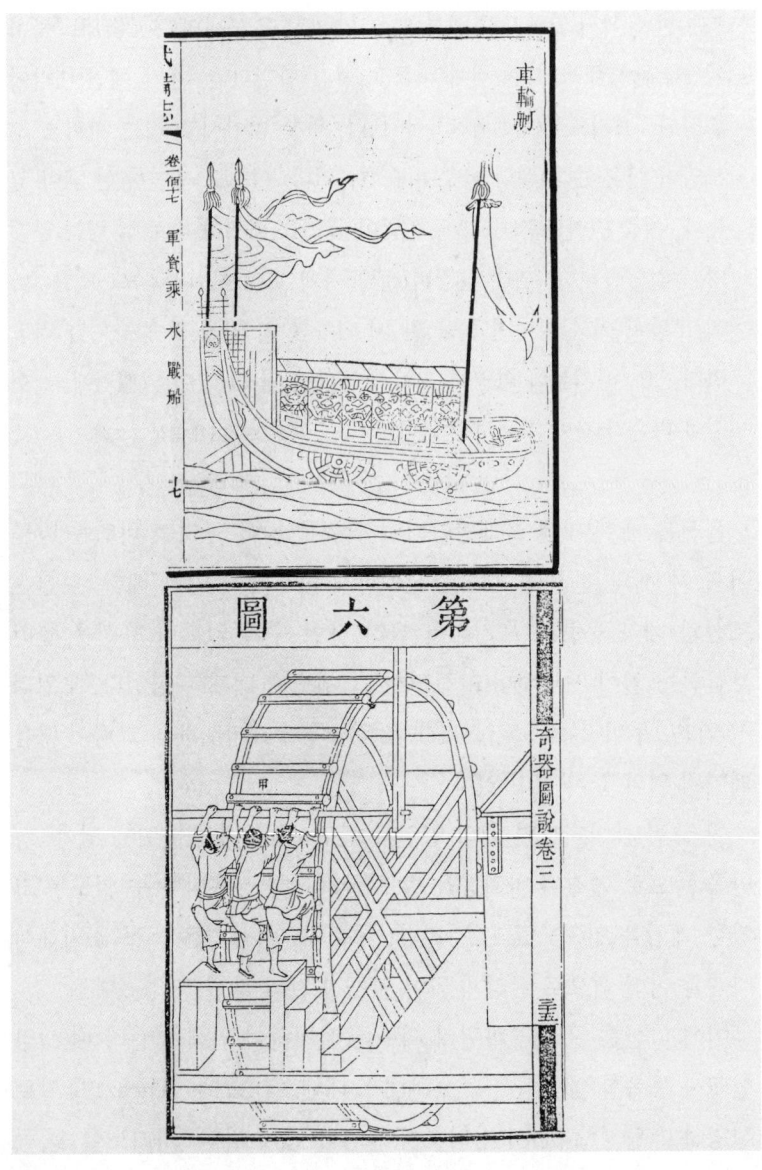

명나라 모원의가 지은 『무비지』에 실린 거륜가(車輪舸)의 모습(위). 배 양옆에 바퀴가 달린 것을 볼 수 있다. 아래는 서양 선교사 테렌츠의 『기기도설』에 실린 전마(轉磨) 제6도다. 위 그림만으로는 바퀴의 제도를 알 수 없었으므로 아래 그림을 참조해서 만들어볼 것을 제안했다.

은 이 책 가운데 전마(轉磨), 즉 회전식 곡물분쇄기의 여러 도상을 살펴보았다. 제6도의 그림에 가서 다산의 눈이 문득 멎었다. 그 그림은 옆 페이지 아래와 같다.

이 그림을 보면 세 사람이 굴대를 잡고 커다란 바퀴통을 힘차게 굴리고 있다. 실 감는 얼레처럼 십자 모양으로 얽은 가운데 구멍으로 중심축이 지나게 하고, 그 둘레에 둥글게 굴대를 단 형태다. 그리고 두 폭이 엇갈린 곳에 수십 개의 발판을 달아, 이 발판을 차례로 밟아 큰 바퀴통을 굴리는 방식으로 구동하는 장치였다. 다만 『기기도설』의 전마는 물을 차기 위한 것이 아니라, 중심축에 맞물려 있는 기아(機牙)장치를 돌려 곡물을 분쇄하기 위한 것이었다.

이에 다산은 다시 바퀴가 물을 손쉽게 차고나갈 수 있도록 하기 위해 가로 발판에 소가죽을 씌워 여기에 네 개의 날개를 덧대도록 했다.

다음 편지에서 다산은 다시 문헌을 검증하여 다음과 같은 내용근거를 추가했다.

> 근래 『문헌비고(文獻備考)』의 주사조(舟師條)를 보니, 판서 유집일(兪執一)의 윤선에 대한 설이 있더군요. 그제야 앞사람이 이미 나라를 위해 기기를 제작한 바가 있음을 알았습니다. 이제 다시 없어지고 말았으니 혀를 찬들 어찌하겠습니까? 유집일이 황해도관찰사가 되어 윤선을 창설했습니다. 그 제도는 앞뒤로 바퀴가 있고 뱃머리와 꼬리에는 키를 설치하여 바퀴를 굴려 물을 차서 신속하게 달릴 수 있게 한 것입니다. 뱃머리가 혹 꼬리가 되고 꼬리가 혹 머리가 되기도 하니, 형세에 따라 나아가고 물러나며 회전하는 데도 아무 어려움이 없었습니다.
>
> 「이절도사에게 답함〔答李節度〕」 8-126

이 글 아래에는 다시 중국의 구준(丘濬)과 구준경(仇俊卿)이 윤선의 위력에 대해 언급한 두 인용문을 끌어다 전거로 삼았다. 이렇게 해서 윤선의 제도가 근거 없는 것이 아님을 분명히 했다. 다만 그 제도를 분명히 알 수 없었는데, 다산은 『기기도설』과 『무비지』의 기록을 참작하여 그 가운데 핵심내용을 추려 설계도면으로 제시했던 것이다.

실용을 강화하라

이제 다산이 수원 화성을 쌓을 때 새롭게 설계하여 제작한 유형거에 관한 언급을 보자.

수레를 제작하는 일에 관해 말씀드립니다. 지금 논의되는 것은 큰 수레와 썰매 등의 주장이 있습니다. 하지만 큰 수레는 바퀴가 너무 높아 돌을 싣기 어려운데다, 바퀴살이 약해 부서져 망가지기가 쉽습니다. 비용도 크게 들어 많이 만들 수가 없습니다. 썰매는 몸통 전체가 바닥에 닿아 밀고 당길 때 힘이 듭니다. 비록 바닥에 고이는 산륜(散輪)을 쓴다 해도 바퀴가 낮고 작아, 구덩이만 만나도 빠지고 돌출된 곳을 만나면 걸리고 말아, 빙판이 아니고서는 운행할 수가 없습니다.
이제 수레 한 가지를 새로 만들었는데 이름이 유형거입니다. 큰 수레나 썰매에 비해 비용이 적게 들고 쓰기에 편리합니다. 신이 일찍이 『무비지』를 보니, 여러 가지 수레의 제도가 실려 있었습니다. 그 가운데 바퀴살통이 우물 정(井) 자처럼 생긴 것이 있었습니다. 이 또한 어려움을 당해 급히 만들어 비용을 줄이려는 뜻이었던 듯합니다. 이제 유형거 또한 이를 본떠 만들었습니다.
「성설(城說)」 5-32

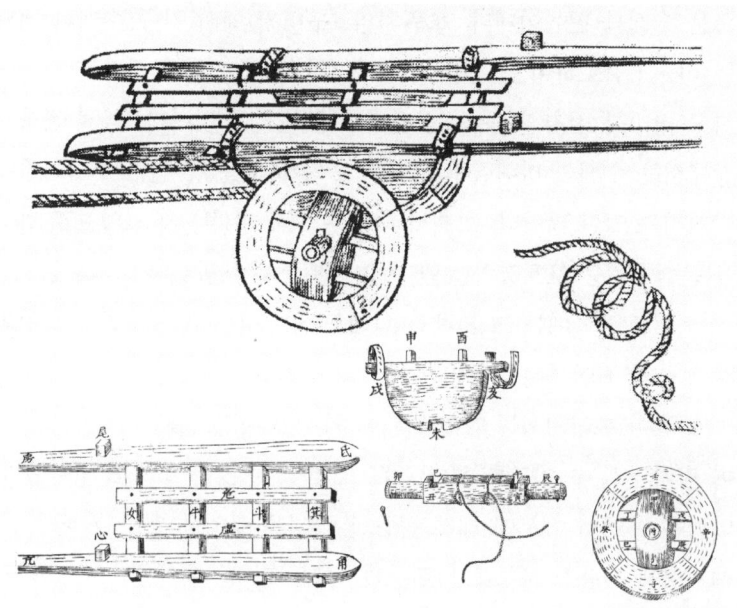

『화성성역의궤』에 실려 있는 유형거의 모습. 아래는 유형거의 부분도다. 유형(游衡)이란 마치 저울대가 무게에 따라 왔다갔다하듯이 복토장치를 이용해 수레의 무게중심을 손쉽게 이동시켜 운반을 간편하게 하는 수레라는 뜻이다.

성을 쌓자면 무수히 많은 석재를 운반해야 했다. 그런데 도로가 잘 닦여 있지 않고 길이 평탄치 않아, 운반에 드는 인력과 비용이 엄청났다. 당시 석재 운반에 보편적으로 쓰이던 방법에는 큰 수레와 바닥에 고임나무를 대고 굴리는 썰매 등 두 가지 방식이 있었다. 그러나 이것은 당시 상황에서 경제성과 효율성이 현저히 떨어졌다. 석재 운반이 여의치 않으면 축성에 심각한 차질이 생길 게 불 보듯 뻔했다.

결국 다산은 이 문제를 근본적으로 해결하기 위해 유형거라는 새로운 수레를 만들어낸다. 모원의의 『무비지』에서 각종 수레의 제도를 비교·검토하여, 조선의 도로사정과 실제 쓰임에 가장 합당하면서도 경비를 절감할 수 있는 유형거를 개발한 것이다. 실제 공사현장에서는 수레의 바퀴살이 무거운 돌의 하중을 못 견뎌 부서지거나 벗겨지는 일이 많았다. 그래서 다산은 우물 정(井) 자 모양으로 하중을 분산시키는 보호장치를 단 특수 바퀴통을 개발했다.

「성설(城說)」에는 그 자세한 설계도면과 세부구조, 그리고 장치와 각 부품의 길이까지 꼼꼼하게 제시되어 있다.

또 축이 부러져서는 안 되겠기에 역시 고정장치를 만들고 끈을 묶어 잡아당길 수 있도록 했다. 앞으로 쏠리지 않는 장치도 설치했다. 다산은 수레의 세부에 대해 꼼꼼한 설명을 붙였을 뿐만 아니라, 수레제작에 사용할 재목도 바퀴통과 수레바닥 등 부위마다 서로 다른 나무를 쓰도록 지정했다.

이렇게 해서 다산은 단돈 열두 냥에 수레 한 대를 만들었다. 더욱이 그가 만든 유형거는 기존의 수레와 달리, 수레의 바닥판과 바퀴 사이에 복토(伏兎)라는 반원형의 장치를 달아, 바닥판이 항상 수평을 유지하도록 고안된 것이었다.

수레가 완성된 후 실제 쓰이는 장면에 대한 다산의 묘사를 보자.

이 수레가 완성되면 돌이 있는 곳으로 몰고 간다. 제비꼬리같이 생긴 수레채를 조금만 들면 우설(牛舌)이 땅에 닿아 돌 밑으로 파고들어간다. 그 형세가 마치 천금의 무게도 지탱할 듯하여, 움직이면 움직일수록 더욱 파고들어가 마치 혀로 날름 삼키는 것 같다.

돌을 온전히 끌어올리고 나서는 수레의 뒤쪽을 눌러 앞은 높고 뒤는 낮게 하는데, 그 형세가 마치 비탈을 내려가는 것 같다. 나무를 세로로 대 매끄럽게 하여 돌이 미끄러져 정지선에 닿게 한다. 그제야 정리하여 끈으로 묶고 소를 몬다. 뒤쪽이 무거운데다 복토가 위쪽으로 누워 바퀴를 차서 앞으로 구르게 한다.

  수레의 속도가 빨라지면 수레채를 들었다 놓았다 하여 한 치를 구부리면 한 자가 나아간다. 대개 그 중심을 무겁게 해서 앞으로 했다 뒤로 했다 하면 언제나 수평을 잡으려고 수레가 경쾌하게 가게 된다. 비탈을 오를 때는 치켜들고 내리막길에서는 숙이면, 바닥에 끌리지도 않고 너무 빠르지도 않아 수레가 평평하고 곧게 된다. 성의 흙을 쌓아둔 둔덕에 이르러서 묶은 것을 풀어 돌을 쏟으면 인력이 낭비되지 않는다.

  수레 하나마다 두 마리 소가 끌고 몇 명의 인부가 밀면 갈 수가 있다. 공역에 대해 말하자면, 성의 한 둘레를 한 층으로 쌓는 데 대략 3,600수레분의 돌이 들어간다. 9층을 쌓는 데 드는 것은 32,400수레 분량이다. 이제 수레 70대가 매일 세 차례씩 돌을 운반한다면 154일이면 거의 다 나를 수가 있다.

「성설(城說)」 5-35

  얼마나 논리적이고 일목요연한 설명인가? 유형거(游衡車)란 저울대(衡)가 좌우로 흔들리며 무게중심을 잡아주듯이, 복토장치를 이용해서 수레의 하중을 분산시키고 균형을 잡아주어, 힘을 많이 들이지 않고 무거운 물건을 실어나를 수 있도록 고안한 수레다. 저렴한 제작비로 효율성은 극대화한 이 수레는 화성 축성현장에 투입되어 큰 위력을 발휘했다. 다산은 토목공학과 기계공학에도 일가견이 있었던 셈이다. 이 또한 기존의 것을 현장의 필요와 결합시켜 장점만을 살려낸 참작득수의 실용주의가 이룩한 성과였다.

다산은 말한다. 꼼꼼히 따지고 폭넓게 검토하라. 실용에 기초하여 문제에 접근하라. 아이디어를 모으고 발상을 바꿔라. 하던 대로 하지 말고 나름대로 하고, 되는 대로 하지 말고 제대로 해라. 무슨 일을 하든지 문제점을 정확히 파악해서 해결책을 명확히 제시해야 한다. 해결책은 이미 있는 것들 속에 숨어 있다. 엉뚱한 데 가서 기웃거리지 마라.

29. 좋은 것은 가리잖고 취해와서 배워라
득당이취법(得當移取法)

연경은 한양과 3천여 리의 거리다. 사신의 수레가 왕복하며 오간 것이 끊임없이 길에 이어졌었다. 그런데도 이용후생(利用厚生)에 보탬이 되는 물건은 일찍이 하나도 얻어 돌아와 전해진 것이 없다. 사람들이 태연하게 사물에 혜택을 베풀 뜻이 없기가 어찌 이다지도 심하단 말인가?
【「사신으로 연경에 가는 참판 이기양을 전송하는 서(送李參判使燕京序)」 6-68 】

장점을 흡수하라

득당이취(得當移取)는 남에게서 좋은 것을 얻어다가 내게로 옮겨 오는 것이다. 남의 좋은 점을 가져다가 내게 적용함으로써 나를 향상시키는 방법이다. 남에게 좋다고 내게도 꼭 좋은 것은 아니다. 하지만 절장보단(截長補短), 즉 너무 긴 것은 자르고 아주 짧은 것은 보태어 알맞게 가져다 쓰면 내게 큰 유익이 된다. 공부를 잘한다는 말은 남의 장점을 금방 포착하여 내 것으로 만들 줄 안다는 말과 같다.

다산은 여러 글에서 우리나라 사람들이 특히 외국과의 관계에서 폐쇄적이고 고식적인 태도를 견지해, 저쪽의 좋은 점을 아예 배우려

들지 않고 제 것만 고집하여 묵수하는 폐단을 지적했다. 앞의 글은 사신으로 연경에 가는 이기양(李基讓, 1744~1802)을 전송하며 써준 글의 뒷부분이다. 다산은 그를 위해 또 이렇게 말했다.

　옛날에는 대부가 다른 나라에 사신으로 가는 경우, 작은 한 가지 일만 보고도 그 나라의 예의가 두터운지 각박한지 알았고, 사소한 한 가지 물건만 보고도 그 나라의 법과 기강이 느슨한가 엄격한가를 알았다. 그래서 이것으로 성쇠를 점치고 흥패를 결단하였다. 이를 일러 '나라를 살핀다'고 한다. 나라를 살피는 것은 명민하여 지혜가 보통사람보다 뛰어난 자가 아니면 능히 할 수가 없다. 그렇지만 밭두둑처럼 알기 쉬운 것을 살펴 농사짓는 도구를 관찰하고, 물산의 풍부함을 살펴 이것이 생산되는 방법을 알아보는 것은 한낱 역관도 능히 할 수 있는 일이다. 어찌 어질고 어리석음을 따지겠는가?
「사신으로 연경에 가는 참판 이기양을 전송하는 서(送李參判使燕京序)」 6-68

　다산이 통탄한 내용은 이렇다. 나라의 예의와 기강을 살펴 그 나라의 현재와 미래를 가늠하는 것은 특출한 사람이 아니면 안 된다. 하지만 농사기구나 물건의 생산방법을 알아보는 것은 관심만 있다면 누구나 할 수 있다. 그런데도 수없이 오간 그 많은 사신 중에서 우리나라의 이용후생에 보탬이 될 만한 물건을 하나라도 가지고 들어왔다는 사람을 본 일이 없다. 그들은 오직 싸구려 골동품이나 비단 같은 사치성 소비재만 들여와 나라의 경제를 축내고 자신의 이익을 도모하는 데만 혈안이 되어 있다. 1년이면 닳아없어질 비단을 구하느라 100년에도 줄지 않는 은을 저들에게 내주는 것이다.
　이에 다산은 이어지는 글에서 이기양에게, 옛날 문익점이 목화씨를 얻어와 민생에 큰 보탬이 되었던 것처럼, 이용후생에 도움이 될 물건을 가져와 나라와 백성을 위해 보답하는 것이 어떻겠느냐고 권고했다.

이기양은 다산의 이 말을 듣고 북경에 가서 기아를 맞물려 목화를 앗는 장치인 박면교거(剝綿攪車)를 구입해왔다. 나사 홈을 판 축 끝에 십자로 된 기아를 맞물리고 그 아래에 가로로 나무를 걸어 만든 기계로, 목화 따는 사람이 의자에 앉아서 발판을 밟아 하루에 200근의 목화를 앗을 수 있는 장치였다. 하루 200근이면 젊은 여자가 20일간 꼬박 매달려야 겨우 앗을 수 있는 엄청난 양이었다. 다산은 이기양이 이 기계를 들여다 조정에 바쳐, 임금이 그대로 본떠 만들어 팔도에 나눠주게 했다는 말을 듣고는 기쁨을 이기지 못했다.

다산은 이기양에게 보낸 편지에서, 이 기계가 노동력의 절감을 가져올 뿐 아니라, 장사하는 사람이 4천 근의 목화를 앗으면 1천 근으로 부피를 줄일 수 있어, 운반비용 또한 4분의 3이 줄어들 테니 그 이익이 얼마나 크냐고 치하했다. 사람들도 그의 공이 목화씨를 들여온 문익점의 공에 못지않다고 기뻐했다. 한 사람의 귀한 충고와 작은 기계 하나의 도입이 백성들의 삶을 얼마나 크게 변화시킬 수 있는지를 실감케 한 사건이었다.

향상을 도모하라

『해사문견록(海槎聞見錄)』은 신유한(申維翰)이 사신을 수행해 일본에 갔다가 견문한 일을 적은 책이다. 이 책을 읽고 다산은 탄식했다.

마땅히 살폈어야 할 것은 다만 기물(器物)의 정교함과 군사를 조련하는 여러 가지 방법이다. 하지만 이 책은 생략하였으니 탄식할 만하다. 우리나라 사람이 표류하여 일본에 이르면 저들은 모두 새 배를 건조하여 돌려보내주었다. 그 배의 제도가 절묘하였는데, 이곳에 도착하면 우리는 모두 부숴버려 그 방법을 옮겨오려 하지 않았다. 왜관(倭館)의 방과 창을 꾸미는 제도 또한 정교하고 깨끗하며 환하고 따뜻하다. 그러나 누구도 이를 본받으려 하지 않으니, 그 방법을 기록한들 무엇 하겠는가? 예전 문충공 유성룡 공이 아니었더라면 조총의 제도 또한 마침내 우리에게 전해지지 않았을 것이다.

「해사문견록의 발문(跋海槎聞見錄)」 6-182

그곳 사람들의 생활 모습이나 도읍의 풍물 같은 것은 일본 역사책만 뒤져보면 다 알 수 있는 일이다. 원나라 세조가 10만의 군사로 정벌하려 했지만 오히려 전멸당한 것만 보더라도 일본의 국방제도가 견고한 것을 알 수 있다. 그러니 정작 일본에 가서 면밀히 살필 것은 이런 것이지, 일본 사람의 복식이 얼마나 야만스럽고 그들의 문화가 어찌나 해괴하며, 조선 사신 행차에 굽신대며 그림과 글씨를 요구하는 것이 얼마나 극성스러운지에 대한 것이 아니다. 공연히 일본 사람을 얕잡아보고, 그들을 야만이라 헐뜯는 것이 우리에게 무슨 자랑이 되고 보탬이 되겠는가?

그러나 신유한은 자신의 책에서 이용후생에 관한 것은 하나도 논하지 않고 자질구레한 견문만 잔뜩 늘어놓았다. 그것도 허세를 잔뜩 부려, 저들을 얕잡아보는 시선으로 말이다.

하지만 막상 표류해간 우리 백성을 태워보낸 저들의 배는 너무나 훌륭했고, 왜관의 일본 주거는 한옥보다 밝고 따뜻했다. 그러나 누구도 이런 것을 배우려 들지 않는다. 그저 제 것만 최고로 알고 다른 것을 배척한다. 일본 배의 제도를 보고 우리 배에 도입해서 더 낫게 할 생각은 않고, 왜놈 것이라며 재수없다고 부숴버리기 바쁘다. 이렇게 해서야 어찌 향상을 꾀하고, 발전을 도모할 수 있겠는가? 다산은 『해사문견록』을 읽다 말고 조선 지식인들의, 남의 좋은 것을 배워올 생각은 않고 자아도취에 빠져 있는 고식적인 태도를 나무랐다.

끊임없이 변화하라

우리가 우습게 보아마지않던 저들의 태도는 어떠했던가?

근세에 유구(琉球, 오키나와 지역) 사람은 중국 태학에 10년간 있으면서 오로지 그 문물과 기능만을 배웠다. 일본도 강소성과 절강성을 왕래하면서 다만 백공(百工)의 섬세한 기교를 옮겨오기에 힘을 쏟았다. 그러한 까닭에 유구와 일본은 바다 가운데 동떨어진 지역에 있으면서도 그 기능만큼은 중국과 더불어 맞겨루고, 백성은 여유롭고 군대는 강하다. 이웃나라에서 감히 침략하지 못하니 그 효과가 이미 이와 같았던 것이다. 「기예론(技藝論)」3, 5-99

우리는 저들이 후의를 베풀어 보내준 배도 부수고, 가까이서 본 주거의 제도도 배울 생각을 않는다. 하지만 저들은 그 사이에 중국의 온갖 기예를 배우고 익혀 제 나라로 옮겨갔다. 이것으로 이용후생에 힘을 쏟아 부국강병의 역량을 갖출 수 있었다. 좋은 것은 무조건 배워올 뿐 자존심은 필요가 없다. 나보다 나은 것은 꼼꼼히 살펴 옮겨와야지, 허세가 무슨 소용인가? 하지만 우리는 늘 반대로 하니 답답하고 안타깝다는 것이다. 다산의 이야기는 계속 이어진다.

사람이 많이 모이면 모일수록 그 기예는 더욱더 정밀하게 된다. 세대가 내려오면 올수록 기예는 점점 더 공교해지기 마련이다. 이는 형세가 그럴 수밖에 없는 것이다. 때문에 시골사람은 현읍(縣邑)의 기술자만 못하고, 현읍사람은 이름난 성(城)이나 큰 도시의 기교를 따라갈 수가 없다. 성이나 도시의 사람은 또 서울에서 볼 수 있는 신식의 절묘한 제도에 미칠 수가 없다.

예전 저 궁벽한 촌구석에 사는 사람이 서울구경을 왔다가 우연히 이제 막 시작되어 완비되지 않은 기술을 얻었다. 신이 나서 돌아와 이를 시험해보고 가만히 스스로 만족하며, 천하에 이 방법보다 더 훌륭한 것은 없다고 했다. 그러고는 그 자손을 경계하여 "서울의 기예란 것을 내가 죄다 터득했다. 그러니 이제부터는 서울에서 다시 배울 것이 없다"고 했다.

이 같은 자는 그 하는 일이 거칠고 조악하기 짝이 없다. 우리나라 백공의 기예는 모두 예전에 배워온 중국의 방법이다. 수백 년 이래로 딱 끊어 다시는 가서 중국을 배워올 계획을 세우지 않는다. 하지만 중국의 신식묘제(新式妙制)는 날마다 증가하고 달마다 늘어나서 수백 년 이전의 중국이 아니다. 그런데도 우리는 막연하게 물어볼 생각은 않고 오직 옛것에만 안주하니, 어찌 이다지 게으른가? 「기예론(技藝論)」1, 5-97

지금 우리 것이라고 믿고 있는 것도 사실은 예전에 중국에서 들여온 기술이다. 선배들은 그렇게 남의 기술을 배워와 후손에게 물려주었는데, 후손들은 물려받은 것만 그대로 지켜 발전하고 향상하는 법을 까맣게 잊고 있다. 그러니 무슨 변화가 있겠느냐는 것이다. 그저 잠깐 서울구경 왔던 촌구석 기술자처럼 해서는 더는 발전을 기대할 수 없는데, 그때나 지금이나 아무 근거 없는 자기도취는 다름이 없는 듯하다.

가능성을 고려하라

이제 다산이 화성 건설 당시 왕명을 받고 『고금도서집성』과 『기기도설』 등의 서적을 참고하여 기중가(起重架)를 제작할 당시의 일을 살펴보자. 이 또한 중국의 좋은 것을 가져와 우리의 소용에 꼭 맞게 변용하여 활용한 참작득수, 득당이취의 좋은 예에 해당한다.

신이 삼가 내각에서 내려주신 『기기도설』에 실린, 무거운 것을 들어 올리는 방법을 검토해보니 모두 11조목이었습니다. 하지만 내용이 모두 소략하였고, 다만 제8도와 제10도, 그리고 제11도만 자못 정밀하였습니다. 그러나 제10도는 구리쇠 나사로 만든 도르래가 있어야 만들 수 있는데, 이제 헤아려보니 비록 나라의 으뜸가는 기술자라도 구리쇠 나사 도르래는 할 수가 없을 듯합니다. 심지어 구리바퀴에 톱니를 만드는 것 또한 반드시 만들 수 없겠기에, 다만 제8도와 제11도를 가져다가 이리저리 참고하고 변통(變通)하였습니다. 「기중도설(起重圖說)」 5-43

처음에 다산은 테렌츠의 『기기도설』 중 「기중도설」에 실린 열한 가지 도판을 가지고 작업을 시작했다. 하지만 책의 도면은 너무나 간략했고, 기계의 작동에 대해 설명한 내용은 불과 몇 줄에 불과한,

소략하기 짝이 없는 것이었다. 이 가운데 그나마 참고할 만한 것이 제8도·제10도·제11도였는데, 제10도는 그림은 자세했으나 설명부분에 나오는 동륜(銅輪), 즉 구리로 만든 톱니바퀴와 구리쇠 나사로 만든 도르래에서 그만 막히고 말았다. 이것은 당시 조선의 기술력으로는 도저히 만들 수 없는 것이었다.

옆의 그림은 다산이 기중가를 만들기 위해 주로 참고했다  는 제8도와 제10도, 그리고 제11도의 그림이다(왼쪽부터).

이 그림들은 대단히 복잡한 구조로 이루어진 기계장치를 보여준다. 다산은 이것을 토대 삼아 기중가를 제작했는데, 막상 그가 만든 기중가는 『기기도설』에 실린 구조와는 하나도 닮은 데가 없는 전혀 새로운 형태였다. 『화성성역의궤』에 실린 기중가의 도면은 348페이지 위 그림과 같다. 이 도면을 실제 모형으로 만들어 세우면 도면의 아래와 같은 모양이 된다.

우선 당황스러운 것은, 다산이 참고했다는 원본과 그가 최종적으로 만들어낸 물건 사이에 어느 한 구석도 닮은 데가 없다는 점이다. 더 놀라운 일은, 그러면서도 성 쌓을 때 무거운 돌을 들어올리는 역할을 너무도 훌륭하게 감당해냈다는 사실이다.

다산은 우선 『기기도설』의 여러 도해를 면밀히 검토했다. 검토 결

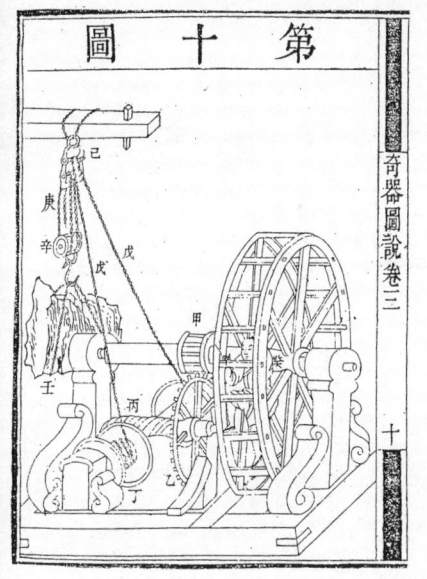 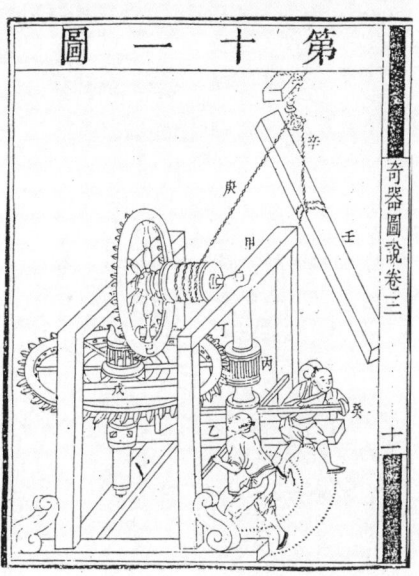

테렌츠의 『기기도설』에 실려 있는 기중가의 세 가지 모델. 세 그림 모두 톱니바퀴가 달린 기아장치를 이용해서 동력을 구동하는 방식으로 되어 있다. 다산은 화공을 불러 이 그림을 확대해서 그리게 한 후 연구를 거듭했다. 결국 당시 조선의 기술력으로는 도저히 만들 수 없었던 기아장치를 버리고, 제10도에 보이는 도르래장치만을 이용한 새로운 기계를 선보였다.

과, 당시 조선의 기술력으로는 도저히 만들어낼 수 없었던, 구리로 된 톱니바퀴가 달린 기아장치 부분을 포기할 수밖에 없었다. 대신 활차(滑車), 즉 도르래장치 부분만을 떼어내 복수의 도르래를 시설함으로써 그 기능을 엄청나게 강화시킨 조선형 기중가를 개발해냈다. 그가 발명한 기중가는 『기기도설』 열한 가지 도면 어디에서도 찾아볼 수 없는, 전혀 새롭고 독창적인 형태였다.

다음 다산의 설명을 듣노라면 그가 물리학에도 깊은 소양이 있었음을 확인할 수 있다.

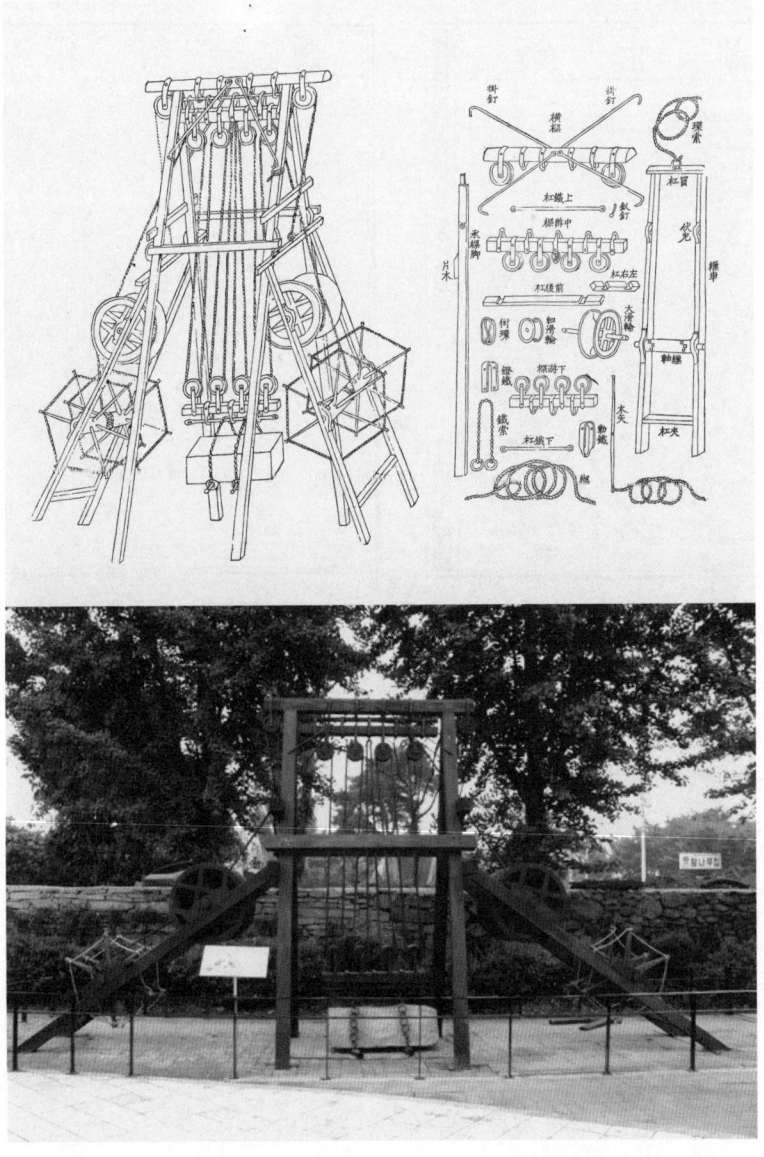

다산이 테렌츠의 『기기도설』을 참고해 제작한 기중가의 설계도면과 실제 모형. 다산은 당시 조선의 기술로는 제작이 불가능했던 서양의 기어장치를 포기하는 대신, 아래 사진에서 보듯 수많은 도르래를 연결한 조선형 기중가를 발명해냈다.

100근의 무게일 것 같으면 반드시 100근의 힘이라야 비로소 이를 감당할 수 있다. 이제 이 방법은 한 대의 도르래만 써도 능히 50근의 힘으로 100근의 무게를 들어올릴 수 있다. 이는 힘의 절반으로 전체 무게를 감당하는 것이다. 만약 도르래를 두 대 쓴다면 25근의 힘만으로도 100근의 무게를 들어올릴 수 있다. 이것은 4분의 1의 힘으로 전체 무게를 감당하는 것이다. 석 대, 넉 대를 갖추면 차례로 힘이 배가 되는 것이 모두 이 예와 비슷하다. 매번 새 도르래를 더할 때마다 이에 비례하여 힘도 배가되니, 그 이치가 그러한 것이다. 이제 이 아래 위 여덟 대의 도르래로 힘을 배가시키면 25배가 되니 이 또한 대단한 것이다.

「총설(總說)」 5-46

이렇게 하여 다산은 40근의 힘으로 2만 5천 근의 무게를 움직일 수 있는 기계장치를 선보였다. 정조는 다산의 보고서를 받고 입이 딱 벌어졌다. 현장에서 이 기계의 위력은 참으로 막강했다. 그 덕분에 엄청난 인력과 경비를 절감할 수 있었다. 공사가 끝난 후 정조는 "다행히 기중가를 사용하는 바람에 4만 냥의 경비를 절감할 수 있었다"며 크게 기뻐했다. 지성의 위력, 학문의 힘이란 이런 것이다.

다산은 말한다. 좋은 것과 나쁜 것이 있을 뿐 네 것과 내 것은 없다. 부족한 것은 익히고 필요한 것은 배워라. 배우는 자리에서 체면을 따져서는 안 된다. 남의 좋은 것은 받아들이고, 나의 나쁜 것은 과감히 버려라. 남의 것을 받아들이더라도 그대로는 안 된다. 현실에 맞게 고쳐야 한다. 실상에 맞게 바꿔야 한다. 그래야 변화가 있다. 그래야 발전이 있다.

30. 단계별로 다듬어 최선을 이룩하라
수정윤색법(修正潤色法)

초본(草本)이라 한 것은 어째서인가? 초를 잡는다는 것은 수정하고 윤색하기를 기다린다는 것이다. 식견이 얕고 지혜가 부족하며 경력은 적고 문견은 고루하다. 거처는 궁벽하고 서적은 부족하다. 그러니 비록 성인이 가려뽑는다 해도 잘하는 자를 시켜 수정하고 윤색하지 않을 수 없다. 수정하고 윤색하지 않을 수 없는 것이 어찌 초가 아니겠는가? 【「방례초본서(邦禮艸本序)」 6-26 】

끊임없이 수정하라

수정윤색(修正潤色)은 부족한 것을 끊임없이 고치고 다듬어서 완성된 상태로 끌어올리는 것을 말한다. 모든 일이 첫술에 배부를 수는 없다. 처음 단계에서는 비록 최선의 노력을 다한다 해도, 시간이 지날수록 부족한 부분이 드러나고, 빼고 보태야 할 내용이 눈에 띄게 마련이다. 이때 마음을 활짝 열어놓고 서슴없이 고치고 기꺼이 바꾸는 태도가 필요하다. 한번 내 손을 떠나면 많은 사람이 이 정보를 사실로 믿고 활용할 것이 아닌가?

'방례초본(邦禮艸本)'은 뒤에 『경세유표(經世遺表)』로 완성되기 전단계의 초고를 일컫는 말이다. 앞에 인용된 「방례초본서」가 『경세유표』의 첫머리에 그대로 실린 것을 보아 알 수 있다. 다산은 각 관서의 제도와 인사고과 제도, 과거시험 및 토지 제도, 사창 및 화폐 제도 등에 대해 꼼꼼하게 논한 뒤 이렇게 글을 마무리했다.

무릇 이 같은 내용은 결단하여 행해지기를 진실로 원한다. 하지만 소소한 조례나 자질구레한 명칭 또는 숫자 중에 혹 막혀서 통용되기 어려운 것은 어찌 감히 자기 생각만 굳게 지켜 한 글자도 바꿀 수 없다고 말하겠는가? 고루한 부분은 분명하게 하고, 꽉 막혀 답답한 것은 평평하게 하여, 수정하고 윤색해야 할 것이다. 혹 수십 년간 행해보아 편리한지 불편한지를 징험해보고, 그러고 나서 금석에 새길 만한 법도로 삼아 후세에 전해준다면 이 또한 지극한 바람이요 큰 기쁨이 아니겠는가?

잘 정비한 수레를 훈련된 말에 멍에를 메워, 멍에를 살피고 균형을 맞춘 뒤에도 오히려 왼편에서 붙들고 오른편에서 방비하여 수백 보 앞으로 나가게 하여, 그 조정이 잘됐는지 시험한 뒤에야 동여매고 내달린다. 임금이 법을 세워 세상을 몰고 가는 것도 이것과 무엇이 다르겠는가? 이것이 초본이라고 이름을 붙인 까닭이다.

「방례초본서(邦禮艸本序)」 6-28

큰 원칙에 있어서는 변화가 있을 수 없다. 하지만 그 시행세칙만큼은 현실에 적용해봐서 맞지 않는 부분이 있으면 얼마든지 수정·윤색하여 고쳐나가야 한다는 것이다. 수레 한 대를 몰고 나갈 때에도 여러 가지를 점검하고 조정하게 마련인데, 법을 세워 백성을 몰고 가는 일에 어찌 점검과 조정이 없을 수 있겠는가? 따라서 자신이 책의 제목을 '방례초본'이라고 한 것은, 글이 미완성의 초고상태라는 뜻이 아니라 실제에 적용하는 단계를 거쳐 수정·윤색한 뒤라야 감히 최종본임을 선언할 수 있겠다는 뜻이다.

거친 것을 다듬어라

이러한 다산의 태도는 실로 그의 전체 저작에 일관되게 나타나는 것이다. 그는 『마과회통(麻科會通)』을 엮을 때도 새로운 자료를 손에 넣을 때마다 전체 내용을 손봐, 초고를 무려 다섯 번이나 반복해서 고쳤다. 생명을 다루는 내용이라 하나라도 잘못되면 자칫 인명을 해칠 수도 있기 때문이었다. 다산은 『주역심전(周易心箋)』 또한 다섯 번이나 초고를 수정·윤색했다고 직접 술회한 바 있다. 거듭된 수정과 윤색을 통해, 거친 것을 다듬고 부족한 것을 채우며 군더더기를 덜어내 진선진미(盡善盡美)의 상태로 끌어올리는 노력을 쉬지 않았던 것이다.

강진 시절 다산은 하나의 저술이 끝날 때마다 흑산도의 정약전에게 그것을 보내 수정과 윤색을 요청했다. 합리적인 지적이면 조금도 거리낌 없이 기쁘게 받아들였고, 납득되지 않으면 끝까지 고집하여 자신의 생각을 꺾지 않았다. 그 고심의 자취는 이미 앞에서 여러 모로 살핀 바 있다(특히 4강에서). 정약전이 세상을 뜨자 다산은 절망해서 아들에게 이렇게 편지를 썼다.

외로운 천지 사이에 다만 우리 손암(巽庵, 정약전의 호) 선생이 있어 나의 지기였는데, 이제는 잃고 말았다. 이제부터 비록 얻는 바가 있어도 장차 어디에다 입을 열겠느냐? 사람이 자신을 알아주는 이가 없다면 죽은 사람이나 다를 것이 없다. 아내나 자식도 내 지기가 못 되고, 형제와 집안도 모두 지기가 아니다. 지기가 세상을 떴으니 또한 슬프지 않겠느냐? 「두 아들에게 부침[寄二兒]」 9-15

다산은 인순고식(因循姑息)하지 않고, 끊임없이 고치고 바꾸고 변화할 줄 알았던 툭 트인 지식인이었다. 어떤 좋은 것을 보면, 그와 똑같은 방법을 써서 전혀 다른, 더 좋은 것을 만들어냈다.

중국의『수경(水經)』을 보고 그와 똑같은 방식으로『대동수경(大東水經)』을 엮었다.『무비지(武備志)』에 자극받아『아방비어고(我邦備禦考)』를 편집했다. 중국의 속담과 격언을 모은『이담(耳談)』을 보고는, 경전이나 역사책에서 빠뜨린 것이 너무 많고 정작 우리나라 속담은 빠졌다 하여, 이를 보완해『이담속찬(耳談續纂)』을 엮었다. 우리말 가운데 뜻을 잘못 알고 쓰는 것이 너무 많음을 안타깝게 여겨『아언각비(雅言覺非)』를 또 지었다.

이런 저술들은 하루아침에 이루어진 것이 아니라, 여러 해에서 수십 년에 걸쳐 하나씩 모으고 다른 이에게 묻고 꼼꼼히 정리하여 완성한 것들이다. 특히『이담속찬』의 경우를 보면 이 점을 분명하게 알 수 있다.

왕씨가 엮은『이담』이라는 책은 고금의 속담을 모은 것이다. 경전과 역사책에 드러난 것 중에서도 빠뜨린 것이 꽤 있다. 이제 다시 수습하여 기록한다. 석천(石泉) 신작(申綽) 승지가 또한 10여 조목을 채록하여 도와주었다. 인하여 성호 이익 선생의『백언해(百諺解)』를 떠올려 보니, 이것은 우리나라의 속담인데 모두 가락을 맞추지 않았다. 이제

가락을 맞출 만한 것을 취하여 가락을 얹었다. 인하여 또 그 빠뜨린 것을 수습하였다. 돌아가신 둘째형님께서 흑산도 바다 한가운데에 계실 적에 또한 수십 항목을 부쳐주셨다. 이제 두루 합쳐 편집하여 『이담속찬』이라고 이름 붙인다. 「이담속찬인(耳談續纂引)」, 「여유당전서(與猶堂全書)」

이 책의 편집과정을 보면 다산의 수정윤색법을 잘 알 수 있다. 중국 속담을 모은 『이담』과 조선 속담을 모은 『백언해』가 있다. 둘 다 내용에 소루(疏漏)한 것이 많았다. 그리고 분류가 무질서해서 계통이 없는 점도 같았다. 그래서 다산은 이 둘을 합쳐 『이담속찬』을 엮었다.

『이담속찬』은 크게 두 부분으로 나뉜다. 앞쪽은 중국의 경전과 역사서에 나오는 말 중에 성어화된 구절을 뽑되 8언, 4언, 6언, 7언, 9언, 10언, 11언, 12언, 14언, 16언, 18언, 20언, 22언의 차례로 가락을 맞춰 배열했다. 8언을 앞세운 것은 그 수가 가장 많았기 때문이다. 뒤쪽은 우리말 속담을 또 같은 방식으로 배열했다. 그리고 나서 자신이 뽑은 것을 신작과 정약전에게 보내 보충을 부탁했고, 이들은 각각 중국 것과 우리 것에서 빠진 것을 살펴 십여 항목에서 수십 항목씩을 보완해주었다.

첨삭하고 가공하라

결국 다산의 『이담속찬』은 왕씨의 『이담』과 이익의 『백언해』를 통합하고, 그들이 빠뜨린 것을 찾아 보충했으며, 검색이 용이하도록 글자수에 따라 재배열한, 전혀 다른 책이 되었다. 또 다산은 각각의 항목 아래에 원출전과 의미를 부연하여, 실제 문장을 작성할 때에 가려뽑아 활용하기 손쉽게 하였다. 이런 것은 전인의 예를 수정·윤색하고 첨삭·가공하여 새로운 버전으로 업그레이드한 경우에 해당한다. 몇 가지 예를 들면 다음과 같다.

    죽은 사람이 다시 살아난다 해도 산 사람이 부끄럽지 않아야 할 것이다〔死者復生, 生者不愧〕.『사기』「조세가(趙世家)」에 나온다. 사람은 누구나 죽게 마련이지만 이런 마음을 먹는 것이 옳다.
    여자는 고우나 미우나 궁궐에만 들어가면 질투한다〔女無美惡, 入宮見妬〕.「추양전(鄒陽傳)」에 나온다.
    참외는 달지만 꼭지는 쓰다〔甘瓜苦蔕〕. 먼저 괴로움을 겪은 뒤에 복락을 누린다는 뜻이다. 또는 즐거움이 다하면 괴로운 근심이 이른다는 뜻으로도 쓴다.
    사흘 굶어 못할 짓 없다〔人飢三日, 無計不出〕. 궁하면 못할 일이 없다는 말이다.
    작아도 고추다〔雖小唯椒〕. 고추는 일명 날여(辣茹)라고도 하는데, 몸집은 작지만 사람은 맵짜서 마치 고추처럼 매운 것 같은 경우를 비유하는 말이다. 　　　「이담속찬인(耳談續纂引)」,『여유당전서(與猶堂全書)』

다산은 자신의 실제 글에서 여기 나오는 표현들을 그대로 활용했다. 다산이 귀양에서 풀려 초천에 있을 때 강진에서 찾아간 제자들에게 준 편지를 보면, 다산초당의 풍경을 낱낱이 떠올려 묻고 나서, "옛사람은 '죽은 사람이 다시 살아나도 능히 부끄러운 마음이 없어야 한다'고 했다. 내가 다시 다산에 갈 수 없는 것은 또한 죽은 사람과 꼭 같다. 하지만 혹시 다시 간다고 해도 모름지기 부끄러운 빛이 없어야 할 것이다"라고 적었다. 『이담속찬』의 한 구절을 글쓰기의 재료로 마침맞게 활용한 것이다.

『아언각비』는 요즘 식으로 제목을 달면 '잘못 알고 쓰는 우리말' 쯤에 해당하는 책이다. 이 책만 하더라도 초고를 완성한 후 수도 없이 수정·윤색하고 다른 사람들에게 질정을 청하여 최종 완성을 보았다. 이 질정의 과정에서 육향의 소재 때문에 신작과 치열하게 논쟁한 것은 앞에서 이미 살핀 바 있다(16·19절).

뿐만 아니라 다산의 저작에서 흥미로운 점은, 같은 주제에 대해 여러 가지 다른 형식의 글을 시리즈로 남긴 경우가 많다는 사실이다. 이 또한 크게 보아 수정윤색의 범주에 속한다. 즉, 한 가지 문제의식을 일과적으로 끝내지 않고, 다면적으로 접근하고 지속적으로 발전시켜 최종 결론에 도달하는 방식을 취한 것이다. 이때 모든 과정을 관통하는 핵심가치가 실용성의 강화에 있었음은 더 말할 것도 없다.

예를 들어, 오늘날 논술시험 문제에 해당하는 대책(對策)에서 다산은 「전선책(戰船策)」을 남겼다. 이는 국방을 위해 전선과 관련된 수많은 고사와 함께 전선 운용의 실제에 관해 폭넓은 질문을 던진 글이다. 이 가운데 "배와 수레는 제도가 다른데 양요(楊么)의 배는 수레바퀴로 물을 차게 하였다. 물과 뭍은 마땅함이 같지 않으나, 오나라 사람의 배는 반드시 성가퀴(성 위에 낮게 쌓은 담)를 설치하였다. 그 제도를 상세히 말할 수 있겠는가?"라고 묻는 대목이 있다. 이 물음은 단지 물음으로 끝나지 않았다. 다산은 뒤에 호남절도사 이민수에게 보낸 일련의 편지에서 윤선의 도입을 적극 주장하며 그 상세한 제도를 밝히는 것으로 직접 대답을 제시했다.

대안을 제시하라

 또 당시 심각한 사회문제였던 환곡제도의 폐단을 논한 「환향의(還餉議)」에서는 일곱 항목에 걸쳐 상세한 해결책을 제시했다. 하지만 이것으로 만족할 수 없었던 다산은 다시 「환상론(還上論)」이라는 논설문을 따로 남겼다. 환상(還上)이란 곡식의 수매와 방출에 관련된 정책을 말한다.
 오늘날에도 가을걷이 때만 되면 수매가의 적정성을 두고 정부와 농민들 사이에 첨예한 갈등과 대립이 일어나는 것을 본다. 온전히 곡식농사에만 의존하던 조선시대에 이 환상법은 그 시행과정에서 심각한 부정부패의 온상이 되어, 사회문제의 주요 진원지가 되었다. 제도의 불합리와 운용의 불공정이 빚은 심각한 사회문제였던 셈이다.
 처음 「환향의」에서 직설법으로 이 문제의 심각성을 하나하나 지적했던 다산은 「환상론」에서는 비유의 방식으로 논지를 펼쳤다.
 그는 「환향의」에서 곡식을 여러 번에 걸쳐 나눠 주는 법을 폐지해야 한다고 주장했다. 양곡을 나누어 주는 것은, 한꺼번에 줄 경우 백성들이 어리석어 먹어치울 것이기 때문에 나라에서 그들을 위해 그렇게 한다는 취지였다. 하지만 다산은 이에 대해, "아! 이것이 무슨 말입니까? 부모가 그 자녀를 분가시켜 각각 살림을 나게 해놓고 다시 말하기를, '내 아들은 살림이 서툴고 며느리는 씀씀이가 헤프다' 하고는, 아침에 아침양식을 주고 저녁에 저녁양식을 준다면 어찌 옳다 하겠습니까? 부모조차 그 자식에게 시행할 수 없는 것을 관에서 백성에게 시행하고자 하니, 큰 잘못이 아닐 수 없습니다"라고 비판했다. 그리고 이 때문에 발생하는 시간과 인력, 비용의 낭비를 낱낱이 지적하며 제도의 폐지를 강력하게 건의했다.

이어 「환상론」에서는 더 쉽게 풀어, 부모와 자식 간에 생긴 일에 비유해 여섯 가지 항목으로 나눠 환상제도의 폐단을 지적했다. 이 글에서 다산은 앞서의 논의를 수정·윤색해 다음과 같이 부연했다.

아침 일찍 자식들이 곡식자루를 차고 소와 말을 끌고 아버지의 광에 가서 이를 받았다. 아버지가 또 광에 기대서서 고하였다.
"네가 재물관리에 소홀하고, 새 며늘아기는 씀씀이가 헤프다. 이제 이를 주면 다음 달만 되어도 너희가 굶주릴 것이다. 오늘은 몇 말만 줄 테니, 열흘 뒤에 몇 말을 받아가고, 또 열흘 뒤에 몇 말을 받아가거라. 새 곡식을 거둘 때 다 주마."
그 아들이 돌아가 아내에게 이를 알리면, 눈썹을 찌푸리고 이마를 찡그리며 속으로 그 번거로움을 괴로워하지 않는 이가 없을 것이다. 하물며 고을 관리와 백성에 있어서겠는가? 「환상론(還上論)」 5-174

다산은 이어 부모와 자식 간의 비유를 연속적으로 들어 환상제도 개선의 필요성을 거듭 천명했다. 뿐만 아니라 「자찬묘지명」을 보면, 곡산부사로 재직할 때 8~9차례에 걸쳐 나눠 주던 곡식을 한꺼번에 줌으로써 비용을 절감하고 백성들의 시간을 절약하게 하여, 평소의 신념을 실천에 옮겼다.
이밖에 화폐제도의 문제를 물은 「문전폐(問錢幣)」와 이에 대한 자신의 견해를 피력한 「전폐의(錢幣議)」, 도량형의 통일과 정비를 물은 「문율도량형(問律度量衡)」과 그 구체적인 시행방법을 제시한 「도량형의(度量衡議)」는 모두 서로 문답의 관계에 있는 글이다. 다산은 여기서 그치지 않고 『경세유표』와 『목민심서』 등의 관련항목에서도 이 문제를 집요하게 제기하여, 한 가지 문제를 끝까지 물고늘어져 필요

온전히 곡식농사에만 의존했던 조선시대에 환상법은 그 시행과정에서 부정부패의 온상이 되어 심각한 사회문제를 일으켰다. 다산은 이런 환상법의 폐단을 지적하며 파격적인 개선을 주장했고, 곡산부사로 재직할 때에는 평소의 신념을 실천에 옮겼다. 그림은 가을걷이노동에 동원된 농민과 유유자적하는 양반의 대조적인 모습을 그린 김홍도의 벼 타작 그림이다.

적용하고 실천하라 | 359

한 세부대안까지 제시하는 뚝심을 보여주었다.

또 인사고과 제도의 합리적인 개선방안을 제시한 「고적의(考績議)」가 총론에 해당한다면, 『경세유표』에서는 아예 상세한 지침과 절목 및 예시를 두어 고적법의 시행세칙에 대해서까지 상세한 각론을 펼쳤다. 다산은 추사 김정희가 바닷물의 밀물과 썰물에 대한 글을 보내와 질정을 청하자 잘못을 지적하는 편지를 보낸 일이 있다(20절). 그리고 나서는 아예 작심하고 「해조론(海潮論)」 5편을 작성하여 자신의 견해를 종합·정리했다.

다산은 한번 제기된 문제는 절대로 한 차례 논의로 그치는 법이 없었다. 총론을 제시하면 반드시 각론으로 나아갔고, 설명이 미진하면 형식을 바꿔서라도 재론했다. 직설법으로 주장하다가 미진하면 비유를 써서 풀이했다. 실례를 들어 보이고, 예외까지 상정해서 철저하게 논했다. 그래도 앞에서 한 논의가 되풀이되는 법 없이 보완관계를 이루며 하나로 종합되었다. 이 논문을 쓰다가 저 논문의 아이디어를 얻고, 이것이 묶이고 보태져서 하나의 저서로 확대되는 경우라 하겠다.

다산은 말한다. 첫술에 배부른 법은 없다. 작은 문제를 키워서 큰 문제로 발전시켜라. 내게 들어오는 정보를 그냥 흘리면 안 된다. 갈래를 나눠 저장고에 비축하라. 씨앗 하나가 자라서 풍성한 이삭을 맺는다. 스쳐지나가는 생각 하나가 책 한 권으로 자란다. 작은 메모 하나가 수정과 윤색을 반복하는 동안 큰 프로젝트로 변한다. 되새김질하며 거듭 음미하라. 실용에 기초해 생각에 날개를 달아라. 그 처음은 미미하지만 끝은 창대하리라.

7강
권위를 딛고 서라
독창성을 추구하는 창의적 지식경영

고인 생각을 흐르게 하라. 남의 생각에 끌려다니지 말고, 내 목소리 내 생각으로 이끌어라. 권위에 주눅들어 그 그늘에 숨지 마라. 주체를 확립하여 내가 권위가 되어야 한다. 그러자면 시비를 판별하는 냉철한 안목과 속셈을 두지 않는 공정한 시각을 갖춰야 한다.

31. **일반지도법** 一反至道法 : 발상을 뒤집어 깨달음에 도달하라
　　상식의 허를 찔러라 | 뒤집어 생각하라 | 상황에 적용하라 | 타성을 걷어내라

32. **불포견발법** 不抛堅拔法 : 권위를 극복하여 주체를 확립하라
　　힘있게 주장하라 | 비난을 감수하라 | 성심을 다하라 | 타협하지 말라

33. **독후엄정법** 篤厚嚴正法 : 도탑고도 엄정하게 관점을 정립하라
　　그른 길로 가지 말라 | 시비를 회피 말라 | 신랄하게 비판하라 | 관행을 타파하라

34. **대조변백법** 對照辨白法 : 다른 것에 비추어 시비를 판별하라
　　본질을 꿰뚫어라 | 견주어 판별하라 | 비교하고 대조하라 | 객관성을 제고하라

35. **허명공평법** 虛明公平法 : 속셈 없이 공평하게 진실을 추구하라
　　추종을 거부하라 | 편견을 걷어내라 | 억탁으로 왜곡 말라 | 마음을 텅 비워라

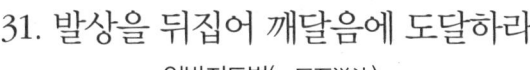

31. 발상을 뒤집어 깨달음에 도달하라
일반지도법(一反至道法)

선배 가운데 율곡 이이 같은 분은 어버이의 사랑을 받지 못해 여러 해 동안 괴로워했다. 하지만 마침내 한 번 돌이켜 도에 이르렀다. 우리 우담(愚潭) 정시한(丁時翰) 선생께서도 세상에서 물리친 바가 되었으나 그 덕이 더욱 발전했다. 성호 이익 선생은 집안에 화를 당하고 나서 이름난 선비가 되었다. 모두들 우뚝하게 수립하여 벼슬길에 있는 고관의 자제들이 능히 미칠 수 있는 바가 아니었다. 너는 또한 일찍이 이를 들어보았느냐?

【「두 아들에게 부침〔寄兩兒〕」9-24】

상식의 허를 찔러라

일반지도(一反至道)는 한 차례 생각을 돌이켜 깨달음에 이른다는 말이다. 자극 없이 똑같은 일상 속에서 창의적인 역량은 발휘되지 않는다. 늘 하던 대로만 해서는 새로운 성취를 이룰 수가 없다. 생각을 바꾸고 방법을 바꾸면 전에는 보이지 않던 것이 환하게 드러난다. 평범한 것에서 비범한 의미를 이끌어내고, 늘 보던 것에서 처음 보는 것을 끄집어낸다. 역경과 위기에 쉽게 침몰하는 대신 이를 기회로 돌릴 줄 알아야 한다.

다산의 논설문에서는 의표를 찌르는 역발상의 논법과 자주 만날 수 있다. 누구나 뻔히 하는 생각을 뒤집어서 펼치는 주장은 참신하면서도 강렬한 호소력을 갖는다. 이 절에서는 다산의 이러한 글쓰기에 대해 살펴보자.

누에 치는 집에는 여러 가지 잠박(蠶箔, 누에 채반)이 있다. 큰 것은 폭이 넓어 잠실 끝에 닿고, 작은 것은 잠실의 4분의 1밖에 안 된다. 혹 잠실을 우물 정(井) 자로 9등분해서 잠박이 그 가운데 하나를 차지하기도 한다. 그래도 누에는 상자에서 편안해하며 그 남은 공간을 넉넉해한다. 지나다가 이를 본 사람이 큰 것을 보고는 몹시 부러워하고, 좁은 상자에서 편안해하는 것을 보면 크게 한바탕 웃곤 한다. 하지만 어진 부인네가 이들이들한 뽕잎을 따다가 법대로 먹여 세 잠을 재우고 세 번 깨어나게 해서 다 자라면 실을 토해 고치를 만든다. 이 고치를 켜서 실을 만든다. 작은 잠박의 누에라도 큰 잠박의 누에와 다를 것이 없다.
「사촌서실기(沙村書室記)」 6-98

사촌서실(沙村書室)은 둘째형 정약전이 흑산도에 유배되어 있을 때 그곳 섬아이들을 가르치던 초가집 서당의 이름이다. 형님의 서당을 위한 기문(記文)을 쓰면서 다산은 뜬금없이 누에 치는 이야기를 잔뜩 늘어놓았다. 여기에 이어지는 글은 대뜸 '세계는 모두 잠박이다' 로 시작된다. 다산이 정작 하고 싶은 이야기는 이렇다. "흑산도는 뭍과는 동떨어진 작은 섬이다. 잠박으로 치면 9등분한 잠실의 한 칸을 차지하기도 힘든 조그만 잠박이다. 형님은 그 조그만 잠박에다 누에를 친다. 지나는 사람들은 이를 보고 너털웃음을 터뜨리며 여기서 무얼 가르치겠느냐고 비웃겠지만, 훌륭한 스승이 단계에 따라 훈도하고 자양 있는 말씀으로 이끌면 이들 또한 서울의 훌륭한 스승

흑산도에서 정약전이 학생들을 모아 가르치던 사촌서실의 복원된 모습.

밑에서 자란 학생들 못지않은 쓸모 있는 인재가 될 것이다."

　동쪽에서 소리치다가 서쪽을 치는 성동격서(聲東擊西)격으로, 앞에서 뚱딴지같은 말을 잔뜩 늘어놓아 독자의 궁금증을 증폭시켜놓고, 느닷없이 본질로 찔러들어가는 수법이다. 다산은 기문에서 주로 이런 방식의 글쓰기를 즐겨 했다. 상식의 허를 찌르는 의외의 도입으로 독자를 흡인하는 것이다.

뒤집어 생각하라

　취몽재는 강진 시절의 제자 황경(黃褧)의 호다. 황군이 찾아와 다산에게 말했다. "취생몽사(醉生夢死), 취해 살다가 꿈속에 죽는 것이 인생입니다. 그래서 제 집을 '취몽재(醉夢齋)'라 지었습니다. 기문을 지어주십시오." 다산의 기질에 이런 한심한 집이름이 마뜩할 까닭이 없었다. 다음 글은 무어라 한 소리 해주고 싶은데 대놓고 나무랄 수는 없고 해서, 차라리 취몽(醉夢)의 의미를 다른 방식으로 해석하자고 쓴 허두다.

    얼굴은 벌겋고 머리는 젖어서 토악질하고 욕을 퍼부으면서 비척비척 거리를 지나는 자는 술 취한 사람이다. 그에게 손가락질하며 취했다고 하면 분이 나서 크게 성내며, 자기는 취하지 않았다고 떠들지 않는 이가 없다. 눈을 감고 코를 골다가 이따금 크게 웃고 잠꼬대를 하는 자는 꿈에서 좋은 벼슬자리를 얻었거나 혹 주옥과 금전 같은 갖고 싶은 물건을 받은 사람이다. 그러나 잠을 깨기 전에는 그것이 꿈이라고 생각하지 않는다.
    어찌 다만 술 취하고 꿈꾸는 것에만 이러함이 있겠는가? 병이 위독한 사람은 정작 자기가 병든 줄을 알지 못한다. 자기 입으로 병들었다고 말하는 사람은 그 병이 그다지 심한 것이 아니다. 미친 사람은 자기가 미친 것을 알지 못하니, 스스로 미쳤다고 말하는 자는 가짜로 미친 것이다. 사특하고 음란하며 놀기 좋아하는 사람은 그것이 나쁜 줄을 알지 못한다. 그것이 나쁘다고 말할 수 있는 자는 그 나쁜 점을 혹 고칠 수가 있다.
「취몽재기(醉夢齋記)」 6-103

정말 취한 사람, 진짜 잠든 사람, 완전히 미친 사람은 취한 것도 잠든 줄도 미친 사실도 알지 못한다. 가짜로 미치고 짐짓 취한 체하는 사람이 자기 입으로 미쳤다고 하고 취했다고 하는 법이다. 이런 것은 좋은 일이 아니다. 하지만 이런 사람은 그래도 아직은 개선의 가능성이 있다.

이쯤 해놓고 나서 본격적인 꾸짖음이 나올 법하다. 그러나 다산은 여기서 앞서의 논리를 한 번 더 비튼다. 이어지는 대목이다.

굴원(屈原)은 취한 사람이다. 성을 내어 곧은 말을 하면 반드시 몸을 망치고, 능력을 닦아도 마침내 재앙을 부를 뿐이라는 사실을 그는 몰랐다. 비록 취한 바는 달라도 거나하게 크게 취한 사람이다. 때문에 분을 내어 크게 통탄하며 스스로 취하지 않았음을 변명하여 "나 홀로 술이 깼다"고 말했던 것이다.

장자(莊子)는 이미 깬 사람이다. 능히 오래 사는 것과 요절하는 것을 같게 보았으니, 이는 환하게 깨달은 자다. 그래서 "꿈꾸는 중에 또 꿈을 꾼다"고 했다.

그럴진대 스스로 돌이켜 본 것을 살펴 '또렷하다'고 하고 '깨었다'고 하며 '깨달았다'고 하는 것은 모두 술에 절고 깊이 잠들었다는 증거일 뿐이다. 능히 스스로 취몽이라고 이름지을 수 있는 사람이 있다면 그는 혹 맨정신으로 깨달을 기미가 있는 자인 셈이다.

「취몽재기(醉夢齋記)」 6-103

다산은 이렇게 말한다. "세상이 다 취했는데 나 혼자 맨정신이어서 쫓겨났다고 임금을 원망하며 강가를 방황하던 굴원은 정작 술 취한 사람이다. 꿈속에 꿈을 꾸다 가는 것이 인생이라며 호접몽의 이야기를 펼쳤던 장자는 정작 잠에서 깬 사람이라고 말할 수 있다. 왜 그런가? 앞선 논리에 따르면, 술 취한 사람은 절대로 자기가 취했다고 인정하는 법이 없고, 잠꼬대하는 사람은 깨기 전에는 그것이 꿈인 줄 모르기 때문이다. 이제 황군은 저 스스로 취해서 꿈꾼다고 말한 것으로 보아, 그가 진짜로 취하고 꿈꾸는 것이 아님을 알 수 있다. 오히려 장자처럼 깨어날 가능성이 있는 사람이다. 나는 그가 취몽재 안에서 술에 절어 잠에 취하는 대신 오히려 술에서 깨고 잠에서 깰 것을 기대한다."

역설에 역설을 더해 종횡으로 묘한 수사의 피륙을 짰다. 요컨대 다산은 이 아까운 인생을 취생몽사 속에 지나보낸다는 것이 무슨 말이냐고 되묻고 싶었다. 하지만 상대의 기분을 끝내 무안하게 하지 않으면서, 취와 몽의 의미를 비틀어서 취몽재라는 집이름에 새로운 의미를 부여했다.

상황에 적용하라

다음은 귀양지의 다산을 이따금 찾아와 마음의 위로가 되어주던 이중협(李重協)이 임기를 마치고 서울로 돌아갈 때 작별을 아쉬워하며 써준 글이다.

즐거움은 괴로움에서 나온다. 그러니 괴로움이란 즐거움의 뿌리다. 괴로움은 즐거움에서 나온다. 따라서 즐거움이란 괴로움의 씨앗이다. 괴로움과 즐거움이 서로를 낳는 것은 동정(動靜)이나 음양(陰陽)이 서로 뿌리가 되는 것과 같다. 통달한 사람은 그러한 까닭을 아는지라, 깃들어 숨어 있는 것을 살피고 성하고 쇠하는 이치를 헤아려, 내 마음이 상황에 응하는 것을 항상 뭇사람이 하는 것과 반대로 한다. 그런 까닭에 두 가지가 그 취향을 나누고 그 기세를 죽이게 된다. 이는 마치 경수창(耿壽昌)의 상평법(常平法)이 값이 싸면 비싸게 사들이고, 비싸면

싸게 팔아서 언제나 값이 일정하게 하는 것과 다름없다. 이것이 괴로움과 즐거움에 대처하는 방법이다.

「우후 이중협을 증별하는 시첩의 서문(贈別李虞侯詩帖序)」 6-35

글이 절반에 이르도록 이별에 대한 이야기는 한 마디도 비치지 않는다. 다만 즐거움에서 괴로움이 나오고 괴로움에서 즐거움이 비롯되니, 괴롭다고 괴로워할 것 없고 즐겁다고 즐거워만 하지는 말라는 이야기를 되풀이했다. 곡물의 가격을 고르게 하는 상평법에 견주어, 괴로움과 즐거움의 평균치를 유지하는 것이야말로 지혜로운 사람의 처신이라고 했다.

다산이 정작 하고픈 말은 이런 것이다. "이따금 귀양지의 외로운 나를 찾아와 위로를 주던 그대가 문득 서울로 떠난다고 하니 말할 수 없이 슬프네. 하지만 나는 이 슬픔을 훗날 내가 고향으로 돌아가 그대와 더불어 산나물 생선회로 술 한잔 나눌 때의 기쁨을 위한 씨앗으로 삼겠네. 그러지 않고 우리가 늘상 이렇게 만나, 만남의 고맙고 단 것을 못 느끼게 되고 오히려 서로에게 싫증을 느끼게 된다면, 그것은 다시 괴로운 일이 아니겠는가? 오늘 나는 말할 수 없이 슬프지만 슬픔을 눌러 오히려 즐거워하려 하네. 부디 건강하시게."

타성을 걷어내라

이런 문예적인 글쓰기 외에 학술적인 토론에서도 다산의 일반지도 논법은 자못 통렬하고 통쾌하다.

명철보신(明哲保身)이라는 네 글자는 오늘날 세상을 썩게 하는 으뜸가는 부적이 되고 말았습니다. 『시경』의 해석에 잘못이 있는 줄 분명히 아는지라 매번 글자의 뜻이 그렇지 않다고 말하곤 했지만 이 같은 주장을 펼 데가 없었습니다. 이제 보내주신 글월을 읽으니 신기(神氣)가 솟구쳐서 침을 맞은 것처럼 합치되어 제 생각과 꼭 같습니다.

 선악을 분별하는 것을 명(明)이라 하고, 시비를 판별하는 것을 철(哲)이라 합니다. 또 어리고 약한 것을 붙들어 잡아주는 것을 보(保)라고 하지요. 보(保)란 보(呆)이니 곁에서 부축하여 지켜준다는 말입니다.

 대신의 의리는 사람을 가지고 임금을 섬기는 까닭에 선악을 밝게 판단하여 어진 인사를 등용하고, 시비를 밝게 구별하여 뛰어난 인재를 발탁하는 것입니다. 이리하여 어진 인사와 뛰어난 인재가 내 몸을 붙들고, 내 몸을 붙들어서 한 사람 임금을 섬기는 것, 이것이 대신의 직분입니다.

 하지만 지금 세속에서는 이 시를 두고, 이해를 판별하는 것을 명(明)이라 하고, 말할 때와 침묵할 때를 아는 것을 철(哲)이라 하며, 몸뚱이를 온전히 하여 화를 면하는 것을 보(保)라고 풀이합니다. 정현의 주석이나 주자의 풀이에는 이 같은 해석이 없는데, 모든 사람이 한 입으로 부화뇌동하여 깨뜨릴 수가 없습니다. 이것으로 제 한 몸을 온전히 하고 한 집안을 보전하는 것을 지극한 비결로 여깁니다. 이 뜻이 선 뒤로는 임금이 장차 누구와 더불어 나라를 다스리겠습니까?

「김덕수에게 답함[答金德叟]」 8-243

 명철보신(明哲保身)이라는 말은 본래 『시경』 「대아(大雅)·증민(蒸民)」편에 나오는 말이다. "현명하고 밝아서 그 몸을 붙들어, 온종일 쉬지 않고 한 임금을 섬기누나[旣明且哲, 以保其身. 夙夜匪解, 以事一人]"라고 했다. 주나라 선왕(宣王) 때의 재상 중산보(仲山甫)의 덕망을 칭송한 내용이다.

이로 볼 때 명철보신이란 현명하게 처신해서 제 한 몸을 보전한다는 뜻과는 아무런 상관이 없다. 그런데 언제부터인지, 세상 사람들은 이 말을 난세에 재앙의 기미를 미리 알아 현명하게 물러나서 제 한 몸과 제 집안을 지키는 것을 가리키는 뜻으로 쓴다. 어떻게 본래의 의미가 이렇게까지 전도될 수 있단 말인가?

다산은 김매순에게 준 편지에서 명철보신의 본래 의미를 문맥에 따라 정확히 분석했다. '명(明)' 즉 현명하다는 말은, 이 일이 내게 이익이 될지 손해가 될지를 잘 판단한다는 말이 아니라, 이것이 옳은 일인지 그른 일인지를 잘 판단한다는 뜻이다. '철(哲)' 곧 밝다는 말은, 옳고 그름을 잘 판단한다는 뜻이지, 눈치를 잘 봐 손해날 것 같으면 입을 다물고 이익이 될 것 같으면 말한다는 뜻이 아니다. '보(保)' 또한 뛰어난 인재를 발탁해서 내 부족한 점을 붙들어세운다는 뜻이지, 내 한 몸 온전히 보전한다는 의미와는 아무 상관이 없다. 그런데 사람들은 모두 아전인수격으로 엉뚱하게 해석한다.

명분과 의리가 도착되고, 나라보다 제 한 몸과 집안만 중히 여기는 풍조가 이 한 구절에 대한 오해와 무관치 않다고 다산은 매섭게 따져 말했다. 나라를 위해 신명을 바쳐 일하는 것을 찬미한 이 표현을, 위기가 닥치기 전에 알아서 숨으라는 뜻으로 풀이하고 있으니, 이런 신하들을 데리고 무슨 정치를 펼칠 수 있겠느냐고 했다. 참으로 아름다운 말인 명철보신이 복지부동(伏地不動)과 비슷한 의미가 되어, 알아서 기고 나만 안 다치면 된다는 뜻으로 추락해버린 현실을 개탄했다. 좋은 시절에는 앞장서서 온갖 생색을 다 내다가 막상 나라에 위난이 닥쳐오면 얼른 피해 제 몸 하나 지키는 것을 슬기롭다고 하니 어찌 안타깝지 않겠는가? 참으로 편견과 오해를 일거에 무너뜨려 지극한 이치를 밝힌 일반지도의 논법이 아닐 수 없다.

이 글을 받고 김매순은 크게 감동하여 이렇게 답장했다.

일깨워주신 명철(明哲) 두 글자의 의미는 자훈(字訓)과 경전의 뜻이 분명히 이와 같습니다. 가슴속에서 나온 의론이 성대하여 몸을 닦고 임금을 섬길 수 있겠고, 이미 어두워진 하늘의 이치도 밝힐 수가 있으며, 장차 시들어가던 나라의 운명을 오래 늘릴 수도 있겠습니다. 참으로 훌륭한 말씀이십니다. 지금 세상에서는 돌이본 적이 없던 비입니다.

김매순, 「별지(別紙)」 8-263

이밖에도 다산의 논설문 중에, 도둑도 도둑이 아니고 강도도 도둑이 아니며 무리지어 약탈하는 도적떼도 도둑이 아니니 진짜 도둑은 한 지방을 다스리는 책임자인 감사(監司)일 뿐이라고 말한 「감사론(監司論)」이나, 금강산으로 유람을 떠나는 벗들에게 금강산의 나쁜 점을 잔뜩 늘어놓고 산에서 탐욕을 기르지 말고 심신을 기르라고 충고한 「금강산을 유람하러 가는 교리 심규로와 한림 이중련을 전송하는 서문〔送沈校理李翰林游金剛山序〕」 같은 글도 역발상으로 깊은 이치를 이끌어내는 촌철살인의 날카로움이 담긴 글들이다.

다산은 말한다. 상식과 타성을 걷어내라. 나만의 눈으로 보아라. 하던 대로 하지 말고 새롭게 해라. 관습에 전 타성으로는 아무것도 해낼 수 없다. 생각의 각질을 걷어내고 나만의 목소리를 가져야 한다. 인순고식을 버려라. 듣고 나면 당연한데 듣기 전에는 미처 그런 줄 몰랐던 것이 창의적인 것이다. 들을 때는 그럴듯한데 들고 나면 더 혼란스러운 것은 괴상한 것이다. 이 둘을 혼동하면 안 된다. 깨달음은 평범한 것 속에 숨어 있다. 그것을 읽어내는 안목을 길러라.

32. 권위를 극복하여 주체를 확립하라
불포견발법(不抛堅拔法)

말씀하신 뜻은 삼가 잘 알았습니다. 그만둘 수 없는 일이라면 어찌 좋아하지 않는 자가 혹 헐뜯는다 하여 하지 않을 수 있겠습니까? 습속이 날로 낮아져서 툭하면 남을 물어뜯으려고만 하니 아예 문 닫아걸고 자취를 감춰 부지런히 실지로 실천하는 것만 못할 듯합니다. 【「이문달에게 답함(答李文達)」 8-104】

힘있게 주장하라

불포견발(不抛堅拔)은 포기하지 않고 굳세게 나아가는 것이다. 옳다는 확신이 서면 어떤 권위 앞에서도 주눅들지 않는다. 힘있게 주장하고 강단 있게 밀어붙여 자신의 입장을 세운다. 누가 한마디 한다고 위축되어서는 제 목소리를 낼 수 없다. 턱도 없이 목청만 높여서도 안 되겠지만, 공부의 길에서 끝내 제 목소리 한번 낼 수 없다면 공부하는 보람이 없게 된다.

다산은 경학에 관한 저술 때문에 당시 학계에서 격렬한 반응을 불러일으켰다. 특히 그가 긴 귀양살이를 마치고 돌아와 여러 학자에게 자신의 저술에 대한 질정을 청했을 때, 그의 엄청난 작업 앞에 그들은 당혹스러워했다. 그들을 가장 곤혹스럽게 했던 것은, 다산이 모든 주석가가 금과옥조로 받들던 한나라 훈고학자들의 주석에 대해 조금도 거침없이 격렬한 비판을 가하고 있다는 사실이었다. 뿐만 아니라 드러내놓고 말하지는 않았지만 주자의 견해에서 벗어난 논의도 적지 않았다.

하지만 다산은 자기 주장의 모든 논리를 철저하게 경전의 논거를 끌어와 입증하고 있었으므로 쉽게 트집을 잡을 수도 없었다. 이에 대한 다산의 입장을 들어보자.

> 진나라에서 서적을 불태운 재앙을 만나 책이 마침내 감추어지고, 예법 또한 폐하여졌다. 한나라가 일어난 지 백 년이 되도록 이를 그대로 따라 돌이키지 않았다. 그러다가 하루아침에 비부(秘府)에 깊이 간직되어 있던 책과 옛집에서 나온 끊어지고 썩어 문드러진 죽간을 가져다가, 이를 들어 학문이 끊어져서 아무것도 계승한 것이 없는 사람에게 주면서 "네가 이를 풀이하라" 하였다. 이것은 몸소 행해보지도 못했고 눈으로 본 적도 없는 것이었으므로 그 풀이가 능히 잘못되지 않을 수가 없었다.
> 마융(馬融, 79~166)과 정현(鄭玄, 127~200)은 또 그 뒤에 나온 사람이다. 비록 오로지 정밀하게 생각을 한곳으로 집중하여 그 깊은 뜻을 펴려 해도 오히려 미치지 못할까 두렵거늘, 하물며 후당에서 노래하고 춤추는 황음(荒淫)까지 행하였음에랴! 「상례사전서(喪禮四箋序)」 6-9

요컨대 한나라 유자(儒者)들은 끊어진 학문의 맥을 제대로 이을 수 있는 형편이 아니었고, 더욱이 그들은 음주가무로 황음한 짓까지

행하였으니, 그 학문이 전일하지 않음은 당연하다고 말한 것이다.
다산은 한나라 유자들이 경전을 앞에 두고 고심한 것이나, 지금 자
신이 경전을 앞에 두고 고심하는 것이나, 기본조건에서 하나도 다를
바가 없다고 생각했다. 다만 그들은 놀고 즐기며 경전을 공부했고,
자신은 오로지 여기에만 온전하게 몰두했으니, 그 점에서는 자신이
그들보다 우위에 있다고 자부한 것이다. 이런 그의 생각은 아들에게
보낸 다음 편지글에서도 확인할 수 있다.

마융과 정현이 비록 유자라고는 하나, 권세가 한세상에 무거웠다.
외당에서는 제자와 더불어 강학하고, 내당에는 노래하는 기생을 놓아
두고 즐겼다. 그 번화하고 부귀하기가 이와 같았으므로, 경전을 궁구
함이 정밀치 못한 것이 마땅하다. 뒤에 나온 공안국(孔安國)과 가규(賈
逵) 같은 여러 학자도 모두 유림의 뛰어난 학자였으나, 심기가 능히 정
밀치 않았던 까닭에 논한 내용에 어둡고 모호한 곳이 많았다.
이제야 비로소 사람이 궁해진 뒤에야 비로소 저서할 수 있다는 것
을 알았다. 반드시 지극히 총명한 선비가 몹시 곤궁한 지경을 만나,
온종일 꼼짝 않고 지내면서 사람들의 말소리나 수레바퀴의 시끄러운
소리가 없는 뒤에야 경전과 예법의 정밀한 뜻을 비로소 얻을 수 있을
뿐이다.
천하에 이처럼 공교로운 일이 또 있겠느냐? 대개 옛 경전을 고찰하
고서 정현과 가규의 주장을 살펴보니, 대부분 건건이 잘못 풀이한 것
이었다. 독서의 어려움이 이와 같다. 「두 아들에게 답함(答二兒)」 9-3

한대 훈고학자들에 대한 다산의 태도는 이처럼 비판적이었다. 다
산은 경학사에서 갖는 그들의 확고한 권위를 조금도 인정하지 않았

다. 철저하게 경전의 본문에 입각하여 살피고 따지고 고증해서 자신의 주장을 하나하나 세워나갔다.

비난을 감수하라

앞에서도 잠깐 언급했듯이(23절), 당대 학계는 이른바 한학(漢學)과 송학(宋學)으로 나뉘어 있었다. 한학은 청대 고증학의 영향으로 한대의 훈고학적 성과에 기초하여 자구의 의미를 천착해들어갔고, 송학은 정주(程朱)의 학문에 바탕을 둔 정통 성리학의 주장을 견지하고 있었다. 한학이 송학의 권위에 도전하여 점차 목소리를 높여가던 상황에서, 홀연히 수백 권의 저작을 들고 나타난 다산은 그들의 눈에 마치 무슨 괴물 같았다.

다산은 한학을 수긍하지도 않았고, 송학을 두둔하지도 않았다. 다산의 작업은 한눈에도 쉽게 비판할 수 있는 만만한 내용이 아니었다. 그렇다고 무턱대고 수긍할 수도 없었다. 한학과 송학 양편에서 칭찬과 비난이 동시에 쏟아졌다. 격렬한 토론이 펼쳐졌다. 하지만 다산은 끄떡도 하지 않았다. 물론 세부적인 지적과 부분적인 비판은 조금도 거리낌 없이 받아들였다. 하지만 강령이 되는 대원칙에 있어서는 추호도 물러서지 않았다.

특히 상례(喪禮)는 우암 송시열의 예송(禮訟)논쟁 이후로 당시 학술계에서 매우 예민하고 민감한 사안이었다. 다산이『상례사전』에서 그 복잡한 예론을 쾌도난마와 같이 척척 정리하고 새로운 주장을 내놓자, 정산(鼎山) 김기서(金基敍) 같은 이는 한나라 때 유자들도 해결하지 못한 이 복잡한 문제를 어떻게 그렇게 함부로 논단할 수 있느냐며, "높은 시렁 위에 묶어두었다가 주공(周公)이 나오기를 기다리라"고 나무라기도 했다. 심지어는 다산의 이러한 태도를 두고 "이 사람이 지금을 살면서 옛 도를 돌이키려 하니 재앙이 반드시 몸에 미칠 것"이라는 악담도 있었다.

앞서 절시마탁법(切偲磨擢法)을 살펴보면서(19절), 다산이 신작과 육향의 소재를 놓고 격렬하게 토론을 벌인 일을 검토했다. 이때도 신작은 다산이 정현의 학설을 채택하지 않고 기존의 학설과 전혀 다른 새 주장을 편 것에 대해 시종일관 격렬한 반응을 보였다. 이에 대해서는 한학의 입장에 서 있던 추사 김정희도 다소 과격한 어조로 다산을 비판했다. 추사가 나산에게 보낸 편지의 한 대목을 보자.

대저 정현의 주석이 의심할 만한 곳이 매우 많지만, 이것은 모두 사설(師說)이요 가법(家法)입니다. 비록 지금 사람이 견문한 것과 맞지 않는 점이 있다 해도, 명나라 성화(成化) 때의 도자기나 만력(萬曆) 연간의 질그릇을 가지고 봉우파사(鳳羽波沙), 즉 봉황새가 깃을 치는 모양을 새긴 고대의 청동기를 의심하기에 이르는 것은 크게 불가합니다. 뒷사람이 정현을 반박하는 까닭은 자신의 알량한 식견을 가지고 어쩌다 신기하여 기뻐할 만한 곳을 만나 의연히 떨쳐일어나 이를 공격하여 힘을 남기지 않은 것입니다. 돌이켜 생각해보면 자기가 공격한 것은 별도로 사설도 없고, 더군다나 가법이 아닙니다. 저 왕숙(王肅, 195~256) 같은 무리가 논란한 것은, 의도를 가지고 다른 주장을 세워 스스로 기이한 것으로 현혹한 것일 뿐, 경전의 뜻이 날로 스러지는 데에 이르러서는 아예 고려조차 하지 않았습니다. 이는 또 뒷사람이 크게 경계해야 할 바입니다.

육향이 왕성 안에 있다는 것도 어떤 명확한 근거가 있습니까? 보내주신 가르침이 너무 간략해서 감히 근거를 대어 대답할 수가 없습니다. 대저 육향이 교(郊)에 있다고 한 것은, 정현 또한 가규와 마융의 풀이를 깬 것이니, 이미 정현의 시대부터 일정한 논의가 없었던 것입니다. 또 뒷사람으로 어찌 허공에 매달아 부연하고 추측하기를 마치 직접 그 땅에 가보고 눈으로 본 것처럼 척척 말할 수가 있습니까?

    설사 옛사람과 꼭 맞아떨어지는 것이 있다 해도 자기 의견을 스스로 내세우고, 자기 주장을 직접 만들어내는 것은 경전을 논의하는 자리에서 감히 하지 못할 바입니다. 이는 점점 갈등을 심화시켜 뒷사람의 안목을 어지럽히기에 족할 뿐 경전에는 아무 보탬이 되지 않습니다.

김정희, 「정다산에게 줌[與丁茶山]」, 『완당전집(阮堂全集)』

  정현을 비판한 다산의 태도에 추사가 자못 격렬한 어조로 반발하고 있음을 볼 수 있다. 도대체 한나라 당시에도 해결하지 못한 문제를 어쩌면 그렇게 직접 보고 들은 것처럼 자신 있게 말할 수 있느냐는 것이다. 이렇게 자꾸 꼬투리를 잡아 자기 의견을 내세우기 시작하면 이는 후인을 현혹시켜 갈등만 조장할 뿐 무슨 보탬이 있겠느냐고 힐난했다.

  고증학을 받아들여 한학의 태도를 견지했던 추사는 다산을 대학자로 존경했지만, 그의 경전연구 태도에 대해서는 상당한 불만을 갖고 있었다. 다산이 세상을 뜬 뒤, 아들 정학연이 추사에게 『여유당집(與猶堂集)』의 편찬을 부탁했을 때도, 추사는 유고를 모두 살핀 뒤 감히 취사할 수 없다며 그 청을 완곡하게 거절했을 정도다.

  이 점은 추사뿐 아니라 여러 차례 다산과 격렬한 토론을 벌였던 신작도 마찬가지였다. 그 또한 다산이 경솔하게 선배를 비판하고 자기의 주장을 과도하게 내세우는 폐단이 있음을 지적한 바 있다.

실제로 다산의 글을 읽다 보면 무모할 정도로 지나친 자기 확신과 고집을 쉽게 만날 수 있다. 겉으로는 겸손해도, 고금의 학설을 조금도 인정하지 않고 자기 주장을 끝까지 내세움으로써 선유(先儒)의 견해를 비판하는 것은 다산의 주특기였다.

이러한 점은 확실히 다산이 지나친 면이 없지 않았다. 홍길주는 『수여연필(睡餘演筆)』에서, 다산 또한 만년에 자신의 예전 학설이 지나치게 과격했던 것을 인정하고, 후회한다는 말을 자신에게 직접 했다고 적고 있다.

성심을 다하라

다산의 작업에 깊이 공감했던 김매순조차도, 다산이 『매씨상서(梅氏尙書)』가 위서(僞書)임을 단언하면서 공심(公心)으로 살피지 않으면 마음으로 깨달을 수 없다고 말한 데 대해 이렇게 적었을 정도다.

이 일은 주제가 너무 커서 한 구절 한 글자로 그 자리에서 변론해 깨뜨릴 수 있는 것이 아닌 듯합니다. 마땅히 눈이 휘둥그레질 사람이 많고, 떨리듯 수긍하는 자는 적을 것입니다. 마땅히 책상자 속에 깊이 간직해두시고 몇 년 뒤에 또 한 사람 알아주는 이가 나오기를 기다리시지요. 김매순, 「또 보내온 편지(又書)」 8-252

대개 주장이 너무 강하고 기존 학설에 대한 비판수위가 지나친 것을 염려해서 완곡하게 돌려말한 기색이 역력하다. 하지만 다산은 이 편지를 받고도 조금도 흔들리지 않았다. 오히려 허심탄회한 마음으로 선입견 없이 공정하게 시비의 진실을 살펴야지, 어떤 것이 더 오래된 주장이냐를 논리의 근거로 삼는 것은 있을 수 없는 일이라고 반박했다.

다산의 주장에 대해서는 한학을 하는 학자들뿐 아니라 송학을 추구하는 학자 쪽에서도 반발이 있었다. 다산이 이인섭(李寅燮)에게 보낸 편지의 한 대목이다.

주신 편지에 "이는 신기함에 힘쓰는 병통이니, 정주를 독실하게 믿지 않기 때문이다"라고 하셨더군요. 이는 온 세상이 바야흐로 뒤에서 수군대면서도 곧장 말하기를 즐기지 않는 것입니다. 이처럼 숨김없는 가르침을 받고 보니, 사실이 그렇고 그렇지 않고를 떠나 감격하는 마음을 이기지 못하겠습니다.

비록 그러나 제가 어찌 감히 정주를 독실하게 믿지 않겠습니까? 다만 심성이기(心性理氣)의 주장에 대해 아는 것이 없는지라 일찍이 뜻을 두지 않았을 뿐입니다. 그러나 간혹 과강(課講)하면서 경전과 훈고의 사이에 마음을 쏟아 뜻을 헤아려보니, 또한 천지의 큼과 일월의 밝음을 살펴볼 수가 있었습니다. 의리의 정미함을 낱낱이 분석한 것은 진실로 마음으로 기뻐하고 성심으로 따라 손발이 춤추는 것을 금할 수 없었으니, 어찌 터럭 하나인들 의심하는 마음이 싹터났겠습니까?

「이나주에게 답함(答李羅州)」 8-96

이렇듯 다산의 관점이 정주의 학설과 배치됨을 힐난하는 논의도 있었다. 사실 이재의와의 거듭된 토론도 이러한 관점의 연장선상에서 나왔다. 다산의 『논어고금주』만 하더라도, 우선 『논어』의 중심개념인 '인(仁)'에 대한 해석부터 주자의 해석과는 판이하게 달랐다.

그러나 정주에 대한 정면비판은 한나라 훈고학자에 대한 비판과는 또 다른 차원의 문제였으므로, 이에 관해서만은 다산도 끝까지 조심스러운 태도를 견지했다.

타협하지 말라

다산은 「도산사숙록(陶山私淑錄)」에서, 퇴계가 율곡에게 보낸 편지 가운데, 선유의 학설 중에 옳지 않은 곳만 찾아 힘써 폄척(貶斥)한다고 지적한 내용에 대해 이렇게 적고 있다.

초학자들이 경전에 나아가 선생이나 장자와 더불어 글을 주고받으며 논란하려면 반드시 그 학설 중에 착오가 있는 곳을 찾아 짚어낸 뒤에야 비로소 의문을 일으켜 질문을 끄집어낼 수가 있다. 율곡은 당시에 선생과 왕복하고자 했기 때문에 질문한 바가 어쩔 수 없이 이와 같았던 것이다. 대저 꼬치꼬치 뒤져서 흠집을 찾아내어 새로운 견해를 내기에 힘쓰는 것은 진실로 큰 병통이다. 하지만 지혜를 버리고 뜻을 끊어 온전히 옛 경전을 답습하는 것 또한 실득(實得)이 없다.

「도산사숙록(陶山私淑錄)」 9-105

다산은 율곡 편을 들었다. 자신의 경우에 비추어 당시 율곡의 입장을 이해한 것이다. 공부는 의문에서 시작되고, 의문이 있어야 질문이 생긴다. 질문을 위한 질문을 억지로 만드는 것은 문제지만, 자기 생각 없이 그저 경전의 가르침을 그대로 답습하는 것보다는 낫다는 생각이었다.

그런데 그러자면 용기가 필요하다. 다산은 공부하는 사람이 반드시 지녀야 할 미덕으로 '용(勇)'을 꼽았다.

용(勇)이란 삼덕(三德)의 하나다. 성인이 개물성무(開物成務)하고 천지를 두루 다스림은 모두 용이 하는 바다. "순(舜)은 어떤 사람인가? 하는 바가 또한 이와 같으면 된다"는 것이 용이다. 경제의 학문을 하고자 하면 "주공(周公)은 어떤 사람인가? 하는 바가 또한 이와 같으면 된다"고 하고, 뛰어난 문장가가 되고자 하면 "유향(劉向)과 한유(韓愈)는 어떤 사람인가? 하는 바가 이와 같으면 된다"고 한다. 서예의 명가가 되고 싶으면 "왕희지와 왕헌지는 어떤 사람인가?"라고 하고, 부자가 되고 싶으면 "도주공(陶朱公)과 의돈(猗頓)은 어떤 사람인가?"라고 한다. 무릇 한 가지 소원이 있으면 한 사람을 목표로 정해 반드시 그와 나란해지는 것을 기약한 뒤에 그만두어야 하니, 이것이 용의 덕이 하는 바다.
「학유에게 노자 삼아 준 가계(贐學游家誡)」 8-27

다산은 이 글 외에도 양용(養勇), 즉 용의 덕을 기르는 방법에 대해 여러 곳에서 언급했다. 지(智)·인(仁)·용(勇) 삼덕 가운데 공부하는 사람에게 가장 필요한 덕목으로 그는 용(勇)을 꼽았다. 목표를 정해 그와 꼭 같이 되겠다는 목표를 세워 몰두하면 그렇게 될 수 있다고 했다. 그렇지 않고 적당히 현실논리에 타협하고 남들 하는 대로 답습해서는 결국 큰 성취를 이룰 수 없게 된다.

다산은 말한다. 어렵다고 포기하지 마라. 권위에 압도되어 위축되어서도 안 된다. 굳게 붙들어 뿌리를 뽑아라. 그저 주저물러앉아서 이룰 수 있는 일은 아무것도 없다. 시키는 대로 하고, 남들 하는 대로 따라만 해서는 끝내 제 목소리를 낼 수 없다. 마음이 굳세어야 외물에 휘둘리지 않는다. 들은 것만 고집하여 바꾸지 않아서는 발전이 없다. 입장을 세우고 견해를 가져라. 목표를 정해서 그를 뛰어넘을 때까지 정진하고 정진하라.

33. 도탑고도 엄정하게 관점을 정립하라
독후엄정법(篤厚嚴正法)

군자는 의관을 바르게 하고, 시선을 높이 두며, 묵묵히 바로 앉아 공손하기가 마치 흙으로 빚은 사람 같고, 언론은 도탑고도 엄정해야 한다. 이와 같은 뒤에야 능히 뭇사람을 위엄으로 복종시킬 수 있고, 풍성(風聲)이 퍼져 마침내 오래 멀리까지 이르게 된다. 【「두 아들에게 보여주는 가계(示二子家誡)」 8-18 】

그른 길로 가지 말라

독후엄정(篤厚嚴正)은 도탑고도 엄정하게 자신의 주장을 펼치는 것이다. 말의 힘은 화려한 수사나 능수능란한 임기응변에서 나오지 않는다. 재치만으로 한두 번 통할 수는 있지만 그 이상은 안 된다. 힘있는 제 목소리를 내려면 바탕공부의 뒷받침이 있어야 한다. 말의 무게는 겉꾸밈만으로 생겨나지 않는다. 듣는 이를 압도하는 묵중함은 평소에 쌓아온 온축(蘊蓄)의 힘에서 비롯된다.

다산은 경세제민보다 늘 수기(修己)공부를 앞세웠다. 자식들에게 누누이 강조한 것도 바탕공부의 중요성이었다. 다산 자신도 그 바탕 위에서 엄정하게 입장을 세워 힘있는 주장을 펼쳤다. 다음은 앞의 글에 이어지는 내용이다.

만약 게으르고 경박한데다 우스갯소리나 뒤섞게 되면, 비록 그가 말한 것이 이치에 깊이 들어맞아도 사람들이 또한 믿으려 들지 않는다. 살았을 적에 능히 바탕을 수립하지 못하면 죽은 뒤에는 저절로 나날이 스러져 없어지고 마니, 이는 사리의 당연한 것일 뿐이다.
　천하에는 어리석은 자는 많고 통달한 사람은 적다. 누가 보기 쉬운 위의(威儀)를 버려두고 별도로 알기 어려운 의리를 구하려 들겠느냐? 높고 오묘한 학문은 알아주는 사람이 더더욱 적다. 비록 다시 그 도가 주공과 공자를 잇고, 문장이 양웅(揚雄)과 유향(劉向)을 능가한다고 해도 또한 알아줌을 입지 못할 것이다.
　너희들은 이를 알아 잠시 연찬(研鑽)하는 공부를 놓아두고라도, 우선 몸가짐을 바로 하는 공부에 힘써서 마치 쇳덩어리산이 우뚝 서 있는 것처럼 고요히 앉아 있는 것을 익히도록 해라.
「두 아들에게 보여주는 가계(示二子家誡)」 8-18

독후엄정의 길을 버리고 태만하고 경박함을 따른다면, 아무리 훌륭한 말을 해도 아무도 그 말에 귀를 기울이지 않는다. 바른 몸가짐으로 드러나는 위의(威儀)가 있어야 사람들은 그의 말에서 힘을 느낀다. 위의가 학문의 깊은 의리에 앞서는 까닭이다.
　다산은 독후엄정의 체득을 위해 자식들에게 정좌(靜坐)공부를 통해 근기(根基)를 수립하라고 당부했다. 제 한 몸도 옳게 추스르지 못하면서 세상을 바로잡겠다고 날뛰는 무리를 다산은 깊이 경멸했다. 한편 엄정한 자기 기준을 세운 뒤에는 이러쿵저러쿵하는 세상의 뜬

소리에 흔들리지 말고 뚜벅뚜벅 자기 길을 갈 것을 요구했다.

위학(僞學)이라는 이름을 피하려 했다면 정주(程朱)는 그 도를 세우지 못했을 것이다. 명예를 구한다는 비방을 두려워했다면 백이와 숙제가 그 절개를 이루지 못했으리라. 곧다는 칭찬을 사려 한다는 혐의를 멀리하려 했다면 급암(汲黯)과 주운(朱雲)도 바른말로 간쟁하지 못했을 터이다. 심지어 어버이에게 효도하고 벼슬길에서 청렴한 것을 두고도 경박한 무리들은 모두 이름을 얻으려 하는 것이라고 의심한다. 장차 이런 무리를 위해 악을 좇아야 하겠는가?

「반산 정수칠을 위해 준 말〔爲盤山丁修七贈言〕」 7-294

걸핏하면 남을 걸고넘어지고, 바른 행동을 보고도 본받으려 하기는커녕 색안경을 끼고 삐딱하게 본다. 이런 세상에서 학문을 닦아 제 길을 가는 것은 쉽게 비방을 부를 뿐 보람은 적다.

하지만 군자는 바탕을 다져, 옳다고 생각하는 일이면 남의 이목을 꺼리지 말고 그 길을 걸어야 옳다. '내가 이런 행동을 하면 저 사람들이 이렇게 말하겠지?' '이 일이 옳은 일임은 확실하지만 남의 입에 오르내리는 것은 싫다. 그러니 그저 튀지 말고 가만있는 것이 좋겠다.' 이런 것은 선비의 바른 태도가 아니다. 독후엄정과는 거리가 멀다. 저 소인배들의 이목을 꺼려 그들의 눈밖에 나지 않으려고 바른 길을 버리고 악한 길을 뒤따른대서야 어찌 사람의 구실을 할 수 있겠는가?

시비를 회피 말라

　다산은 이러한 태도로 사회의 여러 병리적 현상에 대해 날카로운 메스를 들이대며 쓴말을 하고 할 말을 했다. 효자와 열녀에 대해 쓴 일련의 글에서 우리는 자칫 시비를 불러일으킬 수 있는 민감한 사안에 대해서도 조금도 비껴섬 없이 정면돌파하는 다산의 매서운 면모와 만날 수 있다.

　조선 후기의 사회는 효자와 열녀 신드롬에 집착했다. 효자와 열녀가 강조되는 세상은 실은 효(孝)와 열(烈)이 땅에 떨어진 세상이다. 충신을 표창하는 세상에는 충신이 없다. 효자비를 받기 위해 가문이 총출동해서 가짜 효자를 만들고, 열녀문을 받자고 과부가 된 며느리의 죽음을 강요하는 일이 당시에는 비일비재했다.

　효자가 되려면 무엇보다 증거가 있어야 했다. 단지와 상분과 할고가 그것이다. 단지(斷指)는 손가락을 잘라 숨이 넘어가는 어버이의 목에 피를 흘려넣는 것이고, 상분(嘗糞)은 대변을 맛보아 병세를 헤아리는 것이며, 할고(割股)는 제 넓적다리살을 베어 병든 어버이를 먹이는 것이다. 효자가 되려면 적어도 이 세 가지 중 하나는 해야 했다. 문중은 증인을 세워 효자의 사적을 기록으로 만들어 올리고, 관에서는 이를 위로 상신한다. 국가는 이를 심사하여 효자비를 내렸다. 효자비가 서면 그 집안은 그 고장에서 대접받고 부역이 면제되었다. 고을 관장은 훌륭한 관리로 칭찬받아 고과성적이 올라가며, 국가는 교화의 보람이 이토록 널리 퍼진 것을 자랑할 수 있으니, 그 어느 쪽도 손해날 것 없는 아름다운 일이었다.

　그런데 이 틈을 타서 가짜 효자들이 극성을 부렸다. 손가락을 자르고 넓적다리를 베는 일은 아프고 상처가 남으니 주로 상분을 했다. 직접 했다는 것이 아니라 하는 것을 제 눈으로 보았다고 할 증인을 매수해서 적었다. 그도 아니면 한겨울에 잉어가 튀어나오고, 눈속에 죽순이 솟아나는 이적이 있었다고, 그러니 하늘이 낸 효자가 아니겠느냐고 증인을 내세웠다.

손가락을 자른다고 돌아가실 부모가 살아날 것도 아니고, 똥맛을 보는 것이 병을 낫게 할 리도 만무한데, 그렇게 해야 효자가 된다고 하니 너나없이 따라했다. 순진하게 풍문을 믿고 한여름에 잘 들지도 않는 식칼로 제 넓적다리살을 베다가 상처가 덧나 죽은 목숨은 또 한둘이었겠는가?

연암 박지원이 「열녀함양박씨전(烈女咸陽朴氏傳)」에서 예리하게 묘파했던 것처럼, 남편을 향한 애틋한 그리움 때문이 아니라, 젊은 과부로 살아 이웃의 이러쿵저러쿵하는 험한 소리를 듣고 싶지 않고, 식구들에게 누가 될까 봐 목을 매단 열녀도 손으로 꼽을 수 있는 수가 아니었다. 심지어는 아들이 죽었는데 며느리가 따라 죽지 않으면 온 식구가 작당해서 죽지 않고는 견딜 수 없게 내몰았다. 그래도 안 죽으면 아예 목졸라 죽여 매달아놓고 목을 매 자살했다며 열녀문을 세워달라고 하다가 뒤늦게 살인이 들통나 큰 사회문제가 된 일도 실제로 있었다.

왜 남편이 죽으면 아내가 따라 죽어야만 하는가? 아내가 죽었을 때 슬픔을 못 이겨 따라 죽은 남편은 어째서 하나도 없는가? 아내가 죽으면 무덤에 풀이 마르기도 전에 옷 갈아입듯 새 아내를 얻으면서, 남편을 잃은 아내는 왜 살아 있다는 사실만으로 손가락질을 받으며 반강제로 죽음의 길로 내몰려야 하는가? 어느 누구도 이런 상식적인 의문을 제기하지 않았다.

신랄하게 비판하라

시각을 조금만 바꿔 보면 효자와 열녀 문제는 확실히 조선 후기 사회의 병리적 현상 가운데 하나였다. 머리칼 하나만 훼손해도 부모에게 불효가 된다던 유학의 가르침은 이제 스스로 육체를 훼손하여 다 죽어가는 부모에게 인육을 먹이는 엽기적인 양상으로까지 변질되었다. 두 지아비를 섬기지 않는 것이 열녀라는 생각이 변해 반드시 따라 죽어야만 열녀의 명부에 이름을 올릴 수 있게 되었다. 그나마 열녀문을 받으려면 그저 죽기만 해서는 안 되고 얼마나 더 엽기적으로 죽느냐가 관건이 되는 상황까지 맞게 되었다. 말이 열녀지 공공연한 묵계에 의한 사회적 살인에 가까운 것이 이 열녀문제였다.

다산은 이러한 현실에 분개했다. 교화의 아름다운 증거인, 마을마다 서 있는 효자비와 열녀문을 보며 다산은 이게 무슨 해괴한 짓이냐고 격분했다. 그가 쓴 「효자론(孝子論)」과 「열부론(烈婦論)」 그리고 「충신론(忠臣論)」은 이러한 병리적 현상을 날카롭게 비판하고 신랄하게 나무란 글이다. 다산의 글을 읽어보자.

잉어가 얼음에서 뛰쳐나오고 참새가 장막으로 날아든 효자 왕상(王祥)의 기이한 일은 우주 사이의 신령하고 기이하고 특별한 자취다. 능히 집집마다 잉어를 얻고 참새를 잡을 수 없는 것이 분명하다. 그러나 또 어찌 저 같은 자가 이다지도 많단 말인가? 똥을 맛보는 것은 설사병이 아주 심할 때 의원이 그 맛을 살펴 환자가 죽을지 살지를 알아보려 하는 것일 뿐 병의 치료와는 아무 상관이 없다. 이제 증세는 묻지도 않고 다만 똥을 맛보기만 하면 효자라고 한다. (중략)

무릇 고을 사람이나 수령, 감사와 예관(禮官)도 그것이 예가 아님을 모르지 않는다. 다만 마음에 두렵고 겁이 나서 감히 말하지 못하는 것은 그 명분이 효이기 때문이다. 남의 효행을 듣고 감히 비난하는 의논을 하는 것은 반드시 큰 악행이라는 이름을 뒤집어쓸 것이 뻔하다. 남의 일에 거짓이라고 억측하는 것은 그 몸을 지혜롭지 못한 곳에 빠뜨리는 것이다. 이에 마음속으로 몰래 비웃으면서도 입으로는 비위 맞추는 말을 하며 그 문서에 서명을 한다. 가만히 그 속임수를 욕하면서도 겉으로는 치켜세워 우뚝하고 기이한 행실이라고 한다. 아랫사람은 이것으로 윗사람을 속이고, 윗사람은 아랫사람을 거짓으로 농단하여 상하가 서로 덮어 가려 진실로 원망하고 탓함이 없다.

예(禮)를 붙들어 이를 위해 그 거짓됨을 펴고 그 간사함을 밝혀 풍속과 교화를 바로잡으려는 군자는 단 한 사람도 없다. 이 같은 것은 어째서인가? 여기에 기대어 따라붙는 것이 무겁기 때문이다.

「효자론(孝子論)」 5-148

'공연히 평지풍파 일으켜 곤란한 지경을 당할 것이 없다. 세상일은 좋은 게 좋은 것이다. 누이 좋고 매부 좋다' 는 식으로, 거짓인 줄 뻔히 알면서도 모르는 척 짐짓 넘어간다. 그 집안은 존경받고 경제적 이익이 생겨 좋고, 수령은 칭찬받고 나라는 흐뭇하니, 간사하다는 것은 속으로만 생각해야지 드러내놓고 말해서는 절대로 안 된다. 다산은 「효자론」을 이렇게 맺는다.

저들은 혹 이때를 노려 세상을 진동할 이름을 훔친다. 이게 도대체 무슨 꼴이란 말인가? 또 사람의 기호는 같지가 않다. 대추를 좋아하는 사람도 있고 창포김치를 좋아하는 사람도 있다. 마름풀을 즐기는 이도 있고, 꿀을 좋아하는 사람도 있으며, 토란을 즐겨 먹는 이도 있다. 사람의 기호는 같지가 않건만 어째서 효자의 부모들은 반드시 꿩과 잉어, 노루와 자라, 또는 눈 속의 죽순만을 즐겨 찾는단 말인가? 또 호승(胡僧)이나 우객(羽客)도 아니면서 반드시 용이 내려오고 범이 그 앞에 엎드린 뒤에야 바야흐로 효자라고 말할 수 있단 말인가? 이는 그 부모를 빙자하여 이름을 훔치고 부역을 피하면서 간사한 말로 꾸며 임금을 속이는 자니, 살피지 않을 수가 없다. 「효자론(孝子論)」 5-150

이 얼마나 매섭고 서슬 퍼런 비판인가? 다산의 이 글을 보고 전국의 효자비 선 집안에서 많이들 가슴을 쓸어내렸을 것이다. 다산은 감히 효자야말로 부모의 죽음을 빙자하여 이름을 도둑질하고 부역을 피하는 간사한 도둑이라고 말했다. 경우에 따라서는 위태롭기 짝이 없는 주장이 아닐 수 없다. 효는 자식된 자의 마땅한 도리일 뿐인데, 이런 것을 가지고 스스로 자랑하고 덩달아 칭찬하는 일을 국가가 조장하니, 마침내는 본래의 의미는 퇴색되고 이런 지경에까지 이르고 말았다는 것이다.

또 다른 글에서는 "부모가 아무리 위독한 병에 걸렸다 해도 자식의 신체를 해쳐가면서 그 고기를 먹고 싶어할 리가 있겠느냐?"며 왜곡된 효도신드롬을 나무랐다. 이런 것이 다산식 독후엄정법이다.

관행을 타파하라

열녀에 대한 다산의 비판도 매섭기 짝이 없다. 다산의 「열부론」은 이렇게 시작된다. "아버지가 병들어 죽거나 임금이 죽었을 때 아들이나 신하가 따라 죽는다 해서 이를 효자나 충신이라고 말하는 법은 없다. 그런데 왜 유독 남편이 죽었을 때 아내가 따라 죽으면 열부(烈婦)라 하여 정표(旌表)를 세워주고 호역(戶役)을 면제해주는가? 남편이 죽었다고 따라 죽는 아내는 소견이 좁은 여자일 뿐 열부일 수는 없다." 왜 그런가? 다산은 그 까닭을 이렇게 적었다.

대저 천하의 흉한 일 중에 제 몸을 죽이는 것보다 심한 것은 없다. 그 몸을 죽이는 것을 어찌 취하겠는가? 다만 그 몸을 죽이더라도 의리에 합당할 때만 이를 꾀해야 한다. 지아비가 호랑이나 도적에게 핍박을 당했을 때 아내가 따라서 그를 지키려다가 죽으면 열부다. 혹 자기가 도적이나 음탕한 자에게 핍박당해 강제로 몸을 더럽히게 되었을 때 굴하지 않고 죽었다면 열부다. 혹 일찍 과부가 되어 그 부모나 형제가 자기의 뜻을 빼앗아 다른 사람에게 시집보내려 할 때 항거하다가 능히 맞설 수 없어 죽으면 열부다. 지아비가 원통함을 품고서 죽었는데, 아내가 이를 위해 울부짖으며 그 정상을 환히 밝히지 못했을 경우 함께 형벌을 받다 죽으면 열부다.

지금은 그렇지가 않다. 지아비가 편안하게 안방에서 타고난 수명을 마쳤는데도 아내가 따라서 죽는다. 이것은 자살한 것일 뿐이니, '자살했다'고 해야 한다. 의리에 합당한 것이 아니다. 나는 분명히 말한다. 자살하는 것이야말로 천하에 흉측한 일이다. (중략)

남편이 죽는 것은 집안의 불행이다. 혹 시부모가 늙었으나 봉양할 사람이 없고, 혹 여러 자녀가 어려도 젖 먹이고 기를 사람이 없다. 죽은 사람의 아내된 사람은 마땅히 그 슬픔을 참고서 살기에 힘을 써야 한다. 우러러 봉양할 사람 없는 시부모를 봉양해서, 시부모가 돌아가시면 장사지내고 제사를 올려야 한다. 굽어 양육해줄 사람 없는 자식들을 길러, 성장하면 관례를 치러주고 시집장가를 보내주는 것이 옳다.

『삼강행실도』 중 임씨단족(林氏斷足)의 그림이다. 전주 선비의 딸이었던 그녀는 왜구가 쳐들어와 욕보이려 하자 굳게 항거했다. 왜적이 팔뚝 하나를 베고 다리 하나를 잘라도 끝까지 굴복하지 않고, 마침내 해를 입어 죽었다. 『삼강행실도』에는 중국과 우리나라의 이러한 열녀·충신·효자의 다양한 사례가 그림과 함께 실려 있다. 이런 경우는 정절을 지키기 위한 열(烈)이라 하겠으나, 조선 후기로 오면서는 명분을 상실한 엽기적 형태의 열녀가 많이 등장한다.

하루아침에 표독스레 혼자 마음에 새기기를, '한 사람이 죽었으니 내가 시부모를 위할 것이 없다' 하고, '한 사람이 죽었으니 위할 자식이 없다' 라고 하며, 이에 다른 것은 돌아보지 않고 횃대 아래 목을 늘여 매단다. 이 같은 사람이 어찌 사납고 모질고 잔인하며, 크게 불효하고 크게 자애롭지 못한 자가 아니겠는가? 「열부론(烈婦論)」 5-151

신분도 가리지 않고 처지도 따지지 않고, 남편이 죽기만 하면 너나없이 기쁜 듯이 죽음으로 내닫고 내모는 사회풍조를 신랄하게 지적했다. 당시 세상에서 미덕으로 치던 효자와 열녀에 대한 다산의 이러한 논조는 다소 과격하기까지 하다. 그는 효자를 부모의 죽음을 빌미로 명예를 구하고 세상을 속이는 사기꾼 도둑놈이라고 말했다. 분명하게 살펴서 거짓이 드러날 경우 용서 없이 베어야 한다고까지 극언했다. 열녀를 시부모나 자식은 안중에도 없는 표독스런 여자라 하고, 자결은 가장 흉측한 일일 뿐이라고 했다. 모두 인간의 상정(常情)을 벗어난, 윤리를 파괴하고 풍속을 왜곡하는 비정상적인 행동으로 보았기 때문이다.

「충신론」에서는 의병의 경우만 하더라도, 자기 부모와 처자를 지키고 군대에 끌려가는 것을 면하기 위해 일으킨 경우가 허다하고, 그들이 실제 세운 공은 얼마 되지도 않았다고 하면서, 힘없이 싸워보지도 못하고 적에게 잡혀 죽은 사람을 수백 년이 지난 지금에 와서 후인들의 근거 없는 증언만으로 충신으로 표장하면, 국가에 무슨 계통이 서며 어찌 떳떳함이 있겠느냐고 지적했다.

아무리 충효열의 행실을 추장하는 아름다운 일이라 해도 시시비비를 엄정하게 가려, 왜곡된 관행과 원칙 없는 선심을 바로잡아 국가의 기강을 바로 세워야 한다고 주장한 것이다. 효자와 열녀 그리고 충신 문제와 같은, 사회적으로 대단히 민감한 사안 앞에서도 다산의 논리는 이렇듯 조금도 거침이 없다. 시비의 판단에 추호의 망설임이 없다.

다산은 말한다. 공부의 길에서는 옳고 그름이 있을 뿐, 좋고 나쁨은 없다. 도탑게 살피고 엄정하게 따져서 옳으면 행하고 그르면 내칠 뿐이다. 이 눈치 저 눈치 보고, 못 본 듯이 지나치고, 좋은 게 좋다는 식으로 두루뭉술하게 넘어가서는 안 된다. 잣대를 똑바로 들이대서 내 목소리를 올바로 내야 한다. 좌고우면(左顧右眄), 이리저리 눈치보다가는 아무것도 할 수 없다. 사람 좋다는 소리나 들으려거든 공부를 할 필요가 없다.

34. 다른 것에 비추어 시비를 판별하라

대조변백법(對照辨白法)

선배가 우리 선대의 일을 기록한 것에서 간혹 차이나는 곳이 있으면 마땅히 바로 연월을 따져 살펴 그렇지 않음을 밝혀야 한다. 또 무릇 선조와 더불어 가깝게 지냈던 분은 반드시 그 후손을 찾아서 어느 집안인지 알아두고, 뒤에 혹 만나게 되면 곡진하게 선대의 우의를 말해주어라. 이것이 훌륭한 자손의 바른 예절이니 마땅히 힘쓰도록 해라. 【「두 아들에게 부침〔寄二兒〕」 9-16 】

본질을 꿰뚫어라

대조변백(對照辨白)은 이것과 저것을 대조하고 꼼꼼히 살펴 자신의 견해를 분명하게 밝히는 것이다. 개념이 엉기고 논리가 복잡해지면 의미는 쉽게 드러나지 않는다. 옳고 그름은 언제나 이것과 저것의 사이에 있다. 얻고 잃음은 여기와 저기의 중간에 있다. 세상에는 완전히 옳은 것도 없고 다 틀린 것도 없다. 옳은 것 같지만 틀린 것이 있고, 틀린 것 같은데 맞는 것도 있다. 누가 봐도 옳고, 언제 봐도 틀린 것은 별로 없다. 항상 '사이'와 '중간'이 문제다. 눈앞의 사물은 자꾸만 우리 눈을 현혹시키고, 판단을 흐리게 한다. 겉만 보아서는 모른다. 현상의 안쪽에 숨은 본질을 꿰뚫어보는 눈이 필요하다.
 이 절에서는 분석의 태도를 보여주는 다산의 글을 살펴보자. 갈래를 나눠 명확히 구분하고, 이것에서 빌려와 저것을 설명하는 대조변백법은 다산이 즐겨 사용한 방법 중 하나다.

 옛사람들은 글을 배울 때 육서(六書)를 위주로 해서, 글자마다 궁구하여 상형(象形)·형성(形聲)·회의(會意)·지사(指事)를 각각 분명히 깨달은 뒤에 이를 엮어 문장을 지었다. 그래서 글자를 잘못 쓰지 않았다. 후세에는 전체 구절로 배우기 때문에 문체가 날로 나빠졌다. 옛사람들은 의술을 배울 때 『본초강목(本草綱目)』을 바탕으로 삼아, 약재마다 맛보고 시험하여 그 성질과 맛과 기운과 성분을 하나하나 익힌 뒤에 조제하여 약을 만들었다. 그래서 약을 잘못 쓰는 일이 없었다. 지금 사람은 이미 만들어진 약방문을 가지고 배우는지라 의술이 나날이 졸렬해진다. 「복암 이기양의 묘지명(茯菴李基讓墓誌銘)」 7-73

 사람마다 체질이 다르다. 같은 병이라도 증세는 같지가 않다. 이 사람에게 약이 되지만 저 사람에게는 독이 되는 약재도 있고, 이 병에는 특효가 있어도 비슷한 다른 증세에 쓰면 큰일나는 약재도 있다. 그러니 의원에게 가장 중요한 일은, 어느 병에는 어떤 약방을 써야 한다는 지식이 아니라, 약재 하나하나의 성질과 효능을 익히는 것이다. 그래야만 병자의 체질이나 병세의 완급에 맞춰 강약을 조절할 수가 있다. 누구에게나 잘 듣는 약방은 없다. 어떤 병이든 다 통하는 처방도 없다.
 교주고슬(膠柱鼓瑟), 즉 거문고를 연주하면서 기러기발을 아교로 붙여놓고 연주할 수는 없다. 이전 환자에게는 잘 통했는데, 이번 환자에게는 약효가 전혀 없는 경우도 있다. 그러니 같은 병에도 미묘한 저울질이 필요하다. 이것을 잘하려면 해당약초 하나하나의 성질을 잘 알아서 가감하고 참작하여 약의 성질을 조절해야 한다.

문장도 마찬가지다. 모든 글자는 만들어진 원리와 배경이 같지 않다. 같은 뜻이라고 해도 마구 섞어 쓰면 안 된다. '본다'는 뜻의 글자에는 견(見)·간(看)·관(觀)·시(視) 등 여러 가지가 있다. 견(見)은 눈을 뜨고 있으니 보이는 것이다. 영어로는 see쯤 된다. 간(看)은 먼 데 있는 물체를 눈(目) 위에 손(手)을 얹고 보는 것이다. look이다. 관(觀)과 시(視)는 그저 보는 것이 아니라 '뭔가?' 하고 살펴보는 것이다. watch에 해당한다.

각각의 글자가 만들어진 뿌리 때문에 이런 차이가 생겨났다. 그래서 '살핀다'는 말을 쓸 때는 관찰(觀察)한다거나 시찰(視察)한다고 하지, 견찰(見察)이나 간찰(看察)이라는 말은 쓰지 않는다. 그냥 보고 지나치는 것은 간과(看過)라 하지, 관과(觀過)라고는 하지 않는다. 관점(觀點)이나 시점(視點)이라는 말은 있어도 견점(見點)이나 간점(看點)은 없다. 보는 데도 차원이 있고 수준이 있다. 글자의 뿌리를 캐어 낱낱의 뜻을 알면 이런 글자들이 들어간 어휘들의 조합원리를 금세 파악할 수가 있다.

'생각' 만 해도 그렇다. 념(念)·상(想)·사(思)·려(慮)가 모두 생각이다. 생각은 생각이지만 서로 다른 생각이다. 념(念)은 지금(今) 내 마음을 떠나지 않는 생각이다. 머금다(含)에서 나왔다. 마음속에 머금고 있는 생각인 셈이다. 상(想)은 상(相), 즉 이미지로 떠오르는 생각이다. 사(思)는 머리로 따져 하는 생각이고, 려(慮)는 짓누르는 생각이다.

그러니 떠오른 생각이 머리를 떠나지 않으면 염두(念頭)가 되고,

그 생각이 바람이 될 때 염원(念願)이라 한다. 이것과 연계하여 저것이 떠오르는 것은 연상(聯想)이다. 실현 가능성이 없는 공상(空想)과 꿈 같은 몽상(夢想)도 있다. 떠오른 생각이 머릿속을 맴도는 것은 상념(想念)이다. 따져 생각하고 살피는 것은 사고(思考)다. 이런 생각이 구체적인 형상을 갖추면 그것을 사상(思想)이라 한다. 그러니 사고(思考)는 괜찮지만 염고(念考)나 상고(想考)는 안 된다. 마음속을 짓누르는 생각이 심려(心慮)고, 근심스러운 생각은 우려(憂慮)다. 머리를 떠나지 않는 근심은 염려(念慮)다. 깊이 따져서 곰곰이 생각하는 사람을 사려(思慮)가 깊다고 한다.

이렇게 낱글자의 개념과 형성원리를 알면 수많은 어휘를 단번에 익힐 수 있다. 사전적인 의미는 같지만 왜 이 글자를 여기서 쓸 수 없고, 저기서는 쓸 수 있는지 금방 알 수가 있다. 의원이 어떤 약초를 언제 써야 하고 언제 써서는 안 되는지를 알아야 하는 것과 같다.

다산은 이렇게 문장과 의술을 하나의 원리로 비교해서 잘못된 공부태도의 원인을 명확하게 짚어냈다. 이런 것이 대조변백법이다.

견주어 판별하라

문제의 본질을 효과적으로 드러내는 데 유용한 방법은 언뜻 상관없어 보이는 사물을 끌어들여 문제를 제기하는 것이다. 다산은 논설적인 글쓰기에서 종종 이 방법을 활용했다.

『시경』에 이르기를, "뽕나무의 뻐꾸기, 그 새끼 일곱인데, 그 거동 한결같네"라 했습니다. 새끼가 일곱 마리인데 똑같이 먹이는 것을 말한 것입니다. 신은 이 시를 읽을 때마다, 신포(身布)를 행해서는 안 됨을 알게 됩니다.

대저 사람은 누구 할 것 없이 모두 몸뚱이가 있습니다. 누구나 지닌 몸뚱이인데, 어째서 어떤 몸에는 신포를 징수하고, 어떤 몸에는 신포를 징수하지 않는 것입니까? 이것을 양역(良役)이라고 한 것은 백성들이 스스로 양민으로 여기게 하고 천민으로 여기지 않게 하려는 것입니다. 하지만 양역은 실로 괴롭기 짝이 없으니, 괴로우면 천한 것입니다. 백성은 양역 보기를 노비와 같게 여깁니다. 비록 집집마다 설명하여 양역이라고 깨우쳐주어도 백성들은 믿지 않을 것입니다.

이아무개라는 자가 최아무개에게 "너는 내 아우다"라고 말하면, 최는 반드시 발끈할 것입니다. 하지만 이 양역을 위해서라면 거짓으로 족보를 만들고, 아비를 바꾸고 조상을 바꾸면서도 부끄러워하지 않으니, 이에 이르러 백성들의 마음을 볼 수가 있습니다.

「신포에 대한 의(身布議)」 4-147

신역(身役)은 조선시대의 조세제도 가운데 노동력을 징발하는 것을 말한다. 이것은 다시 군대와 관련된 군역(軍役)과 도로나 다리 또는 성곽을 건설하고 보수하는 데 노동력을 제공하는 요역(徭役)으로 나뉜다. 나중에는 신역 대신 포목을 징수하여 국가의 세수(稅收)에 충당했는데 이것이 바로 신포(身布)다. 즉, 신역을 대신해서 내는 포목이 신포인 것이다.

다산은 이 신포 시행상의 여러 폐단을 지적하는 글을 올리면서 뜬금없이 『시경』 「조풍(曹風)」편 「시구(鳲鳩)」의 첫 구절을 인용했다. 뽕나무에 둥지를 튼 뻐꾸기가 일곱 마리의 새끼에게 고르게 먹이를 먹이는 모습을 노래한 시를 읽을 때마다, 신포를 폐지해야 한다는 생각을 하게 된다고 했다. 무슨 뜻일까?

　양반과 중인은 신포가 면제되고, 힘없는 양민들만 신포를 낸다. 미물인 새조차 제 새끼 일곱 마리를 모두 고르게 먹이는데, 왜 임금은 제 백성에 대해 차별을 두는가? 왜 양반은 하는 일 없이 놀고먹는데도 신포를 안 내고, 왜 백성은 뼈가 시도록 일만 하는데 신포를 내야 하는가?

　신역을 아무리 양역(良役)이라고 좋게 표현해도, 백성들은 족보를 위조해서까지 양반임을 증명하여 신포의 고통에서 벗어나려고 한다. 향안(鄕案)에 이름을 올리고, 거짓 족보를 만들며, 아예 신분을 모르는 다른 고장에 이사가서 양반행세를 하고, 그도 안 되면 유건(儒巾)을 쓰고 과거시험장에 드나드는 것으로 양반행세를 한다. 백성들이 밤낮없이 하는 궁리는 온통 양반이 되는 방법뿐이다. 어쩌다 나라꼴이 이 지경이 되었는가? 그 원인은 따져올라가면 모두 신포로 귀결된다.

　다산은 얼핏 아무 연관 없어 보이는 『시경』의 시를 끌어와서 신포의 폐단을 통렬하게 비판하는 허두로 삼았다. 새도 제 새끼를 위할 줄 아는데, 나라가 제 백성을 위할 줄 모른대서야 말이 되겠느냐는 것이다. 그리고 그 바탕에는 허울뿐인, 아무 하는 일 없이 양식만 축내는 무능력한 양반에 대한 깊은 분노가 깔려 있다. 나라가 그들을 비호하는 한 거짓 족보, 가짜 양반의 양산은 막을 길이 없으리라는 진단이다.

비교하고 대조하라

다산은 이렇듯 양반계층의 무능과 위선에 대해 깊은 분노를 느꼈다. 이러한 분노는 그의 여러 글에서 반복적으로 확인된다.

중국에 생원이 있는 것은 우리나라에 양반이 있는 것과 한가지다. 고정림은 온 천하 사람이 다 생원이 될까 근심하였다. 마치 내가 온 나라 사람이 다 양반이 될까 염려하는 것과 같다. 하지만 양반의 폐단은 더욱 심함이 있다.

생원은 실제로 과거에 나아가 이 호칭을 얻은 사람이다. 하지만 양반은 문과나 무과를 하지도 않았으면서 빈 이름만 차고 있다. 생원은 그래도 정한 인원이 있는데, 양반은 도대체 제한이 없다. 생원은 세대에 따라 변하기도 하나, 양반은 한번 얻으면 백세가 되어도 절대로 놓지 않는다. 하물며 생원의 폐단을 양반은 모두 겸하여 가지고 있다.

비록 그러나 내가 바라는 바가 있다. 만약 온 나라 사람을 전부 양반이 되게 한다면, 온 나라에 양반이 없게 된다. 젊은이가 있어야 어른이 대접받고, 천한 자가 있어야 귀한 이가 드러나게 된다. 진실로 모두 다 존귀하다면 이것은 존귀한 사람이 없는 셈이 된다. 관자(管子)가 말했다. "온 나라 사람을 다 존귀하게 할 수는 없다. 모두 존귀해지면 되는 일이 없고, 나라에도 이롭지가 않다."

「고정림의 생원론 발문〔跋顧亭林生員論〕」 6-180

명말의 학자 고염무는 「생원론(生員論)」을 지어, 관부에 들락거리며 정치를 쥐락펴락하고, 형세를 등에 업고 제 고장에서 무단을 일삼는 생원의 폐해를 신랄하게 비판했다. 그는 천하의 생원을 다 없애야 정치가 맑아지고, 백성이 곤핍에서 소생하며, 문호를 세워 끼리끼리 노는 습속을 없앨 수 있고, 세상에 쓸모 있는 인재가 나오게 될 것이라고 했다. 그들은 이익을 위해 패거리짓고, 하는 일 없이 백성들을 등쳐먹는 도둑놈들이라고도 했다.

다산은 그의 이 글을 읽고 속이 후련해서 앞의 글을 지었다. 읽을 때는 후련했지만, 막상 우리나라의 형편으로 고개를 돌리니 가슴이 답답해졌다. 우리나라의 양반은 중국의 생원보다 여러 면에서 한 수 위였던 것이다. 그들은 신포도 안 내고, 생산에도 참여하지 않으며, 한번 양반이면 영원한 양반이다. 백성들이 나라를 갉아먹는 좀벌레 같은 양반이 되기 위해 제 조상을 바꾸는 짓까지 서슴지 않을 정도로 그 특권은 대단했다.

이에 다산은 한 수 더 떠 아예 전국민을 양반으로 만들자고 주장했다. 다 양반이 되면 양반의 값어치가 없게 되니, 그렇게 해서라도 '양반'이라는 이 우상을 타파해야 한다고 외친 것이다.

하지만 이렇게 말해놓고 끝에 가서는 관자(管子)의 말을 슬쩍 인용하여 글을 맺음으로써 문맥을 뒤집었다. 고전수사법으로 치면 도미법(掉尾法), 즉 끝에 가서 꼬리를 탁 치면서 글을 마무리짓는 수법이다. 전국민을 양반으로 만들어, 양반이 아무 값 없는 세상이 되면 이런 폐단이 없어지기야 할 것이다. 하지만 관자는 이렇게 되면 되는 일도 없을뿐더러, 나라가 망하게 된다고 했다.

결국 다산이 하고 싶었던 주장은 고염무가 말했던 것처럼, 천하의 양반을 모두 없애버려야만 나라가 제자리를 잡을 수 있다는 것이었던 셈이다.

이렇듯 다산은 이 말을 하기 위해 저 말을 툭 던지고, 이 말을 꺼내려고 저 말을 끌고 오는 대조변백의 방식을 즐겨 썼다. 이는 논지를 강화하고, 비교와 대조의 과정에서 의미를 더 선명하게 드러내는 효과가 있었다. 일종의 지상매괴(指桑罵檜)격으로, 손가락으로는 뽕나무를 가리켜 주의를 그쪽으로 끌어서 방심하게 해놓고 느닷없이 회나무에다 욕을 퍼붓는 방식이다.

객관성을 제고하라

다산은 일본에 대해 관심이 많았다. 그들의 학술서를 열심히 읽었고 지도 등의 각종 정보도 많이 살펴, 여러 편의 관련글을 남겼다. 이런 글에서도 행간을 읽어내는 대조변백법이 자주 눈길을 끈다.

일본 사람은 오로지 바꿔서 속이는 것을 지혜로 여긴다. 무릇 다른 나라에 전해진 그 지도나 국사에는 은어가 많다. 일찍이 일본 지도를 보았는데, 부산에서 대마도까지의 거리를 28리라 했다. 그러나 이것은 280리다. 대마도에서 일기도까지는 48리라 했으니, 이것은 480리다. 나머지도 모두 이를 본떴다. 그렇다면 아란타에서 일본까지를 12,900리라고 한 것은 또한 129,000리인 셈이다.

자료에서 홍모국은 서북쪽 끝자락의 추운 나라인데, 아란타는 그중 하나의 주라고 했으니, 그 땅은 구라파와 리미아의 사이에 있다. 서양 배가 본토에서부터 광동에 이르자면 수로가 구불구불하여 90,000리나 되고, 광동에서 일본까지의 거리가 적어도 수만 리는 된다. 12,000이라 한 것은 분명히 120,000인 것임을 의심할 수 없다.

이덕무가 이르길 아란타가 서남해 바다 가운데 있다고 하면서, 일본과 12,000리 떨어져 있다면 마땅히 서북의 끝자락에 있는 것이 아니라고 했으므로 이처럼 의심해본 것이다.

「유영재 필기에 대한 평〔柳泠齋筆記評〕」 9-164

이 글은 유득공의 『고운당필기(古芸堂筆記)』에 적힌 아란타, 즉 네덜란드의 위치와 풍물에 관한 기록에 대한 다산의 평이다. 다산은 일본 사람들이 지도에서 거리를 적을 때 숫자를 한 단위 낮추는 관례를 들어, 일본과 아란타의 거리가 12,900리라고 한 유득공의 기록을 사실은 129,000리로 보아야 함을 근거자료를 끌어다가 변백하였다. 게다가 이덕무는 이 12,900리라는 기록에 근거해서 아란타가 서북쪽 끝이 아닌 서남해 바다 가운데 있을 수밖에 없다는 글을 남겼으므로 이를 반박한 것이다. 이어지는 글에서 다산은 곤여도의 위도까지 살펴 거리문제의 논거를 확실하게 매듭지었다.

또 『징비록(懲毖錄)』에서 황윤길(黃允吉)과 김성일(金誠一)이 일본에 사신으로 가서 도요토미 히데요시〔豊臣秀吉〕를 만나고 온 기록을 보고 쓴 다음 글에서도 다산의 대조변백법이 흥미롭게 펼쳐진다.

저들이 비례(非禮)로 우리를 대접하는데도, 우리는 두려워 몸을 굽혀 땅에 엎디어, 감히 한 마디를 꺼내거나 한 번의 대화를 나누어, 임금의 명을 높이고 나라의 체통을 지키지 못하였으니, 어찌 옳다 하겠는가? 모시는 신하가 몇 사람에 지나지 않았다는 것은 예를 갖출 필요가 없음을 보인 것이고, 떡 한 그릇에 탁주 두 잔이라는 것은 초나라 사신의 거친 음식이다. 예를 마치기도 전에 일어나 안으로 들어가서 간편한 복장으로 아이를 안고 나와 시녀를 불러 맡기는 것은 우리를 노예로 취급한 것이다. 그런데도 황윤길은 한 마디도 못하고 물러나왔으니 어찌된 것인가?

「징비록의 사사에 대한 평〔懲毖錄使事評〕」 9-155

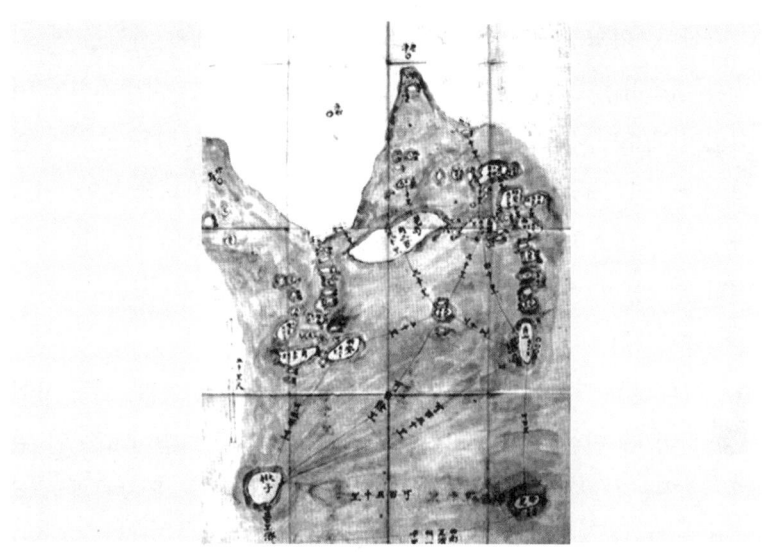
다산이 제자 윤시유와 함께 제작한 것으로 전해지는 강진 인근의 지도.

    다산은 『징비록』에서 도요토미 히데요시가 우리나라 사신을 경멸하여 대접한 대목을 읽고서, 황윤길이 만난 것은 도요토미 히데요시가 아니라 일개 교위를 히데요시인 것처럼 속여 우리를 시험한 것일 뿐이라고 단안(斷案)했다. 나라의 사신으로 갔으면 교린의 예를 갖추어 이쪽의 위의를 보이지 않고, 남의 임금을 만나러 가면서 정작 해야 할 말은 한 마디도 못하고, 오직 교만하게 교자를 타고 입궁하고 굳이 당에 올라가 의식을 행한 것만 자랑으로 여긴 것을 탄식했다. 이런 우리의 태도를 보고 그들이 업신여겨 기롱(欺弄)했다는 것이다. 그들에게 속임을 당하고도 이를 모른 채 귀국해서 사실인 양 분개해서 보고했으니, 그들이 어찌 일본의 침략을 꿈에라도 예견할 수 있었겠느냐고 다산은 통탄했다.

권위를 딛고 서라

다산이 『아방강역고』나 「산행일기」 등에서, 현재의 지명을 옛 기록과 대조하여 위치를 확정하고 고증의 근거로 삼는 장면에서도 어김없이 대조변백법이 등장하는 것을 볼 수 있다. 그밖의 문집에 실려 있는 수많은 논변류의 글들도 하나하나의 관련자료를 모아, 이것과 저것을 대조하고 맞춰보아 엄정한 자기 논리를 세우고 있는 예들이다.

다산은 말한다. 주장을 세우려거든 근거를 찾아라. 모든 사실이 다 진실은 아니다. 덮어놓고 앞선 기록을 믿어서는 안 된다. 행간을 살펴 현상에 현혹되는 일이 없어야 한다. 독창성과 창의성은 객관성의 바탕 위에서만 빛난다. 앞뒤를 따지고 진위를 가려서 객관적인 진실을 밝혀라. 의미는 이것과 저것의 '사이', 여기와 저기의 '중간'에 있다. 갈래를 나누고 견주고 가늠해서, 현상 속에 숨겨진 진실을 찾고, 문제의 핵심을 장악하라.

35. 속셈 없아 공평하게 진실을 추구하라
허명공평법(虛明公平法)

너무 굳세게 고집을 부리는 곳에 이르러서는 또 사람으로 하여금 염려되고 답답함을 견디지 못하게 하는군요. 허명하고 공평하여 아무 걸림 없는 것이 가장 좋습니다.
【「신재중에게 답함(答申在中)」 8-192 】

추종을 거부하라

허명공평(虛明公平)은 마음을 텅 비워 다른 속셈이나 전제를 깔지 않고 과제를 탐구하는 태도를 말한다. 가설을 세워 논거로 입증하는 것은 공부의 당연한 절차요 과정이다. 하지만 색안경을 끼고 미리 결론을 도출해놓고는 자기에게 유리한 정보만 아전인수격으로 끌어들이고, 불리한 것은 의도적으로 외면하는 데서 항상 폐단이 생긴다. 그렇게 내린 결론이라면, 마음먹기 따라서는 같은 자료를 가지고도 그 정반대로 바뀔 수도 있다.

다산은 학문에 신성불가침은 없다고 생각했다. 경전의 기본 텍스트를 제외하고는 모든 것을 백지상태에서 검토하고 재단했다. 이러한 그의 태도가 당대의 학자들에게 대단히 거북하게 받아들여졌던 것은 여기서 다시 말할 필요가 없다. 다산이 중시한 것은 텍스트의 진실일 뿐, 선학(先學)의 견해에 다시 주석을 다는 것이 아니었다. 텍스트의 진실이란 무엇인가? 읽어서 선명하게 납득되지 않을 때 누가 보더라도 억지스럽지 않게 맥락을 소연하게 드러내는 것이다.

후대의 학술이 세상에서 버림받게 된 것은 학자들이 허명공평의 길을 버리고 맹목적인 추종을 일삼은 데서 말미암았다고 다산은 믿었다. 덮어놓고 자기 주장만 내세우는 것은 위험하지만, 움직일 수 없는 객관적인 논거에 기초하여 의견을 제시하는 것조차 원천적으로 차단해서는 안 된다고 다산은 생각했다.

뿐만 아니라 다산이 보기에 당시 학자들은 추종이 아닌 맹종을 일삼는 한편으로, 세상의 기호에 따라 이리저리 휩쓸려다니는 주견 없는 존재들이었다.

학문이 세상에서 미움받은 지가 오래입니다. 바르게 앉아 깊이 생각할 때는 양심이 조금 드러나다가도 사람과 마주하고 사물과 접할 때는 문득 아첨하여 용납되기만을 구하려 듭니다. 농사꾼과 만나면 농사일을 말하고, 장사치를 만나면 장삿일을 이야기하지요. 대부분 자기를 버리고 외물을 따름을 면치 못하니, 진실로 평생의 고질이라 하겠습니다. 이제 그대의 말은 모두 우뚝하고 시원스러워 만 명의 사내로도 빼앗기 어려운 기상이 있습니다. 이는 모든 새싹을 북돋우고 시든 잎을 소생시키기에 충분하니, 다행이 아니겠습니까? 다만 보내오신 편지에서 접어두고 말하지 않은 곳이 있습니다.

대개 이즈음의 박잡한 병통은 스스로 박잡함에 나아간 것일 뿐입니다. 참 이상도 하지요. 일종의 풍기가 휩쓸 듯 땅에 퍼져 동서남북 할 것 없이 한데 섞여 투합하니, 또한 어찌 일찍이 다른 까닭이 있어 그런 것이겠습니까? 도의 언덕은 하늘까지 닿아 있고, 사다리의 높이는 차이가 있게 마련이니, 혹 내 소견이 미치지 못한 곳이 있으면 또한 마땅히 더 노력하고 우러를 뿐입니다. 「방산에게 답함(答方山)」 8-100

학문이 세상에서 대접받지 못하고, 학자가 존경은커녕 경멸의 대상이 되는 것은 주체를 굳건하게 세우지 못하고, 자꾸 바깥을 기웃거리기 때문이다. 염불보다 잿밥에 마음이 가 있기 때문이다. 여기저기서 다 사람 좋다는 말을 들으면서 세울 수 있는 큰 뜻은 없다. 세상이 다 박잡하다고 내가 박잡한 것의 변명을 삼을 수는 없다. 세상이 한통속으로 작당해서 박잡함으로 나아간대도 덩달아 휩쓸릴 것이 아니라 더 연찬하고 더 노력해서 깨달음으로 나아가야 한다. 공부는 맹목적인 추종과 타협을 거부하는 일로부터 시작된다.

편견을 걷어내라

다음은 이재의에게 보낸 편지의 한 대목이다.

대저 소소한 자구의 훈고는 이렇게 보는 사람도 있고 저렇게 보는 사람도 있습니다. 생각이 같으면 진실로 기쁘지만, 다르다 해도 또한 문제될 것이 없습니다. 하지만 인(仁) 자의 뜻에 이르러서는 성인의 도와 성인의 학문에 크게 관계되는 핵심강령이고, 치심양성(治心養性)하고 행기수신(行己修身)하는 근본이 되므로, 털끝만큼만 차이가 나도 마침내는 서로 천리·만리나 떨어지고 말 것입니다. 진실로 만약 이대로 끝까지 나아가면 마침내 하나로 귀결되는 날이 없게 되겠지요. 이렇게 되면 비록 골육처럼 정답고 부부처럼 좋게 지낸다 해도 도학의 문로에서는 마침내 도를 함께하는 사람이 아닐 것입니다. 비록 자나깨나 그리워하고 마음으로 굳게 맺어져 있더라도, 마침내 이 같은 가리움이 없는 것만은 못합니다. 이런 까닭에 저는 오직 세월이 약이 되기만 바랄 뿐입니다. 이제 감히 다시 말하지 않는 것은 마침내 절망해서 그런 것은 아닙니다. 「이여홍에게 답함(答李汝弘)」 8-162

이때 다산은 이재의와 인(仁)의 개념 및 사단(四端)과의 관계에 대해 치열한 논전을 벌이고 있었다. 다산은 이보다 앞선 편지에서, 만약 인에 대한 이재의의 주장이 사의(私意)가 아닌 공심(公心)에서 나온 것이라면 "신장(腎腸)을 태우고 고혈을 다 쥐어짠다고 해도" 끝까지 토론을 멈추지 않겠다고 적은 바 있다(23절). 다산이 이 토론에서 가장 못 견뎌한 것은 상대가 대동지론(大同之論), 즉 기성 학계의 편견을 고수하면서, 여기서 조금만 벗어나면 귀를 막고 들으려 하지 않는다는 점이었다.

퇴계와 율곡의 주리설(主理說)과 주기설(主氣說)에 대해서도 다산은 허명공평에 입각하여 새로운 견해를 제출했다.

퇴계는 "사단(四端)은 이(理)가 발하고 기(氣)가 이를 따르며, 칠정(七情)은 기가 발하고 이가 기를 탄다"고 했다. 율곡은 "사단칠정은 모두 기가 발하고 이가 기를 탄다"고 했다. 후세의 학자들은 각각 들은 바만 높여, 무리지어 어지러이 다퉈 연나라와 월나라처럼 아득히 멀어져, 한곳으로 돌아갈 수 없게 되었다.

내가 일찍이 두 분의 글을 취해 읽고, 꼼꼼히 그 견해가 말미암아 나뉜 곳을 찾아보았다. 그랬더니 두 분이 말한 이(理)니 기(氣)니 하는 것은, 글자는 비록 같지만 가리키는 의미는 부분적인 것과 전체적인 것의 차이가 있었다. 즉, 퇴계는 퇴계대로 하나의 이기를 논하였고, 율곡은 율곡대로 하나의 이기를 논한 셈이어서, 율곡이 퇴계의 이기를 취해다가 이를 어지럽힌 것이 아니었다.

「이발기발에 대한 변증(理發氣發辨)」 1, 5-192

퇴계는 사단(四端)만 이발(理發)이요 칠정(七情)은 기발(氣發)이라 했고, 율곡은 사단칠정이 모두 기발이승(氣發理乘)이라 했다. 표면적인 이 언급만으로 보면, 율곡과 퇴계는 사단이 말미암아 나온 바를 두고 견해가 명백하게 갈린 것이다. 여기서 영남학파의 주리설과 기호학파의 주기설이 갈리고, 이 두 견해는 후학들에 의해 계속 반복되는 동안 도저히 만날 수 없는 간극이 생겼다.

하지만 다산은 퇴계와 율곡이 사용하고 있는 이기(理氣)의 원관념이 애초에 달랐기 때문에 생긴 오해일 뿐, 두 분의 견해가 본질에서 다른 것은 아니라고 단안했다. 즉, 퇴계의 이기는 사람의 마음속에 자리한 본연지성(本然之性)과 기질지성(氣質之性)을 가리키는 협의의 개념이었고, 율곡의 이기는 사물의 근본법칙인 형이상과 사물의 형질인 형이하를 가리키는 광의의 개념이었다는 것이다.

다산은 사단이 본연지성의 발로라는 점에서 이발(理發)이 맞다고 했다. 그렇지만 태극 이래의 이기를 총괄해 말한 율곡의 주장이 이에 정면배치되는 것은 아니라고 설명했다. 말하자면 개념 적용의 층위가 다른 것을 동일선상에 놓고 논의하면서 생긴 착시현상이라고 본 것이다. 그런데 후대로 오면서 두 논리는 점점 더 극단화되어 서로 합치될 수 없는 대립양상이 빚어졌다.

퇴계는 일생 치심양성(治心養性) 공부에 주력하여 이발과 기발로 나눠 마음이 밝아지지 않을까만을 염려했다. 그러니 후학들이 이 뜻을 살펴 체득한다면 바로 퇴계의 충직한 문도가 될 수 있을 것이라고 다산은 말했다.

억탁으로 왜곡 말라

퇴계와 율곡의 엇갈림뿐 아니라, 우암(尤庵) 송시열(宋時烈, 1607~1689)과 여강(驪江) 윤휴(尹鑴, 1617~1680)의 관계에 대해서도 다산은 편견에 치우치지 않은 공정한 논의를 남겼다.

그보다 6년 전 황산(黃山)의 모임에서 이미 여강을 이단이요 사문난적이라 하여 왕망(王莽)·동탁(董卓)·조조(曹操)·유유(劉裕) 등에 견주었다니 이럴 리가 있겠습니까? 또 황산의 모임이 있기 12년 전에 우암이 이미 이기설(理氣說)을 지어 여강을 이적(夷狄)과 금수(禽獸)에다 난신적자(亂臣賊子)로 여겼다니, 이럴 리가 있겠습니까?
진실로 이와 같다면 앞뒤로 수십 년 사이에 우암의 언론은 한결같이 바뀐 적이 없는데, 여강을 난신적자로 여겼다가 갑자기 난신적자를 여덟 단계나 뛰어넘어 곧장 진선(進善)에 올렸다는 것은 너무도 이치에 맞지 않습니다.
대저 붕당이 나뉜 이래로 문자를 다 믿을 수 없는 것이 많기가 이와 같습니다. 벌써 수십 년 전에 그가 난신적자임을 알았고, 그 사람이 또한 개과천선했다는 분명한 증거도 없는데, 전형을 맡자마자 여덟 단계를 뛰어넘어 발탁해서 세자를 보도(輔導)하는 직분을 주는 것이 가당 키나 합니까?
「이여홍에게 보냄(與李汝弘)」 8-180

이번에는 기해년 예론(禮論)을 둘러싸고 서인과 남인 사이에 벌어졌던 예송논쟁과 관련된 논란이다. 인조의 둘째아들인 효종이 죽자 그 계모인 자의대비가 1년복을 입어야 하는가 3년복을 입어야 하는가 하는 문제로 촉발된 예송논쟁은, 예의 적용을 둘러싸고 당파의 명운을 걸고 벌어진 피비린내나는 전투였다.

이 싸움의 중심에 송시열과 윤휴가 있었다. 1차전은 송시열 쪽의 승리로 끝났고, 그 여파로 윤휴는 사문난적으로 몰려 죽었다. 2차전은 남인의 대반격이었다. 이 논쟁은 겉으로는 예론의 해석에서 비롯되었지만 사론(士論)의 극심한 분열을 가져왔다. 예학은 공리공담(空理空談)으로 흐르고, 마침내는 정파의 이익을 대변하는 논리로 변질되고 말았다.

다산은 우연히 「우암연보(尤庵年譜)」를 보다가 기해년 예론이 일어나기 한 해 전, 송시열이 전형(銓衡)의 지위에 오르자마자 당시 9품의 말단관리로 있던 윤휴를 무려 여덟 단계나 승진시켜 정4품의 세자시강원(世子侍講院)이라는 청요직(淸要職)에 발탁한 기록을 읽게 되었다. 이는 다음 해 기해예론이 발생하기 전까지만 해도 송시열이 윤휴와 사이가 나쁘지 않았을 뿐 아니라, 그와 나랏일을 함께 할 생각까지 지녔었음을 확인케 하는 명백한 증거였다.

당시 노론 쪽에서는, 사실은 기해예론이 있기 10여 년 전부터 송시열이 윤휴가 사문난적임을 익히 알아 배척했다는 주장들이 근거도 없이 기정사실화되고 있던 터였다. 다산은 앞뒤 정황이 이토록 명확한데 이는 거들떠보지도 않고 앞뒤가 안 맞는 주장만 하고 있으니, 만일 그렇다면 송시열이 줏대도 없이 이랬다 저랬다 한 사람이 었다는 말이냐며, 후대의 기록을 신뢰할 수 없는 까닭을 하나하나 들어 밝혔다. 모두 억탁(臆度)과 선입견으로 사실을 왜곡하고 진실을 외면하려 든 결과, 허명공평에서 멀어졌다고 본 것이다.

당시 노론과 소론, 남인 등으로 갈라진 붕당의 폐습은 복장까지 서로 다르게 만들어, 입은 옷의 모양만 봐도 당색을 알 수 있을 정도였다. 심지어 머리에 쓰는 건(巾)조차도 노론은 홑겹의 선건(禪巾)을 쓰고 소론은 겹건(袷巾)을 썼다. 남인들은 이 두 가지가 모두 주자의 횡첩법(橫帖法)과 다르다 하여 아예 복건을 쓰지 않았다. 한 조정의 신하들이 당색에 따라 서로 다른 모양의 복건을 쓰거나 아예 쓰기를 거부하는 꼴이었으니 도가 지나쳐도 한참 지나쳤다. 급기야 1796년 겨울, 정조가 남인들을 불러 복건을 쓰고 입궐하라고 명하기에 이르렀다.

남인들 사이에서도 복건의 제도를 어찌할 것인가로 의견이 분분했다. 선건도 겹건도 아닌 제3의 제도를 만들자는 주장까지 나왔다. 이에 다산은 복건의 제도가 공자의 시대에는 있지도 않았고, 진(晉)나라 때 와서야 사대부의 복장이 되었으며, 『주자가례』에 이르러 비로소 예복이 되었다고 하면서 이렇게 주장했다.

그 근본을 궁구해보면 도포(道袍)나 접리(接䍦) 등과 다를 것이 없습니다. 이미 후세에 나온 것이므로 시속을 따라도 무방합니다. 양끝을 가로로 하느냐 세로로 하느냐로 왜 굳이 괴롭게 논쟁하겠습니까? 어떤 이는 "세로로 하는 것은 옛날 중들이 하던 복건의 제도다"라고 말합니다. 진실로 승건(僧巾)이라 하여 꺼린다면, 지금 입고 있는 도포도 분명히 도사가 입던 것이니 또 어떻게 입고 나가야 부끄럽지 않겠습니까? 어찌 승려와 도사의 사이에 또한 후박(厚薄)과 취사(取捨)의 구별할 만한 것이 있겠습니까? 「복암에게 답함(答茯菴)」 8-49

어차피 복식은 시대에 따라 변하니 시속을 따르면 그뿐이지, 여기에 무슨 원칙을 따질 필요가 있겠느냐는 주장이다. 지금의 복건은 승건에서 나온 것인데 유자가 어찌 중들이 쓰던 제도를 가져다 쓰겠느냐는 내부의 반발도 있었다. 그러자 다산은 도포는 도사들이 입던 옷인데, 그럼 그것은 왜 입느냐고 나무랐다.

막상 왕명에 따라 복건을 쓰지 않을 수 없게 되어, 홑과 겹 어느 쪽을 택해야 할지 우왕좌왕할 때도 다산은 "속담에 이왕 물릴 바에는 큰 호랑이에게 물리라고 했다"는 우스갯말로 노론의 홑복건을 쓰게 했다. 적어도 복건만큼은 옳고 그름을 따질 사안이 못 된다고 판단한 것이다. 사소한 명분에 얽매임 없이 툭 트인 다산의 모습을 볼 수 있다.

마음을 텅 비워라

다산이 용(勇)의 덕을 중시했다는 것은 앞서 불포견발법에서도 잠깐 논한 바 있다(32절). 아래 글에서는 조금 다른 방향에서 이에 대해 언급했다.

주신 글 가운데 부동심(不動心) 대목은 맹자의 양용(養勇)의 교훈과 딱 맞아떨어집니다. 저처럼 겁 많고 물러터진 사람이 마땅히 마음에 새겨야 할 내용입니다. 하지만 지려(智慮)가 능히 굳세지 않아 마음속에 이를 굳게 붙들어 꼼꼼하게 간직해두지 않고, 한갓 억지로 고집하고 정체되는 것을 굳셈이라 여긴다면 또한 능히 오래 유지할 수 없을 것입니다.

　근래 들어 습정양졸(習靜養拙) 즉 고요함을 익히고 졸박함을 기르면서, 세간의 백천만 가지 즐겁고 뜻에 맞는 일들이 모두 다 자기 자신이 안심하기(安心下氣) 곧 마음을 편안히 하고 기운을 차분하게 하는 것만은 못하다는 것을 깨달았습니다. 마음이 진실로 편안하고 기운이 차분해지면 바야흐로 눈앞에 접촉하는 모든 일이 내 마음 안의 일이어서, 분하고 시기하고 소견 좁고 사나운 감정이 점점 소멸됨을 알게 될 것입니다.

　눈도 이로 인해 밝아지고, 눈썹도 펴지며, 입술은 웃음을 머금게 됩니다. 혈맥이 화창해지고 사지도 편안해져서, 이른바 뜻 같지 않은 일이 있다 해도 모두 기쁘게 즐길 수가 있고, 일체의 헐뜯음과 꾸짖음, 굽실거림과 옹색함이 내 마음을 흔들지 못하게 됩니다. 그런 뒤에는 능히 일을 당하더라도 용맹하여 도저히 막을 수가 없게 되니, 이것이 이른바 증자(曾子)의 수약(守約)입니다. 　　「만계에게 답함〔答蔓溪〕」8-111

　사람들은 용맹을 흔히 집체(執滯), 즉 자기 주장을 꺾지 않고 정체되어 바꾸려 들지 않는 고집으로 착각한다. 이런 사람들은 목을 빼고 어깨를 올려 사나운 기세로 남을 꺾으려고만 들지, 정작 남의 정당한 얘기에 귀를 기울일 줄은 모른다. 공부하는 사람에게 필요한 양용(養勇)공부란 덮어놓고 사납게 으르렁거리는 것이 아니다. 오히려 습정양졸(習靜養拙)로 안심하기(安心下氣)하며, 자신을 낮춰 속으로 침잠하는 공부가 양용의 요법이다.

　군자의 용맹은 오히려 수약(守約)에 있다. 마음을 비우고 입을 다물고 고요 속에 침잠하면 눈이 밝아지고 정신이 맑아진다. 그리하여 외물이 내 마음을 움직이지 못하고, 역경이 내 정신을 침식하지 못한다. 맑은 정신으로 바라보니 지켜야 할 것과 바꿔야 할 것의 분간이 선명해진다. 바꿔야 할 것을 지키려 들거나 지켜야 할 것을 바꾸려 드는 일도 없게 된다.

다산은 말한다. 허명공평의 공부는 간결함에서 나온다. 마음을 텅 비워야 억지를 부리지 않는다. 집착을 버려야 객관적인 시선을 얻을 수 있다. 소리지르지 마라. 목청만 높인다고 될 일이 아니다. 편견을 버리고, 선입견을 버리고, 추종과 타협을 거부하라. 텅 빈 마음을 돌아 나와 긴 울림을 주는 진실의 소리에 귀를 기울여라.

8강
과정을 단축하라
효율성을 강화하는 집체적 지식경영

혼자 다 할 수 있다는 생각을 버려라. 상생의 공부를 해야 한다. 역할을 분배하여 효율성을 극대화해야 한다. 목표를 정해 실천하고, 조례를 확정하여 작업의 성격을 확인한다. 그러고는 매진하되, 동시다발로 여러 가지 작업을 병진시킬 수 있어야 한다. 시간과의 싸움에서 이기려면 집체작업에 길들여지지 않으면 안 된다.

36. **분수득의법** 分授得宜法 : 역할을 분담하여 효율성을 확대하라
     작업을 분배하라 | 핵심역량을 강화하라 | 능력을 개발하라 | 능률을 확대하라

37. **정과실천법** 定課實踐法 : 목표량을 정해놓고 그대로 실천하라
     목표량을 결정하라 | 독려하고 경쟁하라 | 긴장을 놓지 말라 | 기록으로 보관하라

38. **포름부절법** 疱廩不絕法 : 생각을 끊임없이 조직하고 단련하라
     비판을 수용하라 | 보완을 유도하라 | 인정하되 지적하라 | 논리를 점검하라

39. **어망득홍법** 魚網得鴻法 : 동시에 몇 작업을 병행하여 진행하라
     정보를 수습하라 | 새롭게 바라보라 | 정리하고 정돈하라 | 시스템을 갖춰라

40. **조례최중법** 條例最重法 : 조례를 먼저 정해 성격을 규정하라
     성격을 파악하라 | 차이를 인식하라 | 전체를 장악하라 | 세부를 구분하라

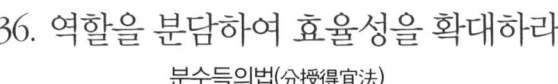

36. 역할을 분담하여 효율성을 확대하라
분수득의법(分授得宜法)

옛날 선왕들은 사물을 쓰는 데 지혜가 있었다. 소경에게는 음악을 살피게 하고, 절름발이에게는 대궐문을 지키게 했다. 환관들은 궁궐을 출입하게 하고, 곱사등이나 병든 자 또는 불구자 등도 각각 마땅한 곳에 썼다. 이 일은 가장 우선 살펴보아야 한다. 【「학유에게 노자 삼아 준 가계(贐學游家誡)」 8-28 】

작업을 분배하라

분수득의(分授得宜)는 작업을 진행할 때 역량에 따라 역할을 나누어 효율을 극대화하는 것이다. 규모가 큰 일은 혼자서는 다 감당해낼 수가 없고, 한다 해도 시일과 노력이 너무 많이 든다. 이럴 때는 집체작업이 필요하다. 특출한 개인이 각자 작업하는 것보다 부족한 구성원들이 힘을 합쳐 팀워크를 이루면 작업의 효율성이 배가된다. 혼자 다 하지 않고 훈련과정을 거쳐 함께 작업하면 전체가 서서히 함께 향상된다. 처음에는 느려 보여도 나중엔 천하무적이 된다.

역할분담의 중요성에 대해 다산은 여러 곳에서 강조했다. 그리고 강진 유배기의 그 엄청난 작업은 다산 혼자만의 성과가 아니라 그곳에서 길러낸 여러 제자와의 협동작업, 집체작업의 결과였다. 그 구체적인 방법과 과정을 살펴보자.

집에 종 하나가 있는데, 너희 형제는 언제나 "힘이 약해 일을 맡길 수가 없다"고 투덜댄다. 이것은 너희가 매번 난쟁이더러 산을 뽑아오라는 식의 일을 시키려 들기 때문에 그 힘이 약한 것을 근심하는 것이다. 집안을 다스리는 법은, 위로는 바깥주인과 안주인에서부터 남녀노소 형제와 동서에 이르기까지, 아래로는 노비의 자식까지도 무릇 다섯 살 이상이 되면 각각 맡을 일을 나눠주어 한 시각도 놀며 쉬지 않게 한다면, 가난하고 군색함을 근심하지 않게 된다.
  내가 장기에 있을 때 주인집의 성씨(成氏)는 어린 손녀가 겨우 다섯 살인데도 이를 시켜 마당에 앉아 솔개를 쫓게 했다. 일곱 살짜리에게는 막대를 손에 들고 참새를 쫓게 시켰다. 나머지 한솥밥을 먹는 사람들에게도 모두 책임을 맡겼다. 이것은 본받을 만하다. 집에 노인이 있으면 칡으로 새끼를 삼고, 노파는 언제나 실꾸리 하나를 잡고 손에서 풀어 감아야 한다. 비록 이웃마을에 마실을 가더라도 손에서 놓아서는 안 된다. 이런 집은 반드시 남는 식량이 있어 가난을 근심하지 않는다.

「학유에게 노자 삼아 준 가계(贐學游家誡)」 8-28

힘이 약하면 약한 대로, 어리면 어린 대로 맡을 만한 일을 찾아 어느 한 식구도 그저 놀고먹는 일이 없게 했던 성씨의 집안처럼, 구성원 한 사람 한 사람이 제각기 맡은 바 직분을 수행할 때 전체 조직이 정상적으로 가동된다. 훌륭한 조직은 리더의 탁월성으로 이루어지는 것이 아니다. 오히려 구성원간의 단단한 팀워크를 통해 만들어진다.

팀워크의 힘은 리더가 없을 때 단박에 드러난다. 위기상황에서 더욱 빛을 발한다. 리더가 없을 때 비틀거리는 조직은 큰 일을 해낼 수가 없다. 작은 위기에도 갈팡질팡해서는 큰 시련을 견디지 못한다. 효율적인 협동을 통해 능률을 극대화해야 한다. 리더 없이도 저절로 굴러갈 수 있도록 팀워크를 구축해야 한다. 그리고 그 구성원들이 그 과정에서 리더십을 기를 수 있어야 한다.

핵심역량을 강화하라

사람은 저마다 역량의 차이가 있다. 잘하는 일이 있고 못하는 일이 있다. 맹상군의 3천 식객 중에는 도둑질 잘하는 자와 성대모사 잘하는 자도 있었다. 이들은 위기상황에서 대궐 창고에서 흰여우 갖옷을 훔쳐내고, 닭 울음소리를 흉내내서 성문을 열게 해 주인의 목숨을 구했다. 훌륭한 리더는 인재를 적재적소에 배치해 그들의 최대치를 도출해낼 수 있어야 한다. 개성을 무시하고 평준화시키는 방식으로는 안 된다. 부분의 합이 늘 전체가 되는 것은 아니다. 그 이상이 되려면 역량에 따라 안배해 협동의 시너지효과를 극대화해야 한다.

예전 서울에 있을 때 형의 시권(試券)을 보았는데, 경전의 뜻과 문사에 문맥이 통하지 않는 점이 있었습니다. 그래서 혼자 가만히 의심했지요. 하지만 지난번 남긴 시는 몹시 뛰어나더군요. 이제 보내온 편지의 말씀이 비록 실정에 지나치지만, 글은 도리어 기세가 넘치고 굳셉니다. 그래서 비로소 쟁기 가는 소의 기술로 쥐를 잘 잡을 수는 없음을 알았습니다. 삼가 꾸짖어주십시오.　　「채백륜에게 답함(答蔡伯倫)」 8-106

채서공(蔡敍恭)이 다산의 문장을 크게 칭찬하는 편지를 보낸 데 대한 답장의 한 대목이다. "그대가 과거에 제출한 시권(試券)의 글은 경전의 뜻도 정곡을 꿰뚫지 못했고, 이를 설명한 내용도 앞뒤가 잘 맞지 않아 고개를 갸우뚱했었다. 하지만 이제 시와 편지의 문장을 보니, 표현이 아름답고 기세가 대단하여 전혀 딴 사람의 글 같았다." 그래서 소는 쟁기질에 능하고 고양이는 쥐 잡는 데 능하듯이, 채서공의 역량이 과문(科文)보다 일반 시문 쪽에 있음을 말한 것이다.

하지만 다산은 이어지는 내용에서, 채서공이 보낸 시에 대해 병을 핑계로 화답하지 않았다. 또 편지의 끝에서는 구두에만 골몰하지 말고 완색(玩索)공부에 힘쓰는 것이 어떻겠느냐는 충고를 얹어, 그가 바탕공부에 주력하지 않고 문예에만 골몰하는 것을 은근히 나무랐다.

이 『화식열전주(貨殖列傳注)』 1권은 고(故) 동산처사(東山處士) 정양흠(鄭亮欽)이 엮은 것이다. 정공은 성품이 차분하고 두터운데다 학식이 넓고 문장이 고상했다. 공경(公卿)의 중망이 있었으나 지평산 가운데 숨어살면서 포의(布衣)로 일생을 마쳤으므로 아는 자가 이를 애석해한다. 돌아가신 아버님과 친하셔서 매번 들르면 대화가 끊이지 않았다. 한번은 이 책을 아버님께 보여주면서 서둘러 베껴쓰게 하였다. 마침 1796년 겨울에 규장각에서 교서(校書)할 때, 임금께서 널리 『사기』의 여러 가지 주해를 구하셨다. 특히 「화식열전」에 마음을 쏟으셨으므로 이 책이 마침내 드러나 쓰였다. 아, 선비는 진실로 한 가지 기예에만 정통하더라도 마침내 한번 드러남이 있는 법이다. 후학들은 힘쓸진저.
「동산자의 화식전주 발문(跋東山子貨殖傳注)」 6-182

요컨대 이것저것 다 잘하려 들지 말고 한 우물을 파는 전문가정신이 있어야 한다는 이야기다. 정양흠이 『화식열전주』를 쓴 것은 누가 시켜서 한 것도 아니요, 뒷날의 쓰임을 염두에 두었던 것도 아니다. 그저 이 책의 내용이 재미있어, 읽다가 막힌 대목을 여기저기서 찾거나 혼자 궁리하여 풀이한 것일 뿐이다. 그때 우연히 베껴써둔 이 책자가 훗날 이렇게 요긴하게 활용되어, 지평산자락에서 숨어살다 세상에 이름을 알리지 못하고 죽은 한 재야선비의 이름을 오늘까지 남아 있게 했다.

한 사람이 이것저것 다 잘할 수는 없다. 어느 한 분야에서 독보적인 존재가 되는 것이 중요하다. 그러자면 자신의 장점을 파악하여 잘할 수 있는 분야에 집중해야 한다. 공연히 여기저기 기웃거리기만 해서는 결국 아무것도 성취하지 못한 채 사라지고 만다.

능력을 개발하라

다산은 처음 강진에 와서 머문 주막거리 집에서 아전의 자식 몇을 거두어 가르쳤다. 이후 다산초당으로 옮긴 뒤에는 외가인 해남 윤씨 집안의 자제들을 비롯해 그 지역 양반가의 자제들을 모아 가르쳤다. 처음 이들을 가르치던 다산은 그 몰골이 하도 가증스럽고 한심해서 정약전에게 이런 편지를 쓰기까지 했다.

여기에도 내왕하는 소년이 몇 있고 배움을 청하는 어린아이도 몇 됩니다. 모두 양미간에 잡털이 무성하고, 온몸에 뒤집어쓴 것은 온통 쇠잔한 기운뿐입니다. 비록 골육의 정이 무겁다 한들 어찌 능히 깊이 사랑하겠습니까? 하늘의 운수가 이미 그러한지라 어찌해볼 도리가 없습니다. 마치 이벽(李檗)이 말한 '독이 없어 그저 먹을 만한 물건'인 셈이니 장차 어디다 쓰겠습니까?　　　　　　　「중씨께 올림(上仲氏)」 8-218

다산초당 초기에 눈에는 초점이 하나도 없고, 머리는 헝클어져 지저분하며, 콧물을 흘리면서 맹한 표정으로 '저게 무슨 말인가?' 하고 앉아 있던 소년들의 정황이 눈에 선하다. 아무리 외가쪽 친족이라고는 해도 차마 정이 안 간다고 다산은 적었다.
그러나 이 잡털이 무성하고 온통 쇠잔한 기운뿐이던 소년들이 다산의 훈도와 훈련을 거치면서 하루가 다르게 변모해갔다. 다음은 정수칠에게 보낸 편지의 한 대목이다. 다산초당에서의 공부장면을 엿볼 수 있다.

이 책을 살펴보니, 초고상태로 완성되지 않아 잘못된 곳이 실로 많소. 그중에서도 크게 놀란 곳은 다름아닌 반곡공의 증직겸함(贈職兼銜)일세. 대저 춘추관 기주관(記注官)은 당하관의 직함인데, 예조참판과 양관제학을 어찌 기주관과 겸직할 수 있단 말인가? 이에 곁에서 지켜보던 여러 소년도 모두 다 선대부에게 애초에 높은 증직이 없었던 것으로 의심하였네.
아, 이것이 대체 무슨 일인가? 이것이 인편에 글을 보내 교지(敎旨)를 보자고 했던 까닭이라네. 이제 교지를 살펴보니 "통정대부 행청주목사 정아무개는 가선대부 예조참판 겸동지경연의금부춘추관성균관사 홍문관제학 예문관제학 세자좌부빈객에 추증된 자로, 만력 34년 정월에 전승에 의거하여 선무원종공신으로 추증한다"고 적혀 있었네. 어보(御寶)가 휘황찬란하고 묵적이 마멸되지 않았거늘, 『가승(家乘)』에 기록된 것은 무엇 때문에 이처럼 착오가 생겼는지 모르겠네. 덮씌었던 의혹이 풀리자 여러 사람의 마음도 환히 풀렸다네.

「반산 정수칠에게 보냄(與盤山丁修七書)」 8-134

정수칠의 선대인 반곡공 정경달의 『가승』 기록에서 앞뒤가 전혀 맞지 않는 기록을 보고, 교지와 대조해 사실을 확인하는 과정을 적은 글이다. 여기서 흥미로운 것은 '곁에서 지켜보던 여러 소년'도 다 의심하였고, 뒤에 의혹이 풀리자 모두 상쾌해했다는 대목이다.

처음에는 다산이 정약전에게 보낸 편지글에서 묘사하고 있는 대로, 발을 묶어둔 꿩처럼 모이를 입에 대주어도 끝내 쪼지 못하던, 잡털투성이의 가증스럽던 소년들이 몇 년 사이에 훌쩍 성장하여, 스승과 함께 둘러앉아 토론을 하고 의견을 내는 수준으로까지 발전했던 것이다.

새로 검토해야 할 자료가 생기면 다산은 소년들에게 보여 그들의 의견을 물었던 모양이다. 이 또한 제자교육의 한 방편이었음은 말할 것도 없다. 소년들은 자료의 신빙성에 일제히 의문을 제기하고, 이에 따라 또 다른 증빙자료를 요구하여 확인했는데, 정수칠에게 보낸 편지는 그 과정을 잘 보여준다. 질문을 던지고, 의문을 유도하고, 증거를 확보해 의혹을 해소하는 절차를 반복하면서, 이들은 점차 복잡하고 심오한 경전해석 작업에까지 참여하여 스승에게 힘을 실어주었다.

강진생활 초기에는 다산 혼자서 모든 작업을 감내했다. 그리고 초고가 완성되면 멀리 서울로 보내 자식들로 하여금 깨끗이 정서하여 제본해서 내려보내게 했다. 하지만 이런 번거롭고 시일이 걸리는 작업도 제자들이 성장해감에 따라 불필요해졌다.

능률을 확대하라

이후 다산초당은 집체작업에 의한 지식경영의 산실로 거듭났다. 다산의 현손(玄孫)인 정규영(丁奎英)이 1921년에 정리한『사암선생연보(俟菴先生年譜)』에 나오는 다음 대목은, 다산초당에서 진행된 집체작업의 현장을 너무나도 생생하게 증언하고 있다. 그 엄청나고 방대한 작업량의 비밀이 이 글을 통해 확연하게 드러난다.

공이 20년 가까이 고독하고 우울하게 지낼 때, 다산초당에서 연구와 저술에 마음을 쏟아 여름 무더위에도 쉬지 않았고, 겨울밤에는 닭 우는 소리를 들었다.
제자 중에 경서와 사서(史書)를 부지런히 열람하고 살펴보는 사람이 두어 명, 부르는 대로 받아쓰며 붓을 나는 듯 내달리는 사람이 두어 명이었다. 손을 바꿔가며 수정한 원고를 정서하는 자가 두세 사람, 옆에서 거들어 줄을 치거나 교정·대조하거나 책을 매는 작업을 하는 자가 서너 사람이었다.
무릇 책 한 권을 저술할 때에는 먼저 저술할 책의 자료를 수집하여 서로서로 대비하고 이것저것 훑고 찾아 마치 빗질하듯 정밀을 기했던 것이다.『시경』과『서경』에 관한 책을 저술할 때에는 먼저『시경』과『서경』에 관한 자료를 모으고,『춘추』를 고징할 때에는 먼저『춘추』에 관한 자료들을 모았다. 그러므로 저술한 책의 경지(經旨)는 구름을 헤치고 햇빛을 보는 것 같지 않은 것이 없어서 조금이라도 희미하고 흐린 기운을 띤 것이 없었다.
『사암선생연보(俟菴先生年譜)』

이 글을 통해 확인할 수 있는 내용은 대략 이렇다. 일년 내내 초당은 풀가동되었다. 제자들은 역량에 따라 카드작업하는 사람, 베껴쓰는 사람, 교정보는 사람, 제본하는 사람 등으로 역할을 나눠 일사불란하게 작업을 진행했다. 작업목표가 정해지면 가장 먼저 관련정보를 수집했다. 정보가 모이면 각각의 정보를 하나하나 교차대조했다. 정보의 우열과 정오(正誤)를 판단하고, 스승이 내려준 구체적이고도 상세한 지침에 따라 분량을 나눠 작업했다. 일단 이들의 1차작업이 끝나면 다산이 이를 총괄하여 점검하고, 부족한 부분을 보완하고 잘못된 곳을 수정·검토했다.

『목민심서』 편찬과정을 이에 비추어 추정해보면 이렇다. 다산은 먼저 자신의 경험을 바탕으로, 목민관의 부임에서 이임까지의 과정을 12단계로 나눠 단계별로 각 6조항씩 72개 항목을 설정했다. 이 목차와 범례에 따라 다산은 중국의 23사(史)와 우리나라의 역사기록 및 역대 문집에서 목민관의 사례를 가려뽑는 작업을 시작했다. 제자마다 능력에 맞게 적절한 분량의 작업량이 할당되었다. 제자들은 주어진 지침에 따라 초서(鈔書), 즉 카드작업에 돌입했다.

새소리만이 적막을 깨는 초당의 여름날은 좁은 공간에 여럿이 들어앉아 이따금 책장 넘기는 소리, 한쪽에서 먹 가는 소리, 웅얼거리며 책 읽는 소리만 들려오는 기괴한 광경이었을 것이다. 이렇게 계절이 바뀌고 겨울이 오는 동안, 각종 서적에서 뽑아낸 작업카드는 방 한 켠에 차곡차곡 쌓여갔을 테고, 그 한편에서 다산은 끊임없이 작업을 마친 카드를 검토하며 항목의 타당성을 중간점검하고, 전체 작업을 독려했다. 다산은 실제로 이 모든 과정을 진두지휘한 야전사령관이었고, 총괄기획자였으며, 책임편집자였다.

다산은 실제 젊은 시절부터 집체작업을 경험했다. 34세였던 1795년 금정찰방으로 쫓겨나 있을 때, 다산은 온양 봉곡사에서 열흘 동안 목재 이삼환을 좌장으로 이 지역의 선비 10여 명과 함께 집체작업으로 성호 선생의 『가례질서』를 교정하고 편집했다. 다산의 「서암강학기」는 이때의 작업과정과 공부내용을 꼼꼼히 정리한 것이다.

다음은 그 이듬해 규영부 교서(校書)가 되었을 때의 기록이다.

　　병진년(1796) 겨울에 나와 이익진, 박제가가 부름을 받아 규영부로 들어가 『사기』를 교정하였다. 내고(內庫)에 소장된 여러 판본의 『사기』를 모두 내오게 하여, 이동(異同)이 있는 곳마다 여러 판본에서 가려뽑아 좋은 것을 취하라고 명하셨다. 이에 본문을 중심으로 각주를 찾고, 각주를 바탕으로 백가의 서적을 뒤져, 하나라도 고증할 만한 것이 있으면 문득 감히 내주기를 청하였다. 그래서 내고에 비장된 서적들을 열에 한둘은 엿볼 수 있었다. 　「규영부교서기(奎瀛府校書記)」 6-147

여럿이 함께 서로 점검해가며 하나하나 원문을 대조하고 주석을 확인하고 관련 원전을 살피는 과정을 볼 수 있다. 이러한 집체작업의 경험이 강진 시절 효율적인 지식경영의 토대가 되었던 셈이다.

　　다산은 말한다. 백짓장도 맞들면 낫다. 혼자 다 하려 들지 마라. 능률은 오르지 않고 힘만 빠진다. 다만 집체작업이 위력을 발휘하려면 구성원을 적재적소에 배치할 수 있는 안목이 있어야 한다. 저마다 잘할 수 있는 일을 골라 믿고 맡겨라. 중간중간 점검하고 체크하면서 부족한 점을 채우고 넘치는 것을 덜어내라. 그렇게 해서 한 번 갖춰진 팀워크는 한 번으로 끝나지 않고 계속 반복해서 확대재생산된다. 가속도가 붙는다.

37. 목표량을 정해놓고 그대로 실천하라
정과실천법(定課實踐法)

을묘년(1795) 겨울, 내가 금정에 있을 때였다. 이웃사람에게서 『퇴계집』 반 권을 얻었다. 매일 새벽에 일어나 세수를 마치는 대로 다른 사람에게 보낸 편지를 한 편씩 읽어나갔다. 그런 뒤에야 아전 관속들의 문안인사를 받았다. 정오쯤 되면 그 글의 내용을 한 조목씩 부연하여 떠오르는 대로 적어, 스스로 깨우치고 반성하곤 했다. 돌아와 이를 이름지어 '도산사숙록'이라 하였다.
【「도산사숙록(陶山私淑錄)」 9-83 】

목표량을 결정하라

정과실천(定課實踐)은 매일 일정한 목표를 세워놓고 계획에 따라 실천해나가는 것이다. 사람의 마음은 안일(安逸)을 기뻐한다. 공부도 규칙적인 리듬을 갖지 못하면 제풀에 나가떨어지기 쉽다. 전체의 계획을 세우고 거기에 소용되는 날짜를 계산한 후, 하루에 할 수 있는 작업량을 결정하는 것까지가 정과(定課)다. 문제는 실천인데, 아이들의 방학중 생활계획표처럼 세워만 놓고 지키지 않으면 아무 소용이 없다.

다산은 비방을 입고 금정찰방으로 좌천되어 갔을 때, 이웃에서 전

권도 아닌 반 토막만 남은 『퇴계집』을 우연히 얻었다. 인간에 대한 환멸로 가득하던 그때 마침 펴든 대목이 퇴계의 편지를 모아둔 부분이었다. 처음에는 무료해서 한두 편 읽다가 나중에는 정신이 번쩍 들어 자세를 고쳐앉아 하루에 한 편씩 아껴서 읽었다. 아침에 세수한 후 자세를 바로 하고 소리를 내서 편지 한 편을 읽고 나서야 비로소 하루일과를 시작했다. 그러고는 오전 내내 아침에 읽은 내용을 음미했다. 점심을 물리고 나서 남들 낮잠 잘 시간에 편지글에 대한 자신의 독후감을 하나하나 메모했다.

이렇게 해서 다산은 모두 33편의 편지에 자신의 평설을 달았다. '도산사숙록(陶山私淑錄)'이라는 제목의 소책자가 만들어졌다. 제목의 의미는 퇴계 선생을 마음으로 만나 스승으로 사숙했다는 뜻이다. 하루 한 편씩의 독서가 참으로 달고 고마웠던 듯, 다산은 다른 글에서 이렇게 말했다.

저는 근자에 퇴계 선생의 유집을 얻어, 마음을 가라앉히고 찬찬히 음미하고 있습니다. 그 깊고 오묘함과 아마득함은 실로 후생말류가 감히 엿보아 헤아릴 수 있는 바가 아닙니다. 그런데도 이상스럽게 정신과 기운이 편안해지고 뜻과 생각이 차분해져서 피와 살과 근육이 모두 안정되고 가라앉아, 지금까지 조급하게 날뛰던 기운이 점점 내려갑니다. 아마도 이 낡은 책 한 권이 과연 이 사람의 병통에 약이 되는 것인지요. 「이계수에게 답함(答李季受)」 8-53

어떤 글은 읽다 말고 기뻐 뛰고 감탄하며 무릎을 치다가, 감격해서 눈물을 흘리기까지 했다. 당시 그의 처지와 내면이 그만큼 황폐했기 때문이기도 하겠지만, 어쨌든 우연히 얻은 반 권의 책으로 실의의 마음을 다잡아 야금야금 곶감을 빼먹듯 아껴가며 한 편 한 편 읽어나갔다.

실제 옛 선비의 기록에서 하루의 일과를 계획해 적은 글은 적지 않게 볼 수 있다.

새벽에 잠깨면 『논어』 본문 한 편을 묵묵히 외운다. 아침에 일어나 다시 앞서 외운 『논어』 가운데 의심나는 곳을 찬찬히 살핀다. 세수하고 머리 빗은 뒤에 『주역』 「계사(繫辭)」의 한 장 또는 두세 장씩을 힘 닿는 대로 읽는데, 30번씩 읽는다. 밥 먹은 뒤에는 『주자대전(朱子大全)』과 『주자대전차의(朱子大全箚疑)』 그리고 『고증초고(考證草藁)』를 자세히 따져가며 읽고, 몇 쪽씩 베껴쓴다. 피곤하면 눈을 감고 고요히 앉아 있는다. 어떤 때는 『남헌집(南軒集)』을 몇 쪽 뒤적여본다. 아침식사 전에 읽은 횟수가 30번을 못 채웠으면, 추가로 읽어 수를 채운다. 저녁밥을 먹은 뒤에는 등불을 밝혀놓고 「계사」를 열 번씩 줄줄 읽는다. 또 밤마다 지금까지 읽은 것을 한데 합쳐 외우고, 날마다 읽은 것을 되풀이해 음미한다.

임성주, 「임술 납월 여강에서 청협 옥화대로 가서 머물 때의 일과 〔壬戌臘月自驪江往留淸峽玉華臺時課程〕」, 『녹문집(鹿門集)』

임성주(任聖周, 1711~1788)가 한겨울을 옥화대(玉華臺)에서 나며 공부할 당시의 하루일과를 적은 글이다. 책읽기로 시작해서 책읽기로 끝나는 하루다. 같은 책을 읽고 또 읽어 나중엔 아예 통째로 외워버렸다. 옛 선비들은 이렇게 한겨울에는 산사나 궁벽한 암자로 찾아들어가 독서로 삼동을 났다. 동접(同接)의 벗들과 짝을 지어 서로 독려하며 공부하기도 했다.

이때 임성주는 한겨울 독서의 목표를 『논어』와 『주역』「계사전」 그리고 『주자대전』에 두었던 모양이다. 이렇게 한번 산속에 들어갈 때마다 독하게 사려앉아 뚝심 있게 공부했다.

독려하고 경쟁하라

다산은 17세였던 1778년, 화순현감으로 내려가 있던 아버지를 따라가서 그곳에 머물렀다. 그해 겨울 둘째형 정약전과 함께 근처 동림사(東林寺)로 들어가 형은 『상서』를, 자신은 『맹자』를 읽었다. 이때 일을 다산은 이렇게 회고했다.

마침 첫눈이 쌀가루처럼 흩뿌려 산골물이 얼려고 했다. 산림과 대나무의 빛깔은 모두 새파랗게 질려 잔뜩 움츠렸다. 아침저녁으로 소요하면 정신이 맑고 엄숙해졌다. 자고 일어나 바로 시냇물로 달려가 양치하고 세수했다. 밥때를 알리는 종이 울리면 여러 비구들과 함께 줄지어앉아 밥을 먹었다. 저물어 별이 보일 때면 언덕에 올라 휘파람을 불며 읊조렸다. 밤에는 게송과 불경을 외우는 소리를 듣고 나서 다시 책을 읽었다. 이와 같이 한 것이 무릇 40일이었다.

「동림사독서기(東林寺讀書記)」 6-112

구체적인 정과(定課)의 내용은 보이지 않지만, 40일간 새벽에 일어나 아침밥 먹기 전까지, 아침식사 후부터 점심때까지, 다시 식사 후 잠깐 쉬고 저녁때까지 계속 책을 읽었다. 저녁식사 후에는 휴식을 겸하여 절 뒤편 언덕을 산보하며 하루의 피로를 풀었다. 승려들

화순 만연산자락에 위치한 동림사지에 세워진 다산 선생 독서비. 둘째형 정약전과 함께 다산은 동림사에서 40일간 머물며 『맹자』를 읽고 형제간에 젊은 열정을 토론했다.

의 저녁예불이 끝나면 다시 책을 읽었다. 온종일 형제가 마주앉아 『상서』와 『맹자』를 읽고 또 읽었다.

옛사람들의 독서는 다독(多讀)이 기본인데, 흔히 생각하듯 여러 종류의 책을 많이 읽는 다독이 아니라, 한 종류의 책을 되풀이해 읽는 다독이었다. 독서백편의자현(讀書百遍義自見), 즉 책을 백 번 읽으면 의미가 저절로 드러난다는 말은 바로 이를 두고 하는 말이다. 다산은 이해 겨울 동림사에서 한 독서에 대해 「선중씨묘지명」에서 또 이렇게 적었다.

옛날 무술년 겨울, 아버님이 화순현감으로 계셨다. 나는 손암과 함께 동림사에서 독서했다. 40일 만에 『맹자』 한 부를 마쳤다. 미묘한 말과 의미를 인가받은 바가 많았다. 얼음물로 양치하고 눈 덮인 집에서 잠 못 들 때면 늘 요순시절의 임금과 백성을 이루려는 뜻이 있음을 말하곤 했다.
「선중씨묘지명(先仲氏墓誌銘)」 7-96

형제는 읽다가 막히거나 모호한 대목이 있으면 토론을 벌여 서로를 인가했다. 가슴속에 깊이 숨겨둔 젊은날의 포부도 이런 독서의 과정에서 익어갔다. 뒤에 아버지가 예천군수로 옮겨가자 이번에는 그곳의 황폐한 향교에 틀어박혀 또 책을 읽었다.

한번은 겨울에 주어사(走魚寺)에 머물면서 강학하였다. 모인 사람은 김원성, 권상학, 이총억 등 몇 사람이었다. 녹암(鹿庵)이 몸소 규정을 주어, 새벽에 일어나면 얼음물을 떠서 세수하고 양치한 후 「숙야잠(夙夜箴)」을 외게 하고, 해가 뜨면 「경재잠(敬齋箴)」을 외고, 정오에는 「사물잠(四勿箴)」을 외며, 해가 지면 「서명(西銘)」을 외게 하였다. 장엄하면서도 삼가고 공손하여 법도를 잃지 않았다.

「선중씨묘지명(先仲氏墓誌銘)」 7-89

이 글은 중씨인 정약전이 녹암 권철신(權哲身, 1736~1801)의 문하에 들어가, 주어사에서 겨울을 나며 공부할 때의 과정을 다산이 설명한 대목이다. 각자 책을 읽고 토론하며 공부하는 한편으로, 매일 정해진 시간에 선현의 잠명(箴銘)을 외워 마음을 다잡았다.

이렇듯 일과를 정해놓고 삼동을 나는 독서는 혼자서 하는 것이 아니라 동학 또는 형제가 함께 함으로써, 서로를 독려하고 경쟁하면서 학습효과를 창출해내는 보람이 있었다. 다산도 뒤에 곡산부사가 되었을 때 정당건물을 짓고 남은 자재로 작은 누각을 지어 자식들로 하여금 그곳에서 공부하게 했다. 책의 향기를 맡고 먹의 맛을 맛보라고 누각 이름을 '서향묵미각(書香墨味閣)'이라고 붙였다.

긴장을 놓지 말라

젊은이들만 날마다 일과를 정해 공부했던 것은 아니다. 벼슬에서 물러나 한가해지거나 귀양지에서 주체할 수 없는 시간과 마주할 때도 이 정과독서는 마음을 다잡고 무절제해지기 쉬운 생활에 긴장을 주는 효과가 있었다.

예전 돌아가신 아버님께서 벼슬을 그만두고 집에 계실 적에 『주역』을 읽으셨습니다. 하루에 한 괘씩 읽으셨는데, 이때 저는 곁에서 참관하였지요. 오직 가락을 맞추어 기쁘게 감상하시는 것만 보았지 질문을 해보지는 못했습니다. 이것은 임진년과 계사년 사이의 일입니다.

뒤에 경의진사(經義進士)가 되어 회현방의 누산(樓山)으로 이사가 살 때 개연히 스스로를 탓하며 말했습니다. "명색이 경의진사라면서 『주역』도 안 읽었단 말인가? 읽었다고는 해도 안 읽은 것과 같다." 벼슬길에 나아가 내각에 소속되어서는 사서삼경을 교과로 하여 날마다 향안 앞에서 가르침을 받았습니다. 기뻐 스스로 하례하였습니다. "이제야 성인에게서 『주역』을 배울 수 있겠구나."

「윤외심에게 보냄(與尹畏心)」 8-126

다산은 벼슬에서 물러난 아버지가 매일 『주역』의 괘 하나씩을 일과로 삼아 독서하는 것을 보았다.

그 자신도 정조의 조정에 나아간 후 『주역』뿐 아니라 『시경』 등을 일과로 정해놓고 임금에게 배웠다. 정조는 날마다 과제를 내주고 끊임없이 질문을 던져 신하들을 괴롭혔다. 사실 다산은 이 엄격한 훈련과정에서 경학연구의 바탕을 다질 수 있었다. 정조는 툭하면 다산에게 주제를 정해주고 그 주제에 대해 조사하여 짧은 시간 안에 보고서를 제출하라고 요구했다. 화성 축성의 제도 및 배다리 제조와 같은 토목공학적인 과제로부터 경전이나 『사기』 등의 주석에 이르기까지 내용도 다양했다.

후에 강진으로 귀양온 뒤에는 예전에 아버지가 그랬던 것처럼 그 자신도 일과를 정해 경학연구에 몰두했다. 그것은 하루 작업의 목표량을 정한 후, 날마다 이것을 누적해가는 방식이었다. 다산의 방대호한한 저술은 하루하루 정과를 실천하고, 제자들의 집체작업에 의한 성실한 뒷받침이 있었던 결과이지, 다산 자신의 천재성 때문만은 아니었다.

윤계진에게 보낸 편지에서는 "서각 위에서 매일 새벽 맨머리로 고문 몇 쪽을 베껴씁니다. 참으로 즐거움은 쓴 열매에서 나오는 법이지요"라고 적었다. 매일 새벽 고문을 몇 쪽씩 베껴쓰는 것을 일과로 삼아 문장공부를 하는 장면이다.

또 한제원에게 보낸 편지에서도 "저는 근래에는 대유재(大酉齋)로 가서 교서하지 않고, 편안하게 여유당에서 초서를 하며 지냅니다. 풍차나 물레방아가 곡식이 있어도 빻고 곡식이 없어도 빻는 것과 한가지니, 어느 때고 수고롭지 않겠습니까? 다만 머리에 관을 쓰지 않고, 허리에 띠를 두르지 않으니 조금 쾌활할 뿐입니다"라고 했다. 물레방아가 빻을 곡식이 있건 없건 계속 돌아가며 방아질을 하듯이, 교서관에서 일할 때나 집에서 쉴 때나 끊임없이 책을 펼쳐 필요한 대목을 카드작업하는 다산의 모습을 볼 수 있다.

예를 들어 다산의 초서작업은 이런 식이었다. 먼저 고문 중에서 『시경』의 작품에 대해 설명한 내용을 모두 모아 카드작업을 한다. 이렇게 해서 카드가 쌓이면 이를 다시 『시경』의 차례에 따라 편차를 매겨 한 권의 자료집으로 묶는다. 그러다가 정조가 『시경』을 강의할 때 어떤 작품에 대해 질문을 하면, 미리 정리된 자료에 근거해 조목조목 열거하여 대답했다.

하지만 어떤 카드는 임금의 질문에 포함되지 않아 한 번도 못 써먹은 것도 있었다. 그러면 다산은 그것을 그냥 버리지 않고 빠진 것만 따로 모아 한 권의 책으로 묶고 제목을 '풍아유병(風雅遺秉)'이라 달았다.

기록으로 보관하라

강진 유배지에서 하루도 쉬지 않고 목표를 정해 앞으로 나아간 결과, 나중에는 건강에 적신호가 켜졌다. 정약전에게 보낸 편지에서는 "지금은 기력이 점점 쇠약해져서 몇 달 사이에 빠진 이가 셋입니다"라고 적었다. 머리카락도 빠져 대머리가 다 되었다. 중풍까지 와서 작업에 집중할 수 없는 몽롱한 상태가 오래 지속되었다. 저절로 신경쇠약증세도 따라왔다. 이렇게 되자 주변에서 책을 못 보도록 말렸다. 그만 쉬어야 한다고 했다. 하지만 다산은 마음이 급했다. 눈앞에 산적한 작업을 놓아두고 한가하게 마음공부에만 몰입할 수가 없었다.

도인법이 틀림없이 유익한 줄은 압니다. 하지만 12년간 새벽에 일어나 밤중에 잠자리에 들면서 육경을 공부하는 일에 다급하다 보니 이것을 할 겨를이 없었습니다. 이제 다행히 육경을 마쳤으니, 마땅히 방 하나를 깨끗이 쓸어 아침저녁으로 노력하는 틈틈이 도인법에 뜻을 둘까 합니다. 방 가운데 한 권의 책도 없으면 더욱 좋겠지만, 다만 해묵은 습관을 버리기가 어려워 마침내는 다시 문묵을 일삼고 있을 뿐입니다.

「중씨께 답함(答仲氏)」 8-232

건강을 생각해서 도인법을 하라는 형님의 편지를 받고 쓴 답장이다. 도인법(導引法)은 도가에서 행하는 일종의 건강체조다. 호흡법과 굴신운동을 통해 기의 운행을 순조롭게 하는 것이다. 하지만 다산은 지난 12년간 육경공부에 매달리느라 한가롭게 앉아 체조나 하고 있을 틈이 없었다고 했다. 이 글 말고도 여러 편지에서 다산은 아예 방을 텅 비워놓고 마음공부를 하려다가도 몸에 밴 정과실천의 버

강진 보은산 고성사 풍경. 대웅전과 요사채의 사이, 소나무가 선 자리에 허리를 숙여야 겨우 들어갈 만한 좁은 암자, 보은산방이 있었다. 지금의 가람은 최근에 새롭게 지은 것이다.

릇을 어찌지 못해 어느새 책 앞에 앉아 초서하고 있는 자신을 발견하고는 스스로도 말릴 수 없다는 언급을 많이 남겼다.

강진 유배 초기에 다산은 폐족이 된 자신들의 처지를 비관하여 자포자기하려 하는 자식들의 마음을 다잡아 학문에 몰두하게 하려고 무던히 애를 썼다. 1805년 겨울에는 큰아들 학연(學淵)이 강진으로 아버지를 찾아왔다. 다산은 이 기회에 아들을 공부시키려고, 함께 성 북쪽 우두봉(牛頭峯) 아래 절집인 보은산방(寶恩山房)으로 가서 일과를 정해 『주역』과 『예기』를 가르쳤다. 그냥 가르치기만 한 것이 아니고, 의심스러운 곳을 반드시 선후맥락을 갖춰 질문하게 했다.

다산은 아들의 질문과 자신의 답변을 상세하게 기록했다. 이렇게 해서 모두 52칙의 문답이 정리되었다. 다산은 그것을 그냥 버리지 않고, '승암문답(僧菴問答)'이라는 제목의 소책자로 묶어 갈무리해두었다. 아들은 그 기록을 보고 앞서 했던 공부의 과정을 복습하고, 현재의 공부상태를 점검할 수 있었다.

이후 다산초당으로 거처를 옮겨서도 다산은 이곳 제자들에게 『주역』을 강의했고, 제자들과 토론한 내용을 묶어 다시 「다산문답(茶山問答)」으로 묶었다. 다산은 늘 이렇게 과정을 그저 흘려버리지 않고, 기록을 통해 경험을 누적하고 이전시켰다. 날마다 규칙적으로 초서하고, 목표를 정해 공부하던 습관과 정리벽이 낳은 결과였다.

다산은 말한다. 목표를 세워 전체 규모를 장악해야 한다. 목표는 하루단위로 쪼개 확실하게 실천해라. 달성하지 못할 목표는 세워서는 안 된다. 작업의 방향을 정하고, 전체 작업량을 예상한 후, 가능한 일자를 가늠하면 하루에 해야 할 일의 분량이 나온다. 이것을 흔들림 없이 밀고나가야 한다. 차질 없이 밀어붙여야 한다.

38. 생각을 끊임없이 조직하고 단련하라
포름부절법(庖廩不絶法)

처음 교제할 때는 마땅히 질박하고 성실함을 숭상할 뿐, 다만 찬미하는 것은 제 성품에 능히 하지 못하는 바입니다. 하지만 오래전부터 답답하게 여기던 문제를 가려운 곳을 긁듯 해주시니 절로 경도됨이 여기에 이름을 금하지 못하겠습니다. 나무라지 않으시면 매우 다행이겠습니다. 한두 가지 질문은 풀이가 별지에 있습니다. 간절히 바라기는 일깨움을 다시 내려주셔서 포름(庖廩)이 이어지기를 삼가 기다리며 절을 올립니다.

【 김매순, 「또 보내온 편지(又書)」 8-247 】

비판을 수용하라

포름부절(庖廩不絶)은 계속되는 토론을 통해 문제를 심화하고, 성과를 함께 나누는 것이다. 포름(庖廩)은 고기와 쌀을 가리킨다. 사람이 살아가는 데 힘이 되는 양분을 여기서 얻는다. 밥과 고기를 끊이지 않고 먹어야 신체가 건강해진다. 학문의 길에서 훌륭한 토론자의 지적과 일깨움은 정신의 고기요 쌀이다. 서로 의견을 주고받으며 토론을 거듭하는 동안 문제가 더욱 선명해지고, 정리가 요령을 얻으며, 논리에 힘이 붙는다. 공부에서 중요한 것은 소통이다. 소통을 거부하는 것은 학문의 일과는 관련이 없다. 귀를 막고 제 소리만 떠들어서는 곤란하다.

앞의 글은 김매순이 다산의 『매씨서평(梅氏書平)』을 읽고 감동한 나머지 보내온 편지의 끝부분이다. 다산은 김매순에게 자신의 『매씨서평』을 꼼꼼히 읽고 잘못된 점을 지적해달라고 부탁했다. 이에 김매순은 내용의 진실함과 필력의 굳셈이 아무도 당해낼 자가 없을 정도여서 오직 망연자실할 뿐이었다고 하면서, 부분적인 내용의 문제를 지적하는 긴 답장을 보냈다. "포름이 이어지기를 바란다"는 말은 자신이 제기한 문제에 대해 답을 주어, 자신에게 영양가 있는 가르침을 계속 내려달라는 뜻이 담긴 겸사다.

그렇다고 김매순이 다산의 모든 논리에 승복했던 것은 아니다. 김매순은 모두 15항목을 지적했고, 다산은 또 이에 대한 답장을 써서 인정할 것은 인정하고 고집할 것은 고집했다. 그중 한 단락을 살펴보자.

김매순 : '그 뼈가 이미 허옇다.' ○노공왕(魯共王)이 무제(武帝)의 말년을 볼 수 없었던 것은 증거가 이미 명확하고 이치가 마땅히 틀림이 없습니다. 다만 '그 뼈가 이미 허옇다'는 표현은 전아함이 조금 부족한 듯합니다. '무덤의 나무가 이미 아름드리가 되었다'로 고치는 것이 낫겠습니다. 　　　　　　　　　　　　김매순, 「또 보내온 편지〔又書〕」 8-249

다산 : '그 뼈가 이미 허옇다'는 표현은 바로 약삭빠르고 경박한 말투여서 부끄럽기 짝이 없습니다. 이것은 20년 전에 지은 것이니 말할 것도 없고, 지금도 또한 조금만 취하면 글을 쓸 적에 이 같은 말투가 튀어나옵니다. 얼마 못 가서 역시 뉘우치지만, 습기(習氣)의 병통은 갑작스레 없애기가 어렵군요. '무덤의 나무가 이미 아름드리가 되었다'가 좋겠습니다. 　　　　　　　　　「김덕수에게 답함〔答金德叟〕」 8-240

조금 가벼워 보이는 표현을 지적하자, 다산이 전적으로 수긍하고 기꺼이 고치는 장면이다. 김매순이 지적한 15항목에 대해, 표현이 적절치 않거나 고증에 문제가 있는 8항목은 "마땅히 고치겠습니다"라고 대답하여 수긍했고, 나머지는 "다시 검토해보겠습니다"나 "지금은 우선 보류하겠습니다" 등으로 대답하여 동의하지 않거나 좀더 생각해보겠다는 뜻을 밝혔다.

보완을 유도하라

당시 다산의 『매씨서평』을 두고 김매순과 김기서 등이 서로 찌를 붙여가며 다산과 함께 삼각토론을 진행하고 있었다. 토론에 임하는 이들의 태도에 대해서는 이미 앞서 대부상송법(大夫相訟法)을 논하는 자리에서도 살핀 바 있다(17절). 다산은 『매씨서평』에 대한 질정을 부탁하면서 다음 세 가지를 당부했다.

첫째, 절대로 다른 사람에게 보여주거나 말하지 말 것. 둘째, 하자가 있는 대목은 지적하여 윗부분에 찌를 붙여줄 것. 셋째, 내가 죽으면 초본을 가져다가 함께 의논하여 불태워버릴 것. 이 문제가 워낙 민감하고 미묘한 쟁점이었으므로 그랬겠지만, 어조가 자못 비장한 데가 있다.

김매순은 다산의 당부대로 찌를 붙여 문제를 제기하고 나서, 이 책을 자기에게 소개한 김기서에게 책을 읽어본 자신의 소감을 다음과 같이 써보냈다.

『매씨서평』을 여러 날 마음 쏟아 겨우 한 책을 마쳤습니다. 정밀한 식견과 확고한 논리는 갈수록 사람을 놀래키니, 천지 사이에 손꼽을 만한 글이라 하겠습니다. 하늘이 이 노인을 보내신 것이 우연이 아님을 비로소 깨닫습니다. 훌륭한 책을 보게 해 돌보아주시는 은혜를 부지런히 하시니 더욱 깊이 감격합니다. 경계한 바 세 조항에서 첫 번째 조항은 감히 명을 따르지 않을 수 없고, 두 번째 조항은 비록 감당할 수 없지만 제 생각을 마땅히 받들어올리겠습니다. 세 번째 조항에 이르러서는 절대로 받들 수가 없습니다. 만에 하나 세상을 뜬 뒤에는 두백산(杜伯山)이 되어 위굉(衛宏)과 서순(徐巡)을 기다리겠습니다.

김매순, 「또 보내온 편지(又書)」 8-249

『매씨상서』는 동진(東晉)의 학자 매색(梅賾)이 위찬(僞撰)한 『고문상서(古文尙書)』를 가리킨다. 이 책의 진위여부는 당대 학계를 뜨겁게 달군 큰 쟁점 중 하나였다. 특히 이 가운데 인용된 "인심유위(人心有危), 도심유미(道心有微), 유정유일(惟精惟一), 윤집궐중(允執厥中)"의 16자는 이전에 주자가 이를 심정(審定)하여 인가하였으므로, 이 책을 위서로 돌릴 경우 주자의 학설을 부정하는 것으로 비칠 위험이 있었다. 다산이 절대로 다른 사람에게 보이지 말고, 자기가 죽으면 불태워버리라고 한 것은 이 때문이었다.

김매순은 이 『매씨상서』가 위서임을 입증한 다산의 『매씨서평』을 읽고 크게 놀랐다. 다산의 세 가지 당부 중 처음 두 조항은 그대로 따르겠지만, 죽은 뒤 태워버리라는 당부만큼은 절대로 따를 수 없다고 했다. 위의 글 끝에서 '두백산' 운운한 것은, 잘 보관하였다가 적임자를 찾아 후세에 전하겠다는 뜻이다.

이에 대해 김기서도 별지를 보내왔다.

이제 이 16자는 이미 주자의 감정(勘定)을 거쳤으므로 타파하기가 쉽지 않을 겝니다. 만약 매색을 편드는 무리가 일어나 이를 공격하여 "겉으로는 모기령을 쓸어버린다고 칭탁하면서 속으로는 실제로 주자를 어지럽히는 것이다"라고 한다면 장차 무슨 말로 답하시렵니까? 하지만 이 한 단락 때문에 영원히 책상자에 숨겨두는 것 또한 몹시 가석한 일입니다. 말투를 조금 고쳐 그 말을 조금 곱게 다듬어 의심을 전하는 방법으로 한 세상에 널리 배포하여 무궁한 후세에 전해지게 한다면 어찌 사문의 다행이 아니겠습니까?

이 책을 지은 것은 본래 모기령의 '원(冤)'이라는 한 글자로 인하여 뜻을 일으킨 것이어서, 그 이름을 '평(平)'이라 했던 것입니다. 이미 평이라 하고 보니, 그 글이 옥사를 다스리는 글의 문체를 많이 썼습니다. 간혹 재주를 너무 부린 곳도 있고, 혹 희극에 가깝기도 합니다. 이따금 되려 모기령의 필의를 본뜬 것까지 있어 이것이 큰 흠결입니다.

제 생각으로는 원컨대 그대의 가슴속에서 매색과 모기령을 쓸어버리고, 다만 경전을 바루고 이치를 밝힌다는 마음으로, 문체는 근엄함을 좇기에 힘쓰고 말의 기운은 평정함에 가깝게 써서 별도로 『고문상서변(古文尚書辨)』1본을 이룩하여 썩지 않을 책이 되게 하여주십시오.

김기서, 「또 보내온 편지[又書]」 8-257

다산의 이 『매씨서평』이라는 책의 제목은 매색 이후 모기령의 「고문상서원사(古文尚書冤詞)」로 제기된 논란을 깨끗이 쓸어 평정하겠다는 뜻에서, 『매씨상서』를 평정(平定)한다는 의미로 붙인 것이었다. 따라서 다산은 이 책의 기본문체로 매색과 모기령의 잘못을 나무라고 추궁하는 판결문의 논조를 사용했다. 하지만 이 점 때문에 김매순이나 김기서가 보기에는 감정조절이 잘 안 되고 문체가 군데

군데 과격하거나 우스꽝스러워, 논리의 엄정함에도 불구하고 얼마간 생뚱맞은 느낌이 있었다. 또 악의를 가진 자들이 "모기령을 비판한다면서 속으로는 주자를 반박하려는 불순한 의도가 있는 책"이라고 오해할 소지도 다분히 있었다. 그래서 문체의 과격함을 누그러뜨려 평정하게 쓰고, 단정적 언사를 완곡하게 바꿔, 세상에 널리 읽히는 것이 좋겠다고 한 것이다. 앞서 김매순이 지적한 '뼈가 이미 허옇다' 같은 표현이 바로 그런 예였다.

앞에서 말한 16자를 주자는 일찍이 높여 받든 바 있다. 이 말을 특별히 강조해서 『중용』 서문에도 실었고, 「감흥」 시에도 인용했다. 주자는 이것을 성학(聖學)의 큰 바탕이 되는 가르침으로 중시했다. 그런데 이를 가짜라 하여 인정하지 않으면, 화살은 결국 매색이 아니라 주자 쪽으로 향하게 된다는 얘기다. 김기서와 김매순은 모두 다산에게 공연한 해가 미칠 것을 끝까지 염려한 것이다.

인정하되 지적하라

두 사람의 별지를 전해받은 다산은 다시 답장을 썼다. 먼저 김매순에게 보낸 답장의 앞부분이다.

『매씨서평』은 귀양간 첫해에 지은 것입니다. 그때는 습기(習氣)가 아직 제거되지 않은데다 가슴속에 쌓인 울분이 가라앉지 않아, 어쩌다가 마음을 격동시키는 것이 있으면 한바탕 통렬하게 나무라야만 겨우 조금 마음이 시원해지곤 했습니다. 이것이 어찌 도를 배우는 사람의 일이겠습니까? 형께서도 또한 마땅히 패관소설처럼 보실 일이지, 사문에 갖춰두고 손꼽을 수 있는 것이 아닙니다. 지적해주신 여러 깨우침은 모두 병통에 꼭 들어맞습니다. 삼가 마땅히 고쳐 다듬어, 감히 머뭇거리지 않겠습니다. 「김덕수에게 답함[答金德叟]」 8-238

김매순이 별지 15항목에서 거친 표현을 지적하고, 미진한 대목을 질문하며, 과격한 논의를 재검토하라고 요청한 데 대한 답변의 일부다. 다산은 솔직하게 이 글을 쓸 당시 가슴속에 쌓였던 울분 때문에 문체가 다소 과격해진 점을 인정했다. 그리고 적절한 지적에 대해서는 적극 수용하겠다는 의사를 밝혔다. 하지만 김기서의 앞 별지에 대해서는 다음과 같이 답장했다.

『매씨상서』가 가짜임이 분명하게 밝혀졌다면, 이 16자는 절로 능히 서로 이어 하나의 글로 만들 수가 없습니다. 비록 송구함을 느끼지만 별 도리가 없습니다. 이 책으로 말하자면, 살아서는 책상자에 감춰둘 테니 와서 엿보는 사람이 없을 것이고, 죽어서는 재와 먼지가 되어 저절로 날려갈 것이어서, 처음부터 오래 전할 계획은 없습니다. 어찌 이리 지나치게 염려하십니까? 다만 지하에서 주자를 뵐 때 꾸짖음이 없기만 보장할 뿐, 나머지는 감히 살펴 따질 것이 못 됩니다. 「정산에게 답함[答鼎山]」 8-141

문맥을 누그러뜨리고 핵심을 슬쩍 비껴서 무난하게 다듬어 다른 방식의 책으로 묶는 것이 좋겠다는 김기서의 권고에 대해 다산은 일언지하에 거절했다. 맞으면 맞고 틀리면 틀린 것이지, 주자가 인정한 글이니 쓸데없는 논란을 피해 두루뭉술하게 넘어가는 것만큼은 못하겠다고 분명하게 밝힌 것이다. 자신이 주자를 비난하려 한 것이 아님은 지하에서 주자를 만났을 때 나무람을 받지 않을 것이라는 말로 대신했다.

두 사람 다 거침없이 지적하고 비판했지만, 모두 상대에 대한 깊은 존중과 인정의 바탕 위에서 이루어졌다. 이에 대해 다산 또한 인정할 것은 망설임 없이 인정하고, 물러설 수 없는 부분은 조금도 물러서지 않았다. 이렇게 남인과 노론 학자의 당색을 뛰어넘은 학문교류의 현장은 참으로 근사한 장면을 연출했다.

논리를 점검하라

다산이 큰 학문을 이룩할 수 있었던 데는 이렇게 열린 생각으로 함께 토론하고 기꺼이 비판한 주변 사람들의 도움이 컸다. 그중에서도 다산과 같은 시기 흑산도에서 귀양살이를 한 둘째형 정약전은, 다산이 자신의 유일한 지기(知己)라고 말했을 만큼 학문의 동반자요, 냉정한 비판자며, 마음을 나눈 벗이었다. 다산은 하나의 저술이 완성되면 바로 흑산도로 보내 질정을 청했다.

다산이 형에게 보낸 여러 통의 편지는 모두 이러한 토론과 질정의 구체적인 내용과 이에 임하는 두 사람의 자세를 잘 보여준다. 다산은 끊임없이 질문하고 따지고 추궁하고 반박하면서 자신의 논리를 점검하고 생각을 정돈했다.

『주역심전』이 이루어지자, 공이 이를 보고 말했다. "세 분 성인의 은미한 뜻이 이제 찬연히 밝아졌다." 뒤에 또 원고를 고쳐서 보내자, 공이 말했다. "초고가 동쪽 하늘에 나온 샛별이었다면 이번 원고는 태양이 중천에 떠 있는 것 같다."

『상례사전』이 완성되자, 공이 이를 보고 말했다. "가려운 데를 긁고 헝클어진 것을 빗질하며 양치하고 씻어낸 것이 마치 장탕(張湯)이 옥사를 다스린 것과 같아 사물이 실정을 감출 수 없다."

『악서고존』이 이루어지자, 공이 이를 보고 말했다. "2천 년 긴긴 밤 동안 꿈만 꾸고 있다가, 이제 대악(大樂)의 넋이 돌아왔다. 다만 양률(陽律)과 음려(陰呂)는 마땅히 각각 짝을 가지고 해야 하니, 천(天)이 3이면 지(地)는 2다. 예를 들어 황종(黃鐘) 81을 셋으로 나눠 하나를 덜면 대려(大呂) 54가 되고, 태주(大蔟) 78을 셋으로 나눠 하나를 덜면 협종(夾鐘) 52가 된다. 나머지도 모두 이것을 본뜬다. 12율을 형세에 따라 서로 차례매기게 하면 안 된다."

내가 가만히 공의 말을 생각해보니 참으로 확실하여 바꿀 수 없는 주장이었다. 이에 앞서의 초고를 버리고, 모든 것을 공의 말에 따랐다. 그러자 『의례(儀禮)』의 정현(庭縣)의 순서와 『주례(周禮)』의 「고공기(考工記)」와 「주어(周語)」 및 『좌전』의 의심스러운 글과 맞지 않던 숫자가 모두 다 절묘하게 맞아떨어져 터럭만큼도 어그러짐이 없었다.

「선중씨묘지명(先仲氏墓誌銘)」 7-94

다산은 형님의 인정을 받아야만 그 책을 비로소 다른 사람에게 보였다. 형은 아낌없이 칭찬하고 자기 일처럼 기뻐했다. 하지만 때로 결정적인 조언을 던져줌으로써 초고의 틀을 완전히 허물어뜨리고 새로 쓰게끔 만들기도 했다. 다산은 이렇듯 꼼꼼하게 살펴 정리한 모든 초고를 형님에게 보내 질정받았다. 또 강진 시절에는 이재의와, 뒤에 서울로 온 뒤에는 김매순과 김기서 그리고 신작 등과 자신의 저술을 놓고 찌를 붙이고 별지를 잇대가면서 토론을 주고받았다.

편지의 내용을 보면 다시는 안 볼 것처럼 과격한 말투를 서슴지 않았다. 하지만 이들은 끝까지 상대를 존중하며 아름다운 우정을 이어갔다. 다산의 위대성은 주변의 이런 숨은 조력자나 비판자들에 의해 더욱 굳건해질 수 있었다. 다산의 이런 충고는 또 어떤가?

세상의 문인이나 학자들은 혹 한 글자나 한 구절이라도 남에게 지적을 당하면 속으로 그 잘못을 알면서도 잘못을 꾸미고 그릇된 것을 수식하여 굽히려 들지 않는다. 심지어는 얼굴이 벌게지고 사납게 마음속에 품어두었다가 마침내 해치거나 보복하는 자까지 있다. 어찌 여기에서 보고 느끼지 못한단 말인가? 어찌 문자만 그러리오. 말하고 의논하고 일을 베푸는 사이에서도 더욱 이와 같은 근심이 있으니, 마땅히 생각하고 살펴서 이 같은 병통을 제거하기에 힘써야 한다. 진실로 바른 것을 깨달으면 그 자리에서 돌이켜 고쳐 기쁘게 선을 따라야만 꼴불견의 소인이 되지 않을 수 있다. 「도산사숙록(陶山私淑錄)」 9-90

바름을 따라 잘못을 기꺼이 고치는 데서 비로소 발전과 성장의 기틀이 마련된다는 것이다.

다산은 말한다. 독단에 빠지지 않으려면 남에게 비판을 요구하라. 작업의 효율을 높이려면 중간중간 방향을 점검하라. 다른 사람의 의견에 비춰볼 때 안 보이던 문제들이 드러나고, 토론의 과정에서 잘못된 부분이 분명해진다. 정당한 비판은 겸허히 수용하고, 확신이 서면 끝까지 물러서서는 안 된다. 매섭게 비판해도 인간에 대한 애정마저 망각하면 안 된다. 혼자보다는 둘이 낫고, 둘보다는 여럿이 낫다. 남의 말에 귀를 막고 있으면 발전은 없다.

39. 동시에 몇 작업을 병행하여 진행하라
어망득홍법(魚網得鴻法)

만약 규모와 절목 외에 뽑지 않을 수 없는 것이 있으면 따로 한 책을 갖추어 놓고 얻는 대로 적어나가야 바야흐로 힘을 얻을 곳이 있게 된다. 물고기 그물을 쳤는데 기러기가 걸리면, 어찌 버리겠느냐?

【 「학유에게 부침〔寄游兒〕」 9-41 】

정보를 수습하라

어망득홍(魚網得鴻)은 물고기를 잡으려고 쳐둔 그물에 기러기가 걸린다는 말이다. 공부를 하다 보면 생각의 촉수가 여러 방향으로 뻗어나가기 마련이다. 나중에는, 다산식으로 말하면 추수 끝난 들판에 여기저기 이삭이 떨어져 있어, 이루 다 주울 수 없는 지경이 된다. 이때 하고 있던 작업을 진행하는 동시에, 새로운 생각이 사라지지 않도록 별도의 공책에다가 끊임없이 초록하고 메모해야 한다. 내 눈을 거쳐간 정보들을 얼마나 잘 갈무리해두었다가 어떻게 적재적소에 요긴하게 활용하느냐가 학문의 길에서 또 하나의 중요한 관건이다.

다산의 작업은 한 사람이 작정하고 베껴쓰려고 해도 수십 년이 걸릴 만한 엄청난 분량이다. 그는 이 많은 일을 도대체 언제 다 기획하고 정리하고 엮어냈을까? 아무리 다산초당의 제자들이 전심합력해서 거들었다 해도 그 샘솟는 아이디어와 기획력, 그리고 과제를 밀어붙이는 추진력, 효율적으로 정보를 장악하는 힘은 일반의 상식으로 가늠할 수 있는 범위를 넘어선다.

그 비결의 하나가 바로 어망득홍법이다. 한 작업을 중심에 놓고 진행하면서도 그는 동시다발적으로 다양한 작업을 병진시켰다. 한 책을 보면서도 여러 작업에 필요한 카드작업을 동시에 진행했다. 이 절에서는 그 구체적인 방법과 성과에 대해 살펴보자.

다산은 「흠흠신서서(欽欽新書序)」에서 "내가 목민에 관한 주장을 정리하고 나서 사람의 목숨과 관련된 문제에 이르러서는 '이것은 마땅히 전문적으로 다루어야겠다' 하고는 마침내 별도로 이 책을 엮었다"고 적었다. 『목민심서』에서도 목민관이 송사나 옥사를 다루는 법에 대해 상세하게 다루고 있다. 하지만 막상 카드작업을 하다 보니, 이 문제는 『목민심서』에서 세세하게 다루기에는 너무 방대하고 또 중요한 내용이었다. 당시 지방관에게 가장 번거로우면서도 비중 있는 업무 중 하나가 바로 이 문제였다.

이에 다산은 『목민심서』의 작업과정에서 아예 작정을 하고 살인사건과 같은, 인명과 관련된 옥사를 다루는 각종 사례와 원칙, 처리절차 등을 상세하게 논의한 『흠흠신서』의 기획과 자료수집에 착수했다. 예전에 정조를 도와 전국의 의심스러운 옥안(獄案)을 검토해 『상형고(祥刑攷)』를 엮었던 경험도 큰 도움이 되었다. 『흠흠신서』는 『목민심서』의 작업과정에서 파생된 부산물인 셈이다. 이때 중요한 것은 이렇게 꼬리에 꼬리를 무는 생각을 잘 추슬러 창조적인 작업으로 연결짓는 역량이다.

『악서고존(樂書孤存)』에 대해서는 앞서 반복참정법(反覆參訂法)을 살피면서 소개한 바 있다(13절). 다산은 『시경』, 『서경』, 『맹자』, 『의례』, 『주례』, 『주어』 등의 경전을 읽다가 그때마다 악(樂)에 대해 기술한 짧은 글귀들과 만났다. 그래서 별도의 공책을 마련해 악(樂)에 관한 단편적인 기록들을 수집하기 시작했다. 그리고 틈틈이 그 기록에 자신의 생각을 보태고, 의문을 덧붙였다. 이 자료와 저 자료를 비교하고, 앞뒤가 서로 안 맞는 내용을 따져보는 동안 자료의 분량이 많아지고, 덩달아 생각도 많아졌다. 그것이 어느 정도 방향을 드러냈을 때 다산은 자료와 생각을 정리하여 초고를 작성했다. 그리고 그 결과를 주변 사람에게 보내 충고와 조언을 받았다.

이 과정에서 처음에는 막막하기만 했던 악의 원리가 어느 순간 눈에 들어왔다. 여기에는 바로 앞 38절에서 살펴본 대로, 정약전이 일깨워준 삼분손익법(三分損益法)의 지적이 결정적인 계기가 되었다. 그 결과를 정리한 것이 『악서고존』이다. '고존(孤存)'이란 많았다가 없어지기보다는 적지만 남아 있는 것이 낫다는 의미로 붙인 이름이다. 고립적으로 존재하던 파편적인 기록들이 다산의 체계 속에 통합되면서 연계망을 갖게 된 것이다

새롭게 바라보라

다산은 『상례사전(喪禮四箋)』을 엮으면서 고대 예법의 구체적인 내용에서 번번이 난관에 부딪혔다. 마땅히 참고할 만한 자료가 없었던 것이다. 그래서 『예기(禮記)』를 꼼꼼히 연구했다. 잘 모르는 내용

이 나오면 다른 문헌을 뒤져 관련자료를 채집했다. 경전으로 경전의 내용을 증명하는 이경증경(以經證經), 이것과 저것을 비교·대조하는 이차비대(以此比對)의 방식으로 하나하나 샅샅이 검토해나갔다. 이 과정의 즐거움을 그는 「상례사전서」에서 이렇게 적었다.

비유컨대 기기(奇器)나 법기(法器)가 기아(機牙)를 한번 치면 온갖 기묘한 것이 일제히 드러나지만, 바꿀 수 없는 진실한 이치는 그 속에 깃들어 있는 것과 같아서 진실로 즐거워할 만하였다.

「상례사전서(喪禮四箋序)」 6-11

기아(機牙)가 맞물린 기기(奇器)의 손잡이를 돌리면 동력이 차례로 전해져서 눈앞에 펼쳐지는 갑작스런 광경에 눈이 휘둥그레진다. 처음에는 별 의미 없이 메모해둔 단편적인 카드였는데, 이것이 다른 언급과 맞물리면서 갑자기 막혔던 문제를 시원하게 해결해주는 기막힌 실마리가 되는 놀라운 경험을 이런 멋진 비유로 설명했다.

『춘추고징(春秋考徵)』도 『상례사전』을 정리하는 과정에서 얻은 부산물이었다. 사람들은 『춘추』를 역사서로만 읽어, 춘추필법을 따지고 포폄상벌의 원리만 찾았다. 자기의 논리에 맞추기 위해 억지로 견강부회를 일삼았다. 막상 앞뒤를 맞춰보면 안 맞는 것이 대부분이었다. 『상례사전』의 정리작업에 몰두하던 다산에게 『춘추』는 선왕(先王)의 각종 전례(典禮)에 대한 더할 나위 없이 풍부한 예시의 보물창고였다. 학자들은 고대의 예법이 망실된 것을 통탄하기만 했지, 『춘추』에 보이는 각종 제사와 오례(五禮)의 풍부한 내용에 대해서는 아무도 관심이 없었다.

이에 다산은 『춘추』에 나오는 오례관련 기록을 카드작업했다. 그리고 이를 책서(策書)에 들어 있는 각종 길례(吉禮)와 흉례(凶禮)에 비추어 갈래별로 분류하고 대비하는 유췌속비(類萃屬比) 작업을 진행했다. 그 결과에 기초하여 맞으면 맞는 대로, 어그러지면 어그러지는 대로 정리하여 오늘날의 징험으로 삼고, 선유(先儒)의 학설에 대한 시비를 결정하는 방증자료로 삼았다. 이렇게 해서 여느 사람들이 읽는 『춘추』와는 방향이 전혀 다른 『춘추고징』이라는 책이 만들어졌다. 다시 다산의 말을 들어보자.

제 생각에 진실로 삼대의 가르침을 회복하려 한다면 『주례(周禮)』가 아니고는 손을 댈 수가 없다고 봅니다. 이 책이 주공(周公)이 손수 지은 것인지는 확신할 수 없지만, 주나라가 동쪽으로 옮긴 이후에 나왔다는 증거는 결단코 잡아낼 수가 없습니다. 그래서 제가 『주례』에 대해서만은 감히 경솔하게 그 뜻을 어기지 못하겠습니다. 환종(圜鐘)·협종(夾鐘)을 어떻게 마음대로 바꿀 수 있으며, 하지와 동지에 악을 연주했다는 글을 또 어찌 아득히 알 수 없는 것으로 돌려버릴 수가 있겠습니까?

비록 『주역』으로 말씀드린다 해도 지금 사람들은 본시 하늘을 섬기지 않으니 어찌 감히 복서(卜筮)를 하겠습니까? 한선자(韓宣子)가 노나라에 사신으로 가서 역상(易象)을 보고는, "주나라의 예법이 노나라에 있구나"라고 하였습니다. 『역전(易箋)』을 자세히 살펴보면 서주(西周)의 예법을 환히 볼 수 있는 것이 부지기수입니다. 이제 복서하는 책이라 하여 아울러 그 예법마저 고찰하지 않으려 든다면 될 일입니까? 공자께서도 복서만 하지 않고, 별도로 단전(彖傳)과 대상전(大象傳)을 지었습니다. 『주역』이 어찌 다만 복서만으로 그치겠습니까?

「중씨께 답함〔答仲氏〕」 8-206

삼대의 예법을 설명한 『주례』를 읽다가 악(樂)에 관한 정보를 추출하고, 점치는 책인 『주역』에서 서주(西周)시대의 예법을 관찰한다. 반대로 『춘추』에 나오는 관점(官占) 치는 방법을 살펴 『주역』을 이해하는 실마리를 얻기도 했다.

앞서 지기췌마법(知機揣摩法)에서 보았듯이(15절), 『서경』을 읽다 말고 깔깔대고 웃으면서 이것이야말로 고대의 고적법(考績法), 즉 공무원 인사고과 제도의 모범적인 사례가 아니겠느냐고 한 독법도 다 같은 맥락으로 볼 수 있다.

이것이 바로 다산의 어망득홍법이다. 다산은 고대의 기본 경전에 비추어 현재 자신이 필요로 하는 정보를 무엇이든 끄집어내 적절하게 활용했다.

공부하는 사람들은 흔히 자신이 연구하는 대상에 대해 앞선 연구가 많으면 많다고 투덜대고, 없으면 없다고 한숨 쉰다. 많으면 더는 새로 연구할 것이 없을 것만 같고, 없으면 막상 어디서부터 손을 대야 할지 막막하기 때문이다.

그런데 이렇게 해서는 할 수 있는 연구가 없고 돈 벌 만한 장사가 없다. 모든 자료는 방향과 시각을 바꿔 보면 모두 새롭다. 어느 것이고 전인미답의 경지 아닌 것이 없다. 남들이 추수하고 간 논밭에서 떨어진 이삭을 줍고, 별것 아니라고 내버려둔 자료에서 가공하지 않은 원석을 발견할 수 있어야 한다. 빈틈을 헤집어 새로운 시각을 찾아내고, 남들이 보고도 못 본 사실을 탐색해낼 수 있어야 한다. 남들 하는 대로 하고, 남이 가는 길로만 가서는 큰 성취를 이룰 수 없다.

정리하고 정돈하라

어망득홍법은 자칫 이것저것 집적거리기만 하는 잡학(雜學)으로 흐르기 쉽다. 다양한 관심사에 대해 긴장을 놓지 않으면서 정밀함을 유지하려면, 평소에 생각의 날을 벼리고 정리를 습관화해야 한다. 다산은 끊임없이 초서(鈔書)하고 틈만 나면 정리했다.

열흘쯤에 한 번씩 집안에 쌓여 있는 서찰을 점검하여 번잡스럽거나 남의 눈에 걸릴 만한 것이 있거든 하나하나 가려내어, 심한 것은 불에 태워버리고, 덜한 것은 노를 꼬고, 그 다음 것은 찢어진 벽을 바르거나 책표지로 만들어, 정신을 산뜻하게 해야 한다.

「학유에게 노자 삼아 준 가계(贐學游家誡)」 8-30

아들에게 준 당부의 말 가운데 한 단락이다. 이런 정리의 습관이, 그 복잡하고 방대한 자료를 취급하면서도 다산이 길을 잃고 헤매는 일 없이 동시에 여러 가지 일을 해낼 수 있게 만든 원동력이었다.

무릇 국사나 야사를 읽다가 선대의 사적이 있는 것을 보면, 마땅히 그 즉시 한 책에다 베껴적도록 해라. 선배의 문집을 볼 때도 역시 그렇게 해라. 오래되어 책이 이루어지면 가승(家乘)에서 빠진 것을 보완할 수가 있다. 비록 방계친족의 사적이라 하더라도 마땅히 함께 채집해야 한다. 나중에 집안사람으로 그의 후손이 되는 사람과 만나면 이를 전해주어라. 이것이 효를 확장하는 도리인 것이다.

「두 아들에게 부침(寄二兒)」 9-15

다산은 주제별로 수많은 초록용 공책을 만들어놓고, 쉴새없이 초록했다. 잊어버리고 초록해나가다 보면, 어느새 정보들이 오롯하게 집적되었다. 그 사이에 생각에 날개가 달리고, 정보가 제 스스로 갈래를 잡아주어 어렵지 않게 한 권의 책이 만들어졌다. 다산이 어버이나 사우(師友) 및 방계친척의 일화를 적은 유사(遺事)를 많이 남긴 것도 다 이런 몸에 밴 메모습관의 결과였다.

작업을 진행하다 보면 난관에 부딪힐 때가 많다. 자료가 고갈되고 생각이 꽉 막히면 더는 앞으로 나갈 수가 없다. 이 때문에 계획에 차질이 생기고, 신경도 덩달아 예민해지기 마련이다. 이럴 때는 어찌해야 할까?

궁리에는 실마리가 많습니다. 궁리하는 일이 간혹 얽히고설키고 단단히 뭉쳐, 힘으로 찾아 통하게 할 수 있는 것이 아니거나, 혹 내 성품이 우연히 이에 대해 어두워 억지로 밝혀서 타파하기 어려울 경우가 있지요. 이럴 때는 마땅히 이 한 가지 일은 놓아두고 따로 다른 일에 나아가 궁구하십시오. 이처럼 이리저리 궁구하고 오래도록 깊이 살피면 마음이 저절로 밝아져서 의리의 실지가 점차 눈앞에 드러나게 될 것입니다. 이때 다시 지난번에 궁구하다가 얻지 못한 것을 향해 생각을 일으켜 꼼꼼히 생각하고 미루어 살펴보아, 이미 궁구하여 얻은 이치와 더불어 맞춰보고 비추어보면 저도 모르는 사이에 앞서 궁구하지 못했던 것까지 한꺼번에 서로 깨닫게 됩니다. 이것이 바로 궁리의 활법입니다.
이황, 「이숙헌에게 답한 별지(答李叔獻別紙)」 9-104

다산은 퇴계가 율곡에게 보낸 이 편지를 읽고 정신이 번쩍 들었다. 퇴계는 어떤 문제에 대해 궁리하다가 생각이 막히면 그 자리에서 끝장 볼 생각을 하지 말고, 그 문제를 잠시 옆으로 내려놓으라고 했다. 그리고 다른 문제에 집중하여 잊어버리고 있다가, 나중에 다시 살펴보면 어느새 문제가 해결되어 있기 쉬운데, 이것이 바로 궁리의 활법이라고 했다. 아래 글은 퇴계의 편지를 읽고 쓴 다산의 소감이다.

내가 타고난 성품이 조급해서 궁리하는 일에 있어서는 본시 오래 견디지를 못했다. 간혹 한 가지 일의 이치에 대해 궁구하다가 때로 꽉 막혀 통하지 않게 되면 문득 마음이 번잡하고 조급해지며, 정신이 거칠고 미혹해져서 중간에 걷어치움을 면치 못했다. 독서에는 특히나 이 같은 병통이 있었다. 이제 선생께서 논하신 바를 보니, 이런 병통을 고치는 약으로 절실하고 합당하다. 이는 모두 참으로 알아 실천하는 가운데서 나온 말씀이다. 이 묘결을 얻어 이것으로 궁리한다면 뚫지 못할 것이 없고, 소화하지 못할 근심이 없을 것이다. 감히 항상 주목하여 힘쓰지 않을 수 있겠는가? 「도산사숙록(陶山私淑錄)」 9-104

강진 시절 다산의 경학공부 또한 이 묘결에 바탕을 두고 있다. 하다가 막히면 다른 문제에 몰두하고, 그러다가 다시 본래문제로 돌아왔다. 탐구중에 새로운 문제에 관심이 생기면 또 새로운 공책을 만들어 초서를 시작했다.

시스템을 갖춰라

이제 다산이 어떤 작업을 어떻게 동시에 병행하여 진행했는지 살펴보자. 연보와 선학들의 정리를 바탕으로, 강진 유배기인 1801년부

표6

서명 \ 연도	1801	1802	1803	1804	1805	1806	1807	1808	1809	1810	1811	1812	1813	1814	1815	1816	1817	1818
소학보전(小學補箋)	■																	
삼창고훈(三倉詁訓)	■																	
이아술(爾雅述)	■																	
기해방례변(己亥邦禮辨)	■																	
아학편훈의(兒學編訓義)				■														
주역사전(周易四箋)				■	■	■	■	■										
단궁잠오(檀弓箴誤)			■															
상례외편(喪禮外編)	■	■	■	■	■													
예의문답(禮疑問答)				■														
제례고정(祭禮考訂)								■										
다산문답(茶山問答)								■										
가례작의(嘉禮酌儀)									■									
상례사전(喪禮四箋)			■	■	■	■	■	■	■	■	■							
시경강의(詩經講義)									■									
시경강의보(詩經講義補)										■								
상서고훈수략(尙書古訓蒐略)										■								
매씨서평(梅氏書平)										■								
소학주천(小學珠串)										■								
아방강역고(我邦疆域考)		■	■	■	■	■	■	■		■								
상서지원록(尙書知遠錄)										■								
민보의(民保議)												■						
춘추고징(春秋考徵)								■	■	■								
역학서언(易學緒言)								■	■	■	■	■	■	■	■			
논어고금주(論語古今注)													■					
맹자요의(孟子要義)														■				
대학공의(大學公儀)														■				
중용자잠(中庸自箴)														■				
중용강의보(中庸講義補)														■				
대동수경(大東水經)														■				
소학지언(小學枝言)															■			
심경밀험(心經密驗)															■			
악서고존(樂書孤存)																■		
상의절요(喪儀節要)																	■	
경세유표(經世遺表)																		■
목민심서(牧民心書)																		■
국조전례고(國朝典禮考)																		■

터 1818년까지의 작업만 정리하면 〈표6〉과 같다.

이것이 강진 유배기에 다산이 이룩한 학문적 성과의 대강이다. 『목민심서』만 하더라도 자료수집에 소요된 시간까지 따진다면 연도별로 표시된 ■의 개수는 훨씬 늘어나야 할 것이다.

이 표를 통해 볼 때, 다산은 늘 동시에 적어도 대여섯 가지의 작업을 병행하고 있었음을 알 수 있다. 사서삼경 관련 저술에 몰두하던 때에도 한편에선 『아방강역고』와 같은 역사지리서의 편찬작업을 진행하고 있었던 것이다. 특히 1810년에는 무려 아홉 가지 작업을 동시에 진행하여 마무리했다. 다산초당으로 옮겨 세 해째 되던 때였다. 그간 훈련시킨 제자들의 작업 능률과 시스템이 최고조에 달해 있었던 것이다. 하지만 이해의 과도한 작업량은 다산에게 풍증을 안겨주어, 손발이 마비되는 증세가 찾아왔다. 정신이 혼미한 와중에도 다산은 제자인 이청에게 구술하여 받아쓰게 하면서 『시경강의보』의 작업에 매달렸다.

다산은 말한다. 정리는 체계적으로, 작업은 능률적으로 하라. 시스템만 갖추어지면 동시다발적인 작업도 그리 어려운 것이 아니다. 끊임없이 초서하고 쉬지 말고 정리하라. 작업의 목표를 수시로 점검하고, 계속해서 효율성을 제고하라. 정보에 휘둘리지 말고, 정보를 장악해야 한다. 자료에 끌려다니지 말고, 자료를 마음대로 주무를 수 있어야 한다.

40. 조례를 먼저 정해 성격을 규정하라

조례최중법(條例最重法)

저서는 조례(條例)를 가장 조심해야 한다. 이처럼 마구 뒤섞으면 안 된다.
【「두 아들에게 부침(寄二兒)」 9-9 】

성격을 파악하라

조례최중(條例最重)은 일을 진행할 때 현재 하고 있는 작업의 성격과 특성을 명확히 파악해 거기에 맞는 방식을 결정하는 것이 무엇보다 중요하다는 뜻이다. 처음부터 끝까지 자기 말로 써야 하는 작업이 있고, 이런저런 자료를 모아 편집하고 배열하기만 하면 되는 작업도 있다. 어떤 경우에는 자료를 단순히 모으기만 해서는 안 되고 자신의 생각을 보태야 한다. 이와는 달리 주장을 입증하기 위해 그때그때 필요한 논거를 끌어와 설득해야 하는 경우도 있다. 조례에는 이 작업을 어떤 쓰임을 염두에 두고 진행할 것인지에 대한 고려도 포함되어야 한다.

다산은 여러 작업을 동시에 진행하면서 조례를 먼저 정하고, 문목을 세운 뒤, 범례에 따라 일사불란하게 진행했다. 이 과정에서 다산초당의 제자들에게 역량에 맞게 역할을 분담해 과제별로 책임을 맡겼다. 많은 일이 동시에 이루어지면서도 혼동과 차질 없이 진행될 수 있었던 것은 조례가 분명하게 서 있었기 때문이다. 이런 일련의 편집과정을 경험한 제자들은 이후 이때 터득한 노하우를 응용해서 자신의 독자적인 전작 저술을 여럿 남겼다.

책을 저술하는 한 가지 일은 만에 하나라도 소홀해서는 안 됩니다. 반드시 십분 유의하시는 것이 어떨는지요? 『해족도설(海族圖說)』은 몹시 기이한 책입니다. 이것은 또 하찮게 여길 것이 아닙니다. 그림은 어떻게 하시렵니까? 글로 쓰는 것이 그림을 그리는 것보다는 나을 겝니다.

학문의 종지(宗旨)는 먼저 큰 줄거리를 결정한 뒤에 저술해야 쓸모가 있게 됩니다. 대저 그 방법은 효제(孝悌)를 바탕에 두고, 예악(禮樂)으로 꾸미며, 감형(鑑衡)·재부(財賦)·군려(軍旅)·형옥(刑獄)을 아우르고, 농포(農圃)·의약·역상(曆象)·산수(算數)·공작(工作)의 기술을 씨줄로 삼아야 거의 온전하게 될 것입니다. 무릇 저서할 때에는 매번 이 항목을 점검하여, 여기에서 벗어난 것은 지을 필요도 없습니다.

『해족도설』은 이 항목에 비추어볼 때 몇몇 방면에서 필요한 바가 되니, 그 쓰임새가 몹시 요긴하다 하겠습니다. 「중씨께 올림(上仲氏)」 8-215

'해족도설(海族圖說)'은 바닷물고기를 그림으로 그리고 여러 문

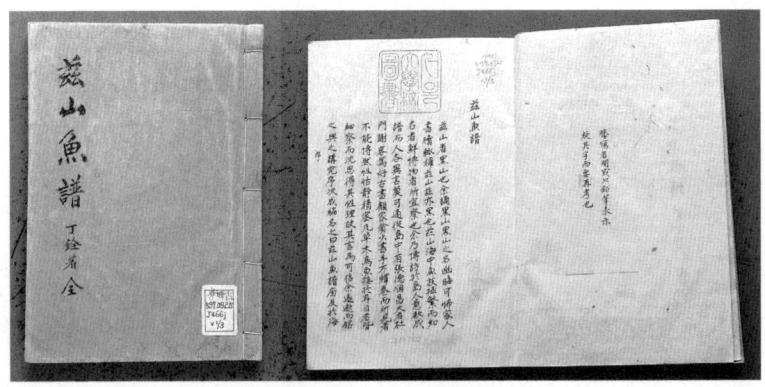

정약전의 『현산어보』. 정약전과 다산의 제자 이청의 협동작업으로 완성되었다. 처음 정약전의 계획대로 그림까지 그려졌더라면 그 의의가 훨씬 더 컸을 것이다.

헌근거를 들어 설명하려 한 책의 제목이다. 아마도 정약전이 뒤에 완성한 『현산어보(玆山魚譜)』의 초기 구상단계에서의 이름이었던 듯하다.

이 글에서 다산은 학문의 종지가 큰 줄거리를 결정하는 데서 출발한다고 말했다. 그것은 간단히 말하면 효제를 바탕에 두고 예악으로 꾸미며, 실용에 기여하는 내용이어야 한다는 것이다. 여기에 해당하지 않는 것이라면 저술할 가치조차 없다고 잘라 말했다. 『해족도설』은 이런 면에서 국가의 재부(財賦)와 관련이 있고 어업(漁業)에 보탬이 되며, 근본취지가 애민(愛民)의 마음에서 나왔으니, 반드시 정리되어야 할 책이라고 그 의의를 높이 평가했다.

하지만 다산은 『해족도설』에서 그림을 빼고 글로 설명하는 것이 좋겠다는 의견을 냈다. 현재로 보면 몹시 아쉬운 대목이지만, 당시 필사본으로 전해질 수밖에 없었던 이 책의 운명을 고려한 말이었을 것이다. 다산의 이 충고를 받아들여 『해족도설』은 모든 물고기를 그림으로 그리겠다는 당초의 목표를 수정하여 제목부터 '현산어보'로 바뀌었다.

하지만 정약전은 이때 이미 건강을 많이 상해『현산어보』를 끝까지 정리하지 못하고 미완성으로 남겨둔 채 세상을 뜬 듯하다. 다산은 형님의 초고를 가져다가 제자 이청을 시켜 관련문헌을 더 뒤지고 설명을 대폭 보완하여 이 책을 완성했다.『현산어보』에서 적지 않은 분량을 차지하는 '청안(晴案)'은 이청의 안설(案說), 즉 이청이 보충한 내용이라는 뜻이다. 관련문헌이 없던 흑산도의 열악한 집필조건에서, 그림을 빼는 대신 부족한 문헌자료를 제자를 시켜 보완하게 해 저술의 조례를 더욱 확고하게 세웠던 것이다.

차이를 인식하라

저술의 조례를 세움에 있어 다산은 책의 성격을 분명히 하는 것으로 작업을 시작했다. 현재 활자본으로 간행된『여유당전서(與猶堂全書)』의 경우 모두 일괄해서 '정약용 저(著)'라고 되어 있다. 하지만 규장각 등에 소장된 필사본『여유당전서』를 보면, 본래는 각 저술마다 구분이 명확하게 달랐다. 이는 뒤에 혹『여유당전서』정본을 편집할 경우 반드시 원래대로 바로잡아야 할 사안이다.

본인의 구분에 따라 살펴볼 때, 다산의 저술은 크게 저술서(著述書)와 편집서(編輯書)로 나뉜다. 저(著)와 술(述), 그리고 편(編)과 집(輯) 사이의 구분에는 다산 자신의 의견이 개입된 정도에 따른 미묘한 저울질이 있었다. 이들 사이의 차이를 지금에 와서 명확하게 갈라 말하기는 어렵다. 다만 책의 성격에 따라 의미를 가늠해보면 대략 다음과 같은 구분이 있었다.

저(著) : 자신의 주장이나 견해를 편 것.
술(述) : 경전의 의미를 풀이하고 해설한 것.
편(編) : 산만하고 복잡한 자료를 편집하여 질서를 부여한 것.
집(輯) : 여러 사람의 견해나 흩어진 자료를 한데 모아 정리한 것.
편차(編次) : 주제별로 엮어 차례를 매긴 것.

다시 본인의 구분에 따른 갈래를 도표로 제시하면 옆의 〈표7〉과 같다.

다산은 작업에 앞서 이렇게 먼저 책의 조례를 결정해놓고 본격적인 작업에 착수했다. 이에 따라 제자들이 역할을 분담했다. 다음 글에서 그 과정을 얼핏 살필 수 있다.

> 『상서고훈(尚書古訓)』6권은 복생(伏生) 이래로 마융(馬融)과 정현(鄭玄)까지 나온 구양(歐陽)·하후(夏侯)·왕도(王塗)·반고(班固)·유향(劉向) 등의 여러 학설과 『좌전』 이하 한위(漢魏) 이상의 제자백가가 쓴 『서경』에 대한 주장들입니다. 이 책은 이청이 자료를 모은 것인데 안설은 없습니다. 「중씨께 올림(上仲氏)」 8-229

『상서고훈』은 한위 이전의 『서경』에 대한 학설만 따로 모은 것이다. 이것은 한 편의 저술이 아니라, 여러 책에서 관련언급을 그저 초서하여 확인하기 쉽게 편집한 것이었다. 다만 이청이 자료수집을 전담했고 자신이 수집된 자료를 정리했으므로, 아예 역할을 분명히 하여 '열수정용편(洌水丁鏞編), 문인이청집(門人李晴輯)' 이라 썼다. 편

표7

갈래	서 명
저(著)	시경강의, 시경강의보, 매씨서평, 염씨고문상서소증초, 독상서보전, 국조전례고, 예의문답, 춘추고징, 악서고존, 중용자잠, 중용강의보, 대학강의, 논어수차, 심경밀험, 아언각비, 민보의
술(述)	상서지원록, 주역사전, 역학서언, 상례외편, 사례가식, 대학공의, 소학지언
편(編)	상서고훈, 목민심서
집(輯)	논어고금주, 맹자요의, 소학주천, 아학편, 흠흠신서
편차(編次)	상례사전

집서의 경우 자신의 생각에 해당하는 안설(案說)은 빠졌다.

다산의 제자 가운데 이청은 특히 문헌고증 작업에 탁월한 역량을 발휘했다. 다산은 강진 시절 많은 작업을 그에게 의지했다.『시경강의보』에도 '열수정용저(洌水丁鏞著), 이청집(李晴輯)'이라 한 것이 보인다.

『논어고금주』는 자신의 생각이 피력되어 있음에도 '집(輯)'으로 분류했다. 이 책 전체가『논어』각 항목에 대한 고금의 제설을 한자리에 집주하여 정리하는 데 주안이 있었기 때문이다. 그러니까 단순히 안설의 유무만으로 편집서와 저술서를 나눈 것은 아니다. 작업의 중심성격이 어디에 놓이느냐에 따라, 안설의 유무에 상관없이 편집과 저술을 구분했다. 또한 그때그때 작업에 참여한 사람의 이름을 분명히 밝혀 성과를 공유했다.『논어고금주』첫 장에는 '열수정용집(洌水丁鏞輯), 한산이강회색금윤동공교(漢山李綱會塞琴尹峒共校)'라 다산은 자신의 의견이 개입된 정도에 따라 저작물을 저(著)와 술(述), 편(編)과 집(輯)으로 나누었다. 그의 필사본을 보면 『목민심서』는 편, 『흠흠신서』는 집으로 되어 있다. 또 『여유당전서보유』에 수록된 「민보의」는 저, 『상서지원록』은 술로 되어 있다.

고 적혀 있다. 즉, 한산 이강회와 색금 윤동이 함께 교정했다고 명시한 것이다.

『대동수경』만 해도『사암선생연보』에 "이청을 시켜 집주(集注)케 했다"는 언급이 있다. 편집서에 해당한다.『목민심서』를 본떠 강목체의 서술방식을 썼다. 이청은 기본적인 설명의 골격 위에서 각종 자료를 뒤져 찾아낸 내용에 자신의 생각을 보탰다. 이 경우 앞서 본『현산어보』의 경우처럼 '청안(晴案)'이라는 두 글자를 덧붙였다. 중간중간 '선생운(先生云)'이라 한 것도 있다. 이 부분은 다산의 언급이다. 편집의 주체가 이청이었기 때문에 이런 체재가 되었다. 실제로 기획과 조례 및 범례는 다산이 세웠고, 편집의 실무와 자료조사는 이청이 했으며, 마지막 최종 검토와 보완은 다산이 맡았다. 사제 간 아름다운 협동작업의 결과인 셈이다.

1815년에는『심경밀험(心經密驗)』과『소학지언(小學枝言)』을 엮었다. 그 서문에서는『소학』으로 밖을 다스리고『심경』으로 안을 다스려 어진 이가 되는 길을 열라고 당부했다. 작업내용은『소학지언』은 옛사람들의 주석 외에 거기서 가지쳐나온 자신의 말 즉 지언(枝言)을 정리했고,『심경밀험』은 자신이 스스로 남모르게 체험한 밀험(密驗)을 펼쳐 경계로 삼은 것이다. 이 두 책은 자신의 체험과 생각만을 위주로 정리했으므로 모두 저술서로 분류되었다.

전체를 장악하라

다산 지식경영법의 기초는 카드작업, 즉 초서에 있었다.『단궁잠오(檀弓箴誤)』는『예기』「단궁」편의 고례(古禮)에 대한 옛 주석을 정리하여 잘못된 내용을 바로잡아 6권으로 묶은 것이다. 이것은 뒤에 『상례사전』 작업과정에서 대부분 활용되었다. 이것으로 『단궁잠오』 의 역할은 끝난 셈인데, 다산은 『상례사전』에 쓰고 남은 자투리자료 들을 버리지 않고 그것만 따로 모아 「제단궁잠오(題檀弓箴誤)」를 써 서 그 경위를 밝혔다.

앞서 정과실천법에서 보았던 것처럼(37절), 여러 자료에서 뽑은 『시경』에 대한 카드작업을 책으로 묶어 『시경강의』에 대부분 활용한 후, 그 남은 것을 따로 모아 『풍아유병(風雅遺秉)』으로 정리한 것도 같은 경우다. 다산의 편집서는 이렇듯 본격적인 저술을 위한 1차작 업의 산물인 경우가 많았다.

하지만 같은 편집서라 해도 『논어고금주』의 경우는 갈래가 하도 복잡하고 서로 다른 견해가 워낙 많았다. 이에 다산은 「원의총괄(原 義總括)」 표를 만들어, 「학이(學而)」에서 「요왈(堯曰)」까지 175칙의 핵심만을 총괄하여 제시했다. 작업의 진행상황과 진척도, 핵심쟁점 등을 한눈에 알아볼 수 있게 하기 위한 절차였다.

1817년 『상의절요(喪儀節要)』를 엮으면서 끝에 「오복연혁표(五服 沿革表)」로 정리한 것이라든지, 『경세유표』에서 「경관고공표(京官考 功表)」·「경관고예표(京官考藝表)」·「외관고공표(外官考功表)」· 「우후변장등고공표(虞侯邊將等考功表)」」 등의 표작업을 통해 일목요 연한 이해를 도운 것 등은 조례의 기초 위에 자료장악의 힘을 강화 하는 효과를 가져왔다.

다산은 독서든 저술이든 전체를 장악하는 힘을 강조했다. 부분이 나 지엽말단에 얽매여 큰 흐름을 놓쳐서는 안 된다고 생각했다. 곡 산부사로 부임하자마자 침기부(砧基簿) 종횡표(縱橫表)를 작성해 고 을의 전체 실정을 한 손아귀에 장악한 것이 그 좋은 예다.

예전에 고염무는 『사기』를 읽을 때 본기나 열전은 마치 손대지도 않은 것 같았고, 연표나 월표는 손때로 까맣게 되었다고 한다. 이는 역사책을 잘 읽었기 때문이다. 『기년아람(紀年兒覽)』·『대사기(大事記)』·『역대연표』 같은 책은 모름지기 그 범례를 자세히 보아야 한다. 『국조보감(國朝寶鑑)』을 취해 연표를 만들고, 혹 『대사기』나 『압해가승(押海家乘)』을 취해 연표를 만들어보아라. 이때 중국의 연호와 역대 조정의 임금들이 왕위에 오른 해를 자세히 고찰하여 엮어서 비교해보아라. 나라의 일이든 선대의 일이든 그 대강을 안 바탕 위에서 그 시대의 선후를 구별해야 한다. 「학유에게 부침(寄游兒)」 9-42

누가 무엇을 했고 어디서 무슨 일이 있었는지는 줄줄이 꿰고 있으면서, 막상 그것이 속한 앞뒤맥락은 잘 모른다. 세부는 잘 알아도 전체를 조망할 안목은 갖추지 못한 것이다. 고염무는 『사기』에서 연표나 월표에 손때가 절도록 읽고 또 읽었다. 시대의 큰 흐름을 조망하는 시야를 확보하기 위해서였다. 나아가 다산은 자식들에게 『국조보감』뿐 아니라 집안 선대의 기록인 『압해가승』을 읽고 주요사건을 연표로 요약해서 작성해보라고 권했다. 이때 중국의 연호와 우리나라 임금의 즉위 연도도 나란히 적어 큰 흐름을 이해하도록 했다.

세부를 구분하라

한편 큰 개념의 얼개가 완성되면 세부의 지침을 작성했다. 다산은 「십삼경책(十三經策)」에서 경전을 해석하는 세 가지 태도를 말했다. 전문과 사승, 그리고 의해가 그것이다. 전문(傳聞)은 말 그대로 전해오는 것을 들은 것이다. 사승(師承)은 스승이 직접 가르쳐준 것을 이어받는 것이다. 의해(意解)는 자기의 의사를 가지고 풀이하는 것이다. 전문과 사승은 시대의 선후가 중요하고 옛날에 가까운 것을 취하는 것이지만, 의해는 시대의 선후는 문제되지 않는다. 경전해석에 있어 한위(漢魏)의 주소(注疏)를 존중하는 것은, 이것이 전문과 사승에 기초한 해석이기 때문이다. 이것을 고려하지 않은 채 덮어놓고 의해로 뛰어넘을 수는 없다. 전문과 사승으로는 도저히 해결되지 않는 문제는 의해로 해결한다.

다산은 이렇게 먼저 경전을 해석하는 태도를 세 가지로 구분한 후, 자신의 저술이 전문과 사승을 정리하는 쪽이면 편집서에 위치시켰고, 의해에 비중이 놓인 것이면 저술서로 분류했다. 대부분의 저술서는 당연하게도 전문과 사승을 집대성한 편집의 기초 위에서 이루어졌다.

경전해석의 세부로 들어가서도 작업의 성격에 따라 세부적인 지침이 작성되었다. 『논어고금주』에서는 『논어』의 한 단락을 제시한 후, 이에 대한 역대 제가의 해석을 정리하여 보완〔補〕·반박〔駁〕·질의·인증(引證)·고이(考異) 등으로 항목을 세분했다.

『상서고훈』을 저술할 때는 또 다른 방식을 적용했다. 글자의 차이에 관한 부분은 '고이(考異)'라 했고, 뜻풀이가 잘못된 것은 '고오(考誤)'로 표시했다. 다른 증거를 끌어와 논할 때는 '고증(考證)'이라 했고, 판단하고 따져야 할 문제는 '고정(考訂)'으로 적었다. 쟁점에 대해서는 '고변(考辨)'이라 했다. 자기의 안설은 '논왈(論曰)'로 표시했고, 다른 주장에 대해서는 '정왈(訂曰)'로 구분했다. 경전의 뜻에서 미끄러져나온 생각은 '연의(衍義)'로 표시했다.

이런 방식은 청대 고증학의 치학방법을 활용한 것이었다. 같은 집주방식의 정리라도 이렇게 경우에 따라 실정에 맞게 갈래를 나눠 교통정리를 했다. 『논어』는 워낙 정리가 잘되어 있었으므로 보완과 반박, 질의와 인증 정도로도 각 항목별 쟁점을 요약할 수 있었다. 하지만 『상서』에 대한 고대의 주석은 상호 어긋나거나 심지어 잘못 해석한 것까지 뒤섞여 있어서 범례를 좀더 상세하게 구분하지 않을 수 없었다.

이렇게 정리자가 사안별로 갈래를 나누고 맥락을 드러내줌으로써 읽는 이들은 예상을 하고 독서에 몰입할 수 있었다. 또한 각 항목마다 쟁점이 되는 사안별로 정리가 가능해졌다. 사실 이 쟁점의 사안별 정리 자체가 연구자의 안목과 수준을 드러내주는 일이기도 했다.

다산은 말한다. 작업에 앞서 반드시 밑그림을 그려라. 전체 설계도면을 갖고 얼개를 짠 후 맥락을 파악해야 한다. 지금 하는 작업이 무엇을 위한 것인지, 왜 하는 것인지를 꼼꼼히 점검하라. 이때 질문은 단순할수록 좋다. 그래야 공격목표가 명확해진다. 그 다음은 이 목표를 공략하기 위한 세부의 구성단계다. 이것은 작업 때마다 달라지므로 일괄해서 적용하면 안 된다. 통변(通變)과 운용의 묘가 필요하다. 처음에 터를 잘 다져놓고 출발하면 진행이 빠르다. 그냥 마구잡이식으로 하면 중반 이후에 뒤죽박죽되어 마침내는 엉망진창이 된다.

9강
정취를 깃들여라
따뜻함을 잃지 않는 인간적 지식경영

학문과 인간이 따로 놀면 안 된다. 인간에 대한 따뜻한 애정 없이 큰 학문은 이뤄지지 않는다. 자연 앞에 서면 그 아름다움을 느낄 줄 알고, 평범한 일상 속에서도 삶을 예술로 승화시킬 줄 알아야 한다. 스쳐지나는 한 마디에도 깨달음을 담아라. 일거수일투족에 의미를 부여하라.

41. **성의병심법** 誠意秉心法 : 정성으로 뜻을 세워 마음을 다잡아라
　　　부지런히 노력하라 | 성의로 다잡아라 | 꾸밈없이 소통하라 | 보람을 발견하라

42. **득승양성법** 得勝養性法 : 아름다운 경관 속에 성품을 길러라
　　　미리 깨어 준비하라 | 탈출을 감행하라 | 기회를 활용하라 | 사물을 투시하라

43. **일상득취법** 日常得趣法 : 나날의 일상 속에 운치를 깃들여라
　　　선 자리를 사랑하라 | 의미를 찾아가라 | 공간을 경영하라 | 일상을 만끽하라

44. **담화시기법** 談話視機法 : 한 마디 말에도 깨달음을 드러내라
　　　중심을 다잡아라 | 각성을 유도하라 | 여유를 잊지 말라 | 이치를 관조하라

45. **속중득운법** 俗中得韻法 : 속된 일을 하더라도 의미를 부여하라
　　　품위를 유지하라 | 운치를 깃들여라 | 서울을 지켜라 | 맑은 꿈을 간직하라

41. 정성으로 뜻을 세워 마음을 다잡아라
성의병심법(誠意秉心法)

네가 어떤 자세로 부지런히 해야 할까? 마음을 확고하게 다잡아야 한다.
【 황상의 「임술기(壬戌記)」속 다산의 말 】

부지런히 노력하라

성의병심(誠意秉心)은 뜻을 정성스럽게 하고 마음을 다잡아 일에 몰두하는 것이다. 무슨 일을 하더라도 정성이 없이는 안 된다. 요행으로 성공할 수는 있겠지만, 성의가 없으면 그 성공은 곧 그를 교만에 빠뜨려 좌절의 구렁텅이로 밀어넣는다. 정성만 가지고도 안 된다. 마음을 확고하게 붙들어 오롯이 집중해야 한다. 설렁설렁 건들건들 해서는 아무것도 이룰 수가 없다. 오로지 마음을 다잡아 매진해야 성과를 기대할 수 있다.

이 절에서는 다산의 제자사랑과 한 사람의 인생을 바꿔놓은 가르침에 대해 살펴보자. 다산의 여러 제자 중에서도 황상(黃裳, 1788~1863?)은 다산이 가장 아끼고 사랑한 제자였다. 이 둘의 관계는 참으로 아름답고 가슴 따뜻한 사연을 많이 남겼다. 다산이 유배간 이듬해로 주막집 골방에 머물고 있던 1802년, 열다섯 살이던 그는 처음 스승에게 절을 올렸다. 동네 아전의 자식 몇이 글을 배우고 있었다. 뒷자리에 앉아 엉거주춤 글을 며칠 배웠다. 그렇게 일주일이 지났다. 다산은 이 수줍음 많은 소년의 총명을 대번에 간파했다.

내가 황상에게 문사(文史)를 공부하라고 권했다. 그는 쭈뼛쭈뼛하더니 부끄러운 빛으로 사양하며 이렇게 말했다. "선생님! 제가 세 가지 병통이 있습니다. 첫째는 너무 둔하고, 둘째는 앞뒤가 꽉 막혔으며, 셋째는 답답한 것입니다."

내가 말했다. "배우는 사람에게 큰 병통이 세 가지 있다. 네게는 그것이 없구나. 첫째, 외우는 데 민첩한 사람은 소홀한 것이 문제다. 둘째, 글 짓는 것이 날래면 글이 들떠 날리는 게 병통이지. 셋째, 깨달음이 재빠르면 거친 것이 폐단이다. 대저 둔한데도 계속 천착하는 사람은 구멍이 넓게 되고, 막혔다가 뚫리면 그 흐름이 성대해진단다. 답답한데도 꾸준히 연마하는 사람은 그 빛이 반짝반짝하게 된다. 천착은 어떻게 해야 할까? 부지런히 해야 한다. 뚫는 것은 어찌하나? 부지런히 해야 한다. 연마하는 것은 어떻게 할까? 부지런히 해야 한다. 네가 어떤 자세로 부지런히 해야 할까? 마음을 확고하게 다잡아야 한다." 당시 나는 동천여사(東泉旅舍)에 머물고 있었다.

황상, 「임술기(壬戌記)」, 「치원유고(巵園遺稿)」

당시 다산이 황상에게 써준 글이다. 다산의 문집에는 없고, 황상

다산의 아들 정학연이 황상에게 친필로 써준 「임술기」. 뒤쪽에 필사에 얽힌 뒷이야기가 적혀 있다. 개인 소장.

의 문집인 『치원유고(巵園遺稿)』에만 실려 있다. "부지런하고 부지런하고 부지런해라. 그러면 못할 일이 없단다." 다산은 자신없어 머뭇대는 소년에게 이 삼근계(三勤戒)를 내려주었다. 이 한마디 말이 그의 인생을 송두리째 바꿔놓았다. 그는 감격했다. "마음을 다잡아 부지런히 노력해라."

그는 평생 스승의 이 가르침을 뼈에 새기며 살았다. 스승을 처음 뵌 그날이 10월 10일이었다고, 황상은 날짜까지 또렷이 기억했다.

성의로 다잡아라

정약전의 친필은 거의 남아 있지 않다. 우연히 한 장 남은 그의 편지는 아우인 다산에게 보낸 것이다. 반가워서 살펴보니, 놀랍게도 온통 황상에 대한 이야기뿐이다.

    황상은 나이가 지금 몇이던가? 월출산 아래서 이 같은 문장이 나리라곤 생각지 못했네. 어진 이의 이로움이 어찌 넓다 하지 않겠는가? 그가 내게로 오려는 마음은 내 마음을 상쾌하게 하네만, 뭍사람은 섬사람과 달라 크게 긴요한 일이 아니고서는 경솔하게 큰 바다를 건널 수가 없을걸세. 인생에서 귀하기는 서로 마음을 알아주는 것일세. 어찌 꼭 얼굴을 맞대면해야만 하겠는가? 옛 어진 이 같은 경우도 어찌 반드시 얼굴을 본 뒤에야 이를 아끼겠는가? 이 말을 전해주어 뜻을 가라앉혀주는 것이 좋겠네.
    모름지기 이를 더욱 부지런히 가르쳐서 그로 하여금 재주를 이루게 하는 것이 어떻겠는가? 인재가 드물어 지금 세상에서는 이 같은 사람을 기다리기가 어려우니, 결단코 마땅히 천번 만번 아끼고 보살펴주어야 할 것일세. 애석하게도 그 신분이 미천하니 이름이 난 뒤에 세도 있는 집안에 곤핍당하는 바가 될까 염려되는군.
    사람됨은 어떤가? 재주 많은 자는 반드시 삼가고 두터움이 없는데, 그 문사를 살펴보니 조금의 경박하고 안일한 태도가 없어 그 사람됨 또한 알 수 있을 것 같네. 부디 스스로를 감추고 스스로를 무겁게 하여 대인군자가 될 것을 기대하는 것으로 권면하는 것이 어떠하겠는가?
    이 섬에도 몇 명의 부족한 아이들이 있는데, 간혹 마음과 생각이 조금 지혜로운 자도 있다네. 하지만 눈으로 본 것이라곤 『사략』과 『통

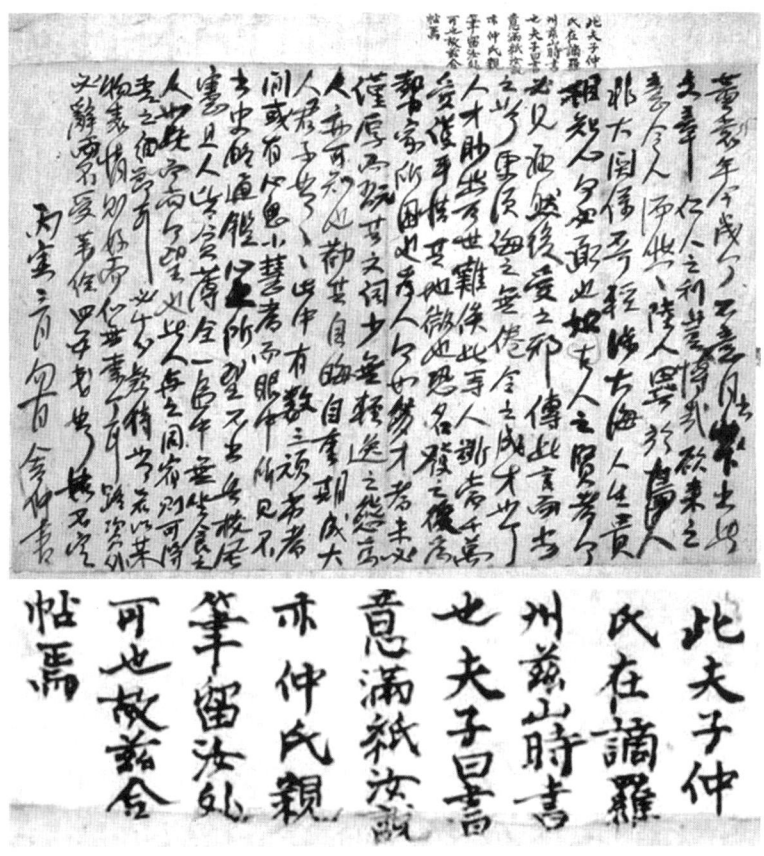

정약전이 다산에게 보낸 편지의 원본. 전부 황상에 대한 이야기뿐이다. 편지 위쪽에 쓴 작은 글씨는 황상의 친필이다. 확대하면 아래와 같다. 개인 소장.

감』을 벗어나지 않고, 마음으로 바라는 바는 병교(兵校)나 풍헌(風憲)이 되는 것을 넘지 않는다네. 게다가 사람들이 모두 가난해서 온 섬 가운데 편히 앉아 밥 먹는 사람이 없고 보니, 이러고서야 오히려 무엇을 바라겠는가?

편지 보내는 사람과 같이 잠을 자면 내 근황을 자세히 들을 수 있을 것일세. 반드시 십분 환대해주는 것이 어떻겠는가? 어떤 물건으로 정을 표하는 것도 좋겠네만 형편이 그렇지 못하거든, 노자 외에는 반드시 사양하고 받지 않으려 들 터이니, 다만 서너 전쯤 쥐어주는 것이 어떻겠는가? 다 적지 못하네. 병인년(1806) 3월 초 10일 둘째형 씀.

편지를 보낸 날짜가 1806년 3월이니, 그렇다면 황상이 다산을 처음 만나 앞의 글을 받고 나서 3년 반 뒤에 씌어진 것이다. "선생님! 저같이 머리 나쁜 아이도 공부할 수 있나요?" 하고 묻던 그 소년이 불과 3년 반 만에 정약전을 깜짝 놀라게 할 정도의 문장가로 훌쩍 성장한 것이다. 소년은 스승에게 형님 이야기를 듣고는 아예 흑산도로 건너가 모시고 공부할 작정을 비쳤던 모양이다. 정약전은 그 결심에 감격했지만 굳게 만류했다. 대신 다산에게 그가 성취를 이루도록 곁에서 끝까지 도와주라고 당부했다.

이 편지 위쪽의 작은 글씨는 황상의 친필이다. 그 내용은 또 이렇다.

이것은 선생님의 둘째형님께서 나주 흑산도에 귀양가 계실 적에 쓰신 편지다. 선생님께서 말씀하시기를, "편지의 내용이 온통 네 이야기로 가득하고 또한 둘째형님의 친필이니, 네 거처에 보관하는 것이 좋겠다"고 하셨다. 그래서 여기에 합첩한다.

정약전이 편지에서, 신분이 미천해 이름이 나면 세도 있는 집안에 의해 곤핍을 당하게 될까 염려하고 있는 데서 알 수 있듯, 황상은 양반의 자식이 아니었다. 하지만 한번 불붙은 향학의 열정은 잠재울 수가 없었다. 스승의 엄격하고도 따뜻한 훈도는 짧은 기간에 그의 공부를 높은 수준으로 끌어올렸다.

　황상은 신분 때문에 과거를 볼 수도 없었다. 다산은 그래서 그를 학문의 길로 인도하는 대신 문학으로 이끌었다. 시에 대한 황상의 재주는 특별히 남달랐다. 공부를 시작한 지 1년 반이 지나자 「설부(雪賦)」를 지어 다산을 깜짝 놀라게 했다. 다산은 1805년 4월에 그에게 날마다 한 편씩 부를 짓게 했다. 일종의 정과실천법(定課實踐法)을 사용한 것이다. 4월 1일에 지은 「제부(霽賦)」를 시작으로 날마다 한 수씩 지어, 4월 30일 「주중선부(酒中仙賦)」까지 30수를 지었다.

　　꾸밈없이 소통하라

　다산은 그를 몹시 아껴, 이따금 나들이갈 때도 늘 그를 데리고 다녔다. 보은산방(寶恩山房)에도 함께 머물렀다. 아들 학연이 왔을 때 그를 데리고 함께 두륜산 정상까지 올라간 이도 황상이었다. 다산은 어느 날 보은산방에 머물고 있던 황상의 시를 받고, 그 시에 차운(次韻)해서 시를 써주었다. 그 시의 친필 원본이 남아 있다.

찌는 더위 절집으로 가고픈 생각	炎歊思走寺
늙고 지쳐 산 오르기 겁이 나누나.	衰疲畏陟嶺
모기 벼룩 마음놓고 덤벼드노니	蚊蚤恣侵虐
여름밤은 괴롭고 길기도 하다.	夏夜覺苦永
밤 깊으면 번번이 발광이 나서	更深每發狂
옷을 벗고 우물로 가 목욕을 한다.	解衣浴村井
바람은 시원히 내 얼굴 불고	長風吹我面

다산이 보은산방에 있던 황상에게 써준 친필 시고. 왼쪽에 다산의 추기(追記)가 있다.

성근 숲 바자울을 들추는도다.	疏林舣藩屏
너는 지금 구름처럼 높이 누워서	憶汝雲臥高
뼈와 살이 서늘토록 쉬고 있겠지.	偃息肌骨冷

「보은산방에 제하다(題寶恩山房)」 2-355

찌는 무더위 속에서 모기와 벼룩에 물려가며 끔찍한 여름밤을 나다가 산속 암자에서 공부하는 제자를 그리며 보낸 시다. 시 옆에 친필로 쓴 다산의 메모가 남아 있다. 그 내용이 이렇다.

보내온 시가 돈좌기굴(頓挫奇崛)해서 내 기호와 꼭 맞는다. 기쁨을 형용할 수가 없구나. 이에 축하하는 말을 적는다. 아울러 스스로 제자

중에서 너를 얻은 것을 다행으로 여겨 기뻐한다.

황상에 대한 다산의 애정이 이러했다. 그를 자신의 적전(嫡傳)을 이은 시제자로 인정한 것이다. 이후 다산은 주막집을 떠나 한동안 이청의 집에 머물다가 초당으로 옮겨, 외가인 해남 윤씨의 자제들이 주축이 된 양반가의 자제들을 가르쳤다. 신분의 차이도 있었고, 아버지 황인담(黃仁聃)이 술병으로 일찍 세상을 뜨는 바람에 시묘와 생계를 책임져야 하는 입장이었던 황상은 초당의 강학에는 합류하지 않았다. 그러나 농사를 짓는 와중에도 그는 오직 스승의 말씀을 따라 모범이 되는 옛시를 읽고 부지런히 책 읽고 초서하며 지냈다.

황상은 진솔하고 순박한 사람이었다. 겉으로 꾸밀 줄 몰랐다. 깊은 속내를 표현하지도 못했다. 스승이 뒤에 유배에서 풀려나 서울로 돌아간 뒤에도 달리 연락을 취하거나 다른 제자들처럼 서울까지 찾아가지도 않았다.

강진 시절 초기에 함께 배웠던 자신의 동생 황지초(黃之楚)가 마재로 스승을 찾아갔다. 다산은 그가 돌아가는 편에 황상에게 편지를 전했다. 그 편지가 남아 있다.

서로 헤어진 지도 10년이 지났구나. 네 편지를 기다리지만 편지는 이생에서는 없을 것만 같다. 마침 연암(硯菴) 황지초(黃之楚)가 돌아간다기에 마음이 더욱 서글퍼져서 따로 몇 자 적어보낸다. 금년 들어 기력도 전만 같지 않아, 그 괴로운 품이 앞서와 한가지다. 밭 갈아도 주림이 그 가운데 있다고 하신 성인의 가르침이 꼭 맞는 말이로구나.

너는 분명 학래(鶴來) 이청(李晴)과 석종(石宗) 김종(金鍾) 등의 행동거지에 대해 듣고 웃었겠지? 하지만 사람이 세상에서 혹 한길로 몸

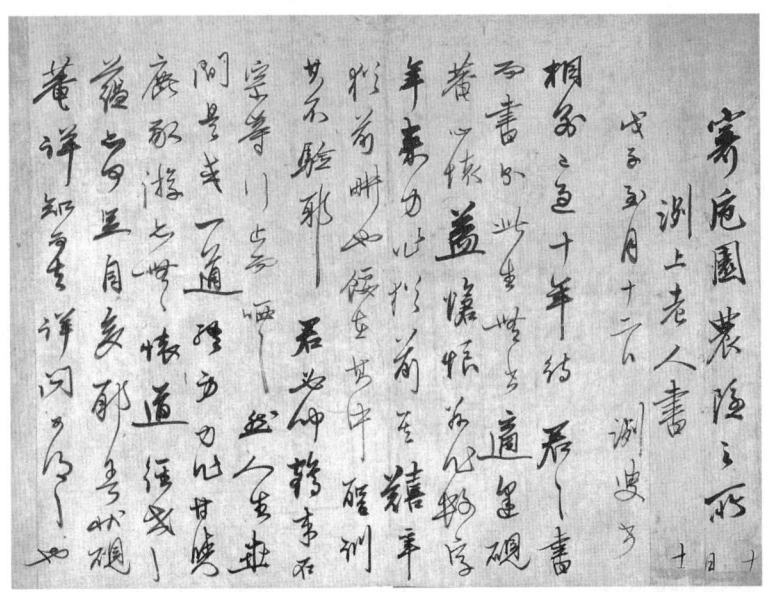
다산이 능내에서 황상에게 보낸 편지의 원본. 개인 소장.

을 마치도록 힘을 쏟으면서 즐겨 사슴과 멧돼지와 더불어 노닐더라도, 또한 도를 마음에 품고 세상을 경영하는 온축이 없다면 또한 어찌 족히 스스로를 변화시키겠느냐? 내 지내는 모습은 연암이 잘 알 테니, 이제 가거든 자세히 물어보면 알 수 있을 것이다. 무자년(1828, 67세) 12월 12일 열수 씀.

스승은 무심한 제자에게 먼저 편지를 보내, 틀어박혀 한길로 매진하는 것도 좋지만 도를 품고 세상을 경영하는 온축도 필요한 게라고 넌지시 나무랐다. 편지 속에 제자 이청과 김종에 대한 언급이 있는 것으로 보아, 분명치는 않지만 이들이 마재까지 찾아와 계속 스승

곁에 머물고 있었거나 혹은 근거지를 서울로 옮길 생각을 하고 있었던 형편을 짐작할 수 있다.

황상은 요령이 없었을 뿐 스승에 대한 진심이 없었던 것은 아니었다. 그가 마재로 스승을 찾아온 것은 다산이 강진을 떠난 지 18년 뒤인 1836년 2월이었다. 앞의 편지를 받고도 8년을 더 뜸들이다가, 이승에서 마지막 한 번 얼굴을 뵙고 하직인사를 올릴 작정으로, 스승의 회혼례(回婚禮)에 맞춰 상경하였던 것이다. 하지만 이때 다산은 잔치를 치를 수 없을 정도로 병세가 위중했다.

열다섯 살 소년으로 처음 만난 스승을 쉰을 눈앞에 둔 중늙은이가 되어 다시 만났다. 삭정이처럼 여윈 채 목숨이 사위어가는 스승에게 절을 올리는데 굵은 회한의 눈물이 뚝뚝 떨어졌다. 스승도 반가워서 그 투박한 손을 잡고 같이 울었다. 며칠간 지난 이야기를 나누다 작별을 고할 때, 스승은 혼미한 중에도 제자의 손에 접부채와 피리와 먹을 선물로 들려주었다. 새로 구한 운서(韻書)도 주었다. 시공부에 참고하라는 뜻이었다. 사제가 서로를 애타게 그리다가 만나고 영결하는 이 장면은 생각만 해도 눈물이 난다.

결국 다산은 며칠 뒤에 세상을 떴다. 도중에 부고를 들은 황상은 걸음을 돌려 스승의 장례를 끝까지 지켰다. 그러고는 상복을 입고 고향으로 돌아갔다. 그후 또 소식이 끊겼다.

10년 뒤인 1845년 3월 15일, 스승의 기일에 맞춰 황상은 다시 스승의 무덤 앞에 섰다. 18일을 꼬박 걸어 검게 탄 얼굴에 통통 부르튼 발로 기별도 없이 문간에 들어선 그를 정학연은 처음에 알아보지 못했다. 그도 이제 환갑을 앞둔 늙은이였다. 손에는 그 옛날 스승이 작별선물로 준 부채가 들려 있었다.

아들과 제자는 잡은 손을 놓지 못했다. 그 두터운 뜻이 느껴워 다

늙어 떨리는 손으로 아버지의 부채 위에 아들은 감사의 시를 써주었다. 그러고는 이제부터 정씨와 황씨 두 집안이 자손 대대로 서로 잊지 말고 왕래하며 오늘의 이 아름다운 만남을 기억하자고 문서를 써서 맹세했다. 이것이 바로 정황계첩(丁黃契帖)이다.

보람을 발견하라

황상은 75세 때 스승과의 첫 만남을 기억하며, 앞에서 잠깐 읽은 「임술기(壬戌記)」를 썼다. 스승을 처음 만난 해가 임술년이었는데, 어느새 한 갑자를 돌아 다시 임술년을 맞았으므로 깊은 감회가 일었던 것이다. 노인은 스승이 내려주신 글을 옮겨적고 이런 감회를 덧붙였다.

내가 이때 열다섯 살이었다. 당시는 어려서 관례도 치르지 않았었다. 스승의 이 말씀을 마음에 새기고 뼈에 새겨, 감히 잃을까 염려하였다. 그때부터 지금까지 61년 동안 독서를 그만두고 쟁기를 잡고 있을 때에도 마음에 늘 품고 있었다. 지금은 손에서 책을 놓지 않고 글 속에서 노닐고 있다. 비록 이룩한 것은 없다 하나, 구멍을 뚫고 막힌 것을 툭 터지게 함을 삼가 지켰다고 말할 만하니, 또한 능히 마음을 확고하게 다잡으라(秉心確)는 세 글자를 받들어 따랐을 뿐이다. 하지만 지금 나이가 일흔다섯이 넘었으니 주어진 날이 많지 않다. 어찌 제멋대로 내달려 도를 어지럽힐 수 있으랴. 지금 이후로도 스승께서 주신 가르침을 잊지 않을 것을 분명히 하고, 자식들에게도 저버림 없이 행하게 할 것이다. 이에 임술기를 적는다. 　　황상, 「임술기(壬戌記)」, 『치원유고(巵園遺稿)』

그는 삶의 끝자리에서, 비록 이룩한 것은 없지만 스승께서 내려주신, 마음을 다잡아 부지런하고 부지런하고 부지런하라는 삼근(三勤)의 가르침만은 평생 부끄러움 없이 힘써 지켰노라고 고백하고 있다. 또 다른 편지에서는 이렇게 적었다.

산방에 처박혀 하는 일이라곤 책 읽고 초서(鈔書)하는 것뿐입니다. 이를 본 사람은 모두 말리면서 비웃습니다. 하지만 그 비웃음을 그치게 하는 것은 나를 아는 것이 아닙니다. 우리 선생님께서는 귀양살이 20년 동안에 날마다 저술만 일삼아 복사뼈가 세 번이나 구멍났습니다. 제게 삼근(三勤)의 가르침을 내려주시면서 늘 이렇게 말씀하셨지요. "나도 부지런히 노력해서 이것을 얻었다." 몸으로 가르쳐주시고 직접 말씀을 내려주신 것이 마치 어제 일처럼 귓가에 쟁쟁합니다. 관뚜껑을 덮기 전에야 어찌 그 지성스럽고 뼈에 사무치는 가르침을 저버릴 수 있겠습니까?
황상, 「회주 삼로에게 드림(與裹州三老)」, 『치원유고(巵園遺稿)』

이것이 전설적인 '과골삼천(踝骨三穿)'의 고사다. 다산은 늘 돌부처처럼 앉아 저술에만 힘쓰다 보니, 방바닥에 닿은 복사뼈에 세 번이나 구멍이 뚫렸다. 나중에는 통증 때문에 앉아 있을 수가 없어 아예 벽에 시렁을 매달아놓고 서서 작업을 계속 했다는 전문도 있다.

황상이 나이 70이 넘어서도 독서와 초서를 멈추지 않자, 사람들이 도대체 무엇에 쓰려고 지금도 그렇게 책을 읽고 베껴쓰느냐고 웃었다. 황상은 스승의 과골삼천으로 대답했다. 삼근계의 가르침이 귀에 쟁쟁한데 죽기 전에야 어찌 그만둘 수 있겠느냐고 말했다. 황상은 더도 덜도 말고 꼭 이런 사람이었다. 스승의 진심어린 한마디 가르침이 이렇듯 한 사람의 삶을 송두리째 바꿔놓았다.

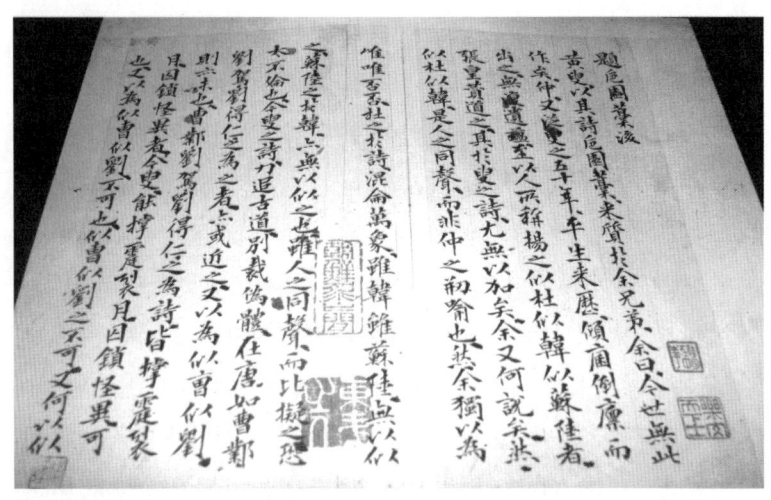
추사 형제가 황상에게 써준 문집 서문과 편지글 등을 모은 『치원진완(巵園珍玩)』. 개인 소장.

제주도 귀양지에서 황상의 시를 읽어본 추사 김정희도 그의 시에 감동했다. 유배에서 풀려나 뭍에 오른 그가 제일 먼저 찾아간 곳이 황상의 집이었다. 추사 형제는 이후로 만년의 황상과 교유하며 『치원유고』에 형제가 나란히 서문을 써주기까지 했다. 신분이 미천하여 세도가의 곤핍을 당할까 염려하던 정약전의 우려는 기우였다. 이에 얽힌 전후의 이야기는 이 짧은 글에 다 담을 수 있는 것이 아니다. 나는 황상에 대해 하고 싶은 말이 아직도 많다.

다산은 성심으로 제자들을 가르쳤다. 황상 외에도 수많은 제자가 스승의 따뜻한 가르침에 깊이 훈도되었다. 마음에서 우러난 존경 없이 사제가 그렇게 완벽한 호흡을 맞춰 그 많은 작업을 진행할 수는 없는 일이었다.

다산은 말한다. 부지런히 노력해라. 성심으로 노력해라. 복사뼈가 세 번 구멍나고 벼루가 여러 개 밑창나도록 노력하고 또 노력해라. 공부해서 무엇에 쓰겠느냐고 묻지 마라. 공부는 해야만 하는 것이 아니라 하지 않을 수 없어 하는 것이다. 사람이 세상에 나서 책을 안 읽고 무슨 일을 하겠느냐? 백 년도 못 되는 인생이 공부를 하지 않는다면 이 세상에 살다 간 보람을 어디서 찾겠느냐?

42. 아름다운 경관 속에 성품을 길러라
득승양성법(得勝養性法)

비 갠 뒤 세검정의 놀이는 미리 먼저 가늠해두지 않을 수 없습니다. 만약 채이숙(蔡邇叔)이 승정원에서 나오기를 기다린다면 이미 물은 져서 바위가 드러날 것입니다.
【「한혜보에게 답함(答韓傒甫)」 8-76 】

미리 깨어 준비하라

득승양성(得勝養性)은 아름다운 풍광 속에 노닐며 성품을 기르는 것이다. 긴장이 있으면 이완도 있어야 한다. 뻣뻣하게 굳어만 있으면 부러진다. 부드럽게 풀어주는 과정이 필요하다. 아름다운 경치 속에 뜻 맞는 사람들과 노닐며 성품을 기른다. 퍼내기만 한 마음속 샘물이 다시 차오르도록.

다산은 공부만 아는 골샌님이 아니었다. 풍류를 즐길 줄 알았고, 운치도 있었다. 공부하다가 답답하면 훌쩍 길을 나서 바람을 쐬고 돌아왔다. 놀이를 나가도 그저 술 먹고 노래하고 춤추다 오지는 않왔다. 자연이 주는 의미를 곱씹고, 그 안에서 삶의 의미를 되새기고 돌아왔다.

젊은 시절 그가 쓴 기행문에서 우리는 특히 자연 속에서 삶의 행간을 읽고 소통하는 인상적인 장면들과 만날 수 있다.

세검정의 빼어난 풍광은 오직 소낙비에 폭포를 볼 때뿐이다. 그러나 막 비가 내릴 때는 사람들이 옷을 적셔가며 말에 안장을 얹고 성문 밖으로 나서기를 내켜하지 않고, 비가 개고 나면 산골물도 금세 수그러들고 만다. 이 때문에 정자가 저편 푸른 숲 사이에 있어도 성중(城中)의 사대부 중에 능히 이 정자의 빼어난 풍광을 다 맛본 자가 드물다.

신해년(1791) 여름의 일이다. 나는 한혜보(韓傒甫) 등 여러 사람과 함께 명례방 집에서 조그만 모임을 가졌다. 술이 몇 순배 돌자 무더위가 찌는 듯하였다. 먹장구름이 갑자기 사방에서 일어나더니, 마른 우레소리가 은은히 울리는 것이었다. 내가 술병을 걷어치우고 벌떡 일어나며 말했다. "이건 폭우가 쏟아질 조짐일세. 자네들 세검정에 가보지 않으려나? 만약 내켜하지 않는 사람이 있으면 벌주 열 병을 한 차례 갖추어 내는 걸세." 모두들 이렇게 말했다. "여부가 있겠나!"

마침내 말을 재촉하여 창의문(彰義門)을 나섰다. 비가 벌써 몇 방울 떨어지는데 주먹만큼 컸다. 서둘러 내달려 정자 아래 수문에 이르렀다. 양편 산골짝 사이에서는 이미 고래가 물을 뿜어내는 듯하였다. 옷자락이 얼룩덜룩했다. 정자에 올라 자리를 벌여놓고 앉았다. 난간 앞의 나무는 이미 뒤집힐 듯 미친 듯이 흔들렸다. 상쾌한 기운이 뼈에 스미는 것만 같았다.

이때 비바람이 크게 일어나 산골물이 사납게 들이닥치더니 순식간에 골짜기를 메워버렸다. 물결은 사납게 출렁이며 세차게 흘러갔다.

겸재 정선의 〈세검정도〉(부분). 지본담채, 62.4×23cm, 국립중앙박물관 소장.

모래가 일어나고 돌멩이가 구르면서 콸콸 쏟아져내렸다. 물줄기가 정자의 주춧돌을 할퀴는데 기세가 웅장하고 소리는 사납기 그지없었다. 난간이 온통 진동하니 겁이 나서 안심할 수가 없었다. 내가 말했다. "자! 어떤가?" 모두들 말했다. "여부가 있나!"

술과 안주를 내오라 명하여 돌아가며 웃고 떠들었다. 잠시 후 비는 그치고 구름이 걷혔다. 산골물도 잦아들었다. 석양이 나무 사이에 비치자 물상들이 온통 자줏빛과 초록빛으로 물들었다. 서로 더불어 베개 베고 기대 시를 읊조리며 누웠다.

조금 있으려니까 심화오(沈華五)가 이 소식을 듣고 뒤쫓아 정자에 이르렀는데 물은 이미 잔잔해져버렸다. 처음에 화오는 청했는데도 오지 않았던 터였다. 여러 사람이 함께 골리며 조롱하다가 더불어 한 순배 더 마시고 돌아왔다. 같이 갔던 친구들은 홍약여(洪約汝)와 이휘조(李輝祖), 윤무구(尹无咎) 등이다. 「세검정에서 노닌 기(遊洗劍亭記)」 6-136

내가 다산의 글 가운데 가장 좋아하는 「세검정에서 노닌 기(遊洗劍亭記)」의 전문이다. 절정의 순간은 언제나 미리 깨어 준비한 자의 몫이다. 멍청한 인간들은 기차가 떠난 다음에야 그것이 기회였던 줄을 깨닫는다. 빗방울에 옷을 적실 각오 없이는 세검정의 빼어난 풍광은 볼 수가 없다. 비가 그친 뒤에 출발하면 늦는다. 비가 오기 전에, 혹은 비를 맞으며 출발해야 한다. 그래야 최고의 세검정을 만끽할 수 있다.

나에게 다산의 이 글은 그저 벗들과 작당하여 세검정으로 나들이를 다녀온 이야기로만 들리지 않는다. 행간 깊게 들린다. "깨어 있어라. 맥락을 넘겨짚는 안목을 길러라. 떠난 기차는 붙들 수가 없고, 가버린 기회는 돌아오지 않는다. 뒤늦게 헐레벌떡 달려오면 좋은 구경도 못하고 웃음거리만 된다."

탈출을 감행하라

다산이 36세 나던 1797년은 재앙의 기색이 여기저기서 감지되던 불안한 시기였다. 서울의 공기가 몹시 답답했던 다산은 문득 고향 마재 앞 양수리의 푸른 물이 견딜 수 없이 그리웠다. 이에 불쑥 근무지를 이탈해 천진암으로 놀러 갔던 일을 기록한 것이 「천진암에서 노닌 기〔遊天眞菴記〕」다.

정사년(1797) 여름 나는 명례방에 있었다. 석류꽃이 막 망울을 터뜨리고 보슬비가 갓 개자, 초천(苕川)에서 물고기를 잡고 싶은 마음이 굴뚝같이 일었다. 이때 법제가 대부는 위에 아뢰어 고하지 않고는 도성문을 나설 수가 없었다. 그러나 아뢰어보았자 허락하지 않을 것이 뻔했으므로, 마침내 그저 가서 초천에 이르렀다.

이튿날 절강망(截江網) 그물을 가져다가 고기를 잡으니, 크고 작은 놈이 50여 마리나 되었다. 작은 배는 무게를 감당치 못하여 가라앉지 않은 것이 겨우 몇 치뿐이었다. 배를 남자주(藍子洲)로 저어가 즐거이 한바탕 배불리 먹었다. 먹고 나서 내가 말했다. "옛날 장한(張翰)은 강동을 그리면서 농어와 미나리를 말했는데, 물고기는 내가 이미 맛보았다. 지금은 산나물이 한창 향기로울 때니 어찌 천진암(天眞菴)에 가 놀지 않겠는가?"

이에 형제 네 사람이 집안사람 서너 명과 함께 천진암으로 갔다. 산에 들어서자 초목이 울창하고, 산속엔 온갖 꽃이 활짝 피어 그 꽃다운 향기가 매우 짙었다. 또 온갖 새들이 화답하며 우는데 그 소리는 맑고도 매끄러웠다. 가다가는 듣고, 듣다가는 가면서 서로 돌아보며 모두들 즐거워하였다. 절에 이르러 술 한 잔에 시 한 수를 읊조리며 하루해를 보냈다.

이렇게 사흘을 놀다가 비로소 서울로 돌아오니, 무릇 얻은 시가 20여 수였다. 먹어본 산나물은 냉이와 도라지, 고비와 고사리, 그리고 두릅 따위 대여섯 종류였다. 「천진암에서 노닌 기〔遊天眞菴記〕」 6-148

갑자기 들이닥친 다산을 보고 놀라 가슴을 쓸어내렸을 가족들의 표정이 눈에 선하다. 물고기를 잡아 매운탕을 끓여먹고 싶어서 왔다는 말에 모두들 웃었다. 새벽부터 서둘러 강으로 나갔다. 그물을 던지자 고기들이 묵직하게 걸려올라왔다. 눈부신 초록에 푸른 강물빛. 건져올린 그물에선 금린옥척(錦鱗玉尺)이 펄떡펄떡 뛴다. 햇살은 눈부시게 수면 위로 부서지고, 건들바람에 숨을 한번 크게 쉬자, 숨죽여 움츠렸던 지난 시간의 묵은 그늘이 말끔하게 가신다. 사람 사는 일이 이럴 수만 있다면 더 바랄 것이 있겠는가?

다음은 배를 건너편에 대어놓고 천진암을 찾아간다. 젊은날의 추억이 깃든 곳이다. 숲속은 울창한 초록, 꽃향기는 달떠 있고, 새소리는 데굴데굴 옥쟁반을 구른다. 산나물 캐어 무쳐먹고 데쳐먹고, 술 한 잔을 곁들이니, 아웅다웅하던 티끌세상의 기억은 나와는 아무 상관 없는 아마득한 옛일인 것만 같다. 이렇게 고향산천의 정기로 재충전해서 사흘 만에 서울로 돌아왔다.

정조는 이런저런 모함과 구설에 휩싸인 다산을 지켜주기 위해, 천진암놀이가 있은 지 몇 달 뒤인 윤 6월 2일에 그를 곡산부사로 임명했다. 잠시 도성을 벗어나 때를 기다리자는 뜻이었다. 전임 곡산부사의 실적이 너무 저조하여 파직된 뒷자리였다.

다산은 부임 즉시 원성이 높았던 고을의 폐단을 하나하나 바로잡아나갔다. 법규를 세우고, 무너진 건물을 다시 일으켰다. 살인도적을 잡고, 억울한 세금을 덜었다. 무고(誣告)를 밝혀 징치하고, 간사한 무리들을 물리쳤다. 그리고 그 바쁜 와중에도 천연두로 요절한 자식들을 생각하며 『마과회통』 12권을 완성했다. 흉흉하던 고을이 금세 안정을 되찾았다.

기회를 활용하라

고을이 정돈된 이듬해 3월, 춘궁기의 백성들에게 창고의 곡식을 풀어먹이기 위해 다산은 여러 창고를 돌며 곡식을 나눠주는 순창(巡倉)을 떠났다.
그는 관례적으로 따라다니는 마부 등의 수행을 다 물리쳤다. 다만 피리와 젓대, 해금과 같은 단출한 관현악으로 구성된 세악(細樂) 네 사람만을 데리고 갔다. 번잡한 행차로 민폐를 끼치지 않으려는 배려였다. 또 창고와 창고 사이를 물길을 따라 이동해야 했으므로, 이동 길에 그동안 미뤄둔 곡산의 아름다운 산수도 구경할 겸, 머리도 식힐 겸 해서였다. 이때의 여정을 기록한 것이 「곡산북방산수기(谷山北方山水記)」다. 그중 한두 대목을 읽어보자.

때는 이미 해거름이 지났다. 저녁볕이 석벽에 환히 비치자 자줏빛과 초록빛이 이루 형언할 수가 없었다. 강변 모래언덕엔 방초가 비단 같았다. 누런 송아지가 뛰노니 강촌의 물색이 완연했다. 배에 오르자 음악을 연주했다. 여울이라 배가 마치 살처럼 빨랐다. 여울을 지나고 나자 깊은 못이 되었다. 푸른 절벽과 자줏빛 바위가 거꾸로 비쳐 서로 부딪쳤다. 바위틈에는 잡화가 활짝 피었고, 새들은 엇갈려 날았다. 새끼 꿩은 서로 울고, 우는 비둘기는 화답하였다.
때가 마침 봄과 여름의 어름이었다. 초목에는 여린 잎이 막 나서 짙은 것은 초록색 같고, 옅은 것은 꾀꼬리색 같았다. 못물은 짙은 검은빛도 있고 맑은 녹색도 있었다. 물가엔 모두 흰 자갈과 고운 모래였다. 한 번 여울이 지면 한 번 못이 나왔다. 그래서 빨리 몰다가 천천히 떠가곤 했다.

묏부리는 가리어졌다가 다시 나타나곤 해서 갖가지로 기묘했다. 빨리 몰 적에는 봉우리가 마치 병풍처럼 늘어섰다가, 순식간에 변하여 뽀족하고 날카로운 봉우리끝으로 변하니 우뚝 솟아 하늘을 찌를 것만 같았다. 또 한 번 지나가면 뽀족하던 봉우리끝은 또 마치 구름에 녹고 안개에 풀어진 듯 어느새 다시 병풍이 되어 있곤 했다. 한결같이 신기루나 아지랑이 낀 나무와 같아, 나타났다 사라지는 변환이 참으로 기이한 경치였다. 「곡산북방산수기(谷山北方山水記)」 6-166

하루종일 북창에서 식량을 방출하고, 저녁 무렵 떠나 동창까지 와서 하루를 묵었다. 새벽 일찍부터 시작한 식량 방출은 역시 그날 저녁에야 끝이 났다. 말이 좋아서 유람이지, 하루종일 일하고 저물녘 다음 지점으로 이동하기 위해 배를 타고 가는 틈에 잠시 하는 산천구경이었다.

가다가 아름다운 풍광을 만나면 함께 탄 세악에게 음악을 연주하게 했다. 뱃사공이 밥을 짓는 틈에는 작은 배에 악공들을 태우고 섬 사이를 주유했다. 화전을 갈던 백성들이 그 광경을 보고는 잠시 일손을 놓고 구경했다. 마을의 부로(父老)들이 어진 원님을 위해 절벽 위에서 음악을 연주해주기도 했다. 참으로 여민동락(與民同樂)의 아름답고 흐뭇한 광경이었다.

물길을 따라 오르내리노라니 즐거워 돌아갈 것을 잊었다. 이윽고 석양이 배에 가득하였다. 서늘한 바람이 서서히 불었다. 배를 놓아 내려갔다. 서편을 바라보니 봉우리 하나가 우뚝 솟았다. 물어보니 적성령(摘星嶺)이라고 했다. 그 아래가 문암촌(門巖村)이라 한다. 마을 북쪽에 두 언덕이 마주서서 문 모양을 하고 있다. 마을 앞의 보리밭은 백

일쯤 갈 만한 넓이였다. 논도 있었다. 평평하고 넓었다. 양주의 미음
(渼陰) 같은 느낌이 들었다.   「곡산북방산수기(谷山北方山水記)」 6-168

'별 따는 고개'라는 뜻을 가진 적성령(摘星嶺), 달마중언덕의 후월대(候月臺) 등 아름다운 이름의 명승을 지나, 공무의 짬을 이용한 다산의 유람은 석양이 비껴드는 해거름의 물길을 따라 그렇게 유장하게 이어졌다.

사물을 투시하라

'문리가 터진다'는 말은 어려운 글을 줄줄 읽게 된다는 말이 아니다. 사물의 행간을 읽고 맥락을 소연하게 파악할 수 있게 되었다는 말이다. 공부는 책으로만 하는 것이 아니다. 세상천지 만물이 모두 책이다. 이 살아 생동하는 텍스트를 읽지 못하고, 고작 벌레먹은 옛 책을 외우는 것만 독서로 여긴대서야 공부의 보람이 참 무색하다.

다산의 글에는 '자연'이라는 텍스트를 멋지게 읽어낸 글들이 적지 않다. 귀양지인 강진에서도 해마다 가을이면 한 차례 단풍놀이 소풍을 나갔다. 다음은 그때 지은 글이다.

    음악을 연주하는 자는 금속악기로 시작해서 마칠 때는 소리를 울려 떨친다. 순수하게 나가다가, 끊어질 듯 이어지며, 마침내 화합을 이룬다. 이렇게 해서 악장이 이루어진다. 하늘은 1년을 한 악장으로 삼는다. 처음에는 싹트고 번성하며 곱고도 어여뻐 온갖 꽃이 향기롭다. 마칠 때가 되면 곱게 물들이고 단장한 듯 색칠하여 붉은색과 노란색, 자

다산초당 근처에 있어 다산이 자주 왕래했던 백련사.

줏빛과 초록빛을 띤다. 너울너울 어지러운 빛이 사람의 눈에 환하게 비친다. 그러고 나서는 거둬들여 이를 간직한다. 그 능함을 드러내고 그 묘함을 빛내려는 까닭이다. 만약 가을바람이 한 차례 불어오자 쓸쓸해져서 다시 떨쳐 펴지 못하고 하루아침에 텅 비어 떨어진다면, 그래도 이것을 악장을 이루었다고 말할 수 있겠는가?

내가 산에 산 지 여러 해가 되었다. 매번 단풍철을 만나면 문득 술을 갖추고 시를 지으며 하루를 즐겼다. 진실로 또한 한 곡이 끝나는 연주의 느낌이 있었기 때문이다. 올 가을은 농사가 큰 흉년이라 놀러 갈 마음이 없었다. 다만 다산의 주인과 함께 백련사에 가는 것으로 예전의 예를 보존하였다. 두 집안의 자질들이 따라왔다. 술이 몇 순배 돌자 각각 시를 한 편씩 짓고 두루마리에다 썼다.

이때는 가경 14년(1809) 기사년 상강(霜降) 후 3일이다.

「백련사에 노닐면서 단풍잎을 구경하고 지은 시의 서[游蓮社觀紅葉詩序]」 6-95

가냘픈 피리소리로 시작된 연주가 간드러진 선율을 타고 끊어질 듯 이어진다. 하나가 잦아들면 다른 하나가 그 빈자리를 차고 들어온다. 주거니받거니 하다가 일제히 제 소리를 내며 밀고 당기는 드잡이질이 시작된다. 하나가 올라가면 하나는 내려가고, 이쪽이 빨라지면 저쪽은 늦춘다. 나중에는 도저히 체면을 차리고만 있을 수 없다는 듯이 다투듯 달려들어 절정을 향해 내달린다. 마침내 차분히 수렴하면서 하나의 악장이 끝을 맺는다.

조물주는 한 해를 하나의 교향곡으로 삼아 4악장의 계절로 나눠 연주한다. 다산의 멋진 생각이다. 겨우내 아껴 지킨 눈에 망울이 부풀어 꽃이 핀다. 꽃 진 자리에 새 잎이 꼬물꼬물 오므린 손가락을 편다. 층층이 다르던 연둣빛의 숲은 천둥과 번개를 맞으면서 우락부락한 초록으로 거듭난다. 소나기에도 끄떡없다.

그대로 마냥 갈 것 같던 기세가 한순간 수그러들면서 가을이 온다. 등등하던 서슬은 다소곳해지고, 열매는 겸손하게 고개를 숙인다. 잎이란 잎은 노랗고 빨갛게 물이 들어, 온 산은 불이 붙은 듯 숨이 덥다. 거기에 소슬바람이 불고 하늘은 마냥 높아만져서 푸른 하늘과 붉은 잎은 팽팽하게 맞붙어 긴장한다. 그러는 사이에 잎이 져서 눈 덮인 산은 겨우내 빈손을 하늘을 향해 쳐들고 조용히 바람의 소리에 귀를 기울이며 제 몸을 내맡기는 것이다.

이 얼마나 아름다운 한 곡의 연주인가? 음악에도 클라이맥스가 있듯, 계절에도 절정의 순간이 필요하다. 그것이 가을이다. 해마다 단풍시절이 되면 술병을 준비해 소풍을 간다. 자연을 찾아 시를 지으며 노니는 것은 조물주의 한 해 연주가 클라이맥스를 향해 치닫는 것에 경의를 표하기 위해서다. 그것은 사람이 세상을 살아가는 데 필요한 일종의 예의다. 큰 흉년이 들어 차마 흥청망청 먹고 놀 수는 없지만, 조물주에 대한 예를 거를 수는 없어 단출한 차림으로 한 해의 연주가 대미를 장식하는 소리에 귀를 기울이다 왔다.

이렇듯 사물의 행간에 깃든 의미를 음미하고 그 깊은 속내를 투시하는 다산의 눈빛 속에는 세상을 향한 따뜻함이 깃들어 있다.

다산은 말한다. 아름다운 경치 속에서 성품을 기르고, 자연과 마주해서 마음을 닦아라. 조이기만 하고 풀 줄 모르면 마침내는 부러진다. 이완이 있어야 긴장할 수 있다. 늘 눌려만 있으면 용수철은 튀어오를 힘을 잃는다. 책만 책이 아니다. 천지만물이 다 책이다. 툭 트인 생각, 걸림 없는 마음은 자연 속에서만 얻을 수 있다.

43. 나날의 일상 속에 운치를 깃들여라
일상득취법(日常得趣法)

지구는 둥글고 사방은 평탄하다. 그럴진대 천하에 내가 앉아 있는 곳보다 높은 곳은 없다. 하지만 백성들은 오히려 곤륜산에 오르고 형산과 곽산을 등반하여 높은 곳을 찾는다. 가버린 것은 쫓을 수가 없고, 장차 올 것은 기약할 수가 없다. 그러니 천하에 지금 누리고 있는 지경보다 즐거운 것은 없는 법이다.

「어사재기(於斯齋記)」 6-108

선 자리를 사랑하라

일상득취(日常得趣)는 일상생활 속에서 삶의 운치를 찾아 누린다는 말이다. 의미는 누가 가져다주는 것이 아니라 내가 찾아내고 만드는 것이다. 저 먼 곳에 있지 않고 바로 내 곁에 있다. 하지만 아무나 누릴 수 있는 것은 아니다. 맑은 눈, 밝은 귀, 그리고 무엇보다 텅 빈 마음이 있어야 한다. 탐욕과 운치는 서로 인연이 없다. 재물이 많다고 운치가 따르지도 않는다.

귀양지에서 다산의 생활은 신산스럽기 짝이 없었다. 보통사람 같았으면 진작 자포자기해서 폐인이 되고도 남았을 그 긴 시간 동안,

올곧게 자신을 세워 뚝심 있게 공부를 밀고나갈 수 있었던 것은, 그가 바로 일상득취의 묘를 잘 실행할 수 있었기 때문이다. 그는 어디를 가든 자신이 처한 공간을 정성껏 꾸몄다. 그것이 자신의 것이냐 아니냐는 상관하지 않았다. 거처를 옮길 때마다 그가 제일 먼저 한 일은 정원을 꾸미고 꽃나무를 심는 것이었다. 이 절에서는 다산의 생활공간과 정원경영에 대해 살펴보자.

내 집은 명례방에 있다. 명례방에는 공경(公卿)의 큰 저택이 많다. 그래서 수레바퀴와 말발굽이 날마다 거리 사이를 엇갈려 내달린다. 그러다 보니 언덕이나 연못, 그리고 원림(園林)으로 아침저녁 구경할 만한 것이 없다. 그래서 뜨락의 반을 갈라 경계로 삼고, 여러 꽃나무와 과일나무 중 좋은 것을 구해다 화분에 심어 이곳을 채웠다.

안석류(安石榴)는 잎이 살지고 크며 열매가 달다. 해석류 또는 왜석류라 한다. 왜석류가 네 그루다. 줄기가 곧게 한 길 남짓 오르도록 곁가지가 없다가, 위에 쟁반처럼 둥글게 틀어올린 속칭 능장류(棱杖榴)가 한 쌍이다. 꽃만 피고 열매맺지 않는 석류는 꽃석류라 하는데, 이것이 한 그루다.

매화는 두 그루다. 그런데 세상 사람들이 좋아하는 것은 묵은 복숭아나 살구나무 뿌리가 썩어 골격만 남은 것을 가져다가 괴석처럼 조각해놓고, 매화는 겨우 작은 가지 하나만 그 곁에 붙여두고 이것을 기이하게 친다. 나는 뿌리와 줄기가 실하고 가지가 무성한 것을 가품(佳品)으로 꼽는다. 꽃이 좋기 때문이다.

치자가 두 그루다. 두보는 "치자를 여러 나무에 견주면, 인간에 진실로 많지가 않네〔梔子比衆木, 人間誠未多〕"라고 했다. 대개 또한 희귀한 품종이다. 산다화가 한 그루다. 금잔은대(金盞銀臺), 즉 수선화 네 포기를 한 화분에 같이 심은 것이 하나 있다. 파초는 크기가 방석만한 것이 한 그루다. 벽오동은 두 살짜리가 두 그루다. 만향이 한 그루요, 국화는 종류별로 열여덟 화분이 있다. 부용화 화분이 하나다.

이에 서까래만한 대나무를 구해다가 동북쪽 면을 잘라 난간을 둘렀다. 하인들이 지나가다가 옷으로 꽃을 스치지 못하게 한 것이다. 이것이 이른바 죽란(竹欄)이다. 매일 조회에서 물러나오면 건(巾)을 걸치고 난간을 따라 걷는다. 혹 달빛 아래 술을 따르며 시를 짓기도 했다. 시원스레 산림과 원포(園圃)의 정취가 있었다. 수레바퀴의 시끄러움도 거의 잊고 지낼 만했다.

「죽란화목기(竹欄花木記)」 6-149

한창 젊은 시절 서울 명례방에 살 때 일이다. 코딱지만한 도회지 한복판의 마당이 답답해서 정원을 꾸몄다. 그냥 심기에는 공간이 너무 협소해서 화분에 담아 울멍줄멍 늘어놓았다. 그나마 대나무난간을 설치하지 않으면 지나는 옷깃에 꽃이 다 떨어질 형국이었다. 그래도 그 좁은 공간에 국화만 서로 다른 종류로 열여덟 화분이 있었고, 부용화와 수선화를 심은 화분이 하나씩 있었다. 여기에 더하여 석류·매화·치자·산다화·파초·벽오동·만향 등이 열여섯 그루나 심어져 있었다.

다산은 꽃밭에 꽃이 피면 벗들을 불러놓고 밤중까지 술을 마시며 놀았다. 이 시절 지은 시에서는 "한 해가 늦어가매 쌀이 외려 귀하지만, 집이야 가난해도 꽃은 더욱 많다네〔歲熟米還貴, 家貧花更多〕"라 하였다. 그것만으로 성이 안 차 벗들과 아예 죽란시사(竹欄詩社)를 결성하여, 살구꽃·복숭아꽃·참외·연꽃·국화·큰눈·분매를 핑계로 꽃이 필 때마다 한 번씩 모여 시회를 열었다. 이렇게 해서 보잘것없는 다산의 죽란은 한때 장안의 명소가 되었다.

의미를 찾아가라

승경(勝景)은 수궁산진(水窮山盡)의 심산유곡에만 있는 것은 아니다. 내가 마음을 붙여 내 성품을 기르며 지낼 수만 있다면 그곳이 바로 승경이요 도원(桃源)이다. 다산은 강진으로 귀양가기 전 한동안 장기로 귀양가 있었다. 대놓고 백안시하는 마을사람들 때문에 몸고생 마음고생이 심했다. 답답하면 아무도 아는 체하지 않는 마을을 벗어나 시냇가로 들판으로 산책하며 숨을 틔웠다.

어떤 날은 시냇가에서 우연히 만난 한 그루 해당화에 마음이 환해졌다. 푹푹 찌는 삼복더위에 병까지 들어 자리에 누웠다가 숨이 턱 막혀오면, 불현듯 떠오르는 서울의 아름다운 누각과 빼어난 정자들, 바람이 솔솔 들던 그 다락이 그리워 "으아!" 하고 미친 듯 소리를 지르기도 했다. 그러다가는 문득 다시 마음을 가다듬어 눈 속에 아슴아슴 떠오르는 여덟 곳 정자를 차례차례 시로 읊어 마음을 달랬다.

시골사람 화초래야 장독대 둘레에다	野人花草醬甖邊
맨드라미 봉선화를 심는 것이 고작이라.	不過鷄冠與鳳仙
쓸데없는 바다석류 붉기가 불과 같아	無用海榴朱似火
늦봄에 객창 앞에 옮겨다 심는다네.	晩春移在客窓前

「장기농가(長鬐農歌)」 제10, 2-243

해류(海榴)는 왜류(倭榴)라고도 하니, 당시 서울에서는 봄철이면 남쪽에서 배로 실려와 다투어 팔리던 관상용 꽃나무였다. 명례방의 집에도 해류가 네 그루나 있었다. 그러나 시골사람들은 붉은 저 꽃잎에 아무 관심이 없어, 그 귀한 꽃이 들판 구석에서 제멋대로 피어났다. 왈칵 반가운 마음에, 늦은 봄 적막하기만 한 객창 아래다 옮겨 심었다. 갑자기 꽃등불이 걸린 듯 창밖이 환하다. 내 마음도 싸하니 환해진다. 그 절망스러운 상황에서도 꽃의 아름다움을 감상할 줄 아는 마음의 여유만큼은 잃지 않았다. 아니 그 꽃마저 없었다면 그 버림받은 적막감을 견딜 수가 없었겠지.

이후 다산은 다시 서울로 압송되어 험한 고초를 겪은 후 간신히 목숨만 부지하여 강진으로 귀양왔다. 주막집 뒷방과 제자 이청의 집, 보은산방 등을 전전하다가 다산초당으로 거처를 옮긴 것이 1808년 봄이었다. 이곳은 처사 윤단(尹慱, 1744~1821)의 산정(山亭)이었다. 이해 3월 16일, 다산은 윤단의 아들 윤규로(尹奎魯)와 함께 다산서옥에서 열흘 넘게 묵었다. 멀리로 물가 섬을 오가는 돛도 보이고, 울타리 안에는 난만하게 꽃이 피었다. 갓 건져온 새우를 채소에 무쳐서 먹으니, 이곳에 오래 눌러앉았으면 하는 생각이 들었다. 마침내 그 뜻을 비쳐 아예 이곳으로 거처를 옮기게 된 것이다.

다산은 주인의 요청에 따라 다산팔경(茶山八景)을 정하고「다산팔경사(茶山八景詞)」를 지었다. 불장소도(拂墻小桃), 박렴낭서(撲簾狼絮), 난일문치(暖日聞雉), 세우사어(細雨飼魚), 풍전금석(楓纏錦石), 국조방지(菊照方池), 일오죽취(一塢竹翠), 만학송도(萬壑松濤)가 다산이 꼽은 이곳의 여덟 가지 풍경이다. 담장을 스치는 작은 복숭아나무, 주렴에 부딪히는 버들솜, 따뜻한 봄날 들려오는 꿩 울음소리, 보슬비 속에 물고기 밥주기, 단풍나무 뿌리로 칭칭 감긴 비단바위, 네모난 연못에 비친 국화, 대나무가 푸른 언덕, 골짝으로 불어오는 파도소리 같은 솔바람이 그것이다.

초당은 말 그대로 초가집 한 채가 덩그러니 있을 뿐인 초라한 공간이었다. 네모난 연못 하나가 있어 초당의 얼굴구실을 했다. 그래도 이 호젓한 공간에 주인은 여러 가지 화초를 심어 가꾸며 정성을 쏟았다. 매화와 도화, 모란과 작약이 철따라 피고 졌다. 왜석류와 수구화, 치자와 백일홍과 월계화도 있었다. 접시꽃이 피고 국화와 자초도 심어져 있었다. 행랑 아래에는 포도덩굴을 올리고, 집 아래에는 자갈을 쌓아 샘물을 가두고 미나리도 심었다.

공간을 경영하라

다산이 이곳으로 옮겨온 뒤 초당은 점점 환한 공간으로 바뀌었다. 초당으로 옮기고 나서 두 번째 봄을 맞아 다산은 본격적으로 공간을 경영하는 일에 착수했다.

하루는 매화나무 아래로 산보하는데 가시덤불에 덮여 있었다. 손수 칼과 삽을 들고 그 얽히고설킨 것을 잘랐다. 섬돌로 단을 쌓고, 단을 따라 아래위로 물을 줄 수 있도록 섬돌 아홉 계단을 만들어 채마밭으로 삼았다. 마침내 동쪽 연못에까지 미쳐 둘레를 넓히고 두둑을 새로 쌓았다. 줄지어 이름난 꽃과 풀을 심었다. 거기서 나온 바위로 가산(假山)을 하나 만들었다. 물길을 굽이굽이 돌려서 샘물이 그리로 쏟아지게 했다. 초봄에 작업을 시작했는데, 봄을 다 보내고서야 완성하였다. 문거(文擧) 형제가 실로 몸소 그 노고를 감당했다. 나 또한 도왔다. 비록 궁한 처지에 분수에 맞지는 않았지만, 보는 자가 감탄하며 모두 정말 아름답다고 하므로, 시를 지어 기쁨을 적는다. 모두 80운이다.

「하루는 매화나무 아래로 산보하다가(一日散步梅下)」 2-425

다산초당의 풍경. 나무 홈통을 이어 물길을 연못으로 끌어들였다. 연못에는 석가산을 만들고 잉어 몇 마리를 넣어 길렀다.

이렇게 해서 다산초당의 공간은 완전히 새로 탈바꿈했다. 어찌나 기뻤던지 다산은 5언 160구, 800자에 달하는 장편의 시를 남겨 거듭난 공간의 세부모습을 상세히 기록했다.

먼저 비탈을 깎아 아홉 층으로 돌계단을 쌓고, 거기에 채마밭을 만들었다. 층마다 씨앗을 구분해서 뿌렸다. 무와 부추, 늦파와 올배추, 쑥갓과 가지를 심었다. 아욱, 겨자, 상추, 토란 등도 심었다. 곁채에서는 명아주와 비름 등 산나물이 제풀에 돋아났다. 울타리에는 구기자를 줄지어 심었다. 고사리와 쑥을 캐서 국을 끓이고 뜸을 떴다. 울타리를 엮어 노루가 들어와 뜯어먹지 못하게 했다.

시늉만 낸 작은 연못도 넓게 팠다. 둘레에 있던 떡갈나무와 싸리나무는 베어내고 대신 단풍나무와 느릅나무를 심었다. 대통을 이어 샘물을 끌어들였다. 새끼물고기도 몇 되 풀어놓았다. 올챙이도 거기서 자랐다. 울타리가 터진 곳은 대나무로 채우고, 양편 언덕엔 버드나무를 심었다. 백련사의 스님이 연못에 심으라며 아이 편에 연뿌리를 보내왔다. 당귀, 작약, 부양, 수구화, 모란이 여기저기서 돋아났다. 파초를 구해와 심었다. 포도덩굴은 울타리를 타고 올랐다. 주인의 아들인 윤규로는 바닷가로 가서 온갖 기이한 모양의 괴석을 주워와 마당 곳곳을 꾸몄다.

이렇게 해서 초당은 온전히 다산의 체취가 스민 공간으로 거듭났다. 1812년 9월, 초의선사가 그린 〈다산초당도〉를 보면 당시 초당의 풍광을 살펴볼 수 있다. 그림에는 앞에 인용한 다산의 글과 달리, 울타리 아래쪽에 연못이 하나 더 있다. 아홉 층 돌계단 텃밭은 잘 보이지 않는다. 지금은 초당에 기와지붕을 얹어 번듯하게 꾸며놓았지만, 당시에는 두 칸짜리 초가집이었다.

그 옆에 있던 동암(東庵)과 서암(西庵)도 수리해서, 여기에 사방

초의가 그린 〈다산초당도〉. 아래위로 연못이 있고, 집 뒤편에 괴석과 파초가 있다. 구조도 현재와는 사뭇 다르다. 개인 소장.

벽을 둘러 2천 권의 책을 나누어 쌓아놓았다. 초당에는 약절구와 차 화로가 놓여 있었다. 흐뭇해진 다산은 축대를 더 쌓아 거기에 대나무 심을 계획을 세우는 등, 잠시 얹혀사는 처지였음에도 마치 주인처럼 정성을 쏟아 이곳을 가꿨다.

이곳에서의 나날을 다산은 이렇게 노래했다.

산살림 일이 없어 번잡하지 않으니	山居無事不婆娑
주리고 병들어도 시냇가 지켜 산다.	饑軸夷然守澗阿
소옹(邵翁)의 역(易) 평을 내다 혼자 가만 웃어보고	邵易細評成獨笑
높은 소리 노래 대신 도연명 시 낭독한다.	陶詩朗讀當高歌
뜨락에 달이 떠서 밤 깊어 산보하니	夜深徐步中庭月
바람 일자 저 멀리 바다물결 보이누나.	風起遙觀大海波

| 부끄럽다, 저서가 300권이라 하니 | 慚愧著書三百卷 |
| 너무 많다, 군자는 많아서는 안 되느니. | 多乎君子不應多 |

「송풍루잡시(松風樓雜詩)」 제8, 2-449

소강절(邵康節)이 『주역』을 풀이한 『황극경세서(黃極經世書)』를 읽다가, 문득 깨달음이 오면 혼자 빙긋이 웃는다. 머리를 식힐 겸 도연명의 시를 가락에 얹어 읽는다. 깊은 밤 달빛이 마당으로 찾아들면 섬돌을 내려와 뒷짐지고 거닌다. 저 멀리 구강포의 바다 쪽을 내려다보면, 달빛을 받은 한바다의 물비늘이 먼눈에도 다 보인다. 300권 저서가 너무 많아 부끄럽다고 했지만, 사실은 이 공간에서 이뤄낸 성과에 대한 자부의 뜻도 담겨 있다.

일상을 만끽하라

한번은 제자 황상이 스승에게 선비의 이상적인 생활공간의 모습에 대해 물었다. 다산은 이에 대해 아주 자세한 글을 써서 친절하게 대답해주었다.

땅을 고를 때는 산수가 아름다운 곳을 얻어야 한다. 하지만 강과 산이 어우러진 곳은 시내와 산이 어우러진 곳만은 못하다. 골짜기 입구에는 깎아지른 절벽에 기우뚱한 바위가 있어야 한다. 조금 더 들어가면 시계가 환하게 열리면서 눈을 즐겁게 해주어야 한다. 이런 곳이라야 복지(福地)다.
중앙에 지세가 맺힌 곳에 띠집 서너 칸을 나침반이 정남향을 가리키도록 해서 짓는다. 치장은 지극히 정교하게 해야 한다. 순창에서 나는 설화지로 벽을 바르고, 문설주 위에는 엷은 먹으로 옆으로 길게 뻗은 산수화를 붙인다. 문설주에는 고목이나 대나무 또는 바위를 그리고, 중간에 짧은 시를 써넣기도 한다. 방 안에는 서가 두 개를 설치하고, 서가에는 천삼사백 권의 책을 꽂도록 한다. (중략)

　책상 아래에는 오동(烏銅) 향로를 하나 놓아두고, 아침저녁으로 옥유향(玉蕤香)을 하나씩 피운다. 뜰 앞엔 울림벽을 한 줄 두르는데, 높이는 몇 자 남짓이면 된다.

　담장 안에는 석류와 치자, 목련 등 갖가지 화분을 각기 품격을 갖추어 놓아둔다. 국화는 가장 많이 갖추어서 48종 정도는 되어야 잘 갖추었다 할 만하다. 마당 오른편엔 작은 연못을 판다. 사방 수십 걸음 정도면 된다. 연못 속에는 연꽃 수십 포기를 심고, 붕어를 기른다. 대나무를 따로 쪼개 물받이 홈통을 만들어 산의 샘물을 끌어다 못에다 댄다. 물이 넘치면 담장 틈새를 따라 채마밭으로 흐르게 한다.

　채마밭을 정리할 때는 마치 물이 고여 있는 것처럼 평평하게 다듬어서 네모지게 밭두둑으로 분할한다. 아욱, 배추, 파, 마늘 등을 종류별로 구별하여 서로 섞이지 않게 한다. 고무래를 사용해 씨를 뿌려, 싹이 터나올 때 살펴보면 아롱진 명주비단의 무늬와 같다. 이쯤은 되어야 겨우 채마밭이라고 할 수가 있다. 조금 떨어져 오이와 고구마를 심고, 채마밭 둘레에는 매괴화를 몇천 그루 심어 울타리를 만든다. 봄여름의 어름이 되어 채마밭을 둘러보는 자가 있으면 매운 향기가 코를 찌르게 한다.
「황상유인첩에 제함(題黃裳幽人帖)」 6-224

　이 글은 초당 시절 이전에 쓴 것이다. 그런데 특히 뜰에 대한 묘사를 가만히 살펴보면, 앞서 본 다산초당의 모습과 그대로 겹친다. 계

일속산방 터는 강진군 대구면 천개산자락에 있다. 25년 전 저수지가 생겨 집터 바로 앞까지 물에 잠겼다. 사진 가운데 감나무가 있고 그 왼편의 덤불숲이 일속산방이 있던 집터라고 이 마을 이정수 옹이 일러준다. 집터 바로 앞의 건물터는 지금은 폐교된 예전 용운초등학교 분교 자리다. 아래는 허소치가 1853년 3월 황상을 위해 그려준 〈일속산방도〉다. 32×23cm, 개인 소장.

속 이어지는 이 글에는 뜰뿐 아니라 집 근처 원림(園林)과 잠실(蠶室)의 경영에 이르기까지, 자급자족형 사대부의 산림경제(山林經濟) 규모가 상세하게 그려져 있다. 평소 자신이 꿈꾸던 이상적인 공간구성을 아끼는 제자에게 일러준 다산은 불과 몇 해 뒤에 초당에서 그 꿈을 실현할 수 있었다.

한편 스승의 글을 고이 간직해 마음에 새겨두었던 제자 황상도 뒤에 천개산(天蓋山) 백적동(白磧洞)에 일속산방(一粟山房)을 세워, 평생 마음을 쏟아 스승이 일러준 그대로 원림을 경영했다.

다산은 말한다. 일상의 공간에 마음을 쏟아라. 굳이 먼 데를 기웃거리지 마라. 명승지를 찾아다닐 것도 없다. 내가 사는 공간에 정성을 쏟아 그곳에서 일상의 기쁨을 만끽해라. 생활 속에 운치를 깃들이는 일, 그를 통해 삶의 차원을 한 단계 높이는 일은, 몸은 비록 티끌세상에 묶여 있어도 마음은 훨훨 자유로운 경계 속에 노닐게 하는 일이다.

44. 한 마디 말에도 깨달음을 드러내라
담화시기법(談話視機法)

항상 안개와 노을, 강물과 바위, 그리고 지출(芝朮)을 향한 마음을 폐부에 젖어들게 하고 골수에 새기십시오. 또한 마음이 맑아지고 눈이 밝아져서 이 치를 보는 것이 정밀하고 투철해져서, 자벌레가 푸른 것을 먹으면 몸이 푸르게 되고 누런 것을 먹으면 몸도 누레지는 것과는 같지 않게 될 것입니다.

【「윤계용 영휘에게 답함〔答尹季容永輝〕」 8-137 】

중심을 다잡아라

담화시기(談話視機)는 일상의 대화나 주고받는 글 속에 번쩍이는 깨달음을 드러내 보인다는 말이다. 깨달음은 먼 데 있지 않다. 바로 내 곁에 가까이 있다. 듣고 보면 정신이 번쩍 드는데 막상 찾으려 하면 숨어버린다. 문심혜두(文心慧竇)가 꽉 막힌 까닭이다. 툭 트인 정신은 아무 걸림이 없다. 듣고 보고 말하는 것 모두가 도(道) 아닌 것이 없다. 한 마디 한 마디가 다 촌철살인이다.

다산은 실없는 농담이나 하며 시간을 때우는 것은 용납하지 않았다. 그저 스치듯 건네는 한 마디에도 잠든 정신을 일깨우는 깨우침이 있었다. 하지만 해학도 무던히 즐겼다.

앞에 인용한 편지는 1811년 윤영휘가 시끌벅적하게 행차를 벌여 유배지로 다산을 찾아와 대화를 나누고 떠나간 뒤 보낸 것이다. 그는 다산에게 온통 고을살이하면서 자신이 하고 있는 일들을 허세를 부려 장황하게 혼자 떠들다가 그저 돌아갔다. 당시는 유언비어가 흉흉하게 나돌 때였다. 다산은 그가 공직에 있으면서 죄인을 공공연하게 찾아와 공연한 구설을 만들까 염려했다. 그래서 관리된 사람으로 몸가짐을 근신하고 말을 삼가야 한다는 뜻을 편지로 전했다.

편지 끝의 "자벌레가 푸른 것을 먹으면 몸이 푸르게 되고 누런 것을 먹으면 몸도 누레진다"는 말은 『안자춘추(晏子春秋)』에서 인용했다. 상황에 따라 일희일비(一喜一悲)하여 자기 중심을 잃어서는 안 됨을 넌지시 충고한 것이다. 아들에게 준 글에서도 비슷한 취지의 말을 하고 있다.

한 차례 배불러 살이 찌고, 한 번 굶어 수척한 것을 일러 천한 짐승이라 한다. 안목이 짧은 사람은 오늘 뜻 같지 않은 일이 있으면 낙담하여 눈물을 줄줄 흘리고, 내일 뜻에 맞는 일이 있게 되면 생글거리며 얼굴을 편다. 일체의 근심과 기쁨, 즐거움과 분노, 사랑과 미움의 감정이 모두 아침저녁으로 변한다. 달관한 사람이 이를 보면 비웃지 않겠느냐?　　　　　　　「학유에게 노자 삼아 준 가계(贐學游家誡)」 8-29

아침에 일찍 볕을 받는 곳은 저녁때 그늘이 먼저 든다. 일찍 피는 꽃은 빨리 지는 법이 아니냐. 풍차처럼 돌고 도는 것이 운명이다. 현재의 상황에 너무 낙담하지 마라. 사내는 큰마음을 지녀야 한다. 가을 매가 창공을 박차고 나는 듯한 기상을 품어야 한다. 다산은 아비의 좌절에 절망해서 마음을 가누지 못하는 아들의 마음을 이렇게 다 잡았다.

맹자는 "대체(大體)를 기르는 사람은 대인이 되지만, 소체(小體)를 기르는 사람은 소인이 되어 금수에 가깝게 된다"고 했다. 만약 생각이 온통 등 따습고 배부른 데만 가 있어 편히 즐기다가 세상을 마친다면 몸뚱이가 식기도 전에 이름이 먼저 스러질 것이다. 이는 짐승일 뿐이다. 짐승이 되고 싶은가? 「윤혜관을 위해 준 말〔爲尹惠冠贈言〕」 8-2

몸뚱이를 위해 사는 소인과 정신을 기르는 대인 가운데 어떤 삶을 살아야 할까? 그저 배불리 먹고 따뜻하게 사는 것을 큰 자랑으로 알고 으스대는 자는 짐승과 다를 것이 없다. 개돼지도 배부르면 꼬리를 흔들며 기뻐할 줄 안다. 제자들에게 던지는 이런 한마디에도 서늘하게 가슴을 훑는 깨우침이 있다.

각성을 유도하라

황해도관찰사로 있던 이의준이 해주의 부용당(芙蓉堂)에서 연꽃 구경을 하자며 잔치를 열어 다산을 비롯한 산하의 고을수령들을 초청했다. 다산이 도착하자 그를 아끼던 이의준은, 이곳은 공무를 보는 선화당(宣化堂)이 아니니 편안한 마음으로 마음껏 하루를 즐기자고 했다. 그러자 다산은 뜬금없이 감사(監司)가 고을수령의 잘잘못을 살피기에는 부용당이 오히려 선화당보다 낫다고 생각한다고 대답했다. 이의준이 무슨 말이냐고 되묻자 다산의 대답이 이러했다.

수령이 선화당에 이르면 모두 걸음을 단정히 하고 낯빛을 엄숙하게 합니다. 말을 삼가고 공손히 하여 예를 따져 보아도 어느 누구 하나 훌륭한 관리 아닌 사람이 없습니다. 만약 연꽃향기와 버들빛이 눈에 비치고 코를 찌르며, 죽순과 고기가 어지러이 널려 있고, 어여쁜 아가씨들이 잔뜩 모여 있으며, 좋은 술로 창자를 적시고, 구운 고기로 배를 채우는 곳에 이르게 되면, 상관은 낯빛을 좋게 꾸며 환대하고 농담하며 거리낌이 없습니다.

이러한 때 소리지르고 시시덕거리며 제멋대로 구는 사람은, 살펴보면 그 잡스러움을 알게 됩니다. 이런 자는 반드시 유능하기는 해도 경솔하게 법을 범할 것입니다. 굽실대며 아첨하고 윗사람을 찬양하는 말로 빌붙는 사람은, 가만히 보면 비루한 것을 알게 됩니다. 이런 자는 반드시 면전에서 아첨하고 힘없는 백성을 속이는 일이 많을 겝니다. 눈짓을 흘려 뜻을 보내며 계집에게 정을 잊지 못하는 사람은, 눈여겨보면 물러터진 것을 알 수 있습니다. 이런 자는 반드시 맡은 일에는 게으르면서 요구하고 부탁하는 일은 많을 것입니다. 무슨 고래나 되는 것처럼 통음하고 벌써 취했는데도 술마시기를 사양하지 않는 자는, 살펴보면 어지러운 것을 알게 됩니다. 이런 자는 반드시 술 때문에 공무에 방해를 받아 형벌이 도를 넘게 될 것입니다. 이럴진대, 그 살피는 것이 선화당보다 낫지 않겠습니까? 「부용당기(芙蓉堂記)」 6-153

말 속에 뼈가 있다. 읽는 이의 의표를 찌른다. 상식의 허를 간파해, 자칫 위의를 잃고 흐트러지기 쉬운 자리에 서늘한 기운이 감돌게 한 통쾌한 말이다.

「무호암기(無號菴記)」도 재미있다. 병조참판 윤필병(尹弼秉)이 자신의 거처에 '무호암(無號菴)'이라는 편액을 걸었다. 그러고는 개백

정과 비단장수까지 호를 달고 다니는 세상이 하도 꼴같잖아, 그릇된 세상풍조를 바로잡기 위해 이런 이름을 붙이게 되었노라고 기염을 토했다. 그러자 다산은 또 참지 못하고 한마디를 톡 쏘아붙였다. 보통사람의 일반적인 호는 평범해서, 대면해서는 그 호를 불러도 돌아서면 잊고 마니, 있으나마나한 것이다. 그러나 무호암은 그렇지가 않다.

이제 공은 우뚝하게 이 몇 가지 호에 더하여 '무호(無號)'라는 호를 지었습니다. 사람들은 그 새로운 생각에 크게 놀라 기이하게 여기겠지요. 그러고는 기쁘게 돌아가서 이를 외워, 죽을 때까지 잊지 않을 것입니다. 이렇게 되면 공은 비록 이름을 피하려 했지만 이름이 더욱 따르게 될 것입니다. 선생의 호는 정말 대단하군요. 이름을 좋아한 사실은 없고, 겉으로 이름을 피한다는 명분만 가지게 되었으니 말입니다. 저는 감히 잘 알지 못하겠습니다.　　　　　　　　「무호암기(無號菴記)」 6-121

소나 개나 모두 달고 다니는 것이 호이니, 나는 그 꼴이 보기 싫어 무호라 한다고 주인이 떠들었다. 다산은 대번에 그것이야말로 겉으로는 겸손한 척하면서 결과적으로 이름을 드러내는 가장 좋은 방법일 수 있겠다고 비꼬았다. 주인은 이 한마디에 그만 머쓱해져서 입을 다물고 말았다.

다산은 이렇듯 촌철살인(寸鐵殺人), 정문일침(頂門一鍼)하는 한마디 말로 상대를 꼼짝 못하게 제압하는 남다른 솜씨가 있었다.

여유를 잊지 말라

일상의 대화뿐 아니라 어떤 상황에서 불쑥불쑥 던지는 한마디 한마디에도 인생에 대한 깊은 성찰과 넉넉한 해학이 담겨 있다. 후학들에게 준 증언(贈言)이 특히 그렇다.

매양 봄바람이 산들 불어 초목이 움트고 나비가 홀연히 방초에 가득하게 되면, 스님 몇 분과 함께 술을 가지고 옛 무덤 사이에서 노닐곤 한다네. 쑥대가 말갈기 같은 가운데 울멍줄멍 무덤들이 들어선 것을 보다가, 술 한 잔씩을 따라 부어주며 이렇게 말했지.

"캄캄한 땅속에서 그대 능히 이 술을 마실 수 있겠는가? 그대가 예전 세상에 있을 때도 또한 하찮은 이끗을 다투고 티끌의 재물을 긁어모으느라 눈썹을 치켜 눈을 부릅뜨고 애써 힘 쏟으며 다만 힘껏 굳게 움켜쥐려고만 했겠지? 또한 일찍이 저와 비슷한 무리를 좋아하고, 육욕에 불타며, 음란한 욕정이 솟아올라, 좋은 고장 따스한 보금자리에서 파묻혀 지내느라 하늘과 땅 사이에 무슨 일이 있었는지조차 몰랐던 것은 아닌가? 또한 제 집안을 믿고 건방을 떨어 남을 무시하고 불쌍한 사람들에게 으르렁거리며 스스로를 높이지는 않았던가? 그대 이승을 하직할 때 손에 동전 한 닢이라도 지녀갈 수 있었던가 모르겠네그려. 이제 그대 부부가 한데 묻혔으니, 능히 지난날처럼 즐겁기는 한가? 내 지금 그대를 난처하게 함이 이와 같건만 그대가 능히 큰 소리로 나를 꾸짖을 수 있겠는가?"

이같이 수작하다 돌아오노라면 날은 어느덧 뉘엿뉘엿 서산에 걸려 있곤 했다네. 「초의승 의순을 위해 준 말〔爲草衣僧意洵贈言〕」 7-303

어느 봄날 가까이 지내는 백련사의 스님 몇과 함께 소풍을 나섰던 모양이다. 숲속 길가에 울멍줄멍 들어선 무덤들 사이를 배회하면서 다산 혼자 하는 독백이다. 땅에 묻혀 흙밥이 되고 나면 그뿐인 인생이 무엇을 그리 영위하고 작위하느라 숨돌릴 새 없이 바쁘게만 살았던가? 무덤 속 주인과의 독백체 대화는 잔잔하면서도 긴 울림을 남긴다.

「두 아들에게 보여주는 가계〔視二子家誡〕」(8-19)에서는 재물을 비밀리에 숨겨두는 방법을 알려준다. 도둑에게 빼앗길 염려도, 불에 타버릴 걱정도, 소와 말을 이용해 운반하는 수고도 필요없는 기막힌 방법이다. 그런데도 천년 뒤까지 아름다운 명성이 남는다. 그것이 무엇일까? 바로 남에게 베푸는 것이다.

그러고 나서 한마디를 덧붙였다. "단단히 잡으려 들면 들수록 더 미끄럽게 빠져나가니, 재물이란 미꾸라지다."

내가 토지문서를 살펴 그 내력을 조사해보았다. 100년 사이에 주인이 바뀐 것이 문득 대여섯 번은 되었다. 심한 경우 일고여덟 번에서 아홉 번까지도 있었다. 그 성질이 흘러 움직이고 잘 달아나는 것이 이와 같다. 홀로 어찌 남에게는 금방 바뀌고 내게는 오래 그대로 있기를 바라, 이를 믿어 아무리 두드려도 깨져 없어지지 않을 물건으로 여기겠는가?

창기나 음탕한 여자는 여러 번 남자를 바꾼다. 그런데 내게 있어서만은 어찌 홀로 오래 수절할 것을 바라겠는가? 토지를 믿는 것은 창기의 정절을 믿는 것과 다름이 없다. 부자는 밭두렁이 드넓게 이어지면 반드시 뜻에 차서 기운을 돋워 베개를 높이 하고 자손을 보며 말할 것이다. "만세의 터전을 내가 너희에게 준다." 하지만 진시황 당시에 호해(胡亥)에게 전할 때도 이에 그치지 않았음은 알지 못한다. 이 일이 어찌 믿을 만한 것이겠는가? 「윤종심을 위해 준 말〔爲尹鍾心贈言〕」 7-300

예전 곡산부사로 있을 때 토지대장을 살펴본 경험을 살려 해준 말이다. 땅은 달아나는 법이 없을 것 같지만, 토지처럼 주인이 자주 바뀌는 것이 없다. 잠시도 가만있지 않고 수시로 주인이 바뀐다. 토지가 자손대대로 천년만년 갈 것으로 생각하는 것은 주인뿐이다. 재물을 어찌 후손에게 남겨주겠는가?

이치를 관조하라

다산의 시는 여느 시에서 보이는 음풍영월의 풍류는 없지만, 독특한 깊이가 있고 넘치는 해학이 있다.
다산의 시를 두 수 읽어보자.

양식이 생기면 먹을 이 없고	有粟無人食
아들이 많으면 배고파 걱정.	多男必患飢
높은 관리 대부분 멍청이이고	達官必憃愚
재주꾼은 재주를 베풀 데 없네.	才者無所施
온전한 복 갖춘 집 많지가 않고	家室少完福
지극한 도리는 늘 더디다네.	至道常陵遲
구두쇠 아비엔 방탕한 자식	翁嗇子每蕩
아내가 똑똑하면 신랑은 바보.	婦慧郎必癡
보름달은 번번이 구름 가리고	月滿頻値雲

꽃 피면 바람이 불어 떨구네.	花開風誤之
사물마다 모두 다 이와 같거니	物物盡如此
혼자웃음 아무도 아는 이 없네.	獨笑無人知

「혼자 웃다(獨笑)」 2-311

다산 버전의 '머피의 법칙'이다. 높은 벼슬아치는 만날 사람 좋은 너털웃음으로 그 무능을 감춘다. 재주 있는 젊은이는 그 재주를 펼칠 기회를 한 번도 못 만나기 쉽다. 아비가 구두쇠 소리를 들어가며 한푼 두푼 모은 재산은 방탕한 자식이 하룻밤 노름으로 다 날려버린다. 왜 똑똑한 여자는 언제나 멍청한 사내에게 시집가는가? 보름밤에 달구경 약속을 잡아놓으면 어김없이 그날 밤 비가 내린다. 참 알다가도 모를 일이다.

어느 날 문득 앉았다가 한참 꼬인 인생길을 돌아보았던 모양이다. 뜻 같기만 한 삶이 어디 있을까 싶어 하나하나 꼽아보다가 혼자 픽 웃고 말았다. 전화위복(轉禍爲福)이 되기도 하고, 차면 기울기도 하며, 새옹지마 같기도 하고 일장춘몽 같기도 한 인생은 저마다 그렇게 공평하게 흘러가고 있었던 것이다.

궁한 살림 올 이 없어	窮居罕人事
늘상 옷을 벗고 사네.	恒日廢衣冠
부서진 집 바퀴벌레	敗屋香娘墜
밭두둑엔 팥꽃 남아.	荒畦腐婢殘
병이 많아 잠은 줄고	睡因多病減
책 쓰느라 근심 잊네.	愁賴著書寬
오랜 비 괴롭잖네	久雨何須苦

맑을 때도 탄식하니. 晴時也自歎

「장마(久雨)」 2-317

　　강진 유배생활이 네 해째로 접어들던 1804년 여름, 긴 장마 속에 쓴 시다. 세상에서 잊혀진 사람의 하늘 끝 궁한 거처를 누가 찾아줄 것인가. 더구나 연일 비만 주룩주룩 내리는 이 장마통에 말이다. 그렇다 보니 자연 의관을 정제하고 사려앉을 일이 없다. 건(巾)도 하지 않은 맨머리에 느슨한 옷차림으로 편안히 지낸다. 3구와 4구가 재미 있다. 향낭(香娘)은 향기로운 아가씨인데, 기실은 바퀴벌레의 다른 이름이다. 부비(腐婢), 속 썩이는 계집종, 달리 말해 '썩을년'은 소두화(小豆花) 즉 팥꽃의 다른 이름이다. 비 새는 천장에서 뭔가 툭 떨어진다. 가만 보니 바퀴벌레다. 잡초만 무성한 밭두둑엔 그래도 고맙게 팥꽃이 다 시들지는 않았다.

　　몸에 이런저런 병이 많아 잠이 자꾸 줄어든다. 잠깨어 일어나면 밤은 아직 깊었다. 서울 생각, 두고 온 가족들, 알 수 없는 미래, 이런 것들이 천 리 밖 유배객의 내면을 할퀴고 지나갔겠지. 이런저런 근심을 잊으려 더욱 저서에만 몰두한다. 책을 읽고 쓰다 보면 세상 건너가며 누구나 겪을 이런저런 근심들은 어느새 형체도 없다. 장맛비가 괴롭다고 투덜댈 것 없다. 방 안에만 틀어박혀 이렇게 공부에만 몰두할 수 있게 해주지 않느냐. 맑은 날엔 이 사무치게 좋은 날 마음껏 다니지도 못하는 매인 몸을 원망만 했더니. 병 때문에 잠이 줄어드는 것은 걱정이지만, 그 시간에 근심에 침몰되지 않고 저술에 더 힘을 쏟게 되니 굳이 나쁠 것도 없겠다는 말씀이다.

다산은 말한다. 그저 보아넘기지 말고 이치로 따져 음미하라. 가슴속에 금강석보다 빛나는 보석을 품어라. 금세 스러질 그깟 재물 말고, 변치 않을 등불이 될 말씀을 세워라. 문심혜두를 활짝 열어 촌철살인의 정신을 길러라. 흐물흐물 녹고 말 육신의 쾌락 말고, 하얗게 정신의 뼈대를 세워라.

45. 속된 일을 하더라도 의미를 부여하라
속중득운법(俗中得韻法)

닭에 관한 글들을 베껴모아 차례를 매겨 『계경(鷄經)』을 만들어보는 것도 좋겠다. 육우의 『다경(茶經)』이나 유득공의 『연경(烟經)』처럼 말이다. 속된 일을 하더라도 맑은 운치를 얻는 것은 모름지기 언제나 이것을 예로 삼도록 해라.
【 「학유에게 부침(寄游兒)」 9-39 】

품위를 유지하라

속중득운(俗中得韻)은 학문 외적인 일에 있어서도 공부의 방법을 미루어 속되지 않은 격을 지닐 수 있어야 한다는 말이다. 공부가 본궤도에 오르면 이것과 저것 사이의 간격이 허물어진다. 일이관지(一以貫之)하게 된다. 공부하는 사람은 생활에도 역량을 발휘할 수 있어야 한다. 현실에도 적용할 수 있어야 한다. 공부 따로 생활 따로는 아직 공부가 덜되었다는 말이다. 더 노력해야 한다는 증거다.

위의 글은 앞서 휘분류취법(彙分類聚法)에서 잠깐 살펴보았다(10절). 닭을 치겠다는 아들에게 사대부의 양계법을 가르치면서 한 말이다. 이 절에서는 다산의 치가(治家) 또는 치산(治産)과 관련된 이야기들을 모아서 살펴보자. 다산은 공부를 핑계로 온 식구를 배곯리며 저 혼자 고고한 체하는 학문을 가장 혐오했다.

태사공이 말했다. "늘 가난하고 천하면서 인의를 말하기 좋아하는 것은 또한 부끄러워하기에 족하다." 성인의 문하에서는 재물의 이익에 대해 말하는 것을 부끄럽게 생각했다. 하지만 자공은 재산을 늘렸다. 오늘날 선비들은 소부(巢父)나 허유(許由)의 절개는 없으면서 누추한 집 속에 몸을 숨기고 명아주나 비름 따위로 배를 채우며, 부모와 처자를 얼고 주리게 하고, 벗이 와도 능히 술 한 잔 권하지 못한다. 세시가 되어도 처마끝에 매달린 고기를 볼 수 없고, 오직 공사(公私)간에 빚진 자가 문간을 두드리며 꾸짖어 욕한다. 이것은 천하에 지극히 졸렬한 것이니, 지혜로운 선비는 피해야 한다.

「윤윤경을 위해 준 말〔爲尹輪卿贈言〕」 8-3

부모봉양도 도외시하고 온 집안 식구를 괴롭히며, 사람으로서 지켜야 할 기본적인 도리도 갖추지 못하면서 저만 좋자고 하는 공부는 공부가 아니다. 그러면서도 입만 열면 인의(仁義)를 말하고 효제(孝悌)를 논한다면 이것보다 가증스러운 일이 없다. 재물에 눈이 멀어 돈 버는 데만 혈안이 되어서는 안 되겠지만, 학문을 하면서도 인간다운 품위를 잃지 않을 정도의 경제적인 바탕을 갖추는 것은 전혀 부끄러운 일이 아니다. 다산은 세상의 학문을 두 가지로 구분했다.

이 세상을 살아가려면 어쩔 수 없이 두 가지 학문을 아우르지 않을 수 없습니다. 하나는 속학(俗學)이요, 하나는 아학(雅學)이지요. 후세의 음악에 아악과 속악이 있는 것과 한가지입니다. 이 아이들은 아학만 알고 속학은 모릅니다. 그러다 보니 도리어 아학을 속학으로 여기는 폐단마저 있습니다. 이것은 그들의 허물이 아니라 형세가 그런 것입니다. 「중씨께 올림(上仲氏)」 8-219

클래식음악이 좋지만 유행가도 필요하다. 장중한 아악도 필요하지만 경쾌한 속악도 없을 수 없다. 경학공부가 바탕이 되기는 해도 경제의 공부 또한 요긴하다. 학자가 재물에 눈이 머는 것처럼 민망한 노릇이 없다. 그렇다고 무턱대고 이를 외면하는 것도 바른 자세는 아니다. 매일 배우는 것이 아학이다 보니 아학을 속학 대하듯 대수롭지 않게 여긴다는 것이 이 글에서 다산이 전하고자 한 본뜻이다. 하지만 공부하는 사람이 아학만으로는 생활의 근거를 마련할 수가 없으니 속학도 아우르지 않을 수 없다고 했다.

운치를 깃들여라

다산은 자급자족할 만큼의 경제활동은 누구에게나 꼭 필요한 일이라고 생각했다. 그는 여러 글에서 원포(園圃)경영과 누에치기의 중요성을 되풀이해 강조했다.

조정에서 벼슬하는 사람을 일러 '사(士)'라 하고, 들에서 밭 가는 자를 두고 '농(農)'이라 한다. 귀족의 후예로 먼 지방에 유락하여 몇 대를 지나고 나면 벼슬길이 마침내 끊긴다. 오직 농사를 지어야만 노인을 봉양하고 어린것들을 기를 수가 있다. 하지만 농사일은 천하에 이문이 박한 것이다. 게다가 근세에는 토지에 부과되는 세금이 날로 무거워져서 농사를 많이 지으면 지을수록 더 낭패를 보게 된다. 모름지기 원포(園圃)로 이를 보충해야 유지할 수가 있다.

　진기한 과일을 심는 것을 '원(園)'이라 하고, 좋은 채소를 기르는 것을 '포(圃)'라고 한다. 집에서 먹기 위한 것뿐 아니라 장차 이를 팔아 돈을 만들기도 한다. 큰 고을이나 도회지 곁에 진기한 과일나무 열 그루를 심으면 한 해에 엽전 50꿰미를 얻을 수 있다. 좋은 채소를 몇 이랑 기르면 한 해에 20꿰미를 거둘 수 있다. 여기에 더하여 뽕나무 40~50그루를 심고 누에 5~6칸을 기른다면 또한 30꿰미의 물건이 된다. 매년 100꿰미를 얻는다면 춥고 굶주리는 것을 구하기에 충분하다. 이것은 가난한 선비가 마땅히 알아두어야 할 일이다.
「또 윤혜관을 위해 준 말〔又爲尹惠冠贈言〕」 8-3

그때나 지금이나 농사만으로는 뼛골 빠지게 일해도 손에 남는 것이 없다. 그래서 다산은 원포의 경영과 누에치기를 특별히 강조했다. 원(園)은 과수원이고, 포(圃)는 채소밭이다. 과일과 채소를 길러 식구도 먹고, 남는 것은 시장에 내다판다. 또 부지런히 누에를 쳐 고치실을 시장에 낼 수 있다. 농사의 여가에 틈틈이 힘을 쏟아 부수의 소득을 올려야만 식구들이 배곯지 않고 겨울에 춥지 않게 지낼 수 있다.

　선비가 제 공부를 핑계 삼아, 먹고사는 일에는 아는 체도 않으면서 부모와 처자를 굶기는 것은 인간이 덜된 것이요, 일종의 직무유기다. 거기서 무슨 고상한 학문이 나올 수 있겠는가?

　다음 글에서는 원포경영에 대해 좀더 구체적으로 설명하고 있다.

향리에 살면서 원포를 가꾸지 않는 것은 천하에 쓸모없는 사람이다. 나는 국상(國喪)이 나서 정신없는 중에도 만송 열 그루와 향나무 두 그루를 심었었다. 만약 내가 지금 집에 있었다면 뽕나무가 수백 그루에 접붙인 배나무와 옮겨심은 능금나무가 여러 그루였을 것이다. 닥나무는 벌써 밭을 이루었을 게고, 옻나무는 이미 남의 밭두둑까지 퍼져 나갔을 것이다. 석류 몇 그루와 포도덩굴도 몇 시렁은 되었을 테고, 파초도 하마 서너 뿌리는 되었을 것이다. 쓸모없는 땅에는 버드나무가 대여섯 그루는 될 것이요, 유산(酉山)의 소나무도 벌써 몇 자는 자랐을 게다. 너는 이 가운데 하나라도 했더냐?

들으니 네가 국화를 심었다더구나. 국화 한 두둑을 심으면 가난한 선비의 몇 달 양식을 지탱하기에 충분하다. 꽃을 보는 것뿐만이 아닌 것이다. 약초인 생지황·반하·도라지·천궁 등과, 염료인 쪽풀이나 꼭두서니 따위도 모두 유념할 만하다.

채소밭을 가꿀 때는 아주 평평하고 반듯하게 해야만 한다. 흙손질도 몹시 곱고 깊게 하되 분가루처럼 부드럽게 해야 한다. 씨를 뿌릴 때는 쪽 고르게 해야 한다. 모종을 심을 때는 널찍널찍 심어야 한다. 이같이만 하면 충분하다. 아욱과 배추와 무를 한 구역씩 기르고, 가지와 고추 같은 것도 각각 구별해야 한다. 하지만 마늘이나 파를 심는 데 가장 힘을 쏟아야 한다. 미나리도 심을 만하다. 한여름 농사로는 오이만한 것이 없다. 비용을 아끼고 근본에 힘쓰면서 아름다운 이름을 아울러 얻는 것이 이 일이다.

「두 아들에게 부침(寄兩兒)」 9-23

농사 외에 요즘으로 치면 특용작물의 재배까지 권한 내용이다. 이 밖에 「윤윤경을 위해 준 말(爲尹輪卿贈言)」(8-4)에서도 원포와 목축에 힘을 쓰고 방죽을 파서 고기도 기르며, 문전옥답을 10여 개로 구획지어 여기에 사계절 채소를 심어 집안의 먹거리를 공급하라고 했다. 또 "보리농사는 수익성이 낮으므로, 차라리 그 땅에 복숭아·오얏·매실·살구·능금 등을 심으면 열 배의 이익을 남길 수 있다. 동백은 머릿기름으로 쓰고 치자는 약재나 염료로 쓰이니 많이 심고, 목화는 하루갈이 정도만 농사짓는다. 이와는 별도로 삼과 모시를 심어 봄여름에는 명주를 짜고 가을겨울에는 베를 짜서 식구들의 의복 문제를 해결하라. 닭과 돼지도 집안에서 먹을 수 있을 정도는 길러야 한다. 걸핏하면 상자 속의 돈을 꺼내 저자로 달려가서는 절대로 집안을 일으킬 수 없다. 또 집 뒤 빈 땅에는 진기한 과일을 많이 심어 먹고 남은 것을 저자에 내다팔며, 기른 과일 중에 특별히 탐스러운 것은 벗이나 이웃어른에게 편지를 써서 보내 함께 나누라"고도 했다. 이런 것이 바로 속중득운이다.

「윤혜관을 위해 준 말〔爲尹惠冠贈言〕」(8-1)에서도 원포를 경영해 과일과 채소를 기르되, 봄비가 갓 개일 적마다 가래와 보습을 들고 나가 도랑과 두둑을 정리해서 종류별로 씨 뿌리고 모종을 하고 와서는 짧은 시 수십 편을 지어 옛사람의 풍취를 본뜨라고 했다. 생계를 위해 어쩔 수 없이 원포를 경영하지만, 단순히 입과 배를 위해서가 아니라 삶의 질을 높이려는 마음가짐을 늘 지녀야 한다는 뜻이다.

경제활동이 중요해도 해야 할 일과 해서는 안 될 일의 분간은 명확했다. 폐족의 처지를 비관한 아들 학연이 먹고살 도리를 위해 의원노릇을 한다는 소식을 듣고 다산은 크게 놀랐다.

입고 먹는 것의 원천은 오직 뽕과 삼을 심고 채소와 과일을 기르는 것뿐이다. 부녀자가 길쌈일에 부지런한 것도 할 만한 일이다. 그 나머지, 예를 들어 이잣돈을 놓거나 여러 물건을 판매하는 일, 그리고 약

파는 따위의 일은 모두 가장 악착스러운 사람이 능히 하는 바이다. 조금이라도 풍미가 있는 사람은 본전을 다 까먹고 그 본업마저 잃지 않음이 없다. 절대로 단념하도록 해라. 「학연에게 보여주는 가계(示學淵家誡)」 8-31

자기의 노력으로 농사짓고 과일과 채소를 기르며 부지런히 길쌈해서 생계에 보탬이 되는 것은 무방하나, 돈놀이나 약장사 따위로 돈을 벌려고 해서는 안 된다고 못을 박았다. 이 편지의 끝에서는 만약 당장 의원일을 그만두지 않으면 다시 얼굴도 보지 않겠고, 죽어서도 눈을 감지 않겠노라고 쐐기를 박아 말했다.

서울을 지켜라

다산은 폐족이 되었다고 서울을 등지고 깊은 산골로 숨어들어가는 것을 크게 반대했다. 그럴수록 서울을 벗어나면 안 된다고 했다. '우리나라는 도성과 시골의 문화수준차가 너무 심해, 도성에서 몇십 리만 벗어나도 태고의 원시사회나 마찬가지다. 더구나 멀고 먼 외딴 곳으로 숨어드는 것은 결국 자손을 노루나 토끼처럼 만들어버리는 길'이라고 다산은 생각했다.

무릇 사대부의 가법(家法)은 뜻을 얻어 벼슬길에 나가면 서둘러 산 언덕에 집을 세얻어 처사의 본색을 잃지 않아야 한다. 만약 벼슬길이 끊어지면 급히 서울 언저리에 의탁해 살면서 문화(文華)의 안목을 떨어뜨리지 않아야 한다. 내가 지금 이름이 죄인의 명부에 있는지라, 너희들로 하여금 잠시 시골집에 숨어 지내게 하였다. 뒷날의 계획으로는 다만 도성에서 십 리 안쪽에 거처를 정할 수 있을 것이다. 만약 가세가 기울어 능히 깊이 들어갈 수 없게 되면, 서울 근교에 머물면서 과실을 심고 채소를 기르며 생활을 도모하다가 재물이 조금 넉넉해지기를 기다려 저자 가운데로 들어가도 늦지 않을 것이다.

「두 아들에게 보여주는 가계(示二子家誡)」 8-16

서울을 벗어나지 말라는 당부는 문화(文華)의 안목을 유지하라는 뜻에서였다. 세상에 환멸을 느낀다고 무작정 궁벽한 시골로 찾아드는 것은 궁극적으로 집안을 망치는 무모한 행위로 보았다. 근교에서 원포를 경영하여 기본적인 생활을 영위하다가, 경제기반이 좀더 갖춰질 때를 기다려 도성 안에 들어가 살아야 한다고 생각한 것이다.

근세에 명망 있는 집안의 후예로 먼 변방에 영락하여 사는 자는, 벼슬하여 영달할 생각은 없고 다만 먹고사는 일에만 힘을 쏟는다. 그리하여 높이 날아 먼 곳으로 이끌고자 하여 오직 우복동(牛腹洞)만을 찾아다닌다. 한번 그 속으로 들어가고 나면 자손들이 문득 노루나 토끼가 되는 줄은 알지 못한다. 비록 다시금 밭 갈고 우물 파서 편안히 지내고 기르는 것이 번성한다 한들 무슨 이익이 있겠는가? 제군들은 과거를 보아 벼슬하기로 마음먹어야지, 다른 것을 사모하는 마음을 먹어서는 안 된다.

「다산의 제생을 위해 준 말(爲茶山諸生贈言)」 8-6

세상에 환멸을 느낀 사대부가 자손을 이끌고 궁벽한 산골로 숨어드는 것은 난세에 종종 볼 수 있는 일이다. 하지만 얼마 못 가 깨끗하게 살려던 뜻은 간데없고, 다만 자손들을 노루나 토끼 같은 무지렁이 시골백성으로 만들고 말 뿐이다. 우복동은 속리산 어딘가에 있다는 전설의 유토피아다. 우리나라에는 지리산의 청학동이나 상주의 식장산(食藏山)처럼, 각지에 이런 무릉도원형 유토피아에 대한 전설이 있다. 다산은 장편의 「우복동가(牛腹洞歌)」를 따로 남겼다. 이 시에서도 선비가 세상을 위해 기여할 생각은 없이 실재하지도 않는 낙원을 찾아 제 몸을 괴롭히고 나아가 집안을 그르치는 행태에 대해 신랄하게 비판했다.

맑은 꿈을 간직하라

다산은 여러 글에서 자신이 평소 꿈꾸어온 이상적인 삶의 공간과 생활을 펼쳐 보였다. 젊은날 벼슬길에 있으면서도 이런 꿈을 품었다.

나는 약간의 돈으로 배 한 척을 사려 한다. 배 안에는 고기 잡는 그물 네댓 장과 낚싯대 한두 개를 놓아둔다. 솥과 술잔과 소반 같은 여러 가지 양생(養生)의 도구를 준비한다. 집 한 칸을 만들어 온돌을 들이겠다. 두 자식에게 집을 지키게 하고, 늙은 아내와 어린 아들 및 종 하나를 데리고 물에 떠다니는 집에서 종산(鍾山)과 초수(苕水) 사이를 왕래한다. 오늘은 월계(粵溪)의 못에서 고기 잡고, 내일은 석호(石湖)의 물굽이에서 낚시질한다. 또 그 다음 날은 문암(門巖)의 여울에서 고기 잡는다. 바람을 맞으며 밥 먹고 물 위에서 잠자며 둥실둥실 마치 물결 위의 오리같이 떠다닌다. 때때로 단가와 짧은 시를 지어 혼자 기구하고 적막한 정회를 펼친다. 이것이 나의 소원이다.

「초상연파조수지가기(苕上烟波釣叟之家記)」 6-161

이 꿈은 부가범택(浮家汎宅), 즉 물 위를 떠다니는 집을 막 지으려 할 즈음에 정조가 갑자기 세상을 뜨면서 물거품이 되고 말았다. 이후 그는 정국의 격랑에 휘말려들면서 20년 가까운 유배생활을 맞았다. 다음은 유배지에서 아들에게 보낸 편지다.

> 만약 내가 몇 년만 사면되어 돌아갈 수 있게 되어, 너희들로 하여금 능히 몸가짐을 삼가고 행실에 힘쓰게 하며, 효제를 숭상하여 도탑고 화목하게 지내며, 경사(經史)를 연구하고 시례(詩禮)를 담론할 수 있게 된다면, 서가에 3~4천 권의 서적을 꽂아두고, 양식은 1년쯤 버틸 수 있으며, 원포에 뽕과 마, 채소와 과실, 각종 화훼와 약초를 심되, 반듯하고 쪽 고르게 심어 무성하게 기르며 기뻐할 만할 것이다.
> 마루에 오르고 방에 들면 거문고 하나와 투호 하나가 놓여 있다. 붓과 벼루와 책상 및 도서의 모습이 고아하고 깨끗하여 기뻐할 만하다. 때로 손님이 찾아오면 능히 닭을 잡고 회를 쳐서 막걸리에 맛난 채소로 기쁘게 한 끼 배불리 먹고, 서로 고금의 일을 이야기한다.
> 이렇게 한다면 비록 폐족이라 해도 또한 장차 안목 있는 사람이 부러워 사모할 것이다. 한 해 두 해 세월이 점차 지나다 보면 이러다가 다시 일어날 수 있지 않겠느냐? 너희는 이 점을 생각하고 또 생각해라. 차마 이를 하지 않으려느냐?
> 　　　　　　　　　　　　　　　「두 아들에게 부침(寄兩兒)」 9-25

그가 꿈꾸었던 것은 이처럼 담박하고 소박한 삶이었다. 꽃 심고 채소 심고, 대나무를 솎아내고 찻잎을 볶으면서, 한가한 듯하면서도 한가롭지 않고, 바쁜 듯 바쁘지 않은 청량한 삶을 누리고자 했다. 그리고 그 기나긴 유배생활 속에서 현재 처한 자신의 공간을 그렇게 꾸미며 삶 속에 맑은 정취를 흘려넣으려 애썼다.

다산은 말한다. 마음속에서 속된 기운을 걷어내라. 하지만 생활을 외면하는 것을 고고한 것으로 착각하지 마라. 무능에서 나온 적빈(赤貧)과 군자의 맑은 청빈(淸貧)은 전혀 같지가 않다. 청빈을 즐길 뿐 적빈을 자랑하지 마라. 작은 시련 앞에 주눅들어 무작정 서울을 떠나는 것은 자손을 망치고 집안을 망치는 지름길이다. 몸은 진창에 떨어져도 꿈은 하늘에 심어라. 처지에 따라 변하는 것은 군자의 마음가짐이 아니다. 경제를 생각하되, 운치를 잃어서는 안 된다.

10강
핵심가치를 잊지 말라
본질을 놓치지 않는 실천적 지식경영

인간은 왜 사는가? 공부는 무엇 때문에 하나? 어떤 작업을 하든지, 무슨 공부를 하든지, 붙들고 놓지 않는 기본정신이 바로 핵심가치다. 그것은 삶의 이유이자 학문의 목적이다. 역경에도 꺾이지 않는 불굴의 의지, 백성을 사랑하는 뜨겁고 붉은 마음, 진실과 실용을 추구하는 정신, 오직 나만이 할 수 있는 일에 매달리는 몰두, '지금 여기'를 중시하는 자주적 태도가 그것이다.

46. **비민보세법** 裨民補世法 : 위국애민 그 마음을 한시도 놓지 말라
　　애민의 뜻을 펴라 | 현실을 고발하라 | 감싸안아 보듬어라 | 분노하고 규탄하라

47. **간난불최법** 艱難不摧法 : 좌절과 역경에도 근본을 잊지 말라
　　역경에 담대하라 | 절망을 딛고 서라 | 위기를 활용하라 | 근검으로 일어서라

48. **실사구시법** 實事求是法 : 사실을 추구하고 실용을 지향하라
　　실용을 우선하라 | 합리를 지향하라 | 실상을 파악하라 | 쓸모에 맞게 하라

49. **오득천조법** 吾得天助法 : 나만이 할 수 있는 작업에 몰두하라
　　장점을 강화하라 | 개성을 추구하라 | 잘하는 일을 하라 | 독창성을 지녀라

50. **조선중화법** 朝鮮中華法 : '지금 여기'의 가치를 다른 것에 우선하라
　　'여기'에 바탕하라 | 우리 것을 중시하라 | 변화를 긍정하라 | 주체성을 잃지 말라

46. 위국애민 그 마음을 한시도 놓지 말라

비민보세법(裨民補世法)

임금을 사랑하고 나라를 근심하지 않는 것은 시가 아니다. 시대를 상심하고 시속을 안타까워하지 않는 것은 시가 아니다. 찬미하고 풍자하며 권면하고 징계하는 뜻이 없다면 시가 아니다. 뜻이 서지 않고 배움이 순수하지 않으며 큰 도를 듣지 못하여, 임금에게 미치고 백성을 윤택하게 할 마음을 지니지 못한 자는 능히 시를 지을 수가 없다. 너는 힘쓰도록 해라.

【 「학연에게 부침(寄淵兒)」 9-17 】

애민의 뜻을 펴라

비민보세(裨民補世)는 백성의 삶에 도움을 주고 세상을 바로잡는 데 보탬이 된다는 말이다. 고작 제 한 몸의 영달과 부귀를 위해 학문을 하고 사업을 한다면 마침내 그 뜻과 노력이 너무 슬프다. 무엇 때문에 학문을 하는가? 무엇을 얻으려 사업을 하는가?

다산의 삶과 학문을 통해 일관되게 드러나는 핵심가치의 첫 번째 지향은 바로 비민보세에 놓인다. 지금 내가 하는 이 일은 어디에 쓸모가 있는가? 나아가 무엇에 보탬이 되는가? 이 물음에 마땅히 돌아오는 대답이 없으면 그는 어떤 작업에도 손을 대지 않았다. 학문을 하면서도 나라를 위하고 백성을 사랑하는 뜨겁고 붉은 마음을 잠시도 내려놓지 않았다. 그 매운 시련 속에서도 그는 세상을 원망하지 않고, 세상을 위하는 길을 찾아 모색을 거듭했다.

비민보세의 초심을 벗어나면서 학문이 왜곡되고 세상길이 어긋나게 되었다고 그는 믿었다. 자기과시의 현학 취미, 자기만족을 위한 공부, 상아탑의 엄숙주의, 이런 것들을 다산은 깊이 혐오했다. 다산의 저술에서 그가 세운 조례나 문목은 모두 이 비민보세의 잣대를 벗어남이 없었다. 학문뿐 아니라 문학에 대한 생각도 그러했다. 이제 다산의 시정신과 작품을 통해 비민보세의 정신을 살펴보자.

무릇 시의 근본은 부자와 군신 및 부부의 윤리에 달려 있다. 혹 그 즐거운 뜻을 선양하고, 혹 그 원망하고 사모하는 마음을 이끌어 전달한다. 그 다음으로는 세상을 근심하고 백성을 불쌍히 여겨, 언제나 힘없는 사람을 건지고 재물 없는 사람을 구제하기 위해 방황하고 구슬퍼하며, 차마 이들을 버려두고 떠나지 못하는 뜻을 지닌 뒤라야 바야흐로 시라 할 수 있다. 만약 단지 자신의 이해에만 관계된다면 이것은 시랄 것도 없다.
「두 아들에게 보임(示兩兒)」 9-34

한 편의 시를 쓰더라도 윤리의 떳떳함을 드러내고, 우세휼민(憂世恤民)의 마음을 담을 것을 요구한 것이다. 그저 음풍영월이나 하며 자기과시에 힘쓰는 시를 그는 철저히 배격했다. 문제는 시문의 표현이 얼마나 굉장하고 아름다우냐가 아니다. 그 속에 담긴 도와 뜻의 내용에 달려 있다. 쭉정이뿐 알맹이는 없는 내용, 세상에 아무 보탬이 되지 않는 문학은 시끄러운 빈 수레요, 재주부리는 광대놀음에 불과하다.

이 절의 처음에 인용한, 아들 정학연에게 보낸 편지에서도 다산은 자신이 생각하는 시의 요건을 명확하게 밝혔다. 다산에게 시는 애군우국(愛君憂國)·상시분속(傷時憤俗)을 표출하는 방편일 뿐이었다. 『시경』의 정신인 미자권징(美刺勸懲), 즉 선을 찬미하고 권면하며 악을 풍자하고 징계하는 정신에서 벗어나서는 안 되는 것이었다.

문사(文詞)로 과거를 뽑는 제도가 생기고 나서, 임금은 문예를 놀이로 즐기고 신하는 글 쓰는 일을 배우의 재주로 여기게 되었다. 서로 더불어 경궁과 요대 사이에서 뒤쫓으며 제 한 몸을 영예롭게 하는 데 그친다. 부족하고 멍청해서 능히 기교가 빼어나지 못한 자는 내쫓아서 백성이나 다스리게 한다. 그러다 보니 내직을 무겁게 보고 외직은 우습게 보는 주장이 일어나, 백성들의 삶은 날로 고달프게 되었다. 하지만 중국의 제도는 새로 진사가 된 사람은 나가서 여러 고을의 추관(推官)이나 판관이 된다. 임기가 차서 그 정사를 보고한 뒤에야 비로소 한림 및 경연의 강관(講官)이 된다. 그 뜻이 오히려 훌륭하다 하겠다. 우리나라는 문학을 숭상하여 백성의 근심을 살피는 데 주밀하지 못한 바가 있다. 높은 명망을 지닌 사람은 몸을 마치도록 관각(館閣)에만 있고, 일찍이 하루도 백성을 다스리지 않는다. 폐속일 뿐 좋은 법은 아니다. 「상원군수로 나가는 윤무구를 전송하는 서(送尹无咎出守祥原序)」 6-86

학문이나 경륜을 가지고서가 아니라 문예의 재주로 인재를 뽑게 된 후 생긴 폐단을 지적해 말했다. 문학을 숭상하는 일이 백성을 아끼는 마음과 따로 놀면 안 된다. 문예가 놀이가 되고 광대놀음이 되면 백성이 병든다. 이것으로 내직과 외직을 가르고 백성을 외면하는 빌미가 되면, 나라의 근심이 커진다. 다산이 생각한 문예의 바른 길은 결코 이런 데 있지 않았다.

현실을 고발하라

다산은 애휼(愛恤)에 바탕한 우국애민의 시정신을 자신의 시 창작에 그대로 실천했다. 때로 그것은 처절한 분노로 터져나왔고, 탄식을 넘어 깊은 슬픔을 담아 각성을 촉구하는 탄원으로 이어졌다.

다산초당으로 거처를 옮기고 이듬해인 1809년에는 전국에 참혹한 가뭄이 들었다. 이때 일을 그는 이렇게 적었다.

기사년(1809)에 내가 다산초당에 있을 때였다. 이해 크게 가물었다. 겨울과 봄부터 입추가 될 때까지 천 리에 붉은 땅뿐, 들에는 푸른 풀 한 포기 없었다. 6월 초에는 떠도는 백성이 길을 메웠다. 마음이 아프고 보기가 참혹해서 살고픈 마음이 없었다. 하지만 나는 죄를 짓고 귀양 사는 처지라 사람 축에도 못 끼었다. 오매(烏昧)를 아뢸 길도 없고, 은대(銀臺)의 그림을 바칠 수도 없었다. 이따금 눈으로 본 것을 기록하여 시가로 엮었다. 대개 가을 쓰르라미나 찬 귀뚜라미와 더불어 풀섶 사이의 구슬픈 울음소리를 함께 낸 것이었다. 요컨대 성정의 바름으로 천지의 조화로운 기운을 잃지 않으려 한 것이었다. 오래되어 편을 이루었기에 '전간기사(田間紀事)'라고 하였다. 「채호(采蒿)」 시서(詩序) 2-452

오매(烏昧)는 고사리의 별명이다. 송나라 때 범중엄(范仲淹)이 지방을 순시하고 돌아올 때 굶주린 백성들이 양식 삼아 먹던 고사리를 임금께 올리면서, 이를 외척들에게 보여 사치를 억제하도록 간언한 일이 있다. 은대(銀臺)의 그림 또한 비슷한 맥락으로, 후한 때 장형(張衡)의 고사에서 나왔다. 자신이 목민관의 처지에 있었다면 민간의 참상을 임금에게 직접 간언하여 바로잡을 수 있겠지만, 죄인의 처지인지라 다만 그 실상을 시로 노래할 뿐이라고 했다. 미자권징의 시정신을 다시 한 번 환기하고 있는 것이다.

끝부분의 "성정의 바름으로 천지의 조화로운 기운을 잃지 않으려 했다"는 말이 인상적이다. 성정의 바름이란 무엇인가? 차마 안타까워하는 마음이다. 백성들은 기근이 들어 다 굶어죽고 있는데, 위정자들이 이를 외면하고 폭압과 수탈만 일삼는 것은 천지의 화기(和氣)를 해치는 일이다. 이에 다산은 자신이 직접 목도한 사실을 가을 쓰르라미의 안타까운 울음소리로 함께 울었다. 이렇게라도 해야 그 죽고 싶을 만큼 괴로운 마음을 가눌 수 있겠어서였다. 차마 안타까운 마음으로 참담한 현실을 고발한 것이다.

시의 형식 또한 『시경』의 풍자정신을 이어받아 4언 분장체로 썼다. 「채호(采蒿)」·「발묘(拔苗)」·「교맥(蕎麥)」·「오거(熬秬)」·「시랑(豺狼)」·「유아(有兒)」 등 여섯 편이 그것이다.

이들 시의 사연은 이렇다. 쑥을 캐서 죽을 쑤어먹는 유랑민들, 마른 모를 뽑아버리며 통곡하는 농부, 자식을 하나 죽여서라도 비나 한 번 쏟아졌으면 하는 쑥대머리 아낙, 조정에서 나눠주라 한 메밀종자는 주지 않고 백성들에게 형벌을 내리며 빨리 심으라고만 닦달하는 현령, 겨 반 모래 반의 보리죽으로 연명하는 백성들, 관가의 포학을 못 이기고 전부 달아나 텅 비어버린 마을, 자식 둘을 길에다 내버리고 달아난 어미. 이 피눈물나는 정경을 다산은 분노와 슬픔을 담아 노래했다. 그 말이 차마 처절하고 참혹하여 읽는 이의 애를 끊는다.

전편이 길어 여기서 다 읽을 수는 없고, 「유아」의 한 부분을 살펴 보자. 앞부분의 이야기는 이렇다. 길에서 두 아이가 울고 있다. 동생은 겨우 말을 배울 어린 나이고, 형은 쑥대머리다. 왜 우느냐고 묻자 아이가 말한다. 아버지는 굶다못해 집을 나가 안 돌아오고, 사흘 굶은 어미도 양식을 구걸코자 자식들을 데리고 길을 나섰다. 다음은 다산의 물음에 아이가 대답하는 말이다.

"동생 울며 젖 찾아도	兒啼索乳
젖은 벌써 말랐어요.	乳則枯萎
엄마가 제 손 잡고	母携我手
이 젖먹이와 함께,	及此乳兒
저 산촌을 찾아가서	適彼山村
구걸해서 먹였지요.	丐而飼之
갯가 시장 데려가서	携至水市
엿까지 사먹이곤,	唊我以飴
길 건너 같이 와서	携至道越
새끼 품듯 동생 안아,	抱兒如麛
동생 깊이 잠이 들고	兒旣睡熟
저 또한 잠잤는데,	我亦如尸
잠깨어 살펴보니	旣覺而視
엄마가 없었어요."	母不在斯
말하다간 엉엉 울며	且言且哭
눈물콧물 흐르누나.	涕泗漣洏
저물어 날 어두워	日暮天黑
새들도 집 찾는데,	栖鳥群蜚

| 힘없는 저 두 아이 | 二兒伶俜 |
| 들어가 잘 집도 없네. | 無門可闖 |

「유아(有兒)」 2-461

　어미는 마지막 남은 엽전으로 엿을 사먹인 후, 아이 둘을 길에다 버리고 달아나고 말았던 것이다. 영화의 한 장면처럼 선명하게 남아 좀처럼 지워지지 않는 슬픈 풍경이다. 다산은 이 광경을 시로조차 남겨놓지 않는다면, 천지의 조화를 다시는 회복할 수 없을 것 같은 절망감을 느꼈다고 적었다. 이것이 다산의 비민보세법이다.

감싸안아 보듬어라

　이 참혹한 가뭄의 이듬해인 1810년에는 여름부터 파리떼가 창궐했다. 어디서나 먹을 것만 있으면 구름처럼 새까맣게 몰려다녔다. 사람들은 괴변이라 외치며 파리를 소탕하느라 온통 난리가 났다. 그것을 보고 다산은, 이 파리야말로 지난해 그 극심한 가뭄과 혹한에 굶주려죽은 자의 시체에서 나온 구더기가 변한 것으로, 굶주려죽은 자의 전신(轉身)이니 잡지 말고 오히려 음식을 먹여야 한다고 했다. 그 사연을 밝힌 것이 「파리를 조문하는 글〔弔蠅文〕」이다.

　파리야 날아와라, 울고만 있지 말고. 부모처자 함께 와서 한바탕 배를 채워 유감이나 없게 하렴. 네 옛집 살펴보니 쑥대만 가득하고, 벽과 시렁 무너지고 문짝도 기울었다. 밤에는 박쥐 날고, 낮에는 여우 운다. 네 갈던 밭 바라보니 가라지만 돋았구나. 올해는 비도 많아 진흙길이

미끌한데, 골목엔 사람 없고 황량한 폐허 됐다.

파리야 날아와라, 좋은 고기 많이 있다. 살진 소의 다리는 살집도 넉넉하다. 장을 치고 파를 쪄서 농어회도 차리었다. 네 주린 장을 채워 낯빛을 활짝 펴라. 도마에 남은 고기 네 무리를 먹이렴.

네 시체 살펴보니 두둑 위에 가로놓여, 입은 옷 하나 없이 멍석에 둘렸구나. 장마 오고 날이 찌자 이물(異物)로 변하여서, 파먹으며 꾸물꾸물 어지러이 꿈틀댄다. 갈비뼈에 넘쳐나고 콧구멍에 가득하다. 그러다가 허물 벗어 구속에서 벗어나니, 길엔 다만 해골 남아 길 가는 이 겁을 낸다. 어린것은 가슴 헤쳐 어미젖을 빨아대네. 마을에서 묻지 않아 산에는 무덤 없고, 구덩이를 가득 메워 잡초만 무성쿠나. 살쾡이 와 뜯어먹고 기뻐서 날뛰나니, 나뒹구는 해골에는 구멍 숭숭 뚫려 있네. 그대 이미 나비 되고 번데기만 남은 것을.　「파리를 조문하는 글(弔蠅文)」 9-116

굶어죽은 백성들의 원한을 씻겨주는 한바탕 살풀이의 진혼곡이다. 이어지는 글에서는 그래도 관아에는 들어가지 말고, 다시는 이 세상에 사람으로 태어나지 말라고 했다. 다시 한 단락을 보자.

파리야, 날아오되 넋은 돌아오지 마라. 아무것도 모르는 채 늘 어두움 축하한다. 죽어서도 재앙 남아 형제에게 미치어서, 6월에도 세금독촉 아전들 문을 친다. 사자후 같은 소리 산악을 뒤흔들고, 가마솥도 뺏어가고 소돼지도 끌고 가네. 관가로 끌고 가서 마른 볼기 치는구나. 돌아와 쓰러져선 염병까지 걸린다네. 풀 베고 고기 썩듯 원망은 끝이 없네. 천지사방 어디에도 호소할 데 하나 없다. 백성 숨이 넘어가도 슬퍼할 수조차 없네. 어진 이는 움츠리고 뭇 아전 날뛰나니, 봉황은 입 다물고 까마귀만 시끄럽다.　「파리를 조문하는 글(弔蠅文)」 9-117

여름에 느닷없이 창궐한 파리떼에서 다산은 굶주려죽은 백성들의 처절한 아우성을 들었다. 설사 그들이 지난해의 참혹한 기근에서 살아남았다 한들, 그들을 기다리고 있는 것은 더 가혹한 아전들의 수탈뿐이다. 그러니 차라리 해골로 누워 아무것도 모르게 된 것을 축하한다고 했다. 기막히지 않은가.

분노하고 규탄하라

다산의 시에는 백성을 향한 뜨거운 연민과 위정자를 향한 불같은 분노가 서려 있다. 「고양이 노래〔貍奴行〕」(2-441)에서는 쥐를 잡아야 할 고양이가 잡으라는 쥐는 안 잡고, 엉뚱하게 고기와 술과 양식을 훔쳐먹는 정황을 노래했다. 다산이 볼 때 위정자란 좀도둑인 쥐보다 더 흉악한 도둑고양이와 같은 존재였다. 「시랑(豺狼)」(2-459)에서는 승냥이나 이리보다 가혹한 고을수령의 탐학을 고발했다. 다산의 시에서 이런 거친 분노의 목소리는 도처에서 들려온다.

다산이 볼 때 백성들의 삶은 삶이랄 것도 없는 처절한 생존의 몸부림일 뿐이었다. 희망을 잃고, 윤리도 체면도 없이 악만 남은 존재였다. 다음 시를 읽어보자.

산늙은이 오늘 아침 산촌에서 내려와	山翁今朝下山村
곧바로 병문안차 처마끝에 앉았네.	直爲問疾坐簷端
가난한 남촌 아낙 표독스런 목소리로	南村貧婦聲悍毒
시어미에 성을 내며 소리치다 곡을 한다.	與姑勃谿喧復哭
표주박 손에 들고 큰아인 비척대고	大兒槃散手一瓢

작은아인 누렇게 떠 낯빛이 파리하다.	小兒蔫黃顏色焦
우물가 한 아이는 특히나 너무 말라	井上一兒特枯瘦
배는 성난 두꺼비요 볼기는 쭈글쭈글.	腹如怒蟾臀皮皺
어미 가자 아이 털썩 땅에 앉아 울어대니	母去兒啼盤坐地
오줌똥 몸에 범벅, 콧물도 줄줄 흘러.	糞溺滿身鼻涕溜
어미가 와 때리자 울음소리 다급하여	母來擊兒啼益急
천지가 찢어질 듯 구름빛도 멈춰서네.	天地慘裂雲色逗
동쪽 이웃 고치실 켜는 소리 탈탈대고	東鄰繰絲聲軋軋
서쪽 이웃 보리방아 찧는 소리 쿵덕댄다.	西隣舂麥聲掊掊
집 북쪽선 소를 몰며 이랴이랴 소리치니	舍北叱牛聲呪呪
소가 말을 듣질 않아 힘만 온통 빼는구나.	牛不聽戒力但竭
산늙은이 심란해서 마음을 못 가누고	山翁心煩意未裁
오래 남아 이 험한 꼴 차마 받지 못하네.	不可久留受此災
옷소매 떨쳐 일어 산 위로 올라오니	翩然拂袖上山來
푸른 나무 매미소리 연꽃이 피었구나.	碧樹涼蟬藕花開

「산옹(山翁)」 2-443

　산옹(山翁)은 산촌을 내려와 남촌으로 친구의 병문안을 왔던 모양이다. 하지만 병문안을 하기도 전에 그는 못 볼 꼴부터 보아야 했다. 좁은 처마를 들어서기도 전에 악에 받친 며느리가 시어미에게 욕을 해대고, 그러고도 분이 덜 풀려 발악을 하며 우는 광경을 보았던 것이다. 영양실조로 걸음이 뒤틀리고 황달에 걸리고 배불뚝이가 된, 주렁주렁한 자식들은 개돼지의 몰골로 밥 달라고 징징댄다. 사는 게 사는 게 아니다. 아수라의 아비규환이 따로 없다. 이웃들은 그래도 길쌈하고 방아 찧고 소를 끌어 밭갈이를 하는데, 한 집은 병자의 병구완은커녕 산목숨에 풀칠조차 할 수가 없다. 절망에 찬 며느리의 악지에 찬 고함에 섞여 똥오줌으로 범벅이 된 배불뚝이의 갈라진 울음소리가 걷잡을 수 없이 커진다. 노인은 병문안을 포기하고 다시 산골마을로 올라온다. 쓰르라미는 세상길이 쓰리다고 우는데, 속도 없는 연꽃이 곱게도 피어났다.

다산은 말한다. 백성을 사랑하고 나라를 근심하라. 이 마음이 없이는 학문도 문학도 아무 의미가 없다. 아롱아롱 무지개가 문학의 본령이라 말하지 마라. 세상과 상관없는 고고한 상아탑을 학문으로 착각하지 마라. 뜨거운 붉은 마음 없이는 소용이 없다. 제 몸만 아끼고 제 식솔만 챙기는 공부는 아무짝에도 쓸 데가 없다.

47. 좌절과 역경에도 근본을 잊지 말라
간난불최법(艱難不擢法)

다른 사람이 바야흐로 아비를 개나 염소같이 보는데도 부끄럽고 욕된 줄 모르고 이렇게 독촉하여 일을 이루려는 행동을 하느냐? 네가 감히 저들의 비웃고 냉소하는 이야기를 아비를 향해 전한단 말이냐? 설령 저들의 권력이 능히 묵은 불씨를 다시 일으켜 나를 쳐서 추자도나 흑산도로 내던진다 할지라도 나는 터럭 하나 꿈쩍 않는다. 【「두 아들에게 답함(答二兒)」 9-14 】

역경에 담대하라

간난불최(艱難不擢)는 어떤 역경과 시련에도 꺾이지 않는다는 말이다. 사람의 그릇은 역경에 처했을 때 비로소 온전히 드러난다. 시련 앞에 쉬이 좌절하는 사람은 대부분 작은 성취에 금세 교만해진다. 군자는 태산처럼 늠연한 기상을 길러야 한다. 역경 앞에 담대할 수 있어야 한다. 작은 변화에 일희일비를 거듭해서는 큰 일을 성취할 수가 없다.

다산이 견지한 핵심가치의 두 번째 지향으로, 이 절에서는 간난불최를 꼽겠다. 다산은 임금의 사랑을 한 몸에 입어 한창 절정의 순간에 올랐다가 급전직하 나락의 수령으로 떨어졌다. 셋째형은 참수형을 당해 죽고, 둘째형은 자신과 함께 귀양갔다. 한 집안의 풍운이 온통 구렁텅이로 빠져들었다. 하지만 다산은 이를 오히려 기회로 삼아 학문에 매진했다.

다음 글은 1812년 다산이 정약전에게 보낸 편지의 한 대목이다. 그해 큰 사면령이 내려 탐관오리는 물론 살인강도까지 모두 석방되었다. 하지만 다산 형제는 그 명단에 포함되지 않았다. 방해하는 세력의 집요한 획책이 있었던 것이다. 이에 정약전이 답답한 속내를 비치자 다산은 이렇게 대답했다.

> 하늘은 이곳 다산을 저의 평천장(平泉莊) 즉 묏자리로 삼고, 보암산의 몇 이랑 밭뙈기를 탕목읍(湯沐邑)으로 주었으니, 해를 마치고 죽을 때까지 아이의 울음소리나 아낙네의 탄식소리도 없습니다. 복이 이처럼 두텁고 지위가 이같이 높은데, 이런 삼청선계를 떠나 네 겹 아비지옥에 몸을 던지고자 한다면, 천하에 이처럼 어리석은 자가 있겠습니까?
>
> 이것은 억지로 지어낸 말이 아닙니다. 마음속 생각이 참으로 이와 같습니다. 하지만 한편으로 돌아갈 마음이 없지도 않았습니다. 이것은 사람의 성품이 본래 저열하고 나약해서 그런 것이지요. 간음이 죄인 줄 뻔히 알면서도 혹 남의 처첩을 훔치기도 하고, 가산이 파탄날 것을 환히 알지만 혹 마조나 강패 같은 노름에 빠지기도 합니다. 돌아갈 마음이 있었던 것은 이 같은 종류일 뿐입니다. 어찌 본심이었겠습니까?
>
> 「중씨께 답함(答仲氏)」 8-234

1814년, 귀양살이는 14년째로 접어들고 있었다. 이해 4월에 마침내 대계(臺啓)가 정지되었다. 죄인의 명부에서 이름이 빠진 것이다.

이제 관문(關文)만 발송되면 다산은 석방될 수 있었다. 하지만 강준흠과 이기경 등이 상소해 관문의 발송을 막았다. 결국 그로부터 2년이 더 지난 1816년 여름까지도 석방은 요원해 보였다.

아들이 아비의 석방을 위해 여기저기 탐문하면, "제가 답답한 것이 없어 나에게 애걸하는 편지 한 통 없는데, 내가 무엇이 아쉬워서 네 아비를 석방하는 데 앞장서겠느냐"는 비아냥이 돌아왔다. 답답해진 아들은 아버지에게 편지를 보냈다. 요컨대 석방을 막고 있는 강준흠과 이기경, 홍의호 등에게 잘못을 빌고 석방을 탄원하는 편지를 써서라도 석방명령이 전달되도록 해야 한다는 내용이었다.

다산은 자식의 편지에 격노했다. "나에게 잘못이 없는데, 저들이 허물을 뒤집어씌워 이렇게 오랜 귀양살이를 하고 있다. 편지를 쓴다면 내가 먼저 써야겠느냐, 저들이 먼저 써야겠느냐? 나를 지렁이처럼 보지 않고서야 이리 업신여길 수 있느냐? 그런데도 너희가 앞장서서 아비보고 잘못을 빌라는 것이냐?" 이 같은 격렬한 나무람이 이어진 후 이렇게 편지를 맺었다.

내가 돌아가고 돌아가지 못하는 것이 진실로 또한 큰 일이긴 하다. 하지만 죽고 사는 일에 견준다면 하찮은 일이다. 사람이란 때로 생선을 버리고 곰발바닥을 취해야 할 때가 있는 법이다. 하물며 돌아가고 돌아가지 못하는 사소한 일로 문득 남을 향해 꼬리를 흔들며 동정을 구걸한다면, 만에 하나 국경에 난리가 일어나면 임금을 저버리고 오랑캐에 투항하지 않을 자가 능히 몇이나 되겠느냐?

내가 살아 고향으로 돌아가는 것도 운명이요, 능히 고향으로 돌아가지 못하는 것 또한 운명이다. 비록 그러나 사람의 도리를 닦지 않고 다만 천명만 기다린다면 진실로 또한 이치에 합당치 않다. 나는 사람의 도리를 이미 다하였다. 사람의 도리를 다하였는데도 마침내 능히 돌아가지 못한다면 이 또한 운명일 따름이다. 강씨의 자식이 어찌 나를 돌아가지 못하게 할 수 있겠느냐? 마음을 편히 갖고 염려하지 마라. 잠시 세월을 기다리는 것이 합당한 도리인즉, 다시는 이러쿵저러쿵하지 마라.

「학연에게 답함(答淵兒)」 9-13

늠연하고 담대한 다산의 기상이 느껴지는 글이다. 하지만 이 편지를 쓴 바로 다음 달, 흑산도의 정약전은 끝내 섬을 벗어나지 못한 채 세상을 떴다. 그러고 나서도 다시 2년이 지난 1818년 8월에야 다산은 유배지에서 고향으로 돌아올 수 있었다.

절망을 딛고 서라

그 사이에 가슴속에 들끓는 분노와 갈등이야 왜 없었겠는가? 유배 초기에 지은 것으로 보이는 다음 한 수의 시는 다산의 속내를 얼핏 보여준다.

조각달 새벽녘 돋아나오니	缺月生殘夜
맑은 빛 능히 얼마나 가리.	淸光能幾何
겨우겨우 작은 뫼를 기어올라와	艱難躋小嶂
긴 강을 건너갈 힘이 없다네.	無力渡長河
세상은 단잠에 빠져 있건만	萬戶方酣睡
나그네는 혼자 깨어 노래한다오.	孤羈獨浩歌

「새벽에 앉아서(曉坐)」 2-310

다산은 밤새 한숨도 못 자고 앉아 있다. 세상은 깊은 어둠속에 잠겨 있다. 어둠을 밝혀줄 달빛을 안타깝게 기다렸는데, 새벽녘이 다 되어서야 조각달이 산 위로 고개를 빠끔 내민다. 고작 저 작은 묏부리 하나 넘어오느라 긴 밤을 다 보낸 눈치다. 그나마 지쳐서 낯빛이 창백하다. 이 산을 넘고 저 강을 건너가 세상 위로 그 빛을 드리웠으면 좋겠는데, 그 앞에는 또 건너야 할 긴 강이 기다리고 있다. 아마 저 달은 긴 강을 건너다 말고 그만 빠져 가라앉고 말 것만 같다. 나는 안타까워 죽겠는데, 세상은 온통 깊은 잠에 빠져 나의 이 안타까움을 모른다.

시인은 호방하게 노래한다고 했지만, 읽는 이의 느낌은 안쓰럽다. 어둠을 밝히는 햇빛이 되리라던 날도 있었다. 아니면 둥두렷한 보름달로 중천에 둥실 떠올라 어둠의 세상을 환하게 밝히고도 싶었다. 그런데 이게 뭔가? 다 된 밤에 가물가물한 빛을 자옥이며 세상은커녕 작은 묏부리 언저리만 서성대다, 저 건너편 세상으로 넘어가지도 못하고 말다니. 조각달의 여린 빛에 얹어 자신의 처지를 비춘 시다.

다산은 유배지에서 끊임없이 자식들에게 편지를 써 자포자기에 빠진 자식들의 마음을 다잡았다. 1810년에 자식들에게 써준 가계(家誡)의 한 대목을 보자.

나는 가경 임술년(1802) 봄부터 저서를 일삼아 붓과 벼루를 곁에 두고 아침부터 밤까지 쉬지 않았다. 왼쪽 팔은 마비되어 마침내 폐인이 되었다. 시력도 급격히 떨어져 다만 안경에 의지하고 있다. 이 같은 것은 어째서인가? 너희들과 학초(學樵)가 있어 능히 전해 익혀 실추하지 않을 수 있었기 때문이다. 이제 학초는 불행히 단명하였고, 너희는 영락하여 관심도 없다. 성품이 다시 경전을 좋아하지 않고 다만 후세의 시율만 거칠게 알아 음미할 정도니, 『주역』과 『상례』 두 책이 마침내 스러져 드러나지 않을까 염려된다. 「두 아들에게 보여주는 가계〔示二子家誡〕」 8-12

귀양생활 8년 만에 왼팔이 마비되고, 시력은 떨어져 돋보기 없이는 책도 읽을 수 없게 되었다. 그 와중에도 새벽부터 밤늦게까지 경전연구를 손에서 놓지 않았다. 다산은 자신이 피땀을 쏟은 연구의 성과가 자식들의 무관심으로 세상에서 잊혀지고 말 것을 염려했다. 다산은 다른 편지에서도 여러 곳에서, 절망의 현실 속에서 오롯이 세운 자신의 노력에 대해 토로했다.
"수년 이래 새벽부터 밤중까지 사색하며 산가치〔算篝〕를 붙들고 늘어놓으면서 심혈을 쏟아부었습니다. 어느 날 아침 홀연히 마음에서 빛이 나는 것을 느꼈습니다"(「중씨께 답함〔答仲氏〕」 8-234)나, "오래도록 고요하고 적막하게 지내다 보니 정신이 응축되어 한데 모여 옛 성인의 책에 마음을 오로지 하여 뜻을 쏟을 수 있었습니다. 그러다 보니 모르는 사이에 저절로 울타리 밖으로 새어나오는 빛을 엿볼 수 있게 되었지요"(「윤외심에게 보냄〔與尹畏心〕」 8-126)에서 보듯, 온전히 경학연구에만 굳건히 몰두하여 조금도 좌절하거나 흔들리지 않았다.

내 나이 열다섯 살 때 서울로 유학해서 육경이 안신입명(安身立命)의 바탕이 됨을 알았다. 규장각 월과문신이 된 뒤에는 육경의 밭에 아직도 떨어진 이삭이 있음을 알았다. 하지만 돌아보면 너무 바빠 능히 힘을 쏟지 못했다. 한번 귀양온 뒤로는 하늘이 긴 휴가를 주어 세월이 한가해졌다. 12년간 마음을 쏟아 연구하고 탐색하여 저술한 육경을 마음으로 풀이한 책이 200여 권이다. 정밀하게 연구하고 꼼꼼하게 갈고

닦아 감히 거칠고 잡스런 주장은 하지 않았다. 천고에 성인의 정을 환히 밝히고, 사방에 나라의 빛을 더하게 되기를 바란다. 머리털은 그 사이에 짧아지고 이는 빠졌으며 근골은 다 삭아 이제 죽을 날이 얼마 남지 않았다.

「윤면채의 뇌사(尹冕采誄)」 7-231

이 절망의 긴 시간을 다산은 하늘이 준 절호의 기회로 바꿔 수백 권 저술의 금자탑을 쌓아올렸던 것이다. 그동안 그의 육신은 소진되고 정신은 고갈되었다.

위기를 활용하라

위기를 기회로 바꾸는 사람이 있고, 위기 앞에 그냥 주저앉고 마는 사람이 있다. 평상시에는 비슷비슷해 보여도 위기 앞에 섰을 때 그 사람의 진면목이 드러난다. 다산의 위기관리 능력은 탁월했다. 남 탓을 하는 대신 자신을 성찰했다. 백척간두(百尺竿頭), 건곤일척(乾坤一擲)의 위기상황을 그는 오히려 자기발전의 계기로 역전시켰다.

나는 잘못 간직하여 나를 잃은 사람이다. 어렸을 때는 과거로 명예를 얻는 일이 좋아 보여, 이 길로 빠져든 것이 10년이었다. 마침내 돌이켜 조정에 나아가 갑자기 검은 사모를 쓰고 비단도포를 입고, 백주 대로 위를 미친 듯 내달렸다. 이와 같이 한 것이 또 12년이었다. 또 돌이켜 한강을 건너고 조령을 넘어 친척과 조상의 산소를 버리고 곧장 어두운 바닷가 대숲 가운데로 내달아 멈추었다. 내가 이에 진땀이 흐르고 숨이 가빠 허둥지둥 어쩔 줄 모르며 내 발자취를 따라 같이 왔다.

내가 말했다. "그대는 어찌하여 여기까지 왔던가? 여우, 도깨비에 홀렸던 겐가? 아니면 해신이 부르기라도 했더란 말인가? 그대의 집과 가까운 사람들은 모두 초천에 있는데, 어찌 또한 그 근본으로 돌아가질 않는가?" 그러자 이른바 '나' 라는 사람은 멍하니 움직이지 않고서 무어라 대꾸할 줄을 몰랐다. 그 낯빛을 보니 마치 붙들려 머뭇대는 것 같았고, 좇아 돌아가고자 하나 할 수 없는 것 같았다. 마침내 붙들어 이와 더불어 함께 살았다.

「수오재기(守吾齋記)」 6-130

마음을 잃고 허둥지둥 갈팡질팡 헤매다가, 귀양지에 와서야 마음을 다잡아 자신을 지킬 수 있었음을 고백한 글이다. 자신을 문득 돌아보매 진땀이 흘렀다. "내가 나를 지키지 못해 이 지경에 이르렀으니, 누구를 탓하고 누구를 원망하겠는가?" 이렇게 각오를 다져 학문에 곧바로 몰입했다. 주막집 뒷방에 사의재(四宜齋)라는 이름을 붙여놓고 생각은 담백하게, 외모는 장엄하게, 말은 적게, 행동은 무겁게 한다는 네 가지 마땅함을 지키겠노라는 다짐을 세웠다.

낙담하여 마음을 못 잡고 방황하는 자식들에게도 이 역경을 오히려 기회로 돌리라고 다그쳤다.

집에 책이 없느냐, 몸에 재주가 없느냐? 눈과 귀가 총명하지 않으냐? 어째서 자포자기하려는 게냐? 폐족이라 생각해서냐? 폐족은 다만 과거를 보아 벼슬하는 데 거리낌이 있을 뿐이다. 폐족으로 성인이 되거나 문장가가 되는 데는 아무런 걸림이 없다. 폐족으로 식견이 툭 트인 선비가 되는 것도 아무 문제가 없다. 거리낌이 없을 뿐 아니라 오히려 크게 좋은 점이 있다. 과거시험에 얽매이지 않아도 되는데다, 가난하고 곤궁한 괴로움으로 인해 또 그 심지를 단련할 수가 있다. 지려(知

慮)를 활짝 열어 인정물태의 진실되고 거짓된 형상을 능히 두루 알 수가 있다. (중략)

폐족 중에 재주가 우뚝한 선비가 많다. 하늘이 재주 있는 사람을 낼 때 폐족에게 후해서 그런 것이 아니다. 영달하고야 말겠다는 마음이 가려서 막는 바가 없어, 독서하고 궁리함에 능히 진면목과 바른 골수를 얻을 수 있기 때문이다. 평민으로 배우지 않는 자는 다만 용렬한 사람이 될 뿐이지만, 폐족으로 배우지 않으면 마침내 패려궂고 비루하여 가까이 할 수 없는 물건이 되어 세상에서 버림받게 된다.

「두 아들에게 부침〔寄兩兒〕」 9-24

폐족이야말로 역경을 통해 굳건한 심지를 갖추고 과거를 보아 출세하려는 욕심도 없으니, 진정으로 공부할 수 있는 가장 유리한 요건을 갖춘 것이 아니냐고 했다. 하늘이 폐족 중에 우뚝한 선비를 많이 낸 까닭을 따져 헤아려보라고 했다. 자포자기하는 대신 견인불발(堅忍不拔)의 각오를 다져, 위기를 돌려 기회로 만들라고 간절히 당부했다.

근검으로 일어서라

앞서 속중득운법(俗中得韻法)에서도 살펴보았지만(45절), 다산은 자식과 제자들에게 치산(治産)과 경제의 중요성을 누누이 강조했다. 적수공권으로 역경을 건너갈 수는 없다. 다산은 여러 글에서 근검의 미덕에 대해 되풀이 말했다. 가난에 찌들어 뜻을 잃지 말고 근검을 체질화하여 뜻을 붙들어세우라고 했다.

가난한 선비가 정월 초하루에 앉아서 1년 양식을 헤아려보면 진실로 막막해서 하루도 못 가 굶주림을 면치 못할 것처럼 생각된다. 그러나 섣달 그믐날이 되어도 그대로 여덟 식구가 모두 살아남아 한 사람도 줄지 않았다. 고개를 돌려 되짚어 생각해도 어찌된 까닭인지 알지 못한다. 너는 능히 이 이치를 깨닫겠느냐? 누에가 알을 까고 나오면 뽕잎이 나오고, 갓난아이가 어미의 태를 벗어나 울음소리를 한번 내면 어미의 젖이 이미 줄줄 흘러내린다. 양식 또한 어찌 족히 근심하겠느냐? 네가 비록 가난하나 근심하지 마라.

「윤종심을 위해 준 말〔爲尹鍾心贈言〕」 7-300

가난해도 굶어죽는 법은 없다. 근심한다고 가난이 제 발로 물러가지도 않는다. 제비새끼가 알을 까고 나오면 벌레가 들판에 가득하다. 하늘은 만물을 낳을 때 그가 먹을 양식도 함께 준다. 작위하고 영위하여 지나치게 염려하고, 아등바등 욕심을 부려 노심초사할 일이 아니다. 뜻대로 되지도 않을뿐더러 몸을 망치기 쉽다. 항상된 마음으로 뜻을 세우고, 근검으로 가난을 물리치는 것만 못하다. 다산은 이렇게 말한다.

나는 너희들에게 전원을 남겨줄 만한 벼슬이 없다. 오직 두 글자의 신령스러운 부적이 있어, 이것으로 삶을 두터이 하고 가난을 구제하기에 충분하다. 이제 너희들에게 주노니, 너희는 우습게 여기지 말아라. 한 글자는 근(勤)이고, 또 한 글자는 검(儉)이다. 이 두 글자는 좋은 밭과 비옥한 땅보다 훨씬 나으니, 일생을 쓰더라도 다 쓰지 못할 것이다.

「또 두 아들에게 보여주는 가계〔又示二子家誡〕」 8-21

다산이 자식들에게 준 유산은 '근면함'과 '검소함'이라는 두 단어 뿐이었다. 이어지는 글에서 다산은 이 두 단어의 의미를 되새겨주었다. 오늘 일을 내일로 미루지 않는 것, 사람마다 맡은 역할이 있어 그저 놀고먹지 않고 잠시도 한가한 시간이 없도록 하는 것이 근면함이다. 오래 입을 수 있는 옷, 굶어죽지 않을 음식으로 아끼고 절약하며 속임 없이 성실한 태도로 사는 것이 검소함이라고 했다. 「윤윤경을 위해 준 말[爲尹輪卿贈言]」에서도 이 두 가지를 말한 후 "하늘은 게으름을 미워하니 반드시 복을 주지 않고, 하늘은 사치한 것을 싫어하니 반드시 복을 내리지 않는다"고 했다.

다산은 말한다. 역경 앞에 담대하라. 절망과 좌절을 딛고 일어서야 진짜 군자다. 오히려 그것을 밑바대로 삼아 견인불발의 정신으로 위기를 기회로 돌릴 수 있어야 한다. 가난에 주눅들어 뜻을 잃지 말고, 근검의 정신으로 마음을 다잡아라. 위기상황에 놓인 뒤에 그 사람이 보인다. 감춰져 있던 본바탕이 낱낱이 드러난다.

48. 사실을 추구하고 실용을 지향하라
실사구시법(實事求是法)

문루(門樓)의 앞뒤로 구멍 다섯 개를 뚫어놓았다. 그 이름을 물어보니 '오성지(五星池)'라고 했다. 오성지란 장차 물을 부어 성문이 불타는 것을 막자는 것이다. 그런데 가로로 구멍을 뚫는다면 어디다 쓰겠는가? 일을 맡은 신하가 아름답게 꾸미는 것에만 힘을 쏟아 실용을 강구하지 않으니 안타까워할 만하다.
【「전수기의의 발문〔跋戰守機宜〕」 6-181 】

실용을 우선하라

실사구시(實事求是)란 일을 실답게 하고 바름을 추구한다는 뜻이다. 무슨 일을 하든지 알맹이가 있어야 한다. 겉보기만 번드르르하고 실제에 적용해서는 아무 쓸모가 없다면 안 하느니만 못하다. 그러자면 작업의 목표를 명확하게 설정하지 않으면 안 된다. 쓸모에 맞게 바른 방향을 설정해나가 알찬 결과를 얻는 것이 실사구시다.

다산의 모든 작업의 밑바탕에 깔린 핵심가치의 세 번째 지향은 바로 이 실사구시 정신이다. 위에 인용한 글은 수원 화성 축조 당시 문루 위에 구멍을 뚫어 만든 오성지(五星池)를 보고 다산이 탄식한 내용이다.

다산은 처음 설계도면을 올릴 적에 「성설(城說)」과 함께 세부도면인 「옹성도설(甕城圖說)」·「포루도설(砲樓圖說)」·「현안도설(懸眼圖說)」과 「누조도설(漏槽圖說)」을 지어 올렸다. 누조(漏槽)는 적병들이 성문을 불태우려 할 때, 성문 위에 돼지구유처럼 생긴 물받이를 성문의 길이와 같게 설치해서 물을 내려쏟게 하는 시설이었다. 다산은 여곤(呂坤)의 『실정록(實政錄)』에 실려 있는 오성지의 제도를 채택하여 「누조도설」을 지어 올렸다. 높이 한 자쯤 되는 위치에 다섯 개의 구멍을 뚫어, 적이 화공으로 나올 때 물을 쏟아 불을 끄게 하는 것이었다.

하지만 막상 공사가 완공된 뒤 오성지의 제도를 살펴보니, 구멍을 뚫은 것이 겉보기만 그럴싸할 뿐 실제 쓸모를 전혀 고려하지 않은 잘못된 방식으로 되어 있었다. 실제 쓰임을 생각하지 않고 관념적으로만 일을 진행한 폐단이었다.

다산은 모든 일처리에서 실용을 가장 우선순위에 두었다. 중국 것을 받아들이더라도 적용 가능성을 고려하여 실정에 맞게 바꾸었다. 화성 건설 당시 왕명으로 『고금도서집성』과 『기기도설』 등의 서적을 참고하여 기중가(起重架)를 제작할 때도 그랬다. 기아의 톱니바퀴를 만들 기술력이 없었던 조선의 현실을 감안해, 기아제작을 포기하고 도르래장치의 성능을 대폭 강화해 조선식 기중가를 발명한 일은 앞서 득당이취법에서 살펴본 바 있다(29절). 다음 글은 당시 그의 고민을 잘 보여준다.

　　병진년(1796) 겨울에 내가 규장각 교서관으로 있을 때, 이 〈기기도(奇器圖)〉를 보고는 돌아와서 그림 잘 그리는 김생으로 하여금 옮겨그

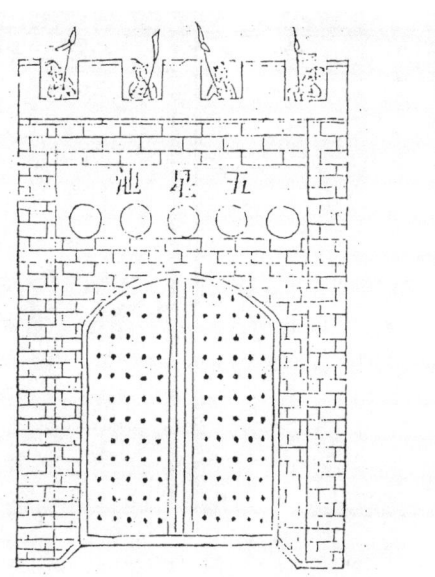

명나라 모원의의 『무비지』에 실려 있는 오성지 그림.

리게 하였다. 거기에는 인중(引重)·기중(起重) 등 여러 가지 기구와 해목(解木)·해석(解石)·전마(轉磨)·수총(水銃)·홍흡(虹吸)·학음(鶴飮) 등의 종류가 자세히 갖추어져 있었다. 병가(兵家)와 농가에서 참으로 이를 강구하여 시행한다면 반드시 도움이 있을 것이다. 다만 그 그림에 대한 해설이 상세하지 못하여 그 기관의 서로 연결된 내용을 알 수 없으니, 이것이 한스럽다. 「기기도첩의 발문(跂奇器圖帖)」 6-177

서양 선교사 테렌츠가 지은 『기기도설』에는 토목공사뿐 아니라, 일상에서 소용되는 온갖 기계장치들의 그림이 가득했다. 물을 뿜어 올리고, 기아장치를 활용해 방아를 찧는 등 온갖 신기한 시설들이

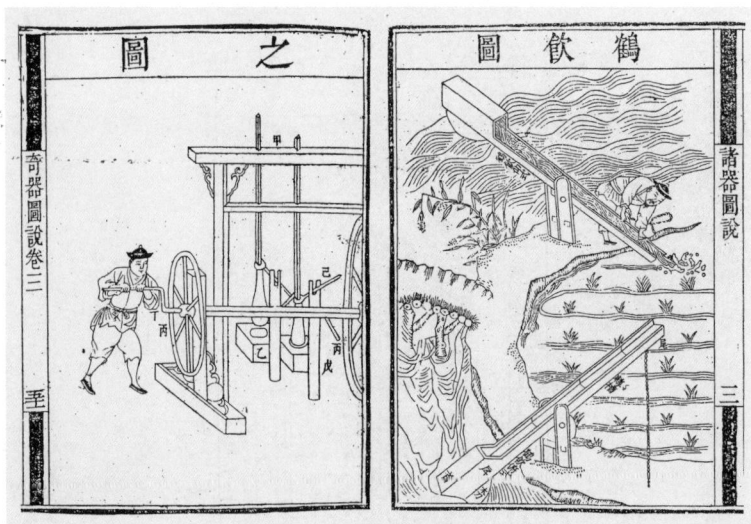

테렌츠의 『기기도설』에 실린 물을 퍼올리는 장치인 학음(鶴飮, 오른쪽)과 방아인 전대(轉碓)의 모습.

있었다. 하지만 그 설명이 너무 소략해서 기관의 연결장치와 동력의 전달과정을 전혀 가늠할 수가 없었다.

  이에 다산은 화공(畵工)을 불러 책 속의 그림을 좀더 확대해서 크게 그리도록 했다. 좀더 차분하게 작동의 원리를 파악하여 실용화하려는 생각에서였다. 그리고 실제 기중가를 고쳐 만들어 4만 냥의 경비절감 효과를 보았다. 또 석재 운반을 편리하게 하기 위해 유형거(游衡車)를 발명했고, 심지어는 호참을 팔 때 흙을 담아내는 가래조차 기존에 사용하던 것과 달리, 반달 모양의 철인(鐵刃)에 자루를 위로 휘게 한 새로운 것을 만들어 노동력의 손실을 막았다. 남의 떡이 아무리 커 보여도 내게 맞지 않으면 아무 쓸 데가 없음을 다산은 잘 알고 있었던 것이다. 이런 것이 다산의 실사구시법이다.

합리를 지향하라

누구나 납득할 수 있는 합리적인 일처리 방식도 실사구시의 정신에서 나왔다. 작업을 시작하기에 앞서 예측 가능한 기대치를 설정하고, 여기에 맞춰 역량을 쏟아부었다.

『촌병혹치(村病或治)』와 같은 의서(醫書)를 엮을 때는 시골사람들이 흔히 앓는 병을, 가까이에서 구할 수 있는 약초로, 누구나 쉽게 고칠 수 있도록 한다는 기본원칙을 지켜 간편한 약방만을 간추렸다.

중국 사신을 맞이하고 중국에 사신을 보내는 의례를 총정리한『사대고례(事大考例)』를 엮을 때도 그랬다. 그 이전에 편찬된『동문휘고(同文彙考)』는 관련문서만 잔뜩 모아놓고, 실제 경우별로 필요한 사례를 찾아볼 수는 없게 되어 있었으므로,『통문관지』와『동문휘고』를 참작하여 종류별로 묶고 중복을 깎아내며 불필요한 것을 모두 걷어내, 어떤 경우에도 목차만 검색하면 필요한 정보를 얻어낼 수 있도록 깔끔하게 정리해냈다.

다산의 모든 정리는 이렇게 군더더기가 없었다. 목표와 쓸모를 정해놓고 가장 합리적인 수순으로 과정을 펼쳐 보였기 때문이다.

곡산부사로 나가 있을 때 일이다. 국가에 죄를 지어 고을로 귀양온 사람들이 있었다. 마을의 책임자인 이정(里正)은 가구수를 헤아려 끼니때마다 차례로 그들에게 밥을 먹였다. 그래도 인색한 사람이 있어 죄인을 초대하지 않으면 굶는 수밖에 없었다. 하지만 마을사람들은 또 그들대로 이 때문에 고달프고 괴로운 점이 있었다. 죄인이라 께름칙한데다 대접받는 이가 조금도 고마운 빛 없이 거칠게 굴면 기분도 나빴다. 주는 쪽이나 받는 쪽이나 다 괴로웠다. 이에 다산은 양쪽의 의견을 다 수렴하여 실정을 파악한 후, 겸제원(兼濟院)을 설립했다. 양측을 앉혀놓고 수십 조항을 문서로 작성해 약정했다. 양측의 입장을 고려한 합리적인 제안이었으므로 모두들 기뻐하며 수긍했다. 불편하고 껄끄럽던 문제가 원천적으로 해결되었다.

무슨 문제가 생겼을 때도 다산의 실사구시는 늘 힘을 발휘했다. 정조가 아버지 사도세자의 회갑년을 맞아 존호(尊號)를 올릴 때도 그랬다. 이때 태비인 정순왕후와 태빈인 혜경궁 홍씨에게도 존호를 올리기로 했는데, 봉함 위에 '신근봉(臣謹封)'이라 할지, '근봉(謹封)'이라고만 할지를 두고 논란이 일었다. 이 문제는 생각보다 매우 민감한 사안이었다. 조정대신들도 마땅한 전례를 찾지 못해 우왕좌왕하고 있었다. 이때 다산은 서슴없이 앞으로 나서 '신근봉'이라야 한다고 주장했다. 영의정 채제공이 함부로 말하지 말라는 뜻으로 제지하는 눈짓을 다산에게 보냈다. 그 기회를 놓치지 않고 노론측의 인물들이 이유를 물었다. 다산이 말했다.

이제 이 옥책(玉冊)·옥보(玉寶)·금인(金印) 등의 물건을 도감의 여러 신하가 자기 이름으로 태비와 태빈께 올린다면, 조정에서 태빈께 대해 평소에 신하를 일컫지 않았으니, 또한 신(臣)이라고 하지 않는 것이 옳습니다. 이제 우리 여러 신하가 임금의 명을 받들어 이 옥책 등의 여러 물건을 만들어 대전에 올리는 것입니다. 대전께서 스스로 효성으로 이를 태비와 태빈께 바치시는 것이니, 이제 우리가 대전에 대해 어찌하여 신이 되지 않겠습니까? 「자찬묘지명(自撰墓誌銘)」 7-108

태빈은 죄인으로 죽은 사도세자의 부인이니, 죄인의 아내에게 조정대신이 칭신(稱臣)할 수 있느냐 하는 문제였으므로, 이는 자칫 큰 화를 불러들일 수도 있는 매우 위험한 쟁점이었다. 하지만 다산은 태비와 태빈께 올리는 것이지만, 왕명을 받아 올리면 임금이 효성의 뜻을 담아 자신이 직접 이를 바치는 모양새가 되므로, 태비와 태빈께 올리는 것이 아니라 임금께 올리는 것이라는 단순명백한 논리로 이런저런 쓸데없는 논란을 일거에 잠재웠다. 채제공도 그제야 크게 깨달아 좋다고 했고, 온 좌중과 낭관 서리 등 그 자리에 있던 모든 사람이 가슴을 쓸어내리며 온통 속시원해했다.

실상을 파악하라

실상을 파악할 때 다산이 즐겨 쓴 것은 표로 작성해서 한눈에 알아볼 수 있도록 하는 방식이었다. 왕명으로 현륭원 식목부(植木簿)를 정리할 때도 수레에 가득한 자료를 달랑 표 한 장으로 정리해내 임금을 놀라게 했던 것처럼, 다산은 현실의 소용에 맞게 실상을 파악하고 자료를 장악하는 데 뛰어났다.

다산이 곡산부사로 부임하자마자 침기부(砧基簿) 종횡표(縱橫表)를 만들어 고을의 실정을 한 손에 장악했던 일은 앞서 지기췌마법에서 잠시 언급한 바 있다(15절). 여기서는 실제 예시를 살펴 그 내용이 구체적으로 어떠했는지 알아보자.

처음 다산은 고을 아전과 군교(軍校) 중에서 입이 무거운 열 명을 뽑아 마을별로 보내 호구조사를 실시했다. 보내기 전에, 만일 중간중간 확인해서 사실과 다를 경우 엄히 문책하겠다고 다짐을 두었다.

보통의 경우, 호구조사 때마다 가좌(家坐)의 책자를 작성하는데, 이는 너무 큰데다 보기가 번잡해서 일목요연하지가 않았다. 다산은 이를 가로세로의 빈칸으로 구성된 종횡표로 만들고, 작성지침을 하달했다. 〈표8〉은 다산이 작성해준 지침과 기본표에 따라 작성된 침기부 종횡표의 실제 예다. 「호적의(戶籍議)」(4-145)에 이 표가 실려 있고 『목민심서』에도 있는데, 둘 사이에는 약간 차이가 있다. 〈표8〉은 『목민심서』의 것이다.

곡산현의 자연부락인 이동리(梨峒里)의 아홉 세대에 대한 침기부 종횡표다. 각 세대별로 19개 항목에 걸쳐 조사하고, 그 결과를 한눈에 알아볼 수 있도록 정리했다. 품(品)은 신분을, 세(世)는 이 지역에서 몇 대가 거주했는지를 나타낸다. 업(業)은 생업에 따른 구분이고, 역(役)은 군포를 바치는 수다. 택(宅)은 집의 칸수, 전(田)의 숫자는 경작면적을 마지기단위로 표시한 것이다. 전(錢)은 동산(動産)이며, 좌(剉) 즉 가마솥의 수는 가난한 사람에 한해 기재했다. 종(種)은 기르는 과목의 수다.

이렇게 해서 주민의 신분과 이 마을에 거주 또는 이주한 기간, 생업과 부역관계, 가옥의 크기와 전지의 넓이, 가족관계, 가축사육 실태, 심지어 과수(果樹)와 가마솥의 수까지 다 파악했다.

이 표 한 장만 보면 그 마을의 인구구성과 빈부차, 세금과 부역에 충당할 수 있는 수, 구휼 우선대상 등이 일목요연하게 눈에 들어올 뿐 아니라, 마을의 전체적인 살림살이까지 그려진다. 일일이 호적을 뒤져보는 것보다 훨씬 효율적인 조망이 가능했다. 더구나 호적에는 백골징포, 황구첨정 등 군역과 호포를 늘리기 위해 조작된 내용들이 허다한 실정이었으므로, 다산의 이 침기부 종횡표의 효용은 자못 위력적이었다.

열 명이 분담해서 작업한지라, 실제 자연부락별로 이와 같은 표를 만들어 정리하는 일은 시일이 오래 걸리지도 않았다. 실제로 다산은 이 침기부를 가지고 고을의 세금수입원과 부역, 구휼대상 등 전체

梨峒里	李世昌	金以得	崔東伊	安尚文	鄭一得	朴起同	趙正七	林汝三	黃世云
品	鄕	良	良	士	良	良	良	私	驛
世		三	二	七		三	四	二	
客	成川2年				伊川1年				遂安3年
業	農	農	估	科	冶		估	倡	吏
役		布2	布1		錢1	布1	錢1		
宅	5	3	6	7	3	2	8	3	5
田	10日	5日		10日			7日	2日	7日
錢			100				100		
丁	3	2	1	3	1		3	2	1
女	2	2	2	2	1		1	2	1
老		男1	男1女1	男1	女1	男1	女1		
弱	男1	女1	男1	女2		男1		女1	
恤					鰥				
奴	雇2			1			1		
婢				1					
種				梨20					
畜	牛1	牛1	馬1	牛1					
船							中1		
銍					2	1			

실정을 손금 보듯 파악할 수 있었다.

엉뚱한 사람에게 부역을 씌워 횡포를 부릴 경우, 침기부를 살펴 그 허위를 지적하면 농간을 부리던 아전들은 무슨 귀신이라도 보는 듯 넋이 나가, 다시는 장난을 치지 못했다. 부피만 많고 가닥은 잡을 수 없던 가좌 책자가 단 몇 장의 도표로 대체되었지만 그 효용은 이전과 비교할 수 없을 정도였다.

이렇게 해서 고을의 실상을 완전히 장악한 다산은 여러 가지 합리적인 시책을 통해 과거 불합리하던 관행을 바로잡고, 잘못된 제도를 개선했다. 『사암선생연보』에는 곡산부사 시절의 치적이 일화 중심으로 흥미롭게 정리되어 있다.

쓸모에 맞게 하라

실사구시란 쓰임새 있는 공부를 하고, 쓸모 있는 작업을 하자는 말이다. 다산은 선배들의 책을 평가할 때도 쓸모의 잣대로 논단하고, 문제점을 지적하곤 했다. 그리고 나아가 그 문제점의 바탕 위에서 새로운 작업을 시작했다.

표란 고금을 종횡하여 같고 다름을 살피고 비교하여 검색과 참고에 편리하게 하려는 것이다. 서건암(徐健菴)이 〈상기표(喪期表)〉를 만든 것은 참으로 아름다운 뜻이다. 다만 그 칸의 범례가 뒤섞여 요령을 잃은 것은 유감이다. 첫 칸에는 마땅히 누구를 위해 복을 입는 것인지를 표시해야 한다. 둘째 칸의 첫 줄에는 근거가 되는 책이름을 표시해야 한다. 둘째 줄에는 상복을 입는 기간을 표시하는 것이 옳다. 셋째 칸 이하는 모두 이것을 본뜬다. 이렇게 했더라면 고금의 같고 다른 제도가 일목요연해져서 손바닥을 가리키는 것 같았을 것이다. 서공은 오로지 상복을 입는 기간만을 위주로 했기 때문에 친속(親屬)의 갈래에 따라 모으지 않았다. 예를 들어 어머니를 위한 복(服)의 경우 참최 3년, 자최 3년, 장기(杖朞)와 불장기(不杖朞) 등 4개 항목에 걸쳐 나누어 실었다.

「서건학의 상기표에 제함(題徐乾學喪期表)」 6-223

상례(喪禮)의 각종 절차와 상복(喪服)의 의례, 그리고 경우에 따른 상기(喪期)의 적용은 예학이 경직되어 있던 조선 후기 사회에서 아주 중요한 문제였다. 하지만 그 구체적인 적용에 있어서는 워낙 생각지도 못했던 복잡한 경우들이 많아 크게 애를 먹었다. 다산은 중국 학자 서건학(徐乾學)의 〈상기표〉를 보고, 그 노고를 치하하면서도 요령을 잃어 실용성이 현저히 떨어지는 것을 안타깝게 여겼다.

상복을 입는 기간에 따라 각종의 경우를 죽 나열하다 보니, 구체적인 사례를 검색하는 것이 이만저만 불편하지 않았다. 예를 들어 어머니가 돌아가셨을 경우만 하더라도, 아버지가 돌아가신 뒤 어머니가 돌아가신 경우와, 아버지가 살아 계신데 어머니가 돌아가셨을 경우, 계모일 경우, 혹은 후처의 자식이 전처에 대한 경우, 어머니가 개가했을 경우 등 각기 다른 사례가 끝도 없었고, 또 시대별로 적용하는 예법에도 각각 차이가 있었다.

지금 당장 상이 나서 복을 입어야 하는데, 어느 겨를에 그 많은 사례를 공부해서 예법에 맞게 법도를 갖출 수 있겠는가? 그런 점에서 서건학의 〈상기표〉는 별 효용이 없었다. 굳이 의미를 부여한다면, 그것을 도표화해서 보여줄 생각을 했다는 정도뿐이었다.

다산은 이 문제를 해결하기 위해 『상례사전(喪禮四箋)』에 「상기별(喪期別)」을 따로 두어, 무려 21권의 방대한 분량으로 모든 경우의 수를 망라하고 역대의 적용을 종합해서 총정리했다. 하지만 이 책은 너무 방대해 전문학자들의 연구용으로는 알맞았지만, 실제 간편하게 가까이에 두고 활용할 수 있는 책은 아니었다. 이에 다시 그 방대한 『상례사전』을 단 한 권으로 간추려 핵심내용만 싣고 『상의절요(喪儀節要)』라 하였다.

또 말로만 비판하지 않고 『상의절요』의 뒤에 〈본종오복도(本宗五服圖)〉와 〈오복연혁표(五服沿革表)〉를 만들어 그 번다한 내용을 하나의 그림과 도표로 압축해냈다. 특히 〈오복연혁표〉는 친속에 따른 가로칸과, 연혁을 확인할 수 있는 출전근거를 밝힌 세로칸으로 구성되어, 서건학의 〈상기표〉가 가진 문제점을 명쾌하게 해결했다. 이 표 하나만 가지면 대부분의 통상적인 상기(喪期)를 파악하는 데 아무런 문제가 없었다.

다산은 말한다. 작업에 앞서 쓰임새를 생각하라. 왜 이 작업을 하는지, 목표를 어디에 두어야 하는지를 먼저 점검하라. 현장에서의 활용을 늘 염두에 두어야 한다. 무작정 하고 본다는 식으로는 안 된다. 하다 보면 뭔가 나오겠지도 안 된다. 그렇게 해서는 고생은 고생대로 하고 거둘 성과가 없다. 처음엔 비슷해도 중반 이후에는 정보가 뒤얽혀서 손댈 수 없는 지경이 되고 만다. 무슨 일을 하더라도 알맹이가 있어야 한다. 또 그 알맹이는 속이 꽉 찬 것이라야 한다.

49. 나만이 할 수 있는 작업에 몰두하라

오득천조법(吾得天助法)

『주역사전(周易四箋)』은 내가 하늘의 도움을 얻어서 쓴 글이니, 절대로 사람의 힘으로 통하거나 지혜로운 생각만으로 도달할 수 있는 것이 아니다. 능히 이 책에 잠심(潛心)하여 그 오묘한 뜻을 다 통하는 자가 있다면 바로 자손이나 벗일 것이니, 천 년에 한 번 만난다 해도 애지중지함이 마땅히 보통 정리의 배가 될 것이다. 【「두 아들에게 보여주는 가계(示二子家誡)」 8-11 】

장점을 강화하라

오득천조(吾得天助)는 하늘의 도움을 받아 일을 이룬다는 뜻이다. 하늘이 나를 도와 나를 통해서 이루고자 한 일이니, 결국 다른 누구도 아닌 오직 나만이 할 수 있는 일이다. 무슨 작업을 하든지 무턱대고 닥치는 대로 하는 것이 아니라, 자신의 장점을 잘 파악해서 자신의 능력을 십분 발휘할 수 있는 분야에 핵심역량을 집중해야 성과를 거둘 수 있다.

다산이 견지했던 핵심가치의 네 번째 지향으로, 이 절에서는 이 오득천조를 꼽겠다. 다산은 자신의 작업뿐 아니라 제자를 육성하는 데서도 이 원칙을 견지했다. 다산 자신은 사변과 궁리보다는 정리와 분석에 탁월한 역량이 있었다. 그의 작업 대부분이 여러 학자의 다양한 견해를 종합해 하나의 맥락으로 꿰거나, 복잡한 정보를 간추려 유용한 정보를 얻어내는 방식인 것을 보더라도 이 점을 알 수 있다.

그는 습관처럼 초록하고 일상적으로 정리했다. 계속된 작업 끝에 그가 결국 건강을 잃자, 주변에서는 쓰러져 못 일어날 것을 염려해 작업을 계속 하는 것을 극구 만류했다. 정약전도 다산에게 편지를 보내, 이제 저술을 그만두고 건강을 회복하는 데 전념할 것을 강력히 권했다. 이때 보낸 다산의 답장이다.

점차 수렴하여 마음을 다스리는 공부에 힘을 쏟고자 합니다. 하물며 풍병(風病)은 뿌리가 이미 깊어 입가에 항상 침이 흐르고, 왼쪽다리는 늘 마비증세를 느낍니다. 머리 위에는 늘 두미협 얼음장 위에서 잉어 낚시하는 늙은이들이 쓰는 털모자를 쓰고 지냅니다. 근래 들어서는 또 혀마저 굳어 말이 어근버근합니다.

스스로 살 해가 길지 않음을 알면서도 자꾸 바깥으로만 마음을 내달리니, 이것은 주자께서도 만년에 뉘우치신 바입니다. 어찌 염려하지 않겠습니까? 다만 고요히 앉아 마음을 맑게 하려 하면 세간의 잡념이 천 갈래 만 갈래로 어지러워 갈피를 잡을 수가 없습니다. 그래서 도리어 마음을 다스리는 공부가 저술만 못한 것을 깨닫게 됩니다. 이 때문에 문득 그만두지 못하는 것입니다. 도인법(導引法)은 분명히 유익하지만 게을러서 능히 하지 못할 뿐입니다. 「중씨께 올림(上仲氏)」 8-218

이 편지는 1811년, 귀양온 지 11년째 되던 해에 쓴 것이다. 이때 다산의 건강상태는 최악이었다. 가족의 보살핌 없이 강행군을 거듭

한 결과였다. 아마 이때 정약전은 오늘날의 맨손체조에 해당하는 도인법을 열심히 해보라고 권했던 모양이다.

하지만 정작 매우 긴 이 장문의 답장을 보면, 다산은 공부를 멈추기는커녕 외려 공부이야기만 잔뜩 늘어놓았다. 편지만 통해 봐도, 이때 다산은 『주역』의 점치는 법과 화폐가치에 대해 공부하고 있었음을 알 수 있다. 한편으로 온갖 풀잎과 나무껍질을 채취해서 색색의 물감을 배합하는 실험도 진행했다. 그 와중에 제자들을 가르쳤고, 지도제작에 관심을 쏟았으며, 『성호사설』을 간추려 정리할 궁리도 하고 있었다. 또 악학(樂學)이라는 강적을 만나 모색을 거듭하고 있었다. 게다가 지난 10년간 작업해온 『아방강역고』를 거의 탈고했고, 아이들을 가르치기 위한 교재로 『소학주천』과 2천자문인 『아학편』을 마무리짓고 있었다. 『상서고훈』의 정리도 막 마쳐 정약전에게 감수를 요청한 상태였다.

이 많은 일을 동시다발적으로 벌여놓고 있었으니 건강을 상하지 않았다면 그것이 더 이상한 일이었을 것이다. 더구나 대부분 정보를 종합하고 핵심을 간추려 분석하고 정리하는 성격의 작업이었다. 한 주제를 화두 삼아 내면으로 궁구해들어가는 그런 공부가 아니었다. 당연히 자료의 검색과 정리, 확인에 소모적인 육체노동이 뒤따를 수밖에 없었다.

하지만 다산 자신은 치심(治心)공부에 몰두하려 정좌징심(靜坐澄心)하려 해도 마음이 고요하고 맑아지기는커녕 잡념만 들끓어, 자기도 모르게 어느새 다시 저술작업에 매달리게 된다고 했다.

개성을 추구하라

다산은 따지기 좋아하는 학자였다. 한번 따졌다 하면 문제를 명확하고 선명하게 쟁점별로 갈라냈다. 반대로 관념적 지식이나 가시적 성과를 거두기 힘든 추상적인 작업에는 별 흥미를 느끼지 못했다. 어떤 일을 하든 실제에 바탕을 두지 않는 경우란 생각하기 어려웠다. 그는 늘 꼼꼼하고 깐깐하게 따져가며 작업했다. 정약전도 다산의 꼼꼼한 성격에 대해 "내 아우가 달리 흠잡을 데가 없지만 그릇이 작은 게 흠이다"라고 말했을 정도다.

젊은 시절 문과에 급제한 후 신참례(新參禮)를 할 때도 작은 소동이 있었다. 선배들이 신참들에게 여러 가지 짓궂은 장난을 걸며 괴롭히는 것은 일종의 관행이었다. 이때 다산은 시종 뻣뻣한 자세로 장난에 응하지 않아 "건방지다"는 비방을 받았다. 판서 권엄이 이 일에 대해 듣고 다산의 태도를 몹시 나무랐다. 이에 다산이 쓴 답장의 일부다.

새 급제자의 얼굴에 먹물을 칠하는 장난은 유래가 오래되었습니다. 고려 말에 귀한 벼슬아치의 자제가 어린 나이에 과거에 급제하면 문득 붉은 분을 써서 얼굴에 칠하던 것이 오래되자 장난이 되어 마침내 먹으로 바뀐 것입니다. 대개 나쁜 습속일 뿐입니다. 얼굴에 먹칠을 하고 다니는 것은 스스로 어쩔 수 없는지라 저 또한 어쩔 수 없이 받았습니다.

하지만 하늘을 보고 크게 웃는 것이나 절름발이걸음으로 게를 줍는 시늉을 하는 것, 부엉이 울음소리를 흉내내는 일 따위는 제가 직접 해야 하는 것이어서, 비록 시키는 대로 해보려 애썼지만 천성이 졸렬해서 소리가 목구멍에서 나오질 않고 팔을 내뻗을 수가 없었으니 어찌하겠습니까?

진실로 공경하고 삼가는 마음을 가슴속에 지니고 있으면서 모멸스런 거동을 겉으로 드러낼 수 없었기 때문일 뿐입니다. 제가 이에 있어 어찌 일찍이 조금이라도 태만하고 소홀한 뜻이 있었겠습니까? 이는 본래의 뜻이 명백하나 노여움이 풀리지 않으신지라 감히 스스로 말씀드리지 못했는데, 이제는 풀리셨다기에 이에 외람됨을 무릅씁니다. 송구하기 그지없습니다.
「권판서께 올리는 글(上權判書書)」 8-41

짓궂은 장난 앞에 난감해서 어쩔 줄 몰라하는 다산의 거동이 눈에 선하다. 그는 이렇게 상황에 적당히 타협할 줄 모르는 고지식한 사람이었다. 이 고지식함 때문에 입은 손해는 이루 말할 수 없을 정도였다.

자신을 끝까지 괴롭혔던 이기경이 자신과 몹시 언짢은 일이 있은 뒤에 마치 아무 일도 없었다는 듯이 안부편지를 보냈을 때도, 다산은 같이 눙쳐서 받아넘기지 못하고 그대로 들이받았다.

이제 편지를 보내 안부를 물으니 좋은 뜻이 아닐 수 없습니다. 하지만 또한 마땅히 앞뒤 이야기는 있어야겠지요. 그런데도 싹 빼버리고 하나도 점검함이 없더군요. 그대는 능히 노부(老夫)로 자처하므로 가슴속에 한 가지 거리낌도 없어 오동나무에 걸린 달이나 버들가지에 부는 바람처럼 텅 비어 맑고 시원스럽겠지만, 이것을 저에게도 기대하셨더란 말씀입니까? 저는 비루하고 인색하여 능히 여기에는 이를 수가 없습니다. 생각건대 그대 또한 전혀 그렇지 않을 것을 염려합니다.
「이기경에게 답함(答李基慶)」 8-81

이 글만 보더라도 그가 모난 처세로 얼마나 많이 손해를 보았을지 짐작하고 남음이 있다. 암행어사로 나갔을 때도 가차없이 시시비비를 가려 보고서를 제출했다. 이 일로 원한을 품은 사람이 적지 않았다. 벼슬길에서 상관의 명령도 부당하다고 생각되면 끝까지 듣지 않고 대들었다. 자신의 기준에 비춰 바르지 않거나 수틀린 수작은 결코, 절대로 그저 넘어가는 법이 없었다. 하지만 다산은 이 고지식한 원리원칙주의를 밀어붙여 끝내 자신의 학문적 개성으로 만들었다. 삶과 학문을 일관된 질서로 꿰뚫었다.

잘하는 일을 하라

오늘날 다산학단으로 일컬어지는 강진 시절의 제자들도 다산의 이러한 훈도를 받아 학문의 바탕을 키워나갔다. 다산은 제자를 기르는 데서도 각자의 특장을 살펴 그들이 자신의 역량을 최대한 발휘할 수 있도록 북돋워주었다.

제자 황상은 성의병심법(誠意秉心法)에서 살펴본 대로(41절), 다산이 가장 아끼던 제자 중 하나였다. 다산은 그를 시(詩)제자로 인가했다. 제주도에 귀양가 있던 추사 김정희는 그곳에서 황상의 시를 본 후 다산의 아들 정학연에게 이런 편지를 보냈다.

제주도에 있을 때 한 사람이 시 한 편을 보여주는데, 묻지 않고도 다산의 고제(高弟)인 줄 알 수 있겠더군요. 그래서 그 이름을 물었더니 황아무개라고 하였습니다. 그 시를 음미해보니 두보를 골수로 삼고 한유를 근골로 한 것이었습니다. 다산의 제자를 두루 꼽아보더라도,

이청 이하로 모두 이 사람을 대적할 수는 없습니다.

또 들으니 황아무개는 시문이 한당(漢唐)에 가까울 뿐 아니라, 그 사람됨도 당세의 높은 선비라 할 만하여 비록 옛날 은일의 인사라 하더라도 이보다 더할 수는 없다고 합니다. 그래서 육지로 나서는 대로 그를 찾아갔더니 서울로 올라갔다고 하므로, 구슬피 바라보며 돌아왔답니다. 이제 내가 서울로 왔더니 벌써 고향으로 돌아갔다는군요. 제비와 기러기가 서로 어긋남과 같아서 혀를 차며 안타까워할 뿐입니다.

「유산의 편지 별지(酉山書別紙)」, 황상의 『치원유고(巵園遺稿)』

다산이 세상을 뜬 뒤에 쓴 훗날의 편지지만, 시골의 서생에 불과했던 황상은 어느새 당대의 추사가 이토록 인정할 정도의 시인으로 변모해 있었다. 중앙무대에서도 다산의 제자들은 조금씩 존재감을 드러내고 있었던 것이다.

다산초당에서의 작업은 분수득의법(分授得宜法)에서 본 것처럼(36절), 여러 제자가 카드작업과 받아쓰기, 정리 및 필사, 교정 및 대조, 제본과 검토 등 역할을 분담하는 집체작업으로 진행되었다. 작업에 투입되는 제자들에게 맡긴 역할도 제각각 달랐다. 특기를 길러 각자의 장점을 향상시켜주었다. 이청은 경전과 역사 방면의 문헌 대조와 비교·검토를 전문적으로 맡았다. 이강회는 경전연구에서 뛰어난 역량을 보였다. 윤동은 글씨와 정리에 일가견이 있었다. 자식들도 작업에 지속적으로 참여했다.

다산이 제자들과 공동작업을 진행하는 몇 장면을 살펴보자.

오늘날 『논어』를 공부하지 않는 자들은 사서(四書)의 밭에는 이제 더는 남은 이삭이 없다고 말하곤 합니다. 굉보(紘父) 이강회(李綱會)

가 과거공부를 그만두고 발분하여 경전과 예학의 학문에 몸을 돌린지라, 그에게 시달리느라 안경을 쓰고 임하지 않을 수가 없습니다.

「중씨께 답함(答仲氏)」 8-235

『춘추고징』도 초고는 아들 학유가 받아적었고 두 번째 원고는 이강회가 도왔다고 적고 있다. 『논어고금주』에도 이강회와 윤동이 함께 도왔다는 언급이 보인다. 『상의절요』 또한 이강회의 질문에 대답한 내용이었다. 이로 보아 이강회는 사서삼경의 경전공부와 관련된 학술적 작업에서 중심축역할을 맡았던 제자임을 알 수 있다.

경오년(1810) 봄 내가 다산에 있을 때, 작은아들 학유는 돌아가고, 이청만 곁에 있었다. 산은 고요하고 해는 길어 마음을 붙일 데가 없었다. 당시 『시경』을 강의하고 있었으므로, 남은 뜻을 이청을 시켜 받아적게 하였다. 이때 나는 풍증으로 큰 곤란을 겪어 정신이 맑지 못했다.

「사암선생연보(俟菴先生年譜)」

다산은 유배 초기에 이청의 집에 2년간 머물렀다. 그는 다산의 측근에서 다산의 작업을 가장 많이 보좌한 핵심제자다. 이청은 『주역심전』의 네 번째 원고를 다듬어 완성했고, 위 글에서 본 대로 『시경강의보』를 받아적었으며, 『대동수경』과 『현산어보』의 정리를 도맡아 안설을 얹었다. 『악서고존』의 구술도 이청이 받아적었다.

이청은 다산이 마재로 돌아온 뒤에도 스승을 따라와서 함께 머물며 다산의 저술을 보좌했다. 『사대고례』는 다산이 범례와 안설을 작성하고, 이청이 편집책임을 맡아 첨삭은 다산의 재가를 받는 방식으로 진행되었다. 이로 보아 이청은 정보검색과 편집 및 정리에 탁월한 솜씨를 발휘한 인물이었음을 확인할 수 있다. 다산의 구술을 받아 정리하고, 자료를 검색해서 근거를 보완하는 일은 대부분 그가 도맡아 했다.

윤동(尹峒)은 본명이 윤종심(尹鍾心)인데, 다산이 강진 시절에 엮어낸 300여 권 저술의 3분의 2가 모두 그의 글씨였다는 기록이 남아 있다. 그는 주로 필사의 책임을 맡았던 것이다.

그밖에 두 아들이 대부분의 정리작업에서 큰 역할을 감당했다.

이들 몇 사람을 주축으로 해서 다산학단의 공동작업은 일사분란하게 진행될 수 있었다. 사실 다산이 한 것은 기획과 작업방법을 제시한 것뿐이고, 실제 조사와 정리는 제자들의 협동으로 이루어졌다. 그리고 마무리과정에서 다산의 안목을 더 거쳐 최종 마무리되었다. 이렇듯 다산은 제자들의 특장을 파악하여, 그들의 역량에 맞는 작업에 집중시킴으로써 균형을 이뤄냈다. 전체 조직을 장악하는 다산의 용인술이 돋보이는 대목이다.

독창성을 지녀라

다산에게 철저한 훈련을 받은 제자들은 스승의 지식경영법을 배워 다양한 독자적 저작을 제출했다. 이들은 스승의 구술을 받아적고, 범례에 따라 문헌을 뒤져 관련정보를 찾아내던 훈련과정을 스스로의 작업에까지 미루어 확장시켰다.

큰아들 정학연은 젊은날 아버지 다산이, 양계를 할 바에는 닭에 관한 문헌정보와 자신의 기록을 정리해 『계경(鷄經)』으로 엮어보라고 권했던 일을 잊지 않고 있다가, 이를 확대하여 원예와 축산 관련

독자저술인『종축회통(種畜會通)』3책을 남겼다. 잠상법(蠶桑法)·재종제론(栽種諸論)·목부(木部)·약부(藥部)·화부(花部)·초부(艸部)·육축부(六畜部)로 구분하여 논한 내용이다. 둘째아들 정학유도『시경』에 등장하는 조수(鳥獸)와 초목의 이름을 고증한『시명다식(詩名多識)』4권을 남겼다. 두 작업 모두 아버지 다산의 정리방식을 충실히 계승한 것이었다.

이청은 천문과 역상 관련 저술인『정관편(井觀編)』8권 3책을 남겼다. 천문과 역상에 관련된 동서고금의 학설을 정리한 내용이다. 전체 8편의 끝에는 '동국역상(東國曆象)'이라는 항목을 두어 스승의 정신을 충실히 계승했다. 하지만 그는 뒤에 70이 되도록 과거에 미련을 버리지 못하고 있다가, 번번이 낙방하자 낙담하여 우물에 빠져 죽었다. 앞서 성의병심법에서 본, 다산이 황상에게 준 편지(489쪽)에 이미 이청의 행동을 나무라는 듯한 언질이 있는 것으로 보아, 그는 위대한 스승 아래서 훈도된 자신의 학문적 자신감과 이를 펼칠 길 없는 현실의 장벽 앞에서 갈등과 번민을 반복했던 것으로 보인다.

이강회의 학문적 성과는 지금까지 전혀 알려지지 않고 있다가 몇 년 전 신안군 우이도에서 그의 필사본『유암총서(柳菴叢書)』와『운곡잡저(雲谷雜著)』가 발견되었다. 그는 스승이 속담을 분류하여 펴낸『이담속찬(耳談續纂)』을 보충하여「방언보(方言補)」를 지었다. 또『유암총서』에는 당시의 현안이었던 배와 수레의 제도 및 그 개선방안에 관한 분석적 논문들이 오롯하게 실려 있다. 그는 유구와 마카오, 중국과 필리핀의 배 만드는 기술을 조선의 방식과 상세하게 비교해 장단점을 분석했고, 서양 선박의 특징도 자세히 기술했다. 삼면이 바다로 둘러싸인 나라로서 부국강병의 기초를 다지려면 배 만드는 기술을 발전시키지 않을 수 없음을 역설했다.

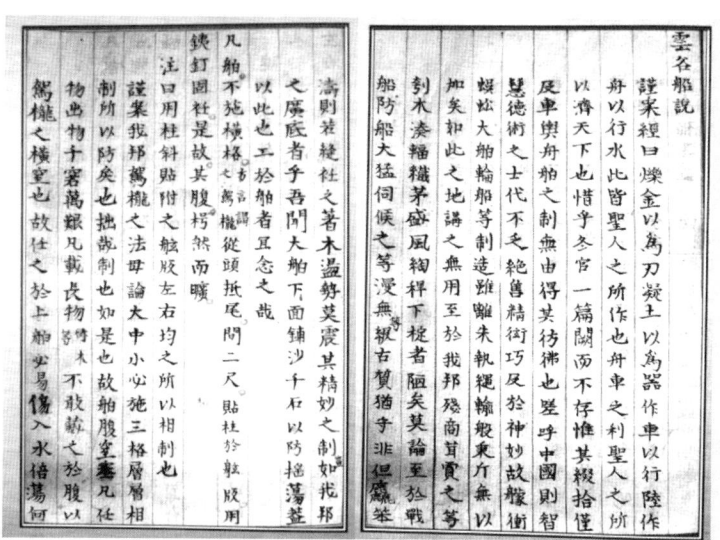

다산의 제자 이강회가 배의 제도에 대해 쓴 논문인 「선설(船說)」. 그의 저서인 『유암총서』에 실려 있다. 이 자료는 최근 신안군 우이도에서 발견되었다.

황상은 『치원유고(巵園遺稿)』 2책을 남겼다. 추사 형제가 나란히 서문을 썼을 만큼 당대에 높은 평가를 받았다. 추사의 동생 김명희는 그의 시가 다산의 가범(家範)을 벗어나지 않고 있음에 주목했다. 김명희가 그 시의 소종래(所從來)를 묻자 황상은 이렇게 대답했다.

옛날에 들으니, 선생님께서 두보와 한유, 소동파와 육유 등 사가(四家)야말로 천고의 빼어난 시인이니, 이 사가를 버리고 시를 하는 것은 바른 법도가 아니라고 하셨습니다. 이로부터 곁으로 다른 시인은 보지 않고, 오로지 마음을 쏟아 사가의 시만 읽은 것이 대개 50여 년입니다.

김명희, 「치원유고서(巵園遺稿序)」, 『치원유고(巵園遺稿)』

이렇게 그는 스승의 가르침을 금과옥조로 받들어 그 궤도에서 한 치도 벗어나지 않았던 것이다.

다산은 이렇듯 제자들에게 자기가 잘할 수 있는 일, 주어진 상황에서 할 수 있는 작업을 중심으로 과제를 부여하여 그들의 성취를 고무했다. 앞으로 다산학단과 관련된 자료들은 계속 발굴되어 학계에 풍성한 자료를 제공해줄 것으로 보인다. 그렇게 되면 다산학단이 쌓아올린 성과와 제자들로 이어진 지식경영의 실체는 보다 분명하게 드러날 것이다.

다산은 말한다. 누구나 할 수 있는 일 말고 나만이 할 수 있는 일을 하라. 해서 기쁘고, 안 할 수 없고, 내가 다른 누구보다 잘할 수 있는 일에 몰두하라. 자신의 장점을 파악해서 개성을 발휘할 수 있어야 한다. 이 일 저 일 기웃거리지 말고, 핵심역량을 쏟아부을 수 있는 분야를 개척하라. 그러자면 평소에 꾸준히 공부해야 한다. 훌륭한 스승 밑에서 안목을 갈고닦아야 한다.

50. '지금 여기'의 가치를 다른 것에 우선하라
조선중화법(朝鮮中華法)

나는야 누군가, 조선의 사람	我是朝鮮人
즐거이 조선의 시를 지으리.	甘作朝鮮詩

【 「노인의 한 가지 쾌사(老人一快事六首效香山體)」 제5, 3-143 】

'여기'에 바탕하라

조선중화(朝鮮中華)란 조선을 문화적 선진인 중화로 여긴다는 뜻이다. 우리 것에 대한 자존심을 지녀 남을 추종하지 않고 '지금 여기'의 가치를 추구하는 태도를 말한다. 중국만 기웃거리며 무작정 본떠 따르려는 경향과 대립된다. 중국에서 좋은 것이 반드시 우리에게도 좋은 것은 아니고, 저들이 버렸다 해도 우리가 지켜야 할 것도 있다. 우리에게 맞는 것을 찾아야지, 맹목적으로 추수해서는 안 된다. 나름대로 해야지, 덩달아 하면 안 된다. 그러자면 무엇보다 먼저 우리 것을 제대로 아는 일이 선행되어야 한다.

다산 학문의 다섯 번째 핵심가치는 바로 조선중화의 정신에 있다. 다산은 조선의 학자들이 제 나라의 일에 대해서는 까맣게 모르면서, 중국의 시시콜콜한 역사는 줄줄 훤히 꿰고, 또 그것을 자랑으로 아는 현실을 개탄했다. 남에게 끌려다니는, 주체성 없는 학문을 크게 탄식했다.

수십 년 이래 일종의 괴상한 의론이 있어, 우리나라의 문학을 크게 배척한다. 무릇 선현의 문집은 쳐다보려고도 하지 않기에 이르렀으니 이는 큰 병통이다. 사대부의 자제로서 우리나라의 고사를 알지 못하고 선배의 의론을 보지 않는다면, 비록 그 학문이 고금을 꿰뚫었다 해도 절로 거칠게 될 뿐이다. 다만 시집은 급히 볼 필요가 없다. 하지만 상소문이나 차자(箚子), 묘문과 편지 등의 글은 읽어서 안목을 넓혀야 한다. 또 『아주잡록(鵝洲雜錄)』,『반지만록(盤池漫錄)』,『청야만집(靑野謾輯)』같은 책도 널리 수집해서 두루 보지 않으면 안 된다.

「두 아들에게 부침[寄二兒]」 9-8

중국의 역사는 제 손금 보듯 알고 중국의 고사는 제 집안 일처럼 훤하면서, 막상 우리나라의 옛일은 깜깜하게 모른다. 그런데도 우리나라 책은 펼쳐볼 생각도 않고, 중국 책만 열심히 뒤적인다. 그렇게 해서 애써 글을 지어봤자 후배들 또한 거들떠보지도 않을 것이 아닌가? 그런 공부를 왜 하며 그런 글을 왜 쓰는가? 다산은 아무리 훌륭한 학식을 지녔어도 제 것을 모르면 쳐줄 것이 없다고 나무랐다. 선배의 일화나 고사가 수록된 잡록류 책들도 부지런히 구해 읽어 안목을 넓히라고 주문했다.

우리나라 사람들은 걸핏하면 중국의 고사를 인용하곤 한다. 이 또한 비루한 품격이다. 모름지기 『삼국사기』·『고려사』·『국조보감』·『여지승람』·『징비록』·『연려실기술』 및 그밖의 우리나라 글에서 사실을 채록하고, 지방을 고찰하여 시에 넣어 쓴 뒤라야 바야흐로 세상에 이름나고 후세에 전할 수가 있다. 유득공의 『십육국회고시(十六國懷古詩)』를 중국 사람들이 판각한 것만 보더라도 이를 징험할 수가 있다.

「학연에게 부침〔寄淵兒〕」 9-18

독서뿐 아니라 시 창작까지도 우리나라의 역사 고사와 인물 전거를 폭넓게 활용할 때 우리나라에서뿐 아니라 중국에서도 경쟁력을 갖게 된다고 말했다. '지금 여기'를 살면서 '그때 거기'만 기웃거린다면 결국 비슷한 가짜가 되는 데 그친다. 왜 죽을힘을 다 쏟아서 배우의 흉내만 내려 드는가? 진짜가 되려면 내 목소리를 지녀야 한다. '지금 여기'에 기초해야 한다.

우리 것을 중시하라

우리 것이 아무리 소중해도 입으로만 외쳐서는 아무 소용이 없다. 사람의 기호는 나라마다 다르고 시대에 따라 바뀌는 것이 당연하다. 저들이 좋아한다고 내가 따라 좋아할 수가 없고, 저들이 싫다 해도 나는 좋을 수가 있다. 여기서 문화의 차이가 생겨난다. 문화에 획일화의 논리는 안 된다.

노인의 한 가지 통쾌한 일은　　　　　　　　　　老人一快事

붓 내달려 미친 노래 짓는 것일세.	縱筆寫狂詞
험한 운자 반드시 구애치 않고	競病不必拘
퇴고하며 구태여 끌지도 않네.	推敲不必遲
흥 이르면 그 자리서 뜻을 펼치고	興到卽運意
뜻 이르면 그 즉시 베껴낸다네.	意到卽寫之
나는야 누군가, 조선의 사람	我是朝鮮人
즐거이 조선의 시를 지으리.	甘作朝鮮詩
그대는 그대 법을 씀이 옳으니	卿當用卿法
어리석다 떠들어댐 그 누구인가.	迂哉議者誰
구구한 격이나 율 같은 것은	區區格與律
먼 데 사람 어이해 알 수가 있나.	遠人何得知
오만하기 그지없는 이반룡이는	凌凌李攀龍
우리를 동이라고 조롱했었네.	嘲我爲東夷
원굉도, 우동이 이반룡을 후려쳐도	袁尤搥雪樓
중국에선 별다른 말이 없었지.	海內無異辭
등 뒤서 새총을 든 자 있는데	背有挾彈者
어느 겨를 마른 매미 엿본단 말가.	奚暇枯蟬窺
나는 산석(山石) 시구 사모하나니	我慕山石句
아녀자란 놀림을 받을까 싶네.	恐受女郎嗤
어찌 능히 서글픔 꾸며대어서	焉能飾悽黯
괴롭게 애끊는 소리를 내랴.	辛苦斷腸爲
배와 귤은 그 맛이 제각각이니	梨橘各殊味
기호는 마땅함을 따를 뿐이라.	嗜好唯其宜

「노인의 한 가지 쾌사〔老人一快事六首效香山體〕」제5, 3-143

다산이 73세 때 지은 시다. 나이 들어 통쾌한 것은, 더 이상 격률이나 운자에 얽매이지 않고 퇴고에도 신경쓰지 않게 된 것이라 했다. 흥이 이르면 쓰고, 뜻이 떠오르면 짓는다. 조선 사람이 조선 시 쓰겠다는데 누가 뭐라 하겠는가?

이반룡은 우리를 동이(東夷)라고 모욕했다. 그 이반룡(李攀龍)을 또 원굉도(袁宏道)와 우동(尤侗) 등이 극렬하게 비판했다. 이반룡은 의고주의적 문학입장을 견지한 반면, 원굉도와 우동은 옛날 추종하기를 거부하고 거짓 없는 진술한 감정을 노래하자고 주장했다. 그런데 막상 우리나라에서는 정작 우리를 멸시했던 이반룡은 높이 떠받들고, 그를 욕한 원굉도와 우동은 욕한다. 적의 적은 동지가 아닌가? 물론 경우가 그렇다는 것이지, 다산이 원굉도와 우동의 문학주장을 찬성했던 것은 아니다.

다산은 여기서 슬쩍 『장자』의 고사를 끌어들였다. 새는 매미를 노리고, 새총 든 사냥꾼은 그 뒤에서 새를 노린다. 우리가 매미고 이반룡이 새라면, 원굉도와 우동은 새총 든 사람이다. 이반룡은 제 앞가림하기 바쁘니 공연히 우리나라를 동이라고 헐뜯을 겨를이 없겠다는 뜻이다. 이래서 안 되고 저래서 안 되고를 따지다 보면 할 수 있는 일이 하나도 없다. 그러니 이 눈치 저 눈치 보다가 하고 싶은 말은 정작 하나도 못한다면 그것이 될 말인가? 차라리 조금 부족하고 형식이 저들과 달라도 결국은 제 하고 싶은 말을 하는 것이 옳다.

뒷부분에서 '산석구(山石句)'를 사모한다고 했다. 이에 얽힌 다른 고사도 있지만, 한유(韓愈)가 「산석(山石)」이라는 시에서 "인생이 이 같으면 절로 즐길 만한데, 어이 꼭 얽매여서 남의 부림 당하랴〔人生如此自可樂, 豈必局束爲人鞿〕"라고 한 구절을 염두에 두고 한 말이다. 툭툭 털고 하고 싶은 말만 하기도 바쁜데 왜 이런저런 격식에 얽매여 가짜글, 거짓소리만 하고 있느냐는 것이다.

이것이 다산이 말한 조선 시정신의 핵심이다. 차라리 형식을 버릴망정 눈앞의 진실을 노래하겠다는 선언인 셈이다. 배와 귤은 각기 맛이 다르다. 중국과 조선도 각각의 맛을 지니는 것이 옳다. 옛날과 지금, 저기와 여기는 취향이 다른 것이 당연하다. 그러니 괜스레 형식에 맞추느라 끙끙대지 말고, 가슴으로 시원한 소리를 토해내는 것이 어떻겠느냐는 말이다.

이런 맥락에서 다산은 우리의 고사나 지명, 심지어 방언까지 시 속에 자유자재로 활용해가면서 조선 사람의 정서가 녹아든 조선 스타일의 한시를 즐겨 창작했다.「장기농가(長鬐農歌)」와 「탐진촌요(耽津村謠)」, 「탐진농가(耽津農歌)」 같은 연작시에는 그 지역의 풍속과 생활상 그리고 그들이 쓰는 언어가 그대로 녹아 있다.

변화를 긍정하라

모든 것은 시간에 따라 변한다. 처음에 훌륭했던 제도도 세월이 흐르고 상황이 바뀌면 문제가 생긴다. '지금 여기'의 실용적 가치를 추구하는 조선중화의 정신은 필연적으로 변화의 당위를 긍정하지 않을 수 없다.

지금에 일을 막는 자들은 문득 조종(祖宗)의 법이니 의논할 수 없다고 말한다. 조종의 법은 창업 초기에 만든 것이 많다. 당시에는 천명을 환히 알 수가 없었고, 인심도 크게 안정되지 않은 상태였다. 또 으뜸가는 공을 세운 장상(將相)들은 거칠고 드센 무부(武夫)가 많았고, 백관

(百官)과 사졸에는 이랬다 저랬다 하는 간사한 자들이 많았다. 저마다 사사로운 뜻을 가지고 자신의 이익만을 구하다가, 조금만 마땅치 않으면 반드시 무리로 일어나 난을 일으켰다.

이런 까닭에 거룩한 임금과 어진 신하가 장막 가운데서 비밀스레 꾀하였으나, 양옆을 돌아보고 아래위로 얽매이다가 마침내 아무것도 하지 못하고 그만두었다. 아무것도 못하게 되었으므로 옛날 하던 대로 따라했다. 하던 대로 하는 것은 원망이 가장 적은 방법이다. 비록 마땅치 않은 점은 있지만 내가 한 것이 아니기 때문이다. 이 때문에 창업 초기에는 능히 법을 고칠 수가 없어 말세의 풍속을 그대로 따르는 것을 법을 운영하는 것으로 생각하니, 고금의 공통된 근심이다.

「방례초본서(邦禮艸本序)」 6-25

세상이 변해 실정에 맞지 않아 고치려 들면, 조종께서 세우신 법이고 역대 임금이 지켜온 것인데 어찌 바꿀 수 있느냐며 이를 저지한다. 하지만 막상 따져보면, 처음 이 법이 생겼을 때는 격동의 와중에 임시변통으로 세운 것에 불과했다. 이것이 각종 폐단을 야기하는데도 그들의 태도는 요지부동이다.

중국 것도 그들은 이미 바꾼 지 오래된 것을 우리는 여전히 꽉 붙들고서 그것만을 전부로 알며 살아간다. 시대가 달라지고 공간이 바뀌면 마땅히 바뀌야 한다는 자명한 진리를 그들은 결코 받아들이지 않는다.

다산은 우리에게 꼭 맞는 것이라면 중국 것이든 일본 것이든 받아들여 우리에게 맞게 고쳐 써야 한다고 여러 글에서 주장했다. 역대 조정에서 지켜온 법도 현실에 맞지 않으면 과감히 뜯어고쳐야 한다고 외쳤다. 이것이 다산이 『방례초본』 즉 『경세유표』를 편찬하고,

『목민심서』를 엮었으며, 『흠흠신서』를 편집한 까닭이다.

「탐진농가」에서는, 강진에서 아이가 작은 가래를 한 손으로 잡고 서도 밭 갈고 물 대는 힘든 작업을 너끈히 해치우는 것을 보고, 한강 주변에서 쓰는 큰 가래는 건장한 사내가 온 힘을 써도 허리가 시큰 시큰하다며 남쪽의 방법을 배워야 한다고 했다. 반면에 대나무손잡이에 쇠가락을 묶어끼워 타작하는 도리깨의 경우, 남쪽 것이 북쪽에서 쓰는 것의 호쾌함만 못하다고 했다.

이런 식으로 다산은 무엇을 보든지 허투루 보지 않고, 서로 비교하여 더 나은 것을 찾았다. 문제점을 비교하여 향상의 방도를 물었다. 예전에 하던 대로 따라하지 않고, 남의 것이라고 배척하지도 않았다. 그의 관심은 실용에 알맞은 것, 쓰기에 편리한 것뿐이었다.

주체성을 잃지 말라

하지만 이러한 것은 경제와 관련된 실용의 영역에 한한다. 정신의 주체성을 지키는 일에 대해서는 원칙이 엄격했다.

다산은 조선중화의 정신을 미루어 확장하여 역사·지리·국방·문화 전반에 걸쳐 조선적인 모델을 찾고 정리하는 데 몰두했다. 역사지리에 관심을 두면서 1811년에 『아방강역고(我邦疆域考)』를 엮었고, 이듬해인 1812년에는 유사시 우리나라 국토방어에 관한 정책논문인 「민보의(民堡議)」를 지었다. 이 경험을 미루어 중국의 『수경(水經)』을 참작하여 우리나라 강줄기를 역사지리학적으로 정리한 『대동수경(大東水經)』을 제자 이청과 함께 엮었다.

명나라 모원의가 지은 『무비지(武備志)』를 보고, 그 단점을 보완해

『아방비어고(我邦備禦考)』의 편집에 착수했다. 중국 속담집 『이담(耳談)』이 너무 소략하고 우리나라 속담이 누락된 것을 보완해서 『이담속찬(耳談續纂)』을 편집했다. 『아언각비(雅言覺非)』는 뜻을 잘못 알고 쓰는 우리말을 바로잡기 위해 지은 것이다. 저들은 저들의 필요에 따라 각종 저술을 남겼으니, 우리는 우리의 소용에 맞게 우리 것을 갖춰야 한다는 생각에서였다.

내 생각으로는 이른바 중국이라는 것이 '가운데〔中〕'가 되는 까닭을 모르겠고, 소위 동국이 동쪽이 되는 이유를 모르겠다. 대저 해가 정수리 위에 있는 것을 정오라 한다. 정오는 해가 들고 나는 거리로 따져 그 시각이 같다. 그렇다면 내가 서 있는 곳이 동서의 중앙임을 알게 된다. 북극은 지면에서 솟아 몇 도 정도 높고, 남극은 들어가 몇 도가량 낮다. 다만 전체의 절반을 얻는다면 내가 서 있는 곳이 남북의 중앙임을 알게 된다. 대저 동서남북의 중앙을 얻는다면 어디를 가든 중국이 아님이 없거늘, 어찌 이른바 동국으로 본단 말인가? 대저 이미 어디를 가든 중국이 아님이 없거늘, 어찌 이른바 중국이라 한단 말인가?

「사신으로 연경에 가는 교리 한치응을 전송하는 서〔送韓校理使燕序〕」 6-69

다산은 중국이라는 관념의 허구성을 해체하고 나선다. "중국은 없다. 어디나 중국이고 누구나 중화다. 요순우탕의 도가 행해지면 중국이고, 그렇지 않으면 중국이 아니다. 그런데 그 도는 지금 우리에게 있고 저들에게는 없다. 다만 농사의 기술과 문예의 재능만은 저들이 우리보다 낫다. 그러니 우리가 지닌 중화의 도를 지켜 간직하되, 우리에게 없는 저들의 기술을 배워오자." 이것이 바로 다산식 조선중화법이다.

「척발위론(拓跋魏論)」에서도 다시 한 번 짚어 말했다.

성인의 법은 중국이라도 오랑캐처럼 굴면 오랑캐로 여기고, 오랑캐라도 중국처럼 하면 중국으로 여겼다. 중국과 오랑캐는 그 도와 정치에 달려 있는 것일 뿐 강역과는 무관하다. 때문에 주나라의 선조가 훈육(獯粥)과 곤이(昆夷) 가운데 끼어 있어 이적이었지만, 하루아침에 태왕(太王)·왕계(王季)와 같은 이가 일어나 예악과 문물이 본받을 만해지자 중국으로 쳐주었다. 진(秦)나라의 선조는 백익(伯益)의 후손이라 중국이었으나, 한비자(韓非子) 이후 이익을 숭상하고 의리를 버려 중국과 더불어 우호하기를 즐기지 않았으므로 이적으로 여겼다. 성인이 오랑캐와 중화에 처함이 본래 이와 같았다. 「척발위론(拓跋魏論)」 5-169

주체를 높이 세워 조선이 스스로 중화, 즉 문화의 중심이 되고, 이를 밑받침하는 문물은 밖의 것을 배워와 끊임없이 향상시켜나가는 것, 이것이 다산이 생각한 조선중화론의 핵심이다. 하지만 현실은 그렇지가 않아, 배워야 할 것은 안 배우고, 안 배워야 할 것만 굳게 지켜 묵수하니 그것을 답답해했다. 심지어 물감만 해도 오색의 범위를 절대로 넘지 않아, 새로운 색채가 있어도 버리고 쓰지 않는다고 하면서 이를 안동답답(安東沓沓)에 비유했다. 일본에 표류한 조선 배를 일본 사람들이 수리해서 보내주면 그들의 좋은 제도를 본떠 배울 생각은 않고, 도착하기가 무섭게 왜놈 것이라며 때려부수는 고식적인 태도를 통탄했다.

서양의 홍이포(紅夷砲)를 중국과 일본은 벌써부터 받아들여 사용하는데도, 우리는 여전히 활고자가 다 벗겨진 활에다 살촉도 없는 살을 매겨 백 보 밖의 과녁을 맞히는 것을 묘기로 여기며, 군기(軍

器)를 준비할 필요가 없다고 큰소리친다. 저들이 선진의 농업기술을 배워 생산력을 급속도로 확장시키고 있는데도 우리는 꿈쩍도 않고 예전 방식만 고집한다. 이러니 무슨 발전이 있고, 무슨 변화가 가능하겠는가?

이렇듯 다산은 끊임없이 변화를 추구하면서도 '지금 여기'의 주체성을 부단히 강조했다.

다산은 말한다. 우리 것이 소중하되 우리 것만으로는 안 된다. 속도 없이 덩달아 해서는 안 되지만, 내 것만 좋다고 우기는 것은 더 나쁘다. 정신의 주체를 굳건히 세워라. 그 바탕 위에서 실사구시의 정신으로 이용후생을 강구하라. 변화는 당연한 것이다. 변화를 두려워하지 마라. 하지만 변해서는 안 될 것까지 바꾸려 들면 주체가 무너진다. 주체가 무너지면 흉내만 남게 된다.

다산 정약용 선생 저술 연보

다산의 현손 정규영(丁奎英)이 엮은 『사암선생연보(俟菴先生年譜)』 및 선학의 작업을 참고, 저술관계 내용만 간추려 정리한다.

1762년(영조 38, 임오) _ 1세
6월 16일 사시(巳時)에 광주 마재에서 아버지 정재원(丁在遠)과 어머니 해남 윤씨의 넷째아들로 태어났다.

1771년(영조 47, 신묘) _ 10세
부친 정재원에게서 경사(經史)를 익히다. 1년간 경전과 사서를 본떠 지은 글이 자기 키 높이가 되었다.

1774년(영조 50, 갑오) _ 13세
두시(杜詩)를 모방하여 원운에 따라 화답하는 운을 붙여 수백 수의 시를 지었다.

1784년(정조 8, 갑진) _ 23세
여름, 태학에서 공부하면서 임금이 내린 80여 조항의 의문점을 기술한 『중용강의(中庸講義)』를 지어 바쳤다.

1789년(정조 13, 기유) _ 28세
겨울에 주교(舟橋)를 설치하는 공사가 있어, 그 규제를 만들어 바쳤다.

1791년(정조 15, 신해) _ 30세
겨울에 『시경의(詩經義)』 800여 조목을 지어 올렸다. 임금께서 "평소의 온축이 깊고 넓지 않고서는 이렇게 할 수 없을 것이다" 하시며 크게 칭찬했다. 『홍재전서(弘齋全書)』에도 200여 조목이 실려 있다.

1792년(정조 16, 임자) _ 31세
겨울에 왕명으로 수원 화성의 성 쌓는 제도를 정리하여 바쳤다. 또 임금이 내린 『도서집성(圖書集成)』과 『기기도설(奇器圖說)』을 참고하여 인중(引重)과 기중(起重)의 기계장치를 마련하여 「기중가도설(起重架圖說)」을 지어 바쳤다. 성이 준공되자 임금이 "다행히 기중가를 사용하는 바람에 4만 냥의 경비를 절감할 수 있었다"고 하셨다.

1795년(정조 19, 을묘) _ 34세
금정찰방으로 있을 때, 온양 봉곡사에서 이삼환(李森煥)을 좌장으로 남인 학자들과 함께 모여 성호(星湖) 이익(李瀷)의 유고를 가져다가 『가례질서(家禮疾書)』를 교정하여 한 권의 온전한 책으로 엮었다. 이때 강학한 문답을 정리하여 「서암강학기(西巖講學記)」를 지었다.
또 『퇴계집』 반 권을 구해, 매일 아침 퇴계 선생의 편지를 한 통씩 읽고, 그 뜻을 부연하고 자신의 생각을 적어 「도산사숙록(陶山私淑錄)」을 지었다.

1796년(정조 20, 병진) _ 35세
10월에 규영부(奎瀛府) 교서(校書)가 되어, 이만수·박제가 등과 함께 『사기영선(史記英選)』 교정작업에 참여하였다.

1797년(정조 21, 정사) _ 36세
이문원(摛文院)에 들어가 두시(杜詩)와 『춘추좌씨전』을 교정하였다.
겨울에 수십 종의 의서에서 천연두 치료에 관한 내용을 편집·정리하여 『마과회통(麻科會通)』 12권을 찬술하였다. 여러 자식을 잇달아 천연두로 잃은 슬픔을 이렇게 넘어섰다.

1798년(정조 22, 무오) _ 37세

4월에 『사기선찬주(史記選纂注)』를 완성해 올렸다. 이는 왕명으로 앞서 엮은 『사기영선』의 찬주가 지나치게 번잡한 것을 산삭하여 요점만 간추린 것이다. 이를 올리자, 임금이 "글로 올린 것이 뜻에 적합하니 매우 다행스럽다"는 말씀을 내렸다.

1800년(정조 24, 경신) _ 39세

홍명한(洪名漢)이 잘못을 지적한 내용이 적힌 『문헌비고』를 빌려, 그 메모를 바탕으로 『문헌비고』의 오류를 차례대로 지적한 『문헌비고간오(文獻備考刊誤)』 1권을 완성했다. 임금께 올려 살피시도록 하려 한 것인데, 갑작스런 승하로 올리지 못했다.

1801년(순조 원년, 신유) _ 40세

3월, 장기(長鬐)로 귀양와서 『삼창고훈(三倉詁訓)』을 참고하여 자학(字學)에 관해 정리한 『이아술(爾雅述)』 6권을 지었다. 또 『기해방례변(己亥邦禮辨)』을 지었는데, 겨울 옥사 때 잃어버렸다.

여름에 우리나라 속담을 운을 달아 알기 쉽게 정리한 『백언시(百諺詩)』를 지었다. 이는 1820년에 '이담속찬(耳談續纂)'이라는 이름으로 확장·완성하였다.

10월, 강진으로 귀양왔다.

1803년(순조 3, 계해) _ 42세

봄에 『예기』 「단궁(檀弓)」편의 옛 주석 중 잘못된 것을 바로잡아 『단궁잠오(檀弓箴誤)』 6권을 완성했다. 이 가운데 많은 부분이 뒤에 『상례사전(喪禮四箋)』에 들어가 요긴하게 활용되었다. 다산은 뒤에 『상례사전』에 활용되고 남은 것들만 따로 추려 별도의 『단궁잠오』를 남겼다.

여름에 23칙으로 된 「조전고(弔奠考)」를 완성했다.

겨울에 『상례사전』 중 「예전상의광(禮箋喪儀匡)」 17권을 완성했다. 「사상례(士喪禮)」 3편과 「상복(喪服)」 1편과 그 주석을 취해 이경증경(以經證經)의 방식으로 대의를 밝힌 내용이다.

1804년(순조 4, 갑자) _ 43세

봄에 처음 배움을 시작하는 학동들을 위해 2천자문인 『아학편훈의(兒學編訓

義)』를 지었다. 유형자(有形字) 1천 자와 무형자(無形字) 1천 자로 구분하여 연쇄적 방식으로 체계적인 학습이 가능하도록 엮은 교과서였다.

1805년(순조 5, 을축) _ 44세

여름에 『정체전중변(正體傳重辨)』 3권이 이루어졌다. 이 책은 일명 '기해방례변(己亥邦禮辨)'이라고도 한다. 종통(宗統)의 적서(嫡庶)와 계승을 두고 일어난 기해예송(己亥禮訟)의 쟁점을 정리한 내용이다.

겨울에 근친온 아들 학연을 데리고 보은산방(寶恩山房)에 가서 밤낮으로 『주역』과 『예기』를 가르쳤다. 이때의 질문과 답변을 모두 52항목으로 정리해 「승암문답(僧菴問答)」으로 엮었다.

1807년(순조 7, 정묘) _ 46세

겨울에 『예전상구정(禮箋喪具訂)』 6권을 지었다. 상구(喪具)에 대해 와전되고 잘못된 것을 낱낱이 정정한 내용이다.

1808년(순조 8, 무진) _ 47세

봄에 다산으로 거처를 옮겼다. 학생들에게 『주역』에 대해 질문하고 대답한 내용을 정리해 「다산문답(茶山問答)」 1권을 지었다. 또 다산의 제생들에게 증언(贈言)을 지어주었다.

여름에 아들 학유(學游)가 근친오자 가계(家誡)를 써주었다.

겨울에 「제례고정(祭禮考定)」을 완성하였다. 우리나라 사대부들의 제사지내는 법이 경전의 예법과 어긋나는 점을 고증하여 밝힌 내용이다.

겨울에 『주역심전(周易心箋)』 24권이 완성되었다. 1803년 겨울에 8권으로 정리한 초고를 다음해에 개정했고, 이것을 다시 1805년 겨울 전면적으로 개정하여 이듬해 봄에 16권으로 마무리했다. 그러나 빠지고 잘못된 점이 많았으므로 아들 학연과 제자 이청을 시켜 24권으로 완성했다. 하지만 다시 보니 상(象)의 뜻풀이 가운데 잘못된 것이 있어, 다시 대폭 수정하여 둘째아들 학유를 시켜 탈고한 것이 바로 이 책이다.

「독역요지(讀易要旨)」 18칙과 「역례비석(易例比釋)」을 지었다. 『주역』의 깊은 뜻을 예별로 정리하여 28례로 나누고, 예에 따라 설(說)을 묶어 요지의 아래에 편집했다. 또 「춘추관점(春秋官占)」에 보주(補注)를 달았다. 『춘추좌씨전』에 실린 관점(官占) 보는 법을 하나하나 캐어 『주역』의 단서에 대한 실마리를 찾아간 내용이다. 「대상전(大象傳)」 1편과 「시괘전(蓍卦傳)」 1부를 취하여 별도로 주해를 달았다. 또 「설괘전(說卦傳)」을 취해 전거가 있는 것은 보충해 넣고 잘못 와전된 내용은 정정하였다.

『주역서언(周易緖言)』 12권을 완성했다. 제가의 주설(注說)을 취하여 조리에 맞게 논한 내용이다.

1809년(순조 9, 기사) _ 48세

봄에 「예전상복상(禮箋喪服商)」의 정리를 마쳤다. 상복의 제도가 예에 맞는가를 살핀 것이다.

가을에 『시경강의(詩經講義)』의 잘못된 부분을 깎아내고 새롭게 정리하였다. 정조의 비평을 받은 『모시강의(毛詩講義)』 12권을 앞쪽에 두고, 이와는 별도로 『강의보(講義補)』 3권을 지었다.

1810년(순조 10, 경오) _ 49세

봄에 『시경강의보(詩經講義補)』를 마무리지었다. 둘째아들 학유가 돌아간 뒤 『시경』을 강의하면서, 그때그때 제자 이청에게 받아적게 하여 정리한 것이다. 당시 다산은 풍증으로 큰 곤란을 겪고 있었다.

봄에 「관례작의(冠禮酌儀)」의 정리를 마쳤고, 이를 포함하여 『가례작의(嘉禮酌儀)』가 이루어졌다.

봄, 여름, 가을에 각각 아들에게 주는 당부를 담아 「가계(家誡)」를 썼다.

겨울에 초학들의 학습서인 『소학주천(小學珠串)』 3권을 지었다.

1811년(순조 11, 신미) _ 50세

봄에 『아방강역고(我邦疆域考)』를 완성했다.

겨울에 「예전상기별(禮箋喪期別)」을 마무리했다. 상기(喪期)에 대한 여러 의소(義疏)를 모아 일목요연하게 정리한 것이다.

1812년(순조 12, 임신) _ 51세

봄에 「민보의(民堡議)」를 완성했다. 민간에 군대와 관련된 일을 익히게 하여 유사시에 활용하자는 건의를 담은 내용이다.

겨울에 『춘추고징(春秋考徵)』이 완성되었다. 주나라의 예법을 『춘추』에 실린 기사를 통해 고증하고 징험한 것으로, 길례(吉禮)와 흉례(凶禮)로 나누어 상고

하였다. 초본은 둘째아들 학유가 정리했고, 재고본은 이강회(李綱會)가 도왔다.

1813년(순조 13, 계유) _ 52세
겨울에 『논어고금주(論語古今注)』 40권을 마무리지었다. 『논어』의 각종 이설을 모두 175항목에 걸쳐 63장으로 정리한 것이다. 자료수집에만 여러 해가 걸렸고, 정리는 이강회와 윤동(尹峒)이 도왔다.

1814년(순조 14, 갑술) _ 53세
여름에 『맹자요의(孟子要義)』 9권을 마쳤다.
가을에 『대학공의(大學公議)』 3권과 『중용자잠(中庸自箴)』 3권이 이루어졌다. 이로써 사서에 관한 쟁점의 정리를 모두 마쳤다. 계속해서 1784년 정조가 『중용』에서 80조목의 질문을 내렸을 때 올렸던 『중용강의』 원고를 산삭하고 윤색하여 6권 분량의 『중용강의보(中庸講義補)』로 엮었다.
겨울에 이청에게 집주작업을 시켜 여러 해 동안 작업해온 『대동수경(大東水經)』 2권을 마무리지었다.

1815년(순조 15, 을해) _ 54세
봄에 『심경밀험(心經密驗)』 1권과 『소학지언(小學枝言)』 1권을 정리했다. 『소학』으로 밖을 다스리고 『심경』으로 안을 다스린다는 취지를 담았다. 『소학지언』은 예전의 주석을 보충한 것이고, 『심경밀험』은 자신에게 시험하여 스스로 경계로 삼은 내용을 정리했다. 현재 이 두 책은 『대학강의(大學講義)』 속에 편입되어 있다.

1816년(순조 16, 병자) _ 55세
봄에 『악서고존(樂書孤存)』 12권을 완성했다. 망실된 『악기(樂記)』의 내용을 『주례(周禮)』와 「우서(虞書)」 등의 몇 구절에 기초하여, 제자백가 및 추연·여불위 등의 학설을 취해 여러 해 동안 잠심한 결과를 한데 묶은 것이다. 이청이 받아 적고 김종(金䃥)이 탈고했다.
여름 6월에 손암 정약전의 부음을 들었다.

1817년(순조 17, 정축) _ 56세
가을에 번잡한 상례절차의 내용을 간추려 『상의절요(喪儀節要)』 상·하 6편을 정리했다. 이강회의 질문에 답변한 것을 한데 모아 한 집안에서 사용할 수 있도록 책으로 묶었다. 책 끝에 부록으로「예서차기(禮書箚記)」1편과「오복연혁표(五服沿革表)」1편을 붙여 전체 내용을 일목요연하게 파악할 수 있도록 했다.

『방례초본(邦禮艸本)』의 저술을 시작했으나 마치지 못했다.『경세유표(經世遺表)』라고도 한다. 모두 49권의 방대한 분량으로, 국가경영 전반에 걸친 세부적인 내용을 망라하였다. 최종 완성을 보지는 못했다.

1818년(순조 18, 무인) _ 57세

봄에『목민심서(牧民心書)』48권이 완성되었다. 자신을 다스리는 율기(律己)와 공무를 수행하는 봉공(奉公), 백성을 아끼는 애민(愛民)을 세 강령으로 삼고, 목민관이 해야 할 일을 부문별로 나눠 모두 12장을 편성했다. 각 장은 다시 각각 6조씩 편성하여 모두 72조로 구성된 방대한 저술이다.

여름에『국조전례고(國朝典禮考)』2권을 완성했다.

가을 8월에 다산을 떠나 14일에 마재의 본가로 돌아왔다.

1819년(순조 19, 기묘) _ 58세

여름에『흠흠신서(欽欽新書)』30권을 완성했다. 처음 이름은 '명청록(明淸錄)'이었다. 목민관이 형벌을 다스리는 방법과 절차에 대해 조목을 나눠 정리했다.

겨울에『아언각비(雅言覺非)』3권이 이루어졌다. 흔히 쓰는 말 가운데 뜻이 오해되거나 쓰임이 잘못된 것의 용례를 들어 바른 의미를 밝혔다.

1821년(순조 21, 신사) _ 60세

봄에『사대고례산보(事大考例刪補)』가 이루어졌다. 중국과의 사대관계에 따른 복잡한 의례와 절차를『동문휘고(同文彙攷)』와『대전회통(大典會通)』·『통문관지(通文館志)』등을 바탕으로, 일의 종류에 따라 모으고 중복된 것을 산삭하여 26편으로 정리했다. 주로 이청이 마재까지 따라와 스승을 모시면서 편찬을 맡았고, 삭제와 보충은 하나하나 다산의 재가를 받았다.

1822년(순조 22, 임오) _ 61세

회갑을 맞아「자찬묘지명(自撰墓誌銘)」을 지었다.

6월에 육향(六鄕)의 소재를 두고 신작(申綽)과 치열한 논전을 벌였다.

1834년(순조 34, 갑오) _ 73세

봄에 『상서고훈(尙書古訓)』과 『상서지원록(尙書知遠錄)』을 개수하여 모두 21권으로 합편하였다. 강진 시절 『상서』를 읽으면서 매색(梅賾)의 잘못된 이론을 논박한 『매씨서평(梅氏書評)』 9권과 제가의 주장을 모은 『고훈수략(古訓蒐略)』, 제가의 설을 비교하여 자신의 의견을 붙인 『지원록』 3부작을 엮었는데, 당시 참고자료가 적어 누락된 것이 많았고 논조가 자못 격렬하였으므로 이때 다시 전면적으로 보완하고 산삭한 것이다.

가을에 『매씨서평』을 10권으로 개수하여 완성했다.

1836년(헌종 2, 병신) _ 75세

2월 22일 진시에 열상의 정침에서 세상을 떴다. 장례절차는 유명과 『상의절요』에 따라 집행되었다.

4월 1일에 여유당 뒤편, 지금의 남양주시 조안면 능내리 자좌(子坐) 언덕에 묻혔다.

참고서목

정약용, 『여유당전서(與猶堂全書)』, 한국문집총간본, 민족문화추진회, 2004.
_____, 『국역 다산시문선』 9책, 민족문화추진회 고전국역총서, 솔, 1996.
_____, 북한 과학원고전연구소 역, 『대동수경』, 여강출판사, 1992.
정규영 편, 『사암선생연보(俟菴先生年譜)』, 『정다산전서』 별책부록, 문헌편찬위
    원회, 1961.
강진군 편, 『제1회 다산정약용선생유물특별전 도록』, 2005.
_____, 『제2회 다산정약용선생유물특별전 도록』, 2006.
금장태, 『다산실학탐구』, 소학사, 2001.
_____, 『실천적 이론가 정약용』, 이끌리오, 2005.
김문식, 『조선 후기 경학사상연구』, 일조각, 1996.
김상홍, 『다산문학의 재조명』, 단국대학교 출판부, 2003.
_____, 『다산학연구』, 계명문화사, 1990.
박무영 역, 『뜬세상의 아름다움』, 태학사, 2004.
박무영, 『정약용의 시와 사유방식』, 태학사, 2002.
박석무 역, 『다산산문선』, 창작과비평사, 1985.
박석무, 『다산 정약용 유배지에서 만나다』, 한길사, 2003.
_____, 『유배지에서 보낸 편지』, 창작과비평사, 1994.
_____, 『풀어쓰는 다산이야기』, 문학수첩, 2005.
박석무·정해렴 편역, 『다산문학선집』, 현대실학사, 1996.
박완식 역, 『국역 아암집』, 이회, 1997.

송재소 역,『다산시선』, 창작과비평사, 1983.
심경호,『다산과 춘천』, 강원대학교 출판부, 1996.
원재린,『조선 후기 성호학파의 학풍연구』, 혜안, 2003.
이강회,『운곡잡저』, 신안문화원, 2004.
＿＿＿,『유암총서』, 신안문화원, 2005.
이덕일,『정약용과 그의 형제들』1・2, 김영사, 2004.
이민수 역,『아방강역고』, 범우사, 1995.
임형택,『실사구시의 한국학』, 창작과비평사, 2000.
정민,『미쳐야 미친다』, 푸른역사, 2004.
정재영,『다산 정약용의 아학편』, 태학사, 2002.
홍길주 저, 정민 외 역,『19세기 조선 지식인의 생각창고』, 돌베개, 2006.
황상,『치원유고(巵園遺稿)』, 필사본 외 다수.

찾아보기

글 찾아보기

ㄱ

「가승유사(家乘遺事)」266
「가승촬요에 제함〔題家乘撮要〕」
　　266~267
「감사론(監司論)」372
「강역고의 첫 권에 제함〔題疆域考卷端〕」
　　72~74
「거란고(契丹考)」99
「경관고공표(京官考功表)」474
「경관고예표(京官考藝表)」474
「경사지요(經史之要)」285~286
「고문상서원사(古文尙書寃詞)」449
「고양이 노래〔貍奴行〕」553
「고적의(考績議)」360
「고정림의 생원론에 발함〔跋顧亭林生員論〕」403
「곡산북방산수기(谷山北方山水記)」
　　158~159, 502~504
「곡산정당신건기(谷山政堂新建記)」48
「곡산향교를 효유하여 효를 권장하는 글
　　〔諭谷山鄕校勸孝文〕」306

「관방고(關防考)」99
「교련고(敎鍊考)」99
「교맥(蕎麥)」549
「군기론(軍器論)」325
「군제고(軍制考)」99
「권판서께 올리는 글〔上權判書書〕」
　　582~583
「규영부교서기(奎瀛府校書記)」432
「극기의 독서산당에 써서 주다〔書贈克己讀書山堂〕」200
「금강산을 유람하러 가는 교리 심규로와
　　한림 이중련을 전송하는 서문〔送沈
　　校理李翰林游金剛山序〕」372
「기계고(器械考)」99
「기기도첩의 발문〔跋奇器圖帖〕」568~569
「기어승 자홍에게 주는 말〔爲騎魚僧慈弘贈言〕」222~223
「기예론(技藝論)」343~344
「기중도설(起重圖說)」345
「김공후에게 보냄〔與金公厚〕」187
「김덕수에게 답함〔答金德叟〕」205,
　　210~211, 279~280, 370,
　　450~451, 446

「김백곡의 독서에 대하여〔金栢谷讀書辨〕」 150
「김섭지에게 줌〔與金燮之〕」 29~30
「김승지에게 보냄〔與金承旨〕」 275
「김원춘에게 답함〔答金元春〕」 244

ㄴ

「나씨가례집어서(羅氏家禮輯語序)」 64
「노인의 한 가지 쾌사〔老人一快事六首效香山體〕」 591, 593~594
「논어질서서(論語疾書序)」 155~156
「누조도설(漏槽圖說)」 568
「능양시집서(菱洋詩集序)」 114

ㄷ

「다산문답(茶山問答)」 444
「다산의 제생을 위해 준 말〔爲茶山諸生贈言〕」 59~60, 539
〈다산초당도〉 515~516
「다산팔경사(茶山八景詞)」 512
「도강록(渡江錄)」 320~322
「도량형의(度量衡議)」 358
「도산사숙록(陶山私淑錄)」 29, 121~122, 279, 382, 433~434, 454, 463
「독수기(讀數記)」 150~151
「독역요지 뒤에 제함〔題讀易要旨後〕」 175
「동림사독서기(東林寺讀書記)」 436
「동산자의 화식전주에 발함〔跋東山子貨殖傳注〕」 426
「두 아들에게 답함〔答二兒〕」 25~26, 139~141, 153~154, 376, 556
「두 아들에게 보여주는 가계〔示二子家誡〕」 66, 69, 97, 292, 385~386, 527, 539, 560~561, 579

「두 아들에게 보임〔示兩兒〕」 546
「두 아들에게 부침〔寄兩兒〕」 81~82, 84~85, 91, 98, 363, 536, 541, 563~564
「두 아들에게 부침〔寄二兒〕」 49~50, 65, 294~297, 352~353, 397, 461, 466, 592
「또 두 아들에게 보여주는 가계〔又示二子家誡〕」 565
「또 보내온 편지〔又書〕」(김기서) 449
「또 보내온 편지〔又書〕」(김매순) 211~212, 214, 380, 445~448
「또 윤혜관을 위해 준 말〔又爲尹惠冠贈言〕」 534~535

ㅁ

「마과회통서(麻科會通序)」 105~106
「만계에게 답함〔答蔓溪〕」 107, 221, 417~418
「말갈고(靺鞨考)」 99
〈모계령자도(母鷄領子圖)〉 131, 132
「목민심서서(牧民心書序)」 94, 124, 147, 307
「몽고고(蒙古考)」 99
〈무이구곡도(武夷九曲圖)〉 45~46
「무호암기(無號菴記)」 524~525
「문율도량형(問律度量衡)」 358
「문전폐(問錢幣)」 358
「민보의(民堡議)」 464, 472, 598

ㅂ

「반곡 정공의 난중일기에 제함〔題盤谷丁公亂中日記〕」 70, 181, 244

「반산 정수칠에게 보냄〔與盤山丁修七書〕」
　242~243, 428~429
「반산 정수칠을 위해 준 말〔爲盤山丁修七
　贈言〕」 65, 149, 160, 272, 274,
　308, 387
「발묘(拔苗)」 549
「발해고(渤海考)」 99
「방례초본서(邦禮艸本序)」 350~351,
　596~597
「방산 이도명에게 답함〔答方山李道溟〕」
　305
「방산에게 답함〔答方山〕」 220, 410~411
「방언보(方言補)」 588
「백련사에 노닐면서 단풍잎을 구경하고
　지은 시의 서〔游蓮社觀紅葉詩序〕」
　504~506
「백씨에게 올림〔上伯氏〕」 234
「백이전(伯夷傳)」 150
「번옹유사(樊翁遺事)」 263~266
「변상벽의 모계령자도에 제하다〔題卞尙璧
　母鷄領子圖〕」 131~134
「별지(別紙)」 372
「병아리를 관찰한 이야기〔觀鷄雛說〕」
　130~131
「보은산방에 제하다〔題寶恩山房〕」
　487~489
「복암 이기양의 묘지명〔茯菴李基讓墓誌
　銘〕」 398
「복암에게 답함〔答茯菴〕」 416~ 417
〈본종오복도(本宗五服圖)〉 578
「봉곡사에서 뜻을 적은 시의 서문〔鳳谷寺
　述志詩序〕」 33
「봉수고(烽燧考)」 99

「부령도호부사로 부임하는 이종영을 전
　송하는 서문〔送富寧都護李赴任序〕」
　167~168
「부용당기(芙蓉堂記)」 524
「비상지준(批詳之雋)」 285~286

ㅅ
「사기선찬주를 올리는 계〔進史記選纂注
　啓〕」 236
「사대고례제서(事大考例題敍)」 293
「사략에 대한 평〔史略評〕」 152
「사상례(士喪禮)」 171, 250~251
「사신으로 연경에 가는 교리 한치응을 전
　송하는 서〔送韓校理使燕序〕」 599
「사신으로 연경에 가는 참판 이기양을 전
　송하는 서〔送李參判使燕京序〕」
　339~340
「사촌서실기(沙村書室記)」 364
「산석(山石)」 595
「산수심원기(汕水尋源記)」 165~167
「산옹(山翁)」 553~554
「산행일기(汕行日記)」 157~158,
　163~164, 409
「상기별(喪期別)」 211, 577
〈상기표(喪期表)〉 576~577
「상례사전서(喪禮四箋序)」 249~251,
　375, 458
「상원군수로 나가는 윤무구를 전송하는
　서〔送尹无咎出守祥原序〕」 547
「상형고 초본의 발문〔跋祥刑攷艸本〕」
　287~288
「상형지의(祥刑之議)」 285~286
「새벽에 앉아서〔曉坐〕」 559
「생원론(生員論)」 403

「서건학의 상기표에 제함〔題徐乾學喪期表〕」576~577
「서군이청기(西郡二廳記)」315~316
「서독승면론(書牘勝面論)」201
「서암강학기(西巖講學記)」157~158, 225, 432
〈서호도(西湖圖)〉44~46
「서호별곡(西湖別曲)」45
「선인유사(先人遺事)」269
「선중씨묘지명(先仲氏墓誌銘)」438~439, 452~453
「설부(雪賦)」487
「성설(城說)」317, 319, 322, 334~337, 568
「성설(城說)」95
「성지고(城池考)」99
「세검정에서 노닌 기〔遊洗劍亭記〕」497~499
〈소상팔경도(瀟湘八景圖)〉45~46
「소학주천서(小學珠串序)」42~44
「송풍루잡시(松風樓雜詩)」517
「수오재기(守吾齋記)」562~563
「승암문답(僧菴問答)」444
「시랑(豺狼)」549
「시랑(豺狼)」553
「식목연표의 발문〔跋植木年表〕」125~126
「신재중에게 답함〔答申在中〕」230~233, 409
「신재중에게 줌〔與申在中〕」202~203
「신포에 대한 의(身布議)」400~401
「십삼경책(十三經策)」475
「16, 17세기 조선 문인지식인층의 강남열(江南熱)과 서호도」46

ㅇ
「아암 장공의 탑명〔兒庵藏公塔銘〕」177
「아언각비서(雅言覺非序)」114
「악서고존서(樂書孤存序)」163
「양덕인 변지의에게 주는 말〔爲陽德人邊知意贈言〕」64
「어사재기(於斯齋記)」508
「언행록(言行錄)」83
「여진고(女眞考)」99
「역내고(域內考)」99
「열녀함양박씨전(烈女咸陽朴氏傳)」389
「열부론(烈婦論)」390, 392~395
「오거(熬魅)」549
「오복연혁표(五服沿革表)」474, 578
「오학론(五學論)」273, 309~313
「옹성도설(甕城圖說)」568
「외관고공표(外官考功表)」474
「외국기년(外國紀年)」296
「우복동가(牛腹洞歌)」540
「우암연보(尤庵年譜)」415
「우후 이중협을 증별하는 시첩의 서문〔贈別李虞侯詩帖序〕」368~369
「우후변장등고공표(虞侯邊將等考功表)」474
「원의총괄(原義總括)」474
「유구고(琉球考)」99
「유구기정(琉球紀程)」141
「유산의 편지 별지〔酉山書別紙〕」584~585
「유아(有兒)」549~551
「유영재 필기에 대한 평〔柳泠齋筆記評〕」405~406
「유척기에게 준 글〔贈兪生拓基序〕」31

「윤계용·영휘에게 답함〔答尹季容永輝〕」
　521
「윤면채의 뇌사〔尹冕采誄〕」561~562
「윤외심에게 보냄〔與尹畏心〕」170~174,
　219, 299~300, 561, 439~440
「윤윤경을 위해 준 말〔爲尹輪卿贈言〕」
　533, 536, 566
「윤종심을 위해 준 말〔爲尹鍾心贈言〕」
　527~528, 565
「윤혜관을 위해 준 말〔爲尹惠冠贈言〕」
　523, 537
「의율지차(擬律之差)」285~286
「이계수에게 답함〔答李季受〕」434
「이관찰에게 답함〔答李觀察〕」284
「이관찰에게 보냄〔與李觀察〕」235
「이기경에게 답함〔答李基慶〕」583
「이나주에게 답함〔答李羅州〕」381
「이담속찬인(耳談續纂引)」353~355
「이문달에게 답함〔答李文達〕」226, 374
「이발기발에 대한 변증(理發氣發辨)」
　412~413
「이성중에게 보냄〔與李成仲〕」238
「이숙헌에게 답한 별지〔答李叔獻別紙〕」
　462
「이여홍에게 답함〔答李汝弘〕」113, 195,
　206~209, 256~257, 277,
　411~412
「이여홍에게 보냄〔與李汝弘〕」206~207,
　271, 278, 414~415
「이우필연에게 답함〔答李友泌淵〕」315
「이인영을 위해 준 글〔爲李仁榮贈言〕」53,
　65
「이절도사에게 답함〔答李節度〕」331, 333

「이판서시수에게 답함〔答李判書時秀〕」
　107
「일발암기(一鉢菴記)」62~63
「일본고(日本考)」99, 144
「임술 납월 여강에서 청협 옥화대로 가서
　머물 때의 일과(壬戌臘月自驪江往留
　淸峽玉華臺時課程)」435
「임술기(壬戌記)」481~494

ㅈ
「자객열전(刺客列傳)」75, 77
「자찬묘지명(自撰墓誌銘)」54~56, 95,
　100, 181~185, 187, 300~301,
　307, 358, 572
「장기농가(長鬐農歌)」511, 596
「장마(久雨)」529~530
「장수고(將帥考)」99
「전간기사(田間紀事)」548
「전발지사(剪跋之詞)」285~286
「전선책(戰船策)」356
「전수기의의 발문〔跋戰守機宜〕」567
「전폐의(錢幣議)」358
「정다산에게 줌〔與丁茶山〕」378~379
「정산에게 답함〔答鼎山〕」451
「정산에게 보냄〔與鼎山〕」227~229
「정황계첩(丁黃契帖)」492
「제단궁잠오(題檀弓箴誤)」474
「제부(薺賦)」487
「조진사 익현에게 보냄〔與曺進士〕」240
「종두설(種痘說)」327~328
「주중선부(酒中仙賦)」487
「죽란화목기(竹欄花木記)」509~510

「중씨께 답함〔答仲氏〕」102~104, 175,
　　196~199, 218, 317, 442, 459,
　　557, 561, 585~586
「중씨께 올림〔上仲氏〕」41, 110~111,
　　114, 116~118, 146, 161,
　　189~191, 216, 239, 298~299,
　　329, 427~428, 467, 470,
　　533~534, 580
「지리지(地理志)」166
「직관론(職官論)」324
「진보고(鎭堡考)」99
「진평세가(陳平世家)」290
「진평세가서 첫머리에 제함〔題陳平世家書
　　頂〕」289~291
「징비록의 사사에 대한 평〔懲毖錄使事評〕」
　　406

ㅊ

「창애에게 답함〔答蒼厓〕」36, 246
「채백륜에게 답함〔答蔡伯倫〕」425
「채이숙에게 답함〔答蔡邇叔〕」260
「채호(采蒿)」548~549
「척발위론(拓跋魏論)」600
「천자문에 대한 평〔千文評〕」36, 38~40,
　　116
「천진암에서 노닌 기〔遊天眞菴記〕」
　　499~500
「초상연파조수지가기(苕上烟波釣?之家
　　記)」540
「초의승 의순을 위해 준 말〔爲草衣僧意洵
　　贈言〕」526
「촌병혹치서(村病或治序)」109
「총설(總說)」349
「춘추고징서(春秋考徵序)」258

「충신론(忠臣論)」390, 395
「취몽재기(醉夢齋記)」366~367
「치원유고서(巵園遺稿序)」589

ㅌ

「탐라고(耽羅考)」99
「탐진농가(耽津農歌)」596, 598
「탐진촌요(耽津村謠)」596
「택리지의 발문〔跋擇里志〕」283
「토적고(土賊考)」99
「통감절요에 대한 평〔通鑑節要評〕」153

ㅍ

「파리를 조문하는 글〔弔蠅文〕」551~552
「포루도설(砲樓圖說)」568

ㅎ

「하루는 매화나무 아래로 산보하다가〔一
　　日散步梅下〕」513
「하이고(鰕夷考)」99
「하피첩(霞帔帖)」120
「학연에게 답함〔答淵兒〕」282, 558~559
「학연에게 보여주는 가계〔示學淵家誡〕」
　　54, 538
「학연에게 부침〔寄淵兒〕」142~143,
　　545, 593
「학유에게 노자 삼아 준 가계〔贐學游家
　　誡〕」134, 383, 423~424, 461,
　　522
「학유에게 부침〔寄游兒〕」76, 119,
　　127~128, 144, 455, 475, 532
「한병고(漢兵考)」99
「한혜보에게 답함〔答韓溪甫〕」496
「해사문견록에 발함〔跋海槎聞見錄〕」342

「해적고(海賊考)」 99
「해조론(海潮論)」 360
「해좌께 올리는 글〔上海左書〕」 261
「현안도설(懸眼圖說)」 568
「호적의(戶籍議)」 574
「혼자 웃다〔獨笑〕」 528~529
〈화성능행도(華城陵行圖)〉 96
「환상론(還上論)」 357~358
「환택편(宦澤篇)」 94
「환향의(還餉議)」 357
「황상유인첩에 제함〔題黃裳幽人帖〕」 517~518
「회주 삼로에게 드림〔與襄州三老〕」 493
「효자론(孝子論)」 390~392
「흠흠신서서(欽欽新書序)」 285~286, 456

『계경(鷄經)』 128, 134, 532, 587
『계곡집(谿谷集)』 99
『계민집(戒民集)』 94
『고금도서집성(古今圖書集成)』 345, 568
『고려사(高麗史)』 86, 143~144, 153, 593
『고문상서(古文尙書)』 448
『고운당필기(古芸堂筆記)』 406
『고증초고(考證草藁)』 435
『공신연표(功臣年表)』 238
『과정록(過庭錄)』 91~92
『국조보감(國朝寶鑑)』 475, 593
『국조전례고(國朝典禮考)』 464, 471
『근사록질서(近思錄疾書)』 155
『급취장(急就章)』 116
『기기도설(奇器圖說)』 101, 331~334, 345~347, 568~570
『기년아람(紀年兒覽)』 294~297, 475
『기해방례변(己亥邦禮辨)』 464

책 찾아보기

ㄱ

『가례작의(嘉禮酌儀)』 464
『가례질서(家禮疾書)』 34, 155~156, 221, 432
『가승촬요(家乘撮要)』 266
『강의보』 56
『강희자전(康熙字典)』 328
『거가사본(居家四本)』 83
『격몽요결(擊蒙要訣)』 91~94
『경세유표(經世遺表)』 17, 56, 185~187, 191, 350~351, 358, 360, 464, 474, 597

ㄴ

『남사(南史)』 290
『남헌집(南軒集)』 435
『노저집(鷺渚集)』 99
『녹문집(鹿門集)』 435
『녹앵무경(綠鸚鵡經)』 16, 128
『논어(論語)』 43, 65, 85, 102~105, 149, 188, 251~255, 308, 381, 435~436, 471, 476~477, 585
『논어고금주(論語古今注)』 56, 104, 252~254, 381, 470~471, 474, 476, 464, 586
『논어수차(論語手箚)』 471
『논어의소(論語義疏)』 105

『논어정의(論語正義)』 105
『논어집주(論語集注)』 105
『논어집해(論語集解)』 105

ㄷ

『다경(茶經)』 128, 532
『다산문답(茶山問答)』 464
『다산시문집(茶山詩文集)』 20, 145
『단궁잠오(檀弓箴誤)』 464, 473~474
『대동수경(大東水經)』 13, 18, 56, 353, 464, 473, 586, 598
『대명일통지(大明一統志)』 109
『대사기(大事記)』 475
『대학(大學)』 65, 85
『대학강의(大學講義)』 471
『대학공의(大學公儀)』 56, 464, 470
『독단(獨斷)』 94
『독례통고(讀禮通考)』 239
『독상서보전(讀尚書補傳)』 213, 471
『동문휘고(同文彙考)』 293, 571

ㅁ

『마과회통(麻科會通)』 13, 17, 56, 105~108, 196, 352, 501
『마진방(麻疹方)』 107
『매씨상서(梅氏尙書)』 380, 448~449, 451
『매씨상서평(梅氏尙書平)』 56
『매씨서평(梅氏書平)』 117, 212~214, 446~450, 464, 471
『맹자(孟子)』 65, 85, 149, 163, 165, 203, 436, 438, 457
『맹자요의(孟子要義)』 56, 464, 470
『모시강의(毛詩講義)』 56, 276

『목민심서(牧民心書)』 17, 56, 68, 94~95, 147, 148, 358, 431, 456, 464~465, 472~473, 574, 598
『무비지(武備志)』 69, 71, 97~101, 331~332, 334, 336, 353, 598
『무예도보통지(武藝圖譜通志)』 16
『문헌비고(文獻備考)』 333
『문헌통고(文獻通考)』(통고) 75, 143

ㅂ

『반계수록(磻溪隨錄)』 143
『반곡일기(盤谷日記)』 243
『반지만록(盤池漫錄)』 592
『발합경(鵓鴿經)』 16, 128~129
『발해고(渤海考)』 16
『백사집(白沙集)』 99
『백언해(百諺解)』 353~354
『법범(法範)』 94
『보약(堡約)』 95
『본초강목(本草綱目)』 109, 398
『북사(北史)』 290
『북학의(北學議)』 16,
『비어고(備禦考)』 97~101, 144

ㅅ

『사고전서(四庫全書)』 15
『사기(史記)』 65, 75, 77, 165~166, 235~236, 290, 355, 426, 432, 440, 475
『사기고이(史記考異)』 238
『사기선찬주(史記選纂注)』 236
『사기영선(史記英選)』 236~238
『사기평림(史記評林)』 238
『사대고례(事大考例)』 293, 571, 586

『사례가식(四禮家式)』 56, 470
『사서삼경질서(四書三經疾書)』 155
『사서집주(四書集注)』 89
『사암선생연보(俟菴先生年譜)』 276, 430, 473, 576, 586
『사칠속편(四七續編)』 276
『삼국사기(三國史記)』 72~73, 111, 593
『삼창고훈(三倉詁訓)』 464
『상례(喪禮)』 561
『상례사전(喪禮四箋)』 56, 93, 251, 258, 377, 453, 457~458, 464, 470, 474, 577~578
『상례외편(喪禮外編)』 56, 464, 470
『상서(尙書)』 → 『서경』
『상서고훈(尙書古訓)』 56, 470, 476, 571
『상서고훈수략(尙書古訓蒐略)』 464
『상서보전(尙書補傳)』 213
『상서지원록(尙書知遠錄)』 56, 464, 470, 472
『상의절요(喪儀節要)』 464, 474, 578, 586
『상형고(祥刑攷)』 287, 456
『서경(書經)』(상서) 65, 116~117, 142~143, 149, 163, 188~191, 198, 213, 253, 255, 298, 308, 430, 436, 438, 457, 460, 470, 476
『서당사재(西堂私載)』 31
『서애집(西厓集)』 99, 143
『서언(緖言)』 94
『서호지(西湖志)』 45~46
『설령(說鈴)』 83, 141
『설문(說文)』 116
『성경지(盛京志)』 109
『성리대전(性理大全)』 83

『성호사설(星湖僿說)』 140, 143, 201, 296, 298~299, 581
『성호전서(星湖全書)』 156
『성호전집(星湖全集)』 200
『소학(小學)』 85, 89, 141~142, 464, 473
『소학보전(小學補箋)』 56, 464
『소학주천(小學珠串)』 18, 42, 56, 147, 464, 470, 571
『소학지언(小學枝言)』 464, 470, 473
『속백호통(續白虎通)』 16
『송명신록(宋名臣錄)』 83
『송명신언행록(宋名臣言行錄)』 260~261
『수경(水經)』 353, 598
『수여연필(睡餘演筆)』 380
『시경(詩經)』 41, 65, 67, 116, 149, 163, 175~176, 253, 255, 276, 370, 400~402, 430, 440~441, 457, 474, 547, 549, 586, 588
『시경강의(詩經講義)』 464, 471,
『시경강의보(詩經講義補)』 464~465, 471, 586
『시명다식(詩名多識)』 588
『실정록(實政錄)』 568
『심경(心經)』 84, 473
『심경밀험(心經密驗)』 56, 464, 471, 473
『심경질서(心經疾書)』 155
『십육국회고시(十六國懷古詩)』 593

ㅇ

『아방강역고(我邦疆域考)』 13, 18, 56, 74, 109~111, 165, 168, 408, 464~465, 581, 598
『아방비어고(我邦備禦考)』 56, 353, 599

찾아보기 | 621

『아언각비(雅言覺非)』 56, 203, 353, 356, 599
『아주잡록(鵝洲雜錄)』 592
『아학편(兒學編)』 18, 41~42, 114, 470, 571
『아학편훈의(兒學編訓義)』 464
『악서고존(樂書孤存)』 56, 161~163, 453, 457, 464, 471, 586
『안자춘추(晏子春秋)』 522
『압해가승(押海家乘)』 266, 475
『양한간오보유(兩漢刊誤補遺)』 238
『여유당전서(與猶堂全書)』 186, 254, 354~355, 469
『여유당전서보유(與猶堂全書補遺)』 472
『여유당집(與猶堂集)』 379
『여지승람(輿地勝覽)』 593
『역대연표(歷代年表)』 475
『역학서언(易學緒言)』 56, 171, 175, 464, 470
『연경(烟經)』(유득공) 128, 532
『연경(烟經)』(이옥) 16, 128~129
『연려실기술(燃藜室記述)』 593
『연암집(燕巖集)』 115
『열하일기(熱河日記)』 16, 159, 320~322
『염씨고문상서소증초(閻氏古文尙書疏證抄)』 471
『예기(禮記)』 65, 85, 116, 149, 235, 250~251, 256~257, 443, 457, 473
『예의문답(禮疑問答)』 464, 471
『오례통고(五禮通考)』 239
『오리집(梧里集)』 99
『오봉집(五峯集)』 99

『오음집(梧陰集)』 99
『옥편(玉篇)』 116
『완당전집(阮堂全集)』 378~379
『완위여편(宛委餘篇)』 83
『우해이어보(牛海異魚譜)』 15
『운곡잡저(雲谷雜著)』 588
『월사집(月沙集)』 99
『월정집(月汀集)』 99
『유암총서(柳菴叢書)』 588
『율곡집(栗谷集)』 83
『의령(醫零)』 56
『의례(儀禮)』 163, 251, 253, 255, 453, 457
『이담(耳談)』 353~354, 599
『이담속찬(耳談續纂)』 353~356, 588, 599
『이아(爾雅)』 116
『이아술(爾雅述)』 464
『이충무공전서(李忠武公全書)』 99
『이현보(理縣譜)』 94
『일본록(日本錄)』 15
『일지록(日知錄)』 296~297

ㅈ

『자암집(紫巖集)』 99
『자치통감(資治通鑑)』 65
『작비암일찬(昨非菴日纂)』 83
『장자(莊子)』 595
『전례고(典禮考)』 56
『정경(政經)』 94
『정관편(井觀編)』 588
『정몽(正蒙)』 155
『제경(弟經)』 84~87, 143
『제례고정(祭禮考訂)』 464

『제찬고(祭饌考)』 239
『존재집(存齋集)』 30
『종축회통(種畜會通)』 587
『좌전(左傳)』→『춘추좌씨전』
『주례(周禮)』 163, 202, 253, 255, 453, 457, 459~460
『주서여패(朱書餘佩)』 86~87, 92~94
『주어(周語)』 163, 457
『주역(周易)』 65, 116~117, 149, 170~178, 199, 219, 316~317, 435~436, 439~440, 443~444, 459~460, 517, 561, 581
『주역심전(周易心箋)』 56, 171, 174~175, 178, 352, 452, 586
『주역질서(周易疾書)』 298~299
『주자가례(朱子家禮)』 416
『주자대전(朱子大全)』 435~436
『주자대전차의(朱子大全箚疑)』 435
『주자어류(朱子語類)』 89, 131
『주자전서(朱子全書)』 86~87
『중용(中庸)』 65, 85, 256~257, 450
『중용강의(中庸講義)』 275
『중용강의보(中庸講義補)』 56, 464, 471
『중용자잠(中庸自箴)』 56, 464, 471
『지봉유설(芝峯類說)』 140
『지봉집(芝峯集)』 99
『징비록(懲毖錄)』 143, 406~407, 593

ㅊ

『천자문(千字文)』 36~41
『청령국지(蜻蛉國志)』 15
『청야만집(靑野謾輯)』 592
『초사(楚辭)』 67

『촌병혹치(村病或治)』 13, 17, 108~109, 571
『춘추(春秋)』 171, 205, 253, 255, 257~259, 430, 458~460
『춘추고징(春秋考徵)』 56, 259, 458~459, 464, 471, 586
『춘추전(春秋傳)』 256~257
『춘추좌씨전(春秋左氏傳)』(좌전) 65, 142~143, 171~172, 256~257, 453, 470
『춘향전(春香傳)』 36
『충경(忠經)』 84
『치원유고(巵園遺稿)』 481~483, 492~493, 585, 588~589

ㅌ

『통감(通鑑)』 153
『통감강목(通鑑綱目)』 65
『통고(通考)』(문헌통고) 75, 143
『통문관지(通文館志)』 293, 571
『통전(通典)』 75~76
『통지(通志)』 75~76
『퇴계집(退溪集)』 83, 121, 433~434

ㅍ

『풍아유병(風雅遺秉)』 441, 474

ㅎ

『한서(漢書)』 65, 164~166
『한음집(漢陰集)』 99
『해사문견록(海槎聞見錄)』 341~343
『해족도설(海族圖說)』 467~468
『현산어보(玆山魚譜)』 15, 468~469, 473, 586

『화국지(和國志)』 15
『화성성역의궤(華城城役儀軌)』 318, 323, 335
『화식열전주(貨殖列傳注)』 426~427
『황극경세서(黃極經世書)』 517
『효경(孝經)』 84
『후한서(後漢書)』 144, 290
『흠흠신서(欽欽新書)』 17, 56, 143, 285~288, 456, 472, 598
『희정당대학강록(熙政堂大學講錄)』 56

김기서(金基敍) 212~213, 228~229, 377, 447~449, 451, 453
김득신(金得臣, 백곡) 150~152
김려(金鑢) 15
김매순(金邁淳) 210~213, 228, 281, 370~372, 380, 446~451, 453
김명희(金命喜) 494, 589
김부식(金富軾) 72~73, 111
김성일(金誠一, 학봉) 242, 406
김이교(金履喬) 236
김이재(金履載) 236
김정희(金正喜, 추사) 67, 244, 378~379, 494, 584
김종(金種, 석종) 489~490

인물 찾아보기

ㄱ

가규(賈逵) 376, 379
강준흠(姜浚欽) 558
고염무(顧炎武) 105, 296~297, 403, 475
고자(告子) 232
공안국(孔安國) 376
공자(孔子) 308
곽승우(郭承祐) 167
관자(管子) 403~404
구양(歐陽) 470
구준(丘濬) 334
구준경(仇俊卿) 334
굴원(屈原) 367
권엄(權礹) 582
권철신(權哲身, 녹암) 438~439
기대승(奇大升, 고봉) 199
김근순(金近淳) 236

ㄷ

다자이 다이[太宰春臺] 105
도연명(陶淵明) 517
도요토미 히데요시[豊臣秀吉] 406~407
도주공(陶朱公) 383
동탁(董卓) 414
두보(杜甫) 67
등옥함(鄧玉函, 요하네스 테렌츠) 331, 569

ㅁ

마융(馬融) 84, 375, 379, 470
매색(梅賾) 448~449
맹자(孟子) 232, 407
모기령(毛其齡) 105, 449~450
모원의(茅元儀) 97, 598

ㅂ

박제가(朴齊家, 초정) 16, 295, 328

박지원(朴趾源, 연암) 16, 20~21, 36, 91~92, 114~115, 245~246, 320~321, 389
반고(班固) 470
범중엄(范仲淹) 548
변상벽(卞尙璧) 131~132, 134
복생(伏生) 470
부염(傅琰) 94

ㅅ

서건학(徐乾學, 건암) 239, 576~577
서순(徐巡) 448
석적환(石適歡) 167
성대중(成大中) 15
소강절(邵康節) 517
송시열(宋時烈, 우암) 377, 414~416
신유한(申維翰) 341~343
신작(申綽, 석천) 203~204, 213, 230~234, 256, 277, 353~354, 356, 378~379, 453
심화오(沈華五) 498

ㅇ

안지(顔芝) 84
양웅(揚雄) 386
양원(楊元) 242
여곤(呂坤) 568
오규 소라이[荻生徂徠] 105
왕계(王季) 600
왕도(王塗) 470
왕망(王莽) 414
왕소(王素) 94
왕숙(王肅) 378
왕징(王徵) 331

왕헌지(王獻之) 383
왕희지(王羲之) 38~39, 67, 383
요하네스 테렌츠(Joannes Terrenz, 등옥함) 331, 569
우동(尤侗) 595
원굉도(袁宏道) 595
원중거(元重擧) 15
위굉(衛宏) 448
위백규(魏伯珪) 29~30
유득공(柳得恭) 16, 128, 406, 593
유유(劉裕) 414
유이(劉彝) 94
유집일(兪執一) 333
유향(劉向) 383, 386, 470
육구연(陸九淵) 240~241
윤경(尹畊) 95
윤계진(尹季軫) 441
윤규로(尹奎魯) 512, 515
윤단(尹博) 512
윤동(尹峒, 색금, 본명 : 윤종심) 473, 585~587, 588
윤무구(尹无咎) 499
윤영휘(尹永輝) 522
윤영희(尹永禧, 외심) 218~219
윤필병(尹弼秉) 524~525
윤휴(尹鑴, 여강) 414~415
의돈(猗頓) 383
이강회(李綱會, 한산) 473, 585~586, 588~589
이광사(李匡師) 57
이기경(李基慶) 558, 583
이기양(李基讓) 328, 340~341, 398
이덕무(李德懋) 15, 295, 405
이덕수(李德壽) 31

이만운(李萬運) 295
이민수(李民秀) 330
이반룡(李攀龍) 595
이백(李白) 67
이벽(李檗) 427
이병휴(李秉休) 155
이삼환(李森煥, 목재) 157, 221, 226, 432
이서구(李書九) 16, 128
이수광(李睟光, 지봉) 140
이옥(李鈺) 16, 128
이의준(李義駿) 236, 284, 315~316, 523
이이(李珥, 율곡) 92, 276, 382, 412~414, 462
이익(李瀷, 성호) 33, 155~156, 199~201, 221, 298~299, 353
이인섭(李寅燮) 381
이인영(李仁榮) 52~53
이재의(李載毅, 여홍) 206~210, 257, 277~278, 411~412, 453
이종영(李鍾英) 167
이중협(李重協) 368~369
이청(李晴, 학래) 469~470, 473, 489~490, 585~588, 598
이토 진사이[伊藤仁齋] 105
이필연(李泌淵) 315
이헌길(李獻吉, 몽수) 105~106
이황(李滉, 퇴계) 121~122, 199, 201, 278~279, 412~414, 462~463
이휘조(李輝祖) 499
임성주(任聖周) 435

ㅈ
자홍(慈弘, 기어) 222

장안(張晏) 165
장영(張詠) 94
장자(莊子) 367~368
장재(張載) 155
장형(張衡) 549
정경달(丁景達, 반곡) 241~243, 428~429
정규영(丁奎英) 430
정범조(丁範祖) 261~262
정수칠(丁修七) 241, 272, 308, 428~429
정약전(丁若銓, 손암) 102, 147, 161, 175, 195~199, 239, 352, 354, 364~365, 427, 429, 436~439, 442, 452~453, 457, 468~469, 484~486, 494, 557, 559, 580~582
정양흠(鄭亮欽) 426~427
정재원(丁載遠) 269
정조(正祖) 56, 125~127, 188, 236, 238, 263, 275~276, 287~288, 293, 301, 322, 328, 331, 349, 416, 440~441, 456, 501, 541, 572
정학연(丁學淵) 379, 443, 491, 584, 587
정학유(丁學游) 586, 588
정현(鄭玄) 231, 370, 375~376, 378~379, 470
조식(曺植, 남명) 121~122
조익현(曺翊鉉) 240
주공(周公) 383
주자(朱子) 14, 61, 65, 76, 103~105, 156, 173, 210, 214, 231, 240~241, 258, 278~281, 310, 375, 381, 416, 448~451, 580
주흥사(周興嗣) 37~38

진덕수(眞德秀) 84, 94
진혜전(秦蕙田) 239

ㅊ

채서공(蔡敍恭) 426
채이숙(蔡邇叔) 496
채제공(蔡濟恭, 번옹) 260~266,
    269~270, 572~573
채홍원(蔡弘遠) 261~263

ㅎ

하안(何晏) 105
하후(夏侯) 470
한비자(韓非子) 600
한선자(韓宣子) 459
한유(韓愈) 383, 595
한제원(韓霽園) 441
한혜보(韓傒甫) 497
한흥부(韓興富) 167
허엽(許曄) 278
형병(邢昺) 105
혜장(惠藏, 아암) 176~179
호태초(胡太初) 94
홍국영(洪國榮) 266, 267
홍길주(洪吉周) 256, 380
홍석주(洪奭周) 213, 236
홍약여(洪約汝) 499
황간(皇侃) 105
황상(黃裳) 482~494, 517~520, 584, 588
황윤길(黃允吉) 406~407
황인담(黃仁冊) 489
황지초(黃之楚) 489
황경(黃褧, 취몽재) 365~368
회소(懷素) 39